Bach und die Nachwelt

Band 1: 1750–1850

Michael Heinemann
Hans-Joachim Hinrichsen
(Hrsg.)

Bach und die Nachwelt

Band 1: 1750–1850

Laaber

Die Deutsche Bibliothek – CIP Einheitsaufnahme

Bach und die Nachwelt / Michael Heinemann –
Hans-Joachim Hinrichsen (Hrsg.). – Laaber : Laaber-Verl.
ISBN 3–89007–322–0
Bd.1. 1750 – 1850. – 1997
ISBN 3–89007–323–9

Mit freundlicher Unterstützung der Ludwig Sievers-Stiftung
(Stiftung der freien Berufe)
sowie der *Ständigen Konferenz Mitteldeutsche Barockmusik in Sachsen,
Sachsen-Anhalt und Thüringen e.V.* aus Mitteln des Bundesministeriums des
Innern und den für Kultur und Kunst verantwortlichen Ministerien
der drei Länder.

ISBN 3–89007–322–0 (Gesamtwerk)
ISBN 3–89007–323–9
Redaktion: Dorothea Wagner
Umschlagentwurf: Bärbl Peithner
Gesamtherstellung: Isarpost, Druck- und Verlagsgesellschaft, Landshut
Umschlagbild: Eduard Gärtner, *Singakademie zu Berlin*, um 1843. Privatbesitz.

Inhalt

III. ANEIGNUNGEN

Hans Joachim Hinrichsen:

Karen Lehmann:

ABKÜRZUNGEN

AfMw	*Archiv für Musikwissenschaft*
AMZ	*Allgemeine Musikalische Zeitung*
Bach-Konferenz Leipzig 1985	*Bericht über die Wissenschaftliche Konferenz zum V. Internationalen Bach-Fest der DDR* [15.–17.3.1985], Leipzig 1988
BAMZ	*Berliner Allgemeine Musikalische Zeitung*
BC	Hans-Joachim Schulze und Christoph Wolff (Hrsg.), *Bach-Compendium. Analytisch-bibliographisches Repertorium der Werke Johann Sebastian Bachs*, Leipzig 1985ff.
Berlin SBPK	Staatsbibliothek zu Berlin – Preußischer Kulturbesitz
Bitter, *Bach* I, II, III, IV	Carl Hermann Bitter, *Johann Sebastian Bach*, 2. umgearbeitete und vermehrte Auflage, Bd. I–IV, Dresden 1880, Berlin 1881
BG	*J. S. Bachs Werke. Gesamtausgabe der Bachgesellschaft*, Leipzig 1851–1899
BG 44/Dürr	*Johann Sebastian Bach. Seine Handschrift – Abbild seines Schaffens*, eingeleitet und erläutert von Alfred Dürr, Wiesbaden 1984 (= Revidierte Neuauflage von *BG* 44)
BG 46/Kretzschmar	Hermann Kretzschmar, *Die Bach-Gesellschaft. Bericht im Auftrag des Direktoriums* (in: *BG* 46, Leipzig 1899)
BJ	*Bach-Jahrbuch*
BMZ	*Berlinische Musikalische Zeitung*
BWV	Wolfgang Schmieder, *Thematisch-systematisches Verzeichnis der Werke von Johann Sebastian Bach* (Bach-Werke-Verzeichnis), Leipzig 1950; Neuausgabe: Wiesbaden 1990
BzBf	*Beiträge zur Bachforschung*
BzMw	*Beiträge zur Musikwissenschaft*
Dok I, II, III, IV	*Bach-Dokumente*, hrsg. v. Bach-Archiv Leipzig, Leipzig und Kassel 1963–1979
Dürr *Chr 2*	Alfred Dürr, *Zur Chronologie der Leipziger Vokalwerke J. S. Bachs. Mit Anmerkungen und Nachträgen versehener Nachdruck aus dem Bach-Jahrbuch 1957*, Kassel 1976
Elvers, *Verzeichnis*	Rudolf Elvers, *Verzeichnis der von Felix Mendelssohn Bartholdy herausgegebenen Werke Johann Sebastian Bachs*, in: *Gestalt und Glaube. Festschrift für Oskar Söhngen*, Witten 1960
Forkel, *Bach*	Johann Nikolaus Forkel, *Ueber Johann Sebastian Bachs Leben, Kunst und Kunstwerke*, Leipzig 1802
Geck, *Wiederentdeckung*	Martin Geck, *Die Wiederentdeckung der Matthäuspassion im 19. Jahrhundert. Die zeitgenössischen Dokumente und ihre ideengeschichtliche Deutung*, Regensburg 1967
Goethe/Zelter	Max Hecker (Hrsg.), *Briefwechsel zwischen Goethe und Zelter*, 3 Bde., Leipzig 1913ff.
Hamburg SUB	Hamburg, Staats- und Universitätsbibliothek Carl von Ossietzky
Herz, *Bachbewegung*	Gerhard Herz, *Johann Sebastian Bach im Zeitalter des Rationalismus und der Frühromantik. Zur Geschichte der Bachbe-*

	wegung von ihren Anfängen bis zur Wiederaufführung der Matthäuspassion im Jahre 1829, Kassel 1935
Hilgenfeldt, *Bach*	Carl Heinrich Hilgenfeldt, *Johann Sebastian Bach's Leben, Wirken und Werke. Ein Beitrag zur Kunstgeschichte des 18. Jahrhunderts*, Leipzig 1850
Kongreßbericht Stuttgart 1985	*Alte Musik als ästhetische Gegenwart. Bach – Händel – Schütz. Bericht über den internationalen musikwissenschaftlichen Kongreß Stuttgart 1985*, hrsg. v. Dietrich Berke und Dorothee Hanemann, 2 Bde., Kassel 1987
Krause I, II	I: *Handschriften der Werke Johann Sebastian Bachs in der Musikbibliothek der Stadt Leipzig*, bearbeitet von Peter Krause, Leipzig 1964
	II: *Originalausgaben und ältere Drucke der Werke Johann Sebastian Bachs in der Musikbibliothek der Stadt Leipzig*, bearbeitet von Peter Krause, Leipzig 1970
Krit. Ber.	Kritischer Bericht
LAMZ	Leipziger Allgemeine Musikalische Zeitung
Leipzig StA	Leipzig, Sächsisches Staatsarchiv
Mf	*Die Musikforschung*
MGG	*Die Musik in Geschichte und Gegenwart. Allgemeine Enzyklopädie der Musik*, hrsg. v. Friedrich Blume, Kassel 1949ff.
MGG II	*Die Musik in Geschichte und Gegenwart*, Zweite Auflage, hrsg. v. Ludwig Finscher, Kassel 1994ff.
MQ	*The Musical Quarterly*
NBA	*Neue Bach-Ausgabe. Johann Sebastian Bach. Neue Ausgabe sämtlicher Werke*, hrsg. v. Johann-Sebastian-Bach-Institut Göttingen und v. Bach-Archiv Leipzig, Leipzig und Kassel 1954ff.
NZfM	*Neue Zeitschrift für Musik*
Schulze, *Bach-Überlieferung*	Hans-Joachim Schulze, *Studien zur Bach-Überlieferung im 18. Jahrhundert*, Leipzig 1984
Signale	*Signale für die musikalische Welt*
SIM-Jahrbuch	*Jahrbuch des Staatlichen Instituts für Musikforschung Preußischer Kulturbesitz*
Spitta, *Bach* I, II	Philipp Spitta, *Joh. Seb. Bach*, Bd. I–II, Leipzig 1873–1880
Stauffer, *Forkel / Hoffmeister & Kühnel*	George B. Stauffer (Hrsg.), *The Forkel-Hoffmeister & Kühnel Correspondence. A Document of the Early 19th-Century Bach Revival*, New York u.a. 1990
Wiora, *Historismus*	Walter Wiora (Hrsg.), *Die Ausbreitung des Historismus über die Musik*, Regensburg 1969 (= *Studien zur Musikgeschichte des 19. Jahrhunderts*, Bd. 14)
Zenck, *Bach-Rezeption*	Martin Zenck, *Die Bach-Rezeption des späten Beethoven. Zum Verhältnis von Musikhistoriographie und Rezeptionsgeschichtsschreibung der „Klassik"*, Stuttgart 1986 (= *Beihefte zum AfMw*, Bd. 24)
ZfMw	*Zeitschrift für Musikwissenschaft*

ALLGEMEINE
MUSIKALISCHE ZEITUNG.

ERSTER JAHRGANG
vom 3. Oct. 1798 bis 25. Sept. 1799.

Joh. Sebastian Bach.

Leipzig,
bey Breitkopf und Härtel.

Michael Heinemann – Hans-Joachim Hinrichsen

Mit Bach

Johann Sebastian Bachs Musik war ein Anfang, weil man in ihr jahrhundertealte Traditionen aufgehoben sah. Die Vergewisserung der eigenen Position durch ein Studium geschichtlich noch weiter zurückliegender Stadien kompositorischer Entwicklungen erschien in der Folge entbehrlich: nicht nur für die Musiker der ersten Hälfte des 19. Jahrhunderts, die über die Vielgestaltigkeit seines Œuvres staunten und ihre Innovationen auch auf dem Gebiet von Harmonik und Formbildung in seinen Tonsätzen vorgebildet fanden, erst recht für die Kantoren und Organisten, die – zumal in Sachsen und Thüringen – eine unmittelbare Tradition fortführten.

Die Bezugsgröße, die Bachs Werk nach seinem Tode für alle Musiker, für Komponisten und Interpreten, für Musiktheorie und Ästhetik bildete, wird exemplarisch beim Blick in die 1798 gegründete Leipziger *Allgemeine Musikalische Zeitung*, die erste und lange auch führende Musikzeitschrift des 19. Jahrhunderts, die ihrem Eröffnungsjahrgang das Porträt Bachs voranstellte. Was aber von heute aus betrachtet selbstverständlich erscheint, ruft bei näherem Zusehen einige Fragen hervor. Welcher Bach war hier gemeint? Worauf gründete sich der hier schon an prominenter Stelle festzustellende Ruhm zu einer Zeit, da nur ein schmaler Ausschnitt seines Œuvres – vornehmlich die Musik für Tasteninstrumente – allgemein bekannt war, man von den großen Chorwerken dagegen allenfalls eine vage Vorstellung hatte?

So unumstritten ist seit je sein kompositorischer Rang, so unübersehbar die Präsenz seiner Werke im heutigen Musikleben und so selbstverständlich seine Geltung als Herausforderung für jedes Nachdenken über Musik, daß die Geschichtlichkeit dieses Sachverhalts selbst, der ständigen Orientierung an Bach und seinem Œuvre, kaum noch in den Blick gerät. Und doch liegt gerade hier zu einem nicht geringen Teil der Erkenntniswert des Phänomens. Denn ohne Übertreibung kann die wechselvolle, vielsträngige und widersprüchliche Geschichte der praktischen wie der theoretischen, der kompositorischen wie der hermeneutischen, überhaupt der ästhetischen, philosophischen und musikwissenschaftlichen Auseinandersetzung mit der musikalischen Hinterlassenschaft Bachs als ein integraler und konstitutiver Bestandteil der modernen Kulturgeschichte bezeichnet werden. Die Geschichte der Rezeption Johann Sebastian Bachs zu schreiben, heißt zugleich, wesentliche Momente der Genese unserer heutigen Denk- und Musikkultur zu deuten.

ZUR HISTORIOGRAPHIE DER „BACHBEWEGUNG"

Spätestens der Abschluß der Bach-Gesamtausgabe vor fast genau einem Jahrhundert bot ihren Veranstaltern Anlaß zu einem Rückblick auf die Voraussetzungen dieses monumentalen Unternehmens, die, vom Ende des 19. Jahrhunderts aus gesehen, im Bilde einer um 1800 noch sehr zaghaften, dann aber unaufhaltsam einsetzenden und immer mächtiger anschwellenden „Bach-Bewegung" erschienen. Die Historiographie dieser frühen Bach-Bewegung, wie sie 1899 von Hermann Kretzschmar im Schlußband der Gesamtausgabe skizziert[1] und dann erstmals mit umfassendem Anspruch 1935 durch Gerhard Herz in Angriff genommen wurde[2], mußte noch auf der Grundlage weniger gedruckter Rezeptionszeugnisse auskommen. Im wesentlichen handelte es sich um ein enges Repertoire ausgesprochen heterogener und zeitlich weit verstreuter Materialien, das sich heute, im Kontext des inzwischen vorliegenden dritten Bandes der Leipziger „Bach-Dokumente", als winziger Bruchteil des von der Forschung seither aufgefundenen Materials ausnimmt.[3] Wie diese zeitbedingt schmale Quellenkenntnis noch im 20. Jahrhundert der Auffassung Vorschub leisten konnte, „daß Bach ein Vergessener war, ehe er starb" (so Leo Schrade 1937[4]), dem allenfalls durch die Aktivitäten seiner Söhne „noch einmal ein leises Nachleben" beschieden gewesen sei (so Gerhard Herz 1935[5]), ist leicht zu verstehen. Diese Vorstellung ist heute ins Reich der „Legende" zu verweisen, ohne daß freilich ihre Umkehrung – die Behauptung einer ungebrochenen Tradition – einfach an ihre Stelle zu treten hätte.[6]

Vor allem aber wären Erforschung und Darstellung der Bach-Überlieferung, wie Hans-Joachim Schulze schon vor mehr als einem Jahrzehnt plausibel gemacht hat, in einem ganz anderen Ausmaß als bisher „extensiv" anzulegen: „in der Durchforstung aller greifbaren Quellen, aller Kataloge, aller auch nur literarischen Erwähnungen, alles Echten und auch Unechten; in der Ermittlung zentraler und peripherer Überlieferungskreise und deren Bindung an lokale Traditionen und Besonderheiten, an Personen, Stellen oder Unternehmen und unter Berücksichtigung der Instabilität fast jeder Sammlung; in der Einbettung dieser Ergebnisse in sozialgeschichtliche Bedingtheiten mit dem Ziel, den Ursachen für Niedergang und Aufstieg der Pflege Bachscher Werke in bestimmten Geschichtsperioden besser auf die Spur zu kommen".[7] Die Kenntnis der Überlieferung erscheint als Voraussetzung zum Verständnis der Rezeption.

Überhaupt sind die Phänomene der Wirkung, der Tradierung, der Überlieferung und der Rezeption, wie die Diskussionen um die sogenannte „Rezeptionsästhetik" der Konstanzer Literaturwissenschaftler Hans Robert Jauß und Wolfgang Iser jenseits aller Differenzen deutlich gemacht haben, schwerlich unter dem Aspekt eines einheitlichen, gleichmäßigen und tendenziell selbsttätigen „Geschehens" zu erfassen. Vielmehr hat der Rezeptionsbegriff der Konstanzer Schule „ineins die substantialistische Auffassung von Tradition und den mythisierten Begriff des Ereignisses"[8], mit anderen Worten: die Vorstellung, Tradition sei die im Geschichtsverlauf sich ereignende allmähliche Entfaltung einer im Kunstwerk unveränderlich ruhenden Substanz, grundlegend revidiert: „Tradition im Bereich der

Kunst ist kein organisch-selbsttätiges Werden, substantielles Sich-Erhalten oder bloßes 'Bewahren des Erbes'; Tradition setzt Selektion voraus, wo immer eine Wirkung vergangener Kunst in gegenwärtiger Rezeption erkennbar wird."[9] Und für die Musik wird ohnehin die Problematik einer Rezeptionsgeschichte allein durch die Aufspaltung des Interpretationsbegriffs in einen theoretisch-hermeneutischen und einen praktisch-musikalischen Aspekt noch potenziert, denn „Rezeptionszeugnisse sind in der Regel schon verbale Transformationen, sie müssen auf musikalische Sachverhalte zurückbezogen werden, von denen aus dann erst weitere Aussagen zu treffen sind".[10]

Insofern erscheint es angesichts immens erweiterter Quellenkenntnisse, angesichts vor allem des wesentlich erweiterten Begriffs von Überlieferungs-Forschung und angesichts schließlich der in die Musikwissenschaft längst integrierten rezeptionsästhetischen Methodendiskussion heute mehr als zweifelhaft, ob die Geschichte der Bach-Rezeption als zielstrebiger und einheitlicher Prozeß dargestellt werden kann. Man müßte dann einzelne in ihrem Stellenwert sehr unterschiedliche Rezeptionszeugnisse zu Repräsentanten von „Stadien einer Bachdeutung"[11] oder „Fixpunkten der Bachanschauung"[12] stilisieren, deren historiographischen Hintergrund weiterhin die Vorstellung eines homogenen Vorgangs bildet, und wäre zudem gezwungen, Nebenwege und Sackgassen der Wirkungsgeschichte zu ignorieren. Eine solche Gliederung einer im wesentlichen als einsträngig gedachten Deutungsgeschichte in Phasen, denen ebenso wiederum einander ablösende Epochen der Aufführungs- und Bearbeitungspraxis entsprechen[13], hat die Historiographie der frühen Bach-Bewegung unternommen: Einer ersten Phase der „Eroberung Bachs für die deutsche Nation" sei eine weitere der „Eroberung Bachs für die Kirche und Liturgie"[14] gefolgt und diese zweite bereits von einer beginnenden dritten überlagert worden, in der „ein museales Verständnis der Bachschen Kunst"[15] sich Geltung verschafft habe.

Dieses Modell der Bach-Bewegung hat bis weit in die 60er Jahre unseres Jahrhunderts hinein die geistesgeschichtliche Orientierung zur fraglosen Grundlage gehabt. Legitim ist zwar für jede Art von Geschichtsschreibung die „Phantasievorstellung, reale Ereignisse seien dann richtig, wenn nachgewiesen werden kann, daß sie die formale Kohärenz einer Geschichte aufweisen".[16] Aber solange Ansätze zur Erforschung der wirklichen Komplexität dieser Ereignisse fehlen – ihrer Verzweigungen, ihrer Zusammenhänge, ihrer lokalen wie gattungsspezifischen wie individuellen Ausprägungen – bleibt der Versuch, die „Kohärenz" ihrer Geschichte darzustellen, eher spekulativ: „Bach-Rezeption vor oder nach 1750, vor oder nach 1829 ist kein linearer Vorgang, der sich auf eine einfache Formel bringen ließe."[17] Dementsprechend stellt die vorliegende Konzeption den Versuch dar, diese Geschichte der Wirkung und Rezeption Johann Sebastian Bachs und seiner Musik auseinanderzulegen in ihre verschiedenen Dimensionen: in „Überlieferungen", in „Traditionen", in „Aneignungen" und in „Rezeptionen". Und auf jedem dieser Teilgebiete spielen wiederum individuelle, lokale und gattungsspezifische Momente so ineinander, daß die hier vorgenommene Aufteilung des Untersuchungsgegenstands nicht einfach den Versuch darstellt, aus der Not, daß das

Thema von keinem einzelnen bewältigt werden kann, eine methodische Tugend zu machen; sie ist vielmehr von der Sache selbst her geboten.

Für die Untersuchung einer im engeren Sinne kompositorischen Bach-Rezeption liegt in dieser Auseinanderlegung des Gegenstandes die unabdingbare Voraussetzung. Jeder individuelle Rezeptionsmodus kann einerseits nur vor dem Hintergrund einer Überlieferungs- und Urteilsgeschichte destilliert werden, in die er andererseits wieder rückwirkend eingeht. Das Bild, das sich eine Zeit von einem Komponisten bildet, kann nur, so trivial dies erscheinen mag, eine Funktion dessen sein, was ihr an Dokumenten und Informationen hierzu bereitgestellt wird. Und erst auf dieser Grundlage wäre darüber nachzudenken, wie weit die selektive Rezeption des Œuvres eines Komponisten einfach als Konsequenz dieses gesammelten Wissens, oder wie weit sie als Ausdruck einer ästhetisch gesteuerten Entscheidung interpretiert werden kann.

„BACH UND MOZART" – EIN KAPITEL DER REZEPTIONSGESCHICHTE?

Dieses Vorgehen garantiert keinen Anspruch auf umfassende und vollständige Erfassung des Stoffs. „Unvermeidliche Lücken" hatte schon Carl Philipp Emanuel Bach jedem Versuch einer Biographie seines Vaters prophezeit und dies mit der besonderen Quellensituation begründet[18]; Beschränkung ist aber auch in einer Darstellung der Wirkungsgeschichte Bachs und seiner Musik notwendig, die das Auswahlprinzip des Exemplarischen walten läßt. Wenn etwa die Nichtberücksichtigung von Komponisten wie Frédéric Chopin oder Franz Schubert, Johann Nepomuk Hummel oder Muzio Clementi, über deren Auseinandersetzung mit Bach nachzudenken sich durchaus lohnte, eine Rechtfertigung in der Notwendigkeit der stofflichen Reduktion findet, so mag doch bei manchem Leser das Fehlen eines eigenen Kapitels „Bach und Mozart" zunächst Verwunderung erregen. Jedoch begründet sich auch diese Aussparung unmittelbar aus der mit der vorliegenden Konzeption intendierten Konzentration auf ausgewählte, unter bestimmten Blickwinkeln zu erfassende repräsentative Felder der Rezeption.

Der Legitimation scheint eine solche Lücke gegenüber dem Mythos zu bedürfen, zu dem die Begegnung Wolfgang Amadeus Mozarts mit der Musik Johann Sebastian Bachs noch in Alfred Einsteins großer Mozart-Monographie stilisiert worden ist: Mozarts Bach-Rezeption wird hier ausdrücklich unter die „großen Ereignisse der Musikgeschichte" gerechnet.[19] Schon vor 1800 lagen die wesentlichen Momente dieser Stilisierung bereit. Von Mozarts begeisterter Reaktion auf Bachs Motetten während seiner Durchreise durch Leipzig im April 1789 erfuhr eine breitere Öffentlichkeit erstmals im November 1798, als Friedrich Rochlitz im ersten Jahrgang der *Allgemeinen Musikalischen Zeitung* seinen Augenzeugenbericht publizierte (siehe nebenstehende Abbildung).[20] Schon hier wurde der bloße Bericht mit der Behauptung verknüpft, diese Bekanntschaft sei für Mozarts Spätstil nicht folgenlos geblieben. Bezeichnenderweise ist aber gerade das von Rochlitz angeführte Zeugnis für diesen unterstellten Einfluß „des Geistes jenes

kannt werden liefs — in dessen Manier schrieb.
Es befinden sich unter seinen nachgelafsnen Pa-
pieren gewifs noch dergleichen Arbeiten. Ja,
er ging darin noch weiter, als die meisten
unsrer heutgen Musikkenner gehen möchten:
er schäzte und liebte nicht nur Händels Chöre, sondern auch viele seiner Arien und
Solo's.

„Wenn er da auch manchmal nach der Wei-
„se seiner Zeit hinschlendert —
sagte er,
„so ist doch überall Etwas drin!" —
Er hatte sogar die Grille, eine Arie in seinem D. Giovanni in Händels Manier zu sez-
zen, und seiner Partitur dies offenherzig beyzu-
schreiben: man hat sie aber überall, so viel ich
weifs, bey der Aufführung dieser Oper weggelassen. Von Hasse und Graun schien er weniger zu halten, als diese Männer verdienen:
vielleicht kannte er aber die meisten ihrer Werke nicht. Jomelli schäzte er hoch —
„Der Mann hat sein Fach, worinnen er
„glänzt —
sagte er:
„und so, dafs wir's wohl werden bleiben las-
„sen müssen, ihn bey dem, der's versteht,
„daraus zu verdrängen. Nur hätte er sich
„nicht aus diesem herausmachen und z. B.
„Kirchensachen im alten Styl schreiben sol-
„len." —
Von Martin, der damals, als Mozart in
Leipzig war, die ganze Liebhaberwelt zu bezau-
bern anfing, behauptete er:
„Vieles in seinen Sachen ist wirklich sehr
„hübsch: aber in zehn Jahren nimmt kein
„Mensch mehr Notiz von ihnen." —
Eine Prophezeihung, die gleichfalls ziemlich
genau eingetroffen ist.
„Keiner aber,
sezte er hinzu,
„kann alles — schäkern und erschüttern,
„Lachen erregen und tiefe Rührung — und
„alles gleich gut: als Joseph Haydn."

15.
Auf Veranstaltung des damaligen Kantors an
der Thomasschule in Leipzig, des verstorbenen

Doles, überraschte Mozarten das Chor mit
der Aufführung der zweychörigen Motette: Singet dem Herrn ein neues Lied — von dem
Altvater deutscher Musik, von Sebastian
Bach. Mozart kannte diesen Albrecht
Dürer der deutschen Musik mehr vom Hörensagen, als aus seinen selten gewordnen Werken.
Kaum hatte das Chor einige Takte gesungen, so
stuzte Mozart — noch einige Takte, da rief
er: Was ist das? — und nun schien seine ganze Seele in seinen Ohren zu seyn. Als der Gesang geendigt war, rief er voll Freude: Das ist
doch einmal etwas, woraus sich was lernen
läfst! — Man erzählte ihm, dafs diese Schule,
an der Sebastian Bach Kantor gewesen war,
die vollständige Sammlung seiner Motetten besitze und als eine Art Reliquien aufbewahre.
Das ist recht, das ist brav — rief er: zeigen
Sie her! — — Man hatte aber keine Partitur
dieser Gesänge; er liefs sich also die ausgeschriebenen Stimmen geben — und nun war es für
den stillen Beobachter eine Freude zu sehen,
wie eifrig sich Mozart sezte, die Stimmen um
sich herum, in beide Hände, auf die Kniee, auf
die nächsten Stühle vertheilte, und, alles andere vergessend, nicht eher aufstand, bis er alles, was von Sebastian Bach da war, durchgesehen hatte. Er erbat sich eine Kopie, hielt
diese sehr hoch, und — wenn ich nicht sehr
irre, kann dem Kenner der Bachschen Kompositionen und des Mozartschen Requiem
(von diesem in der Folge mehr) besonders etwa
der grofsen Fuge Christe eleison — das Studium,
die Werthschätzung, und die volle Auffassung
des Geistes jenes alten Kontrapunktisten bey
Mozarts zu allem fähigen Geiste, nicht entgehen.

(Die Fortsetzung folgt.)

alten Kontrapunktisten" auf Mozart, die *Kyrie*-Fuge des *Requiems*, bis in Einzelheiten hinein weit eher auf ein Händelsches als auf ein Bachsches Modell zu beziehen (nämlich auf die Fuge *„Durch seine Wunden sind wir geheilet"* aus dem
Messias). So bliebe denn zunächst einmal grundsätzlich die Schwierigkeit zu lösen, wie man bei Mozart, der „Händl und Bach" schon Jahre vor der Leipziger
Reise in einem Atemzug zu nennen pflegte[21], die Einflüsse voneinander sondern
kann. Mozarts Bach-Rezeption beschränkt sich, historisch bedingt, notwendigerweise auf ein eng begrenztes Repertoire. Kaum zuverlässig greifbar sind ihre
Wirkungen dort, wo sie sich mit anderen Traditionen kreuzen. Dort, wo es – genau wie bei Joseph Haydn – um die Integration kontrapunktischer Satztechniken,
vor allem der Fuge, in das Sonatendenken der Wiener Klassik geht, bleibt die
Frage nach den konkreten Modellen offen; sie lediglich als einen Reflex der
Bach-Rezeption zu verbuchen, würde dem Sachverhalt nicht gerecht: „Denn Mozart war in einer lebendigen kontrapunktischen Tradition, eben der süddeutsch-
österreichischen, aufgewachsen und vermochte aus ihr heraus sehr wohl 'fugiert'
zu schreiben. Sie eröffnet den historisch richtigen Zugang zum Verständnis des
mozartschen Kontrapunkts."[22]

Vor allem aber gehört es, wie Rudolf Stephan gezeigt hat, zu Mozarts kompositorischer Eigenart, aus den verschiedenen Traditionssträngen übernommene
„kontrapunktische Verfahren in größere Formen so einzubeziehen, daß sie eine
gewisse Selbständigkeit wahren konnten, ohne daß jedoch das Gelehrte und das
Galante unvermittelt einander gegenüberstünden".[23] Ob dies einer Motivierung
durch die Musik Bachs bedurfte oder ob diese nicht vielmehr in einem größeren
Zusammenhang aufging, dürfte kaum zu entscheiden sein. Wo dagegen, in einer
weiteren Schicht von Mozarts Komponieren, Bach ganz unzweifelhaft den Anknüpfungspunkt darstellt (wie etwa in dem Gesang der Geharnischten aus der
Zauberflöte, einer motettisch-kontrapunktischen Choralbearbeitung), ist gerade
das Archaisierende der satztechnischen Maßnahme der beabsichtigte Effekt: Es
handelt sich, der Bühnenhandlung an dieser Stelle entsprechend, um in die objek-
tivierende Distanz gerückte „alte Musik", mit deren Einfügung in das Drama Mozart „gewissermaßen eine Selbstinterpretation seiner Bachauffassung" liefert.[24]
Und Mozarts Experimente mit der Klavierfuge schließlich, angeregt ohne Frage
durch die Bekanntschaft mit Bachs *Wohltemperiertem Klavier*, „zielen auf nicht
weniger (aber auch nicht mehr) als auf eine perfekte Stilkopie", von der zwar allemal bewunderungswürdig bleibt, „bis zu welchem Grade der Stilbeherrschung
er mit seinem enormen Einfühlungsvermögen und virtuosen handwerklichen Können vorzustoßen vermag"[25], die aber unter dem Aspekt einer kompositorischen
Auseinandersetzung mit Bach keine ihrerseits weitertreibenden Wirkungen erzeugt, die sie zu einem produktiven Strang im Gewebe der Bach-Rezeption
und -Überlieferung machte.

So ist denn auch, begreiflicherweise, Mozarts Begegnung mit Bach zuerst
außerhalb des deutschen Sprachraums wirklich nüchtern beurteilt worden.[26] Erst
vor dem Hintergrund der Präsenz des Bachschen Œuvres seit dem Beginn des
19. Jahrhunderts lassen sich individuelle Rezeptionshaltungen als wirklich umfas-

sende und technisch wie stilistisch tiefgreifend sich auswirkende kompositorische Auseinandersetzungen mit der Musik Bachs erfassen. Letztlich ist die Diskussion um Bachs Einfluß auf die Musik des späteren 18. Jahrhunderts im allgemeinen und auf die Wiener Klassik im besonderen – man denke an Heinrich Besselers berühmte These von „Bach als Wegbereiter" einerseits, an Hans Heinrich Eggebrechts Theorie eines „Traditionsknicks" andererseits[27] – selbst schon ein Teil der Wissenschaftsgeschichte und wird als solcher im vierten Band der vorliegenden Reihe die ihr gebührende Berücksichtigung finden.

MODI DER REZEPTION

Unter den Aspekten der „Überlieferungen", der „Traditionen", der „Aneignungen" und der „Rezeptionen" werden im vorliegenden Band verschiedene miteinander zusammenhängende Modi der Auseinandersetzung mit den Werken Johann Sebastian Bachs im ersten Jahrhundert nach seinem Tod erfaßt: Eine genaue Dokumentation der Verbreitung Bachscher Kompositionen im 18. Jahrhundert, eingehende Analysen der im thüringischen Traditionsraum entstandenen Orgel- und Klaviermusik sowie die Diskussion der Kontrapunkttheorie zeigen, wie nachdrücklich (allerdings auch: wie lokal begrenzt und wie gattungsmäßig beschränkt) das Werk des Thomaskantors auch in jener Zeit präsent gewesen ist, die nach geläufiger Auffassung den Wert barocker Tonkunst verkannte. Publizistische Aktivitäten, der Beginn einer wissenschaftlichen, biographisch wie philologisch interessierten Bach-Forschung sowie mehrere aufeinanderfolgende Projekte einer Gesamtausgabe lassen ein Bewußtsein von der Qualität Bachscher Musik erkennen (zeigen aber auch, unter welchen speziellen Perspektiven sie zunächst wahrgenommen wurde), auf dem die im ersten Drittel des 19. Jahrhunderts einsetzenden Bemühungen um Aufführungen seiner „großen" Werke und namentlich die „Wiederentdeckung" der *Matthäus-Passion* dann aufbauen konnten. Ihr patriotischer Impetus präfiguriert bereits die im weiteren Verlauf des Jahrhunderts an Gewicht gewinnenden Versuche zur Rekonstruktion eines bis weit ins 20. Jahrhundert hinein wirksamen Musikgeschichtsbildes: das einer Weltgeltung und schließlich sogar Vorherrschaft deutscher Musik. Vor dieser Folie lassen sich die sehr unterschiedlichen individuellen Rezeptionshaltungen von Beethoven, Mendelssohn und Schumann entfalten. Dabei ließ die gegenwärtige Forschungssituation, die zum Bach-Verständnis Beethovens und Mendelssohns mehr aufzuweisen hat als etwa zu demjenigen Robert Schumanns, die überproportionale Ausdehnung des Schumann-Kapitels als gerechtfertigt erscheinen.

Die der Chronologie folgende Einteilung der vier Bände dieser Buchreihe soll indessen nicht schematisch gehandhabt werden. So wird etwa die Darstellung der Bearbeitungs- und Aufführungspraxis, die gerade an Bachschen Werken von Anfang an besonders virulent gewesen ist, erst in den Zusammenhang des folgenden Bandes eingegliedert werden, da es sich als praktischer erweist, den Komplex als ein Phänomen des gesamten 19. Jahrhunderts zu erfassen. So werden auch jene

Aspekte der Bach-Rezeption außerhalb des deutschen Sprachraums, obwohl sie bereits in dem mit dem ersten Band gesetzten Zeitrahmen nicht unerheblich sind, dem Leser erst später begegnen: Die französischen Bemühungen vor allem um die Kammermusik Bachs, doch auch der Versuch, die Spiritualität seiner geistlichen Werke durch die Unterlegung lateinischer Texte für die katholische Liturgie zu nutzen, zudem der hier besonders forcierte Gedanke, in der Kontrapunktik Bachscher Provenienz einen Gegenentwurf zu einer als allzu oberflächlich empfundenen Salon- und Virtuosenmusik zu stilisieren, erscheinen als Folie der Bach-Rezeption etwa von Franz Liszt und Hector Berlioz auch schon der ersten Hälfte des 19. Jahrhunderts und doch erst als Voraussetzung einer Idee „Bach in Frankreich", die ein charakteristisches Profil und eine ungleich größere Virulenz erst nach der Jahrhundertmitte gewinnt. Ähnlich wäre für andere romanische wie auch die slawischen Länder zu verfahren, in denen sich Spuren einer Auseinandersetzung mit Bachs Œuvre immer wieder aufweisen lassen; dennoch wäre es schwierig, Rezeptionsmomente einzelner Regionen zu definieren, die einerseits hinreichend individualisiert sind, andererseits in der Wirkungsgeschichte Bachscher Musik mehr als eine Fußnote beanspruchen können. Zumal es häufig lediglich Liebhaber sind, oft nicht einmal Musiker von Profession, die, von der Bedeutung des Bachschen Œuvres überzeugt, in einer solcher Kunst gegenüber wenig aufgeschlossenen Umwelt zum Nukleus einer „Bach-Bewegung" werden, die an ihre Person gekoppelt bleibt. So konzentriert sich auch die Bach-Rezeption in England am Ende des 18. Jahrhunderts letztlich um eine einzelne Gestalt, August Friedrich Christoph Kollmann, der sogar eine kommentierte Edition Bachscher Werke bedachte, das Vorhaben jedoch aufgab, als er von den ambitionierten Plänen einer Gesamtausgabe in Leipzig hörte, mit der er schlechterdings nicht konkurrieren wollte.

Um 1850 allerdings erreichen die Bemühungen um die Pflege des Werkes von Johann Sebastian Bach eine neue Dimension – ein Umstand, der es rechtfertigen läßt, eine Zäsur auch zwischen zwei Bänden zur Geschichte der Bach-Rezeption anzusetzen: Die Ergebnisse systematischer Sammlung von Abschriften und Lesarten seiner Kompositionen münden in eine Ausgabe sämtlicher Werke, die von einer aus Anlaß seines 100. Todestages begründeten Bach-Gesellschaft betreut wird. Diese Sicherung eines philologisch einwandfreien Notentextes wird begleitet von einer Vielzahl von kommentierten Ausgaben, Bearbeitungen und Kommentaren, in denen die historischen Werke dem Verständnis der Gegenwart angenähert werden sollen. Und dasselbe Wechselspiel von Historisierung und Popularisierung findet sich auch in der nun stark wachsenden Zahl literarischer Veröffentlichungen über Bach, in wissenschaftlichen Studien (Carl Ludwig Hilgenfeldt, Carl Hermann Bitter, Philipp Spitta) und belletristischen Darstellungen, die auch die Bach-Familie einbeziehen. Welche Konsequenzen ein solch ambivalentes Bach-Bild für die Musikpraxis in Deutschland, Frankreich, England, Italien und Rußland hat, für die Lehrpläne an Konservatorien, für die Konzertprogramme bis hin zu Anthologien für das häusliche Musizieren, soll ebenso dargestellt werden wie die Auseinandersetzung der Komponisten mit Bach, exemplarisch verdeutlicht an der Bach-Rezeption wiederum dreier Komponisten: Franz Liszt, Richard Wagner und Johannes Brahms.

Im 20. Jahrhundert, dessen erster Hälfte der dritte Band gewidmet sein wird, weicht die emphatische, nicht selten patriotisch gefärbte Beschäftigung mit Bachs Musik einer zunehmend ideologischen Deutung: in der Musiktheorie (Hugo Riemann, Heinrich Schenker, Ernst Kurth, Arnold Schering, August Halm) kaum weniger als in der Reduktion seines Œuvres auf geistliche Musik oder durch eine strikte Versachlichung. So werden im Zentrum dieses Bandes Kapitel zur Bach-Auffassung von Neoklassizismus und Wiener Schule, zur Vereinnahmung durch kirchenmusikalische Erneuerungsbewegung und totalitäre Systeme stehen. Seit dem 20. Jahrhundert hat man es, auch dies ist zu berücksichtigen, mit einer nicht mehr nur auf Europa beschränkten Bedeutung Bachs zu tun. Die Diskussionen um die angemessene Bach-Interpretation und um die Bemühungen zur Rekonstruktion authentischer Spielweisen werden einen zentralen Darstellungsgegenstand bilden ebenso wie die Präsenz Bachs im beginnenden Zeitalter der technischen Reproduzierbarkeit musikalischer Interpretation.

Im für das Bach-Jahr 2000, zum 250. Todestag des Komponisten, geplanten Schlußband der Reihe soll schließlich der Versuch unternommen werden, zu einer Summe der Auseinandersetzung mit Bach in der Gegenwart zu gelangen: als Kommentar zu den Wegen der Bach-Forschung, zum Bach-Bild in der Vielzahl neuer Medien (vom Film über das Tanztheater bis zum Fernsehen), zur Idee „historischer Aufführungspraxis" (deren Ende wohl bereits abzusehen ist), doch auch zur produktiven Auseinandersetzung mit Bach in Werken der Neuen Musik – mit der Intention, sich nicht nur der aktuellen Bedeutung seiner Musik bewußt zu werden, sondern auch Bach gegen Mystifikationen zu verteidigen.

*

Das Unternehmen, eine Gesamtdarstellung der Geschichte der Bach-Rezeption vorzulegen, hätte nicht ins Werk gesetzt werden können ohne die weitreichende Unterstützung so zahlreicher Personen und Institutionen, daß es schwerfällt, einzelne namentlich zu erwähnen, ohne nicht zugleich andere ungerechtfertigt zu übergehen. Freilich gebührt der erste Dank der Herausgeber den Autorinnen und Autoren dieses Bandes, die in äußerst kollegialer Weise ihre Arbeitsergebnisse miteinander geteilt, wechselseitig Informationen über schwer erreichbare Forschungsliteratur wie neu aufgefundene Quellen ausgetauscht und nicht selten auch Vorschlägen zugestimmt haben, Passagen ihrer Ausarbeitung anderen Kapiteln zuzuordnen, wo sie nach übereinstimmender Auffassung optimal plaziert werden konnten. Diese geradezu ideale Form wissenschaftlicher Kooperation zentrierte sich an zwei Orten, in Leipzig und Berlin, konkret dem Bach-Archiv sowie der Musikabteilung der Staatsbibliothek zu Berlin Preußischer Kulturbesitz.

Diesen beiden Institutionen schulden wir den größten Dank, namentlich ihren Leitern, Herrn Prof. Dr. Hans-Joachim Schulze, der dem Projekt seine ungeteilte Unterstützung widmete und auch mit mancher administrativen Hilfe maßgeblich zu seiner Realisierung beitrug, sowie Herrn Dr. Helmut Hell, der die Erschließung des von ihm betreuten Fundus nachhaltig förderte. Von der stets ebenso freundlichen wie fachkundigen Hilfe der Mitarbeiterinnen und Mitarbeiter der Musikabteilung im Haus Unter den Linden hat dieser Band in einem Maße profitiert, daß es ungerechtfertigt wäre, den einzelnen Damen und Herren nicht auch namentlich zu danken: Ute Nawroth für die unbürokratische Bereitstellung von Handschriften und Nachlässen sowie für zahlreiche Hinweise auf andere, noch unerschlossene Schriftstücke und Dokumente in den Beständen der Bibliothek, Birgit Busse und Jana Kerkow für ihre Hilfestellung, geeignetes Bildmaterial zu finden, ihnen beiden sowie Berenike Beerbaum, Birgit Renner, Reinhard Rokicki, Heidrun Siegel und Frank Ziegler für ihre aufmerksame und liebenswürdige Betreuung im Lesesaal, nicht zuletzt den beiden Magazinern, Uwe Frenzel und Antje Goerig, die anscheinend unermüdlich allen unseren Bücherbestellungen nachkamen, auch wenn diese mitunter so umfangreich waren, daß die ihnen zugemutete Last uns selbst schon peinlich berührte.

Herrn Prof. Dr. Hans Schneider (Tutzing) sind wir für die freundlich gewährte Möglichkeit, Materialien aus seinem Privatbesitz einsehen zu können, sehr verbunden; und aus der Vielzahl derer, die uns mit ihrer Hilfe nachhaltig unterstützt haben, seien Dorothea Wagner und Claudia Maria Knispel hervorgehoben, deren Sachverstand und Erfahrung wir bei den Vorbereitungen zur Drucklegung des Bandes zu schätzen gelernt haben.

Daß der Plan, eine Geschichte der Bach-Rezeption zu schreiben, nun auch in die Form einer Buchreihe gebracht werden konnte, verdanken wir Herrn Dr. Henning Müller-Buscher, der die Idee des Projekts sofort begeistert aufgenommen und tatkräftig unterstützt hat. Dem von ihm im oberpfälzischen Laaber geleiteten Verlagshaus mit seinen Mitarbeitern, unter ihnen namentlich Dr. Thomas Emmerig und Matthias Bückle, gebührt unser ganz herzlicher Dank für die Offenheit des Dialogs und eine in jeder Hinsicht vertrauensvolle Zusammenarbeit. Das verlegerische Risiko zu vermindern, zugleich auch die Arbeit der Autorinnen und Autoren ein wenig zu würdigen, gelang dank der freundlichen Unterstützung aus Mitteln der Ludwig Sievers-Stiftung (Stiftung der freien Berufe) sowie der *Ständigen Konferenz Mitteldeutsche Barockmusik in Sachsen, Sachsen-Anhalt und Thüringen e.V.* aus Mitteln des Bundesministeriums des Innern und den für Kultur und Kunst verantwortlichen Ministerien der drei Länder; für ihre großzügige Förderung danken wir verbindlichst.

Hinter diesen Institutionen verbergen sich viele einzelne, hier ungenannt bleibende Mitarbeiterinnen und Mitarbeiter; die Namen der Autorinnen und Autoren erscheinen eingebunden in die Kreise ihrer Familien, Freunde und Kollegen, die an unserem Projekt oft weit mehr, als es konkret und im Detail zu benennen wäre, ihren je eigenen Anteil haben: durch ihren Zuspruch, kritische Anregungen und freundschaftliche Diskussionen, ein aufmunterndes persönliches Wort, nicht zuletzt aber auch durch ihre stille Hilfe, ihre Rücksicht und ihren Verzicht, wenn die „Arbeit am Text" allzuoft ihren Tribut forderte. Ihnen allen dafür zu danken, ist uns ein besonderes Bedürfnis.

ANMERKUNGEN

1 *BG* 46/Kretzschmar. Hier findet sich erstmals die Wortprägung „Bachbewegung" (S. XIX).

2 Herz, *Bachbewegung*.

3 Als lexikographisch-biographische und in weiterem Sinne publizistische Rezeptionsbelege aus dem
   18. Jahrhundert dienten der von Carl Philipp Emanuel Bach, Johann Friedrich Agricola und Lorenz Mizler verfaßte Nekrolog von 1754 (*Dok III*, Nr. 666); dessen kaum veränderte Übernahme durch Johann
   Adam Hillers *Lebensbeschreibungen berühmter Musikgelehrten und Tonkünstler, neueren Zeit*, Teil 1,
   Leipzig 1784 (*Dok III*, Nr. 895); der Artikel in Ernst Ludwig Gerbers *Historisch-Biographischem Lexicon der Tonkünstler*, Leipzig 1790 (*Dok III*, Nr. 949); ein Abschnitt im ersten Band von Friedrich Carl
   Gottlob Hirschings *Historisch-literarischem Handbuch berühmter und denkwürdiger Personen*, Leipzig
   1794 (*Dok* III, Nr. 987), der in seinen Wertungen zurückgeht auf eine Passage Daniel Friedrich Schubarts
   in der *Deutschen Monatsschrift* 1793 (*Dok III*, Nr. 903); die anonyme (wahrscheinlich von Carl Philipp
   Emanuel Bach verfaßte) Polemik gegen den in Charles Burneys *Musikgeschichte* formulierten, Bach her-
   absetzenden Vergleich mit Händel in der *Allgemeinen deutschen Bibliothek* 1788 (*Dok III*, Nr. 927) und
   Friedrich Reichardts Versuch einer Bach-Bewertung in seinem *Musikalischen Kunstmagazin* 1782
   (*Dok III*, Nr. 864). Zu ihnen traten als Zeugnisse des frühen 19. Jahrhunderts die Bach gewidmeten Pas-
   sagen in Johann Karl Friedrich Triests Rückschau auf die Musik des gerade vergangenen Jahrhunderts
   (*AMZ* 1801), der Bach-Abschnitt in Christian Albrecht Siebigkes *Museum berühmter Tonkünstler*, (Bd.
   1, Breslau 1801), Johann Nikolaus Forkels Bach-Monographie (Leipzig 1802) und der *Brief an einen
   Freund* von Friedrich Rochlitz (*AMZ* 1803). Erst für den späteren Zeitraum gewinnt – je nach Ausrichtung der betreffenden Studie – die Materialbasis an Breite.

4 Leo Schrade, *Johann Sebastian Bach und die deutsche Nation. Versuch einer Deutung der frühen
   Bachbewegung*, in: *Deutsche Vierteljahrsschrift für Literaturwissenschaft und Geistesgeschichte*
   15 (1937), S. 235.

5 Herz, *Bachbewegung*, S. 30.

6 Hans-Joachim Schulze, *„Unbequemes Geräusche" und „gelehrtes Chaos". Bemerkungen zur Bach-
   Rezeption im 18. und frühen 19. Jahrhundert*, in: *Kongreßbericht Stuttgart 1985*, Bd. I, S. 141.

7 Schulze, *Bach-Überlieferung*, S. 28.

8 Hans Robert Jauß, *Rückschau auf die Rezeptionstheorie. Ad usum Musicae Scientiae*, in: Hermann Da-
   nuser und Friedhelm Krummacher (Hrsg.), *Rezeptionsästhetik und Rezeptionsgeschichte in der Musikwissenschaft*, Laaber 1991, S. 21 (= *Publikationen der Hochschule für Musik und Theater Hannover*, Bd. 3).

9 Hans Robert Jauß, *Racines und Goethes Jphigenie. Mit einem Nachwort über die Partialität der
   rezeptionsästhetischen Methode*, in: Rainer Warning (Hrsg.), *Rezeptionsästhetik. Theorie und
   Praxis*, München [4]1993, S. 387.

10 Friedhelm Krummacher, *Rezeptionsgeschichte als Problem der Musikwissenschaft*, in: *SIM-
   Jahrbuch 1979/80*, S. 160.

11 Martin Zenck, *Stadien der Bach-Deutung in der Musikkritik, Musikästhetik und Musikgeschichtsschreibung zwischen 1750 und 1800*, in: *BJ* 68 (1982), S. 7–32.

12 Bernd Sponheuer, *Das Bach-Bild Hans Georg Nägelis und die Entstehung der musikalischen Autonomieästhetik*, in: *Mf* 39 (1986), S. 122.

13 Gerald Osthoff, *Untersuchungen zur Bach-Auffassung im 19. Jahrhundert unter Berücksichtigung
   ihres Fortwirkens*, Diss. Köln 1949, S. 186–228.

14 Schrade, *Bach und die deutsche Nation*, S. 231.

15 Geck, *Wiederentdeckung*, S. 12.

16 Hayden White, *Die Bedeutung der Form. Erzählstrukturen in der Geschichtsschreibung*, Frankfurt
   a. M. 1990, S. 14.

17 Schulze, *„Unbequemes Geräusche"*, S. 141.

18 Brief Carl Philipp Emanuel Bachs an Johann Nikolaus Forkel vom 13. Januar 1775; zit. nach: Ernst
   Suchalla (Hrsg.), *Carl Philipp Emanuel Bach: Briefe und Dokumente Kritische Gesamtausgabe*, 2
   Bde., Göttingen 1994, Nr. 202, S. 481.

19 Alfred Einstein, *Mozart. Sein Charakter – Sein Werk*, Frankfurt a. M. 1978 [zuerst 1947], S. 156.
20 *AMZ* 1 (1798/99), Sp. 116f.; vgl. *Dok III*, S. 558 (Nr. 1009).
21 Brief vom 20. April 1782; zit. nach Wilhelm A. Bauer und Otto Erich Deutsch (Hrsg.), *Wolfgang Amadeus Mozart: Briefe und Aufzeichnungen*, Bd. 3, Kassel 1967, Nr. 668, S. 202.
22 Ulrich Konrad, *Mozarts Schaffensweise. Studien zu den Werkautographen, Skizzen und Entwürfen*, Göttingen 1992, S. 470.
23 Rudolf Stephan, *Über Mozarts Kontrapunkt*, in: *NZfM* 133 (1972), S. 185.
24 Vgl. Reinhold Hammerstein, *Der Gesang der geharnischten Männer. Eine Studie zu Mozarts Bachbild*, in: *AfMw* 13 (1956), S. 23.
25 Wolfgang Plath, *Vorwort*, in: Wolfgang Amadeus Mozart, *Neue Ausgabe sämtlicher Werke*, Bd. IX/27/2, Kassel 1982, S. XXX.
26 Vgl. Stanley Sadie, *Mozart, Bach and Counterpoint*, in: *The Musical Times* 105 (1964), S. 23f.
27 Heinrich Besseler, *Bach als Wegbereiter*, in: *AfMw* 12 (1955), S. 1–39; Hans Heinrich Eggebrecht, *Bach – wer ist das?*, in: *AfMw* 42 (1985), S. 215–228.

I. ÜBERLIEFERUNGEN

Gebel pinx. Leipzig.

IOH: SEBASTIAN. BACH

PETER WOLLNY

ABSCHRIFTEN UND AUTOGRAPHE, SAMMLER UND KOPISTEN

ASPEKTE DER BACH-PFLEGE IM 18. JAHRHUNDERT

Die im frühen 19. Jahrhundert einsetzende, von patriotischer Gesinnung erfüllte Aneignung von Johann Sebastian Bachs Schaffen wurde lange Zeit als ein ausgesprochener Neuanfang gewertet, dem eine seit Bachs Tod während Periode des nahezu vollständigen Vergessens seiner Kunst voranging. In dieser von der älteren Bach-Forschung formulierten Einschätzung scheint indirekt etwas von dem Pioniergeist fortzuleben, der etwa Felix Mendelssohn Bartholdys Bemühungen um die Wiederaufführung der *Matthäus*-Passion beseelte; verkannt wird dabei freilich, daß es parallel zu und längst vor dieser sich an eine breitere Öffentlichkeit wendenden Bach-Bewegung eine ältere Generation von Bach-Verehrern gab – unter ihnen der langjährige Direktor der Berliner Singakademie Carl Friedrich Zelter (1758–1832) und der Göttinger Universitätsmusikdirektor Johann Nikolaus Forkel (1749–1818) – , die seit Jahrzehnten in privaten Kreisen und damit gewissermaßen im Verborgenen die Werke des Komponisten sammelten und pflegten und die durch ihre persönlichen Kontakte zu den Bach-Söhnen und -Schülern noch in einer direkten Traditionslinie standen. In diesem Sinne ist auch ein vielzitierter Brief Zelters an den Forkel-Schüler Friedrich Konrad Griepenkerl vom März 1829 zu verstehen: „Ich bin seit 50 Jahren gewohnt, den Bachschen Genius zu verehren. Friedemann ist hier gestorben, Em. Bach war hier Königl. Kammermusiker, Kirnberger, Agricola Schüler vom alten Bach, Ring, Bertuch, Schmalz und andere ließen fast nichts anderes hören als des alten Bachs Stücke; ich selbst unterrichte seit 30 Jahren darinne und habe Schüler, die alle Bachschen Sachen gut spielen."[1] Im Vordergrund des Interesses von Bach-Verehrern der Generation Zelters stand mithin nicht so sehr ein öffentliches Propagieren von Bachs Genius als vielmehr das Sammeln und Bewahren von Werken, von Aufführungstraditionen und von biographischem Material.

Der von Figuren wie Forkel und Zelter beherrschten Phase der Bach-Bewegung geht eine Periode der von dessen Söhnen und Schülern geprägten lokalen Traditionen voraus, die unmittelbar nach Bachs Tod einsetzte und vor allem Leipzig, Halle und Berlin, später auch Hamburg betraf. Gerade für diesen Zeitraum (1750 bis etwa 1780), der ehedem als eine Art Talsenke der Bach-Pflege galt, hat die neuere Forschung durch die Bereitstellung eines eindrucksvollen Korpus an Dokumenten zum Nachwirken Johann Sebastian Bachs[2] sowie durch

spezifische wie auch übergreifende Darstellungen verschiedener Überlieferungskreise eine völlig neue Grundlage für eine differenziertere Bewertung geschaffen.[3] Jedoch sind noch längst nicht alle Aspekte der Bach-Überlieferung und
-Rezeption erschlossen; viele Zusammenhänge harren weiterhin der quellenkund-
lichen Aufarbeitung und geistesgeschichtlichen Bewertung sowie schließlich einer
übergreifenden Darstellung.

Auch wenn die These eines völligen Vergessens von Bachs Schaffen im musikalischen Bewußtsein der zweiten Hälfte des 18. Jahrhunderts inzwischen eindeutig und nachhaltig widerlegt ist, wäre es verfehlt, von einer bruchlosen Pflege
seines musikalischen Vermächtnisses seit seinem Tod zu sprechen. Vielmehr
kennzeichnet das „Bach-Bild" jener Jahrzehnte eine Konzentration auf bestimmte
Werkgruppen und Einzelwerke, deren Sonderstellung ein komplexes Wechselspiel von der Verfügbarkeit konkreter Quellen und deren praktischer Verwendbarkeit bestimmte. Generell konnte sich nur behaupten, was den sich alsbald
schnell und grundlegend vollziehenden Wandlungen des musikalischen Geschmacks standhielt – sei es dank bestimmter musikalischer und stilistischer
Qualitäten, sei es aus pädagogischem oder spieltechnischem Interesse, oder sei es
aufgrund fest etablierter lokaler Traditionen. Bestimmte Bereiche von Bachs
Schaffen traten infolgedessen völlig in den Hintergrund, andere erhielten eine
größere Bedeutung als zu Lebzeiten des Komponisten. Zur ersten Gruppe gehört
beispielsweise die bereits um 1750 in ihren Formmodellen und ihrer musikalischen Sprache weitgehend veraltete instrumentale Ensemblemusik, die meist an
konkrete – und damit vergängliche – Anlässe gebundene weltliche Vokalmusik,
aber auch ein Großteil der geistlichen Vokalwerke mit deutschen madrigalischen
Texten, deren Inhalte und Stilideale nach 1750 zunehmend zur Zielscheibe der
Kritik einer empfindsamen Musikästhetik wurden; zur zweiten Gruppe zählen etwa die Motetten, die in Bachs Schaffen eine eher untergeordnete Stellung eingenommen hatten, namentlich in der Leipziger Bach-Pflege des späten 18. Jahrhunderts jedoch eine prominente Rolle spielten und auch für die kurz nach 1800 einsetzende breitere Rezeption des Bachschen Vokalwerks von entscheidender Bedeutung waren.

Die Zugänglichkeit des Quellenmaterials – besonders bei nur handschriftlich
überlieferten Werken – ist als förderndes oder hemmendes Moment der frühen
Bach-Rezeption nicht zu unterschätzen. Kantaten etwa, die 1750 mit dem Erbteil
des zweitjüngsten Bach-Sohns Johann Christoph Friedrich ins niedersächsische
Bückeburg abgewandert waren, waren für die mitteldeutsche Musikpraxis unwei-
gerlich verloren. Schwer zugänglich waren offenbar auch Handschriften im Besitz
Wilhelm Friedemann Bachs, der als ein „finstrer und mit seiner Kunst so geiziger
Mann" beschrieben wird[4] und seine Notenbibliothek offenbar nur wenigen Ver-
trauten öffnete. Werke hingegen, die Aufnahme in die Sortimentskataloge zeitgenössischer Musikalienhändler fanden, waren – zumindest potentiell – weiten
Kreisen zugänglich. Inwieweit diese Angebote tatsächlich genutzt wurden, ist allerdings schwer zu ermessen. Die auffällig geringe Zahl heute noch erhaltener
Verkaufsabschriften der von Breitkopf angebotenen Kompositionen Bachs könnte

zunächst als Indiz für deren geringe Aktualität gelten.[5] Der gleiche Sachverhalt trifft allerdings auch für das modernere Repertoire der nachfolgenden Generationen zu; eine sichere Bewertung wird also erst möglich sein, wenn die quellenmäßige Erforschung des frühen Musikalienhandels einen Stand erreicht hat, der einen umfassenden Überblick über die erhaltenen Teile des Gesamtrepertoires erlaubt. Insgesamt aber ist die Bach-Rezeption des 18. Jahrhunderts vor allem mit den Bemühungen einzelner Personen verknüpft. Verwandte und Schüler, Sammler und Sympathisanten waren für die Überlieferung von Quellen und mündlichen Traditionen noch lange Zeit nach Johann Sebastian Bachs Tod von weit größerer Bedeutung als Institutionen und Händler.

DIE ERBTEILUNG VON 1750

Mit der Aufteilung von Bachs Nachlaß im Herbst 1750 trat die Rezeption seines Œuvres in eine neue Phase, da nun erstmalig die Abwanderung von Quellenkomplexen von ihrem ursprünglichen Wirkungsort erfolgte, wodurch neue Stätten der Bach-Pflege angeregt wurden. Da die offiziellen Akten zur Nachlaßregelung vom November 1750 keine Musikalien erwähnen[6], muß deren Verteilung bereits zuvor im Familienkreis stattgefunden haben; nach einer Vermutung Christoph Wolffs geschah dies vielleicht aufgrund von Verfügungen, die Bach selbst noch getroffen hatte. Auch wenn hierzu keine schriftlichen Unterlagen vorliegen, läßt sich die Aufteilung der Musikalien zumindest teilweise rekonstruieren[7]; allerdings müssen die meisten Ergebnisse als vorläufig gelten, denn immer wieder führen neue Beobachtungen zu Erkenntnissen, die uns zwingen, selbst lange Zeit unangefochtene Modelle zu modifizieren.

Dies trifft besonders für die Aufteilung der Kantatenjahrgänge zu. Weitreichende Erkenntnisse zur Überlieferung dieses zentralen Bereichs von Bachs Schaffen sind besonders den Forschungen Alfred Dürrs zu verdanken. Nach Dürr bewahrte Bach seine Kantaten in geschlossenen Jahrgängen auf, und zwar jeweils Partitur und Stimmen in einem gemeinsamen Umschlag, auf dem Bestimmung, Titel und Besetzung vermerkt waren. Die Stöße der Kantaten waren nach den Sonntagen des Kirchenjahres sortiert, wobei offenbar jeweils das Werk zum ersten Sonntag nach Trinitatis obenauf lag; Kantaten, die nicht den Jahrgängen zugeordnet waren (etwa Werke zu Trauungen, zum Ratswechsel oder zu anderen speziellen Gelegenheiten) wurden separat aufbewahrt. Nach Bachs Tod wurden die Jahrgänge jeweils unter zwei Erben aufgeteilt, und zwar bekam der eine einen einfachen, aber kompletten Stimmensatz einer Kantate, während dem anderen die Partitur nebst eventuell vorhandenen Stimmdubletten zufielen. Vereinzelt auf Titelumschlägen zu findende Namenseinträge stehen offenbar mit der Erbteilung in Verbindung und lassen sich auf drei der Bach-Söhne („Carl" = Carl Philipp Emanuel, „Christel" = Johann Christian, „Friederich" = Johann Christoph Friederich) beziehen. Berücksichtigt man diese Namenseinträge und den 1790 in C. P. E. Bachs Nachlaßverzeichnis als dessen Erbteil nachgewiesenen Werkbestand, so

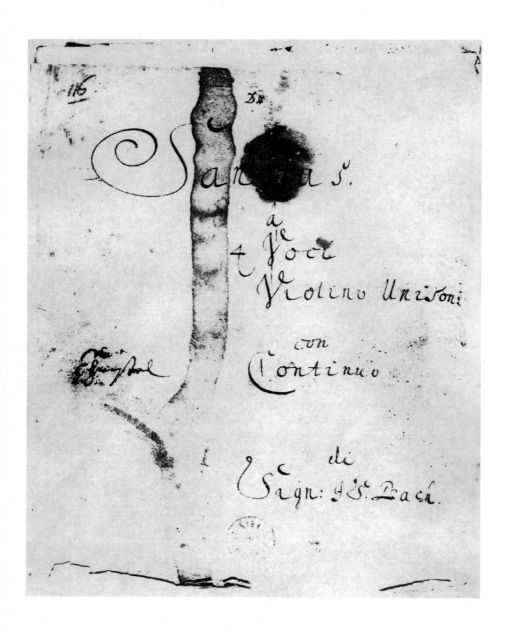

J. S. Bach, *Sanctus* D-Dur, BWV 238, Titelblatt des Originalstimmensatzes,
Berlin SBPK: Mus. ms. Bach St 116.

ergibt sich für die drei erhaltenen Jahrgänge – als Ausgangsbasis für weitere
Überlegungen – in etwa folgende vorläufige Verteilung:

Jahrgang I:　Carl Philipp Emanuel und Johann Christoph Friedrich Bach (abwech-
　　　　　　selnd Partitur/Stimmdubletten und Stimmen)

Jahrgang II:　Anna Magdalena Bach (Stimmen) und Wilhelm Friedemann Bach
　　　　　　(Partituren/Stimmdubletten)

Jahrgang III:　Carl Philipp Emanuel Bach (Partituren/Stimmdubletten) und Johann
　　　　　　Christian Bach (Stimmen)

Die wenigen überlieferten Reste von Jahrgang IV, dem sogenannten Picander-
Jahrgang, deuten sämtlich auf W. F. Bach als Besitzer, während über das Schicksal des im Nekrolog erwähnten fünften Jahrgangs in der Forschung keine einheitliche Meinung besteht. Unsicherheit herrscht auch hinsichtlich der Bewertung einer Mitteilung Forkels, nach der „die Jahrgänge ... nach des Verfassers Tode unter den ältern Söhnen vertheilt [wurden], und zwar so, daß Wilh. Friedemann das
meiste davon bekam, weil er in seiner damahligen Stelle zu Halle den meisten
Gebrauch davon machen konnte".[8] Problematisch an dieser Passage ist, daß hier
nur von den Söhnen aus Bachs erster Ehe gesprochen wird, die verfügbaren Indi-
zien jedoch eine Beteiligung auch der beiden jüngeren Brüder implizieren. Da andererseits aber die meisten der heute bekannten Kantaten durch C. P. E. Bach
überliefert sind, deutet die möglicherweise auf Informationen der beiden ältesten
Bach-Söhne zurückgehende Behauptung Forkels auf größere Verluste im Erbteil
W. F. Bachs – selbst wenn man annimmt, daß Johann Christian Bach bei seinem
Weggang nach Italien (1755) sein Erbteil bei seinem Berliner Bruder zurückließ,
woraus sich ergäbe, daß der im Nachlaßverzeichnis C. P. E. Bachs aufgelistete
Bestand die Erbteile zweier Brüder reflektiert. Völlig unklar ist weiterhin, ob
Bachs Töchter und besonders auch sein ebenfalls ein kirchenmusikalisches Amt
verwaltender Schwiegersohn Johann Christoph Altnickol erbberechtigt waren und
bei der Verteilung der Musikalien berücksichtigt wurden.[9]
　Das von der Forschung bisher postulierte Modell einer konsequent durchgeführten Aufteilung von Partitur und Stimmen bestätigt sich eindeutig indes nur bei
Jahrgang II. Die zum Erbteil Anna Magdalena Bachs gehörenden Stimmensätze
wurden – mit neuen Umschlägen versehen – bereits 1750 im Zusammenhang mit
den Verhandlungen um die Gewährung des „Gnadenhalbjahrs" (der auf sechs
Monate befristeten Fortzahlung der Bezüge des Verstorbenen) noch im Herbst
1750 der Thomasschule übergeben.[10] Die zugehörigen Partituren lassen sich
sämtlich auf den Besitz W. F. Bachs zurückführen. Ausnahmen von diesen beiden
Überlieferungszweigen sind bislang nicht festgestellt worden.
　Problematischer gestaltet sich hingegen die Überlieferung der Jahrgänge I und
III. Die in Dürrs tabellarischer Aufstellung des Überlieferungsbefunds von Jahr-
gang I dargestellte streng abwechselnde Sequenz derjenigen Stimmen und Partitu-

ren[11], die im Nachlaßverzeichnis C. P. E. Bachs enthalten sind, trifft strenggenommen nur für die Kantaten zwischen dem 1. Advent und dem 4. Sonntag nach Trinitatis zu. Ein diffuseres Muster ergibt die Überlieferung hingegen bei den Kantaten der mittleren und späten Trinitatiszeit. Besonders fällt auf, daß das letzte Drittel des Kirchenjahres bei den Beständen an Kantaten J. S. Bachs im Nachlaßverzeichnis völlig fehlt, einige der Originalquellen jedoch Umschlagbeschriftungen von der Hand des alternden C. P. E. Bach aufweisen. Dieser merkwürdige Befund erlaubt verschiedene Deutungen (irrtümliche Auslassung im Nachlaßverzeichnis, Veräußerung vor dessen Erscheinen, Beschriftung für einen fremden Besitzer), die jedoch alle hypothetisch bleiben müssen. Der den im Nachlaßverzeichnis genannten Quellenbestand komplementär ergänzende Teil von Jahrgang I wird gemeinhin dem Erbteil J. C. F. Bachs zugerechnet, wenngleich nur ein einziges Stück – die Kantate „*Jesus schläft, was soll ich hoffen*" zum 4. Sonntag nach Epiphanias (BWV 81) – nachweislich aus dessen Besitz stammt und lediglich bei einem weiteren – der Kantate „*Erfreute Zeit im neuen Bunde*" (BWV 83) zum Fest Mariä Reinigung – für eine entsprechende Annahme konkrete Anhaltspunkte vorliegen.[12] Seitdem jedoch nachgewiesen werden konnte, daß eine beträchtliche Reihe von nicht aus dem Nachlaß C. P. E. Bachs stammenden Originalquellen des ersten Jahrgangs Eintragungen von der erwachsenen Hand Wilhelm Friedemanns enthalten, muß als sehr wahrscheinlich gelten, daß auch dieser bei der Verteilung des ersten Jahrgangs berücksichtigt wurde.[13] Im einzelnen handelt es sich um folgende Quellen:

1. Ostertag	BWV 31 „*Der Himmel lacht, die Erde jubilieret*"	Originalstimmen
Jubilate	BWV 12 „*Weinen, Klagen, Sorgen, Zagen*"	Originalstimmen
Exaudi	BWV 44 „*Sie werden euch in den Bann tun*"	Originalstimmen
1. Pfingsttag	BWV 172 „*Erschallet, ihr Lieder*"	Originalstimmen
Trinitatis	BWV 194 „*Höchsterwünschtes Freudenfest*"	Originalstimmen
Johannis	BWV 167 „*Ihr Menschen rühmet Gottes Liebe*"	Originalpartitur?
Mariä Heimsuchung	BWV 147 „*Herz und Mund und Tat und Leben*"	Originalstimmen?

Desgleichen finden sich Anhaltspunkte dafür, daß W. F. Bach in Halle einige Stimmensätze zu Jahrgang III benutzte, die man bisher meist dem Erbteil Johann Christian Bachs zurechnete[14]; hierbei handelt es sich um die Kantaten BWV 19, BWV 43, BWV 45, BWV 170 und – sofern innerhalb dieses Jahrgangs überliefert – BWV 51. Nun bedeutet die nachweisliche Benutzung von Stimmensätzen oder Partituren nicht zwangsläufig deren dauerhaften Besitz, denn es ist durchaus denkbar, leider aber kaum zu belegen, daß die Brüder väterliche Materialien untereinander verliehen, um sich gegenseitig auszuhelfen. Ein regelmäßiger und enger Kontakt der Söhne Bachs war allerdings schon allein durch die räumliche Entfernung und unterschiedlichen beruflichen Bedingungen auf Dauer nur schwer aufrechtzuerhalten. Daß jedoch auch lange nach der Erbteilung noch ein Austausch von Originalquellen unter den Brüdern stattfand, deuten von C. P. E. Bach in seiner charakteristischen Spätschrift nachgetragene Besetzungsangaben an, die von W. F. Bach in Halle gefertigte Zusatzstimmen berücksichtigen.[15] Hierzu ist zu bemerken, daß der älteste Bach-Sohn – bedingt durch seine wirtschaftlichen Schwierigkeiten, die anscheinend zum ersten Mal in den Notjahren des die Einwohner der Stadt Halle besonders stark in Mitleidenschaft ziehenden Siebenjährigen Krieges (1756–1763) auftraten und nach seinem Rücktritt von der Organistenstelle an der Hallenser Marktkirche (Mai 1764) in Permanenz herrschten – sich wiederholt zum Verkauf von Teilen seines Erbes gezwungen sah. Dazu gehören etwa die zwischen 1759 und 1762 anzusetzenden Veräußerungen von Partituren und Stimmendubletten an den Oelsnitzer Kantor Johann Georg Nacke.[16] Möglicherweise fungierte in anderen Fällen der über gute Kontakte verfügende C. P. E. Bach als Vermittler von Verkäufen, wofür die erwähnten in seiner späten Lebenszeit gefertigten Titelumschläge zu einigen nicht im Nachlaßverzeichnis auftauchenden Kantaten sprechen könnten.

Bei den von W. F. Bach benutzten Stimmensätzen handelt es sich häufig um Festtagsmusiken. Es wäre denkbar, daß dem ältesten Bach-Sohn als Teil der Erbregelung – vielleicht verbunden mit einem Verzicht auf die großen Chorwerke (*Weihnachts-Oratorium*, *Matthäus-* und *Johannes-Passion*, *h-Moll-Messe*), die ja sämtlich an C. P. E. Bach gingen[17] – das Recht eingeräumt wurde, sich aus den Jahrgängen I und III die für ihn interessanten und für sein Amt in Halle brauchbarsten Werke herauszusuchen, bevor der Rest unter den anderen Erben verteilt wurde.

Die Praxis, Partitur und Stimmen eines Werks an zwei verschiedene Erben zu geben, galt offenbar nur bei den jahrgangsweise aufbewahrten Kantaten, vielleicht auch bei der instrumentalen Ensemblemusik. Bei den übrigen Vokalwerken – also den Oratorien, Kirchenstücken zu besonderen Anlässen und weltlichen Kantaten – gab es ein anderes Verteilungsprinzip, nach dem das komplette Material eines Werks jeweils einem Erben zugeschlagen wurde.[18]

Welche Regelung im einzelnen bei der Aufteilung der übrigen Werkgattungen – etwa der Kammermusik oder den Werken für Tasteninstrumente – sowie bei Bachs Sammlung von Kompositionen anderer Meister galt, ist aus dem Überlieferungsbefund nicht genau erkennbar. Auffällig ist jedoch, daß C. P. E. Bach von der Instrumentalmusik seines Vaters lediglich einen marginalen Bestand erbte, denn das, was von dieser in seinem Nachlaßverzeichnis auftaucht, gehörte ihm meist entweder bereits seit seiner Frankfurter Studentenzeit oder wurde erst um 1775 von ihm erworben.[19] Wer aber als Haupterbe von Bachs Ensemble- und Claviermusik zu gelten hat, entzieht sich unserer Kenntnis; vielleicht war es der am Bückeburger Hof als Kammermusiker tätige Johann Christoph Friedrich Bach – hierauf deutet unter anderem die Überlieferung der Originalquellen zu den Violinsoli BWV 1001–1006 (Berlin SBPK: Mus. ms. Bach P 967) oder auch der Sonaten für Violine und Cembalo BWV 1014-1019 (Berlin SBKP: Mus. ms. Bach St 162) – , vielleicht auch Wilhelm Friedemann, dessen Tätigkeit in Halle die Leitung eines studentischen Collegium musicum mit einschloß.

Ein häufig diskutiertes Problem der Erbteilung von 1750 wie auch der Bach-Überlieferung im 18. Jahrhundert allgemein betrifft die offenbar großen Verluste

an instrumentaler Ensemblemusik. Bachs langjährige Tätigkeit als Kammermusikus und späterer Konzertmeister am Weimarer Hof (1708–1717) sowie als
Hofkapellmeister des Fürsten Leopold von Anhalt-Köthen (1717–1723) läßt eine
umfangreiche kompositorische Tätigkeit im Bereich der Kammer- und Orchestermusik vermuten, von der sich jedoch lediglich ein verschwindend geringer
Teil erhalten hat. Die wenigen Ensemblewerke sind zudem meist in Leipziger
Quellen aus dem Umkreis des Bachschen Collegium musicum erhalten, so daß
sich die Frage nach dem Verbleib dieses Werkbestands stellt. Auffällig ist, daß
bereits das erste Werkverzeichnis J. S. Bachs, 1754 im Rahmen des von Carl
Philipp Emanuel Bach und Johann Friedrich Agricola verfaßten Nekrologs veröffentlicht, diesbezüglich erstaunlich vage Angaben macht; als separate Posten
werden nämlich lediglich „Verschiedene Concerte für 1. 2. 3. und 4. Clavicym-
bale" angeführt und anschließend pauschal „eine Menge anderer Instrumentalsachen, von allerley Art, und für allerley Instrumente" erwähnt.[20] Warum gerade die
Ensemblemusik so spürbar stiefmütterlich behandelt wird (während die Clavier-
und Orgelwerke recht detailliert aufgelistet sind), entzieht sich unserer Kenntnis.
Vielleicht war das zur Zeit von Bachs Tod Vorhandene so zahlreich und damit
unüberschaubar, daß genauere Angaben zu mühsam schienen.[21] Umgekehrt ist
aber auch die Möglichkeit nicht von der Hand zu weisen, daß der zweitälteste
Bach-Sohn sich zwar sehr wohl an eine reiche Kompositions- und Aufführungs-
tätigkeit des Vaters auf diesem Gebiet erinnern konnte, hiervon aber in dessen
Nachlaß nur noch wenige Spuren vorfand; die pauschale Auflistung von Ensem-
blewerken wäre dann als eine Art Verlegenheitslösung zu werten, die die Diskrepanz von Erinnerung und aktueller Situation zu überspielen versuchte.

Bei den Werken für Tasteninstrumente hatte Bach offenbar selbst noch darauf
geachtet, daß jeder seiner Söhne (und vielleicht auch ihm nahestehende Privatschüler) mit autorisierten Kopien der wichtigsten Werke ausgestattet wurde; angesichts dieser zahlreichen Abschriften beeinflußte der Überlieferungsgang der
Originalquellen die Rezeption dieser Werke somit nur unwesentlich. Dieser
Sachverhalt läßt sich besonders gut am Beispiel der *Französischen Suiten* verfolgen: Unter den heute noch greifbaren Abschriften befinden sich solche der Bach-
Schüler Johann Caspar Vogler (um 1725), Heinrich Nikolaus Gerber (um 1725)
und Friedrich Christian Samuel Mohrheim (um 1735); ferner besaß Wilhelm Friedemann eine zwischen etwa 1720 und 1730 wohl in Bachs Haus entstandene Abschrift, die lange Zeit als Autograph galt.[22] Ein ganz ähnliches Bild zeichnet sich
bei der Überlieferung der *Englischen Suiten* ab: Mit Bachs Unterrichtstätigkeit
hängen Abschriften des als „Anonymus Ih" bekannten Kopisten (entstanden zwischen 1719 und 1725), von H. N. Gerber (1725), aus dem Besitz von Johann
Friedrich Agricola (um 1738/40) sowie die auf etwa 1748 anzusetzenden Kopien
mit Besitzvermerken Johann Christian Bachs zusammen.[23] Eine solche durch
frühzeitig vervielfältigte Abschriften entstandene überaus reiche Quellenbasis,
wie sie für die meisten Clavierwerke vorliegt, bildete für eine breitgefächerte Rezeption dieser Werkgruppe im 18. Jahrhundert eine ideale Grundlage; für die beiden Teile des *Wohltemperierten Klaviers* etwa sind jeweils um die hundert, die

Zyklen ganz oder teilweise überliefernde Quellen aus der Zeit vor 1800 nachweisbar. Dies trifft auch für die meisten Orgelwerke zu – in diesem Fall ein glücklicher Umstand, da hier der weitgehende (und nicht befriedigend zu erklärende) Verlust der Originalquellen zu konstatieren ist.

Abschließend wäre in diesem Zusammenhang noch zu fragen, welcher Teil von Bachs frühem Schaffen – also den Werken der Arnstädter und Mühlhäuser bis in die Weimarer Periode – zum Zeitpunkt seines Todes noch im Familienbesitz vorhanden war. Mit Ausnahme gewisser Einzelstücke ist für die frühen Kompositionen eine weitgehend periphere Überlieferung typisch; dies erlaubt die Vermutung, daß Bach sein Schaffen zu einem bestimmten Zeitpunkt einer kritischen Durchsicht unterwarf und – vielleicht ähnlich wie es von seinem Sohn Carl Philipp Emanuel bekannt ist[24] – ältere Stücke, die vor seinem Urteil nicht mehr bestehen konnten, aussonderte.

DER UMGANG MIT DEM VÄTERLICHEN ERBE

Über die Art und Weise der praktischen Nutzung von Kompositionen Johann Sebastian Bachs durch andere gibt ein reines Konstatieren der Überlieferungsbefunde von Einzelquellen oder Quellenkomplexen zunächst keine konkrete Auskunft. In der Tat sind differenzierte Aussagen oft nur schwer oder gar nicht möglich; trotzdem muß nach der Verwendung, Wirkung und klanglichen Umsetzung einer Quelle gefragt werden, will man über abstrakte Erkenntnisse philologischer Untersuchungen zu einem anschaulichen Bild der frühen Bach-Rezeption gelangen. In diesem Sinne sollen einige ausgesuchte Einzelfälle diskutiert werden, die sich als unmittelbare Konsequenz aus der Erbteilung des Jahres 1750 ergaben.

Wilhelm Friedemann Bachs angeblich nachlässiger und verantwortungsloser Umgang mit den aus dem väterlichen Nachlaß ererbten Handschriften ist selbst bei sonst sachlich abwägenden Autoren häufig Anlaß zu scharfer Kritik an der menschlichen und künstlerischen Integrität des ältesten Bach-Sohnes gewesen; diese Kritik wurde meist mit einer solchen Vehemenz und solch unreflektierter Einmütigkeit des Urteils geäußert, daß sich die Frage nach der eigentlichen Motivation für ein derartiges Verdikt aufdrängt. Dabei wäre der Beweis, daß Friedemann Bach sein Erbe tatsächlich in verantwortungsloser Weise verschleuderte, noch zu erbringen.

Die materiellen und persönlichen Sorgen, die die letzten zwanzig Lebensjahre des ältesten Bach-Sohns belasteten und die nach seinem Tod seine Witwe und Tochter zu tragen hatten, bildeten sicherlich keine idealen Bedingungen für den Erhalt einer wertvollen Handschriftensammlung. Ob davon jedoch etwas „verschleudert", das heißt aus Gewinnsucht in unberufene Hände gegeben wurde – darüber läßt sich nur spekulieren. Wenn Friedemann Bach sich um 1759/62 aufgrund einer akuten Notsituation gezwungen sah, einige Partituren des Choralkantaten-Jahrgangs an Johann Georg Nacke zu verkaufen, so besagt dies nichts über eine etwaige gleichgültige Einstellung zum Werk des Vaters. Vielmehr sollte

bei einer Bewertung seines Handelns nicht vergessen werden, daß er sowohl im
Fall des Verkaufs an Nacke als auch später bei Johann Nikolaus Forkel, dem er
um 1773 die übrigen Partituren dieses Jahrgangs erfolglos zum Kauf anbot, offensichtlich darauf achtete, daß die Manuskripte in sachverständige Hände gerieten.
Der Umstand, daß nahezu alle Originalquellen zu Kantaten J. S. Bachs, die Friedemann bei der Erbteilung zugefallen waren, zum Zeitpunkt seines Todes als
noch in Berlin befindlich nachgewiesen werden können, zeigt überdies, daß er
seinen Besitz immerhin bis in seine letzten Lebensjahre zu wesentlichen Teilen
zusammenzuhalten vermochte.

Als Beleg für umfangreiche Handschriftenverkäufe W. F. Bachs wird häufig
jener berühmte Brief an Johann Joachim Eschenburg vom 4. Juli 1778 angeführt,
in dem Friedemann sich nach dem Ergebnis einer Auktion von zurückgelassenen
Musikalien erkundigt: „A Propòs haben Ew: HochEdelgeb. Dero Musicalia
verauctionirt? Meine Abreise aus Braunschweig war so eilfertig, daß ich keinen
Catalogue von meinen hinterlaßenen Musicalien und Büchern machen konte, auf
die Kunst der Fuge von meinem Vater und Qvanzens Anweisung auf der Flöte
kan ich mich noch besinnen, die anderen Kirchen Musiqven u. Jahrgänge wie
auch Bücher haben Ew: HochEdelgeb. en honethomme aufgehoben, und mir ver-
sprochen mit zuziehung eines Verständigen Musici sie lege auctionis in Geld zu
versetzen."[25]

Der Name J. S. Bachs wird hier jedoch einzig im Zusammenhang mit der offensichtlich gedruckten Ausgabe der Kunst der Fuge genannt. Da die Formulierung des Briefes an dieser Stelle nicht eindeutig ist, läßt sich nicht sicher bestimmen, ob es sich hier um ein einziges Exemplar oder um einen größeren Bestand
handelte. Für die letztere Möglichkeit könnte sprechen, daß W. F. Bach am Vertrieb der Druckausgabe beteiligt war[26]; in dem Fall wollte er wohl mit Eschen-
burgs Unterstützung die Restposten abstoßen. Ob dies auch für die Flötenschule
von Johann Joachim Quantz zutrifft, ist nicht gewiß. Bei den „anderen Kirchen
Musiqven u. Jahrgängen" ist bezeichnenderweise kein Autor genannt, und so wäre zumindest zu fragen, ob diese Angaben sich nicht auf Werke verschiedener anderer Komponisten beziehen. In Betracht käme etwa Georg Philipp Telemann,
dessen 1749 veröffentlichter sogenannter Engel-Jahrgang sich nahezu sicher während der Hallenser Zeit in W. F. Bachs Besitz befand. Ferner gehörten auch der
„Sizilianische" und der „Französische" Jahrgang Telemanns zum Aufführungsrepertoire des ältesten Bach-Sohns in Halle[27] sowie vermutlich ein im Jahre 1723
von Johann Friedrich Fasch für die Zerbster Schloßkirche komponierter Jahrgang
auf Dichtungen von Johann Friedrich Möhring.[28] Die Kantatenjahrgänge von Telemann waren seinerzeit weit verbreitet und wären gegebenenfalls leicht wieder
zu beschaffen gewesen. Räumt man also ein, daß hier vielleicht gar keine unwie-
derbringlichen Bach-Autographe veräußert wurden, so ist insgesamt neu und un-
voreingenommen nach Friedemann Bachs Umgang mit den ererbten Handschriften seines Vaters zu fragen.

Daß für die Söhne zunächst die praktische Brauchbarkeit der Musikalien im
Vordergrund der im Zusammenhang mit der Erbteilung getroffenen Vereinbarun-

J. S. Bach, Kantate „*Freue dich, erlöste Schar*" BWV 30, Zusatzstimme von der Hand W. F. Bachs,
Berlin SBPK: Mus. ms. Bach St 31.

gen stand, darf nicht vorschnell als Respektlosigkeit gegenüber dem künstlerischen Wert der väterlichen Werke verstanden, sondern kann auch als Maßnahme
zu deren Erhaltung interpretiert werden. Denn Musikalien, die nur aus familienhi-
storischem Interesse aufbewahrt wurden, standen am ehesten in Gefahr, innerhalb
kurzer Zeit vergessen und schon bald als Makulatur ausgeschieden zu werden;
nur der praktische Umgang erhält sie lebendig. In diesem Sinne sind die durch
W. F. Bach überlieferten Bach-Handschriften zu befragen.[29]

Die W. F. Bachs Aufführungsmaterialien zu eigenen Vokalwerken zeichnen sich
durch äußerste Akkuratheit und einen bis ins kleinste Detail gehenden Perfektio-
nismus aus, mit dem er nicht zuletzt offenbar den ausführenden Musikern die
Bewältigung seiner technisch außerordentlich schwierigen Kompositionen erleichtern wollte. Denselben hohen Standard setzte W. F. Bach stets auch bei
Aufführungen von Werken seines Vaters an. Wo immer er Leipziger Stimmensätze benutzte, sah er diese sorgfältig durch, korrigierte Fehler, zählte Pausentakte,
ergänzte Akzidentien, Dynamik und Triller und verbesserte so die Qualität des
Aufführungsmaterials zum Teil erheblich. Dies zeigt sich besonders deutlich an
den mit Revisionsspuren seiner Hand übersäten Originalstimmen etwa der Kantaten BWV 19, 43 und 45. Stellte er neue Stimmensätze her, so schrieb er diese
meist eigenhändig in seiner charakteristischen und äußerst lesbaren Handschrift;
Kopisten zog er nur ausnahmsweise heran.

Die Aufführungsbedingungen für die Kantaten J. S. Bachs – und natürlich auch
für die Wilhelm Friedemanns – waren in Halle eng mit der Organisation der dortigen Kirchenmusik verknüpft. Die Markt- oder Liebfrauenkirche, an der Friedemann Bach als Organist wirkte, mußte sich an regulären Sonntagen die für die Figuralmusik benötigten Musiker mit den beiden anderen Stadtkirchen St. Ulrich
und St. Moritz teilen, so daß es an den drei Kirchen jeweils nur im Turnus von
drei Wochen zu Kantatenaufführungen kam; für alle hohen und mittleren Feierta-
ge[30] galt jedoch eine Sonderregelung, nach der an diesen Tagen der Marktkirche
als der Hauptkirche der Saalestadt allein das Privileg zu Musikaufführungen zukam, und zwar sowohl vor- als auch nachmittags. Aufgrund dieser Regelung ist
spätestens seit W. F. Bachs Amtsvorgänger Gottfried Kirchhoff eine deutliche
Zweiteilung des Repertoires zu beobachten. Kirchhoff bedachte in erster Linie die
Festtage mit eigenen Werken (denn nur hier konnte er sicher sein, in jedem Jahr
die Musiker für Aufführungen zur Verfügung zu haben), für die regulären Sonnta-
ge jedoch, an denen unter Umständen jeweils nur alle paar Jahre Musik erklang,
bediente er sich meist der Kantaten anderer Meister, wobei er offenbar Kompositionen Georg Philipp Telemanns bevorzugte.[31] Diese Tendenz scheint sich bei
W. F. Bach noch verstärkt zu haben; von wenigen Ausnahmen abgesehen schuf
er in der Hallenser Zeit ausschließlich großangelegte Festtagsstücke und zog auch
die Kantaten seines Vaters bevorzugt für diese Anlässe heran, während an den
gewöhnlichen Sonntagen offenbar die deutlich kleiner dimensionierten Werke
Telemanns und anderer Meister erklangen; möglicherweise erwarb Bach gar zu
eben diesem Zweck das Repertoire seines Vorgängers aus dessen Nachlaß.
Durch diese Praxis eines streng nach Sonn- und Festtagen getrennten Repertoires

entstand für den Hörer ein stilistisches Gefälle, das dessen Aufmerksamkeit gezielt auf die prächtigen und intrikaten Festtagsmusiken lenkte, die sich durch ihre großdimensionierte Anlage, ihre opulente Besetzung und ihr musikalisches Raffinement von den regulären Musiken absetzten. Gegenüber einer bewußt auf leichte Ausführbarkeit berechneten Kantate aus Telemanns Engel-Jahrgang zum Beispiel, die jeweils mit einer schlichten Kirchenliedstrophe im vierstimmigen Kantionalsatz beginnt und schließt und dazwischen – vorgetragen von einem einzigen Vokalsolisten und einer kleinen Streichergruppe – zwei knappe Arien und ein Rezitativ enthält, bildet eine große Bach-Kantate wie etwa die Michaelismusik „*Es erhub sich ein Streit*" BWV 19 einen immensen Kontrast, der auch musikalisch wenig gebildeten Hörern unmittelbar deutlich gewesen sein muß.

Die programmatisch demonstrierte Überlegenheit der Bachschen Kunst wird auch darin deutlich, daß W. F. Bach die beiden Gottesdienste an den Festtagen dazu benutzte, jeweils eine eigene Kantate und eine seines Vaters aufzuführen. Wie gedruckte Textbücher belegen, erklang beispielsweise am 3. Oktober 1756 am Vormittag Friedemann Bachs Kantate „*Der Höchste erhöret das Flehen der Armen*" Fk 86 und am Nachmittag die Michaeliskantate „*Man singet mit Freuden vom Sieg*" BWV 149 seines Vaters.[32] Bereits zu seiner Amtseinführung am Pfingstsonntag (29. Mai) des Jahres 1746 führte W. F. Bach möglicherweise neben seiner neukomponierten Kantate „*Wer mich liebet*" Fk 72 das aus Leipzig entliehene Werk „*O ewiges Feuer, o Ursprung der Liebe*" BWV 34 auf.

Ein weiteres Merkmal von W. F. Bachs Aufführungen von Kantaten seines Vaters ist das geringe Maß seiner im eigentlichen Sinne kompositorischen Eingriffe, das eine fast moderne Vorstellung von Werktreue suggeriert. Pasticcios sind – ebenso wie in der Praxis des Vaters, jedoch entgegen den Gepflogenheiten Carl Philipp Emanuels – relativ selten. Umtextierungen wie die lateinischen Fassungen der beiden Chorsätze aus der Reformationskantate BWV 80[33] oder die geistlichen Parodien der Äoluskantate BWV 205a[34] sind keinesfalls als die Regel anzusehen: und auch die berühmte, durch Friedrich Wilhelm Marpurg überlieferte Anekdote, nach der W. F. Bach 1749 Sätze aus einer Passionsmusik seines Vaters für eine weltliche Huldigungsmusik verwandte[35], bezeichnet – wenn sie in dieser Form überhaupt der Wahrheit entspricht – offenbar einen Ausnahmefall. Gelegentliche Besetzungsänderungen mögen durch die spezifischen Aufführungsumstände bedingt gewesen sein, während umfangreichere Eingriffe in den Text, wie sie etwa bei der Johanniskantate BWV 167 nachzuweisen sind,[36] vermutlich gar nicht auf W. F. Bach zurückgehen, sondern durch die in der Bestallungsurkunde des Organisten vorgeschriebene geistliche Zensur der Kantatentexte bedingt waren.

Ein vergleichsweise häufig zu findender Eingriff betrifft den Austausch von obligaten Blasinstrumenten in Arien durch die obligate Orgel (nachweisbar bei BWV 9, Satz 5, BWV 19, Satz 2, BWV 31, Satz 8 und BWV 128, Satz 4). Hierbei kann es sich nicht um durch die Orchesterbesetzung bedingte Änderungen handeln, denn in BWV 9 zum Beispiel werden die in der Arie ersetzten Bläser (Traversflöte und Oboe d'amore) bereits im Eingangschor mit obligaten Partien gefordert. Vielmehr dürfte W. F. Bach mit diesen Instrumentierungsvarianten be-

strebt gewesen sein, die Stücke seines Vaters seinem eigenen Kantatenstil anzugleichen[37] und nebenbei sich selbst als dem ausführenden Organisten anspruchs-
volle solistische Partien zu verschaffen.

Betrachtet man die Auswahl von Kantaten, die W. F. Bach aus dem Bestand
des väterlichen Erbes zur Aufführung brachte, und versucht – mit aller aufgrund
der fragmentarischen Überlieferung gebotenen Vorsicht – daraus Schlüsse auf die
Vorlieben und ästhetischen Werturteile des Sohnes zu ziehen, so stellt man fest,
daß W. F. Bachs Interesse sich anscheinend besonders auf die großen, kunstvoll
ausgearbeiteten Stücke mit ausgedehnten Chorsätzen konzentrierte – wie etwa
seine Einrichtung des monumentalen einleitenden Choralchorsatzes aus der Reformationskantate „*Ein feste Burg ist unser Gott*" BWV 80 belegt. Technische
Schwierigkeiten bedeuteten ihm kein Hindernis, sondern stellten offenbar eher einen zusätzlichen Anreiz dar.

Aus all diesen zusammengetragenen Einzelbeobachtungen erwächst ein
grundlegend neues Bild von Wilhelm Friedemann Bachs Verhältnis zum Schaffen
seines Vaters. Die intensive praktische Pflege, die den Kantaten J. S. Bachs während eines Zeitraums von immerhin annähernd zwei Jahrzehnten in Halle ange-
dieh, hat sich – soweit derzeit bekannt – kaum in Form rezeptionsgeschichtlicher
Dokumente niedergeschlagen; dennoch sollte sie in ihrer regionalen und überregionalen Wirkung nicht unterschätzt werden.

*

Von anderen frühen Zentren der Bach-Überlieferung und -Rezeption sind vergleichbar detaillierte Informationen zum praktischen Umgang mit dem musikalischen Vermächtnis Bachs nicht bekannt. Daß W. F. Bachs Schwager, der im
nicht weit entfernten Naumburg wirkende Johann Christoph Altnickol, ebenfalls
das Werk seines Schwiegervaters und ehemaligen Lehrmeisters intensiv gepflegt
hat, kann als sicher gelten, ist aber kaum belegt. Die Schwierigkeit einer Bestimmung der möglicherweise auf Altnickols Besitz zurückgehenden Originalhandschriften wurde bereits erläutert; weniger problematisch ist die Auswertung der
von diesem selbst angefertigten Abschriften von Werken J. S. Bachs.[38] Altnickols
musikalisches Interesse galt demnach vornehmlich der geistlichen Vokalmusik,
dem Cembalo-Konzert sowie der solistischen Musik für Tasteninstrumente beziehungsweise Kammermusik mit obligatem Cembalo.

Nur die erste dieser drei Kategorien kann mit Altnickols beruflicher Situation
in Verbindung gebracht werden. Als Organist an der Naumburger Wenzelskirche
war er wohl auch für die dortige Figuralmusik verantwortlich, obgleich die genauen Bedingungen dieser Tätigkeit noch nicht geklärt sind. Nach seinen Bach-
Abschriften zu urteilen, führte er Messen (BWV 233–236), Motetten (BWV Anh.
160) und Kantaten (BWV 80, 125, 148), aber auch großangelegte oratorische
Werke auf. Geht man davon aus, daß er die eigenhändig kopierten Werke tatsächlich auch in Naumburg zu Gehör brachte, so stand ihm offensichtlich ein bestens ausgebildetes Ensemble zur Verfügung, das auch hohe technische Ansprü-

che zu erfüllen vermochte. Großen künstlerischen Ehrgeiz bekunden die in seine letzten Lebensjahre fallenden Abschriften der *Matthäus-Passion* (in ihrer früheren Fassung) und eines möglicherweise aus Leipzig und dem Bachschen Umkreis stammenden Passions-Pasticcios nach der sogenannten „kleinen", um 1730 in Braunschweig entstandenen Passion Carl Heinrich Grauns mit Einlagesätzen von Georg Philipp Telemann, Johann Sebastian Bach, vermutlich Johann Kuhnau und anderen; zu diesen beiden älteren Werken gesellt sich ein im Stil von Grauns *Der Tod Jesu* komponiertes Passionsoratorium des jungen Ernst Wilhelm Wolf.[39] Diese und weitere Aufführungen repräsentativer Stücke stehen vermutlich im Zusammenhang mit den um 1755 nachweisbaren – erfolglosen – Bemühungen Altnickols um eine Zusammenlegung seiner Organistenstelle mit dem Naumburger Stadtkantorat im Sinne eines neuzuschaffenden städtischen Musikdirektorats.[40]

Interessant an der Zusammenstellung der drei genannten Passionsmusiken ist die Beobachtung, daß in Naumburg die Werke Bachs wie selbstverständlich neben Kompositionen jüngerer Meister standen, im Bereich der geistlichen Musik ein Pluralismus der Stile also nicht als störend empfunden wurde. Dies belegen auch die wenigen erhaltenen eigenen geistlichen Werke Altnickols, die zwischen einem streng kontrapunktischen Stil – wie er etwa in den beiden *Sanctus* oder dem *Kyrie* seiner *Messe in d-Moll* auftritt – und einem an die Tonsprache Grauns oder Hasses angelehnten galanten Stil – etwa in der Osterkantate „*Frohlocket und jauchzet in fröhlichen Chören*" – pendeln. Der genaue Stellenwert, den J. S. Bachs geistliche Vokalwerke innerhalb von Altnickols Aufführungsrepertoire einnahmen, läßt sich nicht sicher bestimmen. Die Tatsache, daß mit Ausnahme der Passionsmusik E. W. Wolfs von Altnickols Hand lediglich Abschriften Bachscher Werke bekannt sind, kann als Indiz entweder für eine überwiegend „Bachisch" ausgerichtete Kirchenmusik oder für eine selektive Überlieferung von Altnickols Musikaliensammlung gewertet werden.

Während Altnickols Kopien Bachscher Tastenmusik wohl dem eigenen Gebrauch oder aber zu Unterrichtszwecken dienten, ist die praktische Verwendung der von ihm gesammelten Cembalo-Konzerte (BWV 1050, 1054, 1060 sowie Werke von W. F. und J. C. Bach) ungeklärt; möglicherweise deutet ihre Existenz auf ein Collegium musicum oder eine private musikalische Gesellschaft – allerdings läßt sich eine derartige Vereinigung in Naumburg bisher erst zu Beginn des 19. Jahrhunderts nachweisen.[41]

Die Abschriften Altnickols bergen ein bislang nicht recht gelöstes philologisches Problem. Während etwa seine Kopien der vier *Kyrie-Gloria-Messen* (Berlin, SBPK: Mus. ms. Bach P 15-16) aufgrund des Wasserzeichenbefunds auf um 1748 angesetzt werden können und mithin sicher noch zu Lebzeiten Bachs nach Vorlage von dessen Originalen entstanden, sind viele andere Abschriften erst nach 1750, teilweise wohl sogar erst nach 1755 entstanden, darunter das Passions-Pasticcio (Berlin, SBPK: Mus. ms. 8155), die *Matthäus-Passion* (Berlin, SBPK: Am.B. 6/7) und die meisten Instrumentalwerke. Die Tatsache, daß sich in diesen Kopien mehrfach Divergenzen zu den von Bach autorisierten Fassungen finden und die direkten Kopiervorlagen in keinem Fall mehr greifbar sind, könnte

auf ein mühsames Zusammentragen dieser Werke nach Bachs Tod aus teils ungesicherten Quellen hinweisen.

Für Altnickols Abschriften der Kantaten BWV 80 und BWV 125 stammten
die Vorlagen allem Anschein nach aus dem Besitz W. F. Bachs, zu dem also auch
nach 1750 noch Verbindungen bestanden haben müssen. Andere Abschriften von
Vokalmusik weisen nach Leipzig und mögen auf Kontakte zu Bachs Amtsnach-
folgern Gottlob Harrer und vor allem Johann Friedrich Doles zurückgehen.[42] Insgesamt deutet sich in diesen Verbindungen zwischen den sächsischen Zentren der
frühen Bach-Rezeption ein – heute nur noch rudimentär nachvollziehbares – Netz
der gegenseitigen Beeinflussung und mündlichen Traditionen an, durch das musikalische Quellen sowie biographische und werkgeschichtliche Informationen – oft
vielleicht in anekdotischer Form – verbreitet wurden. Einen ähnlichen Umgang
mit Bachs Werken wie den bei Altnickol veranschaulichten darf man – meist
wohl in abgeschwächter oder modifizierter Form – überall dort vermuten, wo
Familienangehörige, Schüler oder Freunde in den Jahren nach seinem Tod tätig
waren. Wie groß die Chancen sind, hier noch weitere konkrete Aufschlüsse zu
gewinnen, müßte von Fall zu Fall geprüft werden.

*

Eine andere Art des Umgangs mit dem musikalischen Nachlaß J. S. Bachs dokumentiert sich bei den beiden außerhalb der mitteldeutschen Heimat tätigen Bach-
Söhnen Johann Christoph Friedrich und Carl Philipp Emanuel. J. C. F. Bach hatte
als Kammermusikus und späterer Konzertmeister am Hof zu Bückeburg wohl
keine Möglichkeit zur regelmäßigen Aufführung von Kirchenkantaten.[43] Daß er
dennoch gelegentlich – vielleicht außerhalb seiner Dienstverpflichtungen bei Hofe
– Kantaten aufführte, belegt ein von ihm nach 1750 geschriebenes Textheft zu
Kantate BWV 81. Die Jahre ab etwa 1765 standen für J. C. F. Bach im Zeichen
seiner großen oratorischen Werke. Ein kleiner, aber signifikanter Zug dieser ansonsten vom modernen italienischen Vokalstil geprägten Stücke liegt in der Einbettung von wörtlich übernommenen Choralsätzen Johann Sebastian Bachs. So
erscheinen zum Beispiel drei Choräle aus der *Matthäus-Passion* in J. C. F. Bachs
Vertonung des Ramlerschen *Der Tod Jesu*, das Lied des greisen Simeon in *Die
Kindheit Jesu* erklingt zu der Musik des Schlußchorals von Kantate BWV 83,
und die große Motette „*Wachet auf, ruft uns die Stimme*" schließt mit dem letzten Satz von Kantate BWV 140. Der so entstehende stilistische Kontrast innerhalb eines größeren Werkzusammenhangs kann als eine bewußt eingeplante historische Dimension verstanden werden und weist damit auf ästhetische Prinzipi-
en, die im 19. Jahrhundert für die Rezeption älterer Musik besondere Bedeutung
erlangen sollten. Das Interesse gerade an den Choralsätzen ist ein Phänomen der
Rezeptionsgeschichte von Bachs geistlicher Musik, das sich unter anderem auch
in den verschiedenen Ausgaben der Bachschen Choralgesänge (Berlin 1765 und
1769, Leipzig 1784–1787) dokumentiert und dessen Voraussetzungen und Auswirkungen noch einer eingehenden Untersuchung bedürfen.[44]

Für C. P. E. Bach kam eine praktische Nutzung der väterlichen Vokalwerke wohl erst in seiner Hamburger Zeit (1768–1788) in Frage; jedenfalls sind aus den Berliner Jahren – sieht man von der Übernahme eines Choralsatzes J. S. Bachs (BWV 342) in die 1756 entstandene Osterkantate „*Gott hat den Herrn auferwecket*" Wq 244 ab – bislang keine Hinweise auf Aufführungen bekannt geworden. In Hamburg machte C. P. E. Bach hauptsächlich von den beiden Passionen seines Vaters Gebrauch, deren Choräle und Turbae-Chöre er als festen Rahmen für seine eigenen Passionsmusiken übernahm. Auch Kantaten wurden vorzugsweise in Form von Pasticcios verwendet. Ein charakteristisches Beispiel ist die Einrichtung der Michaeliskantate „*Es erhub sich ein Streit*" BWV 19, die laut Vermerken auf den Hamburger Aufführungsmaterialien in den Jahren 1770, 1776 und 1781 erklang. In seiner Bearbeitung tauschte C. P. E. Bach die beiden Arien der Kantate (Satz 3 und 5) durch entsprechende andere, vermutlich von ihm selbst komponierte Sätze aus und schrieb auch das letzte Rezitativ (Satz 6) unter Beibehaltung des originalen Textes neu. Zudem ließ er in der ersten und dritten Aufführung des Werks nach Satz 5 den Eingangschor wiederholen. Tiefgreifende Änderungen (Besetzungserweiterungen, Textänderungen, Satzumstellungen) erfuhr auch die Kantate „*Herr, deine Augen sehen nach dem Glauben*" BWV 102, deren erster Satz gelegentlich auch für ein Pasticcio herangezogen wurde. Eine vermutlich 1778 entstandene Osterkantate C. P. E. Bachs (Wq 242) schließlich beginnt mit dem ersten Chor des *Weihnachts-Oratoriums* und fährt sodann mit Sätzen eigener Komposition fort. Als durchgängiges Prinzip läßt sich hier erkennen, daß die Chorsätze und Choräle sowie die einigermaßen zeitlosen Rezitative J. S. Bachs weiterhin Verwendung fanden, seine intrikaten Arien aber bei Aufführungen weitgehend vermieden wurden. Ob hier der spezifische, an den leichten und bildlichen Arienstil Telemanns gewöhnte Hamburger Publikumsgeschmack oder aber C. P. E. Bachs persönliche musikalische Präferenzen ausschlaggebend waren, läßt sich nicht sicher feststellen. Auffällig ist jedoch, daß der zweitälteste Bach-Sohn auch bei anderen Werken seines Aufführungsrepertoires zum Teil weitreichende Eingriffe vornahm. Die unveränderte und originalgetreue Aufführung einer Bach-Kantate war jedenfalls in Hamburg nicht mehr ohne weiteres denkbar. Während ihre praktische Nutzung im öffentlichen Musikleben mithin allmählich in den Hintergrund trat, gewannen die Bachschen Originalhandschriften als kostbare Komponistenautographe stetig an Wert.

Von historischer Bedeutung ist C. P. E. Bachs Aufführung des *Credo* der *h-Moll-Messe* im Frühjahr 1786 im Rahmen eines öffentlichen Konzerts[45], für das er die väterliche Komposition mit einer kurzen instrumentalen Einleitung ausstattete, die den zu Beginn des *Credo* verarbeiteten gregorianischen Cantus firmus vorbereitet. An die Darbietung dieses Werks schlossen sich die beiden populärsten Sätze aus Händels *Messias* an, die Arie „*Ich weiß, daß mein Erlöser lebt*" und der *Halleluja*-Chor. Der zweite Teil des Konzerts bestand aus drei eigenen Kompositionen C. P. E. Bachs; nach einer nicht näher spezifizierten Sinfonie – vielleicht die erste der 1780 veröffentlichten Orchester-Sinfonien – erklang das *Magnificat* von 1749 und schließlich das doppelchörige *Heilig*, das der Bach-

Sohn selbst für einen Höhepunkt seines geistlichen Vokalschaffens hielt. Einer Rezension in der *Staats- und Gelehrte*[n] *Zeitung des Hamburgischen unpartheyischen Correspondenten* vom 11. April 1786 ist zu entnehmen, daß die beschriebene Aufführung zu einer Serie von „4 Concerten für das hiesige medicinische Armen-Institut" gehörte – möglicherweise bildete es deren Abschluß – , in denen „unter andern eine Trauer- und eine Krönungsmusik von Hendel, Armida von Salieri, Alceste von Gluck, Magnificat und Heilig von C. P. E. Bach, und ein Credo von Johann Sebastian Bach" zu hören waren.[46] Bemerkenswert ist die von den Konzerten ausgehende Anregung an die Zuhörer: „Man hatte hiebey Gelegenheit, die verschiedene Manier in den Arbeiten der gedachten berühmten Componisten und die Wirkung des Vortrags ihrer Compositionen zu bemerken, und besonders das fünfstimmige Credo des unsterblichen Sebastian Bachs zu bewundern, welches eins der vortrefflichsten musikalischen Stücke ist, die je gehört worden". Ein Vergleich mit den „Historischen Konzerten" Mendelssohns im Leipziger Gewandhaus (1837/38) liegt nahe, denn auch das zitierte Programm C. P. E. Bachs scheint unabhängig von den tatsächlichen Entstehungsdaten der dargebotenen Kompositionen (der *Messias* wurde 1741 geschrieben, das *Credo* der *h-Moll-Messe* wohl erst um 1749 und damit möglicherweise zeitgleich mit C. P. E. Bachs *Magnificat*) eine historische Entwicklung dokumentieren zu wollen, in der J. S. Bachs Werk als die Kulmination der ehrwürdigen deutschen Chorpolyphonie, Händel als Schöpfer eines „europäischen" Oratorienstils und C. P. E. Bach als ein die Traditionen aufgreifendes und überwindendes Originalgenie fungieren.

Die Tatsache, daß nach C. P. E. Bachs Tod ein gedruckter Katalog seiner musikalischen Bibliothek erschien, dessen Vollständigkeit und Genauigkeit – trotz aller Probleme im Detail – ihresgleichen sucht, bekundet seine Bemühungen um eine umfassende Dokumentation der kompositorischen Leistungen der „musicalisch-Bachischen Familie". Da Carl Philipp Emanuel mit seinem penibel geordneten Archiv und verschiedenen vorbereitenden systematischen Katalogisierungsarbeiten zumindest die Voraussetzungen für dieses Verzeichnis schuf, wird er sich wohl dessen bewußt gewesen sein, daß sein Besitz den Beitrag seiner Familie zur deutschen Musikgeschichte der vorausgegangenen 120 Jahre exemplarisch belegte – beginnend mit Motetten und Kantaten seines Großvaters Johann Michael Bach und dessen Bruders Johann Christoph, sodann mit einem repräsentativen Querschnitt der Werke Johann Sebastian Bachs und schließlich mit ausgesuchten Kompositionen seiner drei Brüder und natürlich den eigenen Werken. Die Maßnahme, die Manuskripte seiner Kompositionen – und vermutlich auch die der anderen Familienmitglieder – nicht versteigern zu lassen, sondern als Vorlage für Verkaufsabschriften im Besitz der Familie zu behalten, sicherte nicht nur der Witwe und Tochter C. P. E. Bachs eine dauerhafte Einnahmequelle, sondern bewirkte auch, daß dieses „Bachische Archiv"[47] einen gewissen Bestand zu haben versprach; die Alternative einer dauerhaften Aufbewahrung in einer großen öffentlichen Bibliothek existierte damals wohl noch nicht. Der Umstand, daß C. P. E. Bachs Tochter Anna Carolina Philippina bereits 1805 als letzter Sproß

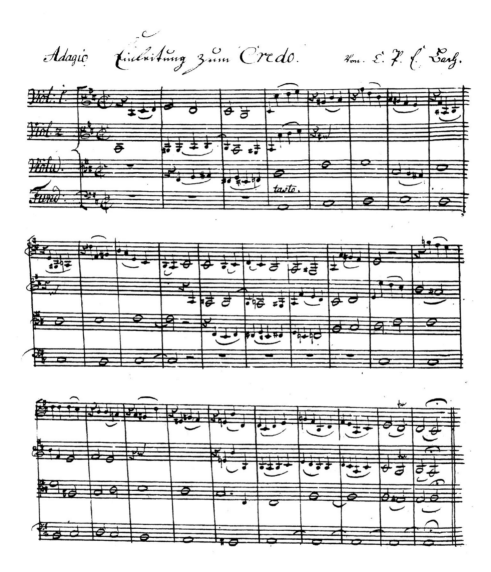

C. P. E. Bach, Einleitung zum *Credo* der *h-Moll-Messe*,
Berlin SBPK: Mus. ms. Bach P 22.

Konzert
für das
medizinische Armeninstitut.

═══════

1.
Einleitung vom Herrn Kapelmeister Bach.

2.
Credo, oder nicänisches Glaubensbekänntniß, vom
sel. Herrn Johann Sebastian Bach.

3.
Arie: Ich weiß, daß mein Erlöser lebt, von
Händel.

4.
Hallelujah, von Händel.

Zweiter Theil.

1.
Sinfonie, vom Herrn Kapelmeister Bach.

2.
Magnificat oder Lobgesang Mariens, vom Herrn
Kapelmeister Bach.

3.
Heilig, vom Herrn Kapelmeister Bach, mit doppelten
Chören.

═══════

Programmzettel des Konzerts für das medizinische Armeninstitut,
Berlin SBPK: bei Mus. ms. Bach P 22

Familie des Hamburger Bach ohne eigene Nachkommen starb, führte zur vor-
schnellen Auflösung dieser Sammlung. Glücklicherweise waren bei der Versteigerung kundige und wohlhabende Sammler wie der Altonaer Bürgermeister Casper Siegfried Gähler und der Privatgelehrte Georg Poelchau zur Stelle, die große
Teile des Nachlasses C. P. E. Bachs aufkauften und für die Nachwelt bewahrten.

DIE LEIPZIGER BACH-PFLEGE NACH 1750

Die Begriffe Bach und Leipzig sind aus heutiger Sicht ebenso eng miteinander
verknüpft wie etwa die von Luther und Wittenberg. Die Voraussetzung hierfür
liegt natürlich in Bachs 27jährigem Wirken als städtischer Director Musices und
Kantor der Thomasschule – doch die eigentlich dauerhafte Verknüpfung von
Stadt und Komponist fand erst lange nach Bachs Tod, in den ersten Jahrzehnten
des 19. Jahrhunderts statt. Sie verlief parallel zu der Kristallisierung einer Sichtweise, die in der Leipziger Zeit die Erfüllung von Bachs künstlerischer Berufung
und in den Choralkantaten und großen oratorischen Werken die Kulmination seines Lebenswerks sieht. Bedingt, gefördert und begleitet wurde die Ausbildung
dieses Bach-Bildes durch wesentliche Marksteine der Bach-Renaissance im 19.
Jahrhundert, die nicht zufällig meist in Leipzig verankert waren – etwa die berühmte erste Ausgabe der Klavier- und Orgelwerke durch das Verlagshaus Hoffmeister & Kühnel (1801–1804), die knappe, doch wichtige Akzente setzende
Biographie Johann Nikolaus Forkels (1802), die vom damaligen Thomaskantor
Johann Gottfried Schicht redigierte Ausgabe der Motetten (1802–1803) und Cho-
ralvorspiele (1803–1806) durch Breitkopf & Härtel, die Stiftung des Bach-
Denkmals durch Mendelssohn (1843) sowie schließlich die Gründung der Bach-
Gesellschaft und der Beginn der Bach-Gesamtausgabe (1850).

Die Voraussetzung für all diese Entwicklungen bildete aber zunächst die Fort-
dauer der Pflege Bachscher Werke in den Jahren nach 1750. Zwei Einrichtungen,
deren unterschiedliche Zielsetzungen und Wirkungsweise sich bereits an der Zusammensetzung des jeweiligen musikalischen Repertoires und seiner Nutzung
zeigen, stehen hier im Vordergrund – die Thomasschule und die Musikalienhandlung Breitkopf. Für die institutionalisierte Bach-Pflege der Thomaner garantierten die kurze Zeit nach Bachs Tod direkt von dessen Witwe für den Bestand
der Thomasschulbibliothek angekauften und somit in ihrer Überlieferung überaus
zuverlässigen 44 Originalstimmensätze der Choralkantaten eine spezifisch regio-
nale Bach-Tradition; der von dem Musikalienhändler und Verleger Johann Gottlob Immanuel Breitkopf in mehreren Verzeichnissen angebotene Handschriften-
bestand hingegen bildete die Grundlage für eine über Leipzig hinausweisende
überregionale Rezeption.

Die wichtigsten Unterschiede der Sammlungen von Thomasschule und Verlagshaus liegen auf der Hand. Hier ein einheitlicher, musikalisch wie quellenmä-
ßig geschlossener und in seiner Authentizität gesicherter Bestand mit einer festen
Aufführungstradition, dort eine heterogene, von Zufälligkeiten geprägte Samm-

lung, in der erstrangige, teils auch autographe Quellen neben ungesicherten oder zumindest hinsichtlich der Zuverlässigkeit ihrer Lesarten oft fragwürdigen Handschriften stehen. Insgesamt aber eröffnete Breitkopfs Handel mit Abschriften seiner sorgfältig aufbewahrten Stammquellen eine potentiell weiterreichende, aus heutiger Perspektive allerdings auch schwerer zu überschauende Rezeption.

In besonderem Maße signifikant für die spezifische Wirkungsgeschichte Bachscher Werke in Leipzig sind jedoch nicht nur die dort nachweisbaren Stücke, sondern gerade auch das gänzliche Fehlen zentraler Kompositionen wie etwa der *Matthäus-* und *Johannes-Passion,* der *h-Moll-Messe* sowie der Mehrzahl der Kirchenkantaten, deren Originalquellen kurze Zeit nach Bachs Tod im Erbteil der Söhne aus Leipzig abgewandert waren.[48] Der unvermittelte Verlust von Werken, die ein gutes Vierteljahrhundert lang das öffentliche musikalische Leben der Stadt entscheidend geprägt hatten und die gewiß in der Erinnerung vieler Musikliebhaber noch gegenwärtig waren, ist in seiner Wirkung nicht zu unterschätzen. Gerade dieses plötzlich entstandene Defizit erklärt vermutlich die überraschend große Zahl der in Leipzig schon bald fälschlich unter Bachs Namen kursierenden Werke. So ist für die Leipziger Überlieferungs- und Wirkungsgeschichte die Tendenz spürbar, nahezu alles, was den Namen Bach trug, sowie Quellen, die aus dem Umkreis des Thomaskantors stammten oder auch nur zu stammen schienen, Johann Sebastian Bach zuzuschreiben. Dies hatte mitunter gravierende Folgen, da Werke wie zum Beispiel die schon 1761 in Leipzig unter Bachs Namen kursierende doppelchörige *Messe in G-Dur* (BWV Anh. 167) das Bach-Bild der Zeit um und nach 1800 nicht unwesentlich mitgeprägt haben.[49]

*

Das Bach-Repertoire des Thomanerchors im 18. Jahrhundert ist teils durch den nachweisbaren Quellenbesitz, teils durch literarische Erwähnungen dokumentiert. So läßt 1829 der ehemalige Thomaner Friedrich Rochlitz in seine Besprechung der Erstausgabe der Reformationskantate *„Ein feste Burg ist unser Gott"* BWV 80 beiläufig folgende Bemerkung über die Bach-Pflege während der Amtszeit des Thomaskantors Johann Friedrich Doles einfließen: „Bach hat aber wenigstens drei Passionen, jede nach einem anderen Evangelisten geschrieben; jede in der Auffassung und Behandlung von der anderen sehr verschieden, und jede doch in ihrer Art so groß und herrlich wie jene. Er selbst, der Verf., hat alle drei als Knabe aus Dole's reicher Sammlung noch mitgesungen. Von Cantaten über Kirchenchoräle [...] enthielt diese Sammlung sechs und zwanzig."[50] Andere Quellen belegen, daß in der zweiten Hälfte des 18. Jahrhunderts besonders die Motetten Bachs offenbar so etwas wie die Renommierstücke der Thomaner waren. So soll Wolfgang Amadeus Mozart, der der Stadt Leipzig 1789 auf seiner Reise nach Berlin einen Besuch abstattete, „bei dem Anhören einer seiner Motetten und bei dem Anblick seiner Werke die innigste Verehrung" ausgedrückt haben.[51] Und noch 1812 berichtet der Lexikograph Ernst Ludwig Gerber von der Aufführung einer Motette am ersten Weihnachtstag des Jahres 1767, die er „mit tiefer Erschütterung" seines „ganzen Wesens" anhörte und die ihn zu der Erkenntnis veranlaßte, daß „nichts aber auch der Hoheit, Erhabenheit und Pracht, die darin herrscht, gleich komme".[52] Nicht verschwiegen sei allerdings, daß sich Gerbers Mitteilung durch den Zusatz relativiert, es habe sich bei den von den Thomanern aufgeführten Stücken um lateinische Kompositionen gehandelt. Da von Bach aber gar keine lateinischen Motetten existieren, stellt sich die Frage, ob Gerber tatsächlich von einem authentischen Werk des Meisters gerührt wurde, oder ob er nur glaubte, eine Komposition des Thomaskantors zu hören.

Die Choralkantaten wurden, wie Revisionsspuren an einigen Stimmensätzen zeigen, vereinzelt sowohl von Bachs Amtsnachfolger Gottlob Harrer als auch von Johann Friedrich Doles zu Aufführungszwecken genutzt.[53] Dies betrifft für die Amtszeit Harrers (beziehungsweise die Interimszeit zwischen dessen Tod Anfang Juli 1755 und dem Dienstantritt seines Nachfolgers Doles im Januar 1756) die Kantaten BWV 8, 41, 94, 112, 125, 126, 129, 133 und 178 sowie für die Amtszeit Doles' die Kantaten BWV 62 und 93. Die Aktivitäten dieser beiden Thomaskantoren wie auch die der Chorpräfekten und anderer älterer Thomasschüler, die nach Bachs beziehungsweise Harrers Tod zeitweilig die Kirchenmusik versahen, sind indes für eine abschließende Bewertung noch zu wenig erforscht; hier seien daher nur einige erläuternde Anmerkungen angefügt.

Anders als seine Vorgänger Johann Kuhnau und Johann Sebastian Bach bestritt Gottlob Harrer die sonntäglichen Kantatenaufführungen in der Leipziger Thomas- und Nikolaikirche nicht ausschließlich oder überwiegend mit eigenen Kompositionen, sondern griff auf seine umfangreiche Sammlung von Werken anderer Meister zurück. Den Schwerpunkt dieser Musikaliensammlung bildete die lateinische Kirchenmusik – also Messen oder einzelne Teile des Meßordinariums, Psalmvertonungen und konzertante oder chorisch gesetzte Motetten. Da Harrer vor seiner Leipziger Zeit in Dresden tätig war, erstaunt es nicht, daß die Zusammensetzung seines Repertoires in vielem der Dresdner Hofkirchenmusik eng verwandt war.[54] Die Bandbreite dieser Sammlung reichte von Werken Giovanni Pierluigi da Palestrinas über die Wiener Meister Johann Kaspar Kerll und Antonio Caldara bis zu den Dresdner Favoriten Antonio Lotti und Nicola Porpora, zeigte also eine deutliche katholisch-italienische Ausprägung. Hinzu kamen jedoch auch Choralmessen protestantischer Meister wie etwa Sebastian Knüpfer oder Georg Philipp Telemann. Anhand von Aufführungsvermerken Harrers auf den Titelblättern seiner Quellen ist zu erkennen, daß er in seinem ersten Amtsjahr 1750/51 anstatt der in Leipzig üblichen madrigalischen Kantaten mit deutschem Text offenbar einen (vollständigen?) Zyklus von Kyrie-Gloria-Messen aufführte. So erklang etwa am dritten Weihnachtsfeiertag 1750 und am Neujahrstag 1751 eine sechsstimmige *Missa sine nomine* von Palestrina mit einer von Harrer hinzugefügten Instrumentalbegleitung[55], und vier Choralmessen Telemanns wurden – zum Teil mehrmals – an den Sonntagen der mittleren Trinitatiszeit des Jahres 1751 aufgeführt.[56] Auch für die folgenden Jahre finden sich vereinzelt entsprechende Angaben, bis hin zum 3. Sonntag nach Trinitatis des Jahres 1755 (15. Juni), für den die Aufführung einer Messe von Giovanni Alberto Ristori belegt ist.[57]

Daß es zu irgendeiner Zeit zu einer geschlossenen Aufführung des Bachschen Choralkantaten-Jahrgangs – oder von Teilen daraus – kam, ist kaum anzunehmen. Es ist jedoch gut möglich, daß einzelne Choralkantaten in Abwechslung mit den erwähnten Choralmessen dargeboten wurden. Unklar bleibt auch, ob es allein Zufällen der Überlieferung[58] zuzuschreiben ist oder aber Harrers persönlichen Präferenzen entspricht, daß sich aus seinem Besitz fast keine deutschen Kirchenstücke nachweisen lassen.[59] In jedem Fall aber deutet die große Anzahl lateinischer Werke darauf hin, daß er in Leipzig die absolute Vorherrschaft der zu jener Zeit allenthalben als wenig erbaulich empfundenen deutschen Kirchenkantate brach und zumindest teilweise durch textlich zeitlosere und musikalisch einheitlichere Werke ersetzte, somit aber auch den Anteil Bachscher Werke deutlich reduzierte.

Eine ähnliche Tendenz läßt sich auch bei den Passionsmusiken beobachten, wobei auffällig ist, daß Harrer zu diesem musikalischen Höhepunkt des Kirchenjahres offenbar stets mit eigenen Werken aufwartete, die ganz unter dem Einfluß der italienischen Oratorientradition stehen. Kompositionen wie die 1751 vertonte deutsche Fassung von Metastasios *La Passione* oder sein am Karfreitag 1753 aufgeführtes Oratorium *Der Tod Abels des Gerechten* stehen in scharfem Kontrast zu den während der Amtszeit Bachs aufgeführten Werken – ganz gleich, ob vor 1750 in der Karfreitagsliturgie ausschließlich oratorische Passionen (wie die *Matthäus*- oder die *Johannes-Passion*) erklangen, oder ob gelegentlich auch schon Passions-Oratorien zu Gehör gebracht wurden (wie etwa die von Bach und einem seiner Kopisten abgeschriebene *Brockes-Passion* Georg Friedrich Händels).[60]

Während der Amtszeit von Johann Friedrich Doles scheint der von Harrer importierte italienische Akzent in der Kirchenmusik als eine von mehreren Stilrichtungen fortgedauert zu haben. Denn Doles führte sowohl traditionelle oratorische Passionen auf als auch moderne Passions-Oratorien eigener und fremder Komposition; daneben schrieb er Kantaten mit deutschem Text. Daß die Originalstimmensätze der Choralkantaten Bachs vergleichsweise wenige Eintragungen aus Doles' Amtszeit aufweisen, muß nicht unbedingt auf ein noch weiteres Erlahmen der Leipziger Aufführungstraditionen deuten, denn nach dem Zeugnis von Rochlitz besaß Doles einen eigenen größeren Vorrat an Werken seines einstigen Lehrmeisters.

Daß mit der Zeit jedoch die Tradition brüchig wurde und das Interesse an Bachs Werken tatsächlich verblaßte, zeigt zum einen der Umstand, daß von den drei Passionen, die Doles laut Rochlitz während dessen Thomanerzeit – also zwischen 1782 und 1789 – als Kompositionen Bachs aufführte, wenigstens zwei unecht waren – die aus Bachs Notenbibliothek stammende anonyme *Lukas-Passion*[61] und das bereits erwähnte, aus dem Nachlaß Altnickols übernommene Passions-Oratorium von Ernst Wilhelm Wolf; zum anderen distanzierte auch Doles sich recht bald von den traditionellen Kantaten und musizierte stattdessen lieber figurierte Choräle oder Choralkantaten *per omnes versus*. Nach eigener Aussage begann er mit dieser Praxis bereits in seinen ersten Amtsjahren[62], andere Kommentatoren belegen die – nun vielleicht dauerhafte – Einführung dieser

„neuen Art von Kirchenmusik" für die zweite Hälfte der 1760er Jahre.[63] Gegen Ende der Ära Doles und während der Amtszeit seines Nachfolgers Johann Adam Hiller spielten Kompositionen von Bach – mit Ausnahme vielleicht der Motetten – in der Kirchenmusikpflege keine nennenswerte Rolle mehr; namentlich unter letztgenanntem wurden die „aktuellen", am italienischen Stil orientierten Meister wie etwa Hasse, Brixi oder Pergolesi bevorzugt. In Hillers Nachlaßverzeichnis[64] findet sich bezeichnenderweise lediglich eine Komposition J. S. Bachs, das *Kyrie F-Dur* BWV 233a, und als Hillers Nachfolger August Eberhard Müller um 1804 wieder begann, einzelne Bachsche Stücke aus dem Bestand der Thomasschulbibliothek aufzuführen, hatten nach einer Mitteilung Gerbers „nur sehr wenige Kenner seiner Werke [...] blos vom Hörensagen bisher noch Kenntniß von diesem Schatze".[65] Nicht das gesamte Schaffen J. S. Bachs war allerdings in Vergessenheit geraten; vielmehr hatte sich das Interesse allmählich auf die Musik für Tasteninstrumente verlagert, die in einer repräsentativen Auswahl abschriftlich von Breitkopf angeboten wurden.

Wenn es einen Bruch in der Leipziger Bach-Pflege gab, so bestand dieser also nicht in einem mehrere Jahrzehnte währenden vollkommenen Vergessen, sondern in einer um die Jahrhundertwende spürbaren konträren Bewertung der Vergangenheit durch die verschiedenen Generationen. Der Bach-Schüler Doles starb als Träger einer Tradition, die er überwunden und durch etwas Besseres ersetzt zu haben glaubte; die Generation seiner Schüler hingegen erkannte gerade in Bachs Musik jenen Reiz des Neuen und Ungewohnten, der aus der Beschäftigung mit den Kunstleistungen vergangener Epochen entsteht. Aus Tradition war so im Wechsel von einer Generation zur nächsten Rezeption geworden.

DIE BERLINER ÜBERLIEFERUNG

Eine besonders intensive theoretische und praktische Beschäftigung mit Bachs Schaffen läßt sich ab etwa 1740 in Berlin nachweisen, wo seine Söhne Carl Philipp Emanuel und Johann Christian, später auch Wilhelm Friedemann längere Phasen ihres Lebens verbrachten. Berlin war außerdem die Wirkungsstätte der Bach-Schüler Johann Friedrich Agricola, Johann Philipp Kirnberger und Christoph Nichelmann sowie des Musikschriftstellers Friedrich Wilhelm Marpurg, der mit Bach in dessen letzten Lebensjahren noch persönlich zusammengetroffen war. Jeder dieser Musiker besaß eine umfangreiche Musikaliensammlung, und alle veröffentlichten einflußreiche musiktheoretische Schriften, die sich – mit unterschiedlicher Zielsetzung – mit Bachs Kompositionen befassen. Marpurgs *Abhandlung von der Fuge* (1753–54) stützt sich in wesentlichen Teilen auf Bachsche Kompositionen als *exempla classica*, Kirnbergers *Kunst des reines Satzes* (1771–74) sogar nahezu ausschließlich; und Nichelmann führt in seiner Abhandlung *Die Melodie nach ihrem Wesen sowohl, als nach ihren Eigenschaften* (1755) zahlreiche Beispiele aus Bachschen Vokalwerken an, übt jedoch auch Kritik an deren mit „Zieraten" überladener Melodik. Insgesamt dokumentieren die große Häufigkeit der Erwähnungen Bachscher Kompositionen im Berliner musiktheoretischen Schrifttum und die beinahe unüberschaubar große Zahl in Berlin angefertigter Abschriften einen so lebhaften und anhaltenden Umgang mit Bachs Musik in den Kreisen der Kenner und Liebhaber, daß man zu Beginn des 19. Jahrhunderts von Berlin als der „Hauptstadt von Sebastian Bach"[66] sprechen konnte. Eine Gesamtschau der Berliner Bach-Überlieferung und -Pflege ist trotz einer mittlerweile ansehnlichen Zahl von Einzelstudien noch nicht möglich[67], zumal sie eine exakte Zuordnung der verschiedenen Handschriftengruppen voraussetzen würde, deren Kopisten derzeit noch mit verschiedenen Anonyma-Nomenklaturen versehen sind. Hier können lediglich einige der wichtigsten Kreise knapp skizziert werden.

Das Musikleben der preußischen Metropole teilte sich in eine höfische und eine bürgerliche Sphäre. In der relativ gut zu überschauenden Geschichte der Hofmusik kommt der Name Bach – außer im Zusammenhang mit dem berühmten Besuch des Thomaskantors in Sanssouci im Mai 1747, der zur Entstehung des *Musikalischen Opfers* führte – nicht vor. Schwerer zu überblicken (und für den hier relevanten Zeitraum noch nicht hinreichend erschlossen) ist der Bereich des weitgehend privaten bürgerlichen Musiklebens. Die in Berlin seit den 1740er Jahren florierenden musikalischen Gesellschaften – private Organisationen, die sich in regelmäßigem Turnus zum gemeinsamen Musizieren und Debattieren trafen – sind für die Bach-Pflege von zentraler Bedeutung. Dokumente über die musikalischen Gesellschaften haben sich meist in verstreut publizierten Anekdoten sowie teilweise in Form musikalischer Quellenbestände erhalten, die fast sämtlich noch der Identifizierung und Zuordnung harren.

Ein relativ frühes Repertoire findet sich in der Sammlung Thulemeier der Staatsbibliothek zu Berlin.[68] Die Sammlung weist mehrere Altersschichten auf, deren mutmaßlich älteste, um 1740–1760 anzusetzende neben Ouverturen und Trios von Carl Heinrich Graun sowie Konzerten, Sinfonien und Kammermusik von Carl Philipp Emanuel Bach, Christoph Nichelmann und anderen Berliner Meistern auch drei Cembalo-Konzerte und eine Violin-Sonate Johann Sebastian Bachs umfaßt. Als Kopist beziehungsweise Vorbesitzer der Bach-Quellen läßt sich Nichelmann ermitteln, als dessen mutmaßliche Vorlagen der Handschriftenbesitz C. P. E. Bachs und als Wirkungsbereich eine noch nicht näher bestimmte private musikalische Gesellschaft.[69] In einen ähnlichen Zusammenhang gehören wohl Johann Friedrich Agricolas Abschriften von Cembalo-Konzerten und kammermusikalischen Kompositionen, vielleicht auch von geistlichen Vokalwerken seines Lehrmeisters.[70]

Einen ganz eigenen Charakter besaß die fast religiöse Züge tragende Bach-Verehrung von Johann Philipp Kirnberger und dessen Dienstherrin und Schülerin, Prinzessin Anna Amalia von Preußen. Im Mittelpunkt von Kirnbergers musikalischem Denken stand Johann Sebastian Bach als der unübertroffene Meister des strengen Satzes, das Maß aller Dinge in der Kompositionslehre. Kirnbergers in einem sich zunehmend sektiererisch gebärdenden Kreis mit dogmatischer Strenge geäußerte Ansichten führten ihn allmählich in eine Außenseiterposition, die durch seine langjährigen, überhitzten musiktheoretischen Auseinandersetzungen mit Marpurg noch verstärkt wurde. Die in diesem Zwist zum Ausdruck kommenden Rivalitäten wirkten sich auch auf die Berliner Bach-Pflege insgesamt aus; sie führten zu einer Separierung der Kräfte und trugen wesentlich dazu bei, daß man – wie Arno Forchert zu Recht anmerkt – gegen Ende des 18. Jahrhunderts nicht eigentlich von einer Berliner Bach-Tradition sprechen kann, sondern bestenfalls von mehreren parallel verlaufenden Traditionen.[71]

Die von Kirnberger zusammengetragene Sammlung ist heute weitgehend – doch nicht ausschließlich[72] – in den Bestand der Amalienbibliothek integriert.[73] Neben zwei Bachschen Originalhandschriften – die autographen Partituren der Brandenburgischen Konzerte (Am.B. 78) und der Kantate BWV 34 (Am.B. 39) – finden sich dort zahlreiche Verkaufsabschriften von Vokalwerken, die bei Breitkopf in Leipzig bestellt wurden (Am.B. 43–44), ferner von Kirnberger angeregte Abschriften von Quellen im Besitz C. P. E. Bachs (Am.B. 3) und anderer, sowie schließlich auch Teile aus dem Nachlaß des 1774 verstorbenen Johann Friedrich Agricola (Am.B. 22, 33–35, 51a, 62–63, u. a.).

Die durch die eingangs zitierte Mitteilung Carl Friedrich Zelters bezeugte Bach-Rezeption der Berliner Organisten Johannes Ringk, Carl Volkmar Bertuch und Johann Daniel Schmalz, die angeblich „fast nichts anderes hören [ließen] als des alten Bachs Stücke"[74], dokumentiert sich in einer besonders großen Zahl von Berliner Abschriften Bachscher Orgelwerke. Die mitteldeutsche Herkunft Ringks, Bertuchs und auch Kirnbergers erklärt die quellenkundlich belegten Verbindungen zu bestimmten Kreisen der Thüringer Bach-Pflege, durch die eine Reihe von Werken auf einem anderen Wege als über die Sammlungen der Bach-Söhne und -Schüler nach Berlin gelangten.[75]

Eine wichtige, erst vor kurzem greifbar gewordene Gestalt der Berliner Bach-Rezeption ist der Musikus Johann Friedrich Hering[76], der vor allem mit Carl Philipp Emanuel, später auch mit Wilhelm Friedemann Bach in Verbindung stand und der in einem Dokument aus dem Jahre 1793 als ein „musikalischer Veteran Berlins und gar sorgsamer, eifriger Sammler und ausschließlicher Verehrer Bachischer Produkte" charakterisiert ist.[77] Bezeichnend für Herings mit wissenschaftlicher Akribie betriebenen Sammeleifer ist der Umstand, daß er sich die seinerzeit im Besitz C. P. E. Bachs befindliche Originalpartitur der *Matthäus-Passion* kopieren ließ, deren Lesarten sorgfältig mit denen der Originalstimmen verglich und sodann alle von ihm festgestellten Abweichungen in seine Abschrift übertrug.[78] Herings Sammlung umfaßte – und zwar oft sowohl in Partitur als auch Stimmen – eine große Zahl der geistlichen und weltlichen Vokalwerke J. S. Bachs, daneben aber auch Kammer- und Orchestermusik. Die praktische Verwendung dieser Sammlung, die später zu großen Teilen in den Besitz der Grafen von Voß-Buch kam, ist noch völlig ungeklärt. Nach einer vielzitierten Notiz im Vokalmusik-Katalog der Sammlung Voß stammen die dort verzeichneten Originalstimmen von Bachs drittem Leipziger Kantaten-Jahrgang „hauptsächlich aus dem Heeringschen Nachlasse", was diesen als eine zentrale Figur in der Überlieferung dieser Quellengruppe herausstellt.

Von besonderem soziologischen und historischen Interesse ist die Bach-Pflege in den aufgeklärten Kreisen des Berliner Judentums, in deren Mittelpunkt die einflußreiche Salonnière Sara Levy geb. Itzig (1761–1854), eine Schülerin W. F. Bachs und Großtante Felix Mendelssohn Bartholdys, steht.[79] Innerhalb der umfangreichen Musikaliensammlung Levys finden sich die Instrumentalwerke Bachs eingebettet in ein Repertoire von älteren Berliner Meistern wie den Brüdern Graun, den beiden ältesten Bach-Söhnen und anderen, die als „klassisch" geschätzt wurden und den aufklärerischen Idealen des preußischen Judentums entsprachen. Eine ganz ähnliche Zusammensetzung weist die Musikaliensammlung von Sara Levys älterer Schwester Zippora Wulff auf. Dokumentarische Belege für gemeinsame Auftritte der beiden als „vortreffliche Klavierspielerinnen"[80] geschätzten Schwestern, unter anderem bei Privatkonzerten im Hause des Berliner Arztes Joseph Fließ, bilden den Kontext für eine Abschrift des *Doppelkonzerts* c-Moll BWV 1060[81] und von Arrangements der Orgeltrios BWV 525–530 für zwei Cembali.[82] Von Sara Levy führt eine direkte Linie zur Bach-Renaissance im frühen 19. Jahrhundert durch Zelter und Mendelssohn.

Von Berlin gingen seit den 1770er Jahren auch zahlreiche Impulse für die Wiener Bach-Rezeption aus. Dies hing maßgeblich mit einer Reihe enger persönlicher Verbindungen zwischen den beiden Städten zusammen. Der österreichische Gesandte am preußischen Hof, Baron Gottfried van Swieten, knüpfte in seiner Berliner Zeit (1770–1777) offenbar Kontakte zu verschiedenen Verehrern Bachscher Musik[83] und vermochte eine stattliche Zahl von Bachschen Werken zu sammeln; auch pflegte er seine Liebe für die von ihm so bezeichneten „Muster des Wahren und Großen" in sonntäglichen Soiréen, denen zu Anfang der 1780er Jahre auch Wolfgang Amadeus Mozart regelmäßig beiwohnte.[84] Eine weitere wichtige Figur in diesem Kontext ist die seit 1776 in Wien ansässige ältere Schwester von Sara Levy und Zippora Wulff, Fanny von Arnstein, die durch ihren Familienkreis ebenfalls eng mit der Bach-Pflege Berlins verbunden war. Durch ihre zweite Heirat mit dem Freiherrn Bernhard von Eskeles kam schließlich auch Zippora Wulff 1799 nach Wien. Der Einfluß dieser drei wichtigen Mäzene hat die Bach-Rezeption der Wiener Klassiker nicht unwesentlich beeinflußt. An vierter Stelle ist noch der österreichische Regierungsrat Franz Joseph Reichsritter von Heß zu nennen, dessen umfangreiche Bach-Sammlung erst vor kurzem ins Blickfeld der Forschung getreten ist.[85] In Wien standen die streng kontrapunktischen Kompositionen Bachs, namentlich die Fugen, in noch stärkerem Maße im Zentrum der Rezeption als in Berlin. Losgelöst aus dem engen Netz der persönlichen Verbindungen und Traditionen, konnte Bachs Musik hier als Muster für eine abstrakte kontrapunktische Satztechnik interpretiert werden.

*

Viele der privaten Musikzirkel Berlins gingen gegen Ende des 18. Jahrhunderts in der neugegründeten Singakademie auf, in der sich rasch günstige Bedingungen für eine institutionell verankerte und damit dauerhaftere und stärker nach außen wir-

kende Bach-Pflege entwickelten. Die Bibliothek der Singakademie muß im frühen
19. Jahrhundert eine Art Sammelstelle für ältere Berliner Musikalien gewesen
sein und konnte durch Stiftungen und Nachlässe – darunter die von Sara Levy
und Friedrich Nicolai – auch eine große Zahl von Bachiana erwerben, deren
wertvollsten Teil sie allerdings bereits 1854 an die Königliche Bibliothek (heute
Staatsbibliothek zu Berlin) verkaufen mußte. Die im Besitz der Singakademie
verbliebenen Quellen sind leider seit dem Zweiten Weltkrieg verschollen und sind
auch vorher aufgrund restriktiver Benutzungsbedingungen nie systematisch aus-
gewertet worden.

Thüringer Überlieferung

Bedingt durch Bachs Herkunft und seine ersten Anstellungen in Arnstadt, Mühl-
hausen und Weimar, entstanden in Thüringen bereits relativ früh bedeutende
Zentren der Bach-Überlieferung. Der besondere Schwerpunkt der thüringischen
Bach-Pflege liegt auf den Orgelwerken. Dies hat einerseits sicherlich mit der von
Bach in Thüringen verfolgten Organistenlaufbahn zu tun, durch die viele Quellen
seiner damals aktuellen Orgelkompositionen in Umlauf gekommen sein mögen;
andererseits ist das Übergewicht an Quellen zur Orgelmusik aber wohl auch dadurch bedingt, daß in Thüringen seine Musik überwiegend von Organisten gesammelt wurde. Viele der frühen Kompositionen finden sich in zwei großen Anthologien – dem „Andreas-Bach-Buch" und der „Möllerschen Handschrift"[86] – ,
die zwischen 1705 und 1715 von Bachs ältestem Bruder, dem Ohrdrufer Organisten Johann Christoph Bach angelegt wurden. Die Sammelbände Johann Christoph Bachs sind die wichtigsten und bekanntesten Zeugnisse für die Verbreitung der
Werke J. S. Bachs im Thüringer Familienkreis. Ihnen können weitere Quellen ähnlicher Zusammensetzung an die Seite gestellt werden, etwa die beiden von dem Gehrener Kantor Johann Christoph Bach geschriebenen Sammelbände[87], eine Sammlung
mit Bachs Konzert-Transkriptionen nach fremden Meistern von der Hand des Eisenacher Organisten Johann Bernhard Bach[88] und ein möglicherweise ebenfalls aus
dessen Umkreis stammender Sammelband mit frühen Klavier- und Orgelwerken.[89]
    Ein bedeutendes Zentrum der frühen Überlieferung von Bachs Kompositionen
ist Weimar, wo dessen entfernter Vetter Johann Gottfried Walther eine große
Sammlung seiner Orgelwerke zusammentrug, die er nach eigenen Angaben von
Bach selbst erhalten hatte.[90] Ein großer Teil dieses Repertoires findet sich in den
drei Berliner Sammelbänden Mus. ms. Bach P 801–803, die ab etwa 1714 hauptsächlich von Walther zusammen mit seinem und Bachs Schüler Johann Tobias
Krebs angelegt wurden.[91] Ein etwas späteres Repertoire überliefern die Abschriften von Bachs Weimarer Schüler Johann Caspar Vogler.[92] Umfangreiche
thüringische Sammlungen von Bach-Quellen entstanden ab etwa 1725 in Gräfen-
roda auf Betreiben des dortigen Organisten Johann Peter Kellner[93] und ab etwa
1730 beziehungsweise 1740 in Apolda und Jena durch Johann Nicolaus Mempell
und Johann Gottlieb Preller.[94]

Diese und andere frühe Sammlungen bildeten den Grundstock für eine überaus
reiche und vielschichtige thüringische Bach-Rezeption in der zweiten Hälfte des
18. Jahrhunderts, die teilweise sogar weit ins 19. Jahrhundert hineinreichte. Als
direkte Fortführung dieser frühen Phase der Überlieferung sind besonders die
Aktivitäten des Kreises um den Bach-Schüler Johann Christian Kittel zu nennen.[95] Kittel war nicht zuletzt dank seiner repräsentativen Stellung als Organist an
der Erfurter Predigerkirche wohl die zentrale Gestalt in der thüringischen Bach-
Pflege des späten 18. Jahrhunderts; nicht nur verbreitete er sein Wissen und sein
Engagement um Bachs Schaffen in seinem großen Schülerkreis, er wußte über-
dies mit großem Geschick Quellen der älteren thüringischen Bach-Tradition auf-
zuspüren und ermöglichte so deren Überlieferung bis in die heutige Zeit. Den
Unterricht Kittels genossen Organisten wie Johann Andreas Dröbs, Michael
Gotthard Fischer, Ludwig Ernst Gebhardi, Johann Wilhelm Häßler, Carl Christian
Kegel, Johann Immanuel Müller, Johann Christian Heinrich Rinck, Carl Gottlieb
Umbreit und Johann Christian Westphal, die allesamt umfangreiche Musikalien-
sammlungen zusammentrugen; von diesen Sammlungen ist allerdings nur noch die
von J. C. H. Rinck in der Bibliothek der Yale University vollständig erhalten.[96]
Die vom Leipziger Hauptstrang weitgehend unabhängige Thüringer Überlieferung
hat nicht nur hin und wieder biographische und werkgeschichtliche Informationen
bewahrt, die in der Familien-Tradition nicht aufgehoben wurden[97], sondern auch
singulär nachweisbare Frühwerke Bachs erhalten können, darunter auch die Choräle der sogenannten Neumeister-Sammlung.[98]

SAMMLER UM 1800

Mit dem im letzten Viertel des 18. Jahrhunderts sich vollziehenden Generatio-
nenwechsel ging allenthalben eine Phase der Bach-Überlieferung zu Ende; dieser
Vorgang war durch das Versiegen festverwurzelter Traditionen und durch größere Quellenverluste geprägt. Im frühen 19. Jahrhundert wurden daher umfassende
Bemühungen um die Bewahrung von Bachs Œuvre zu einem zentralen Anliegen.
Zwar sind die Tendenzen zur Konservierung dieses kulturellen Erbes zum Teil
auch durch ein erstarkendes nationales Bewußtsein bedingt, sie stehen jedoch vor
allem unter dem Eindruck der Zerstreuung und teilweise auch Zerstörung bedeutender Handschriftensammlungen. So wurden zum Beispiel, als C. P. E. Bachs
Nachlaß 1805 nach dem Tode seiner Tochter aufgelöst und versteigert wurde, die
unverkauften Manuskripte seiner Sammlung als Makulatur vernichtet, und 1816
fiel ein beträchtlicher Teil von Kittels Nachlaß in Bad Berka an der Ilm einem
Brand zum Opfer.
    Von tiefer Resignation geprägt ist eine Äußerung des alten Forkel, die er in ei-
nen vermutlich an seinen Schüler Friedrich Konrad Griepenkerl gerichteten Brief
vom 1. September 1816 einrückt, als er auf die „großen Orgelfugen" Bachs zu
sprechen kommt, von deren „Gebrauch" (im Rahmen einer Ausgabe?) er abrät:
„Ich sähe sie zwar gerne wieder durch eine neue Abschrift vervielfältigt u. da-

durch ihrem Untergange wenigstens etwas mehr entzogen; allein unser Zeitalter hat Stärke genug gehabt, Deutschlands Ewigkeit zu retten, hat aber [bei weitem] nicht Geistesstärke genug, um so große, so einzige, nie gehörte und gesehene Kunstwerke zu erhalten."[99] Diese Äußerung wirkt wie eine Vorahnung der 1819 erfolgten Versteigerung von Forkels eigener Musiksammlung, die dank seiner persönlichen Kontakte zu den beiden ältesten Bach-Söhnen eine große Zahl von Bachs Kompositionen in Abschriften und teilweise auch in Originalquellen enthielt; darüber hinaus hatte Forkel sich auch auf anderem Wege Zugang zu Bachschen Werken namentlich aus Thüringen verschaffen können.

Von zentraler Bedeutung für die Überlieferung von Bachs Autographen, teilweise aber auch für die praktische Pflege der Werke, sind die großen Privatsammler des frühen 19. Jahrhunderts. Der wichtigste unter diesen ist Georg Poelchau, der seit Beginn der 1790er Jahre in Hamburg Handschriften aus dem Nachlaß Carl Philipp Emanuel Bachs sowie aus dem Besitz von Casper Siegfried. Gähler und Christian Friedrich Gottlieb Schwencke erwarb. Ein Teil der Bach-Quellen aus Poelchaus Sammlung gelangte 1811 über Abraham Mendelssohn in die Bibliothek der Berliner Singakademie, die, wie erwähnt, 1854 ihre Bach-Handschriften an die Königliche Bibliothek verkaufte; der andere Teil der Sammlung Poelchau gelangte bereits 1841 über dessen Erben direkt dorthin.[100]

Eine umfangreiche, teils auf Johann Friedrich Hering und andere Berliner Musiker, teils auf das Sortiment der Hamburger Musikalienhandlung Johann Christoph Westphals, teils aber auch auf den Besitz Wilhelm Friedemann Bachs zurückgehende Sammlung wertvoller Bach-Handschriften besaßen die Grafen von Voß-Buch. Bis kurz nach 1800 wurden diese Musikalien in privaten Hauskonzerten auch praktisch genutzt, später überwog der bibliophile Aspekt; durch Vermittlung von Wilhelm Rust erfolgte 1851 die Stiftung der Sammlung an die königliche Bibliothek zu Berlin.[101]

Die Sammlung des Kammersängers Franz Hauser geht in wesentlichen Teilen auf die Nachlässe von Christian Friedrich Penzel und Johann Georg Nacke zurück, die Hauser 1833 von dem Oelsnitzer Kantor Johann Gottlob Schuster erwarb. Von besonderer Bedeutung für die Planung und Durchführung der alten Bach-Gesamtausgabe war Hausers sorgfältiges, über mehrere Jahrzehnte hin angelegtes *Thematisches Verzeichnis der Werke von Johann Sebastian Bach*, das jedoch nie veröffentlicht wurde.[102]

Mit dem schrittweisen Übergang der wichtigen Handschriftensammlungen des frühen 19. Jahrhunderts in den Besitz der großen öffentlichen Bibliotheken und der parallel verlaufenden Verbreitung von Bachs Werken durch Neudrucke wurde allmählich eine neue Phase der Rezeptionsgeschichte eröffnet und zugleich erstmalig die Grundlage für eine wissenschaftliche Auseinandersetzung mit Bachs Leben und Werk geschaffen.

ANMERKUNGEN

1 Zit. nach Georg Schünemann, *Die Bachpflege der Berliner Singakademie*, in: *BJ* 1928, S. 143.

2 *Dok III.*

3 Vgl. vor allem Schulze, *Bach-Überlieferung.*

4 Friedrich Wilhelm Rust, *Autobiographie*, Ms. im Besitz von Thilo Rust, Neuss.

5 Vgl. die Beiträge zu George B. Stauffer (Hrsg.), *J. S. Bach, the Breitkopfs, and Eighteenth-Century Music Trade*, Lincoln (Nebraska) und London 1996 (= *Bach Perspectives*, Bd. 2).

6 Vgl. *Dok II*, Nr. 627–628.

7 Vgl. Dürr *Chr* 2, S. 10-20; *NBA* I/15 *Krit. Ber.*, S. 205f.; Yoshitake Kobayashi, *Zur Teilung des Bachschen Erbes*, in: *Acht kleine Präludien und Studien über BACH, Georg von Dadelsen zum 70. Geburtstag am 17. November 1988*, Wiesbaden 1992, S. 67–75.

8 Forkel, *Bach*, S. 61.

9 Die Bestimmung eines hypothetischen Erbteils Altnickols wird durch dessen frühen Tod (1759) erschwert; seine Musikalien – und darunter eben auch kopierte und eventuell ererbte Werke J. S. Bachs – dürften nach 1759 zumindest teilweise in den Besitz Wilhelm Friedemanns, Carl Philipp Emanuels und Johann Christoph Friedrichs gelangt sein. Bei C. P. E. Bach lassen sich solche Übernahmen von Handschriften seines Schwagers mehrfach konkret nachweisen, und bei J. C. F. Bach findet sich ein sicherer Anhaltspunkt immerhin in dem aus Altnickols Besitz stammenden Doppelkonzert BWV 1060 (Berlin SBPK: Mus. ms. Bach St 136). Diese Nachweise betreffen natürlich lediglich Abschriften von der Hand Altnickols, bei Originalquellen Bachs wäre man für einen Besitznachweis auf eindeutig nach 1750 zu datierende handschriftliche Eintragungen des Naumburger Organisten angewiesen. Vgl. Peter Wollny, *Zur Überlieferung der Instrumentalwerke Johann Sebastian Bachs: Der Quellenbesitz Carl Philipp Emanuel Bachs*, in: *BJ* 1996, S. 13, sowie vor allem Y. Kobayashi, *Zur Teilung des Bachschen Erbes*, a.a.O.

10 Vgl. *Dok II*, Nr. 621, sowie Andreas Glöckner, *Die Teilung des Bachschen Musikaliennachlasses und die Thomana-Stimmen*, in: *BJ* 1994, S. 41–57.

11 Siehe Dürr *Chr* 2, S. 13–15.

12 Vgl. *BC* A 39, Schulze, *Bach-Überlieferung*, S. 19, sowie *NBA* I/6 *Krit. Ber.*, S. 118–119.

13 Vgl. Peter Wollny, *Wilhelm Friedemann Bach's Halle performances of cantatas by his father*, in: Daniel R. Melamed (Hrsg.), *Bach Studies*, Bd. 2, Cambridge 1995, S. 202–228.

14 Für eine Überlieferung durch W. F. Bach plädierten lediglich Werner Braun, *Material zu Wilhelm Friedemann Bachs Kantatenaufführungen in Halle (1746–1764)*, in: *Mf* 18 (1965), S. 267–276, hier S. 268, und Joshua Rifkin in seiner Rezension des ersten Bandes des *BC*, in: *Early Music* 17 (1989), S. 79–88, speziell S. 80.

15 Etwa im Falle von BWV 51 und BWV 30; auch BWV 19 wurde von C. P. E. Bach zwischen 1770 und 1781 in Hamburg mehrfach aufgeführt, nachdem eine frühere Aufführung in Halle in Form einer gründlichen Revision des originalen Stimmenmaterials durch W. F. Bach und eine zusätzlich angefertigte obligate Orgelstimme dokumentiert ist; das Wasserzeichen der letztgenannten Stimme findet sich in datierten Dokumenten von der Hand W. F. Bachs vom September 1752.

16 Vgl. Yoshitake Kobayashi, *Franz Hauser und seine Bach-Handschriftensammlung*, Diss. Göttingen 1973, S. 128–129; Schulze, *Bach-Überlieferung*, S. 21–22.

17 Vgl. hierzu auch Schulze, *Bach-Überlieferung*, S. 14.

18 Diese Feststellung ist erstmals formuliert bei Hans-Joachim Schulze, *Ein „Drama per Musica" als Kirchenmusik. Zu Wilhelm Friedemann Bachs Aufführungen der Huldigungskantate BWV 205a*, in: *BJ* 1975, S. 140.

19 Vgl. Wollny, *Zur Überlieferung der Instrumentalwerke Johann Sebastian Bachs: Der Quellenbesitz Carl Philipp Emanuel Bachs*, S. 7-21.

20 Vgl. *Dok III*, Nr. 666, S. 86.

21 Vgl. Christoph Wolff, *Bach's Leipzig Chamber Music*, in: *Early Music* 13 (1985), S. 165–175, speziell S. 166.

22 Angaben nach dem *Krit. Ber.* zu *NBA* V/8; die Abschrift Mohrheims ist dort als Quelle D 5 geführt; sie befand sich später im Besitz C. P. E. Bachs.

23 Angaben nach dem *Krit. Ber.* zu *NBA* V/7.

24 Vgl. Ulrich Leisinger und Peter Wollny, „*Altes Zeug von mir*". *Carl Philipp Emanuel Bachs kompositorisches Schaffen vor 1740*, in: *BJ* 1993, S. 133 und 200–202.

25 *Dok III*, Nr. 831.

26 Vgl. *Dok III*, Nr. 639.

27 Vgl. Werner Braun, *Material zu Wilhelm Friedemann Bachs Kantatenaufführungen in Halle.*

28 Peter Wollny, *Studies in the Music of Wilhelm Friedemann Bach: Sources and Style*, Diss. Harvard University 1993, S. 245.

29 Eine Liste der in Halle aufgeführten väterlichen Kompositionen findet sich in meinem Aufsatz *Wilhelm Friedemann Bach's Halle performances of cantatas by his father*, S. 209–212; hier sind noch die Choralkantate BWV 177 und die fragmentarisch erhaltene Ratswahlkantate BWV 193 zu ergänzen. Die autographe Partitur des erstgenannten Werks weist Zusätze von der Hand W. F. Bachs auf (detaillierte Bezifferung des Schlußchorals), die nur im Zusammenhang mit der Vorbereitung einer Aufführung entstanden sein können (im *Krit. Ber.* zu *NBA* I/17.1 sind die entsprechenden Erkenntnisse nicht enthalten); desgleichen weisen die wenigen überlieferten Stimmen von BWV 193 ähnlich zu deutende Revisionsspuren auf.

30 Als hohe Festtage galten Weihnachten, Ostern und Pfingsten; mittlere Feste waren der 1. Advent, Neujahr, Epiphanias (6. Januar), Christi Taufe, Mariae Reinigung (2. Februar), Mariae Verkündigung (25. März), Palmsonntag, Himmelfahrt, Trinitatis, St. Johannis (24. Juni), Mariae Heimsuchung (2. Juli) und Michaelis (29. September).

31 Vgl. das 1746 veröffentlichte Verzeichnis von Kirchhoffs musikalischem Nachlaß; wiedergegeben bei Walter Serauky, *Musikgeschichte der Stadt Halle*, Bd. II/1, Halle 1939, S. 497f.

32 Vgl. Braun, *Wilhelm Friedemann Bachs Kantatenaufführungen*, S. 273.

33 Vgl. *NBA* I/31 *Krit. Ber.*, S. 60–62.

34 Vgl. Schulze, *Ein „Drama per Musica" als Kirchenmusik*, in: *BJ* 1975, S. 133–140.

35 Vgl. *Dok III*, Nr. 914, S. 426.

36 Vgl. *NBA* I/29 *Krit. Ber.*, S. 16–17; für den Nachweis der dort noch als verschollen bezeichneten Stimmenabschrift W. F. Bachs vgl. *BC* A 176.

37 In W. F. Bachs eigenen Vokalwerken finden sich obligate Orgelstimmen bei Fk 72, 82, 86, 88, 89, 94 und 96.

38 Vgl. die Liste der Bach-Abschriften Altnickols bei Alfred Dürr, *Zur Chronologie der Handschriften Johann Christoph Altnickols und Johann Friedrich Agricolas*, in: *BJ* 1970, S. 44–65.

39 Vgl. Peter Wollny, *Eine apokryphe Bachsche Passionsmusik in der Handschrift Johann Christoph Altnickols*, in: *Bericht über die wissenschaftliche Konferenz anläßlich des 69. Bach-Festes der Neuen Bachgesellschaft, Leipzig, 29. und 30. März 1994*, Hildesheim 1995, S. 55–70 (= *Leipziger Beiträge zur Bach-Forschung, Bd. 1*).

40 Vgl. Friedrich Hoppe, *Die Pflege der Musik in Naumburg a. S.*, Naumburg 1914, S. 26.

41 Vgl. Hoppe, *Naumburg*, S. 28.

42 Vgl. Wollny, *Eine apokryphe Bachsche Passionsmusik*, S. 62f.

43 Die Aufführungsbedingungen für J. C. F. Bachs eigene geistliche Vokalmusik untersucht Ulrich Leisinger, *Die geistlichen Vokalwerke von Johann Christoph Friedrich Bach – Aspekte der Entstehungs- und Überlieferungsgeschichte*, in: *BJ* 1995, S. 115–143.

44 Vgl. hierzu Christoph Wolff, *On the Recognition of the Bach Chorale*, in: *Bach. Essays on His Life and Music*, Cambridge (Mass.) 1991, S. 383–390.

45 Vgl. *Dok III*, Nr. 910.

46 *Dok III*, Nr. 911.

47 Zu diesem Begriff siehe *NBA* V/4 *Krit. Ber.*, S. 59.

48 Vgl. hierzu und zum folgenden Wollny, *Eine apokryphe Bachsche Passionsmusik.*

49 Dieses Werk eines noch nicht ermittelten Autors, das bereits von Johann Philipp Kirnberger als ein „vollkommenes Muster" bezeichnet wurde (vgl. *Dok III*, Nr. 879), erschien 1805 in einer von J. G. Schicht besorgten Ausgabe bei Breitkopf und lag auch E. T. A. Hoffmann für seinen Aufsatz *Alte und neue Kirchenmusik* (1814) vor.

50 Friedrich Rochlitz, *Für Freunde der Tonkunst*, Bd. 3, Leipzig 1829, S. 231.

51 Vgl. Hans-Joachim Schulze, *„So ein Chor haben wir in Wien nicht" – Mozarts Begegnung mit dem Leipziger Thomanerchor und den Motetten Johann Sebastian Bachs*, in: Brigitte Richter und U. Oehme (Hrsg.); *Mozart in Kursachsen*, Leipzig 1991, S. 50–62.

52 Ernst Ludwig Gerber, *Neues historisch-biographisches Lexikon der Tonkünstler*, Bd. 1, Leipzig 1812, Sp. 222f.

53 Vgl. die systematische Zusammenstellung bei Werner Neumann und Christine Fröde, *Die Bach-Handschriften der Thomasschule Leipzig – Katalog*, Leipzig 1986, bes. S. 83 (= *BzBf* 5.).

54 Eine knappe Übersicht über Harrers Musikaliensammlung bietet Arnold Schering, *Der Thomas-kantor Gottlob Harrer (1703–1755)*, in: *BJ* 1931, S. 127; reicheres Material – jedoch nicht im Blick auf Harrer aufgeschlüsselt – findet sich bei Bettina Faulstich, *Die Musikaliensammlung der Familie von Voß*, Kassel 1997 (= *Catalogus Musicus*, Bd. XVI.); zum Dresdner Repertoire vgl. Wolfgang Horn, *Die Dresdner Hofkirchenmusik 1720–1745. Studien zu ihren Voraussetzungen und ihrem Repertoire*, Stuttgart und Kassel 1987.

55 Quelle: Berlin SBPK: Mus. ms. 16722.

56 Quellen: Berlin SBPK: Mus. ms. 21744/5, 21744/20, 21744/26, 21744/35.

57 Quelle: Berlin SBPK: Mus. ms. 18601/2.

58 Der Berliner Musiksammler Otto Carl Friedrich von Voß, der aus dem Sortiment Breitkopfs unter anderem den heute in der Staatsbibliothek zu Berlin erhaltenen Teil von Harrers Nachlaß erwarb, interessierte sich offenbar vornehmlich für lateinische Kirchenmusik.

59 Ein von Schering, *Harrer*, S. 126, erwähnter Kantaten-Jahrgang Harrers ist verschollen; es fragt sich allerdings, ob dieser überhaupt aus dessen Leipziger Zeit stammt.

60 Vgl. die Diskussion bei Ulrich Leisinger, *Hasses „I Pellegrini al Sepolcro" als Leipziger Passionsmusik*, in: *Bericht über die wissenschaftliche Konferenz anläßlich des 69. Bach-Festes der Neuen Bachgesellschaft, Leipzig, 29. und 30. März 1994*, Hildesheim 1995, S. 71–85, besonders S. 82f. (= *Leipziger Beiträge zur Bach-Forschung*, Bd. 1).

61 Vgl. Schulze, *Bach-Überlieferung*, S. 94f.

62 Vgl. Hans-Joachim Schulze, *Über den Endzweck der Kirchenmusik in Leipzig nach 1750*, in: *BJ* 1995, S. 191–193.

63 Vgl. Johann Adam Hiller, *Wöchentliche Nachrichten und Anmerkungen die Musik betreffend*, 17. Stück, Leipzig 1769, S. 134; siehe auch Ernst Ludwig Gerber, *Historisch-Biographisches Lexicon der Tonkünstler*, Bd. 1, Leipzig 1790, Sp. 346.

64 *Erste Fortsetzung des Catalogs geschriebener, meist seltener Musikalien, ... welche im Bureau de Musique von Hoffmeister et Kühnel zu haben sind*, Leipzig 1804. Exemplar: Berlin SBPK: Mus. Ab 645.

65 Gerber, *Neues historisch-biographisches Lexikon der Tonkünstler*, Bd. 1, Sp. 214.

66 Diese Äußerung Giacomo Meyerbeers ist nachgewiesen und kommentiert bei Arno Forchert, *„Die Hauptstadt von Sebastian Bach". Berliner Bach-Traditionen zwischen Klassik und Romantik*, in: *SIM-Jahrbuch* 1995, S. 9–28.

67 Grundlegendes findet sich vor allem in Schulze, *Bach-Überlieferung*, S. 128–145, sowie in den einschlägigen Studien im *SIM-Jahrbuch* (1993 und 1995).

68 Vgl. Robert Eitner, *Thematischer Katalog der von Thulemeier'schen Musikalien-Sammlung*, Leipzig 1899 (= *Beilage zu den Monatsheften für Musikgeschichte* 1898/99).

69 Vgl. Schulze, *Bach-Überlieferung*, S. 143–145.

70 Vgl. die Liste bei Dürr, *Zur Chronologie der Handschriften Johann Christoph Altnickols und Johann Friedrich Agricolas*, a.a.O., S. 49–56.

71 Forchert, *„Die Hauptstadt von Sebastian Bach"*, S. 10.

72 Kleinere Teile kamen im Laufe des 19. Jahrhunderts über Sammler wie Georg Poelchau und Friedrich August Grasnick an die heutige Staatsbibliothek zu Berlin, eine Abschrift des *Orgelbüchleins* gelangte mit der Sammlung des Marburger Anatomieprofessors Guido Richard Wagener an die Bibliothek des Brüsseler Konservatoriums.

73 Vgl. Eva Renate Blechschmidt, *Die Amalienbibliothek. Musikbibliothek der Prinzessin Anna Amalia von Preußen (1723–1787)*, Berlin 1965 (= *Berliner Studien zur Musikwissenschaft*, Bd. 8.).

74 Siehe Fußnote 1.

75 Vgl. die Aufstellung der Abschriften Ringks im *Krit. Ber.* zu *NBA* IV/5–6, S. 198ff.

76 Vgl. hierzu Peter Wollny, *Ein „musikalischer Veteran Berlins". Der Schreiber Anonymus 300 und seine Bedeutung für die Berliner Bach-Überlieferung*, in: *SIM-Jahrbuch* 1995, S. 80–113, sowie Faulstich, *Die Musikaliensammlung der Familie von Voß*, S. 510–517.

77 Vgl. *Dok III*, Nr. 984.

78 Vgl. *NBA* II/5, S. 69–70.

79 Vgl. Peter Wollny, *Sara Levy and the Making of Musical Taste in Berlin*, in: *MQ* 77 (1993), S. 651–688. Dort findet sich eine Liste der aller nachweisbaren musikalischen Quellen aus dem Be-. sitz der Familie Itzig.

80 Vgl. Wolf Davidson, *Ueber die bürgerliche Verbesserung der Juden*, Berlin 1798, S. 109.

81 Vgl. *NBA* VII/5 *Krit. Ber.*, S. 16f.

82 Vgl. *NBA* IV/7 *Krit. Ber.*, S. 99.

83 Van Swieten stand auch in Kontakt mit C. P. E. Bach in Hamburg, von dem er Abschriften des *Magnificats* und vermutlich auch des *Weihnachts-Oratoriums* und der *h-Moll-Messe* erhielt. Vgl. *NBA* II/3 *Krit. Ber.*, S. 21-22, sowie *BC* D 7 und E 1.

84 Vgl. *Dok III*, Nr. 859, 860 und 1010.

85 Vgl. Uwe Wolf, *Die Musikaliensammlung des Wiener Regierungsrats Franz Joseph Reichsritter von Heß (1739–1804) und ihre Bachiana*, in: *BJ* 1995, S. 195–201.

86 Leipzig, Musikbibliothek der Stadt, III.8.4, und Berlin SBPK: Mus. ms. 40644; vgl. Schulze, *Bach-Überlieferung*, S. 30–56.

87 New Haven, Yale University: LM 4982–4983; vgl. Yoshitake Kobayashi, *Der Gehrener Kantor Johann Christoph Bach (1673–1727) und seine Sammelbände mit Musik für Tasteninstrumente*, in: Wolfgang Rehm (Hrsg.), *Bachiana et alia Musicologica. Festschrift Alfred Dürr zum 65. Geburtstag*, Kassel 1983, S. 168–177.

88 Berlin SBPK: Mus. ms. Bach P 280; vgl. Schulze, *Bach-Überlieferung*, S. 56–59.

89 Brüssel, Bibliothèque Royale Albert 1er: Fétis 2960. Vgl. hierzu Ulrich Leisinger und Peter Wollny, *Die Bach-Quellen der Bibliotheken in Brüssel*, Hildesheim 1997, S. 85–89, 214f. (= *Leipziger Beiträge zur Bach-Forschung*, Bd. 2).

90 Vgl. *Dok II*, Nr. 263.

91 Vgl. Hermann Zietz, *Quellenkritische Untersuchungen an den Bach-Handschriften P 801, P 802 und P 803 aus dem „Krebs'schen Nachlass" unter besonderer Berücksichtigung des jungen J. S. Bach*, Hamburg 1969 (= *Hamburger Beiträge zur Musikwissenschaft*, Bd. 1).

92 Vgl. Schulze, *Bach-Überlieferung*, S. 59–68.

93 Vgl. Russell Stinson, *The Bach Manuscripts of Johann Peter Kellner and his circle: A Case Study in Reception History*, Durham, 1990 (= *Duke Studies in Music*).

94 Vgl. Schulze, *Bach-Überlieferung*, S. 69–88.

95 Vgl. *NBA* IV/5-6 *Krit. Ber.*, S. 208–217.

96 Erschlossen durch Henry Cutler Fall, *A Critical Bibliographical Study of the Rinck Collection*, M.A. Thesis, Yale University, 1958.

97 So etwa die Mitteilung auf einer Abschrift der sogenannten *Dorischen Toccata und Fuge* (BWV 538) von der Hand des Kittel-Schülers Michael Gotthard Fischer (New Haven, Yale University: LM 4839e), derzufolge Bach das Werk „bey der Probe der großen Orgel in Cassel" im September 1732 gespielt habe. Vgl. *Dok II*, Nr. 316.

98 Vgl. Christoph Wolff, *The Neumeister Collection of Chorale Preludes from the Bach Circle*, in: *Bach. Essays on His Life and Music*, Cambridge (Mass.) 1991, S. 107–127.

99 Niedersächsisches Staatsarchiv Wolfenbüttel: 298 N 820.

100 Vgl. Klaus Engler, *Georg Poelchau und seine Musikaliensammlung: Ein Beitrag zur Überlieferung Bachscher Musik in der ersten Hälfte des 19. Jahrhunderts*, Diss. Tübingen, 1984.

101 Vgl. Faulstich, *Die Musikaliensammlung der Familie von Voß*.

102 Vgl. Kobayashi, *Hauser und seine Bach-Handschriftensammlung*.

II. Traditionen

Contrapunct, Canon und Fuge, ausgearbeitet im Sommer-Sem: 1826
bey Herrn Bernh: Klein in Berlin, von Gustav Wihelm Teschner.
Berlin SBPK: Mus. ms. autogr. theor. Feschner, Gust. Wilh. 1

REINHARD SCHÄFERTÖNS

PARADIGMA BACH: KONVENTIONEN KOMPONIERENDER ORGANISTEN

Die Musik für kein anderes Instrument scheint so sehr zur Bildung von Traditionen und regelrechten Schulen zu neigen wie die für Orgel. Gerade bei der Improvisation liegt die Erklärung für dieses Phänomen auf der Hand, denn in dem Maße, in dem sie sich nicht als willkürlich-phantastisch, sondern als gebunden versteht, ist sie auf Überlieferung und Weitergabe angewiesen – und wo wäre dieses Selbst-verständnis größer als in der Orgelimprovisation, bei der die Bindung den (liturgischen und räumlichen) Ort, den musikalischen Inhalt und die musikalische Form umfaßt? Umso überraschender erscheint vor diesem Hintergrund die Tatsache, daß diejenige Tradition, die von der schon zu ihrer Zeit als einzigartig und vorbildlich empfundenen Orgelkunst Johann Sebastian Bachs ihren Ausgang genommen hat, bisher entweder gar nicht zur Kenntnis genommen wurde oder stets nur unter Hinweis auf die völlige Inadäquatheit gegenüber ihrem Vorbild. Dieses Fehlurteil kann nicht allein darauf zurückgeführt werden, daß das 18. Jahrhundert erst allmählich als einheitliche musikalische Epoche wahrgenommen wird. Auch wird die These vom völligen künstlerischen Zusammenbruch jeglicher Kirchenmusik – und damit auch der Orgelkunst – im Jahre 1750 nicht mehr als hinreichendes Argument für ein Geschichtsbild dienen können, demzufolge ab diesem Jahr eine annähernd hundertjährige Lücke klaffe.

Die folgenden Ausführungen zur Tradition Bachscher Orgelkunst in Sachsen und Thüringen haben daher ihre Begründung nicht allein in der Würdigung von bisher Verkanntem. Vielmehr scheint die Überlieferung wesentliche Elemente dessen zu transportieren, was – auch in späteren Zeiten – an der Kunst Johann Sebastians Bachs beachtenswert erschien. Dies gilt in besonderem Maße für die Werke vieler sächsischer und thüringischer Organisten, die aufgrund von direkten Lehrer-Schüler-Verhältnissen die Bachsche Orgelkunst tradierten. Dabei sind die Veränderungen dieser satztechnischen Substanz durch unterschiedliche stilistische Umfelder von besonderem Interesse. Die Beschränkung auf Sachsen und Thüringen soll keineswegs den Eindruck erwecken, daß räumliche Nähe ein Garant für besonders intensive Rezeption sei (wobei dies für die Generation der direkten Bach-Schüler natürlich evident ist). Es muß vielmehr darauf hingewiesen werden, daß die Kenntnis Bachscher Werke für alle Organisten aus dem protestantischen Bereich bald zur Voraussetzung für ihr Tun wurde. Gerade daher ist aber die Beschränkung auf einen einheitlichen Kulturraum notwendig, um die Anzahl der zu berücksichtigenden Komponisten und Werke nicht ins Diffuse anwachsen zu lassen.

Wie umfangreich Johann Sebastian Bachs Lehrtätigkeit – übrigens nicht erst in Leipzig – gewesen sein muß, offenbart nicht zuletzt die große Anzahl von Musikern, die im Laufe der Zeit zweifelsfrei seine Schüler waren. Zu nennen wären neben Johann Ludwig Krebs (1713–1780), Johann Christian Kittel (1732–1809) und Heinrich Nikolaus Gerber (1702–1775) Bachs Leipziger Kollege, der Nikolaiorganist Johann Schneider (1702–1788) und Johann Philipp Kirnberger (1721–1783). Bei Johann Peter Kellner (1705–1772) ist eine direkte Schülerschaft nicht belegt, dennoch scheint der Gräfenrodaer Kantor sehr innigen Anteil an Bachs künstlerischem und pädagogischem Tun genommen zu haben, was eine Vielzahl von Handschriften Bachscher Werke aus seiner Hand ebenso belegt wie die Überlieferung der Generalbaßlehre Johann Sebastian Bachs durch ihn.

Die Tatsache, daß Bachs ehemalige Schüler später selbst zu gesuchten Lehrern wurden, muß als Indiz gegen die These von seinem künstlerischen Ruf als rückständig und antiquiert gewertet werden. Der einflußreichste von ihnen war Johann Christian Kittel, der seinerseits eine Vielzahl von Schülern hatte, von denen hier nur Karl Gottlieb Umbreit (1763–1829), Johann Heinrich Rinck (1770–1846) und Michael Gotthardt Fischer (1773–1829) genannt seien. Allein schon die Lebensdaten dieser „Enkelschüler" Bachs machen deutlich, wie lebendig seine Kunst – wenigstens in bestimmten Bereichen der Musikausübung – zur Zeit der sogenannten Bach-Renaissance im ersten Drittel des 19. Jahrhunderts noch gewesen sein muß. Johann Philipp Kirnberger, dessen hauptsächliches Interesse eher der Satzlehre galt, hatte in Johann Gottfried Vierling (1750–1813) einen ausgesprochenen Praktiker als Schüler, der als Organist und Kantor in Schmalkalden bis zu seinem Lebensende noch regelmäßig Perikopenkantaten im Gottesdienst zur Aufführung brachte.[1] Der Leipziger Nikolaiorganist Johann Schneider, der schon in Köthen Bachs Schüler gewesen war, unterrichtete den späteren Dresdner Organisten und Kantor Gottfried August Homilius (1714–1785). Schließlich sei auf die Schüler Johann Peter Kellners hingewiesen, seinen Sohn Johann Christoph (1736–1803) und den als Komponist und Pädagoge nicht unbedeutenden Johann Ernst Rembt (1749–1810), von dem im Zusammenhang mit der Entwicklung der Orgelfuge ausführlich die Rede sein wird.

Die Aufzählung einiger aufgrund von direkten Lehrer-Schüler-Verhältnissen dingfest zu machenden Traditionslinien könnte auch den Leitfaden für die Untersuchung der Werke und der Art ihres Bezuges auf Johann Sebastian Bach an die Hand geben. Weitaus ergiebiger ist in diesem Zusammenhang jedoch die Orientierung an den Stücken selbst. Sehr aufschlußreich ist nämlich die Antwort auf die Frage, welche Gattungen von Orgelmusik in den siebzig Jahren nach Bachs Tod überhaupt komponiert wurden. Denn ein Komponist hatte grundsätzlich die Möglichkeit, sich vom großen Vorbild zu entfernen (zu nennen wären hier die Orgelsonate im Sinne einer von der Wiener Klassik geprägten Konzeption und das Charakterstück wie etwa die *12 Adagios* op. 57 von Christian Heinrich Rinck) oder sich bewußt in die Tradition zu stellen. In letztgenanntem Falle sind es das Choralvorspiel bzw. die Choralvariation, die Fuge oder Fughette und das Orgeltrio, die als Gattungen an das Vorbild Johann Sebastian Bachs anknüpfen. Im Anschluß an deren Betrachtung soll die Orgelschule Johann Christian Kittels vorgestellt werden, da sie den Versuch unternimmt, die Tradition der auf Bach zurückgehenden Orgelkunst umfassend in der Art der großen Instrumentalschulen der Zeit darzustellen.

FUGE/FUGHETTE

Die Kompositionsweise *Fuge* ist in besonderer Weise sowohl mit Johann Sebastian Bach als auch mit der Orgel verbunden. Dabei ist für den hier betrachteten Zeitraum das Paradox festzustellen, daß sich die Fugentheorie vor allem auf Erkenntnisse stützte, die aus den Klavierfugen Bachs – namentlich dem *Wohltemperierten Klavier* – gewonnen wurden, die Praxis der Fugenkomposition hingegen vornehmlich in Orgelwerken weiter existierte. Und es steht außer Frage, daß Bachs Fugen gerade für Orgel in spieltechnischer, gattungsgeschichtlicher und formaler Hinsicht von größter Bedeutung gewesen sind, hat er sie doch nicht nur aus der Einbindung in einen größeren Zusammenhang (etwa des Praeambulums/Praeludiums norddeutscher Provenienz) gelöst und damit als Gattung im emphatischen Sinne etabliert, sondern für die Orgelfuge auch verschiedene Formkonzepte entwickelt und konsequent durchgeführt.[2]

Die sich aus dieser singulären Position Bachs ergebende Vermutung, daß Orgelfugen seiner Zeitgenossen kaum etwas anderes sein können als verkleinerte Abbilder seiner bekannten Werke, trifft auf Werke von Johann Schneider und Johann Peter Kellner sogar zu. Beim Studium der Fugen von Johann Ludwig Krebs muß man sich jedoch eines Besseren belehren lassen. So stellt Karl Tittel fest: „In den großen pedalfreudigen Präludien und Toccaten kommt er Bachscher Monumentalität nahe; in seinen Fugen, die in fast Bachscher Fülle von der Konzertfuge bis zur Fughette vorhanden sind, leistet er noch Bewundernswürdiges an linearer Spannkraft."[3] Nicht nur die Anzahl von einundzwanzig großen Orgelfugen ist singulär, sondern auch ihr Umfang. Spieltechnisch stehen sie Bach in nichts nach – es drängt sich die Vermutung auf, daß Krebs deswegen so selten gespielt wird, weil die zu investierende Übeleistung mindestens so groß wäre wie bei einem großen Werk von Bach, und dann doch nur ein „Krebs" dabei herauskäme.

Bach selbst muß Johann Ludwig Krebs sehr geschätzt haben. Als Dreizehnjähriger in die Thomasschule eingetreten, wurde er zugleich Privatschüler des Thomaskantors. Außerdem wirkte Krebs im studentischen Collegium musicum mit. Bei seinem Abgang hat Bach ihm ein glänzendes Zeugnis ausgestellt. Ab 1737 finden wir ihn als Organisten in Zwickau und ab 1756 bis zu seinem Tod als Hoforganisten in Altenburg.

Die Fugen Krebs' haben meist ein spielfreudig-virtuoses Subjekt, dem man eine gewisse Geschwätzigkeit nicht absprechen kann – hierin ähneln sie durchaus frühen Bach-Fugensubjekten.

Daneben finden sich aber auch Subjekte mit ricercarartigem Charakter.

Auffällig ist dabei, daß es zwischen diesen Extremen keine Zwischenformen gibt. Hier läßt sich eine Standardisierung feststellen, die in dieser Eindeutigkeit bei Bach undenkbar wäre.

Was die Architektur der Krebsschen Orgelfuge angeht, so ist ein starker Hang zum Monumentalen festzustellen. Dies ergibt sich als Folge der zuweilen überlangen Themen einerseits, andererseits aber auch durch das Aneinanderreihen vieler Durchführungen, wobei Zwischenspiele kaum ins Gewicht fallen. Da es sich oft um Doppelfugen handelt, die mit Umkehrungen auch die kontrapunktische Kompetenz ihres Verfassers vorführen, entbehren sie zwar nicht musikalischer Substanz, es haftet ihnen aber doch zuweilen etwas Pedantisches und Langatmiges an. Als Beispiel sei die *Fuga in d* genannt.[4] Mit einer Länge von 238 ruhigen Vierertakten, die unter Zugrundelegung des tempo ordinario (60 Viertel pro Minute) eine Aufführungsdauer von knapp 16 Minuten ergeben, ist sie für eine Orgelfuge schon außerordentlich umfangreich. Dem entspricht auch die musikalische Substanz: Zunächst wird über 52 Takte das erste Subjekt durchgeführt, das in seiner Ausgewogenheit und klaren Struktur an verschiedene Fugensubjekte Bachs – beispielsweise aus der Orgelfuge *h-moll* BWV 544 – erinnert.

Die Stärke liegt hier nicht in der Originalität der Erfindung, sondern in ihrer kontrapunktischen Verwendbarkeit: Der Möglichkeit zur Disposition von Durchgangsdissonanzen, die das Thema im ersten Takt bietet, steht die von Vorhaltsbildungen im zweiten und dritten Takt gegenüber, bevor über die Tenorklausel ein klarer Abschluß gefunden wird.

In Takt 53 wird diesem ruhig fließenden Charakter ein zweites, bewegteres Subjekt gegenübergestellt – ganz in der für Doppelfugen üblichen Dramaturgie.

Die Gleichförmigkeit der Sechzehntel-Bewegung ist dabei ebenso typisch wie die Entfaltung mehrerer linearer Verläufe innerhalb der Einstimmigkeit. Dabei ist die im dritten Takt als zweiter Ton der letzten Sechzehntelgruppe eingeführte Dominantseptime *g* nicht ganz plausibel, da sie erst im nächsten Takt korrekt in die Tonika-Terz *f* weitergeführt wird.

Nachdem auch dieses Subjekt über 49 Takte durchgeführt wurde, folgt ab Takt 102 die Kombination mit dem ersten. Die sich nun noch anschließende Durchführung der Umkehrung des ersten Subjekts (ab Takt 143) und dessen Kombination mit der ursprünglichen Gestalt (ab Takt 206) sprengt den möglichen Rahmen selbst unter den Bedingungen einer Tripelfuge. Um die Spannung über einen so großen Zeitraum hinweg zu halten, ist die musikalische Substanz letzlich doch nicht ausreichend. Daß Krebs am Ende der ganzen Komposition über die Kombination der Umkehrung mit dem ersten Subjekt zu diesem zurückkehrt, ist zwar als Möglichkeit der äußeren Einheitsstiftung geschickt, vermag aber nicht das substantielle Problem der Parataxe zu vieler Durchführungen zu lösen.

Ohne jeden Zweifel – das zeigt auch der Vergleich mit seinen anderen Werken – war Krebs daran interessiert, die Fuge für die Grundlage der Gestaltung virtuoser Orgelmusik zu erhalten und ihre Möglichkeiten im Hinblick auf die Form sogar noch zu erweitern. Dennoch – oder vielleicht gerade deshalb – hat man den Eindruck, am Ende einer Entwicklung angekommen zu sein, die nur noch graduelle, aber keine prinzipiellen Steigerungen erwarten läßt. Daher bilden fortan umfangreiche Fugen wie die von Johann Ludwig Krebs eher die Ausnahme – weit häufiger sind ausgesprochen kurze und überschaubare Stücke. Diese Tendenz betrifft dabei nicht nur die Fuge, sondern den Bereich der Orgelkomposition im Ganzen.

Ein typisches Beispiel hierfür sind die freien Orgelwerke von Gottfried August Homilius. Es ist nicht ganz klar, ob er wirklich ein Schüler Bachs gewesen ist (Johann Adam Hiller erwähnt diesen Sachverhalt erstmals 1784, wie auch später Forkel[5]), jedenfalls war er seit 1735 an der Universität Leipzig immatrikuliert, hat sich dort musikalisch hervorgetan und 1741 mit einem Zeugnis Johann Schneiders in Bautzen beworben. Nachdem diese Bewerbung fehlgeschlagen war, ging er 1742 nach Dresden, wo er zunächst als Organist an der Frauenkirche, ab 1755 dann als Kreuzkantor und Collega Quintus der Kreuzschule tätig war. Sein Orgelschaffen umfaßt vor allem Cantus firmus-gebundene Werke und nur wenige freie Stücke. Er muß aber ein ausgezeichneter Orgelimprovisator gewesen sein, was auch Johann Friedrich Reichardt enthusiastisch berichtet, der Homilius noch 1776 eine freie Fantasie, eine Fuge, eine Choralbearbeitung und „zwey Trios, ganz im Geiste Grauns"[6] hatte spielen hören.

Die *Fuge G-Dur*[7] bildet mit ihrer durchsichtigen Dreistimmigkeit, der klaren formalen Disposition und der Länge von 40 Takten einen denkbar großen Gegensatz zur besprochenen Krebs-Fuge. Es sind nur drei Durchführungen auszumachen, deren erste (Takte 1–12) das Subjekt dreimal, die zweite (Takte 17–21) zweimal und die letzte (Takte 36–38) sogar nur einmal enthält, so daß das Subjekt insgesamt nur sechsmal erklingt. Das heißt umgekehrt, daß nur in zwanzig von vierzig Takten das vollständige Subjekt den musikalischen Verlauf trägt, was für eine Fuge ungewöhnlich ist.

Weit wichtiger als die Präsenz des Subjektes und die Reihung von Durchführungen ist hier die Arbeit mit aus ihm gewonnenen motivischen Material – eine Technik, die unmittelbar auf Bach zurückgeht. Das Subjekt ist aufgrund seiner klaren Zweiteiligkeit auf eine solche Behandlung hin angelegt:

Der eigentliche Themenkopf ist motivisch wenig profiliert, lediglich dazu geeignet, mit seinem statischen Rhythmus den Einsatz des vollständigen Subjekts zu markieren. Der zweite Teil hingegen ist vorwiegend durch seine rhythmische Struktur definiert und damit viel beweglicher und variabler. Folglich wird er aufgrund dieser motivisch zu nennenden Qualität für die Gestaltung der zwei langen Zwischenspiele allein verwendet: zweistimmig in den Takten 12 bis 17 und dreistimmig in den Takten 21 bis 36. Dabei fällt es schwer, für diese Teile der Fuge den Begriff „Zwischenspiel" aufrechtzuerhalten, denn nicht nur quantitativ, sondern auch qualitativ stehen sie den Durchführungen gleichberechtigt gegenüber: Das musikalisch interessantere Geschehen verlagert sich.

Verständigt man sich dahingehend, diejenigen Teile innerhalb einer Durchführung, in denen das Subjekt nicht vorkommt (also beispielsweise die Rückmodulation vor dem dritten Einsatz des Subjektes), Zwischentakte zu nennen (im Unterschied zu den zwischen den Durchführungen stehenden Zwischenspielen), so sind die Takte 5–8 als Zwischentakte äußerst bemerkenswert. Der Vollständigkeit halber folgen die ersten 12 Takte der Fuge:

Während die Zweistimmigkeit bis zum Ende des zweiten Subjekteinsatzes in Takt 5, Zählzeit 1 vollkommen der Sprache harmonisch gebundenen Kontrapunkts entspricht (mit Durchgangsdissonanzen auf unbetonter Zeit), nähert sie sich in den Takten 5–7 der Ausdrucksweise der musikalischen Empfindsamkeit. Das liegt in erster Linie an den dissonanten Tönen *ais'* und *gis'* in den Takten 5 und 6, die auf der Basis kontrapunktisch regulierter Dissonanzbehandlung nicht erklärbar sind, sondern nur als angesprungene Leittöne zu den jeweils darauffolgenden Fundamenten *h* bzw. *a* verstanden werden können. Hinzu kommt ein sehr viel dichterer harmonischer Verlauf als in den ersten vier Takten, der eine vollständige Quintfallsequenz von Fundament *h* (Takt 5, Zählzeit 3) bis *c* (Takt 8, Zählzeit 1) enthält.

Dieses völlig unvermittelte Aufeinandertreffen deutlich zu unterscheidender Stile (das sich dem Hören viel einfacher erschließt als der Lektüre) entspricht in sinnfälliger Weise der oben geschilderten Verlagerung des musikalischen Geschehens: So wie die Durchführung als die „Pflicht" erscheint, der auch eine angemessene Sprache zu eigen ist, so erobert sich die „Kür" motivischer Arbeit zunehmend Raum und bietet die Möglichkeit für eine neue, zeitgemäße musikalische Sprache.

Die außerordentliche Kunstfertigkeit, die sich in diesem kurzen Stück von Homilius offenbart, besteht in dem Eindruck von Einheitlichkeit und Geschlossenheit, der sich trotz der festzustellenden stilistischen Divergenz ergibt. An diesem Punkt ist eine wesentliche Dimension für die Beurteilung kompositorischer Aneignung angesprochen, nämlich die Fähigkeit, verschiedene musikalische Sprachen in einer Klangrede so zu integrieren, daß sie als solche noch erkennbar bleiben. Homilius führt in seinen freien Orgelwerken – so kurz sie sein mögen – die gebundene, ältere Satztechnik (*Allabreve c-Moll* und *Allabreve e-Moll*) ebenso souverän vor wie die empfindsame, neue Schreibweise (*Praeludium Es-Dur* und *Mesto g-Moll*[8]). Jedoch nur in der Fuge unternimmt er den Versuch, diese divergenten stilistischen Ebenen miteinander zu verbinden. Auf denkbar andere Weise als bei Johann Ludwig Krebs wird so die Kompositionsweise *Fuge* weiterentwickelt: nicht durch Steigerung ins Riesenhafte, sondern durch äußerste Konzentration. Dabei scheint das gattungsspezifische Kontinuum in beiden Fällen darin zu bestehen, daß der Komponist ein Höchstmaß an musikalischem Kalkül aufwenden muß, um dem Anspruch der Fuge gerecht zu werden.

Die wachsende Ehrfurcht vor der Aufgabe, nach Johann Sebastian Bach Fugen zu komponieren, wird durch deren stets kleiner werdende Zahl belegt. Auch kann die Tendenz zu immer kürzeren Stücken – der Weg von der Fuge zur Fughette – in diesem Sinne verstanden werden. Jedenfalls wird man nicht nur davon ausgehen können, daß Fugen ab einem gewissen Zeitpunkt einfach unmodern gewesen seien: Als Prüfstein kompositorischer Kunstfertigkeit haben sie zu allen Zeiten ihre besondere Berechtigung – gleichsam außer Konkurrenz – gehabt.

Die Kehrseite dieser Sonderstellung ist die Verwendung der Fuge als kompositorisches Exempel, satztechnisches Substrat und extrem verdichtete Tonsatz-Studie von hohem didaktischem Wert. Bachs *Wohltemperiertes Klavier* ist wahrscheinlich von Anfang an dahingehend mißverstanden worden, wie sonst wahrscheinlich nur noch seine Choralsätze. Eine wesentliche Form der Bach-Rezeption ist denn auch das Entstehen von Fugen- bzw. Fughetten-Sammlungen wie die *Fünfzig vierstimmigen Fughetten* von Johann Ernst Rembt.

1772 wurde der damals dreiundzwanzigjährige Organist an der Kreuzkirche seiner Heimatstadt Suhl und übernahm ein Jahr später den gleichen Posten an der dortigen Hauptkirche. Auf die Tatsache, daß er ein Schüler des eifrigen Bach-Überlieferers Johann Peter Kellner gewesen ist, wird auch seine Vorliebe für die Sammlung älterer Orgelwerke zurückzuführen sein. Sein eigenes kompositorisches Schaffen beschränkte sich ausschließlich auf die Orgel, wobei kleine Stücke mit miniaturhaftem Charakter bei gleichzeitigem pädagogischen Anspruch überwiegen.

Rembts vierstimmige Fughetten sind 1791 in Leipzig erschienen. Alle 12 Töne kommen in ihnen als Grundtöne vor, jedoch werden Tonarten mit mehr als vier Vorzeichen vermieden. Rembt schreibt in seinem Vorbericht, „die meisten Themata dieser Fugetten aus Muffats kleinen Fugen entlehnt" zu haben, womit die 1726 erschienenen *72 Versetl samt 12 Toccaten* gemeint sind. Die meisten Fughetten enthalten nur eine Durchführung, wobei die Anzahl der Subjekteinsätze stets höher ist als die Stimmanzahl, nämlich mindestens fünf. Dabei ist der Baßeinsatz, der vom Pedal übernommen werden soll, um „dem angehenden Orgelspieler eine kleine Übung zu verschaffen, [...] das Pedal obligat zu spielen"[9], stets der letzte. Es gibt allerdings auch längere Stücke, in denen Engführungen und die motivische Arbeit mit Teilen des Subjekts vorgeführt werden. Insgesamt sind in der Sammlung alle für die Fugenkomposition wesentlichen Techniken angewendet, wobei die äußere Beschränkung auf die kurze Form der Fughette deren Summierung in einem einzigen Beispiel verbietet.

Als sehr typisches Beispiel sei eine *Fughette in g-Moll* besprochen:

Das Subjekt zeigt mit seiner Tonrepetition und dem latent harmonisch-kadenziell gedachten Verlauf (t–s–D–t) sehr deutlich die Anlehnung an barocke Vorbilder. Die Beantwortung erfolgt modal (Beantwortung des Quinttones durch den Grundton und umgekehrt) in der Weise, daß zunächst der Tonraum vom Tenor ab aufwärts erschlossen wird und der Baß (mit dem Pedal auch klanglich der Höhepunkt) als letzte Stimme einsetzt. Nach einer kurzen Rückmodulation nach g–Moll folgt über dem dominantischen Orgelpunkt die Engführung des Subjekts, bevor die Fughette mit einem letzten Einsatz des Subjektes im Baß schließt.

Wie können die pädagogischen Ziele Rembts beschrieben werden? Zunächst einmal ist nach Aspekten der Satztechnik zu fragen: Welcher Art sind die Subjekte? Wie werden sie beantwortet und zu einem kontrapunktischen Satz verwoben? Wie bewerkstelligt man eine Engführung, und wie können Motive abgespalten und separat verarbeitet werden? Rembts Sammlung bietet eine Fülle von Antworten auf derartige Fragen. Ein anderer, ebenfalls zentraler Gesichtspunkt ist natürlich die Spieltechnik, da das Spiel einiger seiner Fughetten durchaus der intensiven Vorbereitung bedarf. Auch muß bedacht werden, daß die Stücke aufgrund ihrer Kürze allein zum Vortrag nicht taugen – vielmehr müßten sie dazu mit einer Einleitung sowie einem Schluß versehen werden, um als Mittelteil eines dreiteiligen Praeludiums fungieren zu können (eine Technik, die auch schon bei den einzeln überlieferten Fugen der Norddeutschen Orgelschule vorausgesetzt werden muß). Hier bieten die Fughetten reichlich Grundlage für Tonsatz- und Improvisations-Studien.

Schließlich kann ein Anliegen der Sammlung in der Aufrechterhaltung und Verbreitung einer musikalischen Sprache gesehen werden, die zur Entstehungszeit eigentlich längst vergangen war und die im Grunde auch von Johann Caspar Ferdinand Fischer oder Gottlieb Muffat stammen könnte. Nur eben nicht von Johann Sebastian Bach. Und in diesem eigenartigen Paradox scheint das ureigenste Anliegen Johann Ernst Rembts am deutlichsten zutagezutreten: Es geht um die Vermittlung der Bachschen Sprache – gleichsam des „richtigen Tonfalls" – mit Stücken, die aufgrund ihrer Faßlichkeit und Kürze als Anschauungsobjekte viel besser dazu geeignet sind als die Werke des Meisters selbst. Hier wird die den Schüler in den Mittelpunkt des Interesses stellende Pädagogik des Philanthropismus so deutlich wie sonst selten: Ziel ist es, etwas Großes und Bedeutendes so aufzubereiten, daß man dem Schüler genauso gerecht wird wie dem Gegenstand. In dieser Geisteshaltung sind die Fughetten Rembts unübertroffen, und hierin besteht auch der entscheidende Unterschied zu früheren Meistern wie Fischer und Muffat. Jede Bewertung, die diesen Aspekt nicht berücksichtigt, geht an den Intentionen der Sammlung vorbei und muß daher unzutreffend sein.

Am Ende des betrachteten Zeitraumes ist eine standardisierte musikalische Sprache feststellbar, die in Fugen angewendet wird. Man könnte auch umgekehrt formulieren: Die Fuge hat ihre eigene Sprache und ihr eigenes Vokabular, die sie deutlich von anderen Kompositionsweisen unterscheiden. Als Beispiel kann die Fuge in C-Dur[10] von Michael Gotthard Fischer herangezogen werden. Fischer war Schüler Johann Christian Kittels, wurde sein Nachfolger als Organist an der Erfurter Predigerkirche und Dozent für Orgel und Generalbaß am dortigen Lehrerseminar. Sein deutliches Bewußtsein, die auf Johann Sebastian Bach zurückgehende Tradition zu vertreten, äußert sich in einer gewissen Rückwärtsgewandtheit im musikalischen Ausdruck, die im ersten Drittel des 19. Jahrhunderts in zunehmenden Gegensatz zu moderneren Idealen trat, wie sie in Süddeutschland etwa von Justin Heinrich Knecht und seinem Schüler Georg Joseph Vogler vertreten wurden.

Der Fuge geht ein kurzes Präludium in c-Moll voraus, das lediglich die Aufgabe einer langsamen Einleitung hat. Die Fuge selbst bringt gleich beim ersten Erscheinen des Subjekts den zugehörigen beibehaltenen Kontrapunkt, der – natürlich – als doppelter Kontrapunkt gestaltet ist.

Dabei sind die im Subjekt angelegten Vorhaltsbildungen ebenso typisch für die in einer Fuge zu verwendende Sprache wie die den Kontrapunkt einleitende Tonrepetition mit den anschließenden laufenden Sechzehnteln. Der sich dadurch ergebenden komplementär-rhythmischen Sechzehntel-Motorik haftet ohnehin schon etwas außerordentlich „Barockes" an, so daß dieser ganze Abschnitt gleich anfangs verdeutlicht, worum es geht, nämlich um die „alte Fuge". Dabei ist auffällig, daß ausgerechnet das verbindlichste Gebot, nämlich das der modalen Beantwortung des authentischen Dux durch einen plagalen Comes, an das sich Bach mit wenigen Ausnahmen stets gehalten hat, hier außer Kraft gesetzt zu sein scheint: Das vierte Achtel der Oberstimme in Takt 11 müßte ein *c"* sein. Offensichtlich ist die Vorstellung von Tonalität hier schon eine andere, nämlich die einer selbständigen Oberquinttonart, in der der Comes stehen muß (und nicht, wie im gesamten 17. Jahrhundert bis hin zu Bach, die von einem Tonraum, der aus ineinander verwobenen distinkten Modi gleichen Grundtons besteht).

Als weitere Vokabeln der „alten" Sprache seien genannt: Die Engführung über einem Orgelpunkt:

Die finalisierende Wirkung des dominantischen Orgelpunkts mit hinzugefügter fallender Chromatik unter Verwendung verminderter Septakkorde:

Und schließlich der plagale Ganzschluß im letzten Takt:

Alle diese Beispiele machen eines deutlich: Es wird gar nicht der Versuch unternommen, unter Maßgabe einer bestimmten Kompositionstechnik zeitgemäße Klanglichkeit hervorzubringen; vielmehr gilt genau umgekehrt: Die musikalischen Vokabeln einer alten Sprache sind Bedingung für die Gestaltung einer Fuge.

Einen etwas anderen Umgang mit dieser Problematik finden wir bei Michael Gotthard Fischers Zeitgenossen Johann Christian Heinrich Rinck, der – ebenfalls ein Schüler Kittels – in Darmstadt als Stadtkantor und -organist zu Ehren gekommen ist. Er galt als berühmter Orgelmeister, ja als der „deutsche Bach" seiner Zeit. Seiner Kunst haftete nicht unnahbare Würde, sondern vielmehr Faßlichkeit und Einfachheit an. Dies wird durch die Überschriften, unter denen die freien Stücke gebündelt erschienen („Glaubensmuth", „Wehmut" etc.), ebenso unterstützt wie durch typische Beischriften wie „getrost, sanft bittend". Ähnlich wie schon bei Rembt fühlt man sich hier an den musikalischen Philanthropismus um Daniel Gottlob Türk erinnert, nur überwiegt bei Rinck die zuversichtliche und menschenfreundliche Haltung der Aufklärung vor der erzieherischen. Er selbst sah sich denn auch als „einen Diener der heiteren Kunst, für mich und Andere, dem Ernste des Lebens nach Kräften eine ·freundliche Kehrseite zu verschaffen."[11]

Diese Geisteshaltung findet sich in Rincks Werken bestätigt. Seine freien Orgelwerke sind zumeist klar gegliederte Präludien, in die Fugenabschnitte integriert sein können – einzelne Fugen gibt es nicht. Diese formale Einbindung in einen größeren Zusammenhang bedeutet eine eigenartige Rückkehr zum Praeambulum bzw. Praeludium mit integrierter Fuge (oder Fugen) norddeutscher Herkunft.

So sind die Takte 39 bis 77 des *Präludiums in C*[12] eine Fuge, die in dem formalen Ablauf des Ganzen die Funktion eines kontrastierenden Mittelteils übernimmt. Das Subjekt ist aus der eröffnenden achttaktigen Periode des ganzen Präludiums gewonnen:

Während Anfangs- und Schlußteil in einem ausgesprochen heiteren und launigen Tonfall gestaltet sind, der auch stark improvisatorische Züge aufweist, vermittelt die Fuge allein aufgrund ihrer Satztechnik einen ernsten und elaborierten Eindruck. Dabei ist auch hier alles auf Faßlichkeit angelegt: Nachdem in einer ersten Durchführung das Subjekt regulär in allen vier Stimmen erschienen ist, folgt ein achttaktiges Zwischenspiel manualiter, bevor im Pedal das Subjekt wieder einsetzt. In der nun beginnenden zweiten Durchführung wird das Thema in zwei Stimmpaaren jeweils enggeführt, bevor eine viertaktige Rückführung zur Reprise des Hauptteils die Fuge beschließt.

Die von Rinck im Mittelteil verwendete musikalische Ausdrucksweise ist die des harmonisch gebundenen Kontrapunkts, seine Satztechnik ist unantastbar. Die klangliche Disposition – beispielsweise der erste Einsatz des Subjekts in allen vier Stimmen so, daß es stets in einer Außenstimme erklingt – verrät den versierten Kontrapunktiker. Dennoch, und das wird durch den Vergleich mit anderen Werken Rincks bestätigt, erscheint die Fuge als auffallender Fremdkörper im musikalischen Ablauf. Die Besonderheit besteht gerade darin, daß der Komponist den Versuch unternimmt, in heitere und verständliche Werke noch Fugen zu integrieren, und zwar in einer Weise, die weder bewußt altväterlich-würdevoll noch belehrend daherkommt, sondern vielmehr die Verschiedenheit musikalischer Ausdrucksweisen zu faßlichen und plausiblen Formbildungen nutzt. Innerhalb solcher kann dann auch eine Fuge durchaus noch ihren Platz haben – in einer musikalischen Umgebung, der sie ansonsten fremd geworden ist.

CHORALBEARBEITUNG/CHORALVARIATION

Betrachtet man die Orgelmusik ab der zweiten Hälfte des 18. Jahrhunderts, so erweist sich der Bereich der choralgebundenen Kompositionen als der mit Abstand größte. Hierfür müssen vor allem außermusikalische Gründe geltend gemacht werden, wie zum Beispiel die Tatsache, daß der einzige Ort für Orgelmusik der Gottesdienst wurde, und zwar in dem Maße, in dem sich das bürgerliche Konzertwesen von der Kirche loslöste. Doch auch in ihm engte der Wunsch nach Verständlichkeit und Schlichtheit der musikalischen Ausführung die Möglichkeiten für freie Orgelwerke zunehmend ein. Die Einleitung und Begleitung des Gemeindegesanges war das wichtigste, und die Entfaltung von größerer Kunstfertigkeit, ja Virtuosität galt als Übel. So schrieb Johann Abraham Peter Schulz: „Alles, was nicht simpler Choral ist, wird auf der Orgel leicht zu musikalischer Gaukeley, die an heiliger Stätte die Andacht stört, und die Aufmerksamkeit von Gott und der Religion ab- und auf die luxuriösen Künsteleyen eines sogenannten Orgelspielers zieht."[13]

Hand in Hand mit dieser quasi kulturpolitischen Unterwanderung der großen Orgelkunst ging der soziale Niedergang des Organistenstandes: Die ohnehin nicht sonderlich großen Verdienst- und Aufstiegsmöglichkeiten wurden in diesem Bereich so schlecht, daß es für ambitionierte und ehrgeizige Künstler nicht mehr lukrativ war, den Organistenberuf zu wählen. Daß der Organistenstand und damit auch die Orgelkunst dennoch auf einem so hohen Niveau gehalten werden konnten, hängt mit einem am handwerklichen Zunftwesen orientierten Berufsethos zusammen, bei dem der künstlerisch-freiheitliche Aspekt stets zugunsten einer großen Traditionsgebundenheit zurückstand. Anders ausgedrückt: Viele Organisten verzichteten auf eine möglicherweise lukrative Karriere im außerkirchlichen Bereich, um – auch unter schlechten Bedingungen – innerhalb der Kirche die musikalische Tradition aufrechterhalten zu können.

Hieraus ergibt sich mit zwingender Logik, daß für die Bach-Rezeption dessen kleinere Formen der Choralbearbeitung – namentlich die im *Orgelbüchlein* vorzufindenden – am wichtigsten wurden. Daneben wurden jedoch auch häufig Choralvariationen komponiert, die in Bachs frühen Choralpartiten ihr Vorbild haben. In ihnen bot sich dem Organisten die Möglichkeit, trotz eines Höchstmaßes an Verständlichkeit (durch die Präsenz der Choralmelodie) eine gewisse technische Virtuosität und musikalische Vielfalt vorzuführen. Diesem Aspekt, gleichsam „Kompositions-Etüde" zu sein, muß allerdings auch die große Beliebtheit, der sich die Gattung „Variation" im betrachteten Zeitraum erfreute, an die Seite gestellt werden.

Von immer geringerer Bedeutung wurden demgegenüber größere Formen, wie sie Bach in den *Siebzehn Chorälen* (BWV 651–667), den *Sechs Chorälen von verschiedener Art* (den sogenannten *Schübler-Chorälen*; BWV 645–650) und dem *Dritten Teil der Clavier-Übung* vorgelegt hatte. Bei seinen unmittelbaren Zeitgenossen wurden diese allerdings durchaus noch gepflegt, namentlich von Johann Ludwig Krebs in teilweise hochvirtuosen größeren Choralbearbeitungen.

Daneben gibt es von ihm auch eine Sammlung kürzerer Choralvorspiele: *Clavier Übung bestehend in verschiedenen vorspielen und veraenderungen einiger Kirchen Gesaenge welche so wohl auf der Orgel als auch auf dem Clavier Können tractirt werden* (Nürnberg o. J.). Über dreizehn sehr bekannte Choralmelodien werden jeweils ein Praeambulum sowie zwei Choralbearbeitungen gesetzt.

Von Johann Schneider, Bachs Schüler schon in Köthen und sein späterer Kollege als Organist an St. Nikolai in Leipzig, sind zwei Bearbeitungen über *„Vater unser im Himmelreich"* überliefert.[14] Die kürzere ist durchaus im Stile des Bachschen *Orgelbüchleins* gehalten (der Choral wird einmal in der Oberstimme durchgeführt, während die Begleitstimmen ein eigenes Achtelmotiv verarbeiten), die zweite – con Organo pleno – ist eine ausgeprägte Orgelmotette im Stile des *Dritten Teils der Clavier-Übung* (dort insbesondere die drei großen Bearbeitungen über *„Kyrie, Christe, Kyrie"*): Die Choralmelodie wird zeilenweise im Pedal durchgeführt, jeweils nach Vorimitationen in den Oberstimmen. Die Taktart (Allabreve), die ausgesprochen kontrapunktische Organisation des Verhältnisses der Stimmen zueinander und die Länge des Stückes (133 Takte) tun ihr übriges, um den hier beabsichtigten Eindruck des Stylus gravis, des im emphatischen Sinne „alten" Stils, zu untermauern.

Ebenfalls eindeutig an Bach orientiert ist Schneiders große Bearbeitung über *„Mein Gott, das Herze bring ich Dir"*.[15] Den zwei obligaten Stimmen (linke Hand in Achteln, Pedal in Vierteln) wird der Cantus firmus in Vierteln (rechte Hand) gegenübergestellt. Das Vorbild für diese Satzstruktur sind die *Schübler-Choräle* Bachs (namentlich die Nr. 2 *„Wo soll ich fliehen hin"*, wo allerdings der Cantus firmus mit 4' im Pedal, die Achtel in der linken und die Sechzehntel in der rechten Hand liegen). Der Choral wird zweimal vollständig durchgeführt, beim zweiten Mal eine Oktave tiefer, wodurch die Eigenschaft der Mittelstimme, im doppelten Kontrapunkt zum Choral gestaltet zu sein, sinnfällig wird.

Als dritter Zeitgenosse Bachs sei dessen Gräfenrodaer Kollege Johann Peter Kellner mit seiner Bearbeitung über *„Wer nur den lieben Gott läßt walten"*[16] erwähnt. Das Stück ist als Quattuor mit zwei obligaten Oberstimmen, Baß und Cantus firmus im Tenor aufgebaut, wobei die jeweiligen Choralzeilen im Baß vorimitiert werden. In ähnlicher Weise sind etliche der größeren Choralbearbeitungen Bachs gestaltet (z. B. *„Schmücke dich, o liebe Seele"* BWV 654), sie kann gleichsam als Steigerung der Besetzung des Trios mit Cantus firmus gedeutet werden. Daß Kellners Komposition für unsere Ohren Schwächen aufweist (etwa die ermüdende Häufung von Sext-Parallelen oder die unvorteilhaft wirkenden Stellen, wo der Cantus firmus im Baß liegt), liegt dabei vornehmlich am Vergleich mit dem übermächtigen Vorbild – hier wird das normale Niveau der Orgelkunst um 1750 repräsentiert, für das Bach die Ausnahmesituation war.

Daß die Choralbearbeitung bei Bachs Schülern und Zeitgenossen eine große Formenvielfalt aufwies, sollten die einleitend nur kurz genannten Beispiele dokumentieren; denn eine solche Vielfalt kann bald darauf nicht mehr belegt werden. Vielmehr setzt hier die oben erwähnte starke Bevorzugung des Orgelchorals im eigentlichen Sinne, der kurzen und verdichtetsten Form der Choralbearbeitung, ein.

Aufschlußreiche Beispiele für die auch diesem Typus innewohnenden Möglichkeiten bietet die Sammlung *Vierstimmige Choräle mit Vorspielen*[17] von Johann Christian Kittel, mit dem wir den für die Bach-Rezeption in der zweiten Hälfte des 18. Jahrhunderts wichtigsten Organisten ansprechen. Bach schätzte den erst 1748 von seiner Heimatstadt Erfurt aus zu ihm gekommenen Schüler sehr. Nachdem Kittel 1751 als Organist und Lehrer nach Langensalza gegangen war, kehrte er 1756 nach Erfurt zurück, wo er zunächst an der Barfüßer-, dann an der Predigerkirche wirkte. Bescheiden und zurückgezogen lebend, versammelte er doch bald einen großen Schülerkreis um sich, da er als Organist und Pädagoge zu Ruhm gelangte. 1800–1801 hielt er sich in Hamburg auf, wo er Orgelkonzerte gab und sich mit einem *Neuen Choralbuch für Schleswig-Holstein* beschäftigte. In dieser Zeit genoß er als einer der letzten Schüler Bachs legendären Ruhm, sein Spiel wurde „von keinem Zeitgenossen übertroffen, es bewegte sich hauptsächlich innerhalb der Gränzen des Einfach-schönen oder Majestätisch-erhabenen"[18], wie sein Schüler Karl Gottlieb Umbreit berichtet. Von seinen Veröffentlichungen müssen die genannte Choralvorspiel-Sammlung, die *Sechzehn Großen Präludien* (chromatisch in allen Tonarten von C-Dur bis g-Moll angeordnet) und die Orgelschule (die unten eingehend besprochen wird) zu den wichtigsten Zeugnissen der Orgelkunst zu Beginn des 19. Jahrhunderts gerechnet werden.

Die kurzen Vorspiele seiner Sammlung will Kittel folgendermaßen ausgeführt wissen: „Die meisten der Vorspiele verlangen im Vortrage ein sehr gemäßigtes und zum Theil langsames Tempo." In jedem Falle gilt es, „die Geschwindigkeit nicht zu übertreiben, damit besonders die fugirten und kontrapunktischen Sätze dadurch nicht undeutlich werden".[19] Dieser Wunsch nach Deutlichkeit ist sicher ehrlich gemeint, dennoch darf nicht übersehen werden, daß der ruhige Vortrag voll und ganz dem Ideal von Würde und Feierlichkeit des Gottesdienstes entsprach, für dessen musikalische Ausgestaltung diese Kompositionen gedacht waren. Sinn und Ziel der Vorspiele war daher in erster Linie auch nicht die Verarbeitung der Choralmelodie, sondern die Einführung in die Gefühlswelt des betreffenden Liedes, wobei auf einen direkten Bezug zur Liedweise zuweilen ganz verzichtet werden konnte.

Anhand dreier Beispiele sei der Versuch unternommen, die große Vielfalt, die Kittel unter der Maßgabe dieser denkbar eng gesteckten formalen Vorgaben erzielte, aufzuzeigen. In dem Vorspiel zu *„Christus der ist mein Leben"*[20] – mit Ausnahme der Erweiterung zur Vierstimmigkeit am Schluß ein Triosatz – wird in den beiden Oberstimmen zunächst die erste Choralzeile imitatorisch verarbeitet, bevor sie augmentiert in der Oberstimme erklingt. In der gleichen Weise wird dann mit der dritten Zeile verfahren, bevor, quasi in drei Anläufen, der Schluß herbeigeführt wird. In den hier verwendeten abwärts gerichteten Linien mag man einerseits Anklänge an die zweite und vierte Choralzeile erkennen. Wichtiger aber scheint ihre Funktion als ausgleichende Umkehrung der stets aufwärts gerichteten Bewegungen zuvor zu sein. Das kurze Stück ist vergleichsweise eng am Choral orientiert und könnte als Vertreter eines kontrapunktischen Typus bezeichnet werden.

Das Himmelfahrts-Lied „*Christ fuhr gen Himmel*"[21] hat Kittel zu einem Tonstück inspiriert, in dem die Darstellung der im Titel gegebenen Aufwärtsbewe-
gung zum alleinigen Träger des musikalischen Geschehens wird. Zunächst in
Achteln und Sechzehnteln, dann nur noch in Sechzehnteln werden steigende
Skalenverläufe über einem gleichmäßig in Vierteln dahinlaufenden Baß (der das
Motiv einer ebenfalls ansteigenden Terz verwendet) durchgeführt. Der harmonische Hintergrund ist eine vollständige Quintfallsequenz, die in einen dominantischen Orgelpunkt mündet. Über zwei Takte hinweg wird der Tonraum wiederum
nach oben erweitert, bevor der Orgelklang in einem Subdominant-Akkord mit *G*
als tiefstem und *b″* als höchstem Ton seine äußerste Entfaltung erfährt. Von hier
aus wird das Stück über breite, akkordisch gesetzte Kadenzen (mit Trugschluß in
Takt 24) einem groß angelegten Schluß entgegengeführt. Durch den punktierten
Rhythmus, der schon am Anfang eine gewisse Rolle gespielt hat, die Generalpau-
sen und den (für dieses Stück sicherlich zu verwendenden) Pleno-Klang der Orgel
wird in diesem zweiten Teil des Stückes in besonderem Maße der Eindruck von
Erhabenheit und Größe vermittelt.

Ohne jeden Zweifel ist das Bachsche *Orgelbüchlein* mit seinen häufig bildhaften
Choralbearbeitungen für Stücke dieser Art Vorbild gewesen. Der entscheidende
Unterschied ist jedoch, daß die Choralmelodie in Kittels Vorspiel überhaupt nicht
vorkommt, was bei Bach völlig undenkbar wäre. Die Bindung an den reformato-
rischen Choral, die in der protestantischen Kirchenmusik stets das Bewußtsein für
die Tradition verbürgte, ist am Ende des 18. Jahrhunderts einer eher vagen, an
allgemeine gefühlsästhetische Bedingungen orientierten Praxis gewichen. Die
musikalische Abbildung des den textlichen Inhalt des Liedes prägenden Begriffs

„Himmelfahrt" ist nunmehr für die Einleitung des Gemeindegesanges hinreichend und verleiht dem Stück dabei etwas bewußt „Barockisierendes".

In dem Vorspiel zu *„Allein zu dir, Herr Jesu Christ"*[22], das „gelassen" musiziert werden soll, wird, ebenfalls unter völligem Verzicht auf die Choralmelodie, durch Verwendung doppelter Vorhalte in Terzen und Sexten zunächst eine musikalische Stimmung von Ruhe und Sicherheit gezeichnet. Durch den Einsatz des Pedals in. Takt 6 ergibt sich eine erste klangliche Steigerung, die gegen den Schluß hin durch beständiges Ausgreifen der Oberstimme in höhere Lagen und vermehrte Dissonanzbildungen noch fortgesetzt wird, bevor das Vorspiel mit einer betont knappen Kadenz abrupt aufhört, ja regelrecht abbricht. Diese Disposition kann nur im Zusammenhang mit den nachfolgenden Liedstrophen verstanden werden, handelt es sich doch um eine Vorbereitung auf den Text, in dem von dem Trost, den Christus der Seele aufgrund ihrer Unvollkommenheit spenden muß, die Rede ist. Die Ruhe und Sicherheit des Anfanges ist demnach eine vordergründige, die – nach einer ausgesprochenen Krise am Ende des Vorspiels – erst durch die textliche Aussage des Liedes selbst zu einer wahren und dauerhaften werden kann.

Im Unterschied zu *„Christ fuhr gen Himmel"* betrifft die klangliche Symbolik dieses Stückes vielmehr subjektive, innere Vorgänge. Es mutet klanglich auch viel weniger barock an und kann daher als Vertreter eines empfindsamen Typus aufgefaßt werden.

Es soll nicht der Eindruck erweckt werden, als ob sich alle fünfzig Choralvorspiele Kittels eindeutig einem dieser Typen zuordnen lassen – vielmehr sind schon die Gruppierungen nicht trennscharf zu definieren und lassen Zwischenformen in jeder Hinsicht zu. Die genannten Stücke repräsentieren deutlich erkennbare Extreme, zwischen denen sich der musikalische Inhalt der Sammlung bewegt. Daß damit selbstverständlich auch ein instrumental- und allgemein musikpädagogischer Aspekt verbunden ist, braucht kaum betont zu werden. Davon wird weiter unten im Zusammenhang mit Kittels Orgelschule, die sich explizit auf den Choral bezieht, noch ausführlich die Rede sein.

Ein ganz außerordentliches Beispiel ist die Choralbearbeitung *„Jesu, meine Freude"*[23] von Johann Christoph Kellner, des Sohnes von Johann Peter. Sie wird hier besprochen, weil sie die Möglichkeiten einer ganz auf das Subjektive gerichteten kompositorischen Absicht im Zusammenhang mit einem Choral, wie wir sie bei Kittel kennengelernt haben, gleichsam wieder auf eine größere Formbildung projiziert: Das Stück hat drei Teile, wobei die ersten beiden wiederholt werden. „Langsam mit Ausdruck" – so die Musziervorschrift – beginnt eine

Einleitung auf dem zweiten Manual, die sich vorwiegend in parallelen Terzen, Vorhaltsbildungen und einer Quintschrittsequenz ergeht. Nach einem deutlich inszenierten Halbschluß in Takt 11 beginnt in der Oberstimme die erste Choralzeile, die dann, diastematisch leicht abgewandelt, noch einmal im Pedal erklingt (damit dies dem Spieler auch nicht entgeht, hat Kellner an dieser Stelle „Choral" vermerkt). Doch die eigentliche, vollständige Durchführung des Chorals beginnt erst in Takt 19 auf dem ersten Manual, begleitet von dem aus der Einleitung bekannten musikalischen Material. Allein schon dieses Andeuten und vorsichtige Hinführen ist typisch für diese Art der Choralbearbeitung, die mehr auf die subjektive, innere Vorbereitung gerichtet ist denn auf die objektive, sachliche Durchführung des Chorals. Sie darf auf keinen Fall mit der Vorimitation in zeilenweise den Choral durchführenden Bearbeitungen des Pachelbel-Typus verglichen werden (die sich auch bei Bach findet), denn dort ist die Vorwegnahme der Choralzeilen in den imitierenden Abschnitten für den Formablauf unverzichtbar und gleichsam Voraussetzung des kontrapunktischen Satzes.

Doch der letzte Teil, „Cadenz" betitelt, ist am weitesten von dem entfernt, womit man in einer Choralbearbeitung rechnet: Zunächst wird ein Sextakkord der Doppeldominante herbeigeführt, über dem dann rhythmisch freie Sechzehntel- und Zweiunddreißigstel-Passagen mit Pausen vorgetragen werden, die in einen eher für das Solo-Konzert charakteristischen Sexten-Triller mit Fermate münden:

Es folgt der Schluß mit einem viertaktigen Orgelpunkt *d*, über dem „sehr langsam" eine fallende chromatische Linie in der Oberstimme in den ganzverminderten Septakkord der VII. Stufe führt, der sich in die Schlußtonika auflöst.

Das Stück vermittelt einen äußerst heterogenen Eindruck – die Stilmittel reichen von barocker Harmonik (am Schluß) über eine der musikalischen Sprache der Empfindsamkeit verpflichtete Klanglichkeit (im Einleitungsteil) bis hin zur virtuosen Kadenz des Solokonzertes. Nur durch die einheitlich ernste und getragene Grundstimmung, die sich in den verschiedenen stilistischen Schichten Ausdruck verschaffen kann, wird es zusammengehalten. Daß sich dadurch ein bis dahin für die Ästhetik der Orgelmusik unbekanntes Ideal von genialer Willkür Bahn bricht, ist in zweierlei Hinsicht interessant: Zum einen bedeutet es ein Verschwimmen der Grenzen zwischen Komposition und Improvisation, und andererseits stellt es den Versuch dar, die Orgelmusik gleichsam auf der stilistischen Höhe der Zeit zu halten. Der singuläre Charakter des Stückes von Johann Christoph Kellner zeigt allerdings, daß sich dieser Versuch auf Dauer nicht durchsetzen konnte.

Johann Christoph Kellner, 1736 geboren und die längste Zeit seines Lebens in Kassel angestellt, war nicht nur als Kirchenmusiker (Hoforganist und Kantor) tätig, sondern hat sich darüber hinaus als Komponist eines Singspiels und dreier Gruppen von Klavierkonzerten einen Namen gemacht. Diese Vielseitigkeit des Schaffens, die auch das Unterrichten und die Ausarbeitung einer Generalbaßschule umfaßte, ist für die hier besprochene Gruppe von Komponisten ungewöhnlich: Die meisten Organisten beschränkten ihr Wirkungsfeld ausschließlich auf den Bereich der Kirchenmusik. Kellners Erfahrungen als Komponist von Klavierkonzerten beeinflußten hingegen auch sein Orgelschaffen.

Ein sehr typischer Vertreter des mitteldeutschen Organistenstandes ist hingegen Johann Christoph Oley, ein Zeitgenosse Johann Christoph Kellners, der als Organist und Konrektor in Aschersleben wirkte. Dieses hohe Schulamt wäre in früheren Zeiten dem Kantor vorbehalten geblieben, denn er gehörte im Gegensatz zu den Organisten zu den „Eruditi", d. h. den der lateinischen Sprache mächtigen Gebildeten, die ein Universitäts-Studium absolviert hatten. Mit dem sozialen Niedergang der Kirchenmusik in der zweiten Hälfte des 18. Jahrhunderts ging dann allerdings eine Lockerung derartiger Verhältnisse einher, die es möglich machte, daß auch ein Organist (der früher zu den ungebildeten musikalischen „Handwerkern" gehört hätte) „Schulkollege" werden konnte.

Von Oley, als dessen Hauptwerk die in vier Teilen erschienenen variierten Choräle angesehen werden, sind auch kurze Choralbearbeitungen erhalten, die als repräsentative Beispiele für das kurze Vorspiel zum gottesdienstlichen Gebrauch angesehen werden können. In „*Wo Gott der Herr nicht bei uns hält*"[24] ist die Choralmelodie Oberstimme eines dreistimmigen Manualiter-Satzes, der durch seine komplementärrhythmische Motivik, Vorschläge und Doppelschläge sehr dicht wirkt. Die Artikulation ist vom Komponisten mit vereinzelten Bindebögen und Staccato-Punkten vorgegeben. Der kurze Satz hält in bemerkenswerter Weise die stilistische Balance zwischen dem barocken, kontrapunktischen Klaviersatz einerseits und dem empfindsamen Charakterstück andererseits und könnte ohne weiteres beispielsweise in Daniel Gottlob Türks *Handstücke für angehende Klavier-Spieler* eingereiht werden. Gerade diese Balance ist es aber, die für den

„Kirchen-Styl" in der zweiten Hälfte des 18. Jahrhunderts kennzeichnend gewesen ist, in dem sich Würde und Erhabenheit mit Verständlichkeit und Schlichtheit verbinden. Auf diese Weise konnte sich der Name Bach als Synonym für einen bestimmten Stil etablieren: nicht als ein für alle Male festliegende Autorität, der man als Orgelkomponist einfach nachzufolgen hätte (dieser Eindruck drängt sich bei mancher Fugenkomposition dieser Zeit auf), sondern gleichsam als Zeichen einer satztechnischen Zutat, die zum Erlangen einer bestimmten Klanglichkeit unentbehrlich ist.

Dies ist auch der Grund dafür, warum die Fuge im Gegensatz zum Choralvorspiel gerade nicht zum hauptsächlichen Gegenstand der Weitergabe Bachscher Tradition werden konnte; denn sie gehört sozusagen „durch und durch" zu Bach (was zuweilen eine Erstarrung zur Folge hatte). Demgegenüber bot sich im Choralvorspiel die Möglichkeit der Durchmischung verschiedener Stilebenen.

Oleys „*Der Tag ist hin, mein Jesu bei mir bleibe*"[25] ist für zwei Manuale und Pedal mit Cantus firmus in der Mittelstimme (linke Hand) gesetzt. Pedal und rechte Hand zeichnen in abwechselnden Achteln den harmonischen Hintergrund für die Choralmelodie, die sich alleine dadurch, daß sie gebunden vorzutragen ist, von ihm abhebt. Bestimmt kann diese klangliche Disposition auch textbezogen aufgefaßt werden: als vorsichtiges Tappen in der Dunkelheit, in die der Choral gleichsam hineinleuchtet:

Interessant ist, daß der Satz nicht als klanglich erweiterter kontrapunktischer Triosatz aufgefaßt werden kann, sondern als zweischichtig: harmonischer Hintergrund (rechte Hand und Pedal) und Choral. Dafür spricht, daß es zu Parallelbewegungen zwischen diesen unterschiedlichen Ebenen kommen kann, die ansonsten undenkbar wären, z. B. die doppelte Auflösung einer Dominant-Septime von Takt 14 zu Takt 15:

Oleys Choralbearbeitungen vermitteln einen deutlichen Eindruck vom Entwicklungsstand dieser Gattung in der zweiten Hälfte des 18. Jahrhunderts. Dabei muß davon ausgegangen werden, daß in diesem Bereich die Grenzen zwischen Komposition und Improvisation fließend gewesen sind und man gerade bei den kürzeren Formen einen lebendigen Eindruck vom liturgischen Orgelspiel bekommt.

Die Komposition von Choralvariationen hat ihr Vorbild in Bachs relativ früh entstandenen Choralpartiten. In weit höherem Maße als in den einzelnen Choralbearbeitungen werden hier barocke Satztypen und ältere klangliche Idiomatik aufrechterhalten. Als erstes Beispiel hierfür seien Johann Christian Kittels Veränderungen über den Choral „Straf mich nicht in deinem Zorn"[26] genannt. Dem schlichten Choralsatz folgt zunächst eine „langsam und andächtig" vorzutragende Variation, deren musikalische Sprache als der Empfindsamkeit zugehörig angesehen werden muß: Doppelschläge und angesprungene Nebentöne finden sich ebenso wie „seufzende" Zweierbindungen und – teilweise doppelte – chromatische Durchgänge. Damit entspricht diese Veränderung am ehesten dem Stil, der aus Kittels Choralbearbeitungen bekannt ist. Umso erstaunlicher ist es, daß in der zweiten Variation ein ausgesprochen barocker Tonfall mit kontinuierlich durchlaufenden Sechzehnteln (teilweise komplementärrhythmisch) bei konsequenter

Dreistimmigkeit mit Cantus firmus in der Oberstimme gewählt wird. Der große
Kontrast legt es nahe, die zweite Veränderung als regelrechte Stilkopie anzusehen
– ein Eindruck, der sich auch auf die letzte Variation, eine Gigue, übertragen läßt.

Möglicherweise wurde die Choralpartita als derjenige kompositorische Ort
angesehen, an dem solche Studien in verschiedenen musikalischen Idiomen verwirklicht werden konnten. Dafür spräche auch die Tatsache, daß man sich hier
noch am ehesten auf die rein musikalische Seite des zu bearbeitenden Kirchenliedes konzentrieren und die Ebene des textlichen Gehalts vernachlässigen konnte –
das gilt ja auch für Bachs Partiten. Auf diese Weise werden rein satztechnische
bzw. architektonische Gestaltungen möglich, wie etwa die Reduzierung der Stimmenzahl von vier im Choral über drei in der ersten und zweiten Veränderung (wobei sich die erste noch häufig zur Vierstimmigkeit steigert) auf zwei in der dritten
Veränderung. In ihr werden durch vollstimmige Kadenzen deutliche Abschnitte
formuliert, an deren Beginn jeweils eine Imitation in der Umkehrung steht.

Ein völlig anderes Bild bieten die *Vier Choräle mit Veränderungen für das Pianoforte und die Orgel*[27] von Karl Gottlieb Umbreit. Aus einfachen Verhältnissen
stammend, wurde er Schüler Kittels und wirkte anschließend als Lehrer und Organist in seinem Heimatort Rehstedt und in Sonneborn. Gemeinsam mit seinen
Mitschülern Rinck und Fischer setzte er die Bachsche Orgeltradition fort, ohne
allerdings die großen Formen noch zu pflegen. Die erwähnten Choräle enthalten
jeweils einen schlicht vierstimmigen Satz mit einer Veränderung (nur *„Mache
dich, mein Geist, bereit"* hat vier Veränderungen). Dabei liegt die Melodie stets
in der Oberstimme und wird stark verziert. Die musikalische Sprache läßt kaum
an die Orgel als Vortragsinstrument denken, sondern viel eher an häusliches Musizieren am Pianoforte im empfindsamen Stil. Die Orientierung an der Choralbearbeitung Bachs erfolgt auf anderer Ebene: Die Veränderung weist häufig ein
charakteristisches Motiv auf, das – ganz im Sinne des *Orgelbüchleins* – während
der einmaligen Durchführung der Choralmelodie in der Oberstimme auch die Gestaltung der anderen Stimmen an vielen Stellen bestimmt. Die Vermutung liegt
nahe, daß Umbreits Choralvariationen – ähnlich wie Rembts Fughetten – eher aus

einer pädagogischen Zielsetzung heraus entstanden sind denn aus dem Wunsch, liturgisch brauchbare Werke oder gar Orgelvortragsstücke zu schaffen: Das Studium der Choralvariationen öffnet – trotz oder gerade wegen der völlig anderen Stilistik – das Verständnis für die Choralbearbeitung Bachs.

Als Beispiel sei der Choral *„Wer nur den lieben Gott läßt walten"* genannt. Nach dem vierstimmigen Satz, der auch schon mit Imitationen in den Unterstimmen angereichert ist, folgt die Veränderung im 12/8-Takt, in der ein charakteristisches Sechzehntel-Motiv mit Leitton-Wechsel in den beiden Unterstimmen durchgeführt wird, während in der Oberstimme der Choral liegt.

Würde man den Satz dieses Motivs „entkleiden", bliebe ein ganz schlichter dreistimmiger Satz übrig; alle klanglichen Besonderheiten ergeben sich nur aus den – kontrapunktisch gesprochen – unteren Wechselnoten des charakteristischen Motivs. Dabei wird auch klar, daß es sich bei diesem Satz um eine Variation und nicht etwa um eine einzeln stehende Choralbearbeitung handeln muß, denn einen Bezug des Motivs zum Text des Chorals wird man schwerlich konstruieren können: Die Variation als solche ist rein musikalischer Natur.

Abschließend sei noch der *Choral mit drei Veränderungen über „Jesu Leiden, Pein und Tod"* von Johann Christian Heinrich Rinck[28] besprochen, den wir bereits als Komponisten freier Orgelwerke kennengelernt haben. Der Choralsatz ist schlicht vierstimmig, wobei die jeweils halbtaktigen Zeilenzwischenspiele einen lebendigen Eindruck von dieser Praxis vermitteln. Diese scheint für Rinck so selbstverständlich gewesen zu sein, daß er sie selbst da anwendet, wo sie eigentlich gar nicht nötig wäre, da der Satz ja nicht als Begleitung einer singenden Gemeinde gedacht ist.

Alle drei nun folgenden Variationen zeigen ein so entschieden Bachsches Gepräge, daß man an ganz konkrete Beispielsätze aus dem *Orgelbüchlein* erinnert wird. So kann als Vorbild für die erste Variation – ein dreistimmiger Manualiter-Satz im 12/8-Takt – die Nummer 28 der genannten Sammlung Bachs (*„Jesus Christus, unser Heiland"*) angesehen werden. In Rincks Variation wird das auftaktige Achtelmotiv in beiden Unterstimmen durchgeführt, wobei die anschließende Überbindung – wie bei Bach – häufig im Sinne des Kontrapunkts als Dissonanz auf betonter Zeit (Synkope) genutzt wird. Aufschlußreich ist, daß das Prinzip des Zeilenzwischenspiels auch in diese Variation hineinragt, indem jeweils ein halber Takt das Ende einer Choralzeile vom Beginn der nächsten trennt.

In der zweiten Veränderung wird der Choral als Kanon zwischen Diskant und Tenor durchgeführt, wobei sowohl das Einsatzintervall als auch der Abstand der beiden Einsätze variabel gestaltet sind (Einsatzintervalle sind Oktave, Quinte und Terz, der Abstand variiert zwischen einem und zwei Takten). Hinzu kommen zwei weitere bewegtere Stimmen, deren Aufgabe in der klanglichen Ergänzung des zweistimmigen Kanons besteht. Derartige Sätze finden sich in Bachs *Orgel-büchlein* sehr häufig – stellvertretend sei die Nummer 10 (*„In dulci jubilo"*) ge-nannt, bei der der Kanon ebenfalls im Diskant und Tenor liegt und der Einsatzab-stand zwischen einem und zwei Takten wechselt. Im Rahmen einer in der ersten Hälfte des 19. Jahrhunderts entstandenen Reihe von Choralvariationen kann ein solch altertümlicher Satzaufbau jedenfalls nicht anders denn als ganz bewußt an-tikisierender Rückgriff auf Bachsche Vorbilder verstanden werden – der Eindruck von der Choralpartita als Ort für kompositorische Stilkopien bestätigt sich.

In der dritten Veränderung – „für volle Orgel" – wird der wiederum im Dis-kant zumeist unverziert und in Halben durchgeführte Cantus firmus mit zwei vorwiegend in Sechzehnteln durchlaufenden Mittelstimmen versehen, wobei vor allem der Tenor den Eindruck eines barocken „Perpetuum mobile" vermittelt. Hinzu kommt im Baß ein charakteristisches auftaktiges Motiv, das aus der musi-kalischen Sprache des *Orgelbüchleins* als „Freudensprung" (Albert Schweitzer) bekannt ist. Man vergleiche diesen Satz mit Bachs Bearbeitung über *„Erstanden ist der heil'ge Christ"*, Nummer 30 der genannten Sammlung.

Die Ermittlung konkreter Vorbilder für Rincks Veränderungen bedeutet kei-neswegs den Versuch, das Werk in seiner musikalischen Bedeutung zu schmä-lern. Ganz im Gegenteil offenbart sich in jeder einzelnen Variation eine große satztechnische Meisterschaft, ohne die eine Orientierung an derartigen Mustern ja auch kaum möglich wäre. Rincks Veränderungen über *„Jesu Leiden, Pein und Tod"* müssen zu den überzeugendsten und gelungensten Orgelwerken in der Nachfolge Bachs gezählt werden.

Zur Orgelschule Johann Christian Kittels

Johann Christian Kittels Orgelschule mit dem Titel *Der angehende praktische Organist* erschien in drei Teilen 1801, 1803 und 1808 bei Beyer und Maring in Erfurt.[29] Sie muß als die bedeutendste theoretische Quelle für das Orgelspiel in der Nachfolge Johann Sebastian Bachs angesehen werden. Dabei ist von beson-derem Interesse, daß Kittel nicht nur durch seine direkte Bach-Schülerschaft, sondern auch durch ein hohes Maß an Allgemeinbildung in die Lage versetzt wurde, ein so grundlegendes Lehrwerk zu verfassen – in dieser Hinsicht ist sein pädagogisches Engagement auch ganz im Sinne der Aufklärung zu verstehen. „Ich lese ein ganzes Jahr lang nichts als über Theologie; in dem folgenden Ge-schichte; in dem folgenden Geographie; in dem folgenden Mathematik usw. Wenn ich herum bin, fange ich von vorn wieder an."[30]

Kittel war als Orgellehrer sehr gesucht und wurde auch als Orgelvirtuose be-achtet – seine „Abendmusiken" besuchten u. a. Goethe, Herder und Wieland. Er ist daher die zentrale Figur für die auf die Orgel bezogene Bach-Tradition an der Schwelle zum 19. Jahrhundert.

Der Untertitel der Orgelschule lautet: „Anweisung zum zweckmäßigen Ge-brauch der Orgel bei Gottesverehrungen in Beispielen". Zwei wesentliche Tendenzen des Werkes werden damit ausgedrückt. Da ist zum einen die Definition des Orgelspiels und seiner Qualität von seinem Zweck her: „Er [= der Organist] soll durch Musik die Empfindungen der Andacht in den Herzen seiner Zuhörer erwecken, unterhalten und erhöhen. Der Grad, in welchem er sich diesem Ziele entweder nähert, oder sich von ihm entfernt, bestimmt seine eigene Tauglichkeit, oder Untauglichkeit zu dem wichtigen Geschäfte, das er übernommen hat."[31] Es fällt schwer, eine solche Einschätzung zu akzeptieren, da für uns die Autonomie der Kunst untrennbar mit ihrem Kunstanspruch verbunden ist. Dennoch muß man sich klarmachen, daß hier nicht nur Kittel spricht, sondern letztlich die Einschätzung Bachs wiedergegeben wird, zumal „die Methode, welcher ich mich beim Unterrichte zu bedienen pflege, ganz nach Bachischen Grundsätzen geformt ist".[32] Der Vergleich mit den Formulierungen in Vorreden Bachs kann dies nur bestätigen.

Der andere Punkt, den der Untertitel verdeutlicht, ist die Tatsache, daß es sich bei Kittels Orgelschule im wesentlichen um eine kommentierte Beispielsammlung handelt, wobei einzig und allein die Choralbearbeitung in den drei Formen Choralvorspiel, Begleitsatz und Choralvariation behandelt wird. Diese Einschränkung ist in der Entwicklung des Gebrauchs der Orgel am Ende des 18. Jahrhunderts begründet, in dessen Verlauf die freien Formen ganz zugunsten des liturgischen Orgelspiels zurückgedrängt wurden. Jedenfalls steht Kittels Orgelpädagogik damit im Gegensatz zu der Bachs, aus dessen Feder so grundverschiedene Werke mit didaktischem Anspruch wie das *Orgelbüchlein* und die sechs Triosonaten auf uns gekommen sind.

Welches sind nun die „Mittel zur Bildung eines brauchbaren Organisten"?[33] Kittel nennt – in der Reihenfolge ihrer Bedeutung – vier: „1) Bedenke fleißig den Zweck, welcher durch die Orgelmusik bey öffentlichen Gottesverehrungen erreicht werden soll. [...] 2) Studiere die Natur, denn sie ist die Mutter der Kunst. [...] Suche, junger Künstler, oft im Freyen die Einsamkeit. [...] Du wirst Vieles finden, was Niemand je niedergeschrieben, oder aussagen konnte und was der Eingeweihete nur in den unsterblichen Werken großer Künstler wiederfindet, ohne es durch Worte nennen zu können."[34] Es dürfte kaum möglich sein, ein ähnlich knappes und doch umfassendes und genaues Credo aufklärerischer Pädagogik ein zweites Mal zu finden. Immerhin setzt Kittel das Studium der Natur an zweite Stelle hinter die Reflexion des Zweckes des Orgelspiels. Erst dann kommt: „3) Lerne und übe die Kunstregeln."[35] Dieses Erfordernis ist durchaus pragmatisch zu verstehen, denn: „Das Produkt einer selbst mittelmäßigen Erfindungskraft mißfällt selten ganz, wenn es seiner Form und Bearbeitung nach korrekt ist. [...] 4) Schaue gute Muster an."[36] Es entspricht dem bescheidenen Selbstverständnis Kittels, wenn er diesen Punkt, den allein er mit seiner Orgelschule bedienen will, an die letzte Stelle setzt. Andererseits wird hier der philanthropische Hintergrund einer Pädagogik deutlich, die eine Vermittlung zwischen Gegenstand und Schüler durch geeignete Beispiele anstrebt. Die Orgelschule steht hier in einer Reihe etwa mit der Fughetten-Sammlung Johann Ernst Rembts.

Kittels konkrete Ausführungen zur Bearbeitung eines Chorals sind ganz auf die Praxis gerichtet und kommen ohne Weitschweifigkeit aus (was man nicht von allen Instrumentalschulen dieser Zeit sagen kann). So finden sich interessante Hinweise zur kompositorischen Ökonomie: „Diese Kunst mit Gedanken wohl hauszuhalten wird dem Tonkünstler immer wichtiger, jemehr er in Uebung und Erfahrung vorwärts schreitet."[37] Oder die Warnung vor allzu großer Kunstfertigkeit: „Man hasche in der Bearbeitung nicht nach Künsteleien, sondern bediene sich der Vortheile nur da, wo sie der natürliche Ausdruck und die Umstände von selbst darbieten. Man beherzige stets, daß alles Künstliche nur Mittel eines höhern Zweckes, aber nicht der Zweck selbst ist."[38]

Das Choralvorspiel kann entweder rein akkordisch angelegt sein (auch ohne den Choral zu verwenden), also „harmonisch"; oder „kontrapunktisch", wozu es ein Thema enthalten muß, welches exponiert und durchgeführt wird. Beide Formen sind gleichberechtigt, wichtig ist nur die Wahrung des „Kirchenstils". Dieser wird nicht durch irgendwelche äußeren Zutaten verwirklicht, sondern einzig durch den Zweck der Komposition: „aber man könnte eher und richtiger sagen: weil dies Tonstück im Kirchenstile geschrieben ist, können Bindungen, Nachahmungen u.s.w. darin vorkommen, als: weil diese angeblichen Kennzeichen im Stücke vorhanden sind, so ist es im Kirchenstile geschrieben."[39] Wiederum gilt: „Wenn der Organist unablässig auf den Zweck hinschaut, welchen er durch seine Musik zu erreichen wünscht, [...] so darf er hoffen, daß sein Spiel dem Charakter des Kirchenstils [...] immer näher kommen werde."[40]

Für ein kontrapunktisches Choralvorspiel ist, wie schon erwähnt, ein Thema – ein „Gedanke" erforderlich. Dieser kann entweder der Choralmelodie selbst entlehnt oder aber eine freie Erfindung sein, wobei dann gewährleistet sein muß, daß er zum Choral insofern paßt, als im Begleitsatz die Zeilenzwischenspiele mit ihm bestritten werden müssen: „aber er hat auf den Charakter der Choralmelodie genaue innere Beziehung, er muß sich ihr wohl unterordnen und anschmiegen lassen, so daß man ihn erforderlichen Falls derselben als harmonische Begleitung zugesellen und in mehr, oder weniger Stimmen bearbeiten kann".[41] Es ist für das Verständnis der Auffassung Kittels vom gottesdienstlichen Orgelspiel von zentraler Bedeutung, daß Choralvorspiel und Begleitsatz eine untrennbare Einheit bilden. Auf dieser Basis muß der Begriff „Begleitsatz" insofern relativiert werden, als ihm eine derartig gleichberechtigte kompositorische Bedeutung zukommt (man bedenke, daß Kittels Choralvorspiel-Sammlung *Vierstimmige Choräle mit Vorspielen* heißt!), daß der an sich zu begleitende Gemeindegesang demgegenüber in den Hintergrund tritt. Der Begleitsatz erhält das Gepräge eines eigenständigen Orgelchorals, bei dem die Gemeinde mitsingen darf. Dieser Bedeutungszuwachs der choralgebundenen Formen rechtfertigt wiederum umgekehrt, warum sich eine ganze dreibändige Orgelschule mit nichts anderem beschäftigt.

In der II. und III. Abteilung des Werkes werden denn auch die Möglichkeiten der Bereicherung der Vorspiele und Choräle durch Imitationen in den Mittelstimmen und im Baß aufgezeigt. Auch kommen dynamische Bezeichnungen und genaue Phrasierungs-Angaben hinzu. Wiederholt fordert Kittel hier einen engen Bezug zum Text bzw. auf den „Zustand", den der Choral ausdrückt. Doch man kann sich des Eindrucks nicht erwehren, daß er – trotzdem – in erster Linie an rein musikalischen Vorgängen interessiert ist, die allein aufgrund ihrer satztechnischen Verwendbarkeit im Dienste des Varietas-Prinzips eingesetzt werden. Dies belegt auch der schier enzyklopädische Eifer, mit dem unterschiedliche Harmonisierungen der gleichen Melodie, harmonische Wendungen und dergleichen vorgeführt werden. Ein solches Interesse an satztechnischer Kombinatorik ist signifikant für Organisten und kann als Unterscheidungsmerkmal gegenüber den Kantoren geltend gemacht werden, deren Augenmerk aufgrund der Verpflichtung zur Komposition von Vokalmusik mehr auf die rhetorische, d. h. textbezogene Seite der Musik gerichtet ist. Kittel jedenfalls gibt sich in seiner Orgelschule vor allem als Systematiker zu erkennen.

Es ist interessant, daß zu Beginn sowohl des zweiten als auch des dritten Teils der Orgelschule elementare Betrachtungen angestellt werden, die man normalerweise eher am Anfang des ersten Teils erwartet hätte. So finden sich Ausführungen zur Kadenz- bzw. Klausellehre im Zusammenhang mit der Melodiebildung (II. Abteilung) und Hinweise auf die Behandlung von Kirchentonarten (III. Abteilung). Die Vermutung liegt nahe, daß Kittel mit derartig grundsätzlichen Themen, die eigentlich mehr in den Bereich der „ersten nöthigen Vorkenntnisse"[42] gehören (und deren Beherrschung er am Beginn der ersten Abteilung als Voraussetzung gefordert hatte), dem Wunsch vieler Leser nach gründlicherer Einführung nachträglich Rechnung getragen hat. Dadurch wird deutlich, wer den ersten Teil vorwiegend gelesen haben wird, nämlich musikalische Amateure, die – quasi im Nebenberuf – das gottesdienstliche Orgelspiel übernommen hatten und sich mit Hilfe der Orgelschule des berühmtesten Bach-Schülers in diesem Tun vervollkommnen wollten. Und gerade für diesen Kreis durften die Erwartungen an die Vorkenntnisse nicht zu hoch angesiedelt werden, wollte man den Bedürfnissen der Leser gerecht werden. Wie beliebt die Orgelschule gewesen sein muß, zeigt indessen die Tatsache, daß schon 1808, also im Jahr des Erscheinens der III. Abteilung, eine vermehrte und verbesserte Auflage des ersten Teils erschien. Doch vielleicht wollte Kittel mit diesen Zusätzen seinem Werk zugleich einen höheren theoretischen Anspruch verleihen.

Abschließend sei bemerkt, daß in der dritten Abteilung dem Vorspiel mit aus der Choralmelodie entlehntem Thema gegenüber dem mit freiem Thema der Vorzug gegeben wird (im ersten Teil erschienen diese Möglichkeiten noch als gleichberechtigt). Als Gründe hierfür werden genannt: „1) ist es leichter das Vorspiel nach einem aus dem Chorale selbst gewählten Themate zu entwickeln, als es im Geiste des Chorals eigen zu erfinden und auszuführen. [...] 2) ist es auch in den meisten Fällen weit schicklicher, [...] 3) ist es oft sogar nöthiger, [...] daß wir uns jedes Mittels bedienen, dem Präludio auch eine durchaus verständliche äussere Beziehung auf den Choral zu verschaffen."[43] Während Kittel zu Beginn seines Unterfangens noch auf die vollständige Darstellung seiner eigenen Orgelkunst zielte (die, das haben wir in seinen Vorspielen gesehen, sowohl thematisch gebundene wie auch freie Beispiele umfaßt), nimmt er diesen Anspruch später zurück und verweist den Schüler – ganz pragmatisch – auf die den Chorälen selbst entnommenen Themenbildungen für das Vorspiel. Daß er auf diese Weise, wenigstens als Orgelpädagoge, auch seine eigenen Neuerungen zurücknimmt, mag damit zusammenhängen, daß der Wunsch nach einer Bewahrung des Altherge-brachten in dem Maße wuchs, in dem sich die Orgelmusik von den klassischen Vorbildern entfernte. Soll man sich im Choralvorspiel – insbesondere als ange-hender Organist – lieber etwas enger an den Choral binden, „so darf man sich da-gegen bey den übrigen Arten von Vor- und Nachspielen seinem freyen Ideengan-ge desto ungezwungener überlassen."[44]

ORGELTRIO

Keine andere Orgelmusik-Gattung ist in so hohem Maße auf die kompositorische Leistung eines einzigen Komponisten bezogen wie das Orgeltrio auf Johann Se-bastian Bach. Das in ihm verbundene Nebeneinander von äußerlicher Beschrän-kung und satztechnischer Konzentration einerseits sowie höchster kompositori-scher und spieltechnischer Virtuosität andererseits räumt ihm den Rang ein, gleichsam Kammermusik für die Orgel darzustellen. Bach hat sowohl mit seinen sechs Triosonaten als auch mit den in den *Siebzehn Chorälen* und im *Dritten Theil der Clavierübung* reichlich vertretenen Choraltrios mustergültige Beispiele für diese Gattung geschaffen, auf die sich alle später entstandenen Orgeltrios be-ziehen lassen – nirgends ist der Traditions-Zusammenhang so zwingend wie hier.

Die meisten der Orgeltrios von Bachs unmittelbaren Zeitgenossen lassen die-sen engen Bezug ohne weiteres erkennen. So ist das *Trio in a-Moll* von Johann Schneider[45], das leider nur fragmentarisch erhalten ist, offenbar als mehrsätziges Werk im Stile einer Bachschen Triosonate konzipiert. Das einleitende Adagio verwendet den Lamentobaß als Thema, das in allen drei Stimmen durchgeführt wird, während im darauffolgenden Andante über einem gleichmäßig schreitenden Baß die beiden Oberstimmen miteinander dialogisieren. Trotz vieler struktureller Übereinstimmungen mit der italienischen Triosonate (die auch etlichen Bach-Orgeltrios eignen) ist das Stück sehr orgelgerecht und verrät den versierten Orga-nisten als Komponist. Ebenfalls sehr virtuos, aber doch viel weniger orgelspezi-fisch erscheinen die beiden einsätzigen Trios von Johann Peter Kellner.[46] Beide könnten auch ohne weiteres von zwei Melodieinstrumenten mit Generalbaß aus-geführt werden und würden dabei klanglich sogar gewinnen, da die teilweise schulmeisterliche Durchführung thematischen Materials in den beiden Oberstim-men auf der Orgel etwas ermüdend wirkt, als Dialog zwischen verschiedenen In-strumenten aber durchaus ihren Reiz hätte. An die Spielfertigkeit des Organisten stellen Kellners Werke – insbesondere das *Trio in G* – erhebliche Anforderungen, die allerdings in keiner angemessenen Relation zum musikalischen Gehalt der Sätze stehen.

Eine völlig andere Zugangsweise zu dieser Gattung eröffnen die Orgeltrios von Georg Andreas Sorge. 1703 in Schwarzburg in Thüringen geboren, wurde er – nach einer kurzen Ausbildungszeit in Franken – schon 1721 als Hof- und Stadt-organist nach Lobenstein berufen – ein Amt, in dem er bis zu seinem Tod 1778

verblieb. Neben seinen beruflichen Pflichten muß er sich intensiv mit musiktheoretischen Fragen beschäftigt haben, was sowohl seine umfangreiche Korrespondenz mit Fachkollegen (unter ihnen Georg Philipp Telemann und Friedrich Wilhelm Marpurg) als auch seine Veröffentlichungen auf diesem Gebiet bestätigen.
Gemeinsam mit seinen Kompositionen sicherten sie ihm auf diesem Wege nicht
nur einen nennenswerten wirtschaftlichen Erfolg, sondern trugen auch dazu bei,
daß er 1747 als 15. Mitglied in Lorenz Christoph Mizlers „Societät der musikalischen Wissenschaften" aufgenommen wurde – im selben Jahr wie Johann Sebastian Bach.

Die 11 Orgeltrios Sorges[47] stehen in lediglich vier verschiedenen Tonarten
(C-Dur: 3, G-Dur: 3, e-Moll: 2 und a-Moll: 3). Möglicherweise waren die Gruppen derselben Tonart auch für zyklische Aufführungen bestimmt, zumal jeweils
zwei der drei Stücke in einer geraden Taktart und eines im Dreiviertel-Takt gesetzt ist (was konsequenterweise hieße, daß ein e-Moll-Trio im geraden Takt
fehlt). Die Stücke sind technisch einfach gehalten (wenn auch, zumal für das Pedalspiel, nicht ohne pädagogischen Wert), formal sehr übersichtlich (meist dreiteilig mit kontrastierendem Mittelteil und zuweilen stark variierter Reprise) und
satztechnisch eher an klaren harmonischen Progressionen denn an komplizierter
Kontrapunktik orientiert.

Da keines der Trios mehr als zwei Druckseiten einnimmt, entsteht im Ganzen
der Eindruck einer auf Schlichtheit, Faßlichkeit und Übersichtlichkeit gerichteten
Sammlung, die in eine Reihe mit den Fughetten Johann Ernst Rembts und den
Choralvariationen Karl Gottlieb Umbreits gehört. Dabei überwiegen Stücke, die
sich stilistisch sehr weit von der Bachschen Satztechnik entfernen. Es gibt allerdings auch solche, die regelrecht als „Kurzform" eines Triosonaten-Satzes angesehen werden können. Als Beispiel für die letztgenannte Gruppe sei das *Trio X* in
a-Moll eingehender betrachtet.

Sehr typisch ist schon der imitierende Einsatz der Stimmen, wobei die Einstimmigkeit am Beginn (die gleichsam eine „falsche" Erwartungshaltung – nämlich auf eine Fuge – hervorrufen würde) durch die Begleitung der Oberstimme mit
dem Pedal vermieden wird. Das Thema dieses Sonatensatzes ist von klarer harmonischer Konzeption im Sinne einer einfacher Kadenz (t–D–t–s–D–t) und wird
nach vier Takten in der Oberquinttonart beantwortet. Dabei erinnert die Verwendung des Tones *a'* als Einsatzton der zweiten Stimme an die Beantwortungstech-
nik der Fuge (in der der Quintton der Tonart mit deren Grundton beantwortet
werden muß und umgekehrt). Nach weiteren vier Takten folgt schließlich der
Baß, dessen Themeneinsatz gleichzeitig den ersten Abschnitt des Satzes in Takt
12 beschließt.

Das gesamte Trio besteht aus zweimal 28 Takten (in dieser Proportionierung
wie auch durch die Kadenz auf der V. Stufe in der Mitte eher an die alte Suiten-
satz-Disposition denn an neuere Sonaten-Typen erinnernd), wobei auffällig ist,
daß Sorge in den restlichen 16 Takten bis zum Doppelstrich völlig ohne das zu
Beginn exponierte Thema auskommt: Vielmehr wird jetzt (ab Takt 13) eine neue
musikalische Gestalt (vier repetierte Achtelnoten) an den Beginn einer achttakti-

gen, sequenzierenden Passage gestellt, die in Takt 20 mit einem Halbschluß in
der Paralleltonart C-Dur einen wenn auch nicht sehr gewichtigen Abschluß findet.
Ein dabei in der Kadenz in Takt 19 eingeführtes daktylisches Motiv wird nun –
im letzten Abschnitt vor dem Doppelstrich von wiederum acht Takten – zum alleinigen Träger des musikalischen Verlaufs, der aufgrund seiner fast ausschließli-
chen Verwendung von parallelen Sexten in den Oberstimmen einen denkbar großen Kontrast zum kontrapunktischen Beginn bildet.

Am Anfang des zweiten Teils wird das Thema nur in den Oberstimmen aufgegriffen (diesmal zunächst in der Oberquint-, dann in der Grundtonart), was logi-
scherweise nur über acht Takte den Inhalt des Satzes ausmachen kann. Es folgt
ein zwölftaktiger sequenzierender Abschnitt, in dem der Beginn des Themas verarbeitet wird. Die den ganzen Satz abschließende Achttakt-Gruppe arbeitet wiederum mit dem Daktylus-Motiv vom Ende des ersten Teils.

Die kompositorische Idee dieses Trios von Georg Andreas Sorge könnte vielleicht am besten als Kombination verschiedener Satztypen innerhalb eines Stük-
kes verstanden werden, wobei zweimal eine Entwicklung von komplexen Strukturen hin zu einfacheren durchlaufen wird. Im ersten Teil: imitatorische Durchführung eines Themas in drei Stimmen (12 Takte) / Sequenzbildungen unter Verwendung einer neuen, einfacheren Gestalt (8 Takte) / schlichte Parallelführung
der Oberstimmen mit vorwiegend harmonischen Implikationen (8 Takte). Im
zweiten Teil wird das Thema nur noch zweimal durchgeführt, und der zweite Abschnitt unterscheidet sich von dem des ersten Teils lediglich dadurch, daß anstelle
einer neuen Gestalt ein Teil des Themas zur Sequenzbildung herangezogen wird.
Außerdem sind die Proportionen des ersten und zweiten Abschnittes vertauscht.
Dieser klaren inhaltlich-formalen Struktur entspricht eine ebensolche auf harmonischer Ebene: I – III – V (im ersten Teil) / I – III – I (im zweiten Teil).

Man kann diesem Triosatz ein hohes Maß an formaler und satztechnischer
Konstruktivität nicht absprechen. Die feststellbaren großen Unterschiede der
verwendeten musikalischen Ausdrucksweisen dienen der Klarheit des Aufbaus.
Die Sprachebenen (Kontrapunkt, Sequenz, harmonisch implizierte Parallelführun-
gen) wechseln sich dabei so geschickt ab, daß im Ganzen ein überaus ab-
wechlungsreicher und ansprechender Satz entsteht.

Bachs Schüler Johann Ludwig Krebs hat 17 Orgeltrios[48] komponiert, meistens
ein-, teilweise aber auch mehrsätzige Werke. Für sie gilt im Prinzip das schon
oben zu seinen Fugen Gesagte: ein gewisser Hang zur Länge und zur Überladen-
heit, die nicht immer dem musikalischen Inhalt entsprechen. Dabei sind auch die
Trios größtenteils technisch sehr anspruchsvoll und können in dieser Hinsicht denen Bachs an die Seite gestellt werden (was ihnen aber offensichtlich nicht zur
Ehre gereicht hat, sondern zum Verhängnis geworden ist).

Sehr interessant sind diese Stücke jedoch im Hinblick auf die Verwendung
mancher Tonarten, die große Parallelen zu den Triosonaten Bachs aufweist. So
scheint C-Dur die Tonart für die Entfaltung größter technischer Virtuosität zu
sein, denn beide Trios dieser Tonart von Krebs (insbesondere das zweite, im Stile
der italienischen „Fuga da capella") sind mindestens ebenso schwer wie Bachs
fünfte Sonate. Die Trios in G-Dur beider Meister haben etwas ausgesprochen
Heiteres, Klares und teilweise Verspieltes an sich, während Es-Dur (bei Krebs.
auch B-Dur) die Tonart für empfindsam-lyrische Musik zu sein scheint.

Schließlich muß die Triosonate in e-Moll[49] erwähnt werden, ein dreisätziges
Werk (Andante – Allegro – Allabreve), das mit seiner Länge (20 Seiten) jede
Bachsche Triosonate bei weitem übertrifft.

Die einzige Quelle[50], die das Werk vollständig überliefert, enthält den Datie-
rungsvermerk: *d: 31. Aug: 1742.* Damit kann als gesichert angesehen werden,
daß Krebs im zweiten Satz absichtlich auf das Thema des dritten Satzes von
Bachs erster Sonate in Es-Dur zurückgegriffen hat – einer der wenigen Fälle, wo
die Entsprechung auf thematischer Ebene so deutlich ist:

So groß die Übereinstimmung hier sein mag, so zeigt doch allein der Blick auf die
Dimensionen der beiden Sätze den großen Unterschied zwischen beiden Komponisten im Sinne der obigen Bemerkung: Während Bachs Allegro-Satz mit insgesamt 62 Takten (30 zu 32) auskommt, schreibt Krebs einen riesigen Satz von 162
Takten ohne Wiederholungen. Selbst wenn man bei Bach beide Teile wiederholt,
ist sein Satz immer noch merklich kürzer und zudem gerade durch die Wiederholungen zweifellos faßlicher. Weiterhin ist bemerkenswert, daß bei Krebs das
Allegro ohne Unterbrechung in den letzten Satz übergeht (lediglich durch einen
kurzen rezitativischen Teil von ihm getrennt), der dann noch einmal 138 Takte
umfaßt.

Der Vergleich mit den Orgeltrios des (zehn Jahre älteren!) Georg Andreas
Sorge offenbart hier ganz unverkennbar, wie unterschiedlich die kompositori-
schen Lösungen innerhalb ein und derselben Gattung in der Mitte des 18. Jahr-
hunderts sein konnten. Gleichzeitig wird wiederum klar, daß der von Johann
Ludwig Krebs beschrittene Weg der quantitativen Übersteigerung der barocken
Formen keine Zukunft haben konnte.

Gottfried August Homilius hat einen einzigen Triosatz in g-Moll, „Mesto"[51]
überschrieben, komponiert. Daß diese Überschrift eher eine Vortragsangabe als
die Zuordnung zu einer Gattung bezeichnet, scheint mir sehr wichtig zu sein –
und mindert das Triomäßige des Satzes genausowenig wie die Auffaltung zur
Vierstimmigkeit in den letzten beiden Takten. Denn die intime, kammermusikali-
sche Klanglichkeit der Gattung Trio wird in diesem Beispiel als satztechnische
Grundlage für ein Charakterstück verwendet.

Hier erscheinen drei musikalische Ebenen, die einerseits motivisch voneinander
abgegrenzt sind, es andererseits aber kaum zulassen, von einer thematischen Hauptstimme mit Begleitung zu sprechen. Vielmehr bilden alle drei zusammen das Besondere dieses Satzes aus: die gleichsam fragenden Achtelfiguren in der Oberstimme gemeinsam mit der für den wiegenden Sechsachteltakt typischen Punktierung im Baß. Selbst die eigentlich unprofilierte Mittelstimme unterstreicht durch
ihren Rhythmus mit den Pausen (gleichzeitig mit der Oberstimme) den – der
Taktart an sich konträren – stockenden Gestus. Dieser trägt ebenso zu dem „trau-
rigen" Gepräge (= *mesto*) des Ganzen bei wie die fallende Chromatik (in der Mittelstimme) und die fast immer fauxbourdonartigen Fortschreitungen.

Der weitere Verlauf des Satzes ließe sich – im wesentlichen – als Folge verschiedener Ausprägungen dieses thematischen Komplexes verstehen, wobei die
Abwechslung durch Mittel wie Stimmentausch und Versetzung nach Dur erzielt
wird. Die musikalische Gestalt des Beginns wird damit gleichsam von verschiedenen Seiten beleuchtet. Demgegenüber stehen argumentative Techniken (wie
kontrapunktische Durchführungen oder Sequenzierungen von einzelnen Motiven)
völlig im Hintergrund. Das Stück bekommt dadurch einen eher statischen Ausdruck, was der eingangs gemachten Klassifizierung als Charakterstück zusätzli-
ches Gewicht verleiht. Homilius zeigt sich in diesem Satz wiederum als Meister
der kleinen, konzentrierten Form. Darüber hinaus scheint die Idee, das Trio als
den Ort für die Komposition von Orgel-Charakterstücken zu nutzen, für die Entwicklung dieser Gattung im 19. Jahrhundert eminent wichtig geworden zu sein.

Im Jahr 1787 erschienen bei Breitkopf in Dresden und Leipzig zwei Hefte mit
je sechs einsätzigen Trios[52] von Johann Ernst Rembt, von denen das erste Carl
Philipp Emanuel Bach gewidmet ist. Diese Sammlung ist unter dem Gesichtspunkt der Einheitlichkeit bemerkenswert: Alle Sätze stehen in Durtonarten und
sind im geraden Takt gehalten. Auch in formaler Hinsicht herrscht große Geschlossenheit: Dreiteiligkeit mit imitierendem Beginn, harmonisch kontrastierendem Mittelteil (fast immer mit Engführungen) und kurzer Reprise. Diese rein äußerlichen Gesichtspunkte dürfen jedoch nicht den Eindruck erwecken, als handele
es sich bei Rembts Trios um eine Sammlung langweiliger Tonsatz-Beispiele –
vielmehr findet sich in jedem einzelnen Stück ein höchstes Maß an satztechnischer Kunstfertigkeit und überaus geistreichen musikalischen Einfällen. So steht
im fünften Trio, das „gelassen" musiziert werden soll (eine Musiziervorschrift,
die sich am Ende des 18. Jahrhunderts größter Beliebtheit erfreut haben muß),
beim Einsatz der imitierenden Stimme folgender Passus:

Hier wird die große Dichte der harmonischen Argumentation nur noch von der
Eleganz der Linienführung übertroffen. Daß die musikalische Stilistik unmißverständlich dem späten 18. Jahrhundert zuzuordnen ist, enthebt Rembt dem Ver-
dacht der Rückwärtsgewandtheit. Gleichzeitig muß zugestanden werden, daß hier
instrumentaler Kontrapunkt in hoher Vollendung vorgeführt wird, wie er zu dieser
Zeit selten geworden war. Im weiteren Verlauf des Satzes werden dann noch die
Engführung des Themenbeginns sowie – im Mittelteil – die seines chromatischen
Abschnitts vorgeführt. Dabei bleibt jedoch stets eine gewisse Heiterkeit des Ausdrucks gewahrt, wie sie der Überschrift des Stückes entspricht.

Damit gelingt Rembt – wie schon in seiner Fughetten-Sammlung – die Synthese der traditionellen, auf Bach fußenden Technik mit dem Stil seiner Zeit. Inwieweit dabei auch die zwölf Trios von einem pädagogischen Impuls im Sinne des
Philanthropismus getragen sind, läßt sich nicht so eindeutig entscheiden wie bei
den – später entstandenen – Fughetten.

Am Ende soll noch Johann Gottfried Vierlings gedacht werden, der, selbst
Schüler Johann Philipp Kirnbergers, die auf Bach fußende Tradition als Organist,
Komponist und Pädagoge gemeinsam mit Johann Ernst Rembt und Johann Christian Kittel in das 19. Jahrhundert hineingetragen hat. Als Organist in Schmalkalden (von seinem 23. Lebensjahr an bis zu seinem Tod 1813) schrieb er vor allem
schlichte gottesdienstliche Gebrauchsmusik für Orgel, aber auch eine große Anzahl Kantaten. Musikhistorisch bedeutend ist er als der letzte Komponist, der regelmäßig (wenigstens vierzehntägig) Perikopenkantaten für die liturgische Prxis
vorlegte.

Vierlings Orgeltrios[53], die in vielen Sammelwerken des 19. Jahrhunderts zu finden sind, zeichnen sich durch eine starke Orientierung an stilistischen Merkmalen der Empfindsamkeit aus – das eigentlich Faszinierende ist dabei die Kunstfertigkeit, mit der es dem Komponisten gelingt, eine solche Musik als Orgeltrio zu „verpacken". Einen Eindruck von dem hier Gemeinten vermittelt ein Ausschnitt aus dem Trio in C-Dur, „Andante" überschrieben.

Alle Vierling-Trios funktionieren folgendermaßen: Am Beginn steht die Exposition eines – teilweise recht langen – Themas, das, nach einer Kadenz auf der V. Stufe in der Mitte des Stückes, enggeführt wird (eine solche Stelle zeigt das obige Notenbeispiel). Die Harmonik ist denkbar simpel: viertelweiser Wechsel zwischen Tonika und Dominante. Dem entspricht die Pedalstimme, die quasi zweistimmig mit einem Liegeton g und einem zwischen dem Grundton der Tonika (c) und dem Terz- bzw. Quintton der Dominante wechselnden Baß ausgeführt ist. Im ganzen wirkt diese Pedalstimme viel eher wie die linke Hand eines Klavierstückes – jedenfalls sehr orgeluntypisch. Das gleiche gilt für den übermäßigen Sext-akkord (im vierten Takt des Beispiels), dessen harmonische Funktion, nämlich G-Dur wieder als Dominante erscheinen zu lassen, hier geschickt mit der syntaktischen, den Mittelteil zu beenden, und seiner auffälligen Klanglichkeit (Weiterführung der übermäßigen Sexte in die Oktave) als Mittel zur Verdeutlichung des Beginns der Reprise kombiniert wird. Als drittes Indiz für die „Klaviermäßigkeit" dieses Satzes kann der Übergang vom vorletzten zum letzten Takt gesehen werden, der genau wie die Herbeiführung des Quartsextakkordes der Kadenz in einem Klavierkonzert gearbeitet ist.

Vierlings Trios können als Transkriptionen von zeitgenössischer Klaviermusik für Orgel gelesen werden. Diese Tatsache ist insofern interessant, als sie zeitlich mit dem Niedergang der eigenständigen Orgelkunst zusammenfallen und somit den Versuch darstellen, eine Verbindung zwischen der Klaviermusik (die immer größere Ausbreitung fand) und der Orgel herzustellen. Dem klavierspielenden nebenberuflichen Organisten, der in immer höherem Maße die kirchenmusikalische Arbeit, insbesondere aber das Orgelspiel, versah, wurde so eine Möglichkeit geboten, seine Fertigkeiten und seinen Stil in diese Tätigkeit einzubringen.

*

Betrachtet man abschließend die einzelnen Befunde noch einmal zusammenfassend, so läßt sich feststellen, daß im Bereich der mitteldeutschen Orgelkunst um und nach Johann Sebastian Bach durchaus keine einseitige Orientierung an ihm stattgefunden hat, sondern vielmehr eine große stilistische Vielfalt herrschte. Dies betrifft alle große Gattungen der freien und liturgisch gebundenen Orgelmusik. Dabei gibt es unterschiedliche Weisen der Bezugnahme: So sind die Werke von unmittelbaren Zeitgenossen wie Johann Schneider und Johann Peter Kellner stilistisch kaum von denen Bachs zu unterscheiden. Auch spätere Komponisten haben sich teilweise noch stark daran orientiert – hier wären Johann Ludwig Krebs und Michael Gotthardt Fischer als Beispiele zu nennen. Daneben findet sich aber eine große Gruppe von in der Mitte des 18. Jahrhunderts geborenen Organisten, die sich offenbar bewußt anders orientiert haben: etwa der Homilius-Schüler Johann Christian Gotthilf Tag und der ein Jahr jüngere Johann Christoph Kellner, Sohn von Johann Peter. Johann Gottfried Vierling und Johann Christian Heinrich Rinck sind ebenfalls zu dieser Gruppe zu rechnen.

Möglicherweise am interessantesten für die Fragestellung nach der Rezeption Bachscher Vorbilder sind hingegen die Werke derjenigen Komponisten, die aufgrund der stilistischen Reichhaltigkeit innerhalb ihrer Werke eine Mittelposition zwischen den beiden zuvor genannten Gruppen einnehmen. Hier wären Gottfried August Homilius, Johann Christian Kittel und Johann Christoph Oley zu erwähnen. Schließlich gibt es eine ausgeprägte Traditionslinie, deren Anliegen eine pädagogische Vermittlung und Weitergabe der Bachschen Satztechnik im Sinne des im 18. Jahrhundert seine Blütezeit erlebenden Philanthropismus gewesen zu sein scheint. Die wichtigsten Komponisten dieser Richtung sind Georg Andreas Sorge, Johann Ernst Rembt und Karl Gottlieb Umbreit.

Diese Vielfalt macht zweierlei deutlich: Erstens, daß die Rezeption der Orgelkunst Johann Sebastian Bachs nach 1750 keinen Niedergang oder Stillstand bezeichnet, sondern vielmehr jedem Kunstanspruch gerecht wird. Und zweitens, daß es bis zum Beginn der sogenannten Bach-Renaissance im ersten Drittel des 19. Jahrhunderts zumindest im Bereich der Orgelmusik eine lebendige, auf Bach fußende Tradition gab, die der Wiedererweckung seitens einer romantischen Rückwärtsgewandtheit keineswegs bedurfte.

ANMERKUNGEN

1 Vgl. Walter Blankenburg, [Artikel] *Johann Gottfried Vierling*, in: *MGG* 13 (1966), Sp. 1611.

2 Vgl. Werner Breig, *Versuch einer Theorie der Bachschen Orgelfuge*, in: *Mf* 48 (1995), S. 14–52.

3 Karl Tittel, [Artikel] *Johann Ludwig Krebs*, in: *MGG* 7 (1958), Sp. 1732f.

4 Johann Ludwig Krebs, *Sämtliche Orgelwerke*, hrsg. von Gerhard Weinberger, Bd. 1, Wiesbaden 1985, S. 68.

5 Vgl. Johann Adam Hiller, *Lebensbeschreibungen berühmter Musikgelehrten und Tonkünstler, neueren Zeit*, Leipzig 1784, Reprint Leipzig 1975, S. 25, sowie Forkel, *Bach*, S. 25.

6 Georg Feder, [Artikel] *Gottfried August Homilius*, in: *MGG* 6 (1957), Sp. 679.

7 Gottfried August Homilius, *Fünf Orgelstücke*, hrsg. von Christoph Albrecht, Leutkirch 1991, S. 8.

8 Alle in: Homilius, *Fünf Orgelstücke.*

9 Johann Ernst Rembt, *Vorbericht,* zu: ders., *Fünfzig vierstimmige Fughetten,* Leipzig 1791.

10 In: *Orgelwerke der Bach-Schule,* hrsg. von Martin Weyer, Bonn o.J., S. 32.

11 Vgl. Reinhold Sietz, [Artikel] *Johann Christian Heinrich Rinck,* in: *MGG* 11 (1963), Sp. 538–540.

12 In: *Orgelmusik um J. S. Bach,* hrsg. von Rüdiger Wilhelm, Wiesbaden 1985, S. 66.

13 Gerhard Hahne, *Johann Abraham Peter Schulz' Gedanken über den Einfluß der Musik auf die Bildung eines Volkes,* in: Carl Dahlhaus und Walter Wiora (Hrsg.), *Musikerziehung in Schleswig-Holstein,* Kassel 1965, S. 59.

14 In: *Orgelchoräle um Joh. Seb. Bach,* hrsg. von Gotthold Frotscher, Braunschweig 1937 (= *Das Erbe deutscher Musik,* Reihe I, Band 9).

15 In: Johann Schneider, *Orgelwerke,* hrsg. von Willem van Twillert, Sneek 1980, S. 20.

16 In: *Orgelmusik um J. S. Bach,* hrsg. von R. Wilhelm, Wiesbaden 1985, S. 34.

17 In Auswahl hrsg. von Wolfgang Stockmeier, Wolfenbüttel 1987.

18 Zit. nach Reinhold Sietz, [Artikel] *Johann Christian Kittel,* in: *MGG* 7 (1958), Sp. 968f.

19 Johann Christian Kittel, *Vorbericht,* zu: ders., *Vierstimmige Choräle mit Vorspielen,* Altona 1804.

20 Neuausgabe Wolfenbüttel 1987, S. 12.

21 Neuausgabe Wolfenbüttel 1987, S. 8.

22 Neuausgabe Wolfenbüttel 1987, S. 6.

23 In: *Orgelmusik um J. S. Bach,* S. 44.

24 In: *Orgelwerke der Bach-Schule,* S. 20.

25 In: *Orgelwerke der Bach-Schule,* S. 20.

26 In: *Orgelwerke der Bach-Schule,* S. 25.

27 Neu hrsg. von Ewald Kooiman, Loosdrecht 1986.

28 In: *Orgelwerke der Bach-Schule,* S. 37.

29 Reprint, hrsg. von Gerard Bal, Leipzig 1986.

30 Zit. nach Gerard Bal, [*Nachwort,* zu:] Johann Christian Kittel, *Der angehende praktische Organist,* Teil 1–3, Reprint Leipzig 1986, S. 100f.

31 Kittel, *Der angehende praktische Organist,* Teil I, S. VI.

32 Kittel, *Der angehende praktische Organist,* Teil I, S. IIIf.

33 Kittel, *Der angehende praktische Organist,* Teil I, S. VII.

34 Ebd.

35 Kittel, *Der angehende praktische Organist,* Teil I, S. VIII.

36 Ebd.

37 Kittel, *Der angehende praktische Organist,* Teil I, S. 7f.

38 Kittel, *Der angehende praktische Organist,* Teil I, S. 6.

39 Kittel, *Der angehende praktische Organist,* Teil I, S. 73.

40 Ebd.

41 Kittel, *Der angehende praktische Organist,* Teil I, S. 2.

42 Kittel, *Der angehende praktische Organist,* Teil I, S. VIII.

43 Kittel, *Der angehende praktische Organist,* Teil III, S. 1f.

44 Kittel, *Der angehende praktische Organist,* Teil III, S. 3.

45 In: *Orgelmusik um J. S. Bach,* S. 55.

46 In: *Ausgewählte Orgelwerke,* hrsg. von Georg Feder, Lippstadt 1958.

47 Neu herausgegeben von Ewald Kooiman, Hilversum 1980.

48 In: *Sämtliche Orgelwerke,* hrsg. von Gerhard Weinberger, Band II, Wiesbaden 1985.

49 In: *Sämtliche Orgelwerke,* hrsg. von Gerhard Weinberger, Band II, Wiesbaden 1985, S.144.

50 Berlin SBPK: Mus.ms.3010 (Konvolut aus dem Besitz des Grafen Voß-Buch).

51 In: *Fünf Orgelstücke,* S.6.

52 Neu hrsg. von Rudolf Walter, Coppenrath 1974.

53 Neu hrsg. von Ewald Kooiman, Hilversum 1984.

MICHAEL HEINEMANN

PARADIGMA FUGE: BACH UND DAS ERBE DES KONTRAPUNKTS

WAS EINE FUGE SEI

„Discip[ulus]: Ich wünsche dir wohl gelebt zuhaben. Vor allen muß ich dich fra-
gen, wie der wackere Mann geheissen, der die erste Fuge gesetzt hat? warum?
wo? und zu welcher Zeit?
Praec[eptor]: Ich weiß es nicht. –
Disc.: Ist diese Art des Gesanges nicht auch in den Zeiten der Könige Davids,
und Salomons üblich gewesen?
Praec.: Ich weiß es nicht.
Disc.: Woher rührt denn eigentlich der Name Fuge? –
Praec.: Ich weiß es nicht.
Disc.: Du weißt also gar nichts; aber wie – – –
Praec.: Ich kann dir nicht mehr sagen, als ich gehört, gelesen, und versucht habe:
und andere machen es eben so. Wie viel von der Fuge mir bekannt ist, so viel
kannst auch du heute leicht einsehen lernen, um hernach weiter zu kommen."[1]

Es wird kaum verwundern, wenn der Lehrer sich im folgenden als weit weniger ignorant erweisen wird, als es zunächst den Anschein hat: Joseph Riepel, der
mit diesem Dialog den sechsten, nicht mehr im Druck vorgelegten Teil seiner
zwischen 1752 und 1768 erschienenen *Anfangsgründe zur musicalischen Setzkunst* eröffnet, breitet im Anschluß auf annähernd 200 Folio-Seiten eine Fülle von
Hinweisen und Details zur Fugenkomposition aus, ohne allerdings je definite
Vorgaben zu formulieren. Dieser Verzicht auf die konkrete Handlungsanweisung,
die der Schüler ebenso vergeblich einfordert wie allein eine elementare Begriffs-
bestimmung und geschichtliche Bezüge, ist jedoch nichts weniger als die Verle-
genheit eines Komponisten oder Pädagogen, sondern resultiert aus der bereits in
den voraufgehenden Abschnitten seines Lehrwerkes wiederholt vermerkten Erkenntnis, daß die Vielzahl von Regeln nicht erschöpfend aufgeführt werden
könnte[2], andererseits ein Rekurs nur auf die wenigen grundlegenden Richtlinien
trivial sei und zur Gestaltung von Kompositionen nach Maßgabe des gegenwärtigen Geschmacks nur äußerst unzulängliche Erkenntnisse böte: „Wir haben in einem Hauffen uralte, alte und neuere Regeln, die sich von Jahr zu Jahr nach dem
Masse der Erfindung des unerschöpflichen Gesanges vermehren. Die uralten Regeln sind dermal so gemein, daß sie der kleinste Anfänger gleich kennet, die alten
sind nicht so leicht, und die neuern schwer zu merken."[3]

So beschränkt sich Riepel darauf, dem Schüler die Grundregeln des Tonsatzes zu vermitteln, und in bezug auf die Komposition von Fugen gelingt ihm dies umso leichter, als lediglich ein kompositorisches Verfahren Gegenstand des Unterrichts wird – die Kombination von zwei oder mehr einander nachahmenden Stimmen – , dessen geschichtlicher Ursprung in der Tat kaum präzise zu bestimmen ist: Fuge meint bei Riepel zunächst eine allgemeine, elementare Technik der Komposition, weder eine Form noch eine musikalische Gattung, ist mithin als satztechnisches Prinzip überzeitlich.

Diese Reduktion erlaubt es Riepel zugleich, sich bei den Hinweisen zur kompositorischen Gestaltung auf jene Autoren zu beziehen, deren Lehrbücher bereits zu seiner Zeit gleichsam kanonisiert waren: Überlegungen, wie Themen anzulegen seien, die eine – zur Bewahrung des Modus als unverzichtbar empfundene – tonale Beantwortung ermöglichen konnten, oder Bemerkungen zum mehrfachen Kontrapunkt fanden sich in Gioseffo Zarlinos *Istitutioni harmoniche* (Venedig 1558) ebenso wie in Angelo Berardis *Docvmenti armoniche* (Bologna 1687), und die Palestrina-Sukzession, auf die sich letzterer als Glied einer über Marco Scacchi und Francesco Anerio unmittelbar auf den legendenumwobenen päpstlichen Kapellmeister zurückführenden Lehrer–Schüler-Filiation berufen konnte, sollte Johann Joseph Fux, auf den Riepel später ebenfalls rekurriert, ins 18. Jahrhundert verlängern. Mehr noch als diese Auswahl von Verfassern allseits approbierter Lehrbücher verdeutlichen die Namen von Antonio Caldara und Johann Adolf Hasse, deren Werke Riepel exemplarisch heranzieht und dem eingehenderen Studium empfiehlt, das vorrangige Ziel der Unterweisung im Tonsatz, das zugleich verständlich macht, warum Johann Sebastian Bach als Referenzadresse in den *Anfangsgründen* fehlt: Die Komposition von katholischer, an die lateinische Sprache gebundener Kirchenmusik steht im Mittelpunkt der Ausführungen, nicht die Gestaltung instrumentaler Fugen, zu der man – auch Riepel weiß um die Bedeutung der Darstellung seines Berliner Kollegen – in Friedrich Wilhelm Marpurgs *Abhandlung von der Fuge* zahlreiche weiterführende Hinweise finden könne.

So traditionsverbunden sich Riepel in seiner Anlehnung an die Kontrapunktlehrbücher namentlich von Zarlino, Berardi und Fux erweist – die Differenz einer auf die Produktion von katholischer Kirchenmusik zielenden, an italienischen Vorbildern orientierten süddeutschen Musiktheorie und -ästhetik gegenüber Darstellungen zur Kompositionslehre, wie sie mit dem Versuch einer Übernahme von Theoremen Rameaus zu funktionsharmonischen Bezügen des Tonsatzes vornehmlich in Berlin entwickelt wurden, bezeichnet erst in zweiter Instanz einen Gegensatz – , so offen zeigt er sich gegenüber zeitgenössischen Tendenzen mit einem Plädoyer für die Kultivierung der individuellen Urteilskraft, die eine sorgsame Schulung des Gehörs voraussetze.[4] Denn mit handwerklichen Regeln sei nur die satztechnische Richtigkeit zu fassen, die freilich unverzichtbar für das kompositorische Metier bleibe; „Schönheit" sowie „Natürlichkeit" als weitere Kategorien, ästhetische Qualitäten eines Werkes zu gewährleisten, seien mittels konkreter Vorgaben oder Richtlinien, die präzise formuliert werden könnten, nicht zu definieren. Und an den wenigen Stellen, wo Riepel dennoch einmal dem

Drängen des Schülers nach schärfer umrissenen Anleitungen nachkommt, zeigt er
– etwa zur Anlage von Fugen – lediglich Alternativen auf: „Einige Componisten
geben den Sätzen [= Stimmen] in der Mitte, bevor sie sie wieder frisch eintreffen
lassen, immer mehrere Pausen, so daß die Fuge währender selber Zeit nur drey-
stimmig zu hören ist. Ihre Uhrsache ist, die Subjecte oder Sätze dadurch ver-
nehmlicher zu machen. Ander hingegen wollen sich darauf nichts zu gute thun,
sondern durchaus, so viel ihnen möglich, vierstimmig setzen; angeblich um der
Lebhaftigkeit willen. Du hast also nach Belieben zweÿerley Wegen."[5]

Gleichwohl sind es nur Akzidensbestimmungen, die Riepel der subjektiven
Wahl überläßt; unverzichtbar erscheinen lediglich einige elementare Regeln, etwa
zur Themenaufstellung und -beantwortung, und auch ihm gilt die Fuge als Inbegriff einer seriösen Schreibart, als Ausweis kompositorischer Kompetenz, die sich
in artifizieller Kontrapunktik manifestieren kann. Keineswegs aber verwirft er
schon – wie Johann Mattheson oder Johann Philipp Kirnberger – die „papiernen
Hexereien" komplexer kanonischer Stimmkombinationen, selbst wenn auch der
Lehrer bei dem Versuch, die hundert Jahre alten Rätselkanons Athanasius Kir-
chers aufzulösen, solange gegrübelt habe, bis ihm „der Kopf zu taumeln angefangen hat".[6] Das Ziel, „moderne" Fugen zu schreiben oder zumindest fugenartige
Abschnitte und Momente in Kompositionen zeitgenössischen – also galanten –
Stils zu integrieren, impliziert durchaus nicht die Preisgabe von Traditionen und
Praktiken des mehrfachen Kontrapunkts. Die Basis des strengen, durch „klassische" Autoren kodifizierten strengen Satzes ist nurmehr im Hintergrund virulent,
doch seine Ausformung bleibt ebenso individuellem (Zeit-)Geschmack anheimge-
stellt wie die Anlage und formale Konzeption einer Fuge dem Gestaltungsvermö-
gen des Komponisten.

Dieser Ansatz, lediglich das Gerüst eines konventionellen kontrapunktischen
Satzes zu wahren, auf weiterreichende Richtlinien zur Komposition von Fugen zu
verzichten, erschien insbesondere Friedrich Wilhelm Marpurg zu vage. So ließ er
1754, also lediglich ein Jahr, nachdem der erste Teil seiner *Abhandlung von der
Fuge* erschienen war, in die von ihm herausgegebenen *Historisch-kritischen
Beyträge zur Aufnahme der Musik* eine Rezension einrücken, die – freilich ohne
Riepel beim Namen zu nennen – auf dessen freizügige, definite kompositorische
Regeln vermeidende Methode anzuspielen scheint: „Das Vorgehen eines gewissen sonst nicht ungeschickten Tonkünstlers wird vermuthlich hiedurch völlig widerlegt seyn: daß man in der Fuge keine gewisse bestimmte Regeln geben könne;
als wenn es dabey auf ein blosses Ungefähr, auf ein Gerathewohl ankäme, ein
Umstand, der sich vielleicht auf gewisse andere musikalische Compositionen mit
mehrerm Rechte anwenden liesse."[7]

Marpurgs kaum verhohlener Vorwurf, durch den Verzicht auf Richtlinien werde Willkür und Beliebigkeit in der kompositorischen Praxis Vorschub geleistet,
die jedwede Seriosität unterminierten, war jedoch, wie sich in anderen Ausführungen des wortgewandten Kritikers und Musiktheoretikers zeigt, zunächst und
vor allem von einem patriotischen Impetus getragen; das Insistieren auf Regeln
erscheint als Signum „deutscher" Verbindlichkeit (und kompositorischer Dignität)

gegenüber einer Melodie und Klangreiz favorisierenden italienischen Musik, deren Position durch den vermeintlich allzu rasch aufgegebenen Versuch, Regeln zu formulieren, unterstützt werde: „Man zeige mir doch einmahl eine nach allen Regeln ausgearbeitete gute Fuge eines neuern Italieners. Verdienen sie nicht alle, daß man sie samt der neustädtischen Apologie zu Krämerhäusgen gebrauche? Was heißt eine in dem neuern italienischen Gusto ausgearbeitete Fuge? Eine solche Fuge, die auf einem läppischen Hauptsatze beruht, der seiner krausen Melodie wegen zu keiner ähnlichen Wiederholung geschickt ist, wo die Melodie keine männliche Harmonie zum Grunde hat, wo die Ausarbeitung so seichte als die Harmonie, und so buntscheckigt als der Gesang ist, wo die Ausfüllung durch ungeschickte Passagen, die niemahls auf den Hauptsatz passen, gemacht wird, wo man nach den erstern gewöhnlichen Wiederhohlungen den Hauptsatz fahren lässet, denselben zerstümmelt und ihn kaum am Ende noch einmahl hören läßt, wo man insgemein statt vier Stimmen drey findet, kurz wo man nicht fugenmäßig gearbeitet hat.

Daß ein Italiener sich in der Art, eine gute Fuge zu machen, nicht verbessern könne, leugne ich nicht. Ja er kann sie so gut lernen als ein Deutscher oder Franzose. Wir haben aber unter den alten sehr wenige, und unter den neuen gar keine Exempel, und die Erfahrung zeigt die Unmöglichkeit, eine gute Fuge zu machen, ohne bey einem deutschen Meister in die Schule zu gehen."[8]

Erst im Schlußsatz zeigt sich das Ziel von Marpurgs Argumentation: Der ungemein produktive Verfasser zahlreicher musiktheoretischer und -kritischer Schriften, wirkend in Berlin – einer Stadt, die um die Mitte des 18. Jahrhunderts zum Zentrum der Reflexion über Musik im deutschsprachigen Raum avancierte –, erhob den Anspruch, innerhalb eines enzyklopädisch angelegten Systems auch zur Frage, was eine Fuge und nach welchen Regeln sie zu verfertigen sei, eine autoritative Position einzunehmen. Zumal ihm mit Carl Philipp Emanuel Bach und Johann Philipp Kirnberger zwei Schüler Johann Sebastian Bachs zur Seite standen, die das Postulat, authentisch und kompetent über Probleme kontrapunktischen Komponierens zu urteilen, nachdrücklich unterstreichen würden, und er sich selbst noch mit dem Thomaskantor über kompositorische Details ausgetauscht habe.[9] Die unanfechtbare Autorität des Verfassers der beiden Teile des *Wohltemperierten Klaviers* und der *Kunst der Fuge*, des *Musikalischen Opfers* wie schließlich der *Canonischen Veränderungen über „Vom Himmel hoch, da komm ich her"* wird instrumentalisiert, eine Überlegenheit deutscher Musik gegenüber insbesondere der italienischen zu behaupten – zumindest, was kompositorische „Arbeit", Gedankenreichtum, Vielfalt der Variierung und Kombination thematischen Materials anbelangt: „Uns gilt das kleinste Werk, darinn man Bachen schmeckt, / Mehr, als was Welschlands Kiel noch jemahls ausgeheckt."[10]

Sosehr dieser patriotische Impuls eine Konstante, ja in der Perhorreszierung der Musik italienischer Tonkünstler erst eine Voraussetzung auch der Bach-Pflege und -Rezeption mindestens der ersten Hälfte des 19. Jahrhunderts bildet, so wenig vermag Marpurg doch am Beispiel der Fugenkomposition schon zu zeigen, daß die Sammelwerke kontrapunktischer Kompositionen des Thomaskantors als paradigmatische Ausprägungen dieser artifiziellsten aller kompositorischen Genera zugleich mittels etlicher – wie differenziert auch immer zu beschreibender – Regeln zu fassen seien. Denn nach einigen einleitenden terminologischen Distinktionen – der Abgrenzung einer im weiteren Verlauf ausschließlich berücksichtigten „periodischen Fuge" von der „canonischen", die kurz als Canon bezeichnet wird – definiert Marpurg in seiner *Abhandlung von der Fuge* nur fünf „characteristische Stücke", die eine „eigentliche Fuge" (fuga propria, regularis) konstituierten:

„1)Der Führer, sonst auch Hauptsatz, Vorsatz, Thema, genannt, griech. Phonagogus, lat. dux, thema, subiectum, vox antecedens, welsch guida, fr. sujet. So heißt der zum Grunde liegende Satz, der die Fuge anhebet.

2) Der Gefährte, sonst der Nachsatz genennet, lat. comes, vox consequens, ital. risposta, oder conseguenza, fr. reponse. So heißt die ähnliche Wiederhohlung des Führers in einer andern Stimme mit versezten höhern oder tiefern Klängen.

3) Der Wiederschlag, lat. repercussio; So heißt die Ordnung, in der der Führer und Gefährte in den verschiednen Stimmen sich wechselsweise hören lassen. Dieses Wort wird öfters in uneigentlichem Verstand für den Gefährten gebraucht.

4) Die Gegenharmonie. So heißt diejenige Composition, die dem Fugensatze in den übrigen Stimmen entgegen gesezt wird.

5) Die Zwischenharmonie. So heißt diejenige Composition, vermittelst welcher währendem Schweigen des Fugensatzes zwischen den verschiedenen Repercußionen des Zusammenhanges wegen gearbeitet wird."[11]

Diese fünf Momente, die in fast allen späteren Darstellungen, wie eine Fuge zu komponieren sei, meist mit explizitem Verweis auf Marpurgs *Abhandlung*, dem ersten, ausschließlich der Fugenkomposition gewidmeten Lehrbuch, aufgegriffen wurden, erläutert der Berliner Theoretiker in der Folge detailliert und kenntnisreich, wobei er wiederholt auf Beispiele Johann Sebastian Bachs verweist. Dabei unterläßt er es nicht, auch Themen aus kontrapunktischen Werken italienischer Komponisten zu zitieren, die – ob zufällig oder mit Vorsatz, sei dahingestellt – so gewählt wurden, daß ihre oft nur mangelhafte Eignung zur Demonstration seiner Vorstellungen wie zur polyphonen Verarbeitung schlechthin manchem Kenner die größere Kompetenz der deutschen Tonsetzer – und namentlich natürlich Johann Sebastian Bachs – unmittelbar deutlich werden konnte: „Die Instrumental-Beispiele beweisen alle ohne Ausnahme die Dürftigkeit der italienischen Figuralkunst, sogar in der Instrumental-Composition; kein einziges Thema ist originell zu nennen, als allenfalls ein chromatisches von Frescobaldi. Schon hieraus könnte man ohne alle nähere Untersuchung auf die große Dürftigkeit der italienischen Vocal-Composition, als der beschränkten Hauptgattung schließen."[12]

Der Nachweis solchen Vorrangs deutscher Tonkunst gelingt allein bei einer Darstellung von angemessener Länge und Aufbau eines geeigneten Fugenthemas – dessen Ausdehnung eine Funktion des gewählten Grundzeitmaßes sei und dessen Struktur die Haupttonstufen einer (Kirchen-)Tonart akzentuieren solle – wie auch dessen regelgerechter, d. h. Modus oder Tonart wahrender Beantwortung, deren Möglichkeit wiederum in seiner Ausgangsgestalt grundgelegt sein muß. Auch zur Einsatzfolge der Themen im Verlaufe einer Durchführung lassen sich ungünstigere und vorteilhaftere Beispiele anführen, und wiederum liefert vorzugsweise das Bachsche Œuvre die gelungeneren Lösungen, aus denen des weiteren einige Richtlinien zur Konstruktion von (mehrfachem) Kontrapunkt extrahiert werden konnten. Doch zur Gestaltung von „Zwischenharmonien" – in späterer Terminologie auch neutraler als „themafreie Partien" bezeichnet – vermag selbst Marpurg keine Hinweise mehr zu benennen, die eine „richtige" Ausführung gewährleisten würden, und das Modell einer „einfachen", also lediglich ein Thema durchführenden Fuge, das er am Ende seiner Ausführungen zu den einzelnen, essentiellen Momenten der Komposition veritabler Fugen vorstellt, bleibt, ungeachtet des Bemühens um eine weitreichende Verbindlichkeit, vergleichsweise allgemein und beschreibt letztlich nur einen Einzelfall: „Wenn nun der Satz

(1) durch die verschiednen Stimmen einmahl durchgeführet worden: so setzet man das harmonische Gewebe entweder nach den Regeln der Zwischensätze noch etliche Tacte lang fort, und machet alsdann eine Cadenz; oder man machet diese, nach der geschehenen Durchführung so gleich, wenn nemlich der Gesang des Fugensatzes sich dahin neiget. Diese Cadenz nun kann entweder in den Hauptton, oder in die Dominante geschehen, nachdem es die vorhergehende Harmonie am natürlichsten zu erfodern scheinet.

Wenn wir an verschiedenen Oertern gesagt, daß die Ruhestellen nicht in die Fuge gehören, und durch das Gebot einer Cadenz dasselbe allhier zu wiederrufen scheinen: so müssen wir uns hierüber erklären. Das Verbot der Ruhestellen ist in Ansehung aller Stimmen zugleich zu verstehen, und nicht dahin auszudeuten, als ob nicht etliche Stimmen für sich berechtigt wären, einen Schluß unter sich zu machen. Es wird gar nicht erfodert, daß alle Stimmen in einem Athem wegbrummen, und sich nirgends ein Zeichen des Unterschieds der Theile finde. Nur muß der Schluß entweder nicht formal seyn, indem man selbigen nemlich nach den oben drey erklärten Arten vermeiden kann, oder, wenn derselbe formal ist, so muß entweder 1) die Schlußnote oder eine von den andern Schlußklängen den Fugensatz oder einen Zwischensatz anheben, oder 2) es muß sogleich von der einen oder andern Note aus der Cadenz abgesetzt, und darauf entweder, wie gesagt, das Thema selbst, oder ein Zwischensatz ergriffen werden. Es werden hievon Exempel vorkommen.

(2) Bey dieser Cadenz nun läßt man entweder den Führer oder Gefährten des Fugensatzes in derjenigen Stimme, da er nicht zulezt gewesen ist, eintreten; oder man läßt, wenn kein Zwischensatz vor der Cadenz vorhergegangen, bey dieser Cadenz anitzo einen Zwischensatz hören, um dem Gehöre nach der Wiederkunft des Hauptsatzes ein desto grösser Verlangen zu machen, als welcher auch alsdenn bey einer bequemen Harmonie, entweder mit dem Führer oder Gefährten, wie gesagt, und zwar in derjenigen Stimme, die ihn nicht zulezt gehabt, eintreten kann.

(3) Wenn sich der Satz nun wieder aufs neue in der Stimme zeiget: so suchet man die Antwort darauf in der Folgestimme etwas näher, wenn man will, und viele

Arten der engen Nachahmung bey dem Satze möglich sind, oder sonst die Fuge nicht gar zu lang werden soll, einzuführen, und erwartet man nicht diejenige Entfernung, in der sie in der ersten Durchführung gegen die andere Stimme angehoben hat. Diese Antwort kann in der Octave des Haupttons oder der Dominante geschehen, nachdem die Folgestimme der vorhergehenden näher nachfolgen kann.

(4) Diese zweyte angefangene Durchführung setzet man nach der Anzahl der Stimmen, mit vermischten Zwischensätzen entweder durch alle Partien fort, oder nur durch einige, da man alsdenn diejenige, die in der dritten Durchführung den Satz zuerst nehmen soll, vermittelst einiger Pausen vorhero schweigen lassen kann. Man richtet aber diese Zwischensätze dergestalt ein, daß man nunmehr cadenziren könne, wobey die Regel ist: daß man in die ordentlichen Tonarten ausweichen muß, ehe man in die ausserordentlichen geht. An der bekannten Ordnung derselben in Ansehung ihrer Folge kann man sich, um mehrerer Sicherheit willen, dabey so lange halten, bis man sich über diese Regeln zu erheben, und mit vernünftiger Freiheit zu moduliren weiß.

(5) Nunmehr erscheint denn der Fugensatz in einem ganz andern Tone, und vielleicht zugleich in einer andern Tonart, als er zum Anfange gehört worden. Ist er nemlich aus einem Durtone in einen Mollton gerathen: so machet man die Antwort in einem, nach Anweisung des Hauptons der Fuge, damit verwandten Nebenmolltone; und gleiche Bewandtniß hat es, wenn der Fugensatz aus einem Molltone in einen Durton geräth, da die Antwort in einem verwandten Nebendurtone geschicht.

(6) Man fähret nach diesem beständig fort, den Fugensatz soviel möglich in allen verwandten Nebentönen und zwar bald ganz, bald verkürzt und zergliedert durchzuarbeiten. Man flechtet die Sätze mit guten Zwischenharmonien durch, und nahet sich endlich wieder auf eine gute Art dem Hauptone, wo man den Satz noch auf verschiedene Art bald ganz, bald verkürzt, mit allerhand Arten der Nachahmung, periodisch und canonisch durchnimmt, und endlich nachdrücklich, und wenn man will, mit einer anhaltenden Cadenz oder einem sogenannten einem point d'orgue schliessen kann."[13]

Auffälligerweise allerdings stammt die Komposition, von der Marpurg diese Verlaufsbeschreibung abstrahiert hat und die nun als Musterbeispiel firmiert, nicht von Johann Sebastian Bach. Vielmehr muß Marpurg auf ein eigenes Werk zurückgreifen, um an einem Modellfall kompositorische Regeln zu demonstrieren: Den Widerspruch, daß Bachs Werke als ideale Exempel zum Erlernen der Fugenkomposition dienen sollen, sie gleichwohl gerade jene Regeln nicht – zumindest nicht optimal – erfüllen, die als konstitutiv für dieses Genre genannt werden, vermag auch Marpurg nicht aufzulösen. Zu definieren sind allenfalls Rahmenbedingungen: der Bezug auf Traditionen des strengen Satzes[14], die Gestaltung von Dux und Comes, der Wechsel von themengebundenen Partien und „Zwischenharmonien". Was diesbezüglich in Lehr- und Lernsätzen zu fassen ist, erscheint – in der Nachfolge und mit explizitem Bezug auf Marpurg – als Gerüst aller Darstellungen der Fugenkomposition, ja prägt als Hintergrund, der das Neuartige erst ermöglicht, noch die ambitionierten Versuche des frühen 19. Jahrhunderts. Wie hier ist auch dort der Bezug zu den immer deutlicher als paradigmatisch gewerteten Fugensammlungen Johann Sebastian Bachs unverzichtbar – und doch gelingt es (noch) nicht, den unbestrittenen Primat des Thomaskantors hinsichtlich der Fugenkomposition zu nutzen, um verbindliche Regeln zu etablieren. Weit mehr als die Verpflichtung auf eine satztechnische Richtigkeit bietet Marpurg differenzierte Hinweise zu Anlage und Aufbau von Fugen, aber die solchermaßen postulierte Norm findet im einschlägigen Bachschen Œuvre kaum je eine Entsprechung. Gleichwohl gibt der Berliner Theoretiker seinen Anspruch nicht preis: Mindestens das Gerüst, das auch jene Werke trage, solle verbindlich sein.

KRITIK DES KONTRAPUNKTS

Friedrich Wilhelm Marpurg war sich sehr wohl bewußt, daß sein Festhalten an den Konventionen des strengen Satzes wie auch die Vorgabe eines verbindlichen Regelwerks zur Anlage und Gestaltung von Fugen die Kritik herausfordern konnte, er versuche ein allzu starres satztechnisches Verfahren in einer Gegenwart zu bewahren, deren ästhetische Vorstellungen von Aufgaben und Zielen der Musik sich grundlegend wandelten. Doch wäre es vorschnell, Marpurgs Adaption jener kompositorischen Richtlinien, die kaum ein Vierteljahrhundert zuvor Johann Joseph Fux in seinem *Gradus ad Parnassum* verbindlich formuliert hatte, als Ausweis lediglich einer reaktionären Haltung zu deuten: Auch Fux hatte mit seinem Lehrbuch keineswegs die Kompositionsschüler auf eine unzeitgemäße Praxis des Tonsatzes verpflichten wollen, die nicht einmal zur Gestaltung von Werken im Kirchenstil, der konservativsten, am weitestgehenden an Geschichte und autoritative historische Gestalten gebundenen kompositorischen Gattung, als verbindlich oder gar normativ postuliert wurde; vielmehr war sein Anliegen eine neuerliche Fixierung von elementaren satztechnischen Regeln, die durch Tradition sanktioniert waren und mittels derer zunächst eine handwerkliche Korrektheit jedweden Komponierens zu garantieren war. Daß die Richtlinien des solchermaßen umrissenen strengen Satzes letztlich transzendental fundiert waren, da nach bis in die Antike zurückreichender Anschauung mit der Stimmigkeit von Intervallproportionen und daraus resultierenden Regeln für die Behandlung von Kon- und Dissonanzen ein die gesamte Welt konstituierendes Zahlensystem bestätigt wurde, war dem Wiener Hofkapellmeister, der im ersten Teil seines Lehrbuches die kosmologischen Dimensionen einer Orthodoxie des Tonsatzes noch einmal umfassend beschrieb, zumindest als Bildungsgut präsent – im Gegensatz zu Marpurg, der diese Momente nirgends mehr reflektierte, sondern lediglich eine traditionelle Basis des kompositorischen Metiers für unentbehrlich erachtete, um mit einer nach intellektuellen, ja wissenschaftlichen Kriterien begründeten Kunst „deutschen" Komponierens einen Primat vor der willkürlichen, unsystematischen Praxis insonderheit der italienischen Kollegen zu behaupten. Diese patriotische Intention teilte Fux, der wußte, daß er mit seinen weitverbreitetem und mehrfach neu aufgelegten *Gradus ad Parnassum* kein Lehrbuch avancierter Tonkunst vorlegte, nicht einmal implizit; vorrangiges Anliegen war ihm jene Fundierung einer Tonwissenschaft, die eine satztechnische Richtigkeit als Grundlage einer Komposition – durchaus nicht nur der geistlichen Musik und keineswegs nur in einem nunmehr explizit „alt" genannten Stil – verbürgte, eine ästhetische Dignität aber allenfalls in zweiter Instanz gewährleistete.

Freilich sah auch Marpurg, wie problematisch es sein mußte, auf einem dürren Regelwerk zu insistieren, dessen intellektuelle Basis um die Mitte des 18. Jahrhunderts kaum mehr zu rekonstruieren gewesen wäre und dessen Gültigkeit für die kompositorische Praxis zu postulieren daher ebenfalls einer Begründung bedurft hätte. Selbst die Methode, ausgehend vom zweistimmigen Satz, in dem anfangs Noten gleicher Längen, dann verschiedener Werte in zunächst noch einfachen Proportionen ihrer Dauer kombiniert werden, um sukzessiv zur polyphon frei gefügten Vierstimmigkeit zu gelangen, war lediglich aus propädeutischen Motiven zu kultivieren: um jene souveräne Beherrschung einer selbständigen Führung der Einzelstimmen zu gewinnen, die seriöses Komponieren erst ermögliche. Kenntnis und Anwendung solcher Tonwissenschaft erweise – nicht nur Marpurg zufolge – somit eine Überlegenheit gegenüber jenen, die diese Grundlage zugunsten vordergründiger Effekte vernachlässigten und schließlich preisgäben (sofern sie sich ihrer überhaupt je bewußt seien).

Konnte nun diese Ansicht von der Notwendigkeit, essentielle Momente des Komponierens rational und nicht allein qua Konvention zu begründen, mit einem Verweis auf die Aktualität von Fux' Lehrbuch, von dem 1741 Lorenz Christoph Mizler in Leipzig, also gewissermaßen „unter den Augen" Johann Sebastian Bachs eine deutsche Fassung vorgelegt hatte, befestigt werden, so waren des letzteren Fugensammlungen geeignete Exempel dafür, daß eine Verpflichtung auf ein obligatorisches Regelwerk keineswegs nur altertümlich erscheinende Kompositionen zulasse, deren unverkennbare Kunstfertigkeit und Gelehrsamkeit doch zugleich lediglich Langeweile hervorrufe. Denn gerade eines der größten Probleme der Fugenkomposition, den Eindruck einer permanenten Präsenz des Themas zu vermeiden, habe Bach, so Marpurg, durch die Vielfalt der berücksichtigten Harmonien sowie die geschickte Interpolation von themafreien Partien lösen können: „Bedenken Sie einmal, wie vielmal man den Hauptsatz in einer Fuge hören muß. Wenn man ihn nun noch dazu in eben denselben Tonarten, es sey gleich höher oder tiefer, ohne was anders dazwischen, immer in einem weg hören muß, ist es alsdenn möglich, den Ekel zu verbeissen? Wahrlich, so dachte der größte Fugenmacher unserer Zeiten, der alte Bach, nicht. Sehen Sie seine Fugen an. Wie viel künstliche Versetzungen des Hauptsatzes in andere Tonarten, wie viel vortreflich abgepassete Zwischengedanken finden Sie da nicht! Ich habe ihn selbst einsmals, als ich bey meinem Aufenthalte in Leipzig mich über gewisse Materien, welche die Fuge betrafen, mit ihm besprach, die Arbeiten eines alten mühsamen Contrapunktisten für trocken und hölzern, und gewisse Fugen eines neuern nicht weniger großen Contrapunktisten, in der Gestalt nämlich, in welcher sie aufs Clavier appliciret sind, für pedantisch erklären hören, weil jener immer bey seinem

Hauptsatze, ohne einige Veränderungen, bleibt; dieser aber, wenigstens in den Fugen, wovon die Rede war, nicht Feuer genug gezeiget hatte, das Thema durch Zwischenspiele aufs neue zu beleben. Mich dünkt, die Beyspiele und die Urtheile eines so großen Mannes, als der alte Bach war, welcher auch alle die papiernen Künsteleyen, so zu sagen, aus dem Aermel schüttelte, über deren einer allein mancher viele Tage und doch noch dazu wohl vergeblich, schwitzen muß, des alten Bachs Urtheile, sage ich, tragen zur Bestärkung eines durch die Empfindung selbst bestärkten musikalisch-praktischen Grundsatzes ein Ansehnliches bey."[15]

Ungeachtet dessen, daß auch Marpurg erkannte, wie schwierig es war, Vielfalt und Reichtum der Gestaltung von Fugenkompositionen im Werk Bachs auf wenige Grundsätze zurückzuführen, gab er dennoch die Idee, verbindliche Vorgaben zu formulieren, nicht auf; und sosehr ihm Fux als jüngster Zeuge eines traditionsgebundenen satztechnischen Verfahrens, dessen Fundamente auch und gerade für die Komposition von Fugen gültig sein sollten, dienen kann, so wenig unterläuft doch der Verweis auf die Vielgestaltigkeit Bachscher Fugen schon sein Vorhaben der Aufstellung einiger Leitsätze: Vielmehr soll die Übereinstimmung seiner Ansichten mit Gedanken Johann Sebastian Bachs, wenngleich nur gesprächsweise bei einem nicht genauer zu datierenden Besuch in Leipzig festgestellt, sein Vorgehen legitimieren, ein Modell für Anlage und Aufbau einer Fuge aus den einschlägigen Werken des Thomaskantors abzuleiten. Doch wich Marpurg der Problematik geflissentlich aus, daß seine Anleitung zur Fugenkomposition keineswegs auf die Gestaltung einer schulmäßigen Komposition zielte, sondern als Ideal dieser kompositorischen Übung stets die kontrapunktischen Werke Bachs firmierten, denen er ein Schema substruierte, obwohl er zugleich ihre je individuelle Anlage weder verkannte noch leugnete.

Dieser letztlich nicht aufgelöste Widerspruch zwischen einer forcierten Werkindividualität und dem Postulat einer kompositorischen Norm – nur scheinbar eine duale Theoriebildung, die jenseits einer handwerklichen, satztechnischen Richtigkeit das Studium musterhafter Werke für das Erlernen jener nicht lehrbaren ästhetischen Qualitäten einer Komposition empfiehlt – ließ Marpurg trefflich gegen Fugen seiner Kollegen polemisieren. Dabei war es insbesondere Johann Philipp Kirnberger, dessen Fugen er kritisieren zu können glaubte, da sie mit seinen Regeln und jenem System, das er aus Werken Bachs und mit dessen Zustimmung deduziert haben wollte, nur unzureichend konvergierten. Seine Invektiven bezogen sich zunächst auf die harmonische Disposition, zu der er in seiner *Abhandlung* jenseits der Vorgabe einer tonart-wahrenden Beantwortung des Fugenthemas keinerlei verbindliche Hinweise gemacht hatte, die jedoch auch nicht beliebig sein könne.[16] Kirnberger, unterstellt Marpurg, wolle wohl mit der sechsten seiner innerhalb einer Sammlung von *8 Fugen* (1777) veröffentlichten Komposition demonstrieren, daß aufgrund der Verschiedenheit des subjektiven Geschmacks „man in einer freyen Fuge die Freyheit habe, zu moduliren wie man wolle". Dabei geizt er im folgenden immer weniger mit Spott: „Hat er uns aber damit bewiesen, daß es gar keine Regeln des guten Geschmackes gebe; daß man in einer Fuge immer auf einer Tonart leyern, und darnach geschwinde über einige

Tonarten, auf eine verworrene Weise, wegstolpern dürfe, wie er gethan hat? Hat er uns damit bewiesen, daß man in einer freyen Fuge, unrichtig, langweilig, unordentlich, verworren, ohne Plan und Verhältniß moduliren dürfe, wie er moduliret hat? Die gesunde Vernunft lehret uns ja, daß nichts schön seyn kann, was nicht einen gewissen regelmäßigen Verhalt in seinen Theilen hat."[17]

Wie aber die Komposition einer Fuge gelingen könne, sei aus seinen Richtlinien zu ersehen, die freilich auch in dieser Polemik nicht genauer formuliert werden als in seiner zumindest was die kompositorischen Grundlagen betrifft ungleich präziser gefaßten *Abhandlung*, obwohl er wiederum auf „vernünftigen Regeln" insistiert: „Aber hören Sie einmal meine auf die gesunde Vernunft gegründeten Regeln an. Ein neueres und gefälligeres Thema, dessen Gesang contrapunctische Künste nicht zu sehr eingeschränkt hätten, und bey dessen Ausarbeitung Sie weniger Entschuldigung gewisser steifer, dunkeler und trockener harmonischer Sätze gehabt hätten; eine gute Ordnung und richtiger Verhalt in den Abwechselungen der Tonarten, ein wohl ausgesonnenes und mit dem ersten Thema richtig abgepassetes Contrasubject, brillante Zwischengedanken, welche Sie entweder neu erfinden, oder doch aus einem von den Hauptsätzen hätten nehmen, und durch ein geschicktes Spiel mit den Hauptsätzen hätten abwechseln können: dieses alles, wenn es in Ihrer so genannten freyen Fuge beysammen angetroffen worden wäre, würde Ihnen mehr Ehre gebracht, und Ihren Gegnern den Mund viel kräftiger gestopfet haben, als tausend zusammengeklaubte Tacte aus den Compositionen berühmter Männer, die zu Ihrer Vertheidigung so viel als nichts beytragen. Warum bringen Sie, der Sie doch mit so vielen einzelnen Autoritäten streiten, mir nicht einen richtigen Plan einer Fuge bey, wo ein berühmter Mann eben so moduliret hätte als Sie?"[18]

Einen solchen Beleg konnte Kirnberger allerdings rasch liefern[19] – sehr zu Marpurgs Verdruß, der dennoch noch nicht zugestehen wollte, daß sein Modell einer Fuge schon historisch nur bedingte Relevanz hatte und für die künstlerische Praxis der Gegenwart kaum mehr als verbindlich zu postulieren war. Zunächst hielt er seinem Kontrahenten mangelndes Einsichtsvermögen in die Gestaltungsprinzipien der Fugenkomposition auch namhafter Komponisten vor; und deren Autorität zu nutzen, um eigene Defizite zu kaschieren, verurteilte er auf das schärfste: „Welch eine Unverschämtheit ist es nicht, berühmte Namen zu Schutzgeistern zu nehmen, deren Arbeiten man doch nicht einmal verstehen noch einsehen kann, oder wenn man sie ja verstanden und eingesehen hat, welch eine Dreustigkeit ist es dann nicht, das ganze musikalische Publicum für so unwissend in der Musik anzusehen, daß auch nicht ein einziger aus demselben den vorsätzlichen Betrug zu entdecken, im Stande seyn würde! Dieß sind nicht die rechten Mittel sich groß zu machen."[20] Das größte Ärgernis freilich blieb – und vermutlich war dies nicht das geringste Motiv von Marpurgs auch vor persönlichen Animositäten nicht zurückschreckenden Kritik an Kirnberger –, daß sein Gegner sich ebenfalls auf Johann Sebastian Bach berufen konnte: nicht nur, da auch er dessen Schüler gewesen war, sondern umso mehr, als gerade in dessen Fugensammlungen Vorlagen zu finden waren, die eigene, den vorgeblich unverzichtba-

ren Regeln nicht entsprechende Arbeiten legitimieren konnten. Hier nun schien
Marpurg ein Gipfel der Prätention erreicht, und daß Kirnberger Bach als seinen
Gewährsmann anführen konnte, hielt er für besonders perfide.[21] Gleichwohl –
auch er mußte zugestehen, daß im ersten Teil des *Wohltemperierten Klaviers* mit
der *gis-Moll-Fuge* ein Beispiel zu finden war, das eine Grundregel der Fugenkomposition außer acht läßt. „In den neuern vier und zwanzig Fugen des seli-
gen Herrn J. S. Bach wird man nicht ein einziges Beyspiel finden, wo der Gefährte an des Führers Stelle stünde. Und in den ältern vier und zwanzig Fugen von
ihm wird man nur ein einziges antreffen, wo der Schluß des Führers, welcher aber
doch die Haupttonart schon vollkommen bekräftiget hat, zur Oberquinte gehöret.
Da aber die Noten, welche zum Führer gehöret hätten, einem jeden so gleich in
die Augen fallen: so sieht auch ein jeder deutlich, daß der Herr Verfasser derselben hier, aber unter drey und zwanzig Fugen doch nur ein einzigmal, mit Fleiß eine Ausnahme hat machen wollen: da im Gegentheile die übrigen alle, so wie die
vier und zwanzig neuern, ganz regulär sind, und seine Grundsätze in dieser Sache
deutlich genug an den Tag legen. Aber nicht allen Leuten steht der Weg nach Co-
rinth offen."[22]

Marpurgs Behauptung, die bewußte Ausnahme durchkreuze die Regel nicht,
sondern konsolidiere sie noch, vermag nur verständlich zu werden im Kontext einer Argumentation, die weniger propädeutisch als bereits politisch motiviert war,
eines prätendierten Vorrangs „deutscher" Musik wegen, deren Fundament nicht zuletzt Johann Sebastian Bachs kontrapunktische Kompositionen bildeten. Dabei bestritt Marpurg insbesondere, daß der Rekurs auf strengen Satz und verbindliche Regeln bei der Fugenkomposition zwangsläufig zu unattraktiven Resultaten führen
müsse; immerhin bezeugten Bachs Beispiele das Gegenteil, und auch andere kontrapunktisch forcierte Werke der zurückliegenden Zeit widersprächen aktuellen
ästhetischen Vorstellungen nicht notwendigerweise: „Daß aber in drey Vierteln
eines Jahrhunderts niemals ein Zuhörer durch Fugen wäre gerühret, oder, wenn es
ein Kenner gewesen, in was anders als in eine bloße Kunstverwunderung gesetzet
worden, wird schwerlich als ein allgemeiner Satz behauptet werden können."[23]

Von überkommenen Richtlinien abzuweichen, lediglich um dem Zeitge-
schmack zu dienen, konnte Marpurg für die Komposition von Fugen daher umso
leichter ablehnen, als zumal das Bachsche Werk eine derart große Vielfalt von in
Ausdruck und Affekt differenzierten Beispielen liefere, daß Aktualität kein Motiv
sein könne, Traditionen aufzugeben; über Weiterentwicklungen auf dieser Basis
könne man immerhin nachdenken.[24] Umgekehrt nahm Kirnberger den Gestal-
tungsreichtum der Fugen Bachs und dessen – von Marpurg gerade bestrittene –
Freizügigkeit im Umgang mit kompositorischen Konventionen als Ausgangspunkt, sich in seinen eigenen Werken ebenfalls von als einengend empfundenen
Vorgaben zu lösen. Spröde, lediglich nach Maßgabe der Regeln des strengen
Satzes angelegte kontrapunktische Kompositionen, deren Aufbau ebenfalls nicht
nur in Umrissen fixiert werden sollte, erschienen ihm als Gegenstand einer Unterweisung im Tonsatz obsolet, da antiquiert und ohne Entsprechung in künstlerischen Werken weder seiner noch gar Bachs Zeit. Ziel einer Komposition könne

nicht die Demonstration von kontrapunktischer Artifizialität und ingeniöser Kombinationen sein: „Alle doppelcontrapunctische und canonische Künsteleyen sind zu verwerfen, wenn dadurch Fehler wider gute Melodie, richtige Declamation und Ausdruck entstehen, und ist alsdenn die Klage der Zuhörer gerecht, wenn sie der Musik zwar das Verdienst der Gelehrsamkeit, aber nicht der Schönheit zugestehen. Es kann also die contrapunctische Künsteley den andern Fehlern, die in einem Stücke sich befinden, niemals zur Entschuldigung dienen. Das Mühsame der Kunst muß nur dem Kenner sichtbar seyn."[25] Zwar sei die Fugenkomposition ein beliebtes Terrain, solche intellektuell zweifellos anspruchsvollen, doch deswegen nicht notwendigerweise schon ästhetisch befriedigenden Stimmkombinationen vorzuführen; sofern man sie aber auf solche Momente beschränke, ferner auch das Regelhafte dem individuellen Ausdruck überordne, müsse ihr mit Vorbehalt begegnet werden: „In Fugen ist diese Art [= die Augmentation und Diminution des Themas] von großem Nutzen und Schönheit der Composition, aber es kann auch übertrieben werden, wenn man beym Eintritt jeder Stimme die Note um einmal mehr vergrößert, als bey der vor ihr gewesenen Stimme. Ein solches ganzes Stück zu machen, ist beynahe eine unübersteigliche Kunst, Mühe und Zwang, auch nur für einen Menschen ohne Geschmack und Gefühl, und ein gutes Ohr kan es gar nicht anhören. Daher übergehe ich auch solche brodlose Künste."[26] Doch bezeichnet es auch nach Kirnberger ein besonderes Maß an Kunstfertigkeit, wenn satztechnisch komplexe Wendungen disponiert würden, die den Gesamteindruck nicht unvorteilhaft beeinflußten: „Man findet in J. S. Bachs Claviersachen, auch bey mehreren großen Componisten, viele ganze Stücke, welche von Note zu Note in allen Stimmen umgekehrt sind, ohne daß der gute Gesang oder reine Satz dadurch verloren hätte. In diesem Fall kann man der Kunst nichts entgegen sagen, sondern es zeiget vielmehr die größten Meister an."[27]

Von solcher gemeinsamen Wertschätzung auch der kontrapunktisch aufwendigeren Kompositionen Bachs her könnte es scheinen, als beruhe die vor allem von Marpurg mit großem publizistischen Aufwand betriebene Auseinandersetzung mit Kirnberger bestenfalls auf einem Mißverständnis: Weder wollte Marpurg restaurativen Bestrebungen das Wort reden und in bezug auf die Komposition von Fugen keine Neuerungen mehr zulassen, noch andererseits Kirnberger eine Tradition gediegener polyphoner Satztechnik verwerfen. Denn auch Marpurg zeigte sich als wortgewandter Verteidiger zeitgenössischer Musik, und in seinen eigenen musikalischen Werken ist er nichts weniger als ein rückwärts gewandter Akademiker – ungeachtet der unübersehbaren Dominanz eines konventionellen, an altklassische Muster anschließenden Stils, der insbesondere seine polyphonen Werke kennzeichnet. Seine Instrumentalfugen lehnen sich schon in ihrer Themenbildung an Bachsche Vorbilder an, deren harmonischen Reichtum sie freilich ebensowenig erreichen wie deren intrikate kontrapunktische Stimmführung. Andererseits wandte sich Kirnberger nicht grundsätzlich gegen den Versuch, für die Komposition von Fugen Richtlinien aufzustellen; allerdings sah er – wie nicht wenige seiner Zeitgenossen – die Schwierigkeit, die außerordentliche Vielfalt von Gestaltungsweisen, die ihm nicht zuletzt in Bachs Werk begegnete, auf wenige Leitsätze zu reduzieren und die kompositorische Phantasie wie auch den individuellen Erfindungsreichtum zu beschränken.

Doch die Kontroverse zwischen Marpurg und Kirnberger, die sich als Komponisten wie Theoretiker beide auf Johann Sebastian Bach beriefen, gründet tiefer, als es der Vorwurf mangelnder Einsicht in die Notwendigkeit von Regeln einerseits oder etwa die Vorbehalte gegenüber kontrapunktischen Künsteleien auf der anderen Seite zeigen. Die Differenz wird ersichtlich in der Methode, Kompositionen produktionsästhetisch zu beschreiben: Hier versucht Marpurg in bezug auf die Fuge eine Tradition des strengen Satzes zu wahren, die er mit dem Verweis auf Fux, Berardi und Scacchi historisch stützt und die auch für den Bachschen Kontrapunkt noch konstitutiv und als Fundament seriösen Komponierens weiterhin gültig sei. Diese geschichtliche Rückbindung der Satztechnik Bachs ist Kirnberger – hierin in ungleich höherem Maße praktizierender Musiker als sein Kontrahent – allenfalls als theoretisches Modell vertraut; den Ausgangspunkt des kompositorischen Unterrichts bildet für ihn der vierstimmige „reine" Satz, in dem die selbständige Führung der Einzelstimmen die Funktion, nicht aber mehr die Voraussetzung der aufeinanderfolgenden Zusammenklänge darstellt: „Es ist vielleicht in der ganzen Wissenschaft des Satzes nichts schweereres als dieses, daß jede der vier Stimmen nicht nur ihren eigenen fliessenden Gesang habe, sondern, daß auch in allen einerley Charakter beybehalten werde, damit aus ihrer Vereinigung ein einziges vollkommenes Ganzes entstehe. Hierinn hat der verstorbene Capellmeister Bach in Leipzig vielleicht alle Componisten der Welt übertroffen."[28]

Dieser Ansatz Kirnbergers – Konsequenz des Unterrichts bei Johann Sebastian Bach wie zugleich Zeugnis einer intensiven Rezeption der Gedanken von Jean-Philippe Rameau – bezeichnet gegenüber Marpurgs Auffassung hinsichtlich der Fuge musiktheoretisch einen Paradigmenwechsel und illustriert rezeptionsgeschichtlich zudem bereits eine Vielfalt von Interpretationsmodi, mit denen man schon im 18. Jahrhundert das Werk Bachs zu erfassen suchte. Die Integration Bachscher Kontrapunktik in eine jahrhundertealte Tradition polyphonen Komponierens gelingt dabei ebenso mühelos wie eine Deutung derselben Werke mittels der Überlegung, Akkorde funktional aufeinander zu beziehen. Zum Gegenstand der Auseinandersetzung aber wird dann weniger die unterschiedliche Sichtweise auf dieselben Kompositionen Bachs – über deren Qualitäten kein Zweifel besteht – als die Konsequenz, die man aus der Erkenntnis der Gestaltungsprinzipien solcher polyphonen Musik für die Produktion ähnlicher Werke in der Gegenwart zu ziehen habe. Mit der Rückbindung an eine große Tradition plädiert Marpurg für eine Weiterführung jener satztechnischen Richtlinien, die deren Dignität begründeten und die im Werke Bachs wiederzufinden leicht möglich war; ihre Gültigkeit weiterhin zu postulieren hieße eine Kontinuität wahren und in ihr einen Primat seriösen Komponierens sichern.

Diese Implikationen sah Kirnberger nicht. Ihm schien bereits suspekt, daß über Vorgaben zur satztechnischen Richtigkeit hinaus Regeln zur Gestaltung von Fugen aufgestellt werden sollten, zumal wenn sie von Werken abgeleitet waren, die seiner Ansicht nach sich gerade nicht einem Schema fügten. Hinreichend war für ihn der Rekurs auf Bach und dessen Musik, nicht die Observanz von Leitsätzen, die – nach Marpurg – diese Kompositionen erst fundierten. So verfiel er dem Verdikt des streitbaren Berliner Publizisten, der ihm mangelnde Einsicht in die Kompositionsprinzipien Bachs bescheinigte: Kirnbergers Fugen gäben Veranlassung zur Annahme, „als wenn sie ausdrücklich dazu gemacht wären, um das Gegentheil der bachischen Fugen zu seyn".[29]

Zu entscheiden war dieser Disput nicht. Und auch in der Folge sollten die Positionen beider immer wieder neue Verteidiger finden: Auf Marpurg berief man sich stets, sofern handfeste und für die Ausbildung geeignete Richtlinien für die Gestaltung von Fugen zu formulieren waren, die in seiner *Abhandlung* mit großer Klarheit differenziert wurden; Kirnbergers weit pragmatischeres Vorgehen hingegen, sein Verzicht auf allzu strikte Vorgaben zu Anlage und Aufbau von Fugen wie auch seine Kritik an der trockenen Künstlichkeit kontrapunktischer Tüfteleien stand denjenigen näher, die in der Fugenkomposition eine Satztechnik und nicht mehr eine mit der Hypothek einer großen Vergangenheit aufgeladene musikalische Form sahen: „Alles und jedes anzugeben, wie der ganze Bau einer Fuge beschaffen seyn soll, dieses hieße zuviel gewaget, und Gränzen setzen wollen, wo keine möglich sind. Indessen kann man allezeit sagen; das Hauptwerk bey einer Fuge soll seyn: eine gleiche Vermischung der Natur mit der Kunst. Das Ohr soll neben dem künstlichen auch etwas Angenehmes hören."[30]

PRIMAT DER HARMONIK

Kirnberger war kein Ideologe, so hartnäckig er seine Position verteidigte und so einseitig sein Versuch einer Reduktion der Bachschen Harmonik auch in dessen Fugen auf lediglich zwei Akkordgestalten erscheinen mag. Denn im Gegensatz zu Marpurg, der seine letztlich konventionelle Auffassung ungleich wortgewandter und historisch wie literarisch versierter als der nach eigenem Bekunden schon hinsichtlich des Stils der musiktheoretischen Erörterung unsichere Kirnberger zu befestigen wußte[31], ersah dieser sehr wohl, daß mit kanonisierten kontrapunktischen Lehrsätzen, wie sie zuletzt Johann Joseph Fux formuliert hatte, der Tonsatz nicht allein von Bachs Fugen kaum adäquat zu erfassen war. Und der Gedanke, erst eine Einbindung in weit zurückreichende Traditionslinien rechtfertige und ermögliche die Rede von der Größe und geschichtlichen Bedeutung der Musik Johann Sebastian Bachs, war ihm ebenso fremd wie die patriotisch motivierte, nachgerade musikpolitische Argumentation seines Kontrahenten.

Unter der Vielzahl seiner Zeitgenossen, die den Reichtum der Harmonik in Johann Sebastian Bachs Werken allenthalben rühmten, war Kirnberger der erste (und erfolgreichste), der diese Rede auch musiktheoretisch begründen konnte. Zum Ausgangspunkt seiner Betrachtung wählte er vierstimmige Choralsätze Bachs, in denen er nicht nur die profilierte Führung der Einzelstimmen hervorhob, sondern mehr noch die Kunst, mit diesen prägnanten Linien zugleich eine Folge von Zusammenklängen zu konstituieren, deren Ordnung und Gesetzmäßigkeit er

ebenfalls demonstrierte. Hierzu erschien es allerdings notwendig, von Durchgängen und Vorhalten – nach einem von Kirnberger eingeführten Begriff:
„harmoniefremden Tönen" – zu abstrahieren und einen harmonischen Gerüstsatz
zu ermitteln, der unter Voraussetzung der Rameauschen Theorie der Umkehrbar-
keit von Akkorden auf zwei substantielle Zusammenklänge zu reduzieren war:
den als konsonierend angesehenen (Dur-, Moll- oder verminderten) Dreiklang,
dem mit der Ergänzung durch eine „wesentliche" Septime ein dissonanter Klang
(in vier Ausprägungen) korrespondiert. Dabei werden jene Töne als konstitutiv
gewertet werden, die in der Reduktion auf das harmonische Substrat diese Ak-
kordtypen erkennen lassen, wobei sich die nach den konventionellen Tonsatzre-
geln eindeutige Relation von (dissonantem) Vorhalt und (konsonantem) Auflö-
sungston umkehren kann: „Alle durch Vorhälte entstehende Dissonanzen nennt
Hr. K[irnberger] zufällige, um sie von der Dissonanz der Septime, die er die wesentliche nennt, zu unterscheiden. Aus allem diesem erhellt, daß alle Intervalle,
auch die, welche ursprünglich consonirend sind, zufällige Dissonanzen werden
können, wenn sie Vorhälte vor den zu dem Grundaccord erforderlichen Tönen
sind."[32] Dieser Ansatz aber erlaubte es nun – und hier zeigt sich bereits ein erster,
prinzipieller Unterschied zur vom Paradigma des Intervallsatzes konstituierten
traditionellen Kontrapunktlehre – , Erklärungsmodelle für kompositorische Phänomene im Bachschen Œuvre zu liefern, die mit dem herkömmlichen Repertoire
der Musiktheorie nicht zu legitimieren gewesen waren und zu deren Rechtfertigung man allenfalls auf das Gehör als Urteilsinstanz hätte rekurrieren können:
„Wenn man zugeben muß, daß dem alten Bach gewiß keine Tiefe der Harmonie
verborgen war; daß er alle Möglichkeiten derselben in seiner Gewalt gehabt, und
was mehr als alles werth ist, sie alle in Ausübung gebracht hat; so daß kein Systematiker, mit allen Spekulationen im Stande ist, nach ihm etwas Neues hervorzubringen; so ist es gewiß ein sicheres Merkmaal von der Richtigkeit dieses harmonischen Systems, daß sich alle Ausarbeitungen dieses großen Mannes, so verwickelt
auch einige anfänglich scheinen mögen, vermittelst desselben, auf den natürlich fortschreitenden Grundbaß, und auf zwey simple Grundaccorde nämlich auf einen Dreyklang und wesentlichen Septimenaccord zurück führen und erklären lassen."[33]
   Auch gelingt es auf diese Weise, die Fundament-Akkorde der *f-Moll-Sinfonia*
(BWV 795), einer der harmonisch avanciertesten Kompositionen Johann Sebastian Bachs, freizulegen, die alle Kombinationen der drei hier konstitutiven Motive im mehrfachen Kontrapunkt gleichermaßen tragen kann:[34]

Freilich war Kirnberger auch bewußt, daß die musiktheoretischen Voraussetzungen solcher Deduktion keineswegs unproblematisch waren und Interpretation dieses harmonischen Gerüst nur bei ähnlich souveräner Beherrschung der Harmonik,
wie sie bei Bach zu finden sei, überzeugenden Resultaten führte: „Bach, der öfters für gelehrte Ohren geschrieben, kann freylich von den angehenden Contra-
punctsschülern, die in diesem Fall die fehlende Grundstimme nicht deutlich genug
fühlen und beurtheilen können, nicht verstanden werden, und diesen ist eine
Nachahmung davon nicht eher zu rathen, als bis sie zu reifern Einsichten gekommen, indem selbige der 6/4 Accord zu häufigen Fehlern leitet.

Eben so hat Bach mit der, sonst auch in diesem Contrapunct der Octave ver-
botenen None, Umkehrungen angebracht, bey denen man sich wohl in acht zu
nehmen hat, wenn dem Gehör nicht soll Gewalt angethan werden. Auf was für eine Art er einen Gebrauch davon gemacht, läßt sich nach erwähnten Einschrän-
kungen am besten aus den Exempeln erlernen und nachmachen.“[35]

Die Kritik, die Kirnbergers Versuch einer Erklärung der Bachschen Harmonik
herausforderte, entzündete sich jedoch nicht an solchen zweifellos intrikaten
Wendungen oder aber an der mangelnden Legitimation von Quartsextklängen

oder komplexen Vorhaltsbildungen; auch der erst in jüngster Zeit formulierte Einwand, daß manche Passagen vielleicht einfacher sogar mit der kontrapunktischen Struktur des Tonsatzes zu begründen wären als aufgrund eines harmonischen Fundamentsatzes, dessen Repräsentation die Komposition sei, verfehlt die Intention Kirnbergs, ein Modell zu liefern, mit dem lediglich eine Basis, nicht aber ein satztechnisches Prinzip zu erkennen und zu erklären sei.[36]

Weit oberflächlicher und maliziöser hingegen war wiederum Marpurg in seiner Polemik, der, obwohl er es selbst besser wußte[37], zum Ausgangspunkt seiner Invektiven die Akkordfolge einer Grundkadenz nahm. Denn in einer „Nacherinnerung" seiner Studie *Die wahren Grundsätze zum Gebrauch der Harmonie*, hatte Kirnberger zur letztmaligen Verdeutlichung darauf verwiesen, man könne „die Regel nicht zu oft wiederholen, daß man wol auf die Fortschreitung eines jeden Accordes Acht haben müsse, indem derselbe Accord durch die Fortschreitung oft ein ganz anderer Accord ist, als er zu seyn scheint", und Beispiele angeführt, die manchen, „der die Lehre von den Grundaccorden nicht vollkommen inne hat, oder dem das Gefühl einer natürlichen Fortschreitung noch fehlet, stutzig machen und den richtigen Grundbaß verfehlen lassen könnten."[38]

Marpurgs Vorwurf, daß in Kirnbergers erstem Beispiel „der Septimenaccord *a c e g* zum Grundaccord eines andern Grundaccords, nemlich des Dreyklangs *c e g* gemachet" werde[39], es also wenig plausibel sei, einen einfachen, unmittelbar verständlichen Sachverhalt durch einen aufwendigeren erklären zu sollen, erscheint zunächst durchaus nachvollziehbar, ignoriert aber den impliziten Bezug Kirnbergers auf jene für die Subdominante charakteristische Dissonanz der Sexte, mittels der – im Anschluß an Rameau – der erste Teil einer vollständigen Kadenz (I-II$^{6/5}$-V^7-I) und nicht nur eine beziehungslose Folge von Grundakkorden (I-IV-V-I) fundiert wird.[40] Als Indiz für eine aberwitzige Konstruktion gewertet, die bereits eine elementare Wendung aufwendig legitimieren muß, damit das System ins Recht gesetzt wird, kann Kirnbergers Erklärung Marpurg kaum überzeugen, und insbesondere die These, hier das Prinzip des Unterrichts von Johann Sebastian Bach formuliert zu finden, empörte Marpurg, der vermutlich der erste war, der – freilich mutwillig – übersah, daß Kirnberger kontrapunktische Momente des Tonsatzes Bachscher Provenienz keineswegs leugnete. (Der Verweis auf die Vielschichtigkeit Bachscher Lehr- und Kompositionsmethode, von Kirnberger nicht bestritten, diente Marpurg auch zur Legitimation seiner ebenfalls durch Bach persönlich sanktionierten Anschauungen, und nicht zuletzt beruhte die Gegnerschaft der beiden Theoretiker, Kirnbergers wiederholten Lamentationen in seinen Briefen an Johann Nikolaus Forkel zufolge, auf kleinlichen Rangeleien aus privatem Anlaß.)

Auch der Einwand, daß Kirnberger manche Ausschnitte aus Bachschen Chorälen unvollständig oder ungenau wiedergebe, da seine Bezifferungen etliche Details des Tonsatzes nicht reflektierten, also das ursprünglich sehr viel reichere harmonische Konzept verfälscht werde, um dem theoretischen System Genüge zu leisten, übersieht, daß solche Vereinfachungen nicht nur didaktisch motiviert waren, sondern bereits auf die „wahren Harmonien" bezogen sind. Die lediglich

Melodie und Baßstimme enthaltenden Beispiele sollen keineswegs ein getreues Abbild der Bachschen Vorlage in allen Einzelheiten, mit sämtlichen „harmoniefremden Tönen", den Vorhalten und Durchgangsnoten, bieten, sondern nur ein Substrat: den idealisierten, ggf. bereits mehrfach reduzierten schlichten „Grundbaß". Kirnbergers Reduktionen waren mithin weder ästhetisch noch pastoraltheologisch begründet; mögen sie im Resultat nur gering von den wenig später vorgelegten Bearbeitungen Abbé Voglers abweichen, – „Verbesserungen" Bachscher Choräle intendierte Kirnberger zweifellos nicht: Die *Kunst des reinen Satzes* zielt keineswegs schon auf eine *Reinheit der Tonkunst.*

Kirnbergers Lehrbuch fand, gestützt und sanktioniert durch die (etwa von Forkel) als plausibel gewertete Analyse Bachscher Werke, eine Akzeptanz, die das Paradigma des kontrapunktisch strengen Satzes nicht aufhob, doch unterlief. Das Prinzip, einen Tonsatz auf einen harmonischen Gerüstsatz zu reduzieren, war nun kompositionspraktisch umzukehren, indem zunächst eine vierstimmige Akkordfolge konzipiert wurde, deren Einzelstimmen figurativ ausgestaltet werden konnten. Nur wenn es jedoch gelang, diese akkordische Basis in der abgeschlossenen Komposition zu kaschieren, vermochte die Differenz zu genuin polyphoner Musik zu verschwimmen. Die Vielzahl von Werken in einem „Anspielungs-Kontrapunkt" (Martin Zenck), in dem eine selbständige Stimmführung nur suggeriert wird, bezeugt allerdings den verbreiteten Niedergang einer satztechnischen Kompetenz (und nicht nur die schwindende Bedeutung der Fuxschen Kontrapunktlehre insbesondere für die kompositorische Praxis), die Schumanns auf die Kirnbergersche Lehre verweisendes Diktum von einem verbreiteten Mangel vierstimmiger „Choralgeschicklichkeit" – ein Befund, von dem er explizit nur Mendelssohn ausnahm – noch weitergehend illustriert.

Kirnbergers Ansatz barg zudem die Gefahr, daß Selbstverständlichkeiten des kontrapunktischen Komponierens verloren gehen könnten: Vor allem im zweistimmigen Satz müsse die Tendenz festgestellt werden, die konsequente Imitation eines musikalischen Gedankens zugunsten der Darstellung eines harmonischen Gerüstsatzes aufzugeben, der stets vorausgesetzt werde, lautete ein nicht unbegründeter Vorwurf Marpurgs, und umgekehrt sei die Führung der Stimmen in Bachschen Duo-Sätzen so sehr linear konzipiert, daß eine akkordische Deutung des Tonsatzes schlechterdings kaum mehr möglich erscheine; auch hier zeige sich wiederum die Bedingtheit von Kirnbergers Auffassung, der nichtsdestoweniger eine allgemeine Gültigkeit seines Ansatzes für die Musik Johann Sebastian Bachs vorgebe. Kann der zweite Teil von Marpurgs Argument – die Schwierigkeit, zweistimmigen Kompositionen ein eindeutiges harmonisches Fundament zu substruieren – nicht gänzlich abgewiesen werden, so beruht der erstgenannte, wichtigere Einwand letztlich auf einer bis ins 17. Jahrhundert zurückreichenden Tradition kompositorischer Kritik: Daß durch die Anlage des Themas und dessen Beantwortung bereits die Grundtonart ausgeprägt und nicht erst in Veränderungen der Ausgangsgestalt oder zusätzlichen Stimmen, die ungünstigenfalls erst ein Generalbaß ergänze, die harmonische Disposition verdeutlicht werden müsse, bezeichnet einen Streitpunkt, der bereits die Diskussion um Bedingungen und Möglichkeiten der Komposition von kontrapunktischer (Kirchen-)Musik um die Mitte des 17. Jahrhunderts bestimmte.

Tatsächlich konnte Marpurg nun seinerseits in Kirnbergers Fugen Themenexpositionen und -beantwortungen nachweisen, die nach den konventionellen Maßgaben zumindest nicht unproblematisch waren: freie, die Gestalt des Themas antastende Veränderungen seien zumindest zu Anfang einer Fuge nicht zulässig; und erneut rekurriert Marpurg auf eine Bachsche Vorlage, die e-Moll-Fuge aus dem ersten Teil des *Wohltemperierten Klaviers* (BWV 855), um dem Kontrahenten nicht nur die Defizite seiner eigenen Kompositionen vor Augen zu halten, sondern auch die Unmöglichkeit, sich mit seinen Werken auf allseits approbierte Vorlagen beziehen zu können. Im Gegenzug war allerdings auf die *G-Dur-Fuge* aus dem zweiten Band des *Wohltemperierten Klaviers* (BWV 855) zu verweisen, bei der sehr wohl der Comes bereits in der Exposition abgewandelt ist, obwohl auch ein unveränderter, den Regeln entsprechender Einsatz denkbar gewesen wäre: Die Modifikation des Anfangstones erscheint als Konsequenz der harmonischen Konzeption des Werkes. Mit dem Bezug auf ein Werk Johann Sebastian Bachs also war der Disput nicht zu entscheiden.

So erscheint als letzter Fluchtpunkt der Angriffe Marpurgs gegen Kirnberger nurmehr (und wiederum) das Insistieren auf einer Tradition der Fugen-Komposition und schließlich auf Fragen der Terminologie: Bezeichnend sei es, so Marpurg, daß sein Kontrahent gerade in jenem Musikstück auf die Überschrift „Fuge" verzichte, in dem er seine Konzeption kontrapunktischen Komponierens vorstellen und sich diesem Metier gewachsen zeigen wolle; der weit unverbindlichere Titel „Allegro", den Kirnberger wähle, erweise nur zu deutlich, daß auch sein Widersacher sehr genau um jene Gestaltungsmomente veritabler Fugen wisse, die er in seiner *Abhandlung* fixiert hatte. Könne aber Kirnbergers Werk hohen Ansprüchen dieser Gattung genügen, so sei zu fragen, warum die einschlägige Überschrift, die den gesteigerten kompositorischen Aufwand unmittelbar signalisiere, vermieden wurde. Mithin gestehe Kirnberger auch selbst zumindest indirekt sein Unvermögen ein, mittelbar damit auch, daß sein System der „Grundbässe" für die vornehmste kontrapunktische Gattung nur äußerst bedingt geeignet sei. Für die Erkenntnis der Komposition von Fugen, so ist zu schließen, leiste Kirnbergers Lehrbuch nichts.

Doch ist Marpurgs Vorwurf nur insofern berechtigt, als Kirnberger – mit Rücksicht auf die Mannigfaltigkeit Bachscher Werke und die ästhetischen Forderungen der Gegenwart – keine verbindliche Form der Fuge mehr vorgeben wollte und Ausnahmen von jenen Richtlinien zuließ, die sein Gegner als essentiell betrachtete. Keineswegs aber übersah Kirnberger die satztechnischen Schwierigkeiten, die mit der Komposition kontrapunktischer Werke verbunden waren, und daß nicht allein mittels des Fundaments seiner „Grundbässe" die Konzeption einer Fuge, des schwersten Genres im kompositorischen Metier, gelingen könne, sondern erst aufgrund einer Verbindung verschiedenster kompositorischer Parameter, betonte auch er: „Denn in einer Fuge wird die mehreste Einheit und der bestimmteste Karakter erfordert, wenn diese nach ihrem wahren Gehalt schön seyn soll; überdies gehören zur Fuge, alle übrige Eigenschaften einer guten Komposition, Rhythmus, Melodie, u.s.w. Außer diesen Schönheiten, die man in den Stücken des Alterthums nicht genug bewundern kann, ist eine Fuge ein bloßes harmonisches Geläute, und dieses bloße Geläute ist es, was in unsern Zeiten der Fuge ihr wahres Verdienst genommen, und eine beynahe allgemeine Verachtung derselben bewirket hat."[41]

Eine ideale Verbindung dieser Gestaltungsmittel erkannte auch Kirnberger in Bachschen Fugen, und zugleich war es die Erkenntnis einer solchen Durchdringung der Parameter im kontrapunktischen Tonsatz, die nach seiner Auffassung die Reduktion auf lediglich ein kompositorisches Prinzip zumal in der lehrbuchhaften Darstellung ausschloß. Seine Intention war es allerdings, in den „Grundbässen" ein Element Bachschen Komponierens zu demonstrieren, das die weitere satztechnische Ausarbeitung trage. Zunächst lieferte Kirnberger nur ein Interpretationsmuster, mit dem sich die satztechnische Struktur der Kompositionen Johann Sebastian Bachs erklären lassen sollte; daß sich mit seinem Ansatz das Bedingungsverhältnis linearer und harmonischer Konstitution des Tonsatzes umkehren würde, sah er vermutlich noch nicht: Seine Auffassung des „reinen Satzes" schien ihm eine Integration aller kompositorischen Parameter zu leisten, wobei er die Bedeutung, die nunmehr der Harmonik zukam, allenfalls als quantité négligeable wertete, so er ihn überhaupt erkannte. Denn preisgeben wollte er insbesondere zur Komposition von Fugen weder die traditionellen kontrapunktischen Techniken noch die Lehrmeinungen allseits approbierter Autoritäten, wenngleich es ihm nicht mehr gelang, seine eigenen Vorstellungen zu diesem kompositorischen Genre vorzulegen: „Die Lehrarten des Berardi, Bononcini und Fux hält der Verf. für sehr gut, die Joh. Sebastian Bachische Lehrart für die allervorzüglichste. So wie der Verf. dieser Lehrart in Ansehung des reinen Satzes in seiner Kunst des reinen Satzes schon gefolgt ist, so wollte er ihr auch in der Lehre von der Fuge folgen, und damit sein Werk beschließen. Der Tod hat ihn aber an der Ausführung dieses Vorhabens gehindert."[42]

Die Stärke von Kirnbergers Ansatz aber zeigt sich insbesondere bei Wendungen, die mittels der konventionellen Regeln des strengen Satzes nur schwer musiktheoretisch zu erklären waren. Durchgangsnoten, deren Dissonanz-Relation durch ihr gleichzeitiges Auftreten in mehreren Stimmen auf herkömmliche Weise kaum mehr zu rechtfertigen gewesen wäre, können nun mit der Idee, die konstitutiven Zusammenklänge jeweils in größeren zeitlichen Abständen festzulegen, eine plausible Begründung finden; dabei ist die Ausnahmestellung, die Kirnberger entsprechenden Passagen in Werken Bachs zumißt, ebenso bemerkenswert wie die aufführungspraktischen Implikationen: „Wegen der Geschwindigkeit, und der leichten und faßlichen Melodie halber geht es noch an; nur in langsamer Bewegung wäre dieses unausstehlich. Aber auch in geschwinder Bewegung muß man nicht oft damit kommen, zumal wenn noch mehrere Stimmen auf gleiche Art rauschten; denn es macht den Gesang höchst verwirrt. Es ist beßer, daß man hierin den Capellmeister Graun, den wohlklingendsten und nachdenklichsten Setzer für den schönen Gesang, als Händel oder J. S. Bach zum Muster nehme. Der

letztere wagte hierin am meisten, daher erfodern seine Sachen einen ganz beson-
dern Vortrag, der seiner Schreibart genau angepaßt ist; denn sonst sind viele von
seinen Sachen kaum anzuhören. Wer die Harmonie nicht vollkommen kennt, muß
sich nicht erkühnen seine schweren Sachen zu spielen: trift man aber den wahren
Vortrag derselben, so klingen seine gelehrtesten Fugen schön."[43]

Als Höhepunkt wie zum Erweis der Stimmigkeit seines Systems legte Kirnberger schließlich eine Deutung der *h-Moll-Fuge* aus dem ersten Teil des *Wohltemperierten Klavier* (BWV 869) vor, ein Werk, von dem er voller Stolz vermerkt, daß es „bis auf den heutigen Tag auch großen Männern unserer Zeit un-
auflöslich geschienen", dessen Konzeption jedoch mit seinen Lehrsätzen der
„Grundbässe" nunmehr zu erkennen sei: „Wir glauben uns auf die Natur der Sache selbst zu gründen, wenn wir behaupten, daß diese Grundsätze von der Harmonie nicht allein die wahren, sondern auch die einzigen sind, nach denen diese
Fuge erkläret, und überhaupt alle anscheinende Schwierigkeiten in den übrigen

Ausarbeitungen dieses größten Harmonisten aller Zeiten aufgelöset und verständlich gemacht werden; und daß im Gegentheil alle Musik, die sich nach diesen Grundsätzen nicht auf eine natürliche Fortschreitung der beyden Grundaccorde zurückführen läßt, unverständlich, folglich falsch und wider den reinen Satz gesetzt sey."[44]

Die auf den anschließenden 50 Druckseiten wiedergegebene Interpretation der *h-Moll-Fuge* bietet nun auf den ersten beiden Systemen das unveränderte Originalwerk, darunter einen vierstimmig ausgesetzten Generalbaß: „Das fünfte System enthält den Grundbaß mit allen zufällig dissonirenden Accorden, die bey der Grundharmonie, die auf dem untersten System angezeiget ist, in keine Betrachtung gezogen werden."[45]

Kirnbergers zweifellos virtuose Deutung dieses kontrapunktisch kaum weniger als harmonisch avancierten Tonsatzes implizierte zugleich – durchaus entgegen seiner Intention – eine Reduktion in der Anschauung Bachscher Musik, die nun vornehmlich unter dem Vorzeichen des Reichtums und der Kombinationsmöglichkeiten von Akkorden und Klängen vorgenommen wurde, zumal die Interpretation auf der Grundlage kontrapunktischer Leitsätze an eine Grenze gelangt zu sein schien. Doch zur Erkenntnis von Fugenkomposition konnte dieser Ansatz nur bedingt hilfreich sein – was Kirnberger auch nicht geleugnet hätte, was aber demjenigen, der über Möglichkeiten nachsann, wie in der Gegenwart Fugen zu schreiben seien, ebenfalls kaum half: „Und ich wollte bald ein halb Dutzend Fugen – meisterliche Fugen vorfinden, wo einer Wochen oder gar Monate zubrächte, die Grundbaßnoten deutlich zu zeigen. Und aber wozu? Wäre es nicht Sünd und Schade um die Zeit? Würde der meisterliche Verfasser der Fugen über eine solche Plackerey nicht lachen, wenn ers erführe?"[46]

Der Versuch indes, im Anschluß an Marpurg Vorgaben zur Gestaltung von Fugen zu formulieren, ohne doch auf den Reichtum der Harmonik, wie er mit Kirnbergers Methode auch in kontrapunktischen Sätzen zu erhalten war, verzichten zu müssen, gelang weder den deutschen Musiktheoretikern des 18. Jahrhunderts noch dem in London wirkenden August Friedrich Christoph Kollmann, der über verwandtschaftliche Beziehungen mit der Hamburger Bach-Tradition verbunden war.[47] Auf Kirnbergers System der „Grundbässe" aufbauend, legte er eine konzise harmonische Analyse von Johann Sebastian Bachs *Chromatischer Fantasie* (BWV 903) vor und postulierte als „general rule" des Tonsatzes, daß „*all* intervals ought to be harmoniously and melodiously connected".[48] Dieser Forderung sei im Unterricht sowohl mit der konventionellen kontrapunktischen Lehre nach Fux zu genügen, als auch mit dem Vorschlag Kirnbergers, von vierstimmigen Tonsätzen auszugehen, wenn man auf die Vollständigkeit der Akkorde achte, den richtigen Abstand der Stimmen wahre und zudem Stimmkreuzungen in den Mittelstimmen zulasse. Wie nun aber praktisch-konkret eine Fuge zu gestalten sei, vermag auch Kollmann grundsätzlich nicht zu definieren; wiederum muß der wiederholte Hinweis auf Bach und die Diskussion zahlreicher Beispiele hinreichen, Details zu erläutern, die vorbildhaft seien, zumindest jedoch geduldet werden können, obwohl – streng genommen – eine plausible Begründung

schwerfalle. Immerhin wurde die Komplexität des Problems einer adäquaten Beschreibung des Bachschen Kontrapunkts bereits bewußt.[49]

Erneut zeichnet sich hier ein grundlegender Wandel in der Anschauung nicht nur der Fugenkomposition, sondern auch der Bach-Rezeption in der Musiktheorie ab, der erst ab dem zweiten Viertel des 19. Jahrhunderts größere Relevanz gewinnt, bevor er schließlich allseits akzeptiert wird: Im Verzicht auf ein a priori fixiertes System der Gestaltung von Musikstücken verschiedener Genera und zugleich in der Erkenntnis, daß insbesondere Bachs Fugen allzu individualisierte Einzelwerke darstellten, als daß sie allgemein verbindliche, mit wenigen Sätzen zu umreißende Richtlinien deduzieren ließen, entwickelt sich ein Bewußtsein, daß jenseits einiger elementarer handwerklicher Richtlinien für die Komposition von Fugen keine Anweisungen mehr zu formulieren seien; umgekehrt proportional hierzu wächst das Verständnis für die historische Ausnahmestellung der polyphonen Musik Johann Sebastian Bachs, der nurmehr mit einzelnen Werkanalysen gerecht zu werden ist.

FORTSCHRITT IM ALTEN STIL: KUNSTBUCH-TRADITIONEN

Die Überraschung, von der Max Seiffert berichtet[50], daß sie manchem Musikwissenschaftler widerfuhr, als er am Ende des 19. Jahrhunderts in einem Auktionskatalog die Nachricht von einem auf das Jahr 1689 datierten *Wohltemperierten Klavier* eines gewissen Bernhard Christian Weber zur Kenntnis nahm, ist auch heute noch nachzuvollziehen. Mußte es doch den Primat eines der renommiertesten Werke nicht nur Johann Sebastian Bachs, sondern der gesamten Klavierliteratur schlechthin erheblich relativieren, so man wahrhaben sollte, daß die beiden Sammlungen der 48 Präludien und Fugen durch alle Tonarten weder singulär noch voraussetzungslos gewesen seien. Ein großes kompositorisches Konzept, stets mit dem Namen des Thomaskantors in Verbindung gebracht, ja untrennbar mit ihm verbunden, schien nun weit weniger genialisch als bislang angenommen, von einem gänzlich unbekannten Komponisten antizipiert.

Die Irritation schwand jedoch rasch, als man sich die Biographie des vorgeblichen Vorläufers Bachs vergegenwärtigte: Bernhard Christian Weber, 1712 in Wolferschwenda geboren, wirkte von 1732 bis zu seinem Tode im Jahre 1758 als Organist in Tennstedt, und diese kirchenmusikalische Praxis dürfte es gewesen sein, die ihn veranlaßte, einen Zyklus von 24 Präludien und Fugen vorzulegen. Den Titel seiner Sammlung – *Das wohl temperirte Clavier oder Praeludia und Fugen durch alle Tone und Semitonia* – adaptierte er bis in die Einzelheiten vom Bachschen Vorbild, wobei die Zweckbestimmung „für die Orgel" keinen Widerspruch bezeichnet; denn eine Ausführung auch des *Wohltemperierten Klaviers* von Johann Sebastian Bach auf der Orgel war im 18. Jahrhundert keineswegs ungewöhnlich, und auffälligerweise nicht nur von solchen Stücken, deren Faktur in einem traditionsreichen Stile antico schon eine Affinität zu Kirchenraum und geistlicher Sphäre erkennen ließ.

Vollends erwies dann ein Blick in die Noten, daß Webers Sammlung von Präludien und Fugen durch alle Dur- und Molltonarten erst um die Mitte des 18.

Jahrhunderts entstanden sein konnte, zumal sie allenfalls in der äußeren Anlage das Bachsche Vorbild ahnen ließ: In chromatisch aufsteigender Folge bestimmen die Grundtonarten der einzelnen Stücke ihre Aufeinanderfolge, die Tongeschlechter alternieren auch hier. Die Anzahl der in den Fugen disponierten Stimmen folgt ebenfalls sorgfältiger Planung: Beschränkt sich Weber in den ersten sechs Fugen auf die Zweistimmigkeit, so steigt die Zahl im jeweils folgenden halben Dutzend bis auf fünf, dann freilich selten obligat geführte Partien.

Hier aber, in den Schlußstücken, die doch die größte kontrapunktische Kunstfertigkeit Webers unter Beweis stellen sollen, zeigt sich die Differenz zu fünfstimmigen Fugen Bachs am nachhaltigsten: So deutlich diese Sätze in Durchführungen und themafreie Teile gegliedert sind, so gering ist der Unterschied in der Faktur; denn kaum schon in der Exposition wird eine reale Fünfstimmigkeit erreicht, vielmehr erscheinen häufig zwei Stimmen in Seitenbewegung aneinander gekoppelt, nicht selten auch mehrere Partien akkordisch gebündelt. Binnenzwischenspiele fehlen, und in den wenigen, die einzelnen Durchführungen trennenden Takten überwiegen Sequenzbildungen, deren schlichtes harmonisches Schema durch vollgriffige Akkorde und eine melodisch unprofilierte Diskantfiguration kaum kaschiert wird. Zur Gänze läßt dann aber der Wiedereintritt des Themas das geringe Spektrum kompositorischer Mittel erkennen, über das Weber verfügt, wenn nirgends gezeigt wird, wie das eingangs vorgestellte musikalische Material variiert oder verarbeitet werden kann: Engführungen sind ebensowenig ausfindig zu machen wie harmonische Ausweichungen, und das Repertoire an Fugenkünsten bleibt gering.

Freilich sind diese auch in den drei- und vierstimmigen Fugen Webers unverkennbaren Defizite als Konsequenz unzureichend profilierter Ausgangsthemen zu werten, denen zudem ein veritabler Kontrapunkt fehlt. Die Einheitlichkeit oder Geschlossenheit, die aus solchem Mangel an melodischer, harmonischer und rhythmischer Kontur resultiert, als Stilmittel hervorzuheben, wäre allerdings euphemistisch. Sie bezeichnet Schwächen insbesondere in der selbständigen Führung mehrerer obligater Stimmen; denn die Duosätze – die Fugen, die sich auf zwei Stimmen beschränken kaum anders als die ebenfalls meist nur zweistimmigen Präludien – zeigen in ihrer wiederum dichten Bindung an eine thematische Ausgangsgestalt eine Nähe etwa zu den zweistimmigen Inventionen Johann Sebastian Bachs, die zugleich den Abstand zum Vorbild in den vielstimmigeren Stücken umso stärker verdeutlicht: Mehrere musikalische Gedanken durchzuführen oder sie auch nur einer weitreichenderen Variierung zu unterwerfen, vermag Weber nicht.

Verfehlt allerdings wäre es, vom Titel ausgehend Webers *Wohltemperiertes Klavier* lediglich als Zeugnis einer mehr oder minder gelungenen Bach-Rezeption aufzufassen; vielmehr steht seine Sammlung in jener Tradition von zyklisch konzipierten Anthologien durch alle Tonarten, die auch Bachs zweifaches Kompendium von 24 Präludien und Fugen trägt. Dabei mag jene organistische Praxis, in die auch Webers Sammelband einzuordnen ist, Anlaß zur Zusammenstellung von zunächst liturgisch verwendbaren Kompositionen in den gebräuchlichen Tonarten gewesen sein, und dieser Hintergrund einer für die geistliche Sphäre entstandenen Kunst begründete auch die Kunstfertigkeit späterer Ausarbeitung und Niederschrift. Mit der Vorlage von Werken in „allen" sinnvoll zu verwendenden Tonarten, zumal kompositionstechnisch aufwendigen Stücken, wie sie bereits im 16. Jahrhundert in großer Zahl vorliegen[51], war ein musikalisches Universum im doppelten Sinne zu erschließen: als Repräsentation eines kosmologische Dimensionen reflektierenden Systems, das zugleich die Möglichkeiten des in der Mehrstimmigkeit zu nutzenden Repertoires von Tönen und Zusammenklängen erschöpfte. Derselbe Horizont einer transzendental fundierten Musikauffassung erklärt auch den gesteigerten kompositorischen Aufwand, der solche zyklisch angelegten Sammelbände mit Werken „in allen Tonarten" – kaum weniger deutlich in späteren Kompositionen, in deren Verlauf das gesamte harmonische Spektrum vorgestellt wird – kennzeichnet.

Solche Artifizialität, ambivalent in ihren Qualitäten der künstlerischen Selbstdarstellung und der Devotion, verfiel, sofern allzu explizit, bereits im 16. Jahrhundert der Kritik, da Kunst *als* Kunst wahrzunehmen bei funktional gebundener Musik ein Manko bezeichnete. Umgekehrt gerade jene Aspekte virtuosen Komponierens herauszustellen, wurde Anliegen von Kunstbüchern – Sammlungen mit satztechnisch aufwendig gestalteten Werken im selben Genre – , als die freilich auch manche Messenbücher des 16. Jahrhunderts schon bezeichnet werden können; denn versteht man das musikalische Ausgangsmaterial einer Messe – ungeachtet dessen, ob es frei erfunden oder aus anderen Musikstücken übernommen ist – als Thema, das im Verlauf der Einzelsätze des Ordinarium missae stets neuen Variationen unterworfen wird, zeigt sich bereits hier in der vielfältigen Deutung eines absichtsvoll beschränkten Materials ein Maß kompositorischer Souveränität, wie es spätere Sammlungen von kontrapunktisch avancierten Werken kaum weniger explizit machen sollten.

Diese kompositorische Virtuosität, verstanden als geistvolles Spiel kunstreicher Kombinatorik eines musikalischen Gedankens, vorzuführen, gelang vorzugsweise bei der Verfertigung von Kanons, deren repräsentativste Beispiele aus der Mitte des 17. Jahrhunderts wohl die Werke von Romano Micheli darstellen. Eindrücke, welcher Einfallsreichtum bei der Konstruktion solcher Kanons waltete, vermittelt eine Vielzahl von Lehrbüchern dieser Zeit, und ein Dokument der Verbreitung dieser mitunter recht sportiv anmutenden Übung in Musikerkreisen bildet der Schlußteil des *Cribrum musicum* (Venedig 1643) des in Warschau tätigen Kapellmeisters Marco Scacchi: Die als *Xenia Apollinea* bezeichneten 50 teilweise außerordentlich kunstvollen Kanons, von Mitgliedern der Warschauer Hofkapelle vorgelegt, sind nicht nur als ein Kompendium der Anlage vertrackter polyphoner Kompositionen, deren Notation häufig zusätzlich ein Rätsel scheint, anzusehen, sondern als ein erstes „Kunstbuch" – eine allenfalls intellektuell ansprechende Ton-Kunst, deren klangliche Realisierung zumeist enttäuscht.

In diese Tradition kompositorischer Etüdenliteratur ist eine Sammlung von Johann Theile am Ende des 17. Jahrhunderts einzuordnen, deren Titel den propädeutischen wie unterhaltenden Charakter der vorgelegten kontrapunktischen Studien – die Nutzanwendung für den praktischen Gebrauch repräsentieren einige Tanz- und Messensätze – gleichermaßen erkennen lassen: „Musicalisches Kunst-Buch / Worinne 15 gantz sonderbahre Kunst-Stücke / und Geheimniße, welche aus den doppelten / Contrapuncten entspringen, anzutreffen / sind [...]; / den Lehrbegierigen der Composition, allerhand Fugen zu / componiren und auszuführen, sehr nützlich und dienlich; / den Liebhabern der Music zu angenehmer Belustigung und Ergetzlichkeit; / den Erfahrenen aber der Composition der doppelten, drey / und vierfachen, und per motum contrarium wieder um/gekehrten Fugen, und doppelten syncopirten Contrapun/cten (welches die höchste Kunst und Zierlichkeit der / Composition, wornach billich mit unverdroßener / Mühe und Fleiß zu trachten) zu fernerer Nachforschung und Ausübung."[52]

Theile stellt in seiner Studie etliche Kanonkompositionen vor, deren Auflösungsmöglichkeiten im mehrfachen Kontrapunkt verschiedener Intervalle er ebenso konsequent wie systematisch demonstriert; ferner bietet er einige selbständige Musikstücke – als Aria, Präludium oder Sonata bezeichnet – , in denen weitere intrikate Kanonkonstruktionen vorgeführt werden oder sich mitunter einzelne Stimmen erst mittels knapper, vorangestellter Verse erschließen und den Tonsatz komplettieren. So eindrucksvoll diese Vorführung der Mannigfaltigkeit der kontrapunktischen Kombination eines auf den ersten Blick oft kaum ergiebigen musikalischen Materials gelingt, so wenig bietet Theile doch jenseits seiner nachgerade enzyklopädisch anmutenden Explikation Richtlinien, die Prinzipien solcher Gestaltung kondensieren ließen. Sein Kunstbuch illustriert, nicht untypisch für dieses Genre, lediglich ein Kompendium kompositorischer Bedingungen und Möglichkeiten in der Erschließung eines eingangs präsentierten musikalischen Gedankens; zum Zyklus, der auch im Falle einer Aufführung seine ästhetische Eigenständigkeit erwiese, runden sich diese Werke nicht.

Fraglich bleibt, ob eine klangliche Realisierung solcher Musik je intendiert war: Die bewußte Zurschaustellung von satztechnischer Versiertheit, die jene Sammelbände mit Kompositionen auf allen Tonstufen oder der systematischen Präsentation kontrapunktischer Möglichkeiten charakterisiert, legt in ihrem akademisch anmutenden Gestus eher die Lektüre denn die auditive Rezeption nahe. Der Katalog der Anwendungsmöglichkeiten bestimmter satztechnischer Prinzipien aber, der im explizit „Kunstbuch" genannten Sammelband zumindest in ihrer Komplexität kunstvolle Tonstücke generiert, erscheint in der propädeutischen Musikliteratur auf simple Formeln reduziert, die zwar ebenfalls spezifische kompositionstechnische Probleme visieren, sie aber nurmehr im Ausnahmefall künstlerisch überformen. Umgekehrt werden in nicht wenigen Anthologien mit Kompositionen gleichen Genres Ordnungsmomente erkennbar, die als Plan der Zusammenstellung gerade jenen Aspekt der möglichst vielfältigen Demonstration einer kompositorischen Aufgabenstellung erkennen lassen, der auch das Konzept veritabler „Kunstbücher" kennzeichnete. Dabei ist zumindest die zyklische Aufführung auch hier weder zwingend noch sinnvoll.[53]

Die Abgrenzung von Werken allerdings, die auf die systematisch-enzyklopädische Darstellung eines kompositorischen Problems zielen, einerseits

von Lehrbüchern und musiktheoretischen Studien, die nur Prinzipien und Modelle, nicht aber ausgearbeitete Kompositionen präsentieren, andererseits von
Sammlungen, deren Konzept nicht explizit genannt ist, doch mehr oder minder
mühelos zu rekonstruieren oder auch nur zu suggerieren wäre, fällt keineswegs
leicht, zumal, wie geschildert, auch die Aufführbarkeit kein geeignetes Kriterium
liefert. So scheint es naheliegend, Theiles „Kunstbuch" einen Platz in der Vorgeschichte von Johann Sebastian Bachs *Musikalischem Opfer* und *Kunst der Fuge*
einzuräumen, und kaum weniger schlüssig reiht sich Johann Kaspar Ferdinand Fischers *Ariadne musica* in den Kontext von Bachs *Inventionen* und *Sinfonien* ein.
Die Generalbaß-Übungen jedoch, die Johann Mattheson in seiner *Exemplarischen Organistenprobe* in den 24 im temperierten Stimmungssystem verfügbaren
Tonarten vorstellte, in die unmittelbare Nachbarschaft des *Wohltemperierten
Klaviers* zu stellen, erscheint mehr als problematisch, da der didaktische Zweck
hier den Erweis, neue Ausdrucksmöglichkeiten auf bislang unerforschtem harmonischen Terrain zu gewinnen, zweifellos überwiegt. Das Ungewöhnliche der
Bachschen Sammlungen indes ist, daß die in den einzelnen Sammelwerken je
unterschiedlich ausgeprägte und in den Werktiteln ebenfalls sehr differenziert
formulierte Absicht, Studienwerke für die kompositorische Ausbildung wie zugleich instrumentalpraktische Etüden vorzulegen, nicht in den Vordergrund rückt
und die künstlerische Selbständigkeit und den ästhetischen Eigenwert durchkreuzt. Diese Vielschichtigkeit aber erschwert nicht nur die Rekonstruktion einer
Vorgeschichte solcher Sammlungen, sondern mehr noch die Ermittlung jener
Kompositionen, die sich unmittelbar auf sie beziehen. Denn so leicht es gelingen
kann, emphatisch die großartige Synthese verschiedenster Traditionslinien in
Bachs Werksammlungen – von Anthologien mit Kompositionen in allen Tonarten
wie auch ehedem nicht primär musikpraktisch intendierten Studienwerken, die eine systematische Demonstration kontrapunktischer Techniken vorführen sollten –
zu akzentuieren, so schwierig ist es, jene Werke zu benennen, die nach der Mitte
des 18. Jahrhunderts eine ähnliche Konzeption verfolgten, zumal mancher Komponist dem direkten Vergleich auswich und seine Intention zumindest nicht unmittelbar in der Überschrift zu erkennen gab: So kühn wie Bernhard Christian
Weber, der für seine 24 Präludien und Fugen den Titel des berühmten Zeitgenossen freimütig adaptierte, war der thüringische Organist und Eisenacher Musikdirektor Friedrich Kühmstedt einige Jahrzehnte später nicht mehr; seine ungeachtet
ihrer Zweckbestimmung für die breite kirchenmusikalische Praxis des frühen 19.
Jahrhunderts dürftigen *Hundert grösstentheils leichte und melodiöse Orgelstücke
aus allen Tonarten* legte er als op. 33 in vier Heftchen nur als *Das kleine wohltemperirte Clavier* vor. Immerhin versuchte Kühmstedt mit der polyphonen Faktur, seltener mit einer Teilung in akkordisches Präludium und knappe Fuge seine
oft nur wenige Takte messenden Orgelstücke an das historische Vorbild, das trotz
der Einschränkung im Titel prätentiös genug evoziert wird, anzunähern; Komponisten aus dem unmittelbaren Umkreis Bachs hingegen scheuten sich nicht nur, in
der Benennung eine Affinität herzustellen, deren Anspruch sie kaum hätten einlösen können, sie wichen mitunter ganz dem kontrapunktischen Metier aus: Sowohl

Johann Gottlieb Goldberg wie auch Wilhelm Friedemann Bach wählten das ungleich weniger verbindliche Genre der Polonaise, in dem sie die Tradition zyklisch angelegter Kompositionen fortsetzten und zugleich ein weitgefächertes Spektrum von Gestaltungsweisen zeigten. Und zum Ausweis der Fähigkeit, das satztechnische Potential eines auf den ersten Blick wenig ergiebigen musikalischen Gedankens zu entfalten, bot sich im 18. Jahrhundert eine andere Gattung an, zu der Johann Sebastian Bach zwar auch prominente Beispiele vorgelegt hatte, dort aber in vermeintlich ungleich geringerem Maße als bei der Fuge die kompositorischen Möglichkeiten bereits ausgelotet hatte: Die Kunst, zu einem vorgegebenen Thema eine Fülle von Variationen zu erfinden und auszuarbeiten, wird, sofern nicht allein zur Demonstration spielpraktischer Virtuosität genutzt, zu einem Metier, sich als Komponist von Rang zu präsentieren. Noch Ludwig van Beethovens *Eroica-Variationen* op. 35 sind hier als Exempel zu nennen, deren Schlußfuge sich zwar weder den traditionellen Regeln dieses Genres fügt noch dessen Konventionen reflektiert, gleichwohl konkrete Bezüge zur Musik Johann Sebastian Bachs erkennen läßt.[54]

Der weitgehende Verzicht auf die Komposition von Fugen, zumal von mehreren, sich zum Zyklus zusammenschließenden kontrapunktisch forcierten Werken, beruhte jedoch nur zum Teil auf einer gleichsam „negativen" Bach-Rezeption, dem bewußten Ausweichen einer Konkurrenz mit dem Œuvre des Thomaskantors insbesondere in dessen ureigenster Domäne. Technik und Anlage der Fuge, sofern den Konventionen des Genres eng verbunden, erschienen als zwar seriöse, doch eher antiquierte Form des Komponierens, die für die Musik der Gegenwart keine Relevanz hatte, da ihr ein wesentliches Element zu fehlen schien: die Melodie als Garant der „Natürlichkeit", dem zentralen Ideal der Ästhetik des ausgehenden 18. Jahrhunderts. So rekurriert Johann Friedrich Daube in seiner Beschreibung, wie eine Fuge anzulegen sei, weder auf Richtlinien noch die formale Anlage, verweist auch nicht auf die Vorgaben Marpurgs, sondern benennt als wichtigstes Kriterium auch der Fugenkomposition die angemessene melodische Gestaltung: „Die Haupteigenschaft einer Fuge soll darinn bestehen: daß das Anfangsthema singend und aufgemuntert sey: daß die Nebenglieder mit dem Hauptglied, als dem Anfangsthema, wohl einander hängen, damit es scheine, als wenn es nur eine Stimme wäre, die vom Anfange bis ans Ende gienge."[55] Hinweise zu Satztechnik, Kontrapunkt und Faktur werden wie hier auch in bezug auf die themafreien Partien zurückgestellt, da als Ziel der Komposition – wie später deutlich werden wird – stets der „gute Zusammenhang der Melodie"[56] firmiert: „Die Melodie des Fugensatzes kann entweder munter und aufgeweckt seyn, oder ernsthaft. Ist jenes: so müssen die Zwischenpassagen etwas Ernsthaftes und Pathetisches an sich haben, oder dieses: alsdann können sie munter und aufgeweckt seyn. Die Bindungen, starke Dissonanzen etc. möchten auch gemäßigt erscheinen. Ihre Anzahl könnte das Gleichgewicht mit den konsonirenden Sätzen halten."[57]

Gerade die mangelnde Ausbildung des Parameters Melodie in der früheren Musik aber habe, so Daube, dazu geführt, daß die Bedeutung der Fuge für die musikalische Praxis abgenommen habe; denn die eilfertige Kultivierung des

mehrfachen Kontrapunkts als ebenso geistvoller wie trockener Kunst des Kombi-
nierens mehrerer Stimmen allein sei nutzlos, wolle man eine allseits ästhetisch
befriedigende Komposition erhalten: „Man siehet hieraus, wie sehr sich die Alten
bemühet haben, dasjenige durch die Kunst zu finden, was sie vielleicht nicht
glaubten, in der Natur anzutreffen, wir meynen die Melodie. Die Fortsetzung ihres Gesanges suchten sie auf diese hier beschriebene Arten zu erhalten. Ob nun
gleich ein solches Stück durch die Kunst ausgearbeitet wurde; so konnte es doch
schwerlich den Ohren so vieles Vergnügen geben, und noch weniger diejenige
Wirkung verschaffen, die man heutiges Tages antrifft. Indessen bleibt es doch gewiß: wenn wir die Kunst der alten Musik mit der Anmuth und natürlichen Schönheit der itzigen verbinden; so kann beydes zusammengezogen eine Vollkommenheit zuwege bringen, worunter hauptsächlich die Vorstellung der Leidenschaften
gehöret. Wir haben nicht nöthig, das Alte hinweg zu werfen, sondern nur es zu
verbessern zu trachten. Die Fuge und der feste Gesang (Cantus firmus:) war das
Hauptgeschäft der alten Komponisten. Wir haben dagegen die freye Nachahmung
und Transposition der Haupt- und Nebenglieder einer Melodie. Ihre Fuge bestun-
de aus lauter Kunst, sowohl in Ansehung ihrer gesätzmäßigen Eintritte, als in der
Veränderung der Hauptmelodie selbst. Die unsrige leidet keinen Zwang: sie liebet
Natur und Kunst. Ihre Melodie war simpel, und mit wenig Noten von verschiedener Geltung ausgerüstet: die unsrige besteht aus vielerley Geltung der Noten: die
kleinen Sprünge sind weit mehr ausgefüllt, als sie ehemals waren: hinzu kommen
noch die kurze Zierraten, Vorschläge, verschiedene Arten von Trillern: das Forte
und Piano, die verschiedene Abwechslung von Instrumenten etc. etc. Alles dieses
macht unsere heutige Musik sehr unterschieden von der Alten ihrer."[58]

Diese Anschauung, derzufolge die Fugenkomposition eine erneute ästhetische
Relevanz in der Gegenwart nur gewinnen könne, sofern man sich hinsichtlich der
melodischen Gestaltung aktuellen Tendenzen öffne, findet in musiktheoretischen
Schriften mit weniger restaurativer als vornehmlich propädeutischer Intention ein
Pendant. Denn der Gedanke, daß der Rekurs auf den strengen kontrapunktischen
Satz, der in der Fuge am markantesten ausgeprägt werde, ein Moment von Klas-
sizimus repräsentiere, findet weder in der zeitgenössischen musiktheoretischen
Literatur noch auch in der ästhetischen Diskussion des 18. Jahrhunderts einen
Rückhalt. Zumal die spirituelle Dimension, die jene traditionelle, nach eng umris-
senen Regeln geordnete Satztechnik transponierte, keineswegs mehr selbstverständlich war und nach der Mitte des 18. Jahrhunderts kaum den Musiktheoretikern noch vertraut gewesen zu sein scheint.

Andererseits implizierten eine Kritik der konventionellen Fugenkomposition
und das Plädoyer für eine forcierte Ausbildung der Melodik in polyphonen Sätzen, wie sie bei Daube exemplarisch aufscheinen, nicht zugleich eine Disqualifi-
kation Bachscher Musik als einer nurmehr historischen Kunst. Vielmehr betonte
Siebigke, daß jener Parameter Melodik, der in den älteren Werken als defizitär
empfunden wurde, in Fugen Bachs keinen nachgeordneten Rang einnehme, mithin
dessen kontrapunktische Kompositionen auch zur Kultivierung dieses Moments
vorzüglich geeignet seien: „Bach und seine großen Zeitgenossen sind oft be-

schuldigt worden, es fehle ihren Arbeiten an schönen Melodien. Allein gewöhnlich hört man solche Urtheile von denjenigen, welche weder die gehörige Bekanntschaft mit den Werken jener Meister, noch die Fertigkeit besitzen, aus ernsthaften und künstlich gearbeiteten Tonstücken die darinn versteckten Melodien herauszufinden. Dazu wird wahrlich mehr erfordert, als ein natürlich gutes Gehör. Denn, wenn die Akkorde in allen ihren Versetzungen erscheinen, und eine Dissonanz die andre verdrängt, dann wird das natürlich gute Gehör gleichsam betäubt vom unerwarteten Zusammenklange so vieler Harmonien, und es findet oft ein Chaos von Tönen, wo das durch die Kunst geübte und ausgebildete Gehör die reinsten Fortschreitungen der Akkorde und die feinste Behandlung der herrschenden Melodie (des Thema) bemerkt. Freylich ist also nicht zu leugnen, daß Bachs Fugen oft ein künstliches, aber empfindungsleeres Getöne zu seyn scheinen – aber sie scheinen es auch nur. Wer sich die Mühe giebt und Kenntniß der Musik genug besitzt, dem unerschöpflichen Künstler in seinen Labyrinthen nachzugehen, der findet in der Mannichfaltigkeit die strengste Einheit und fühlt sich durch die großen Harmonien, welche die simple Melodie zieren, weit lebhafter afficirt, als durch manche Arien, die ihn oft keine einzige originelle Melodie und selten eine neue Verbindung der Harmonie hören lassen. Ueberhaupt hat kein Ausdruck mehr Anlaß zu Mißverständnissen in der Tonkunst gegeben, als der Ausdruck: schöne Melodie. Denn bald versteht man unter dem Wort schön, was man eigentlich ästhetisch nennen sollte (das ist: schön im weitesten Sinne), bald hat man damit das Schöne im engern Sinne gemeynt. Im letztern Verstande sind allerdings Bachs Melodien nicht schön; da ist überhaupt keine Fuge schön, und kann und darf auch ihrer Natur nach nicht schön seyn. Wer wollte aber wohl leugnen, daß die Fuge ein ästhetisches Tonstück ist und daß also ein so vollendeter Fugenkomponist, wie unser Bach, ästhetische Melodieen hervorgebracht haben muß? Gerade das Abgebrochene, das Männliche in den Fugenmelodien ist nöthig zum Ausdruck der Kraft. Das unmusikalische Publikum freilich empfindet oft bei Fugen Langeweile; aber der Künstler von Range, welchem beynahe keine der neuen Melodien fremd ist, und welcher eben deßwegen bei einfachern Tonstücken, welche er mit Einem Blicke überschaut, für seinen Geist zu wenig Beschäftigung findet – der sehnt sich, wenn er ein Oratorium hört, trotz allen Arien und Recitativen, nach canonischen oder fugirten Sätzen und wirklichen Fugen, und wird dadurch erquickt, wie die lechzende Flur durch den befruchtenden Regen."[59] Dabei weiß Siebigke auch Bachs „Fugenmelodieen" kompositionstechnisch differenziert zu würdigen: „Und in diesen Fugenmelodieen war Bach originell und sinnreich. Einige wenige Noten, welche bald chromatisch (wie z. B. die bekannte Fuge über Bachs Namen) bald diatonisch, bald in Sprüngen, bald in Laufern, bald fortgehend, bald durch Pausen unterbrochen, sich bewegen, reichen ihm hin, die trefflichsten Sätze darnach auszuführen. Wie vorsichtig er bey dieser Ausführung in der Beobachtung aller Regeln der Harmonie gewesen sey, wie sorgfältig er jede Dissonanz vorbereitet, wie natürlich er dieselbe aufgelöset, wie mannichfaltig er Führer und Gefährten in die Stimmen vertheilt habe – das bedarf keiner Erwähnung, das muß jeder, der unter die Musiker gerechnet werden will, längst erwogen haben. Nur daß muß ich noch hinzusetzen, daß Bach, ungeachtet der beständigen Abwechselung der Harmonien, dennoch niemals die zunächst verwandten Tonarten verläßt. Er machte es also nicht, wie manche unserer neuen Komponisten, welche keine Bedenken tragen, bey den unbedeutendsten Anlässen sogleich in die entferntesten Tonarten auszuschweifen; er wußte mit Wenigem hauszuhalten und sein feines Kunstgefühl erhielt ihn bey der größten Simplizität – da es ihn doch, vermöge seiner, noch von Niemandem wieder erreichten Kenntniß der Harmonie, ein Leichtes geworden wäre, alle die plötzlichen Uebergänge, oder vielmehr Ueberfälle zu gebrauchen, womit Mozart's ungeschickte Nachahmer sich jetzt so brüsten."[60]

Die Kritik an der als unbefriedigend empfundenen Situation in der Gegenwart der Wende zum 19. Jahrhundert bleibt. Und die Diagnose, daß zwecks einer Erneuerung der Fugenkomposition verschiedene kompositorische Parameter, namentlich die Melodik, einer intensiven Kultivierung bedürften, teilt Siebigke mit der Mehrzahl seiner Zeitgenossen. Ob dabei ein Rekurs auf das Œuvre Bachs hinreiche, da der Reichtum zumal seiner kontrapunktischen Werke kaum schon erschöpft sei, oder einzelne Momente einer weiterreichenden Entwicklung fähig oder gar bedürftig seien, ist freilich keineswegs schon entschieden.

Mythos und Handwerkslehre: Fugen nach Bach

„Ich habe den Kontrapunkt der Octave, Dezime und Duodezime nie fassen können, weil es mir dafür ekelte, ohnerachtet ich sonst nie für einen Stumpfsinnigen galt."[61] Kein Adept war es, der sich gegenüber den kontrapunktischen Künsten solchermaßen eher verständnislos als resignativ äußerte, sondern einer der bekanntesten Musiker des ausgehenden 18. Jahrhunderts, der als Komponist, Orgelvirtuose und Verfasser von Schriften zu den unterschiedlichsten Gebieten der Musik sich der aufmerksamen Öffentlichkeit mit originellen, teilweise skurrilen, stets aber beachteten und kontrovers diskutierten Themen vorgestellt hatte: Abbé Georg Joseph Vogler. Der Autor der dokumentarischen *Betrachtungen der Mannheimer Tonschule*, Verfasser eines bis heute umstrittenen Simplifikationssystems für den Orgelbau, als Komponist hingegen weniger bekannt denn als Lehrer von Giacomo Meyerbeer und Carl Maria von Weber, verlieh auch mit seinen Bemerkungen zum Stand der Fugenkomposition um die Wende zum 19. Jahrhundert einer pointierten, keineswegs aber einer extremen Position beredt Ausdruck. Dabei geizte er insbesondere nicht mit Polemik gegenüber der Vorstellung, das Genre der Fuge sei notwendigerweise mit artifizellen Tüfteleien verbunden und erschöpfe sich bereits in geistvoller Kombinatorik ohne klanglichen Reiz: „Man glaubte sonst, je konfuser, desto gelehrter wär die Fuge, weil man unter Kontrapunkt Etwas konträres, Etwas sehr künstliches aber Gehör- und Naturwidriges verstand. Andere nahmen sogar die Vorschrift *Fuge* und den Beisaz von *Presto* (sehr geschwind) für gleichbedeutend an und jagten das Zeitmas auf eine grässliche und ganz unverständliche Art, gleich als müsste sich dieses

Kunstwerk durch das geschwinde Vorbeirauschen und dem Unvernehmlichen
retten, wie ein mit Rauschgold oder papiernen Borten Bekleideter nicht geschwind genug daher rennen kann, um sich dem schärferen Blik und der strenge-
ren Untersuchung zu entziehen."[62]

Von dieser Kritik an den unreflektierten Konventionen der Fugenkomposition
nahm er indes Bach zunächst aus – wiewohl er, wie seine differenzierten Kom-
mentare zeigen, sich dessen Ouevre nicht ohne Vorbehalte nähert: „Bachs Fugen
sind sehr künstlich gearbeitet; für die Vielseitigkeit der Ausführung, weil auch
seine Themate mitunter sehr bizarr waren, weil sie fast keine Ausführung zuzu-
lassen schienen, hatte er das erste Genie, ein wahrhaft *unbändiges* Genie, das
selten im Geleis blieb.

Bachs kontrapunktische Meisterstüke sind so reichhaltig, dass kein Kapellmeister in Europa ihm gleich kömmt. Sie sind eine Musterkarte für Tonforscher, man
kann nicht genug seine Wendungen bewundern, es kommen mitunter solche Ausflüchte vor, womit er sich durcharbeitet und woran Niemand gedacht hatte. Seine
Kontrasubjekte sind originell: wem wären sie je eingefallen? Allein! sie sehen
sehr schön, sehr simmetrisch auf dem Papier aus; klingen sie aber auch so schön?
Will man denn auch hier, wie es bei den Gesichts-Pfeifen der Orgel der Fall ist,
mit den Augen hören? Ist die Sprache abgeründet, der Styl geschliffen, giebt es
nicht so viele holperichte Stellen, die man gern wegwissen möchte. Kommen
nicht so viele unharmonische Querstände vor, die alle richtigen Schlussfolgen be-
einträchtigen? Es schleichen Inkonsequenzen mitunter ein, die dem Ohre weh
thun, und desswegen ist die Wirkung mehr überraschend als geordnet, mehr
künstlich als schlussgerecht; man fühlt nichts und lässt es beim Erstaunen bewen-
den. Die Regel, dass die Kunst zu bergen, die gröste Kunst sei (*artis est celare
artem*), wird ganz vergessen, und desswegen muss ich in rhetorischer, logischer
und ästhetischer Rüksicht Händels klare, einfache, kräftig wirkende Fugen vor-
ziehen."[63] Die scheinbare Simplizität der Kompositionen des letzteren erkläre zugleich ihre Beliebtheit, wobei andererseits der ungleich größere Reichtum der
Bachschen Werke zweifellos für die Ausbildung besser zu nutzen sei – sofern mit
Bedacht ausgewählt. Einseitige Verehrung schuldeten Bach nur „blinde Anbether,
stumme Rhetoriker, taube Logiker und kalte Aesthetiker"[64], und gänzlich lehnte
es Vogler ab, mit dem Verweis auf eine idealisierte Gestalt der Musikgeschichte
sich von der Aufgabe, nach neuen, aktuellen Lösungen kompositorischer Fragen
zu suchen, abhalten zu lassen, wobei er mit aufklärererischem Impetus auch musikalische Tagesprobleme diskutierte: „Autorität verboth das Denken und wollte
über denkende Menschen herrschen; sezte das Gehirn auf Pension und foderte
Kontribuzion von Köpfen. In allen Ländern und Wissenschaften, Dörfern und
Handwerkern, sogar in der Politik gibt es Preßfreiheit, aber im Tonreiche sollte
der Verstand unter der Presse liegen. Die Unfehlbarkeit machte man der Kirche
streitig, und räumte sie dem Organisten ein."[65] Voglers Aufruf, die Legitimation
solcher Instanzen zu überprüfen und eigenständig neue Lösungen zu visieren –
nichts anderes als eine Transposition politischer Momente auf musikalische
Fachfragen –, findet eine Erweiterung in seiner Auffassung von der Fuge, die

zum Abbild einer pluralistischen Gesellschaft gerät: „Die Fuge ist eine Konversazion zwischen einem Haufen von Sängern. Man bilde sich einen Volks-Auflauf ein, der rebellirt, eine Akklamazion von einer Menge Menschen, wo ein Jeder sich einbildet, allein das Wort führen zu dürfen, wo jeder Kämpfer sich selbstständig darstellt, wo alle Streiter mit einer Art Egoismus ihren Plan durchsezen, wo keiner einen andern anhören will. – Nun diese tumultuarische Einseitigkeit, dieses hartnäckige Zusammenklingen ganz verschiedener Melodien, dieser unbiegsame Verein so vieler einander entgegengesezten Meinungen – kurz – diese scheinbar harmonische Konfusion ist eine Fuge."[66]

Wie dieses ästhetisch kaum weniger als soziologisch bemerkenswerte Konzept nun praktisch umgesetzt werden kann, versucht Vogler im folgenden in bezug auf die Fugenkomposition auch zu konkretisieren; daß sein innovativer Ansatz zu einer Abkehr von den Konventionen kontrapunktischen Komponierens führen muß, braucht dabei nicht zu verwundern: „Die Fuge ist also ein musikalisches Kunstwerk, so Niemand akkompagnirt, Niemand nachgiebt, wo keiner eine Nebenrolle, sondern jeder eine Hauptrolle spielt, und hier in diesem Begriff konzentrieren sich die Ansichten der Redekunst, der Schlusskunst, der Zergliederungs-Wissenschaft der Empfindungen. Will aber der Tongelehrte alle Pedanterie auf Seite sezen, soll die Musik mit obigen Kunstzweigen ein, der schönen Natur abgepflüktes Kleeblatt vorstellen, so dürfen wir mit einem Wort sagen, der sogenannte alte Kontrapunkt und die daraus inkonsequent gefolgerten, prekären Regeln für den Fugenbau müssen verschwinden, sobald man statt voriger Pedanterie *eine harmonische Gesang-VerbindungsLehre* einführt."[67]

Doch präzisere, produktionsästhetisch zu nutzende Vorgaben vermittelt Vogler nicht; nur gelegentlich führen zunächst allgemein fomulierte Grundsätze zu konkreten, für den Komponisten hilfreichen Handlungsanweisungen: „Ein solches Kunstwerk muss *Ein* Ganzes aus *einem Guss* sein, alles fremdartige leitet vom Zwek ab, verursacht Zerstreuung, und hindert, dass der Hörer sich sammeln könne. Hiervon sind alle durchgehenden Noten ausgeschlossen, noch weniger dürfen unharmonische Querstände sich einschmiegen."[68]

Ähnlich sind auch aus Voglers Postulat, Mannigfaltigkeit aus dem einzelnen zu gewinnen, nur vergleichsweise vage Anhaltspunkte zu ermitteln für die Praxis, wie nach einer ersten Exposition aller Stimmen eine Fuge zu gestalten sei: „Unter *Fortführen* verstehe ich nicht, fremdartige Säzze an einander kleben, die gewissermasen zusammenhalten, was man unter die Rubrik *componere* reihen könnte, sondern eine homogene Folge von den wesentlichen thematischen Ideen, die aus dem ersten Sazze entlehnt, doch eigentlicher fortgesezt als schon herumgeworfen, und ausgeführt sind. Auch muss man blose Wiederholung von der bündigen Ausführung unterscheiden. So wie *Idem* durch *Varium* bewiesen und *Varium* durch *Idum* bestättigt wird. Die Mannigfaltigkeit gründet sich auf die Einheit, diese aber wird durch jene noch Eindruksvoller. Die Mannigfaltigkeit besteht darin, dass man zwar den nämlichen Umriss beibehält, aber verschiedene neue Zusammenstellungen, Formen und Tonarten, Harmoniewechsel, Ausweichungen etc. damit verbindet."[69]

So geeignet solche allgemeinen Vorgaben zur wohlfeilen Kritik an Werken der
Kontrahenten sind, so wenig dienen sie zur Gestaltung von Kompositionen in einem Genre, das um die Wende zum 19. Jahrhundert dominiert war vom Leitbild
einer „Schulfuge": Deren „Regeln", wie Marpurg sie formuliert hatte, behaupteten ihre Virulenz zwar nicht für die künstlerische Praxis, doch wohl für die Ausbildung. Was freilich sein eigenes Komponieren betraf, so zeigte sich Vogler seltsam zurückhaltend im Vorlgen kontrapunktisch avancierter Werke, und die Überschrift „Fuge" findet sich bei seinen Instrumentalstücken nicht. Gleichwohl versuchte auch er, an die Tradition eines Kompendiums komplexer Satztechniken
anzuknüpfen, als er 1806 *Zwei und dreisig Präludien für die Orgel und für das
FortePiano* vorlegte, denen er eine allerdings ebenso geschwätzige wie unver-
bindliche *Zergliederung in ästhetischer, rhetorischer und harmonischer Rücksicht* beifügte: Im zweifachen Zyklus von 16 meist dreistimmigen Stücken, die
auf das Vorbild der Bachschen *Sinfonien* rekurrieren[70], präsentiert er seine Fähigkeit, mehrere musikalische Gedanken im mehrfachen Kontrapunkt vorzustellen,
und dies gerät ihm umso eleganter, je unprofilierter und formelhafter das thematische Material ist. Dabei fehlt nicht nur jede Entwicklung und Durchführung, da
Vogler kaum mehr als kurze, nur wenige Takte messende Phrasen aneinander-
fügt, in denen im Tausch der Stimmen verschiedene Kombinationen der zudem
nur selten kontrastierend angelegten Motive gezeigt werden; diese gleichförmige
Periodik einer parataktischen Anlage bleibt auch harmonisch blaß, zumal Vogler
weite Strecken mittels simpler Sequenzen konstituiert und auf die Exposition eines veritablen Gegensatzes in themafreien Partien verzichtet wird.

Mag Vogler auf diese Weise kontrapunktisch ambitionierte Tonstücke vorlegen, so dürfte doch auch er nicht verkannt haben, daß die kompositorische Qualität seiner „Präludien" kaum hinreichend war, die Überschrift „Fuge" zu rechtfertigen – trotz der unübersehbaren Affinität zu diesem Genre. In diesem Verzicht
auf eine eindeutige Ausweisung seiner Orgelstücke als Fugen zeigt sich zum einen der Versuch, Vorgaben und Ansprüche eines durch Tradition sanktionierten
satztechnischen Verfahrens zu umgehen, ohne schon das Postulat einer innovati-
ven Gestaltung auch in diesem Metier einlösen zu müssen; damit erscheinen
überkommene – für die Fuge aber weiterhin als unverzichtbar, weil konstitutiv erachtete – Techniken zugleich als unzeitgemäß, allenfalls einer Gelehrsamkeit geschuldet, die sich nicht zuletzt als propädeutisches Moment der Kritik entzieht.
Zum anderen würden Fugen aus seiner Produktion unmittelbar einen Vergleich
mit einschlägigen Werken Johann Sebastian Bachs nahelegen, was nicht nur eigene kompositorische Defizite allzu deutlich werden ließe, sondern auch Voglers
an anderer Stelle gezeigte Prätention, Kompositionen Bachs „verbessern" zu
wollen, entlarvte: Zwar schreckte Vogler auch in bezug auf Bachs Fugen nicht
vor kritischen Anmerkungen zurück (die sich freilich nur auf gewisse Härten der
Stimmführung bezogen), doch hätte sein bei einer Betrachtung Bachscher Choräle
durchaus nachvollziehbarer Einwand, der Komponist verfahre stillos, da er sich
bei kirchentonal gebundenen Melodien auch in der Begleitung auf den Tonvorrat
der Modi zu beschränken gehabt hätte, in anderen Liedsätzen aber den Reichtum

der Harmonik noch weiter – und vor allem konsequenter – ausreizen müßte, in einer Studie zu den großen Werksammlungen des Thomaskantors peinlich gewirkt. So aber konnte Vogler seine Vorstellungen von der Fugenkomposition unbefangen formulieren, indem er Neuartiges forderte, das er nicht kompositorisch umzusetzen verpflichtet war, und anscheinend Traditionen respektierte, wenn er ein Genre, dessen Gestaltung satztechnische Konventionen verlangte, in seinem Œuvre ausließ.

Hatte Vogler zwar bereits neue Inhalte und Perspektiven für die Komposition von Fugen visiert, doch – kaum ohne Bedacht – auf die Fixierung konkreter Richtlinien zur kompositorischen Ausarbeitung verzichtet, so folgte ihm Hans Georg Nägeli, der in Zürich wirkende Musikhistoriker und Gesangspädagoge, in den zentralen Vorstellungen, die er um einige genauere Hinweise zur Anlage von Fugen zu bereichern wußte, wenngleich sie nur indirekt zu erschließen sind: aus der Analyse einzelner Werke. In einer Betrachtung der Fuge „*Christus hat uns ein Vorbild gegeben*" aus Grauns seinerzeit außerordentlich populärem Oratorium *Der Tod Jesu* wandte er – gegen Friedrich Rochlitz, der diesen Satz als Meister- und Musterstück der Fugenkomposition rühmte – ein, daß hier einige „Constructionsfehler" zu verzeichnen seien, „die kein guter Fugen-Componist sich erlaubt" und als die er im einzelnen fehlerhafte Folgen von Dux- und Comes-Versionen und zu häufige Wiederholung des Themas auf denselben Tonstufen und in denselben Stimmen nennt. Aus der negativen Bilanz für dieses Werk ergibt sich jedoch die Charakteristik einer gelungenen Fuge: „Ueber diese sechs einzelnen Construktionsfehler hinaus hat die Fuge noch die Fehlerhaftigkeit im Ganzen ihres Zuschnitts, daß das Hauptthema nicht gehörig in melodischer Hinsicht auf den verschiedenen Tonstufen, in modulatorischer Hinsicht nicht in den verschiedenen Tonarten der diatonischen Tonleiter vorkommt. Es muß nämlich in einer ausführlichen Dur-Fuge das Thema in melodischer Hinsicht auf jeder Tonstufe vorkommen mit Ausnahme der siebenten, mithin auf sechs verschiedenen Tonstufen. Diese sind in modulatorischer Hinsicht die drey Dur- und die drey Molltonarten der Scala."[71] Methodisch analog unterzieht er in der Folge noch ein zweites vorgeblich besonders hervorragendes Beispiel der Fugenkomposition, die *Kyrie*-Fuge aus Mozarts *Requiem*, einer letztlich noch harscheren Kritik, da die Zahl der Tonstufen, auf die das Thema versetzt wird, zu groß und eine Relation zwischen ihnen nicht mehr erkennbar sei: „Durch eine solche Verletzung der Verwandtschaft der Tonarten und zugleich des Wechselverhältnisses zwischen Dur und Moll, wird die Fuge zu einem barbarischen Tongewühl. Und auf solche Weise hört die Fugenkunst geradezu auf, eine Kunst zu seyn." Wie Fugen, nun positiv gewendet, zu gestalten und welche Elemente als essentiell anzusehen seien, entwickelt Nägeli wieder nur mittelbar: „Man kann, statt die Repercussion, als das Hauptwirkungsmittel der Fuge, (vermittelst der theils vereinzelten, theils in den verschiedenen Stimmen harmonisch zusammengebrauchten Kunstmittel der Nachahmung, Versetzung, Umkehrung, Zergliederung, Verlängerung, Verkürzung, Engführung etc.) geltend zu machen, nur das Thema in so manche Tonart versetzen, als man zur hinlänglichen Länge des Tonstückes bedarf, und so ist die Fuge fertig."[72]

Präziser wird Nägeli allerdings auch im folgenden nicht, zumal sein Adressat nicht der Komponist oder Schüler im Tonsatzunterricht, sondern der „Dilettant" ist, der eine Auflistung der auf den ersten Blick erkennbaren und auditiv sofort faßlichen Kennzeichen der Fuge erhalten soll: „Wer die Constructions-Gesetze der Fuge auch nicht methodisch kennt, wer nur einmal eine Fuge durchgespielt hat oder angehört hat, der weiß wenigstens Folgendes:

a) Daß, nachdem eine Stimme nach der andern in einer kurzen Reihe von Takten eingetreten ist, ein stetes melodisirtes und rythmisirtes Harmoniegewebe bis an's Ende fortläuft.

b) Daß nichts Einzelnes aus dem Ganzen herausgehört werden kann, das für sich ein Theilganzes, einen Absatz oder so etwas ausmachen würde, wobey man etwa hörend verweilen, oder spielend innehalten könnte.

c) Daß kein Theil, keine Tonreihe der andern, von ihr und von allen andern abgesondert, zur Bildung eines absoluten Contrastes gegenübergestellt ist;

d) daß die mehrern, stets mit einander gleichzeitig fortlaufenden, durch diese Gleichzeitigkeit harmonisirten Tonreihen auch stets vom Hörer auf einander bezogen werden müssen, der sie daher nur im durchgängigen Zusammenhang fassen und genießen kann.

e) Daß viele solcher Tonreihen, künstlich verflochten, zu einem großen inhaltsreichen Kunstganzen verbunden sind."[73]

Dennoch genügen Nägeli diese wenigen Umschreibungen bereits, Kategorien zur Fugenkomposition zu benennen, deren Fehlen er zum Anlaß nimmt, die Verfasser von andernorts als vorbildhaft bezeichneten Werke zu rügen. Ebensowenig wie Vogler vermag jedoch auch er das Problem zu lösen, daß einerseits Kompositionen, die den Konventionen dieses ambitionierten kontrapunktischen Genres entsprechen, zwar den Namen „Fuge" zu Recht tragen, doch in ihrer abstrakten Erfüllung der Vorgaben des Lehrbuches unzeitgemäß sind; auf der anderen Seite wird aber der Versuch, das Komponieren in diesem zweifellos als besonders hochrangig gewerteten satztechnischen Verfahren um aktuelle Elemente zu bereichern, mißbilligt, wenn es diesen Richtlinien nicht adäquat ist.

Der Ansatz einer Optimierung des herkömmlichen Modells indes scheitert: An Bachschen Fugen ist für Vogler nichts zu „verbessern", und sein Verzicht auf eigene, explizit mit dieser Überschrift versehene Kompositionen ist die Kehrseite der nur Marginalien betreffenden Kritik an den kontrapunktischen Sätzen des Thomaskantors.

Das Risiko, das Vogler als Komponist ebenso scheute wie Nägeli als um leicht faßliche Kriterien bemühter Historiker und Pädagoge, daß nämlich eine Weiterentwicklung der Fugenkomposition auch solche Momente betreffen könnte, die als unverzichtbar, weil konstitutiv für dieses Genre galten, ging ein anderer Zeitgenosse ein: Der aus Prag stammende, im Bonn und Wien der Beethoven-Zeit sowie später am Pariser Conservatoire tätige Antonín Rejcha postulierte bereits in seinen *Philosophischen Anmerkungen*, die er zu *Practischen Beispielen* notierte, daß in bezug auf die Komposition von Fugen gelten müsse, was in anderen musikalischen Bereichen selbstverständlich sei:

„Seit Händels und Corelli's Zeiten hat in der Musik alles seine innere sowohl
als äußere Form zwei- bis dreimal abgeändert, nur die Fuge hat die ihrige beibehalten; und daher – will sie niemand hören. Der Ursprung derselben fällt in jene
Zeiten hin, in welche unsere gegenwärtigen Tonarten noch nicht im Schwunge
waren; daher war es nothwendig, die Regeln für den Führer und Gefährten aufzustellen, um diesen in Rücksicht der Melodie jenen so ähnlich wie möglich zu erhalten. Warum aber diese Regeln auf unsere Tonarten angewandt? Warum diese
halsbrechende Schwierigkeiten, die directe wider das Interesse der Kunst laufen,
da einzuführen, wo man im Besitze aller Mittel ist, mit leisem Schwunge über sie
weg zu sehen, und auf die Hauptsache, das Herz allein Rücksicht zu nehmen?

Es ist der Mensch! Er bleibt stets ein Kind, welches lieber annimmt als selbst
denkt. Denn die Ursache, welche man für die Beibehaltung jener Regeln angibt,
sind, wenn man den hohen Grad, zu welchem die Musik im übrigen gestiegen ist,
in Betracht zieht, höchst unbedeutend und zwecklos.

Hätten unsere Vor-Eltern die Regeln für die Fuge in jenen Zeiten bestimmt, in
welchen unsere Tonarten bereits im Schwunge waren, so hätten sie sicher anders
gelautet; und noch anders würden sie lauten, wenn sie sie nun erst aufzustellen
anfingen. Wie würden sie lächeln, wenn sie aus ihren stillen Grüften aufstünden
und uns noch in jener Tracht anträfen, die sie aus Mangel bessern Stoffs so sehr
gedrückt hat!"[74]

Die Konsequenz, die Rejcha aus dem Postulat einer Aktualisierung der konventionellen Richtlinien auch und gerade für die Fugenkomposition zog, führte
zunächst zu einer Preisgabe des strikten Prinzips der Quintbeantwortung eines
Themas bei jenen Fugen, die er als Beispiele hier anführte und die er auch in seine Sammlung der *36 Fugen* op. 36 übernahm. Daß jedoch ein Einsatz imitierender Stimmen im Abstand von Terzen oder Sexten, sofern „real", also ohne Rücksicht auf die eingangs exponierte Tonika durchgeführt, weitreichende Implikationen für die Harmonik zeitigen mußte, ersah Rejcha nicht als notwendiges Übel,
sondern als durchaus erwünschten Nebeneffekt: Auch hier war das Prinzip einer
grundlegenden Erneuerung traditioneller Ansätze zu demonstrieren, indem etwa
in jener 13. Fuge dieser Sammlung, die nach Rejcha das neue harmonische System besonders markant repräsentiert, der Bezug zu einer Grundtonart gänzlich
aufgegeben und selbst das Kadenzgefüge, das in anderen der hier vorgelegten
Stücke noch zumindest an einzelnen Stellen eine großflächige Disposition der
Harmonik erkennen ließ, suspendiert wird. (Daß in dieser völligen Emanzipierung
von der Hierarchie eines traditionellen Tonarten-Systems wie auch der Ordnung
der Strukturtonstufen innerhalb eines Modus eine sozial-politische Dimension
verborgen war, dürfte Rejcha – wie auch Vogler, der allerdings die Konsequenzen für die kompositorische Praxis scheute – durchaus erkannt haben, wiewohl
eine ungleich gründlichere historische und musikphilosophische Ausarbeitung
dieses Ansatzes, zudem unter dem Einfluß Saint-Simonschen Gedankengutes, erst
François Joseph Fétis, sein Kollege am Pariser Conservatoire, leistete.)

Die Kritik an Rejchas op. 36, wie sie nicht zuletzt Ludwig van Beethoven
vortrug, reflektiert erneut die Diskussion um die Virulenz eines Regelwerks für

die Fugenkomposition, zumindest für propädeutische Zwecke. Doch bezog sich
das wenig vorteilhafte Urteil über Rejchas Fugenkonzeption nicht allein auf nach
konventionellen Maßstäben zu mißbilligende satztechnische Sachverhalte, sondern auch auf die „Anomalien in Hinsicht auf kunstgerechten Bau, auf Harmonie,
Melodie, Rhythmus"; alle Details aber genauer zu untersuchen, „was denn doch
wahrhaftig fest stehen muss, wenn nicht die Kunst zu einem verworrenen Galimathias werden soll – dazu würde man ein Werk schreiben müssen, das dicker
wäre, als der ganze Fugenband selbst".[75] Die wichtigsten Einwände faßte der Rezensent der *Allgemeinen Musikalischen Zeitung* sodann in fünf Punkten zusammen: „1) Fugen nach diesem neuen Systeme hören auf Fugen zu seyn. 2) Diese
Fugen sind fugenmässige Phantasieen, aber keine Fugen. 3) Warum hören die
meisten dieser Fugen in einer andern Tonart auf, als in jener, in welcher sie angefangen. 4) Die grössten Meister: Händel, S. Bach etc. haben nach der alten, allgemein angenommenen Methode ihre Fugen verfertigt; folglich muss sie die beste
seyn. (Nicht so! sondern: sollte sie nicht die beste seyn? und giebt es hinlängliche
Gründe, von ihr abzuweichen?) 5) Was hat aber die Fuge durch diese neue Be-
handlungsart gewonnen?"[76]
    Die Argumentation des Leipziger Rezensenten, die Gültigkeit konventioneller
Verfahren der Fugenkomposition mit einem Verweis auf zwei autoritative Komponisten zu behaupten, deren Werke gerade jene Konventionen ins Recht setzten,
ist allerdings – wie bereits gezeigt – nicht unproblematisch, da sie jederzeit von
einem Hinweis auf eine Fuge, die von einer solchen vorgeblichen Norm abwiche,
zu unterlaufen wäre. Und Rejcha, dessen Prätention, daß die Erkenntnis der weitreichenden Konsequenzen seines Systems allein den Philosophen und Genies
vorbehalten sei, den Widerspruch der Musiker herausfordern mußte, konnte leicht
entgegnen, daß nicht schon die Observanz eines überkommenen Regelwerks hinreiche, um eine veritable Fuge zu schreiben; dies begründe auch nicht den unbestrittenen Rang der polyphonen Musik Bachs, die Rejcha zum Pendant oberflächlicher Virtuosenkunst stilisiert, um eine in Konzertpraxis und Instrumentalunter-
richt der Zeit selbstverständliche Antithese auch für die kompositorische Praxis
zu adaptieren: „Fuge" bezeichnet nicht mehr ein nach Richtlinien geordnetes
satztechnisches Verfahren, sondern – ungleich offener – einen Habitus, seriöse
Musik zu produzieren: „Le genre fugué est celui où toutes les parties sont à-peu-
près de la même importance; où l'harmonie, soit à deux, à trois ou à quatre parties, est pure, riche et concise; où l'on évite avec soin les lieux communs, ainsi
que tout ce qui ne mérite aucune attention des personnes instruites. Ce genre est
et sera toujours celui que les connaisseurs et les véritables amateurs estimeront le
plus, non-seulemant parce qu'il est le plus difficile, mais parce qu'il n'est point
assujetti au caprice d'un goût frivole et passager, comme tant d'autres producti-
ons musicales qui passent de mode et ne résistent point au tems. C'est pourquoi
les ouvrages des Händel, des Marcello, des Sebastien Bach, etc. etc. ont pour
nous le même intérèt qu'ils ont eu pour les générations passées."[77]
    Deshalb sei ein Studium von Werken in diesem Genre allen Musikern zu
empfehlen, nicht allein den Organisten. Zugleich kann Rejcha den geschichtlichen

wie auch ästhetischen Status Bachscher Musik betonen, ohne auf Modifikationen, die in einer veränderten Gegenwart unerläßlich seien, verzichten zu müssen: „En composant ces fugues d'après une nouvelle méthode, on n'a point voulu déprécier celle qu'on suivie les Handel, les Sebastien Bach et autres compositeurs célèbres; on s'est proposé seulemant d'offrir quelques formes nouvelles et moins circonscrites, une plus grande liberté dans le choix des motifs des sujets, et des figures; dans leur enchainement et leur succession; dans l'harmonie et la modulation qui doivent les accompagner, ce qui ne peut nuire ni au mérite ni à la beauté de la fugue; mais peut cependant y ajouter un plus grand intérèt."[78]

Um zu zeigen, daß er nicht nur fugen-„artige" Sätze zu schreiben in der Lage sei, die von der kompositorischen Kritik nicht als Beiträge zu diesem seriösen Genre akzeptiert wurden, vor allem aber zur Verdeutlichung seines Anspruch einer Neuformulierung historischer Ansätze übernahm Rejcha in einige seiner *36 Fugen* op. 36 Themen von Girolamo Frescobaldi, Domenico Scarlatti, Joseph Haydn und nicht zuletzt auch Johann Sebastian Bach. Bezeichnend ist dabei die Wahl des Bezugobjekts, des stark akkordisch konzipierten Themas der *G-Dur-Fuge* aus dem zweiten Teil des *Wohltemperierten Klaviers* (BWV 884), das durch seine parataktische Struktur eine Erweiterung des formalen Aufbaus wie auch des Spektrums der Harmonik leicht ermöglicht, hingegen ungeeignet ist zur Demonstration einer über das Bachsche Vorbild hinausweisenden kontrapunktisch-artifiziellen Verarbeitung: Nur in bestimmten Parametern schien eine Fortsetzung in der Fugenkomposition nach Bach und über ihn hinaus möglich.

Demgegenüber sind Rejchas *Études dans le genre fugué* op. 97 weit konventioneller. Als Unterrichtsliteratur und Studienwerk verzichten sie auf jene vormals gezeigte exzentrisch anmutende Harmonik und thematisch-motivische Arbeit, scheinen sich jedoch in einer Betonung traditioneller kontrapunktischer Techniken – Umkehrung, Diminution und Augmentation des Ausgangsthemas – wie vor allem in einer fast zum Schema gerinnenden Form an Modelle anzulehnen, deren Grundriß auch in etlichen Fugen Bachs wiederzufinden ist. Schon die Exposition ist mit Quint-/Quartbeantwortungen des Themas, sehr regelmäßig angelegt, und nicht selten wird ein erster Teil der Fuge mit einem überzähligen Einsatz und einer ausgeprägten Kadenz beschlossen. Imitationen über den Themenkopf sowie reiche Sequenzen bestimmen dann einen Mittelteil, dessen Zentrum häufig ein markanter Themeneinsatz unterstreicht. Fast als Reprise eröffnet ein Einsatz des Themas in seiner Ausgangsgestalt und -lage den letzten Teil, der harmonisch dichter und kontrapunktisch reicher angelegt ist. Einen Kulminationspunkt kurz vor Schluß unterstreicht eine Fermate, den Ausklang bezeichnen einzelne Themeneinsätze. Als weitere Reflexe traditioneller Fugenkomposition sind nicht nur der Verzicht auf satztechnisch freiere Abschnitte zu verstehen, sondern mehr noch die Sorgfalt, Taktmengen korrespondierender Abschnitte proportional aufeinander zu beziehen.

Zweck dieser Fugenstudien Rejchas war nicht zuletzt, potentiellen Kritikern das eigene kompositorische Vermögen zu demonstrieren, ferner die Basis zu verdeutlichen, auf der jedes kontrapunktische Komponieren beruhe und darin einen

Ausgangspunkt für die dennoch erforderlichen, an anderer Stelle zu zeigenden Innovationen zu markieren. Daß umgekehrt der Rekurs auf einige zentrale satztechnische Verfahren der Fugenkomposition zum besseren Verständnis historischer Werke dieses Genres und insbesondere von Johann Sebastian Bach darstellen konnte, war eine Intention, die Rejcha keineswegs herausstellte, Hans Georg Nägeli dagegen als unübersehbaren Vorzug dieser *Études* erkannte: „Auch darin liegt ein hochwichtiger Culturgewinn, daß nicht wenige der jetzigen Klavier-Componisten, mit ihrem glänzenden, spielvollen Styl auch die Künste des Contrapunkts reichlich verweben, und so die Bahn aufwärts zu Johann Sebastian Bach, als der ersten und höchsten Quelle, woraus wesenhaft die reine Instrumentalmusik entsprang, stufenweise ersteigbar machen; ein Verdienst, das gegenwärtig Rejcha sich mit seinen höchstvortrefflichen Etudes dans le genre fugué in höherem Maaße als kein anderer Künstler des neuen Jahrhunderts erwirbt."[79]

Rejcha selbst dagegen betonte den propädeutischen Aspekt, den er allerdings, als nunmehr naturalisierter Franzose, patriotisch überhöhte zwecks einer Aufwertung der französischen Musik: „Peut être est-il un jour réservé à la Nation Française de donner à la Fugue un nouvel éclat; il est à espérer que lorsque les Artistes s'y seront adonnés avec ardeur, cette contrée produira des maîtres aussi supérieurs en harmonie, qu'elle en a offert en mélodie: Ce seroit un préjugé funeste au progrès de l'art de s'imaginer que l'etude de la Fugue n'est bonne qu'à étouffer le génie et à arrèter sa marche."

So war das in den *Études dans le genre fugué* vorgeführte Verfahren der Komposition fugenartiger Sätze, deren Anlage bewußt auf Stereotype rekurrierte, doch nur eine Voraussetzung, veritable Fugen zu schreiben, die auch künstlerisch selbständig waren. Denn das Modell, das Rejcha zur Fugenkomposition in seinem *Traité de haute composition musicale* 1824 vorlegte, weist in seiner außerordentlich unkonventionellen Konzeption auf jene Radikalität zurück, mit der er zu Beginn des Jahrhunderts Traditionen kontrapunktischer Satztechniken verworfen hatte, ohne daß allerdings nun die freizügige Behandlung der Harmonik explizit thematisiert wäre. Doch wird auch die ehedem und andernorts als unverzichtbar erachtete Kategorie einer die Tonart wahrenden Themenbeantwortung hier nicht mehr benannt: Die ästhetisch gelungene Fuge erscheint nunmehr als systematischer Wechsel von themengebundenen, kontrapunktisch dichter gefügten Teile mit Abschnitten, deren freie Gestaltung nachhaltig gefordert ist, und der Einfluß Bachscher Kompositionen erscheint ungleich geringer als der Bezug auf weiter zurückreichende Traditionen des Ricercares:

„Plan d'une Fugue phrasée.

1) L'Exposition. Elle doit former une période complète, c'est à dire avoir une cadence parfaite, autant que possible. Sa longeur ne doit pas excéder vingt-quatre mesures du mouvement allegro et pour une fugue dans le mouvement lent, elle ne doit pas excéder douze mesures.

2) Un épisode bien rhythmé et bien phrasé avec une cadence parfaite. Il pourrait avoir de vingt à trente mesures: mais il faudrait qu'il fut composé de dessins, de traits enfin, d'idées qui ne fussent pas pris du sujet de la fugue.

3) La contre-exposition suivie de quelques développemens partiels. Le tout devait faire une nouvelle période de douze à seize mesures à peu près.
4) Un épisode qui aurait quelque analogie avec le précédent. Il terminerait avec une cadence parfaite.
5) Le sujet de fugue en imitation ou premier stretto, de douze à seize mesures et plus. Ce qui devrait former une nouvelle période.
6) Un épisode pour reposer le sujet qui serait également analogue avec les deux précédens, formant une période plus ou moins régulière.
7) Des imitations, ou un 2e stretto avec le sujet de fugue, formant une nouvelle période.
8) Un quatrième épisode plus ou moins dans le genre des trois précédens, durant lequel le sujet se reposerait.
9) Des imitations, des developpemens partiels, ou encore un 3e stretto avec le sujet, suivi de la pédale, d'un canon et de la conclusion, ou coda.

Il y a une certaine adresse à faire distinguer ces phrases et ces périodes les unes des autres, sans les terminer toujours par une cadence harmonique: car une grande quantité de ces cadences pourrait rendre le morceau (dont l'interêt est toujours plus harmoniques que mélodique) par trop symétrique, et en diminuer la chaleur."[80]

Noch einmal stellte sich Rejcha so gegen Traditionen der Fugenkomposition, wobei er zweifellos mit diesem Entwurf einer generellen kompositorischen Entwicklung Rechnung trug, in der die Parataxe verschiedener Abschnitte als Gestaltungsprinzip dominierte. Wie dieses Konzept künstlerisch umzusetzen war, zeigte er allerdings nicht; doch reflektieren etwa die als Fugen ausgewiesenen Abschnitte in den Werken seines Schülers Franz Liszt[81], daß seine Ideen aufzugreifen waren – in einem Kontext, in dem ebenfalls der Fortschritt in einem alten satztechnischen Verfahren gesucht wurde: das Weiterführen einer überaus kunstvollen Kompositionsweise, nicht epigonal oder restaurativ, sondern in produktiver Auseinandersetzung gerade mit dem Œuvre Johann Sebastian Bachs, an den anzuschließen nur durch eine Diskussion jener Parameter möglich schien, die in seinen ambitionierten Fugen- und Kanonsammlungen noch nicht erschöpft waren.

MONUMENTE DER FUGENKUNST: KUNTZENS *DENKMALE FÜR JOHANN SEBASTIAN BACH*

Kein Kuriosum, allenfalls ein Unikum, das gleichwohl repräsentativ ist: Die Hamburger Staats- und Universitätsbibliothek bewahrt in ihren Beständen das Manuskript eines Komponisten auf, der nach Ausweis der hohen, auf dem Titel notierten Opus-Zahl ein umfassendes Œuvre hinterlassen haben müßte; doch weder sind weitere Werke in anderen Bibliotheken nachgewiesen – im Druck erschien von diesem Autor offensichtlich nichts – , noch konnten biographische Daten ermittelt werden:[82] *H.[errn] Johann Sebastian Bachs Denkmaale. Jedes von 6 Fugen auf Tasten-Instrumente über dessen Namen. Auf Veranlassung H.[errn] Adv.[okat] Tauschers von Johann Christian Kuntzen in Grumbach bey Waldenburg, op. 395–398, 407, 426.*

Auch die beiden weiteren Informationen des Titels, Grumbach bei Waldenburg als Wirkungsort Kuntzens sowie Advokat Tauscher, der das Projekt veranlaßt habe, sind wenig erhellend: Weder konnten in dem kleinen, bei Zwickau gelegenen Ort nähere Auskünfte gesammelt werden, noch läßt sich über den Initiator dieses Werkes viel ermitteln: Friedrich Wilhelm Tauscher war in der ersten Hälfte des 19. Jahrhunderts als Haupt-Steueramts-Assistent in Zwickau tätig und offensichtlich auch mit Robert Schumann bekannt.[83] Hier aber deutet sich ein Umkreis an, in den der Autor dieser *Denkmale* sich zwanglos einordnen läßt, sowohl durch die Konzeption seiner Fugen und ihrer vorangestellten Illustrationen wie auch durch die Frau von Schumanns Leipziger Verleger, Henriette Voigt, deren Geburtsname Kuntze vermutlich kaum zufällig jenem Namen des Autors der Fugensammlung, wie ihn das Titelblatt vielleicht nur in einer deklinierten Form anführt, gleicht.

Gegenüber Schumann, der lediglich sechs Fugen über das B-A-C-H-Thema schrieb, konzipierte Kuntzen ein allein im äußeren Zuschnitt weit umfangreicheres Werk, das offensichtlich zunächst, wie aus der Folge der Opus-Zahlen – 395-398, dann 407 und 426 – ersichtlich, lediglich 24 Fugen umfassen sollte. Wie hier versuchte er auch mit der C-Dur-Tonika der ersten Fuge an Bachs *Wohltemperiertes Klavier* anzuknüpfen, wiewohl diese Tonart eine Bearbeitung des Namenthemas keineswegs erleichtert und von der Mehrzahl der Komponisten, die sich dieser Thematik im Zeitalter der harmonischen Tonalität widmeten, auch vermieden wurde. So suggeriert auch in Kuntzens Eröffnungsfuge der Anfangston *B* mit seiner halbtönigen Fortschreitung eher F-Dur als Tonika und ein zur Dominante modulierendes Thema. Daß C-Dur als Grundtonart intendiert und der Beginn also subdominantisch zu verstehen ist, wird erst durch den zweiten Teil des Themas ersichtlich, die Dreiklangsbrechung sowie die anschließende mehrfache Synkopenbildung, in der ein Gedanke des zweiten Taktes aufgegriffen wird und zugleich die Möglichkeit einer ununterbrochenen Bewegung kleiner Notenwerte für den polyphonen Satz vorgezeichnet erscheint. Der Einsatz des Comes in realer Beantwortung des Themas steht lehrbuchgerecht auf der Dominante, die mit einer Kadenz in Takt 7/8 bestätigt wird. Das Material des Kontrapunkts ist nur zu Beginn neu und wird bestimmt durch eine längere Anfangsnote, zwei in Sekunden abwärts geführte Viertelnoten sowie ein zum Ausgangston zurückführendes Motiv in schneller daktylischer Bewegung (Achtel, zwei Sechzehntel); nachfolgend schließt die Begleitung sich dem Thema eng an, zunächst in parallel geführten Sexten, dann auch in der Übernahme des Oktavsprungs und einiger Sekundschritte. Ein kleines Binnenzwischenspiel, in dem mit einem weiteren neuen Motiv aus drei auftaktigen Sechzehnteln eine Quintschrittsequenz formuliert wird, führt zur Tonika zurück und erlaubt den Dux-Themeneinsatz des Tenors sowie analog des Basses als Comes, deren notwendigerweise sehr dissonante Anfangstöne – als Basis eines Sekundakkordes – den Eintritt des Themas unterstreichen. Ein markanter zweiter Kontrapunkt wird nicht ausgebildet, vielmehr werden jeweils zwei Stimmen in Sexten oder Dezimen parallelgeführt; als Füllstimme bleibt insbesondere der Alt meist melodisch unprofiliert, der nur gelegentlich den Gedanken der Synkope zur Wahrung eines rhythmisch kontinuierlichen Impulses nutzt. Die Exposition ist mit der vollständigen Präsentation des Themas im Baß und einer Kadenz zur Dominante abgeschlossen (T. 19).

Erneut wird, nun mit einer Terzschritt-Sequenz und einem aus dem dritten Takt des Themas gewonnenen, doch sehr unspezifischen Motiv, eine Modulation eingeleitet, die binnen kurzem zur Subdominant-Parallele führt. Ein Doppelthemeneinsatz der beiden Oberstimmen, die wie Tenor und Baß mit dem Kontrapunkt in Terzen gekoppelt sind, wird mit einer Kadenz zur Tonikaparallele beschlossen. Die Parallelführung zweier Stimmen fortsetzend, wird in enger Imitation des aus dem Kontrapunkt abgeleiteten, rhythmisch noch weiter konturierten Motiv und harmonisch wiederum mit einer Quintschrittsequenz zur Dominante zurückgeleitet, auf der nun eine weitere Durchführung des Themas beginnt. Einem Dux im Tenor, begleitet vom Kontrapunkt des Basses, antwortet der Comes des Altes, flankiert vom Kontrapunkt in der benachbarten Unterstimme. In schöner Korrespondenz zur Exposition ist in einem Binnenzwischenspiel wieder das Motiv dreier auftaktiger Sechzehntel konstitutiv, bevor mit Dux-Formen des Themas in den Außenstimmen und in (Tre-)Dezimen parallel geführten Kontrapunkten diese Durchführung auf der Tonika beschlossen wird. Eine Stretta des Themenkopfes, kombiniert mit dem auf das prägnante Daktylus-Motiv reduzierten Kontrapunkt bietet in schnellem Wechsel der Stimmpaare acht B-A-C-H-Einsätze und führt dank etlicher Sequenzbildungen weit in (zwischen-) dominantische Regionen. Nach einer Fermate über der Dominante der Tonikaparallele schließlich wird – leider nicht in letzter Konsequenz – mit einem verminderten Septakkord die dichteste im vierstimmigen Satz mögliche polyphone und zugleich harmonisch sinnvolle Verdichtung des B-A-C-H-Motivs zumindest angedeutet, bevor es im Doppelthemeneinsatz der Oberstimmen in höchster Lage geradezu triumphal noch einmal präsentiert wird.

Übersieht man nun das Stück insgesamt, so scheint es nicht ungeschickt disponiert: Hinsichtlich der formalen Anlage deutlich gegliedert, finden sich in jeder Hälfte neben einer vollständigen, vierstimmigen Durchführung des Themas einige weitere Einsätze, die meist in Terzen aneinander gekoppelt sind und weitere Tonstufen erschließen. Ein freilich sehr knappes, motivisch sowohl an den Kontrapunkt rückzubeziehendes wie auch mit einer eingefügten Punktierung neue Gedanken vorstellendes Zwischenspiel trennt beide Großteile und bietet daneben harmonisch einen Kontrast, nach dem der Wiedereinsatz der Dux-Gestalt des Themas im Tenor in der Tonika fast Reprisencharakter gewinnt. Außerordentlich ökonomisch sind die einzelnen Motive disponiert, zudem leicht aufeinander zu beziehen und funktional genau definiert. Auch die finale Steigerung durch ein rasches Alternieren von Ober- und Unterstimmen mit dem paarig vorgestellten Themenkopf ist wirkungsvoll plaziert, die Fermate auf dem zwischendominantischen Sextakkord zur Tonikaparallele indes etwas blaß und der verminderte Sextakkord in der Schlußphrase in seinen Implikationen nicht genutzt.

In ihrem Aufbau vermittelt diese erste Fuge zwischen einer Zweiteiligkeit parallel aufgebauter Teile – vierstimmige Durchführung des Themas mit Binnenzwi-

schenspiel über ein eigenes Motiv und Kadenz auf der Dominante, Sequenzbildungen mit Material des Themas und Modulation zu sekundären Tonstufen, dort
ausgeterzte Doppelthemeneinsätze, schließlich eine freier gefügte Schlußpartie –
und einer dreiteiligen Anlage, in der dem Wiedereintritt des Themas Reprisen-
funktion zukommt und eine allerdings nur kurze Durchführung neben einer Coda
auch andere Formkonzepte reflektieren. Das konstruktive Moment, das in der
Möglichkeit der Ableitung und Kombination der einzelnen Motive in Thema,
Kontrapunkt und Zwischenpartien aufscheint und sich in der ambivalenten Deutung der formalen Anlage als zwei- oder dreigeteilt spiegelt, bezeichnet vielleicht
am deutlichsten die Zahl der Themeneinsätze, sofern auf den signifikanten Beginn
mit der B-A-C-H-Formel reduziert: Insgesamt 24 Mal ist das musikalische Emblem des Thomaskantors in dieser ersten Fuge nachweisbar, und diese Zahl ist sicherlich nicht nur ein diskretes Symbol für die Anzahl der Teilsätze des Gesamtwerkes, sondern entspricht vermutlich kaum zufällig der Menge der Themeneinsätze jener ersten Fuge des Wohltemperierten Klaviers, mit der sie auch die Tonart gemeinsam hat.

Wenn das klangliche Ergebnis dieser Fuge allerdings wenig befriedigt, so kaum
wegen der zahlreichen konstruktiven Momente, sondern eher aufgrund der letztlich sehr unspezifischen Motivik: Die melodischen Formeln, die dem B-A-C-H-
Thema kontrastieren, sind nur unzureichend profiliert, zudem innerhalb ihrer Sequenzbildungen allzu schematisch. Auch die harmonischen Zielpunkte sind nicht
immer glücklich angesteuert: So unsicher wie der erste Beginn des in allen Parametern nicht hinreichend konturierten Themas hinsichtlich einer tonartlichen Einordnung sind auch die kaum zwingend erreichten Tonstufen im Verlauf des
Stücks. Und manche rhythmischen Figurationen von Sechzehntelnoten – etwa im
Binnenzwischenspiel wie auch im zentralen, kontrastierenden Teil – sind kompositorisch ebenso schwierig zu vermitteln wie musikalisch darzustellen. Am meisten schwächt den Gesamteindruck vermutlich jedoch die Kleingliedrigkeit der
sehr stereotypen Terz- und Quintschrittsequenzen sowie eine Periodizität allzu
deutlich kadenziell geschiedener Abschnitte.

Bei der zweiten Fuge, die Kuntzen in seinem ersten Monument für Bach vorstellt, sind nahezu dieselben Vorzüge und Schwächen zu konstatieren. Ein nun auf B-Dur bezogenes B-A-C-H-Thema wird entsprechend den Konventionen, die im musiktheoretischen Schrifttum nach Bach festgeschrieben wurden, zunächst in Sopran (Dux), Alt (Comes), Tenor (Dux) und Baß (Comes) mit einem ebenfalls obligaten Kontrapunkt exponiert, wobei allerdings im Verzicht auf einen zweiten Gegensatz der Satz lediglich zweistimmig bleibt. Mit einem überzähligen Einsatz im Baß – als Dux, um die Tonart zu wahren – wird eine Vierstimmigkeit aufgenommen, die jedoch in den Oberstimmen allenfalls als Scheinpolyphonie zu verstehen ist. Ein motivisch freies und in seiner Faktur gänzlich divergierendes Zwischenspiel dient nicht nur hier als Kontrast, sondern wird im Verlauf des Stücks noch ein weiteres Mal zwischen zwei Durchführungen, die auch andere Tonstufen miteinbeziehen, interpoliert. Eine vielleicht noch grandiosere Finalwirkung wird hier durch das mehrmals wiederholte, dreifach oktavierte B-A-C-H-Motiv im Wechsel mit schnellem Skalenlaufwerk erzielt.

Doch auch dieser Fuge fehlt, ungeachtet ihrer klaren, übersichtlichen Anlage und reizvoller Details, nahezu jegliche innere Dynamik, deren Ansätze wiederum durch überreiche Sequenzbildungen konterkariert, ja geradezu zerstört werden.

Stärker die Mollvariante der vorgezeichneten B-Dur-Tonika prägt die lediglich zweistimmig angelegte dritte Fuge aus; und doch ist sie nicht nur eine Invention, in der die Kombination zweier musikalischer Gedanken exemplifiziert werden sollte: Die Folge der Themeneinsatztöne b' – f' – b – f entspricht dem Konzept einer vierstimmigen Exposition; ein nun reicher modulierender Zwischenteil enthält ebenfalls Einsätze in deutlich unterschiedenen Lagen, und in den schnellen Figurationen gegen Ende des knappen Stücks ist das Bachsche Namensmotiv, in seiner Ausgangsgestalt schließlich wiederum überdeutlich markiert, auch in Diminutionen und Engführungen präsent.

In dem Satz, den Kuntzen als vierte Fuge ausweist, sind nicht nur auf den ersten Blick kaum Momente zu erkennen, die eine solche Klassifikation rechtfertigten: Die Exposition eines Themas ist ebensowenig zu erkennen wie ein veritabler

Zwischensatz und eine polyphone Struktur des Tonsatz ebenfalls nur schwer auszumachen. Die Grundidee ist offensichtlich lediglich, das ausgeterzte B-A-C-H-
Motiv als Sequenz zweier abwärts geführter Halbtöne mit jeweils einer nachge-
schobenen unterlegten Terz zum Septakkord zu ergänzen und sukzessiv aufzulösen, wobei die stets paarig in nur wenig variierten Intervallen zusammengefaßten
Ober- und Unterstimmen regelmäßig in der Vorgabe des Namenthemas alternieren. Nur am Schluß ist über einem Orgelpunkt der Satz freier, er scheint in einer
latenten Siebenstimmigkeit zu kulminieren.

In der fünften Fuge wird diese Idee aufgenommen und mit den in den ersten Sätzen gezeigten Verfahren eines Wechsels thematischer und zwischenspielartiger
Partien vermittelt. Doch nur scheinbar beginnt der Satz mit der Exposition eines
aus dem Namensmotiv entwickelten Thema und seines zugleich vorgestellten
Kontrapunkts. Schon mit dem zweiten Themeneinsatz wird die virtuelle Vierstimmigkeit preisgegeben, indem wieder Ober- und Unterstimmen miteinander
parallel geführt werden. Der Wechsel knapper, in ihrer Faktur deutlich unter-
schiedener Abschnitte ist hier noch weniger verbindlich als in den Anfangssätzen
dieses Monuments, da die harmonische Disposition lediglich benachbarte Tonstufen visiert, vor allem aber auch gegenüber den ehedem polyphon strukturierten
nun auch in den dichter auf das B-A-C-H-Thema bezogenen Teilen schlichte Se-
quenzketten dominieren.

Lediglich das harmonische Repertoire ist in der sechsten und letzten Fuge des ersten Epitaphs reicher, da in weiten Sequenzierungen der gesamte Quintenzirkel
durchschritten wird; satztechnisch dagegen sind nur die nun schon wiederholt benannten Phänomene – zweistimmig-polyphoner Beginn, Bündelung einiger Stimmen statt Ausprägung und Kombination individuell profilierter melodischer Lini-
en, parataktische Anlage als Kontrast zwischen themengebundenen und freien
Teile, Vielzahl unverbindlicher Sequenzen, gegen Schluß gesteigert – in einer inzwischen hinlänglich bekannten Weise angeordnet.
    Nicht zufällig aber ist der Aufbau dieses ersten Bach-Monuments Kuntzens.
Die ersten sechs Fugen sind zunächst hinsichtlich ihrer Tonarten geordnet: Dem

Eröffnungssatz in C-Dur korrespondiert die letzte Fuge in der Parallele a-Moll, und mit der Spannung von Dur- und Mollvarianten, bezogen jeweils auf die Tonstufen B und D, sind auch die mittleren Teile zueinander in Beziehung gesetzt. Zugleich sind nicht nur die ersten beiden, sondern mehr noch die letzten drei Fugen eng aufeinander bezogen, erscheinen in der Folge akkordischer Gerüstsatz, motivische Erweiterung und Ausweitung der berücksichtigten Tonstufen als sukzessive Steigerung eines freilich kaum je grundlegend variierten Verfahrens.

Schon in der ersten Fuge allerdings zeichnen sich erhebliche Schwächen ab, die letztlich auch alle anderen Sätze des Gesamtwerks prägen. Allzu selten sind die Motive, die Kuntzen an den B-A-C-H-Themenkopf anfügt, hinreichend profiliert, und insbesondere die Vielzahl der Sequenzbildungen, die alle Teile seiner Fugen durchziehen, wirken allzuoft lediglich als kaum originelle und wenig verbindliche Versatzstücke.

Andererseits entspricht Kuntzen etwa in seiner einleitenden C-Dur-Fuge duchaus den Vorgaben zur Gestaltung fugierter Sätze, wie er sie aus Lehrbüchern seiner Zeit, allen voran Marpurgs *Abhandlung von der Fuge*, entnehmen konnte. Die Exposition des Themas im vierstimmigen Satz ist hier ebenso regelgerecht wie das kleine Binnenzwischenspiel zwischen dem zweiten und dritten Themeneinsatz. Auch der anschließende Zwischensatz ist ähnlich einschlägigen Anweisungen gemäß gestaltet in seiner Adaption von Motiven des Themas, die leicht rückzubeziehen sind und gleichwohl kontrastierend verwendet werden. Korrekt schließlich ist auch die zweite große Durchführung konzipiert, und selbst die Parallelführung zweier Stimmen in unvollkommenen Konsonanzen auch über längere Abschnitte widerspricht nicht dem Lehrbuch. Noch die Sequenzbildungen könnten als Abschnitte, die den polyphon dichter gesetzten Teilen gegenübergestellt werden, legitimiert werden.

Gerade in der bewußten Absetzung thematisch freier gefügter Partien gegenüber expliziten Durchführungen orientiert sich Kuntzen zumindest in den ersten beiden Fugen seines ersten Monuments nicht mehr nur an schriftlich fixierten Regeln, sondern sucht zugleich Anschluß am Vorbild Bach, der in zahlreichen Fugen – für Klavier wie für Orgel – sich bemühte, nicht nur kontrapunktisch dichte Sätze über ein einziges Thema zu schreiben, sondern in der Einfügung freier, gegebenenfalls auch in ihrer Faktur deutlich abgesetzter Teile andere Formkonzeptionen zu reflektieren. Was Bach gelang – die Vermittlung heterogen strukturierter Abschnitte und somit ein Beitrag zur Entwicklung von musikalischer Form im emphatischen Sinn –, bezeichnet umgekehrt in seinem Fehlen das entscheidende Manko von Kuntzens Fugen: Hier bleibt die Exposition musikalischen Materials folgenlos, und auch die Gegenüberstellung unterschiedlicher Motive und thematischer Gestalten bleibt kompositorisch ohne Konsequenzen. Der Diskurs über einen musikalischen Gedanken endet trotz unterschiedlicher Perspektiven ergebnislos, und die Bilanz erscheint wegen der nur unzureichend profilierten Positionen defizitär.

Dieser bereits wenig vorteilhafte Saldo wird noch ungünstiger, weil Kuntzen auf zahlreiche fugenübliche Künsteleien verzichtet: In seinen Sätzen fehlen nicht nur Umkehrungen und Krebsformen exponierter Themen und Motive, sondern nahezu jede Engführung, Augmentation und Diminution. Dieses Defizit aber macht Kuntzen in einem Textzusatz zu einer Zeichnung zum sechsten Monument sogar explizit, wo es heißt:

„Bach hat erschöpft die Harmonie / Mit seiner Künstler-Stärcke.
Ja ihre Fassung macht er leer / Daß zeigen seine Wercke.
Wir schöpffen nur noch Melodie / Ihr Fassung aus zu gründen
Daß bleibt vor uns ein großes Meer / da stets Neuheit zu finden."

Rücksichtlich des im musiktheoretischen Schrifttum im späten 18. und frühen 19. Jahrhundert vielfach bezeugten Verständnisses von Harmonie als Disziplin, einen Tonsatz auf kunstvolle Weise vielstimmig anzulegen, erklärt sich Kuntzens Fugenkunst nicht als defizienter Modus kontrapunktischer Kompetenz. Vielmehr verzichtet er bewußt auf den Versuch, Bach hinsichtlich dieser Parameter an Kunstfertigkeit zu überbieten, zumal dieser diesen Bereich der musikalischen Gefilde bereits ausgelotet hatte. Kompositions-Virtuosität kann Kuntzen daher nicht mehr vornehmlich im Anknüpfen an konstruktive Momente des Tonsatzes demonstrieren; lediglich den Namen solcher Stücke, die dieses Metier illustrieren, behält er bei: Seine Fugen aber können, ja müssen vom Bachschen Vorbild sich lösen. Erweiterungsfähig erscheinen lediglich jene Parameter, die Bach scheinbar vernachlässigt. Diese nun vorzustellen und auszuarbeiten, nicht im Sinne von Schulfugen altmeisterliche Techniken vorzuführen, ist die Intention von Kuntzens *Monumenten*. Gezeigt werden sollen weder kontrapunktische Kombinatorik noch harmonische Kühnheiten, vielmehr die Möglichkeit, aus dem B-A-C-H-Motiv melodische Gestalten zu gewinnen und damit zugleich jenen Bereich von „Melodie", einem bei Mattheson noch als geschmäcklerisch negativ besetzten Begriff, kompositorisch zu nobilitieren. Das gelegentliche Anknüpfen an konkret identifizierbare Vorbilder in weiteren seiner Monumente – etwa die Anfänge der *e-* und *c-Moll-Partiten* – erscheint dabei eher kontingent, soll lediglich verdeutlichen, wie vertraut der Komponist mit dem Œuvre Bachs ist. Doch sein Konzept von Fuge ist – dies wird in den späteren, ungleich ausgedehnteren Sätzen immer offensichtlicher – ein grundlegend anderes: Fuge bezeichnet das kompositorische Pendant zu Etüde, meint Variation eines Themas im Metier des Tonsatzes, nicht primär in dem der Ausführung. Jenseits einer expliziten Theorie der Fuge, dargestellt in Lehrbüchern und Regelwerken und auch nur bedingt gebunden an eine kompositorische Praxis, wie sie insbesondere in den Orgelfugen jener Zeit sich manifestiert, bezeichnen Kuntzens *Bach-Monumente* ein eigenständiges Verständnis von Auseinandersetzung und Aneignung der Musik des Thomaskantors: Dessen Fugensammlungen – das *Wohltemperierte Klavier* wie vermutlich auch die *Kunst der Fuge* – rezipiert Kuntzen nicht en détail, sondern als Möglichkeit, kompositorische Implikationen eines einzelnen Parameters, der bei Bach harmonischer Beziehungsreichtum *und* kontrapunktische Kombinatorik war und der nun Melodie heißt, zu entfalten; erst unter dieser Voraussetzung war sein Bach-Monument als Hommage und aktuelle Weiterführung mindestens subjektiv zu legitimieren.

KONTRAPUNKTISCHE HYBRIS

Nicht jedes Heft mit einem halben Dutzend Fugen, das nach 1750 vorgelegt wurde, ist bereits als Dokument einer Bachrezeption zu werten, und nicht jede Sammlung von kontrapunktisch ambitionierten Stücken, die mehr oder minder systematisch ein Spektrum unterschiedlicher Tonarten und Charaktere ausloten, bezeichnet „nach Bach" schon einen Versuch, an dessen zyklisch konzipierte Musik anzuknüpfen. Wer Dutzend-Werke schrieb, zumal im Genre der Fuge, mag den Bezug zum historischen Muster, als das spätestens um die Wende zum 19. Jahrhundert das Bachsche *Wohltemperierte Klavier* etabliert war, bedacht haben, doch dem unmittelbaren Vergleich stellte sich nur ein einziger, der schon in der äußeren Anlage den Anspruch unterstrich, ein Analogon, gar eine bessere Lösung zu präsentieren: Denn während Antonín Rejcha und Johann Christian Kuntzen sich – immerhin – mit 36 Fugen in ihren Sammlungen beschieden, in denen sie ihre Bach-Hommage mit einem Beitrag zur Diskussion um aktuelle Möglichkeiten der Fugenkomposition verbanden, wagte August Alexander Klengel, mit einem doppelten Cursus von 24 zweiteiligen Stücken ein Pendant zu den nachgerade legendären 48 Präludien und Fugen des *Wohltemperierten Klaviers* auszuarbeiten, das er freilich nicht selbst zu Lebzeiten in Druck geben wollte – trotz nachdrücklicher öffentlicher Aufforderung insbesondere von Moritz Hauptmann, einem Nachfolger Johann Sebastian Bachs im Amt des Leipziger Thomaskantors, der dann posthum eine Edition besorgen sollte.

Klengel, 1783 in Dresden geboren, schloß sich, wiewohl selbst bereits als Konzertpianist hervorgetreten, 1803 dem ungleich berühmteren Muzio Clementi an, begleitete ihn bei Reisen nach Prag, Wien, Zürich, St. Petersburg, Mailand, Paris, London und in andere Zentren des europäischen Musiklebens. Dabei vermied er nach Berichten der Zeitgenossen die typische, nur äußerliche Brillanz reisender Virtuosen sowohl bei seinen Konzerten wie auch in seinen Kompositionen, deren Titel freilich nicht unmittelbar die seriöse Faktur, wie sie die Kritik hervorhob, erkennen ließen. Insbesondere mit dem öffentlichen Vortrag kontrapunktisch ambitionierter Musik, darunter auch Fugen Johann Sebastian Bachs, war Klengel ungewöhnlich erfolgreich, und daß hier ein Stilideal für seine eigenen Werke zu finden sei, schien angesichts einer gänzlich anderen Publikumserwartung ebenfalls bemerkenswert: „Zu dieser Gattung ziehet ihn nun auch, wenn er componirt, seine Neigung vorzüglich hin. Nicht als ob er nun dergleichen Präludien, Toccaten, Fugen und dgl. schriebe; er weiss zu gut, dass man dies zwar zu seiner eigenen, höhern Ausbildung und vollkommenen Befestigung thun solle, aber dass, wenn von Wirkung, mithin vornämlich von dem, was dem grössern Publicum geboten werden soll, die Rede ist, man jetzt anders ausholen, und überhaupt jeder Zeit das Ihrige lassen müsse."[84] Sowenig demnach diesen hier besprochenen Klavierwerken ungeachtet ihrer sinnfälligen Überschriften und ihrer Verarbeitung populärer Themen[85] eine gründliche kompositorische Ausarbeitung mangele, sowenig seien sie lediglich Stilkopien; andererseits zeige Klengel, daß das Bemühen, handwerkliche Qualitäten des Tonsatzes zu bewahren, sich durch-

aus mit den Erfordernissen einer aktuellen, neuen und selbst modischen Einflüssen sich öffnenden Kompositionskunst verbinden lasse: „Hr. Klengel nun hat in
den hier angezeigten, und auch in seinen andern Compositionen aus reifen Jahren,
die gelehrten Werke der alten Klaviercomponisten nicht copirt, oder auch eigentlich nachgeahmt, [...] sondern er hat, nach dem Beyspiel einiger unsrer grössten
Meister, was ihm vom anhaltenden Studium derselben, und von vielfältiger Beschäftigung mit ihnen, von selbst geblieben und in die Gewalt gekommen, für seine eigenen Arbeiten benutzt; da er jenen alten, strengen Werken aber zugleich mit
Vorliebe zugethan ist: so ist auch mehr, und zum Theil Anderes von ihnen mit in
diese gekommen, als viele, sonst auch ernste Liebhaber wünschen werden, wogegen denn wieder Anderes – wenn nicht ganz daraus verflogen, doch in geringerm
Maasse zurückgeblieben, was man nie gern vermisst, und auch kaum in einigen
wenigen Gattungen gern untergeordnet erblickt."[86] Die hier noch eher verhalten
angedeutete Kritik an Klengels Kompositionen für den Konzertsaal, daß seinen
Stücken mitunter Phantasie und Frische fehle, wird jedoch unmittelbar darauf als
Vorzug umgedeutet, allein um die gediegene, traditionsreiche Handwerklichkeit
seiner Musik – auch dies eine Außenseite des kompositorischen Metiers zwar
nur, doch keineswegs mehr selbstverständlich – als besondere Qualität zu unterstreichen (und nachfolgend den Zeitgenossen zur Nachahmung zu empfehlen):
„Eben hier, in der Darstellung von Figuren, Lagen, Arten des Spiels – kurz, in
alle dem, was man gewöhnlich das *Mechanische* nennt: eben hier zeigt Hr.
Kl[engel] einen Reichthum, eine Fülle, und nicht selten auch eine Neuheit und Ei-
genthümlichkeit, wie sie Rec. kaum irgendwo in gleichem Maasse nachzuweisen
wüsste."[87]
    Die sich in Klengels Werken seiner Virtuosenzeit abzeichnende Tendenz einer
Betonung konstruktiver Momente der Komposition verstärkte sich in jenen Stük-
ken, die er in der zweiten Hälfte seines Lebens, nach der Berufung ins Amt des
Organisten an der Dresdner Hofkirche 1817, vorlegte. Während aber sein Lehrer
Muzio Clementi in die Etüden seines *Gradus ad Parnassum* Fugen-Sätze als
Übungen zur selbständigen Führung mehrerer Stimmen aufgenommen hatte, die –
weit mehr als „Schulfugen" strenger Observanz, wie im Umkreis des Pariser
Conservatoires üblich – zugleich in der soliden motivischen Arbeit als Ausweis
kompositorischer Kompetenz dienen konnten und vermutlich auch die Spieler auf
eine sorgsame Behandlung der Mittelstimmen verpflichten sollten, befaßte sich
Klengel mit ganzen Zyklen kontrapunktisch äußerst ambitionierter Werke, in denen intrikate Kanonkünsteleien nicht mehr Episode waren. 1841 gab er im
Selbstverlag zunächst einen Sammelband mit zweistimmigen Klavierstücken heraus, deren Titel bereits weitere und noch anspruchsvollere Anthologien ähnlichen
Zuschnitts ahnen ließ: *Les Avant-coureurs. Exercices pour le Pianoforte, con-
tenant XXIV Canons dans tous les tons majeurs et mineurs, calculés pour servir
d'étude préparatoire du grand recueil de Canons et Fugues.* Unverkennbar sind
Bachs zweistimmige Inventionen hier Klengels Vorbild – hinsichtlich der Themenbildung, der Beschränkung auf einen in strenger Imitation durchgeführt musikalischen Gedanken, der rhythmischen Gleichförmigkeit in einer kaum je unter-

brochenen Bewegungskontinuität wie nicht zuletzt der harmonischen Disposition. Gegenüber den barocken Modellen erscheinen diese Parameter noch forciert: weiträumiger ist der Zuschnitt von konstitutiven Motiven und formaler Anlage, strenger der Bezug auf ein eingangs exponiertes, fast stets präsentes Material und reicher das Spektrum der Harmonik, ohne jedoch die Intensität Bachscher Dissonanztechniken zu erreichen. Zwecks verschiedener Spielarten der Imitation konnte Klengel sich an den *Goldberg-Variationen* orientieren, deren kanonische Führungen in unterschiedlichen Intervallen er zwar nicht mit derselben Systematik für die Konzeption seines Zyklus adaptierte, doch zugleich übersteigert durch die Integration komplexer Umkehrungsvarianten wie der simultanen Verwendung von augmentierten oder diminuierten Formen neben der Originalgestalt eines Themas. Dabei werden die Einzelsätze nicht selten durch vollständige Kadenzen gegliedert, um die besondere Imitationstechnik eines nachfolgenden Abschnitts nachdrücklicher bewußt zu machen. Hier, in der parataktischen Anlage, zeigen sich am markantesten die Unterschiede zu den Bachschen Duetten, die, sofern spielpraktisch intendiert, auf vergleichbare, an Traditionen der Ricercare-Komposition erinnernde Zäsuren verzichten oder, umgekehrt den Charakter des Artifiziellen herausstellend, nicht unmittelbar auf eine klangliche Realisierung zielen. Wie aber bereits in den aus der Praxis des reisenden Konzertpianisten entstandenen Kompositionen die satztechnische Dignität auffiel, so blieb auch der Bezug, den Klengel mit seinem Kanonzyklus zu großen kontrapunktischen Traditionen herstellen wollte, nicht verborgen; und unter denen, die sich um eine Verbesserung des kompositorischen Niveaus – in Ausbildung wie auch und vielleicht mehr noch im Virtuosenkonzert – bemühten, war Franz Liszt vermutlich der prominenteste, der die Kanonsammlung des Dresdner Hoforganisten sehr günstig beurteilte, indem er die geglückte Aktualisierung einer auf das Werk Johann Sebastian Bachs zurückreichenden Kunstfertigkeit hervorhob: „Welch heroische Ausdauer! welche herkulische Arbeit! – in der That, Klengel hat Unglaubliches geleistet! [...] Er, der Mann und Künstler des vorigen Jahrhunderts, hat den Charakter der deutschen durch Joh. Seb. Bach in dessen 'Clavecin bien temperé' stereotypirten, aber auch nur in Deutschland einst blühenden und fruchtbringenden Schule des Clavierspiels, treu in sich aufgenommen, und nun steht er heute mitten im trouble einer faden Kunstrichtung als Conservateur jener Schule da – theils angestaunt, theils beneidet, selten anerkannt, noch seltener richtig gewürdigt."[88]

Klengel indes beschränkte sich nicht auf den Versuch, lediglich mit zweistimmigen Sätzen kompositorische Muster, die er im Œuvre Bachs fand, zu adaptieren. Vielmehr bereitete er mit erheblichem Aufwand, von dem sein langjähriger Freund Moritz Hauptmann berichtet, zwei Bände mit jeweils 24 zweiteiligen Kompositionen – auf allen chromatischen Stufen und in den Tongeschlechtern alternierend – vor, die nicht nur an das *Wohltemperierte Klavier* Johann Sebastian Bachs anschließen sollten: Die strenge Faktur der jeweils den Fugen vorangestellten, außerordentlich komplexen Kanons zielt auf eine Übersteigerung des Vorbilds, und deutet nichts Geringeres als die Konzeption an, die Disposition auch der *Goldberg-Variationen* zu übernehmen: Klengels Bach-Rezeption ist ei-

ne des Kontrapunktikers. Dies führt insbesondere in den Kanons, den überaus
virtuos gestalteten Vordersätzen dieser Werkpaare, zu Kompositionen, in denen
zwar das Prinzip der konsequent kanonischen Führung von mehreren Stimmen
über einem motivisch freien Fundament die Vorlage ebenso deutlich erkennen
läßt wie die rhythmisch oft gleichförmige Bewegung und eine Harmonik, die als
Funktion der Linearität erscheint; doch ein zentrales Moment Bachscher Fugen,
die Variabilität der formalen Disposition, die eine Integration von auf den ersten
Blick kaum kompatiblen Konzepten, von Ritornell- und Wiederholungsstrukturen
ermöglichte, mithin die Fuge lediglich als Technik innerhalb der musikalischen
Form im emphatischen Sinne erscheinen ließ, rezipiert Klengel allenfalls beiläufig. Daß hier, in einem allzu schematischen Aufbau von „Fugen", eine – ja vermutlich die entscheidende – Schwierigkeit liege, weiterhin ästhetisch ansprechende Kompositionen dieses Genres zu schreiben, und der Unterschied aktueller
Produktionen zu den kontrapunktischen Werken Johann Sebastian Bachs aus einer zu engen Bindung an ein eingangs exponiertes thematisches Material und aus
einer zu geringen Selbständigkeit in der großflächigen Anlage resultiere, erkannte
bereits Moritz Hauptmann: „Wie aber die Form sich im Einzelnen den Inhalt un-
terwirft, so ist sie doch im Ganzen wieder durch den Inhalt gegeben: die musikalische durch den Gesammtinhalt dessen, was in einer Zeit musikalisch überhaupt auszusprechen ist, und so ist sie ebenso sehr ein Bestimmtes als ein Bestimmendes,
und nur indem diese beiden Bedeutungen zugleich bestehen, wird sie sich dem
Ausdruck im poetischen und künstlerischen Sinne vollkommen angemessen erweisen. Die Fugenform, als ein durch die Natur des Inhaltes gegebener Ausdruck,
gehört einer früheren Epoche an. Mit Sebastian Bach, unbestritten dem grössten
und tiefsinnigsten Fugencomponisten, scheint auch die historische Periode der
Fuge geschlossen, oder wenigstens dem Ende sich zu neigen; bald nach ihm tritt
in dieser Kunstart an die Stelle lebendiger Production eine gewisse Herkömm-
lichkeit, ein blos formales Wesen, dem die nährende Wurzel entzogen ist."[89] Und
dieser allzuoft in den Werken seiner Gegenwart empfundene Mangel ließ Hauptmann kein günstiges Urteil über das Gros der Fugenkompositionen seiner Zeitgenossen fällen: „Mir sind alle Sachen horribel die nach Contrapunct klingen, die Fugen für unsere Zeit aus unsrer Zeit vor allem. Es ist immer wie Haarbeutel zu moderner Kleidung. Fugirt wird etwas polyphonisch empfundenes schon von selbst."[90]
   Als Ursache des Problems diagnostizierte Hauptmann allerdings eine zu starke
Beachtung der harmonischen Konzeption auch polyphoner Musik zu Lasten der
Kultivierung der linearen Aspekte einer Komposition: „In neuerer Zeit aber ist es
wieder schwer das Eigenthümliche der Gattung mit dem veränderten Wesen der
modernen Musik in Einklang zu bringen: denn unsere Musik ist mehr harmonischer, der Fugenstyl, wie die ältere Musik überhaupt, ist mehr melodischer Natur.
Die Polyphonie dieser letzteren ist wesentlich eine Combination von Melodieen,
die unsere ist wesentlich Accordenfolge mit lyrischer Cäsur; der moderne Componist hat daher zur Conception der Fuge etwas zu verläugnen, worin er musikalisch geboren und erzogen ist, er geht von diesem Negativen aus, oder er dichtet
in einer fremden Sprache; und wenn es einigen unserer jetzigen Componisten ge-

lungen ist auch im Fugenstyl Vortreffliches zu leisten, so kann man die kleine Zahl derselben schon als Zeugniss gelten lassen, dass es eine nicht in unserer Zeit liegende, sondern durch vertrauten Umgang mit der älteren erworbenen Kunst sei."[91]

Von der Kritik an der zeitgenössischen Fugen-Produktion nahm Hauptmann lediglich die *Canons et Fugues* Klengels aus, die er, dem Dresdner Hoforganisten freundschaftlich verbunden, offensichtlich genau kannte, und die als modernes Gegenstück zu Bachschen Fugenanthologien zu veröffentlichen er am Ende seiner Ausführungen zur *Kunst der Fuge* anregte – ein Plan, den er selbst erst nach dem Tode Klengels realisieren konnte. Dabei betonte er – nicht anders als Franz Liszt –, daß kontrapunktisch ambitonierte satztechnische Verfahren einen Kontrast zu ephemeren Tagesproduktionen bilden könnten (und sollten), da ihre artifizielle Kombinatorik nicht auf den flüchtigen Sinnenreiz, sondern auf das intellektuelle Einsichtsvermögens des Zuhörers reflektierten, das nicht Moden unterworfen sei: „Ein solcher Satz wird den farbigen Reiz, die passionirte Erregung der dominirenden Melodie mit harmonischer Begleitung nicht erhalten können; er wird auch zu keiner Zeit etwas auffallend Neues bringen können; aber eben weil er nie modern ist, kann er auch nicht veralten: wie Seb. Bach in seiner polyphonischen Musik nicht veraltet ist und nicht veralten wird für Solche, die ihn in seiner Tiefe zu fassen vermögen."[92] Gleichwohl seien Klengels kontrapunktische Kompositionen nicht als Kunst anzusehen, die sich lediglich an den Verstand richte: „Auch diese Musik hat aber in ihrer Ausdrucksweise, neben dem Unabänderlichen, wie es die Natur des Satzes bedingt, noch ihr Zeitliches; nur dass dieses hier mehr in unwesentlichen Aeusserlichkeiten besteht. Klengel ist an Seb. Bach genährt und durch ihn, durch die gründlichste Kenntniss seiner Werke erzogen. Damit hat er aber mehr erlangt als nur uns Compositionen in Bach's Manier vorzuführen; er hat sich befähigt im Styl der Compositionen Seb. Bach's, im Styl der Gattung dieser Compositionen sein Eigenthümliches, Selbstempfundenes auszusprechen, und spricht es nun nicht in einem antiquirten, sondern im Ausdruck unserer Zeit aus.

Viele von den Canons und Fugen 'dieser Sammlung werden unseren Pianisten als elegante, dankbare Clavierstücke lieb werden, mit denen sie den Hörer erfreuen können, wenn er auch in das Kunstvolle der Combination nicht eingehen will oder einzugehen vermag."[93] Das Problem, daß eine zeitenthobene Kunst, als die der strenge Kontrapunkt firmiert, notwendigerweise schon die Subjektivität ihres Verfassers als zentrale künstlerische Prämisse negiere, löst Hauptmann durch einen eleganten Zug, indem er erneut lediglich die handwerkliche Außenseite strenger satztechnischer Verfahren vom Zeitindex trennt; dieses Gefüge aber ist individuell durchaus so zu gestalten, daß aktuelle Tendenzen wie auch persönliche Ausdrucksmomente integriert werden können. Das konstruktive Moment kontrapunktischen Komponierens birgt, so Hauptmann, bereits ästhetische Reize, weshalb auch Johann Sebastian Bachs Werke im Musikleben der Gegenwart präsent sind; so entscheidend diese artifizielle Dimension für die Konstitution eines Werkes aber sei, so gering ihre Relevanz für den Komponisten, der desungeachtet seiner Subjektivität Ausdruck zu verleihen vermag, und selbst für den Zuhörer, der sie gegebenenfalls nur mittelbar wahrnimmt.

Diese Argumentation freilich ist nur dann schlüssig, sofern man unterstellt, daß es eine abstrakte, zeitlose Idee kontrapunktischen Komponierens gebe, die zu je geschichtlichen Zeiten unterschiedliche künstlerische Konkretisierungen gefunden habe. Auf diese Weise nämlich kann man das Bachsche Fugenwerk als klassische Ausprägung auffassen, ohne doch zugleich Stilkopien oder restaurative Tendenzen für das zeitgenössische Komponieren zu postulieren; umgekehrt wird es möglich, auch bei kontrapunktisch ambitionierten Werken Bachs individuelle, charakteristische Züge zu konzedieren, die einerseits eine ästhetische Präsenz über ihre Entstehungszeit hinaus erklären, andererseits den Komponisten die Möglichkeit eröffnen, die Sprache eines traditionellen Genres zu nutzen, aber – in einem schwer zu fixierenden Umfang – subjektiv zu nuancieren und als eigenen Dialekt auszuprägen. Der Rekurs auf das kontrapunktische Metier enthebt mithin ein Werk der Mode und sichert ihm eine Dauerhaftigkeit, für die einschlägige Kompositionen Bachs einstehen; deren Klassizität wird durch Momente, die ihre Herkunft aus einem bestimmten zeitlichen Kontext belegen, allenfalls marginal beeinträchtigt – und diese nur an der Oberfläche wahrzunehmenden Charakteristika bilden ihrerseits die Voraussetzung, zu anderen geschichtlichen Zeiten sich derselben kompositorischen Aufgabe nähern zu können. Unter diesen Vorzeichen steht dann auch der historische Rang der *Canons und Fugen* Klengels für Hauptmann außer Frage: „Ohne die vorausgegangene Iliade und Odissee würden wir keine Aeneide haben; so ohne S. Bachs wohltemperirtes Clavier nicht das ähnlich concipirte Werk Klengels. Wie aber neben Homer auch Virgil sich erhält, geschätzt und geliebt wird, so wird auch Klengels temperirtes Clavier nach dem S. Bach'schen immer die Anerkennung und Theilnahme finden müssen, die es in hohem Grade verdient. [...] Von Veraltung kann bei dieser Art Composition schon überhaupt weniger die Rede sein; Klengels Canons und Fugen sind aber nicht blos kunstreich und tiefsinnige Combinationen, sie sind ebenso geschmackvolle zum großen Theile sehr reizende Musikstücke. Klengel ist wie Platen am Meisten poetisch, wenn er eine schwere Form zu überwinden hat. Während seine früheren Concert- und Salonstücke längst verbleicht sind, haben die Canons alle Frische der ersten Entstehung und werden sie behalten. Sie werden im guten Sinne immer modern bleiben, weil sie es nie im üblen Sinne gewesen sind."[94]

Die Differenz von Klengels *Canons* zur von Hauptmann ungünstig bewerteten musikalischen Produktion der Gegenwart ist zunächst eine unmittelbare Folge der Konzeption streng kanonischer Führung der einzelnen Stimmen, die eine Disposition leicht faßlicher, kantabler Melodik ebensowenig zuläßt wie eine solche Periodizität stützende Harmonik, zumal wenn Einsatzabstände und -intervalle systematisch variiert werden. Doch scheut Klengel seinerseits auch allzugroße Härten in der Konsequenz der Imitation; Kanonführungen, die, wie bei Bach nicht selten, selbst mit den wenigen vermittelnden Tönen freier Stimmen kaum mehr in einen harmonischen Kontext integriert werden können, sucht man in seinen Studien vergebens. Auch die äußere Anlage dieser Vorderteile seiner Satzpaare wirkt häufig unverbindlich, wenn einzelne Abschnitte unterschiedlicher imitatorischer Verarbeitung und außerordentlich kunstvoller Kombinationen verschiedener rhythmischer Varianten musikalischer Gedanken aneinandergereiht werden und eine Geschlossenheit der Form mitunter nur durch eine wenig vermittelte Wiederholung eines Eingangsteils erreicht wird.

Eine solche eher parataktische Disposition der Form findet sich in Klengels Fugen nur selten. In den regelmäßigen, lehrbuchhaften Expositionen der zwei bis fünf Stimmen bevorzugt Klengel tonale Beantwortungen, vermeidet jedoch die Etablierung obligater Kontrapunkte zugunsten eines stets engen Rückbezugs auf das Material des Hauptthemas, das auch die Zwischenspiele konstituiert. Dieses Fehlen eines expliziten Gegensatzes illustriert einerseits die kompositorische Kompetenz Klengels, aus klar formulierten Themen eine Fülle von Varianten abzuleiten und darin eine große Geschlossenheit eines Satzes zu erreichen, bezeichnet andererseits einen bestimmten Typus Bachscher Fugenkomposition, der sich vornehmlich im zweiten Teil des *Wohltemperierten Klaviers* finden läßt: Weder kontrapunktische Sätze in einem die altklassische Vokalpolyphonie des 16. und 17. Jahrhunderts reflektierenden Stile antico noch die großdimensionierten „konzertanten" Fugen Bachs firmieren als Leitbilder für Klengel; vielmehr bilden jene Fugen Bachs den Bezugspunkt, deren Themen unverkennbar harmonisch konzipiert sind, deren Zwischenspiele mit reichen, doch motivisch leicht rückzubeziehenden Sequenzen operieren, deren Durchführungen im folgenden oft unvollständig sind oder nurmehr die Themenköpfe nutzen und deren Gliederung mittels ausgeprägter Kadenzen leicht nachzuvollziehen ist. Und auf diese Weise gelingen Klengel Fugen, die in Gestus und Gestalt von Bachschen Vorbildern kaum mehr zu unterscheiden sind, zeigte sich nicht insbesondere gegen Schluß ein virtuoses Element, das etwa in übersteigerten, extreme Lagen erreichenden Sequenzierungen oder die Register der Klaviatur rasch wechselnden Passagen den Konzertpianisten des frühen 19. Jahrhunderts erkennen läßt.

Die Schwierigkeit, signifikante Unterschiede von Klengels Fugen gegenüber Bachschen Kompositionen festzustellen und Defizite im Detail zu benennen, empfand August Halm umgekehrt als Herausforderung, typische Eigenschaften etwa von Fugenthemen Bachs zu beschreiben. So umriß er zunächst sehr genau Mängel eines Themas von Klengel:

„Der zweite Takt enttäuscht; er klingt, als ob er durch eine gewisse Biedermeierei seinen Vorläufer entschuldigen wollte, den etwas wie Heroismus oder Draufgängertum angewandelt hatte; er entwertet diesen, lässt den Impetus in der Luft zerflattern, da er ihm Gegenstand sowie Halt versagt, und eine flüchtige, windige und gehaltlose Begeisterung wird der Gesamteindruck des Themas, das sich seines Jugendmuts zu schämen und schnell zu entledigen scheint. Sein Autor hält nicht, was er hatte, um mit der Bibel zu sprechen. Technisch gesagt: er vergeudet; er bekennt sich nicht zu seinem Programm."[95] Doch mußte er ehrlicherweise eingestehen, daß bei seinem Versuch, Bedingungen und Eigenschaften prägnant

formulierter und reiche Bearbeitung ermöglichender Fugenthemen zusammenzu-
stellen, auch manche Exempel Bachs kaum gelungen genannt werden konnten:
„Nur um nicht ungerecht zu erscheinen, stelle ich fest, dass ich nicht wenige
Themen von Bach für ungenügend halte. Aber es handelte sich hier darum, die
von ihm erreichte Höhe der thematischen Kunst zu würdigen, und ausserdem darum, das Niveau der Thematik in der nachbachischen Musik mit dieser Höhe vergleichen zu können."[96]

Ungeachtet dessen, daß Halm bei seinem Versuch, spezifische Momente der
Anlage von Fugenthemen zu bestimmen, von idealen Ausformungen bei Bach
ausgeht, denen gegenüber die thematischen Gestalten Klengels als defiziente Modi erscheinen müssen, erhellt doch sein methodologisch prekärer, weil vom Zeitindex abstrahierender Vergleich schlaglichtartig jene Differenz, die Klengels
Werke von seinen Vorbildern scheidet und seine Rezeptionshaltung prägt. Wie in
der weitläufigen Anlage der Themen, deren unzureichende Profilierung Halm
wiederholt kritisiert, zeigt sich auch in der Konzeption besonders dicht gestalteter
kontrapunktischer Sätze – im Verzicht auf Partien, deren Material nicht auf ein
Hauptthema rückzubeziehen ist, in der Anlage selbst von „Präludien" als kunstvollen „Kanons" bei Werkpaaren wie schließlich im Gesamtumfang des Zyklus –
die Intention, das Bachsche Vorbild zu überbieten, freilich um den Preis, daß nun
das eigene Werk kaum mehr zu rezipieren ist: Klengels 48 *Canons und Fugen* geraten als Kunstbuch ohne Aufführungsmöglichkeit und -chance zu einem Monument der Bach-Rezeption, dessen Hybris sich selbst relativiert. Denn in einer
Übersteigerung der Vorlage – dem Versuch einer Engführung von *Wohltemperiertem Klavier* und *Goldberg-Variationen* in einer neuen „Kunst der Fuge und
des Kanons" – werden die Grenzen kontrapunktischer Kunstfertigkeit ebenso offenbar wie in den selbstgenügsamen Kanonkünsten der Renaissance. Rückblickend aber zeigt sich auch, daß Bachs Verzicht auf diese bei Klengel in extre-
mer Weise ausgereizte Kunst der Imitation als Bedingung der praktischen Realisierung seiner Musik anzusehen ist.

Indem Klengel – weitreichender noch Kuntzen, dessen Fugen jedoch hinsichtlich des kompositorischen Metiers Defizite zeigen – die Implikationen von Fugenkomposition und Kontrapunkt exzessiv demonstriert, wird umgekehrt die ge-
nuine Qualität der Bachschen Fugensammlungen deutlich, die eine Steigerung der
Möglichkeiten, polyphone Musik aus einem thematischen Material zu entwickeln,
unter künstlerischen Aspekten nicht mehr sinnvoll erscheinen ließ. Damit gewinnen jedoch auch Bachs Fugenkünste eine neue Qualität und das Plädoyer für ihre
singuläre Dimension innerhalb der Musikgeschichte – paradoxerweise, weil die
ursprüngliche Intention kolportierend – gerade durch die ambitionierten Unternehmungen von Musikern an der Peripherie des Musiklebens eine unzweifelhafte
Legitimation. Bachs Meisterschaft in der Fugenkomposition zu betonen bedarf
weder eines ästhetisierenden Historismus' noch romantischer Mystifikation; unübersehbar wird nun der Eigenwert zumal seiner kontrapunktischen Werke, deren
Verbesserung nicht mehr zu postulieren ist, da entsprechende Versuche als nur
bedingt erfolgreich anzusehen sind und die neu entstandenen Fugen, sofern nicht

nur Schulwerke oder simple Stilkopien, zwar als eigenständige Werke die kompositorische Kompetenz ihrer Verfasser unter Beweis stellen, der Vergleich mit den Bachschen Vorbildern aber deren historische Qualität nunmehr erkennen läßt.

GENIE UND REGEL: GRENZEN DES LEHRWERKES

Je deutlicher – weniger den Komponisten als ihren Kritikern, sofern sie über eine historische Bildung verfügten – im frühen 19. Jahrhundert wurde, wie schwierig es war, bei der Komposition von Fugen sich dem Vorbild Johann Sebastian Bachs zu nähern, geschweige denn, originelle oder zukunftsweisende Lösungen hier zu visieren, und je offensichtlicher auch die Musiktheoretiker bei ihren Bemühungen, wenigstens einige zentrale Grundlagen der Gestaltung in diesem Genre zu definieren, nurmehr Teilaspekte zu erfassen in der Lage waren, umso mehr geriet die singuläre Position des Bachschen Œuvres in den Blick, seine Ausnahmestellung in der Musikgeschichte wie auch die kaum auszulotende Vielschichtigkeit seines Tonsatzes. Ob man dabei von einer allgemeinen musikgeschichtlichen Würdigung namentlich des kontrapunktischen Werkes Bachs ausging, um dann in einzelnen Aspekten der tonsetzerischen Gestaltung die zunächst ästhetisierend, nicht selten unter Verwendung theologischen Vokabulars umschriebenen Momente musiktheoretisch ins Recht zu setzen oder umgekehrt aus der Erkenntnis bestimmter satztechnischer Phänomene auf Prinzipien des Komponierens schloß, führte letztlich zu denselben, immer wieder benannten Kategorien, die für die Fugenkomposition des Thomaskantors zentral erachtet wurden: der Fähigkeit, aus geringem thematischen Material eine unerschöpflich scheinende Fülle von Varianten in einer kaum auf einen gemeinsamen Nenner zu bringenden Vielfalt der formalen Konzeption zu gewinnen, ferner, bezogen auf den polyphonen Satz selbst, der doppelten Determinierung jedes Tons im melodischen Verlauf wie als Bestandteil einer „logischen" harmonischen Fortschreitung, und schließlich der Tatsache, daß die artifizielle Dimension des Kontrapunkts nicht ostentativ in den Vordergrund rücke, sondern das Spektrum möglicher Affekte und Charaktere einzelner Stücke ungeachtet ihrer bei intensiver Analyse erschlossenen, oft außerordentlich komplexen Konstruktion weitgefächert zu bleiben vermochte. Zugleich ermöglichten diese Punkte eine Deutung der Bachschen Fugenkunst innerhalb einer „Metaphysik der Instrumentalmusik", wie insbesondere die *Darstellungen aus der Geschichte der Musik nebst vorbereitenden Lehren auch der Theorie der Musik* von Karl Christian Friedrich Krause zeigen, einem in Göttingen lehrenden Philosophen, der einer von seinem Kollegen Johann Nikolaus Forkel übernommenen kurzen biographischen Skizze Johann Sebastian Bachs eine nur anfangs unverbindlich wirkende Interpretation anschließt: „In Bach's Werken hat die Tondichtung im Erstwesentlichen ihre höchste Stufe erreicht, ihr höchstes Leben begonnen; sie ist ein vielstimmiges Gespräch des Geistes und des Gemüthes mit sich selbst, mit Gott und mit der Welt geworden, und zugleich ein treues Abbild des Einen allgemeinen Lebens und seiner Geschichte, – eine Kunstwelt, worin der endliche Geist im endlichen Gebiet, der göttlichen Vorsehung ähnlich, schaltet und waltet, zugleich eine gemüthinnige Sprache, worin der endliche Geist dem unendlichen Worte Gottes auf endliche Weise antwortet, welches in dem Einen Leben Gottes mittelst der Welt an ihn ergeht. – Das intellectuelle, geistige Element der Kunst scheint in Bach's Werken zu überwiegen, – sie sind Schilderung des ins Gemüth eingelebten Geistes. Seine Werke sind gedankenvoll, tiefsinnig, und die geschilderten Gefühle werden durch große, tiefe Gedanken geweckt und getragen."[97]

Im folgenden fokussiert er jedoch die oft dokumentierte Verbindung linearer und vertikaler Komponenten des Bachschen Tonsatzes, wobei die terminologischen Affinitäten zu Ausführungen von E. T. A. Hoffmann sicherlich kein Zufall sind: „Nie hatten sich zuvor in einem Künstler Melodie und Harmonie so innig durchdrungen; – Bach giebt Melodien, die eine Welt von Harmonie in sich halten, und Harmonien, die nur im wechselnden, organischen Leben freier Melodien stetig werdend, in steter Schöpfung erscheinen. Die rein und vollständig ausgesprochenen Accorde treten bei ihm meist nur im Anfange und am Schlusse gleichsam rein plastisch hervor, – sie sind ihm vielmehr nur die idellen Grenzen aller Melodien, welche um die Grundlagen der Harmonie in freiem, schönem Spiel sich bewegen; – während eine Harmonie kaum geahnet ist, ruft sie schon die Ahnung neuer Harmonien hervor, und ist schon in diese übergegangen. Seine Melodien sind so eigenthümlich, und doch dabei so natürlich, so charactervoll, daß sie uns oft wie aus einer fremden, höhern Welt anklingen; – so wie Michel Angelo's Gestalten uns ebenfalls die Gebilde anderer Welten vor Augen zu führen scheinen."[98] Krauses sich hier bereits abzeichnende Fähigkeit, den Gedankengang mit Beobachtungen am Tonsatz zu stützen, läßt ihn nun noch genauer kompositorische Einzelheiten benennen, damit er eine abschließende Apotheose begründen kann: „Das Eigenthümliche der Bachischen Melodien beruht in dem freien Gebrauche der Nonen und Undecimen, sowie der Vorhalte und der Vorhalte zu Vorhalten, in der freien Anwendung der verschiedenen aus den Accorden gebrochnen melodischen Figuren, und in der schönen, unerschöpflich mannigfachen Abwechslung der diatonischen, chromatischen und enharmonischen Tonstufen und Tonfortschreitungen, überhaupt in dem glücklichen Vereine der neuen Dur- und Molltonarten mit den altgriechischen Kirchentonarten, deren großartige, und tiefgemüthliche Fortschreitungen und Schlüsse Bach mit großer Kunst in seine Werke aufgenommen hat. Die contrapunktische Kunst erschien in der ersten und zweiten Epoche der modernen Musik überwiegend, aber isolirt; sie verschlang oder fesselte die Harmonie und die Melodie. Bach hat diese große Kunst, auch geschichtlich, vollständig ergründet, und ihr neue, nie geahnte Tiefen eröffnet, die noch unendliche Schätze bergen. Bach hat die contrapunktische Kunst in höherer Vollendung wiedergeboren, im innigen Bunde mit freier, vielstimmiger Melodie, und doch dabei in gleicher, ja in noch größerer Strenge und organischer Gesetzmäßigkeit."[99]

Die in einer bis dahin ungewohnten Klarheit und Genauigkeit hinsichtlich des satztechnischen Details vorgetragenen Überlegungen Krauses, der den idealen

Ausgleich der Parameter Melodik und Harmonik als allen Versuchen der Zeitgenossen wie der Nachahmer überlegene Eigenschaft des Bachschen polyphonen Tonsatzes benennt, erweiterte Moritz Hauptmann durch einen Verweis auf die Behandlung von Rhythmik und Metrik: „Die Bach'sche Fugenweise steht eben dadurch höher, daß sie nicht mehr blos diese (abstracte) Fuge ist, daß sie das metrische Gefühl nicht suspendiert, daß man Arsis und Thesis in engerer und weiterer Bedeutung deutlich durchfühlt, ohne daß sich deßhalb eine Stimme der andern dienstbar erweisen müßte – das ist nebst Bachs Genie aber eben auch Bachs Zeit."[100] Gleichwohl sei die Behandlung dieser Parameter – wiederum im Gegensatz zu den „Fugen", die nach Bach entstanden, doch eingeschlossen diejenigen, die sich bewußt auf ihn bezogen – so diskret, daß der Fluß der Einzelstimmen nicht dem Diktat von Taktakzenten oder einer gleichförmigen Periodik unterworfen werde. Da aber das Melos auch nichts weniger als frei sei, wie etwa in der Vokalpolyphonie des 16. und 17. Jahrhunderts, nehme Bachs kontrapunktische Kunst eine historische Mittelstellung ein, die Hauptmann zunächst nur mit Schlagworten faßt: „Er [= Bach] steht eben zwischen Fuge und Sonate mitten innen; vor ihm ist die Fuge dominirend, nach ihm die Sonate"[101]; und dieser Gegenüberstellung, daß Bach zwar die spätere, eher parataktisch konzipierte Form der Sonate vermeidet, doch ebenso ein metrisch völlig ungebundenes Gefüge imitierender Stimmen, verleiht auch Hauptmann eine transzendentale Dimension: „Man könnte wohl sagen, und es hängt auch mit andern Sachen zusammen (sonst wär' nichts damit gesagt): Mit der Sonatenform ist die Musik aus der Kirche getreten. Ihr charakteristisches ist Trennung des Musikstückes in contrastirende Sätze, entgegengesetzt der Fugenform, wo Ein Gedanke sich fort- und durchspinnt, bei jedem äußerlichen Anderssein immer Ein und Dasselbe Innerliche herauszuhören und zu empfinden ist; man könnte auch, das Mißverständliche jeder Vergleichung vorausgesetzt, die Fugenform katholisch, die Sonatenform protestantisch nennen. Ein Einwurf der eben nicht viel zu bedeuten hätte wär'es, wenn einer dagegen sagte, dem protestantischen Bach wäre doch eben die Fugenform, dem katholischen Rossini oder Auber die Sonatenform eigen – – oder sonst dergleichen, das will nichts sagen, aus dieser 'aussehenden Fuge' muß man heraus sein, wenn man überhaupt etwas übersehen will – das ist aber ein Spinnensteiß aus dem sich unzählige Fäden ziehen lassen, oder vielmehr eben ein Faden daraus."[102]

Wie nun aber eine solche Erkenntnis der Fugentechniken und -künste Bachs einige konzisere Lehr- und Leitsätze entwickeln ließe, vermag auch Hauptmann nicht zu sagen; immerhin wendet er sich gegen eine Reduktion auf allzu definite Regeln zur Fugenkomposition, die jene Vielfalt von kompositorischen Möglichkeiten des kontrapunktischen Œuvres von Bach nur unzureichend erfasse. Die Bildung am Muster sei, so Hauptmann, der Vorgabe eines Modells vorzuziehen, und auch aus propädeutischen Gründen könne ein festes Schema, wie eine Fuge zu schreiben sei, gegenüber dem Studium klassischer Exempel nicht empfohlen werden; und in der Gegenüberstellung eines neueren Lehrbuches, der posthum veröffentlichten *Theoretisch-praktischen Anleitung zur Fuge* von Christian Theodor Weinlig, Hauptmanns Vorgänger im Amt des Leipziger Thomaskantors, mit Marpurgs Standardwerk zur Fugenkomposition erscheint die ältere Schrift, von der Simon Sechter eine nahezu unveränderte Neuausgabe vorgelegt hatte, geeigneter im permanenten Bezug auf Bachs Fugen, deren Beispiele wenn nicht als Illustration, so zumindest als Korrektiv der eng umrissenen Regeln fungieren könnten: „Eins gefällt mir auch bei Marpurg besser, daß er seine Beispiele aus guten Werken, großentheils von Seb. Bach genommen hat; Weinlig hat die einzelnen sowohl als die vielen ganz ausgeführten Musterfugen selbst dazu gemacht; das ist zwar, was die Mühe die er sich gegeben anbelangt, sehr anerkennenswerth, es ist aber nicht in demselben Maße anregend und einladend sich der Fuge überhaupt zuzuwenden: es ist kümmerlicher, geistloser Handwerksschlendrian, so recht aus der lebenssattesten Zeit der Fuge nach S. B., da sie eben nicht mehr halten wollte, weil es ein bloßer Formalismus geworden war. Wenn ein junger Musiker dieses Buch durchstudiren wollte, ohne Vieles zu übergehen, so sollte mir's ein Zeichen entschiedener Talentlosigkeit sein – viel lieber den Marpurg mit seinen Bachs und Frescobaldis und Buxtehude etc., der mit allen diesen in einer für die Sache lebendigen Zeit steckt und dadurch selbst belebt ist. Hier aber wird das eigentlich abgelebte und verknöcherte als Norm und Muster, als Vorschrift wie es zu machen sei hingestellt, nicht die Art der Sache, sondern ihre Unart, nicht Bach, sondern alles woran man in einer Fuge erkennen könnte, daß sie nicht von Bach sei."[103]

Das Problem, wie Hinweise zur Gestaltung von Fugen formuliert werden könnten, mit denen Vielfalt und Reichtum formaler Konzeptionen wie kompositorischer Details Bachscher Beispiele zu fassen seien, ohne nicht nur einige allgemein gehaltene Sätze unverbindlichen Zuschnitts niederzulegen, bleibt auch bei Hauptmann ungelöst, der seinerseits allerdings schon die sonst zumindest für die Ausbildung angehender Musiker akzeptierten Leit- und Lehrsätze ablehnt – durchaus im Gegensatz zu seinen Landsleuten wie auch der Kollegen im französischen Sprachraum: Die „Fugue d'école" hat als Gegenstand von Kompositionsunterricht und Examen im Zentrum der akademischen Musik Frankreichs, dem Pariser Conservatoire, einen ebenso festen Platz wie die Schulfuge im deutschen Sprachraum, wo zudem die doch primär propädeutischen Zwecken dienenden Vorgaben zur kompositorischen Gestaltung auch die Mehrzahl der unabhängig von Lehre und Ausbildungsinstitut gefertigten Fugensätze nachhaltig prägt – und sich mit Kompositionen dieses Genres jener Charakter des Gelehrten nachgerade untrennbar verbindet, der wiederum andernorts zur Kolportage einlädt.[104]

Ebensowenig gelang es Hans Georg Nägeli in seinen Johann Sebastian Bach gewidmeten Ausführungen, Elemente von dessen Fugenkomposition zu definieren, die – ungeachtet der Intention des Autors, nicht den Kompositionsschüler als vielmehr ein allgemein-gebildetes musikalisches Publikum unterrichten zu wollen – produktionsästhetisch gewandt die Anfertigung von kontrapunktischen Kompositionen hätten erleichtern können. So beschreibt Nägeli zunächst einzelne Momente strenger Fugen, und unter den Kategorien, die er herausstellt, ist der ständige Bezug allen verwendeten Materials zum Hauptthema nicht nur eine hinreichende Bedingung: „Die bestimmteste Norm, mit Inbegriff aller wesentlichen Re-

geln der Setzkunst, ist in der Lehre von der Einrichtung einer strengen Fuge, einer sogenannten Ricercata enthalten. Die Ricercaten, die wir in so vielerley Formen haben, lassen sich aber auch wieder in zwey Hauptgattungen eintheilen, in solche, wo
a) die möglichste Einheit, und
b) die möglichste Reichhaltigkeit
erzielt wird.

In der Ricercata geht der Künstler zunächst auf Einheit aus, indem er die sogenannten Gegenharmonien nur aus Bestandtheilen des Thema construirt. Demnach wird da, wo der Gefährte eintritt, das Thema, indem es zu diesem die Gegenharmonie bildet, noch weiter fortgeführt; dieses so verlängerte Thema wird gleichförmig im Gefährten bey erster Wiederholung des Führers, wo er als dritte Stimme eintritt, hinwieder durchgeführt u. s. w. – Durch Beobachtung der möglichsten Strenge in der Stimmführung entsteht der Canon, das non plus ultra musikalischer Einheit.

Die möglichste Reichhaltigkeit sucht der Künstler in der Ricercata, indem er das Thema durch mannigfaltige Contraste anschaulich macht: in den Gegenharmonien. Diese werden durch vielerley verschiedene Figuren und Accorde gebildet. Es bleibt immer noch eine Ricercate, wenn nur das Thema oder ein durch Zergliederung herausgebrachter Bestandtheil desselben *immer in irgend einer Stimme* vorkömmt, worinn sie sich eben von der *freyen* Fuge wesentlich unterscheidet, indem bey dieser das Thema oft aus *allen* Stimmen durch sogenannte Zwischenharmonien verdrängt wird."[105]

Als Bachsches Referenzobjekt, das diese dichteste aller möglichen kontrapunktischen Kompositionstechniken vorzugsweise illustriert, dient Nägeli nun verständlicherweise nicht das *Wohltemperierte Klavier*, dessen Vielfalt verschiedenster Konzeptionen auch Werke mit freien Zwischenspielen oder Reflexe etwa der Konzertform integriert. Sein emphatisch herausgestelltes Ideal der Entwicklung aller Stimmen aus einem Thema repräsentiert ein anderes Werk Bachs ungleich vorteilhafter: „Diese höchsten Aufgaben hat *J. S. Bach* in der *Kunst der Fuge* im Zusammenhang gelöst, und zwar über alle Vergleichung meisterhaft, indem er eine ganze Reihe von Fugen über das nemmliche Grundthema, oder doch über ähnliche auf der nemmlichen Grundharmonie bestehende Themata verfertigte. (Die letzte auf einem etwas abweichenden Thema beruhende, unvollendete Fuge – an deren Vollendung der Künstler durch nichts anders als den Tod verhindert werden konnte – bleibt davon ausgenommen.)

Die höchste Einheit hat er in den darinn enthaltenen Canons, eine vervielfältigte Übereinstimmung in den Fugen im dreystimmig- und vierstimmig-verkehrten Contrapunkt (Contrapunktus 12 und 13 mit ihren Parallel-Sätzen contrapunti inversi) erreicht. Hier kann man sehen, wie auch im durchgeführten Kunst-Mechanismus das Genie immer noch durchschimmert. Die Tonverhältnisse, die hier allerdings auf Calcul und Combination beruhen, sind keineswegs wie Machwerke steifer Theoretiker, armseliger Sklaven ihrer Kunst, ergrübelt oder herausgewürfelt; leicht, anschaulich, sangbar und fließend, machen sie selbst noch Anspruch auf Schönheit und Grazie."[106]

Nägeli beschreibt nachfolgend weitere Einzelsätze der *Kunst der Fuge* in der „Kunst*ausstellung*" ihrer kontrapunktischen Faktur und hebt dabei besonders den Contrapunctus 11 als „Concentration vielfacher Kunststücke" hervor, in dem zunächst die ersten beiden Themen des Contrapunctus 8 in Umkehrung vorgestellt werden: „Einer der größesten Geniezüge unsers Meisters ist der chromatische Satz, der nach einem kurzen aber gedrängten *Fugato* über das Grundthema, gleich anfangs gegen jenes erste in verkehrter Bewegung eintretende Subjekt miteintretend und in allen Stimmen durchgeführt eine Zwischen-Doppelfuge bildend, nachher nach Eintretung jenes zweyten verkehrten Subjects, die Gegenharmonien dieser zweyten Zwischen-Doppelfuge immer mitbildend, endlich nach dem Wiedereintreten des Grundthemas, womit die Tripelfuge anhebt und durchgeführt wird, auch hier noch als die glänzende Folie dieses prachtvollen Kunstgebildes immer durchschimmert. Es war zweckmäßig, daß der Künstler vermittelst eines *chromatischen* Satzes den Extrakt concentrirte, er gewann durch die Gedrängtheit der Melodie zugleich reiche Fülle der Harmonie in kleinen und großen, verminderten und übermäßigen Intervallen und daraus entspringenden mannigfaltigen Accorden. Durch dieses Mittel konnte er die Lichtstrahlen seines Genies in einen Brennpunkt zusammenziehen."[107]

Diese Beschreibung der Konzeption eines besonders kunstvollen Einzelsatzes von Bachs *Kunst der Fuge* dient Nägeli zunächst als Muster und Beleg für seine These, in einer strengen Fuge größtmögliche Vielfalt aus einem gegebenenfalls nur kleinen musikalischen Ausgangsgedanken zu gewinnen: „So hat unser Künstler in diesem universellen Fugato die Opposita der Kunstgesetzgebung praktisch ausgeglichen, indem er die höchste Summe der Einheit und Reichhaltigkeit zugleich erreichte. Dieses Maximum von Tonverhältnissen, dieser Inbegriff schöner Proportionen eignet das ganze Werk zum *Canon* für den Tonkünstler sowohl in demjenigen Sinne, in welchem der *bildende* Künstler schon auf der untersten Stufe einen solchen vor Augen haben muß, um seine Anschauung zu reguliren, als in der höchsten Ansicht, nach welcher jeder Künstler eines von Mißverhältnissen freyen Vorbildes, eines Typus bedarf, um sich zum Ideal seiner Kunst emporzuschwingen."[108]

Zugleich zeigt dieser Gestaltenreichtum der *Kunst der Fuge* aber auch, daß eine Etablierung von Richtlinien zur Fugenkomposition nach Bach schlechterdings nicht mehr möglich sein kann: „Bach vernichtete die Schranken der Methode in der Fülle seiner Kraft. Sein Geist hatte, wie alle productiven Geister von außerordentlicher Wirksamkeit, eine revolutionäre Tendenz. Hier aber ohne verderbliche Folgen. Heil der Menschheit! daß einmal einer ihrer Heroen eine Sphäre seiner Wirkung fand, wo keine Köpfe verwirrt, keine Systeme zerstört, keine Staaten verheert werden konnten; hier, in dieser göttlichen Kunst, die selbst das wirksamste Mittel ist, den Menschen den ewigen Frieden herbeyzuführen.

Sein revolutionäres Verfahren that auch seiner Künstlerwürde keinen Abbruch. Denn, wie im Leben, so in der Kunst; bey der Künstler-Erziehung seiner Söhne, wie bey ihrer leiblichen; bey der gewissenhaften Erfüllung seiner Organisten-Pflichten, wie da, wo der königliche Künstler dem kunstliebenden König

sein Opfer brachte, wußte er überall das Hergebrachte, die bestehenden Verhältnisse, auch die *Autorität der Schule* zu ehren. So hat er der Schule durch sein
methodisches Werk der *Kunst der Fuge* seinen Tribut reichlich gezahlt. Wenn
denn unter freyern Formen sein Geist über alle Schranken hinwegeilend sich
selbst das Gesetz gab, so muß es eben so ergötzlich seyn dem erhabnen Geist zu
folgen, als es lehrreich ist, jenes Gesetz einzusehen und anzuwenden.

Daß das ideale Constructions-Gesetz, das seinem Geiste überall vorschwebte,
in der Methode nirgends ausgesprochen ist, daß es auch den modernen Theoristen
und Componisten noch nicht zum Bewußtseyn kam, überhaupt den Kunstphiloso-
phen ein Geheimniß blieb, gehört wesentlich zum Schicksal unsrer Kunst, deren
Erweiterung und Vervollkommnung wesentlich von der Erkenntnis und Vervollkommnung der Theorie abhängt, und ist um so seltsamer, da jenes Gesetz sich
auch in den Compositionen der genialischen Componisten der *freyen* Schreibart
überall faßlich ausspricht."[109]

Zweifellos ist Nägelis Bach-Bild von der romantischen Vorstellung des genialen Künstlers geprägt, dessen Werk mit Handwerksregeln nicht adäquat zu erfassen ist, und der die überkommene Norm allenfalls erfüllt, indem er sie zerbricht.
Dennoch: Die Erkenntnis, daß die Formulierung von Regeln für die Fugenkomposition und die Ergebnisse von Analysen Bachscher Exempel dieses Genres nicht
kompatibel sind, ist nicht das einzige Resultat von Nägelis Überlegungen, der
noch nicht einmal konzedieren mag, es könne sinnvoll sein, zumindest einige
zentrale Leitlinien zu definieren, die für den elementaren satztechnischen Unterricht hinreichend sein mögen; für die künstlerische Bildung sei dann auf das ausgeführte Werk autoritativer Komponisten zu verweisen. Vielmehr zielt sein Plädoyer darauf, schon auf den Versuch einer Formulierung von Vorgaben zur Gestaltung von Fugen zu verzichten, da deren gelungenste Beispiele, als die unbestritten die kontrapunktischen Kompositionen Bachs firmierten, sich niemals solchen zwangsläufig zu engen Regeln fügten: Die Anleitung zur Komposition, die
beste Methode schlechthin, biete die *Kunst der Fuge* implizit.

REDUKTION DER ANALYSE

Unter den Versuchen, dennoch eine Beschreibung der Fugenkomposition vorzulegen, die produktionsästhetisch zu verwenden sei, ohne das Bachsche Ideal weder zu verfehlen noch dessen reiches Profil in gutgemeinter, doch simplifizieren-
der Absicht zu nivellieren, erscheinen jene Überlegungen besonders bemerkenswert, die Joseph Benjamin Heinrich Birnbach, der Begründer eines Instituts für
Klavier und Musiktheorie im Berlin des Vormärz, in seinem insgesamt fünf Bände umfassenden, zwischen 1832 und 1846 vorgelegten Unterrichtswerk *Der vollkommene Componist* vorstellte. Offensichtlich sind die Vorgaben, die er zur Gestaltung von kontrapunktischen Sätzen formuliert, aus einer genauen Betrachtung
der Werke Johann Sebastian Bachs gewonnen, den Birnbach schon in der Vorrede zum ersten Band seines Lehrbuchs den „Schöpfer unserer neuen Musik"

nennt, der „alle bisherige Schranken der Theorie durch seine kunstvollen Werke, die wir in unseren Tagen noch bewundern, durchbrach".[110] Freilich gelingt auch Birnbach keine konsistente Theorie der Bachschen Fuge, und die „nothwendigen Regeln", die er zur Fugenkomposition auflistet, wirken zunächst wenig hilfreich für die Lösung einer konkreten kompositorischen Aufgabe (jenseits der Problematik einer korrekten Beantwortung des Fugenthemas oder der Gestaltung mehrfacher Kontrapunkte, die umfassend behandelt werden); demnach ist unverzichtbar:

„1) Daß das Fugenthema immer auf eine schickliche Weise eintrete, der Eintritt desselben, er mag vom Gehör erwartet sein oder nicht, darf keineswegs zuwider lauten;

2) Daß die Eintritte des Themas weder zu früh noch zu spät, zu häufig oder zu selten erfolgen; denn im ersten Falle wird das Gehör damit beruhigt, weil in den meisten Fällen der Satz zu schwülstig erscheint und mit Kunststücken zu sehr überhäuft ist, und im zweiten Falle würde, durch eine lange Zwischenharmonie, an mehreren Orten das Thema aus dem Gehör kommen, welches nicht sein darf, wenn das Thema bei jeder neuen Erscheinung wieder erkannt werden soll.

3) Daß diejenige Stimme, welche mit dem Thema anheben soll, allemal vorher kürzere oder längere Zeit pausiren muß, damit der Eintritt desselben vom Gehör nicht unbemerkt bleibe; und endlich

4) daß im Verlauf einer Fuge keine Stimme an diesem oder jenem Orte unterbrechen darf, wenn sie nicht mit irgend einer Clausel oder auf irgend eine dem Gehör befriedigende Weise endet."[111]

Doch bietet Birnbach mehr als diese zunächst vergleichsweise unverbindlich anmutenden Hinweise, die gleichwohl sehr genau Qualitäten Bachscher Fugen und Defizite der zeitgenössischen Produktion benennen; sein Ansatz nämlich, bereits im kompositorischen Prozeß zwischen Durchführungen und Zwischenspielen zu unterscheiden, erfaßt, ungeachtet er an Rejchas Konzept der „phrasirten Fuge" erinnert, ein zentrales Problem der Gestaltung kontrapunktischer Sätze, und seine Vorschläge fokussieren jene Phänomene des Aufbaus, die, aus Bachschen Kompositionen gewonnen, auch in der Gegenwart die „Verfertigung" von Fugen gelingen lassen: „Eine Fuge kann auf zweierlei Art verfertigt werden. Die erste Art besteht darin, daß man von Satz zu Satz oder von einer Durchführung zur andern das Ganze componirt, unter welchen Umständen jederzeit auf das Vorhergehende und Folgende Rücksicht genommen werden muß, damit das ganze Tongewebe nicht nur lebendig, sondern auch mannigfaltig werde, und als ein gediegenes Ganze dem Gehör erscheine.

Eine zweite Art der Verfertigung besteht darin, daß man alle Durchführungen, welche darin vorkommen, componirt, und alsdann durch Zwischenharmonien verbindet. Die Zwischenharmonien müssen entweder aus einer Fuge des Themas oder aus irgend einer Nebenharmonie entnommen werden, damit sie nicht fremd erscheinen, und immer auf eine schickliche Weise die nächste Durchführung herbeiführen.

Es ist gut, wenn die eine oder die andere Durchführung nach den Regeln des doppelten, drei- oder vierfachen Contrapunktes bearbeitet ist, damit man deren

Stimmen umkehren und sie nach der einen oder der andern Zwischenharmonie so brauchen kann, wie der jedesmalige Umstand es erfordert.

Hat man die zu einer Fuge nothwendigen Durchführungen und Zwischenharmonien melodisch und harmonisch verbunden, so macht man nach der letzten Durchführung, welche in der Haupttonart sein muß, einen passenden Schluß. Dieser muß jedoch mit denjenigen Figuren aus dem Thema herbeigeführt werden, welche dem Gehör die faßlichsten sind."[112]

Diese Vorgaben, aus der Erkenntnis der Vielfalt möglicher und bei Bach realisierter Formen der Fugenkomposition bewußt offen und doch nur scheinbar vage gehalten, thematisieren nahezu alle Schwierigkeiten des Produktionsprozesses. Der Versuch einer weiterreichenden Präzisierung von kompositorischen Details, wie ihn der Pianist und Verleger Johann Anton André im vierten Band seines *Lehrbuchs der Tonsetzkunst* vornahm, führt in der Konkretisierung wiederum zu einem Schema, das als normativ postuliert wird, selbst wenn sich ihm die Beispiele, die im Anhang der Studie mitgeteilt werden (und auch die Bachschen) nicht mehr fügen: „Was nun ein richtiges, consequentes Verfahren bei der Verfertigung einer 4stimmigen Fuge betrifft, so bemerke ich hier wiederholt Folgendes:

1) Dass das Fugenthema weder zu lang, noch zu kurz, mithin leicht fasslich seyn, die betreffende Tonart deutlich bezeichnen, die Transposition in die Nebentonarten gestatten, und zugleich von der Beschaffenheit seyn soll, dass es eine mehrfache Anwendung der Nachahmung zulässt, gleichviel ob diese von dem in der Quinte oder Octave eintretenden *Gefährten* vollzogen werde, als worüber ich mich bereits im Abschnitte von der Engführung umständlich ausgesprochen habe. [...]

2) Dieses Thema der Fuge muss im ersten Wiederschlage von sämmtlichen 4 Stimmen vollständig vorgetragen werden.

3) Die hierbei zuerst eintretende Gegenharmonie entwirft man am besten in der Form eines Contrasubjectes und zugleich im doppelten Contrapunct der Octave, da sich solche hierdurch bei ihrem Zusammentreffen mit dem Thema überall anwenden lässt.

4) Wenn nun der erste Wiederschlag vollzogen worden ist, so tritt die Zwischenharmonie ein, welche, wie bereits gesagt, nach dieser oder jener Zergliederungsfigur des Fugenthemas oder auch seiner Gegenharmonie zu bilden ist, und ihre Modulation nach derjenigen Nebentonart richtet, in welcher der zweite Wiederschlag eintreten soll.

5) Die Ordnungsfolge dieser Nebentonarten bleibt zwar der Willkühr des Componisten überlassen, ebenso, ob er sie alle oder nur einige derselben anwenden will; gewöhnlich aber lässt man bei einer Fuge in der Durtonart zuerst die Tonart der Quinte, hierauf die Molltonart der Sexte, dann die Durtonart der Quarte und die Molltonart der Secunde, und zuletzt die Molltonart der Terz nachfolgen. Bei einer Fuge in der Molltonart lässt man dagegen besser die parallele Durtonart und dann erst die Tonart der Quinte eintreten. [...]

6) Was die Abwechslung anbelangt, in welcher die 4 Stimmen bei den folgenden Wiederschlägen einer Fuge als Führer und Gefährte eintreten können, so muss

ich dessfalls auf die Lehre vom Wiederschlage [...] verweisen, woraus denn auch hervorgeht, dass nicht alle Wiederschläge den Führer und Gefährten zweimal enthalten müssen, ja nicht einmal 4stimmig gesetzt zu seyn brauchen, was, wie schon gesagt, nur beim ersten und letzten Wiederschlage einer 4stimmigen Fuge unerlässig ist.

Jedenfalls aber muss jeder Wiederschlag einer Fuge das betreffende Thema, gleichviel ob solches der *Hauptsatz* oder das *Contrasubject* der Fuge ist, als Führer und Gefährte hören lassen.

7) Man thut wohl daran, zu Anfang der Fuge, sowohl der Gegenharmonie als der Zwischenharmonie keine Noten von kürzerer Dauer zu geben, als deren das Thema selbst enthält, unbeschadet deren metrischen Verschiedenheit, welche bei der Zwischenharmonie, wie gesagt, sogar ganz unerlässig ist.

Im Verfolge der Fuge und namentlich gegen das Ende hin, kann aber der Gang der Gegenharmonie, als auch diese oder jene Stimme der Zwischenharmonie, eine lebhaftere Bewegung erhalten, da ein solches Verfahren gar sehr zur grös-seren Belebung des Ganzen beitragen kann.

8) Die folgenden Wiederschläge einer Fuge sollen deren Führer und Gefährten immer näher und näher zusammengerückt, und der letzte Wiederschlag die engste Engführung enthalten.

9) Da die Mannigfaltigkeit in der Abfassungsart der verschiedenen Wiederschlä-ge und der Zwischenharmonie zu einer besonderen Zierde der Fuge dienet, so muss man beim Entwurf einer solchen Composition alles wohl überlegen, was mit dem Thema in Ansehung einer Vergrösserung oder Verkleinerung oder Rückwärtslesung seiner Noten und in Beziehung auf die daraus zu bildende Zwischenharmonie mit einer Zergliederung derselben und mit deren verschie-denartigen Vortrag, bei welchem abwechselnd bald diese, bald jene der vier Stimmen als Hauptstimme zu behandeln ist, ausgeführt werden kann."[113]

Dieser Plan soll nun nicht nur die Anfertigung von Fugen erleichtern, sondern auch dazu genutzt werden, Kompositionen zu beurteilen, und Werke, die in Anla-ge und Konzeptionen von dieser Norm abweichen, verfallen unmittelbar Andrés Verdikt: „So wenig nun auch solche Tonsätze in ihrem musikalischen Werthe hierdurch getadelt erscheinen sollen, so sind sie in ihrer Eigenschaft als *Fuge* doch keineswegs von demjenigen Werthe, welcher ihnen von ihren blinden Ver-ehrern beigelegt wird." Die Richtigkeit und Geltung seines letztlich wenig flexi-blen Systems soll allein daraus erhellen, daß es (zumindest gelegentlich) von „ersten Tonsetzern" verwendet worden sei – was umgekehrt André dazu berech-tigt, alle anderen Fugen derselben Komponisten, sofern von diesem Schema ab-weichend, zu kritisieren. So wirft er auch Johann Sebastian Bach „Inconsequen-zen" bei der Themenbeantwortung vor[114], unterzieht einzelne Fugen des *Wohl-temperierten Klaviers* einer detaillierten kompositorischen Kritik, die ihn etwa die *Es-Dur-Fuge* aus dessen zweiten Band (BWV 876) als „Fughette" bezeich-nen und die *E-Dur-Fuge* (BWV 880) in etlichen Einzelheiten als „nicht zur Nachahmung zu empfehlen" qualifizieren läßt[115], und kommt nicht nur hinsicht-lich des Eingangssatzes der *Kunst der Fuge*, den er minutiös analysiert, zu einer letztlich wenig vorteilhaften Bewertung: „Der Führer macht hier [= im *Contrapunctus I*] den Sprung von der Prime zur Quinte, der Gefährte dagegen denjenigen von der Quinte zur Octave, wodurch sich beide wohl genugsam von einander unterscheiden, um im Verfolge der Fuge nicht mit einander verwechselt werden zu können.

Die mit dem 17ten Takte eintretende Zwischenharmonie, welche bis zum 23ten Takte fortgeführt wird, erscheint ausser aller Beziehung zu den Noten des Themas, und besitzt nur einige metrische Aehnlichkeit mit derjenigen der Gegenharmonie. Mit dem 23ten ten Takte tritt abermals der Alt, so wie zu Anfang dieser Fuge mit dem in der Haupttonart stehenden Führer ein und nach dessen beendigtem Vortrag im 27ten Takte abermals eine kurze Zwischenharmonie, worauf im 29ten Takte der Diskant mit der Tonführung des Führers in der Tonart der Quinte eintritt, obgleich es fast scheinen möchte, als solle dieser Vortrag des Themas hier den ausserdem fehlenden Gefährten darstellen, wesshalb ich denn auch die Takte 27–31 als 2ten Wiederschlag bezeichnet habe. Allein was man aus dem mit dem 32ten Takte im Basse eintretenden Thema machen soll, weiss ich in der That nicht, da es seiner sonderbaren Tonführung wegen weder den Führer noch den Gefährten dieser Fuge charakterisirt, obgleich es mit dem Quartensprung des letztern anfängt.

Da die Takte 32–39 aber doch wohl einen besonderen Wiederschlag bilden sollen, so habe ich sie als den 3ten Wiederschlag bezeichnet; allein schon im 40ten Takte befindet man sich durch den weder als Gefährte noch als Führer behandelten Tenor in einer ähnlichen Ungewissheit, und es scheint nur, dass auch dieser vom 40en–48ten Takte fortgesetzte Satz als ein Wiederschlag betrachtet werden soll, daher ich solchen als den 4ten Wiederschlag bezeichnet habe. –

Mit dem 49ten Takte tritt nun abermals das Thema auf eine eben so unbestimmte Art abgefasst im Diskant ein, da sein Quartensprung den Gefährten, seine übrige Tonführung aber den abermals in der Haupttonart stehenden Führer charakterisirt.

Ich habe die Takte 49–55 als Wiederschlag No. 5 bezeichnet, da im 56ten Takte endlich einmal wieder ein erkennbarer Führer im Basse, und zwar abermals in der Haupttonart erscheint, und durch dessen Eintritt auch den Anfang eines neuen, hier also des 6ten Wiederschlages charakterisirt; allein auch diesmal bleibt der Führer ohne seinen Gefährten, und die im 60ten Takte eintretende Zwischenharmonie geht im 63ten Takte auf einen ganz kurzen Orgelpunkt der Quinte über, bei welchem aber das Thema selbst ausser Beziehung bleibt, und erst nach abermaliger Zwischenharmonie vom 66ten –73ten Takte tritt ein neuer Orgelpunkt auf der Prime der Tonart ein, und zugleich damit im Tenor das Thema, zwar mit dem Quartensprung des Gefährten, übrigens aber in der die Nebentonart der Quarte charakterisirenden Tonhöhe des Führers ein, letzteres nur desswegen, damit der Schlusstakt den *harten* Dreiklang der Prime erhalten konnte.

Bach selbst hat nun zwar diesen Tonsatz nur als *Contrapunktus I.* und nicht als *Fuge* überschrieben, allein da derselbe den Anfang seines als 'Kunst der Fuge' betitelten Werkes bildet, und da hier sämmtliche 4 Stimmen als Führer und

Gefährte einer Quintenfolge eintreten, so unterliegt es wohl auch keinem Zweifel, dass *Bach* diesen Tonsatz als Fuge betrachtet hat, so regellos derselbe auch, in dieser Beziehung, ausgearbeitet erscheint.

Die folgenden Contrapunkte dieses Werkes sind in ihrer Eigenschaft als Fugen zwar auch nicht viel richtiger, allein sie enthalten als contrapunktische Composition recht kunstvolle Tonsätze [...]"[116]

Gegen Johann Anton Andrés Prätention, Bach zu kritisieren, ja ihn – allerdings ohne Namensnennung – durch eine alternative Fassung des *„Crucifixus"* der *h-Moll-Messe* verbessern, wenn nicht gar überbieten zu wollen (siehe nebenstehende Seite)[117], wandte sich insbesondere Johann Christian Lobe, der vornehmlich in Leipzig publizistisch wirkte und einer wachsenden „Bachmanie" keineswegs unkritisch gegenüberstand. Er nahm ebenfalls für sich in Anspruch, daß die Beispiele zu Kontrapunkt und Fuge im dritten Band seines *Lehrbuches der musikalischen Komposition* sich an Werken Johann Sebastian Bachs orientierten, hielt André indes methodologische Defizite vor, da dieser nicht in der Lage gewesen sei, jene „Regeln" zu erkennen, die Bachs Fugen zugrundelägen: „Meine Lehre ist zum grössten Theil aus den praktischen Werken J. S. Bachs abstrahirt und an Beispielen von ihm erläutert. Dies wird jene Theoretiker Wunder nehmen, die den Anfänger gerade vor dem Studium dieses Meisters warnen, weil er, wie sie sagen, sich zu viel Freiheiten erlaubt und zu viel Ausnahmen gemacht habe! Freilich giebt es vielleicht keine einzige Fuge von ihm, die sich in vollkommenes Einvernehmen mit den bisher gangbaren Regeln setzen lässt. Aber ziemlich sonderbar scheint es mir, deshalb die Bach'sche Praxis für zu frei zu erklären! Mir däucht im Gegentheil, es läge näher, die Theorie, welche solches thut, für zu eng zu halten! Betrachten wir z. B. seine 'Kunst der Fuge', so wimmelt sie nach der Ansicht der alten, oft auch der heutigen Theorie vor Ausnahmen gegen die Regeln! Und das soll in dem Werke sein, in welchem er seine ganze kombinatorische Kunst niederlegen und diese nicht bloss technisch, sondern auch ästhetisch entwickeln wollte! Wie? In diesem Meisterwerke hätte er sich erlaubt, jeden Augenblick gegen wesentliche Gesetze zu verstossen, dadurch die Idee der Fuge zu verunstalten, die Nachfolger in die Irre zu führen?

Ich meine, wir sollten bescheidener sein und annehmen, dass ein Meister wie Bach einen Unterschied zwischen wirklichen und vermeintlichen Ausnahmen gemacht haben müsse. Unter einer wirklichen Ausnahme verstehe ich eine Gestaltung, die irgend ein in dem Wesen' der Kunst begründetes, also ein wesentliches Gesetz verletzt. Sie giebt sich durch eine abnorme Wirkung kund, dadurch dass sie das Gefühl oder den Verstand des Kunstgebildeten beleidigt. Derartige Ausnahmen sind mit nichts zu entschuldigen, auch nicht mit der 'höheren Idee' des Künstlers. Denn mit der Idee allein wird dem Kunstgeist nicht gedient, der verlangt auch den durchaus ungetrübten, verständigen und anmuthig sinnlichen Ausdruck derselben. Hinter der sogenannten *licentia poetica* steckt entweder Ungeschick, oder Willkühr, oder Originalitätssucht, oder Homer's Schlafmomentchen. – Die vermeintliche Ausnahme hingegen ist eine Gestaltung, die weder dem Gefühl noch dem Verstand des Kenners missfällt, keine wesentliche Regel verletzt, sondern nur eine zu eng gefasste oder falsche Regel unbeachtet lässt.

Wenn man diesen Unterschied in's Auge fasst, wird man in Bach's Werken keine Ausnahmen finden; was man bisher für solche angesehen, sind eben rechte Regeln selber. Dann verschwindet aber auch die vermeintliche Gefahr, welche für den Anfänger in dem Studium dieses Meisters liegen soll, und man gewinnt für des Schülers Phantasie den unschätzbaren Vortheil, dass man sie vor den trocke-

nen Beispielen der Theoretiker zu bewahren nicht nöthig habe, sondern sie vielmehr durch die unmittelbare Heranführung an die blühenden Musterwerke der
Meister alsogleich befruchten könne."[118]

Die Gesetzmäßigkeit, die auch Bachs Fugen konstituiere, versuchte Lobe nun
analytisch nachzuweisen, und namentlich in bezug auf den *Contrapunctus I* der
Kunst der Fuge, der André zufolge keine „regelrechte Fuge" sei, „weil sie sich
den hergebrachten Vorschriften zu einer solchen nicht fügen will", postulierte er
gleich eingangs seiner Ausführungen zur Fugenkomposition, daß er sehr wohl mit
wenigen Regeln zu erklären sei. Doch ist nicht zu verkennen, daß Lobe mit der
Analyse dieses Satzes, die er im folgenden vorlegt, die Mehrzahl der Probleme,
auf die André hinwies, umgeht, indem er nicht Durchführungen von Zwischenspielen unterscheidet, sondern ungleich kleingliedriger lediglich einzelne Themeneinsätze auflistet, die mit unthematischen, freien Abschnitten wechseln:

„Disposition			Takt
Thema:	Alt	Tonika	1
Nachahmung I	Diskant	Dominante	5
Nachahmung II	Bass	Tonika	9
Nachahmung III	Tenor	Dominante	13
Erstes Zwischenspiel			17
Nachahmung IV	Alt	Tonika	23
Zweites Zwischenspiel			27
Nachahmung V	Diskant	Dominante	29
Nachahmung VI	Bass	Modulation gemischt (A-Moll – D-Moll – G-Moll)	32
Drittes Zwischenspiel			36
Nachahmung VII	Tenor	Tonika	40
Viertes Zwischenspiel			44
Nachahmung VIII	Diskant	Tonika	49
Fünftes Zwischenspiel			53
Nachahmung IX	Bass	Tonika	56
Sechstes Zwischenspiel			60
Nachahmung X	Tenor	Quarte (g-Moll)	74
Schluss		Tonika	78"[119]

Auf diese Weise suggeriert Lobe eine Ordnung im Aufbau des Eingangssatzes der
Kunst der Fuge, die allenfalls deshalb zu kritisieren sei, als die Einsatzfolge der
Stimmen sich dreimal wiederhole (sofern man eine allerdings nicht realisierte
„Nachahmung" im Alt vor dem letzten Diskanteinsatz unterstellt); die von André
als Problem erfaßte Aufgabe, Vorgaben zur Gestaltung von Fugen zu konkretisieren, ignoriert Lobe auch im folgenden. Wiederholt bietet er lediglich Beschreibungen einzelner Fugen auch des *Wohltemperierten Klaviers* mit unterschiedlicher Akribie, doch Bemerkungen, die erkennen ließen, daß er jenseits der Betrachtungen im Detail Gemeinsamkeiten der Fugenkonzeption erschlossen hätte,
fehlen. Auf die Frage, was eine Fuge und wie sie zu gestalten sei, gibt er nicht nur
keine Antwort – er stellt sich die Aufgabe schon nicht mehr, dessen bewußt, daß

eine verbindliche Lösung, die zur Analyse historischer Werke wie produktionsästhetisch nützlich sein könne, unmöglich ist. Denn seiner Meinung nach ist es
bereits verfehlt, in Bachs kontrapunktischen Werken nach strukturellen Gemeinsamkeiten zu suchen, die etwa propädeutisch genutzt werden könnten, da das
zentrale Anliegen gerade der *Kunst der Fuge* gewesen sei, zu zeigen, „dass aus
einem und demselben Thema viele ihrem Character nach ganz verschiedene Fugen gebildet werden können, je nach der Art des Kontrapunktes, den man als
Metrum daraus zieht und durchführt".[120] An einem Thema entfalte Bach hier
„beinahe Alles, was an kontrapunktischer, polyphoner, kanonischer Kunst nur irgend in der ganzen Fugenliteratur geleistet worden". Damit habe er „nicht allein
die Kunst der Fuge praktisch [...] lehren, sondern auch zugleich zeigen wollen,
was an dieser Kunstgattung wesentliche Bedingung und was nur engherziges und
missverständlich abstrahirtes Regelwesen der alten Theoretiker ist."[121]

Was freilich konstitutiv für eine Fuge sei und wie man sie von anderen kompositorischen Genera unterscheiden könne, thematisiert er nicht unmittelbar. Fuge
gewinnt bei Lobe die Qualität eines satztechnischen Verfahrens, dessen formale
Konzeption nicht mittels eines festen Schemas zu erfassen ist; „wesentlich" – und
als spezifische Differenz gegenüber anderen Gestaltungsweisen des Tonsatzes –
erscheint lediglich das Fehlen von Parataxe und Periodizität: „Die modernen Instrumentalwerke sind in Theile, Klauseln, in mehr oder minder bestimmt emp-
findbare Ruhepunkte gegliedert und geschieden. Die Fuge vermeidet in der Regel
solche Abtheilungen. Sie versteckt die Halb- und Ganzschlüsse, oder geht flüch-
tig über dieselben hinweg; sie wandelt ruhelos in einem ununterbrochenen Flusse
fort. Der einzig wirkliche, vollständig zur Ruhe führende Schluss tritt erst am Ende der Fuge ein."[122]

Dieser Ansatz, Fuge nurmehr als eine – freilich ambitionierte – Technik der
Komposition aufzufassen, erlaubt einerseits eine ästhetische Gegenwart der polyphonen Musik Bachs – insbesondere des *Wohltemperierten Klaviers* – als Charakterstück und nicht nur als propädeutisch wohlfeiles Exempel, als das vornehmlich die *Kunst der Fuge* bei Lobe weiterhin firmiert. Zum anderen eröffnet
die Erkenntnis der Vielfalt von Gestaltungsweisen, die Bachs Fugen repräsentieren, bei gleichzeitigem Verzicht auf ein verbindliches Schema zugleich Möglichkeiten zukünftiger Fugenkompositionen: als Modus seriösen Komponierens, der
konsequenten und ökonomischen Entwicklung eines Werkes aus geringem musikalischem Material, nicht aber als artifizielle, selbstgenügsame Kunst kontrapunktischer Kombinatorik. Die Beschäftigung mit der Fugenkomposition in Unterricht und musikalischer Praxis könne nur ein Mittel, kein Zweck sein – dies sei
nicht zuletzt an Bachs *Wohltemperiertem Klavier* zu ersehen, und daß auch in der
Gegenwart jenseits akademischer Tonsatzübungen künstlerische Aussagen mit
der Technik der Fuge zu machen seien, mithin kontrapunktische Exerzitien keineswegs als überflüssig angesehen werden könnten, zeige ein Blick auf einschlägige Werke von Franz Liszt. Dessen Fuge aus der *Dante*-Symphonie dient Lobe
als Beleg dafür, daß es auch in der Gegenwart „noch Komponisten giebt, die das
Studium der strengen kontrapunktischen und kanonischen Künste für keinen Zeit-

verderb halten, und dieselben auch in der modernen Instrumentalmusik selbst zum
Ausdruck bestimmter Situationen und Gefühle anwendbar finden".[123]

Der Erkenntnis, daß es schlechterdings nicht möglich sei, Vorgaben zur Komposition von Fugen zu formulieren, die auch die Bachschen Beispiele fassen könnten, daß zugleich aber diese repräsentativsten Exempel zu individualisiert in ihrer
Konzeption seien, als daß sich allen gemeinsame Richtlinien zur Gestaltung an-
leiten ließen, verschloss sich in der ersten Hälfte des 19. Jahrhundert immer
weniger Autoren. Zu vielgestaltig erschien das Œuvre Bachs, dessen Kenntnis
stetig zunahm, zu starr andererseits aber auch ein Schema zur Anlage einer Fuge,
wie es von verschiedenen akademischen Theorielehrern mit dem Anspruch allgemeiner Verbindlichkeit propagiert wurde. Zumal jene Fugen, die nach solchen
Handleitungen angefertigt wurden, zu offensichtlich von Bachschen Kompositionen sich unterschieden – eben durch solche Teile, die nicht Gegenstand der Lehre
sein konnten: die Ökonomie der Verwendung einzelner Motive, die kontrapunktische Dichte und Dramaturgie eines Satzes, schließlich und vor allem der Wechsel
von themafreien Partien und Zwischenspielen, die – wie schon ein flüchtiger
Blick auf Bachsche Fugen zeigt – mitunter so locker gefügt sind, daß ihre polyphone Faktur hinter einem akkordisch konstitutiven Gerüstsatz zurücktritt. Das
Bewußtwerden der handwerklichen und satztechnischen Qualitäten der polyphonen Musik Bachs ließ jedoch auch diejenigen verstummen, die Unzulänglichkeiten in der Behandlung einzelner Parameter erkennen wollten, doch mit ihren nicht
selten prätentiösen Verbesserungen jenen organischen Ausgleich von Harmonik
und Melodik, Rhythmik und Metrik verfehlten, der als Inbegriff Bachscher Satztechnik verstanden wurde.

Aus der Beobachtung solcher charakteristischen Eigenschaften Bachscher
Kontrapunktik, die partiell, etwa hinsichtlich der Harmonik oder der artifiziellen
Kombination einzelner Stimmen, zu übersteigern war, doch nur zu Lasten anderer
Parameter und insgesamt durchaus nicht zum Vorteil, folgte mit notwendiger
Konsequenz die Preisgabe des Versuches, weiterhin noch Richtlinien zu etablie-
ren. Vorrangig erscheint hinfort das Studium einzelner, allseits approbierter Wer-
ke autoritativer Komponisten, und als beispielhaft werden allenfalls jene Prinzipi-
en fixiert, die aus der Analyse verschiedener Kompositionen zu deduzieren sind.
Unter denjenigen, die diese Methode grundsätzlich für ihren Unterricht wählten,
war Gottfried Weber vermutlich der erste, der aus Einsicht in das Unvermögen,
weiterhin definite Vorgaben zu formulieren, in seinem *Versuch einer geordneten
Theorie der Tonsezkunst* folgerichtig lediglich Möglichkeiten tonsetzerischer
Verfahren und Gestaltungsweisen bilanzierte und die Bildung am Muster propa-
gierte. Webers Souveränität ist die Kehrseite der Resignation, in die Gottfried
Wilhelm Fink wenig später verfiel, als er die Unmöglichkeit erkannte, in seiner
Musikalischen Grammatik auch zu Kontrapunkt und Fuge einige verbindliche

Regularien zu bieten: Fink, der für sich in Anspruch nahm, gesicherte, für Unterricht wie kompositorische Praxis unersetzliche Leitsätze zu formulieren, zeigt sich hier äußerst wortkarg, und seine Begründung am Schluß seines Lehrbuches, auf weitere Ausführungen lediglich aus Rücksicht auf das Einsichtsvermögen der „angehenden Freunde der Tonkunst" zu verzichten, mutet zumal bei einem Theoretiker, der wegen seiner Forderung der Unverzichtbarkeit von Regeln in der musikalischen Ausbildung mit Adolf Bernhard Marx in einen erbitterten Streit geriet, mindestens seltsam an: „Eine ausführliche Theorie des ganzen einfachen Contrapunktes, wie man das System der Harmonielehre zu nennen pflegt, würde ihnen mehr Schaden als Vortheil bringen. Den doppelten Contrapunkt oder die Lehre von den Fugen verstehen selbst viele sonst sehr tüchtige Musiker nicht."[124]

In diesem Verzicht schon auf elementare handwerkliche Hinweise zur Gestaltung des mehrfachen Kontrapunkts steht Fink allerdings allein; denn selbst Gottfried Weber hatte zumindest einige Bemerkungen zu Möglichkeiten kunstvoller Kombinationen mehrerer Stimmen in sein Lehrbuch aufgenommen. Vollends singulär aber ist Finks Behauptung, die Fähigkeit, die Grundlagen der Fugenkomposition zu erkennen, müsse gemeinhin als verloren gelten: Zumindest jene Basis, die Friedrich Wilhelm Marpurg nun bereits nahezu ein Jahrhundert vorher begründet hatte, konnte als Bezugspunkt firmieren, wie Siegfried Wilhelm Dehn, der weniger als Musiktheoretiker denn als erster Leiter einer Musikabteilung der Königlichen Bibliothek in Berlin innovationsfreudig war, mit seiner unveränderten Neuausgabe der *Abhandlung von der Fuge* unterstreichen wollte. Freilich ersah auch Dehn, daß hier lediglich Traditionen der Beschreibung und Regelung von Fugenkomposition gewahrt werden konnten, die für die kompositorische Praxis und auch zur Erkenntnis der Gestaltungsweisen Bachscher polyphoner Musik nur bedingt geeignet waren. Doch ebenso wie diese Ausführungen Marpurgs für die Gestaltung der Fuge nutzte er das klassische Fuxsche Lehrbuch für seine *Lehre vom Contrapunkt* in der Konvention, die selbständige Führung von zwei, dann auch mehrerer Stimmen zunächst in gleichen, später unterschiedlichen Metren, deren Proportionen aus didaktischen Gründen in einfachen Zahlenverhältnissen aufeinander bezogen waren, – durchaus im Bewußtsein, hier nur eine Handwerkslehre vorzulegen, die durch eine Ästhetik, gewonnen aus der Analyse musterhafter Werke älterer Autoren, zu ergänzen war. Und in bezug auf Bach hielt er die Schüler an, „den Fluss der Melodieen, die Kraft der Motive, die Vielseitigkeit ihrer Bearbeitung und Verwendung" zu studiren[125] und bot daneben in einer kleinen Studie sehr ausführliche Beschreibungen einiger Bachscher Fugen, in denen er gewisse Gemeinsamkeiten ermittelte, um zumindest einzelne Anhaltspunkte für die erfolgreiche Gestaltung ähnlicher Tonsätze zu gewinnen. So erschien ihm etwa bemerkenswert, daß Bach in einer Fuge deutliche Kadenzen nicht grundsätzlich vermeide, doch diese Zäsur dann lediglich zum Anlaß nehme, um anschließend mit gesteigerter kontrapunktischer Kunstfertigkeit fortzufahren: kaum weniger als die Präzisierung einer auch andernorts beschriebenen Beobachtung, satztechnische Mittel ökonomisch zu verwenden und wirkungsvoll zu plazieren. Doch vermag auch Dehn keine allgemeinen Leitsätze der Fugenkom-

position aus seiner Darstellung Bachscher Exempel abzuleiten, die auch darauf
verzichtet, allein die Marpurgschen Grundsätze zu verifizieren; vielmehr zeichnen
sich Dehns Analysen durch große methodische Klarheit und eine nüchterne, präzise Sprachgebung aus: Auf die Substruktion eines präformierten Schemas wird
zugunsten der Offenlegung der je individuellen Konstruktion eines Werkes verzichtet. Andererseits gibt ihm auch die Erkenntnis mancher freizügiger Gestaltungsweisen Bachs keine Veranlassung, von unverbrüchlich gültigen Gesetzen
Abstand zu nehmen: Verstöße gegen fundamentale Regeln, wie sie gelegentlich
bei Bach zu finden sind, könnten weder eine neue Norm bezeichnen noch legiti-
mierten sie ähnliche Wendungen bei seinen Adepten. Künstlerischer Ausdruck
und Gestaltungswille suspendiere nicht die Norm, und keineswegs gelte: „Was
die Meister der Kunst zu beobachten für gut finden, das sind Regeln."[126]

Der Schritt von der musikalischen Handwerkslehre zum Kompositionsunterricht, der Dehn zu vollziehen schwer fiel, da er stets nach einer regelrechten Absicherung suchte, und den er deshalb durch die Werkanalyse ersetzte, gelang
Adolf Bernhard Marx, der in seinem Kompositionslehrbuch nicht erst einzelne
Elemente verschiedener Genera definierte, sondern sich unmittelbar der Frage
von deren Konzeption zuwandte. Für die Fuge postulierte er eine „ideale Grundform", wohl wissend, daß diese „möglicher Weise in keiner einzigen der bisher
komponirten Fugen ganz vollständig realisrt ist, deren innerliche Mitwirkung sich
aber in der Mehrzahl der Meisterwerke unsrer Form erkennen lässt und die auf
einem Vernunftgrunde ruht, nämlich auf den schon bekannten Modulationsgrund-
sätzen, angewendet auf die besondre Form der Fuge."[127] Solchem Schema zufolge sind Fugen formal dreiteilig; ein erster Abschnitt umfaßt die erste Durchführung: „Wir wissen, dass dieselbe sich in den meisten Fällen der Tonart der Dominante zuwendet und in derselben schliesst; es wird aber von uns abhängen, eine
schon dagewesene Stimme (nur nicht die zuletzt mit dem Thema eingetretne, –
dies würde einförmig) noch einmal mit dem Thema auf der Tonika des Haupt-
tones aufzuführen. Entweder mit dem Thema in der letzten, oder mit der wieder-
holenden Stimme, oder – was das Angemessnere scheint – mit einem Zwischen-
satze wird der erste Theil der Fuge beschlossen."[128] Mit einer Modulation in die
Dominante (respective die Tonikaparallele) endet dieser Eröffnungsabschnitt,
dem ein zweiter, als „Bewegungstheil" bezeichneter folgt: „Er enthält alle
Durchführungen und Zwischensätze bis zur Rückkehr auf den Hauptton."[129] Der
Schlußteil beginnt auf der Dominante „oder einem aus ihr entwickelten Orgel-
punkte" und ist „der letzten oder den letzten Durchführungen, Zwischen- oder
Nachsätzen im Hauptton gewidmet".[130]

Nach diesem Entwurf beschreibt Marx sodann die Anfertigung einer Fuge, die
jedoch lediglich eine Repräsentation dieses Modells sein will: „Ueberhaupt ist
klar, wie weit unser Entwurf davon entfernt ist, das Thema, oder gar alle Möglichkeiten der Fugenform zu erschöpfen. Wir haben aber schon im Voraus ange-
merkt, dass dies weder ausführbar, noch kunst- oder vernunftgemäss ist. Nicht
die einzelne Fuge soll und kann unerschöpflich und unendlich sein, sondern die
ganze Form ist es. Jede einzelne Fuge findet ihr Maass in der besondren Idee, die

der Komponist in ihr niedergelegt hat, und ist fehlerhaft und schlecht, sobald sie – etwa in Trieben eitler Kunstgeschicklichkeit – darüber hinauswuchert."[131] Und wie hier weiß Marx auch im folgenden das aus didaktischen Gründen bewußt schlicht gehaltene Schema von der kunstvoll ausgearbeiteten Fuge zu unterscheiden: „Dass aber endlich unser Entwurf – wie die frühren – nicht aus künstlerischem Antriebe hervorgerufen, sondern zum Lehrzweck unternommen und wirklich inmitten der Erörterungen abgefasst, also sogar des Eifers ununterbrochener Arbeit beraubt – keineswegs als Kunstwerk gelten soll und kann, bedarf kaum der Erinnerung. Wäre es darauf angekommen, ein Kunstwerk hinzustellen, so würden sich deren genug in den Werken unsrer Meister gefunden haben."[132] Doch zugleich warnt auch er vor dem Studium selbst allgemein als besonders gelungen bewerteter Fugen, deren „Kunstfertigkeit" wie deren „Freiheit" verwirrend sein könnten, solange man „nicht das Besondre eines einzelnen Werkes, das aus dessen eigenthümlichem Inhalt und der Stimmung des Meisters dabei hervorgegangen ist, von dem Wesentlichen der ganzen Kunstform sicher unterscheiden kann. In dieser Hinsicht giebt es für den Anfänger kein gefährlicher – wie für den Vertrauteren kein höher und reicher – Vorbild, als Seb. Bach, den grössten Meister in der Fugenkunst. Denn in ihm hat sich die vollkommenste Herrschaft über alle Formen der Fuge zu solcher Freiheit erhoben, dass er fast in jedem Werk eine ganz eigne Form zu beobachten scheint und erst der Kenner überall die Einheit der Grundform durch alle Abweichungen, und die tiefste Vernunftnothwendigkeit durch alle scheinbare Willensfreiheit hindurch erkennt."[133]
Und nun erst – nachdem die Grundlagen der Fugenkomposition, ihr Aufbau und mancherlei Fragen der korrekten Themenbeantwortung, der Modulation und des mehrfachen Kontrapunkts behandelt worden sind – widmet sich Marx der eingehenderen Betrachtung Bachscher Fugen; zunächst pauschal, indem er „Folgerichtigkeit und Stetigkeit" die zentralen ästhetischen Kategorien der Gestaltung nennt: „Hier ist Seb. Bach das vorleuchtendste Muster. Nicht in der Menge, sondern in der Ordnung und Stetigkeit der Durchführungen und in der Planmässigkeit und Klarheit des Ganzen beruht zum grossen Theil die Kraft seiner Fugen; es ist dieser Punkt dem ernstlich strebenden und hinlänglich vorbereiteten Jünger zur gründlichsten Prüfung zu empfehlen."[134] Dann untersucht er einzelne Fugen des *Wohltemperierten Klaviers*, das Marx als „Bach's Schatzkästlein" bezeichnet, das „im engsten Raum eine Sammlung von Kleinodien aus seinem Kunstvermögen"[135] enthält.
Gleichwohl ist sein Urteil nicht immer gleichermaßen überschwenglich: Die *b-Moll-Fuge* aus dem ersten Band des *Wohltemperierten Klaviers* soll hinschtlich ihrer Anlage „nicht nachgeahmt werden", sondern lediglich „ein Fingerzeig sein"[136], und ungeachtet dessen, daß „die Bmoll-Fuge (3/2) und die Hmoll-Fuge (4/4) zu den tiefsinnigsten Tonsätzen" gehören, sind sie „nicht fortschreitend, sondern stehenbleibend, und darum nicht belebend", – Werke also, deren Charakter nicht hinlänglich deutlich wird.[137] Auch die Disposition von Zwischenspielen in der *C-Dur-Fuge* des zweiten Bandes bleibt ebensowenig ohne Kritik wie in der *Fuge in F-Dur*: „Auch hier ist die ruhige und gelassene, lässliche

Führung Bach'scher Zwischensätze, besonders in den grössern Fugen, für den weiter Fortgeschrittenen musterhaft. [...] Bach hat lieber sein artiges und leichtes Spiel in bequemen, weiten Zwischensätzen; die Fuge ist nicht reich geworden (und konnte es nicht), aber der Tonsatz ist seinem Sinne gemäss vollkommen ausgeführt."[138]

In den Nuancen seiner Diktion zeigt sich, wie Marx propädeutische Hinweise und ästhetisches Räsonnement trennt: Die historische Größe der Kunst Johann Sebastian Bachs – von Marx allenthalben beschworen – hat für die Produktion gegenwärtiger Musik, deren Darstellung nicht nur in der Kompositionslehre sein Anliegen ist, nurmehr bedingte Relevanz. Nicht die Virtuosität der Kontrapunkte Bachs gelte es mehr zu bestaunen, vielmehr solle man in den Geist seiner Werke eindringen: „Es ist, um es mit einem Worte zu bezeichnen, die Macht der Polyphonie, jener Kompositionsweise, in der nicht eine Stimme für sich allein weset, oder eine vor den andern als Hauptstimme sich des gesammten Inhalts bemächtigt, während die andern nur Nebenwerk, nur unwesentliche Unterstützung sind, nur Fussgestell, Estrich für die einzig geltende Gestalt, sondern wo jede Stimme wesentlichen Gehalt, selbständigen Anteil nimmt am Ganzen, wo alle Stimmen gleich ebensoviel freien und karakteristischen Personen in Wechselrede und Handlung mit und gegen einander auftreten. Es ist ein Unterschied wie zwischen Lyrik und Drama; in der Einzelstimme (in der Monodie) oder in der einen herrschenden von andern blos getragenen und bedienten Hauptstimme der Homophonie als Herzensergiessung des einen Ich, das da redet; in der Polyphonie Verkehr der Menschen in Lieb' und Hass, Gegensatz der Karaktere, Stimmungen und Anliegen, – das reich ausgebreitete Leben in Einen Brennpunkt gesammelt. Jahrhunderte vor Bach haben den Kunstbau der Polyphonie emporsteigen sehn; er, der Meister, hat ihn vollendet und gekrönt, hat ihm eingehaucht seine Seele voll Glauben, Wahrhaftigkeit und Treue. Von da aus hat die Musik sich als freie Kunst entfaltet und vollendet."[139] Der Prozeß der Historisierung Bachscher Polyphonie ist abgeschlossen – kompositorische Anweisungen für die aktuelle Produktion werden unabhängig von einer Erkenntnis der Qualität seiner Werke.

ANMERKUNGEN

1 Joseph Riepel, *Fugen-Betrachtung*, Erster Theil, Berlin SBPK: Mus. ms. theor. 730, S. 1.

2 Vgl. Joseph Riepel, *Anfangsgründe zur musicalischen Setzkunst. Nicht zwar nach alt-mathematischer Einbildungsart der Zirkel-Harmonisten, Sondern durchgehends mit sichtbaren Exempeln abgefasset*, Bd. 1, Regensburg 1752, S. 1: „Alle Compositionsregeln in etliche Bogen Papier einzuschliessen, ist in Betrachtung des unerschöpflichen Meeres der Musik weniger möglich, als die Donau hier durch den engen Springbrunnen zu leiten."

3 Riepel, *Anfangsgründe*, Bd. V, Regensburg 1768, S. 29.

4 Riepel, *Anfangsgründe*, Bd. I, Regensburg 1755, S. 47: „Dein Gehör übertrift fast alle Regeln, die ich dir hiervon geben kann. Unter allem aber gefällt mir, daß du hie und da ein wenig zweifelst; denn dieß ist der einzige Vortheil, das Natürliche der Composition immer gründlicher einsehen zu lernen."

5 Riepel, *Fugen-Betrachtung*, Teil II, S. 13.

6 Riepel, *Fugen-Betrachtung*, Teil II, S. 84.

7 Friedrich Wilhelm Marpurg, *Historisch-kritische Beyträge zur Aufnahme der Musik*, Teil I, Berlin 1754, S. 72.

8 Friedrich Wilhelm Marpurg, *Gedanken über die welschen Tonkünstler. Zur Beantwortung des im sieben und dreißigsten Stücke der hamburgischen freyen Urtheile befindlichen Schreibens an den Verfasser des kritischen Musikus an der Spree*, Halberstadt 1751, S. 5f.

9 Friedrich Wilhelm Marpurg, *Kritische Briefe über die Tonkunst mit kleinen Clavierstücken und Singoden begleitet von einer musikalischen Gesellschaft in Berlin*, XXXIV. Brief vom 9. Februar 1760, Berlin 1760, S. 266; vgl. *Dok III*, Nr. 642.

10 Marpurg, *Gedanken über die welschen Tonkünstler*, S. 20.

11 Friedrich Wilhelm Marpurg, *Abhandlung von der Fuge*, Teil I, Berlin 1753, S. 17f.

12 Johann Gottfried Hientzsch (Hrsg.), *Der Streit zwischen der Alten und der Neuen Musik. Enthaltend Nägeli's Beurtheilung der Schrift: Die Reinheit der Thonkunst in der Kirche; nebst der Erwiederung des Verfassers, sowie Gottfr. Weber's Ansicht über denselben Gegenstande. Mit Anmerkungen herausgegeben von einigen Freunden des guten Alten, wie des guten Neuen*, Breslau 1826; hier zit. Nägelis Kritik, S. 34.

13 Marpurg, *Abhandlung von der Fuge*, Teil I, S. 121ff.; fast wörtlich und nur mit geringen Auslassungen wiedergegeben bei Friedrich Wilhelm Marpurg, *Handbuch bey dem Generalbasse und der Composition mit zwey- drey- vier- fünf- sechs- sieben- acht und mehreren Stimmen*, Anhang, Berlin 1760, S. 335ff.

14 Marpurg, *Handbuch bey dem Generalbasse*, S. 302f.: „Man versteht durch Fuge ein musikalisches Stück, deßen Hauptsatz nach gewißen Regeln, vermittelst der Nachahmung und Versetzung, im gebundnen Styl durchgearbeitet wird. Ich sage im gebundnen Styl, weil in einer Fuge alle und jede Dissonanzen nicht allein gehörig, ohne Verwechselung der Partien, aufgelöset, sondern auch gehörig vorbereitet, und nicht frey angeschlagen werden müssen."

15 Marpurg, *Kritische Briefe*, XXXIV. Brief vom 9. Februar 1760, S. 266; vgl. *Dok III*, Nr. 642.

16 Marpurg, *Kritische Briefe*, XLVI. Brief vom 3. Mai 1760, S. 364: „Ich behaupte: daß es zur Lieblichkeit und Deutlichkeit einer Fuge ein großes besträgt, wenn die Tonarten in derselben, sowol melodisch als harmonisch genau beobachtet, und richtig abgewechselt, keinesweges aber mit einander verworren werden."

17 Marpurg, *Kritische Briefe*, XXV. Brief vom 8. Dezember 1759, S. 196.

18 Marpurg, *Kritische Briefe*, XXVI. Brief vom 15. Dezember 1759, S. 203f.

19 Johann Philipp Kirnberger, *Methode Sonaten aus'm Ermel zu schüddeln*, Berlin 1783; vgl. *Dok III*, Nr. 881.

20 Marpurg, *Kritische Briefe*, XXVIII. Brief vom 29. Dezember 1759, S. 218.

21 Marpurg, *Kritische Briefe*, XXVII. Brief vom 22. Dezember 1759, S. 212: „Und hiezu soll ihm vorzüglich der alte Bach dienen? – – – Unverschämt!"

22 Marpurg, *Kritische Briefe*, XXXIV. Brief vom 7. Februar 1760, S. 264.

23 Marpurg, *Kritische Briefe*, XLVIII. Brief vom 17. Mai 1760, S. 382.

24 Marpurg, *Kritische Briefe*, XLVI. Brief vom 3. Mai 1760, S. 363: „Aber ist denn die Fuge das einzige Ding in dieser Welt, welches keiner Verbesserung bedarf, und keiner Verbesserung mehr fähig ist? Ist sie schon in aller Betrachtung zu ihrer größten Vollkommenheit gebracht worden?"

25 Johann Philipp Kirnberger, *Die Kunst des reinen Satzes in der Musik, aus sicheren Grundsätzen hergeleitet und mit deutlichen Beyspielen erläutert*, Bd. II, 3, Berlin und Königsberg 1779, S. 40.

26 Kirnberger, *Kunst des reinen Satzes*, Bd. II, 2, Berlin und Königsberg 1777, S. 168; dort auch Kirnbergers Invektive gegen mehrfache Kontrapuncte, die nur möglich werden, wenn man bestimmte Intervalle vermeidet: „Diese Contrapuncte kommen mir vor, wie diejenigen, schon längst unter die abgeschmackten Grillen verwiesenen Reden, in denen ihre Verfasser sich gemartert haben, durchgehends das r, s, oder einen andern Buchstaben wegzulassen."

27 Kirnberger, *Kunst des reinen Satzes*, Bd. II, 2, S. 166.

28 Kirnberger, *Kunst des reinen Satzes*, Bd. I, Berlin 1771, S. 156f.

29 Marpurg, *Kritische Briefe*, XXXV. Brief vom 16. Februar 1760, S. 276; vgl. *Dok III*, Nr. 701.

30 Johann Friedrich Daube, *Anleitung zur Erfindung der Melodie und ihrer Fortsetzung*, Bd. 2, Wien 1798, S. 247.

31 Heinrich Bellermann, *Briefe von Johann Philipp Kirnberger an Johann Nikolaus Forkel*, in: *LAMZ* 6 (1871), S. 531ff.

32 Johann Nikolaus Forkel, *Musikalisch-kritische Bibliothek*, Bd. 3, Gotha 1779, S. 221; vgl. *Dok III*, Nr. 842.

33 Forkel, *Musikalisch-kritische Bibliothek*, S. 221f.; vgl. *Dok III*, Nr. 842.

34 Kirnberger, *Kunst des reinen Satzes*, Bd. II, 2, S. 39; vgl. *Dok III* 225. Kirnberger bietet aus didaktischen Gründen auch Varianten der Kombination der drei Motive, die bei Bach nicht verwendet werden; zudem erscheinen bei ihm alle Beispiele der leichteren Übersicht wegen auf dieselbe Weise transponiert.

35 Ebd.

36 Vgl. Carl Dahlhaus, *Die Musiktheorie im 18. und 19. Jahrhundert. Teil 2. Deutschland*, Darmstadt 1989, S. 86 (= *Geschichte der Musiktheorie*, Bd. 11).

37 Immerhin hatte Marpurg eine Übersetzung von Jean Le Rond d'Alemberts *Élémens de musique, théorique et pratique, suivant les principes de M. Rameau* vorgelegt: Friedrich Wilhelm Marpurg, *Systematische Einleitung in die musicalische Setzkunst, nach den Lehrsätzen des Herrn Rameau*, Leipzig 1757.

38 Johann Philipp Kirnberger, *Die wahren Grundsätze zum Gebrauch der Harmonie, darinn deutlich gezeiget wird, wie alle möglichen Accorde aus dem Dreyklang und dem wesentlichen Septimenaccord, und deren dissonirenden Vorhälten, herzuleiten und zu erklären sind, als ein Zusatz zu der Kunst des reinen Satzes in der Musik*, Berlin und Königsberg 1773, S. 104.

39 Friedrich Wilhelm Marpurg, *Versuch über die musikalische Temperatur, nebst einem Anhang über den Rameau- und Kirnbergerschen Grundbaß*, Breslau 1776, S. 282; vgl. *Dok III*, Nr. 815.

40 Jean Philippe Rameau, *Traité de l'harmonie, réduite à ses principes naturels*, Paris 1722, S. 65; vgl. Dahlhaus, *Musiktheorie*, S. 77.

41 Johann Philipp Kirnberger, *Gedanken über die verschiedenen Lehrarten in der Komposition, als Vorbereitung zur Fugenkenntniß*, Berlin 1782, S. 3.

42 Johann Nikolaus Forkel, *Allgemeine Litteratur der Musik oder Anleitung zur Kenntniß musikalischer Bücher*, Leipzig 1792, S. 439; vgl. *Dok III*, Nr. 975.

43 Kirnberger, *Kunst des reinen Satzes*, Bd. I, S. 216

44 Kirnberger, *Die wahren Grundsätze*, S. 53f.

45 Kirnberger, *Die wahren Grundsätze*, S. 54.

46 Joseph Riepel, *Baßschlüssel; Das ist, Anleitung für Anfänger und Liebhaber der Setzkunst, die schöne Gedanken haben und zu Papier bringen, aber nur klagen, daß sie keinen Baß recht dazu zu setzen wissen*, Regensburg 1786, S. 7.

47 Kollmanns Onkel war der Hambruger Organist Carl Christoph Hachmeister (1710–1777), aus dessen Besitz sich Bach-Manuskripte in Forkels Sammlung befanden; vgl. Schulze, *Bachüberlieferung*, S. 26.

48 August Friedrich Christoph Kollmann, *A New Theory of Musical Harmony, According to a Complete and Natural System of That Science*, London 1806, S. 19.

49 Vgl. Dahlhaus, *Musiktheorie*, 148f.: „Daß die Bestimmung des Bachschen Kontrapunkts kompliziert gerät, weil man sich gezwungen fühlt, sowohl von konzertierender Generalbaß-Polyphonie und hierarchisch gegliedertem Kontrapunkt als auch von harmonischer Fundierung und motivischer Prägung zu sprechen, sollte nicht als Mangel empfunden werden. Denn gerade der Vielfalt der geschichtlichen Voraussetzungen, auf denen sie beruht, verdankt Bachs Polyphonie einerseits ihren Gestaltenreichtum, der immer bewundert worden ist, und andererseits eine in jedem Augenblick mehrfache Determiniertheit, die verkannt wurde, solange man den Kontrapunkt aus einem einzigen Prinzip, dem der 'Linearität', zu deduzieren suchte."

50 Max Seiffert, [*Vorwort* zu:] Benjamin Christian Weber, *24 Präludien und Fugen durch alle Tonarten für die Orgel*, Leipzig 1933 (= *Veröffentlichungen der Neuen Bachgesellschaft*, Jg. 34, Heft 1).

51 Vgl. Bernhard Meier, *Alte Tonarten, dargestellt an der Instrumentalmusik des 16. und 17. Jahrhunderts*, Kassel 1992, S. 211 (= *Bärenreiter Studienbücher Musik*, Bd. 2).

52 Zit. nach: Carl Dahlhaus (Hrsg.), *Johann Theile. Musikalisches Kunstbuch*, Kassel 1965, S. 131 (= *Denkmäler norddeutscher Musik*, Bd. 1).

53 Vgl. Werner Braun, [Artikel] *Kunstbuch*, in: *MGG II*, Bd. 5 (1996), Sp. 817ff.

54 Vgl. Michael Heinemann, *„Altes" und „Neues" in Beethovens „Eroica"-Variationen op. 35*, in: *AfMw* 48 (1992), S. 38ff.

55 Daube, *Anleitung*, S. 216.

56 Daube, *Anleitung*, S. 317.

57 Daube, *Anleitung*, S. 247.

58 Daube, *Anleitung*, S. 332.

59 Christian Albrecht Siebigke, *Museum berühmter Tonkünstler*, Breslau 1801, S. 24.

60 Siebigke, *Museum berühmter Tonkünstler*, S. 27.

61 Georg Joseph Vogler, *System für den Fugenbau als Einleitung zur harmonischen Gesang-Verbindungs-Lehre*, Offenbach [1811], S. 5.

62 Vogler, *System für den Fugenbau*, S. 23f.

63 Vogler, *System für den Fugenbau*, S. 26f.

64 Vogler, *System für den Fugenbau*, S. 26.

65 Georg Joseph Vogler, *Abt Vogler's Choral-System*, Kopenhagen 1800, S. 104.

66 Vogler, *System für den Fugenbau*, S. 28.

67 Vogler, *System für den Fugenbau*, S. 28f.

68 Vogler, *System für den Fugenbau*, S. 63.

69 Vogler, *System für den Fugenbau*, S. 66f.

70 Voglers Präludien nutzen dieselben fünfzehn Tonarten wie Bachs *zwei- und dreistimmige Inventionen*, ergänzt um ein in der Vorlage fehlendes fis-Moll.

71 Hans Georg Nägeli, *Vorlesungen über Musik mit Berücksichtigung der Dilettanten*, Stuttgart und Tübingen 1826, S. 98.

72 Nägeli, *Vorlesungen*, S. 99f.

73 Nägeli, *Vorlesungen*, S. 109f.

74 Antonín Rejcha, *Philosophisch-practische Anmerkungen zu den practischen Beispielen*, Ms. Paris Bibiothèque Nationale Sign. Ms 2510, [ca. 1803], S. 24.

75 *AMZ* 10 (1808), Sp. 360.

76 *AMZ* 10 (1808), Sp. 356.

77 Antonín Rejcha, [*Vorwort* zu:] *Études dans la genre fugué* op. 97, Paris ca. 1820.

78 Antonín Rejcha, [*Vorwort*, zu:] *12 Fugues pour le piano dediées aux citoyens Mehul, Cherubini, Gossec, LeSueur et Martini*, Paris ca. 1800.

79 Nägeli, *Vorlesungen*, S. 194f.

80 Antonín Rejcha, *Traité de haute composition musicale*, Bd. 2, Paris 1824, S. 222.

81 Vgl. Michael Heinemann, *Liszts Fugen und Rejcha*, in: *Musiktheorie* 8 (1993), S. 241ff.

82 Hamburg SUB: Ms. 3328. Zur Person vgl. lediglich Robert Eitner, *Biographisch-Bibliographisches Quellen-Lexikon der Musiker und Musikgelehrten der christlichen Zeitrechnung bis zur Mitte des 19. Jahrhunderts*, Bd. 5, Leipzig 1901, S. 476.

83 Vgl. Robert Schumann, *Tagebücher. Bd. III: Haushaltsbücher, Teil 1 (1837–1847)*, hrsg. v. Gerd Nauhaus, Leipzig 1982, S. 385.

84 *AMZ* 18 (1816), Sp. 149.

85 In der *AMZ* wurden von Klengel rezensiert: *Rondeau* op. 5, *La Gavotte de Vestris variée* op. 15, *Dix Variations sur un Andante* op. 16, *La promenade sur mer, interrompue par la tempête*, op. 19.

86 *AMZ* 18 (1816), Sp. 140.

87 Ebd.

88 Zit. nach: Rudolf Jäger, *August Alexander Klengel und seine „Kanons und Fugen"*, Diss. Leipzig 1929, S. 25.

89 Moritz Hauptmann, *Erläuterungen zu Joh. Sebastian Bachs Kunst der Fuge*, Leipzig 1841, S. 14 (= *Beilage zum III. Band der in obiger Verlagshandlung* [= C. F. Peters] *erschienenen neuen Ausgabe von J. S. Bachs Werken*).

90 Brief Moritz Hauptmanns an Franz Hauser vom 3. Januar 1859, in: Alfred Schöne (Hrsg.), *Briefe von Moritz Hauptmann an Franz Hauser*, Bd. 2, S. 156f.

91 Hauptmann, *Bachs Kunst der Fuge*, S. 14.

92 Moritz Hauptmann, [*Vorwort* zu:] August Alexander Klengel, *Canons et Fugues dans tous les tons majeurs et mineurs pour le Piano*, Leipzig 1855, S. V.

93 Ebd.

94 Brief Moritz Hauptmanns an Breitkopf & Härtel vom 12. Oktober 1853, zit. nach: Jäger, *Klengel*, S. 27.

95 August Halm, *Von zwei Kulturen der Musik*, Stuttgart 1947, S. 239.

96 Halm, *Von zwei Kulturen*, S. 240.

97 Karl Christian Friedrich Krause, *Darstellungen aus der Geschichte der Musik nebst vorbereitenden Lehren aus der Theorie der Musik*, Göttingen 1827, S. 185.

98 Krause, *Geschichte der Musik*, S. 186.

99 Krause, *Geschichte der Musik*, S. 186f.

100 Brief Moritz Hauptmanns an Franz Hauser vom 2. Oktober 1834, in: Schöne (Hrsg.), *Briefe*, S. 138f.

101 Brief Moritz Hauptmanns an Franz Hauser vom 2. Oktober 1834, in: Schöne (Hrsg.), *Briefe*, S. 138.

102 Brief Moritz Hauptmanns an Franz Hauser vom 8. Januar 1832, in: Schöne (Hrsg.), *Briefe*, S. 86f.

103 Brief Moritz Hauptmanns an Franz Hauser vom 3. Februar 1828, in: Schöne (Hrsg.), *Briefe*, S. 31.

104 Hientzsch, *Streit*, S. 58.

105 Hans Georg Nägeli, *Johann Sebastian Bach*. Nach dem autographen Manuskript der Zentralbibliothek Zürich hrsg. von Günter Birkner, Zürich 1974, S. 6.

106 Nägeli, *Bach*, S. 6f.

107 Nägeli, *Bach*, S. 7f.

108 Nägeli, *Bach*, S. 8.

109 Nägeli, *Bach*, S. 16.

110 W. Birnbach, *Der vollkommene Componist. Deutliche Darstellung aller Lehrsätze der Tonkunst*, Bd. 1, Berlin 1832, S. XIII.

111 Birnbach, *Der vollkommene Componist*, S. 315.

112 Birnbach *Der vollkommene Componist*, S. 333.

113 Johann Anton André, *Lehrbuch der Tonsetzkunst*, Bd. 1, Offenbach 1832, S. 108f.

114 André, *Lehrbuch der Tonsetzkunst*, Bd. 1, S. 129; hier auch zur Beantwortung des Themas in der *B-Dur-Fuge* des *Wohltemperierten Klaviers* II: „Man sieht also hieraus, zu welchen Inconsequenzen eine bisher missverstandene Vorschrift über die vermeintlich richtige Abfassung des Gefährten sogar ein so grosses Genie wie J. S. Bach, der ausserdem in allen contrapunctischen Arbeiten so zwanglos verfahren ist, veranlassen konnte."

115 André, *Lehrbuch der Tonsetzkunst*, Bd. 1, S. 112f.

116 André, *Lehrbuch der Tonsetzkunst*, Bd. 1, S. 113f.

117 André, *Lehrbuch der Tonsetzkunst*, Bd. 2, S. 278ff.

118 Johann Christian Lobe, *Lehrbuch der musikalischen Komposition*, Bd. 3, Leipzig 1860, S. IV.

119 Lobe, *Lehrbuch der musikalischen Komposition*, Bd. 3, S. 9; wiedergegeben wird nur die zusammenfassende Disposition, nicht die vorangehende narrative Analyse.

120 Lobe, *Lehrbuch der musikalischen Komposition*, Bd. 3, S. 60.

121 Lobe, *Lehrbuch der musikalischen Komposition*, Bd. 3, S. 212f.

122 Lobe, *Lehrbuch der musikalischen Komposition*, Bd. 3, S. 30.

123 Lobe, *Lehrbuch der musikalischen Komposition*, Bd. 3, S. 438.

124 Gottfried Wilhelm Fink, *Musikalische Grammatik oder theoretisch-praktischer Unterricht in der Tonkunst. Für Musik-Lehrer und Musik-Lernende so wie für Jeden, der über die Grundregeln der Tonkunst Belehrung sucht*, Leipzig 1836, S. 281.

125 Siegfried Wilhelm Dehn, *Lehre vom Contrapunct, dem Canon und der Fuge nebst Analysen ...*, Berlin 1859, S. 35.

126 Siegfried Wilhelm Dehn, *Analysen dreier Fugen aus Joh. Seb. Bach's wohltemperirtem Clavier und einer Vocal-Doppelfuge A. M. Bononcini's*, Leipzig 1858, S. 21.

127 Adolf Bernhard Marx, *Die Lehre von der musikalischen Komposition, theoretisch und praktisch*, Bd. 2, Leipzig [4]1854, S. 365.

128 Marx, *Die Lehre von der musikalischen Komposition*, Bd. 2, S. 366.

129 Ebd.

130 Ebd.

131 Marx, *Die Lehre von der musikalischen Komposition*, Bd. 2, S. 379.

132 Marx, *Die Lehre von der musikalischen Komposition*, Bd. 2, S. 385f.

133 Marx, *Die Lehre von der musikalischen Komposition*, Bd. 2, S. 386.

134 Marx, *Die Lehre von der musikalischen Komposition*, Bd. 2, S. 391.

135 Adolf Bernhard Marx, *Auswahl aus Sebastian Bach's Kompositionen, veranstaltet und mit einer Abhandlung über Auffassung und Vortrag seiner Werke am PianoForte eingeleitet*, Berlin [2]1853, S. III.

136 Marx, *Die Lehre von der musikalischen Komposition*, Bd. 2, S. 392.

137 Adolf Bernhard Marx, *Die Musik des 19. Jahrhunderts und ihre Pflege. Methode der Musik*, Leipzig 1855, S. 535.

138 Marx, *Die Lehre von der musikalischen Komposition*, Bd. 2, S. 393.

139 Marx, *Auswahl*, S. II.

III. Aneignungen

Von Johann Nikolaus   chs Le-
ben, Kunst und Kuns   in zentrales Dokument aus   nen, *in-*
wiefern sie dies eigen   ern, als
mit ihr überhaupt die   d dem
Œuvre Johann Sebasti

Auf die Genese un   und so
folgenreichen Forkelse   jedoch keine Einzelstudien verwandt. Dabei sind Aufschlüsse über die Frühzeit der Beschäftigung
mit Bach gerade aus dem Blick auf die Entstehungsumstände, auf die Intention
der Publikation, auf ihre Rezeption und auf die Einbettung in das Gesamtwerk ihres Verfassers zu gewinnen. Es scheint daher angebracht, beim Umgang mit Forkels Bach-Bild den Blick stärker als bisher auf seine eigenen Voraussetzungen zu
richten, Forkels Bach-Deutung also auf ihre theoretischen und praktischen, ästhetischen wie soziologischen Voraussetzungen hin zu untersuchen.

Das Haupt- und Lebenswerk des Göttinger Universitätsmusikdirektors Johann
Nikolaus Forkel (1749–1818) stellt zweifellos seine nicht vollendete *Allgemeine
Geschichte der Musik* (2 Bände, Leipzig 1788 und 1801) dar, für die er von der
Göttinger Universität noch vor dem Erscheinen des ersten Bandes die Magister-
würde (im Sinne einer Ehrenpromotion) verliehen bekam (1787), die ihn den
Professoren gleichrangig an die Seite stellte. Forkels auf die Musik bezogene
wissenschaftliche, publizistische und praktische (reproduzierende, aber auch
kompositorische) Tätigkeit war in der Tat so umfassend wie nur denkbar. Nicht
nur die Einheit von Theorie und Praxis bildete die für Forkel selbstverständliche
Basis seines Musikbegriffs, sondern darüber hinaus deren Einbindung in
„ausgedehnteste theologische, mathematische, philologische, philosophische, ju-
ristische und vor allem historische Studien“.[1] Als 20jähriger Jurastudent nach
Göttingen gekommen, wurde Forkel bereits 1770 Organist an der Universitätskir-
che und im Frühjahr 1779 Leiter der zwei Jahre zuvor eingerichteten Winterkonzerte der Universität (bis 1815). Schon im Wintersemester 1772/73 begann er mit
privaten *Vorlesungen über die Theorie der Musik* (deren Manuskript seit dem
Zweiten Weltkrieg verschollen und nur noch durch das mit Zitaten angereicherte

Referat in der Forkel-Biographie von Heinrich Edelhoff rekonstruierbar ist[2]). Die qua Amt übernommenen Winterkonzerte annoncierte Forkel in einer eigens dafür gedruckten umfangreichen Programmschrift: *Ankündigung seines akademischen Winter-Concerts von Michaelis 1779 bis Ostern 1780; Nebst einer Anzeige seiner damit in Beziehung stehenden Vorlesungen über die Theorie der Musik* (Göttingen 1779). Der Untertitel verrät einiges über den für Forkel überaus bezeichnenden didaktischen Zug seiner Unternehmung: Die *Vorlesungen* waren ein substantieller – jedoch zunächst nicht universitätsoffizieller, sondern privater – Bestandteil von Forkels praktischer Tätigkeit, dem schon seine erste gedruckte Publikation, die Einladungsschrift *Ueber die Theorie der Musik, insofern sie Liebhabern und Kennern notwendig und nützlich ist* (Göttingen 1777), gegolten hatte. Diese Vorlesungen vom Wintersemester 1777/78 haben sich im Unterschied zu den früheren in einem abschriftlichen Manuskript (*Commentar über die 1777 gedruckte Abhandlung über die Theorie der Musik*) erhalten.[3] Einen dritten Weg an die Öffentlichkeit, neben Konzert und Vorlesung, wählte Forkel mit der gedruckten Ankündigung der Winterkonzerte 1780/81, die er zum Anlaß nahm, die musikalische Allgemeinbildung durch ausführliche Begriffsdefinitionen musikalischer Termini voranzutreiben.[4] Eine intensive publizistische Tätigkeit – zu nennen sind hier die drei Bände der *Musikalisch-Kritischen Bibliothek* (Gotha 1778–79) und die vier Jahrgänge eines *Musikalischen Almanachs für Deutschland* (Leipzig 1782–89) – wurde schließlich zugunsten der Arbeit an der *Musikgeschichte* zurückgestellt. Dennoch blieb Zeit für die noch heute unentbehrliche, 3000 Titel nicht nur verzeichnende, sondern zum Teil auch kommentierende *Allgemeine Litteratur der Musik* (Leipzig 1792), ein bibliographisches Nebenprodukt der Vorbereitungsarbeiten für die *Musikgeschichte*.

Man hat früher vermutet[5], daß Forkel angesichts der vorauszusehenden Langwierigkeit seines historiographischen Unternehmens das schon seit den frühen 1770er Jahren über Johann Sebastian Bach gesammelte Material nicht mehr bis zu dem Zeitpunkt habe zurückhalten wollen, an dem es seinen entsprechenden Platz im dritten Band der *Musikgeschichte* gefunden hätte, und es daher sogleich nach der Publikation des zweiten Bandes in monographischer Form der Öffentlichkeit präsentiert habe. Die Reihenfolge der Publikationsdaten legt dies nahe; sie ist allerdings nichts als ein bloßer Zufall. Die Monographie *Ueber Johann Sebastian Bachs Leben, Kunst und Kunstwerke. Für patriotische Verehrer echter musikalischer Kunst* (Leipzig 1802) ist eine ganz pragmatische Zwecke verfolgende und zudem in erstaunlicher Geschwindigkeit zustandegekommene Gelegenheitsarbeit.

Sie verdankt ihre Entstehung den *Œuvres complettes de Jean Sébastian Bach*, die der neugegründete Leipziger Verlag Hoffmeister & Kühnel im Januar 1801 annoncierte[6] und mit deren Publikation im April 1801 begonnen wurde. Der erste erhaltene Brief aus der Korrespondenz Forkels mit Hoffmeister & Kühnel[7] ist ein Antwortbrief Forkels vom 4. Mai 1801, der vermuten läßt, daß die Verleger Forkel nicht um seine Mitarbeit (wie Georg Kinsky annahm[8]), sondern lediglich um seine Meinung über das geplante Projekt gebeten hatten. Mit dieser rückte Forkel

– sehr verspätet und erst nach dem Erscheinen des ersten Hefts der Reihe – so
freimütig-kritisch heraus, daß er nun vom Verlag als Berater und Betreuer der
Ausgabe engagiert wurde. Allerdings fungierte Forkel – worauf er großen Wert
legte – zu keiner Zeit als offizieller Herausgeber, sondern als von Göttingen aus
korrespondierender Revisor, der den Verlag hinsichtlich der Editions-Reihenfolge
beriet, ihn mit Material versorgte, die Vorlagen des Verlags mit den in seiner eigenen Bach-Sammlung befindlichen Quellen kollationierte und die Honorierung
dieser Tätigkeit jeweils in das Ermessen des Verlages stellte. Im Februar 1802
taucht im Zuge dieser Zusammenarbeit zum erstenmal der Gedanke eines offenbar vom Verlag gewünschten Begleittextes zu einem der folgenden Hefte der
Ausgabe auf, für dessen Integration in die Ausgabe Forkel aber keine Rechtfertigung sah, da dem Publikum gegenüber „die Unternehmung nicht die meinige,
sondern die Ihrige ist".[9] Stattdessen schlug Forkel eine Separatpublikation vor als
den „schicklichste[n] Weg, die ganze Unternehmung zu heben, und das größere
Publicum vom Werth derselben gehörig zu unterrichten".[10] Die Absichtsbekun-
dung zur „Hebung" des Unternehmens ist durchaus doppelsinnig: Der Aspekt der
Reklameschrift zur Absatzförderung durchdringt sich mit jenem der Niveauanhe-
bung durch eine fachmännische Kommentierung. Später, nach der Ablieferung
der ersten Teile des Manuskripts, baten die Verleger jedoch eigens um die Ab-
schwächung des Werbecharakters durch Änderung einer einleitenden Formulierung, die mißverständlich wie ein Spendenaufruf „das Publikum zur lebhaften
Unterstützung" des Unternehmens aufgefordert hatte[11] und von Forkel bereitwillig in den bekannten Schlußsatz der Einleitung umformuliert wurde: „Ich habe
dabei durchaus keinen anderen Zweck, als das Publikum auf ein Unternehmen
aufmerksam zu machen, wobei es lediglich darauf abgesehen ist, deutscher Kunst
ein würdiges Denkmal zu stiften."[12] Am 19. Juli 1802 traf der Rest von Forkels
Manuskript beim Verlag ein, und am 12. November des Jahres erhielt Forkel die
ersten Belegexemplare, allerdings noch ohne das Frontispiz, dessen gesonderte
Herstellung sich verzögert hatte.

Man kann Forkels Bach-Monographie kaum gerecht werden, ohne ihre – im
Buch selbst nicht ausgesprochene oder höchstens angedeutete, den Zeitgenossen
aber ganz zweifellos bewußte – Einbettung in seine theoretisch-systematische wie
aufklärerisch-didaktische Gesamtlebensleistung ins Auge zu fassen.[13] Durch den
schon in der Einleitung formulierten Appell an das Publikum zur Einsicht in die
Qualität Bachscher Musik und durch die gleichzeitige Voraussetzung der Bachschen Kunst als unüberbietbarer Gipfelerscheinung der gesamten Musikgeschichte kommen beide Aspekte von selbst ins Spiel.

1. Forkels erzieherische Intention – ihrer Durchsetzung dienten sowohl die Vorlesungen als auch die Konzerte und die Musikkritik – war von Anfang an auf
   die Ausbildung des „Liebhabers" zum „ächten Kenner" ausgerichtet.[14] Daß
   Musik, wie Forkel als Zeitgenosse der Empfindsamkeit und der Gefühlskultur
   selbstverständlich voraussetzt, die Sprache der Empfindung und des Herzens
   ist, verhindert nicht, daß ihre Kultivierung zu einer Kunstform höchsten Ran-
   ges erst durch eine Vielzahl subtiler Kunstmittel ermöglicht wird, die dem Re-

zipienten einiges abverlangen: Forkel spricht in seinem Vorlesungsmanuskript von 1778 regelrecht von „Gegenforderungen" der Kunst an die Hörer[15], und zehn Jahre später verweist er grundsätzlich auf „Eigenschaften der Tonsprache, zu deren Genuß man durch Kenntnisse gelangen muß".[16] Hier zeigt sich eine bemerkenswerte Reaktion Forkels auf die Mechanismen des in Deutschland allmählich sich ausbreitenden Musikalienmarktes und die ästhetischen Folgen dieses Verallgemeinerungsvorgangs: Im ganzen steht nämlich hinter Forkels Erziehungsarbeit weniger der philanthropische Aspekt der Erreichung allgemeiner Genußfähigkeit, sondern weitaus stärker die Bemühung, durch die Hebung des allgemeinen Anspruchsniveaus die Nachfrage nach ästhetisch wertvoller Musik dauerhaft zu sichern. Deren Gefährdung stellt für Forkel das eigentliche Problem dar: Auch seine publizistische Tätigkeit dient, wie er in der programmatischen Vorrede zu seiner *Musikalischen Bibliothek* ausführt, dem Ziel, „die Kunst vor ihrer Ausartung zurück zu halten, und den Punkt ihrer Reife bleibender und dauerhafter zu machen".[17] Mit dem Begriff der allmählich entwickelten und in der Gegenwart gefährdeten, weil notwendigerweise vorübergehenden „Reife" der Musik kommt nun auch die Geschichte in den Blick.

2. Die wissenschaftliche Musikgeschichtsschreibung, hinter die Forkel mehr und mehr seine übrige publizistische Tätigkeit zurückstellte, entspringt demselben aufklärerisch-didaktischen Impuls. Dem denkbaren Einwand gegen seinen hochfliegenden Erziehungsanspruch, die Kriterien für die Qualität von Musik seien im wesentlichen kontingent – abhängig etwa vom Zeitpunkt und Ort ihrer Entstehung –, setzt Forkel *seine* Auffassung von Geschichte entgegen, die im Gegenteil ein universal gültiges „Grundgesetz der Schönheit"[18] erweisen soll, das verankert ist in Forkels anthropologischer Überzeugung von der ahistorischen Identität der „menschliche[n] Natur" mit ihrem „eigenen, ewigen und unveränderlichen Gang"[19] und vor dem es keine Ausflüchte historischer und nationaler Relativität verschiedener Schönheitsbegriffe gibt. Eine solche „relative" Schönheit läßt Forkel am Schluß der Einleitung zur *Musikgeschichte* höchstens insofern gelten, als in ihr eben das Prinzip der Geschichte zum Ausdruck kommt: Es ist die Kategorie des historischen Änderungen, nationalen Vorlieben, bildungsmäßigen Voraussetzungen und individuellen Dispositionen unterworfenen „Geschmacks", die Forkel in seiner *Musikalisch-Kritischen Bibliothek* ausdrücklich anerkennt[20] und schon vorher, in seinen Vorlesungen von 1778, in bemerkenswerten Reflexionen über die empirisch-soziologischen Bedingungen des ästhetischen Urteils aufgehen ließ.[21] Dennoch ist die relative Schönheit eben „relativ" im Hinblick auf die nur dem „Kenner" wirklich zugängliche und in ihrem Prinzip zeitenthobene „absolute" Schönheit: „Da diese Art von Schönheit, zu allen Zeiten, und von allen Menschen, die bis zu dem dazu gehörigen Grad von Kultur hinaufgestiegen sind, unveränderlich ist, und allgemein für Schönheit erkannt wird, so nennt man sie das <u>absolute Schöne</u>, oder diejenige Schönheit, die unter allen Umständen dem menschlichen Geiste Vergnügen macht, und auf keine Weise einem Kunstwerke man-

geln darf."[22] Die Ausbildung dieser Schönheitskriterien durch den Gang der Geschichte zu verfolgen, ist Forkels Anliegen; die Zirkularität seines Unternehmens besteht freilich darin, diese der Gegenwart entnommenen Kriterien zum Beurteilungsmaßstab für alle historischen Ausprägungen der Musik zu machen und von diesem Maßstab aus die Musikgeschichte in der metaphorischen Abfolge von Kindes-, Jünglings- und Mannesalter zu entwerfen. Die wertende Haltung des Historikers hat Forkel geradezu programmatisch – in einer Rezension der Musikgeschichte von John Hawkins – gefordert: eine Musikgeschichtsdarstellung habe „nicht bloß *historisch* und *biographisch*, sondern auch zugleich *kritisch*" zu sein.[23] Nicht aber, wie man denken sollte, der kritische Umgang des Philologen mit seinen Quellen ist hier gemeint, sondern der parteiliche Bezug des Ästhetikers zu seiner Untersuchungsmaterie, von dem füglich erwartet werden darf, daß er „im Stande ist, Musik und musikalische Dinge von einer wahren Seite zu betrachten und zu beurtheilen".[24] Das. eigentümliche Verhältnis von zeitloser Schönheit, allmählicher Vervollkommnung der Musik durch ihre Geschichte hindurch und Gefährdung ihres nicht mehr überbietbaren Qualitätsniveaus in der Gegenwart ist häufiger diskutiert worden[25]; so widersprüchlich aber die Konstellation dieser Momente für den Entwurf einer Geschichtsphilosophie sich ausnimmt, so sehr wird doch deutlich, wie Forkel durch die Jahrzehnte hindurch mehr und mehr ausschließlich auf den Kenner rechnet, bei dem musikhistorische Bildung zu den Voraussetzungen zählt und bei dem entsprechend die Wertschätzung anspruchsvoller Musik über den Wandel der Zeiten hin aufgehoben ist: „Der Weise, das heißt hier: der wahre Kenner und der wahre Künstler übersättigt sich nie an der Kunst; für ihn bleibt stets schön, was wirklich schön ist."[26]

Diese Sätze stehen im zweiten Band der *Musikgeschichte*, also in unmittelbarer zeitlicher Nähe zur Bach-Monographie. In der Tat gilt für diese nun, daß Forkels frühere Spekulation auf die Breitenwirkung der „Liebhaber"-Ausbildung einer pragmatischen, um nicht zu sagen: resignierten Perspektive gewichen ist. Wenn Forkel seinen Verlegern gegenüber die Absicht bekundet, „Joh. Seb. Bachs Compositionen immer mehr zu verbreiten"[27], dann ist damit nicht mehr eine umfassende pädagogische Zielsetzung wie in Forkels Frühzeit gemeint. Die idealen Adressaten der Forkelschen Bach-Monographie sind nicht die „kleine[n] Kunstliebhaber", sondern vielmehr eine geistige Elite: „die Kenner in ganz Europa".[28] Forkels Idee, das Buch deshalb auch ins Englische und ins Französische übersetzen zu lassen[29], seine programmatische Widmung an den Baron van Swieten, um diesen „auf diese Weise für das ganze Unternehmen zu interessiren"[30], und schließlich seine Forderung nach hochwertiger Ausstattung des Buchs, da es „von Vornehmeren gelesen werden soll"[31]; entzieht der früher gelegentlich geäußerten Auffassung, Forkels Intention (und seine Wirkung) sei eine umfassende Popularisierung Bachs gewesen, schon vom Ansatz her jegliche Grundlage. Entsprechend konzessionslos fällt denn auch Forkels Bach-Deutung aus, wie noch gezeigt werden soll. Ihre ästhetischen Prämissen lassen sich nur im Rückgriff auf Forkels Gesamtwerk verständlich machen.

DIE BEDEUTUNG DER MUSIKALISCHEN RHETORIK

Eine nicht geringe Schwierigkeit bei der Rekonstruktion von Forkels Musikbegriff bildet der Umstand, daß seine Theorie gerade *nicht*, wie Heinrich Edelhoff behauptet, „von ihrer ersten bis zu ihrer letzten Konzeption aus einem Guß"[32] ist; sie ist nicht nur nicht entwicklungslos, sondern sie hat in wesentlichen Zügen Veränderungen erfahren, die man kennen muß, um Forkels 1802 der Öffentlichkeit präsentiertes Bach-Bild angemessen würdigen zu können.

Die wichtigste dieser Veränderungen steht im Zentrum des Begriffs von Musik überhaupt. Die konstante Basis von Forkels Musikbegriff ist die Auffassung von der Gleichursprünglichkeit von Musik und Sprache. So wie die Wortsprache eine „Sprache des Geistes" ist, ist die Musik die „Sprache des Herzens", und insofern sie „beyde aus einer gemeinschaftlichen Quelle, aus der Empfindung", entspringen, sind sie beide an ihrem Ursprung „nichts als Tonleidenschaftlicher Ausdruck eines Gefühls".[33] Aus dieser Gleichursprünglichkeit ergibt sich – als wichtige Folge für Forkels Musikästhetik – auch ihre strukturelle Gleichartigkeit und besonders ihre ästhetische Gleichwertigkeit: „Bey mehrerer Ausbildung der musikalischen Rhetorik insbesondere, wird sich wahrscheinlich immer mehr entdekken, daß Tonsprache und eigentliche Rede nicht blos in ihrem Ursprunge und in der grammatischen, sondern auch in der ästhetischen Zusammensetzung ihrer Ausdrücke, bis zu ihrer höchsten Wirksamkeit hinauf, einander ähnlich sind."[34] Der letzte Satz, der die weitere „Ausbildung der musikalischen Rhetorik" als eine Zukunftsaufgabe fordert, bezeichnet nun auch den Wandel, den Forkels theoretisches System in den eineinhalb Jahrzehnten zwischen den ersten Vorlesungen (1772) und der Publikation des ersten Bandes der *Musikgeschichte* durchlaufen hat.

Die Skizzierung eines umfassenden Systems musikalischer Rhetorik bildet nämlich den Kern von Forkels späterer musikalischer Theorie, deren Darlegung er die umfangreiche Einleitung zu seiner *Musikgeschichte* gewidmet hat. Diese Grundlegung einer kohärenten Theorie der Musik als einer Tonsprache, die Forkel selbst als „Versuch einer Metaphysik der Tonkunst"[35] bezeichnet, umfaßt auf dem Entwicklungsstand der Musikgeschichte nurmehr zwei große Teile: Grammatik und Rhetorik. Zehn Jahre zuvor, in seiner ersten gedruckten Schrift und den auf ihr basierenden Vorlesungen, hatte Forkel noch fünf aufeinander aufbauende Teile unterschieden:[36] 1. Akustik, 2. Kanonik, 3. Grammatik, 4. Rhetorik, 5. Kritik. Speziell dem letzten Teil als der höchsten Stufe galt die Aufmerksamkeit des Ästhetikers: Während nämlich Grammatik und Rhetorik als Regelsysteme für die Klangverbindungen nur erst das „Gerippe" und seine „Einkleidung" erkennen lassen, hat die Kritik es mit jener Dimension des musikalischen Werks zu tun, die „keine Sprache nennen kan, – die sich folglich auch durch keine Regel lehren läßt, sondern lediglich empfunden, und zwar nur von dem geübtesten Gefühle empfunden werden kann [...]. Mit einem Worte: es sind jene unnennbaren Reitze, die die Musik gleich der Poesie enthält, und die keine Regel lehren, sondern nur eine Meisterhand erreichen kann"[37]; die Kritik „führt die Oberaufsicht über die ganze Haushaltung der Kunst", und sie ist daher nicht erst dem nachträglichen

Rezeptionsakt, etwa als Instanz der Beurteilung, immanent, sondern sie wirkt schon „bey der Schöpfung von Kunstwerken" mit und ist sogar allein dafür verantwortlich, „den aus den Händen der Natur kommenden Werken zwar unsichtbar, aber doch deutlich und fühlbar das Siegel der Schönheit" aufzudrücken.[38] Aufschlußreich in dieser Hinsicht sind auch die Erweiterungen, die Forkel an seiner ursprünglich 1780 publizierten Winterkonzert-Ankündigung, auf die er wegen der beigefügten „genauere[n] Bestimmung einiger musikalischer Begriffe" großen Wert legte, anläßlich ihres Wiederabdrucks in Carl Friedrich Cramers *Magazin der Musik*[39] vornahm. Da er schließlich doch – aus unbekannten Gründen – dem Neudruck die praktisch unveränderte Separatpublikation zugrundelegte, blieben diese Manuskriptzusätze unpubliziert; sie setzen wiederum die musikalische Rhetorik gegenüber einer höheren systematischen Stufe (die diesmal „Poetik" heißt) in den zweiten Rang: „Ist die Wahl dieser [von Grammatik und Rhetorik regulierten] Verbindungen so beschaffen daß durch ihre große Mannichfaltigkeit und Lebhaftigkeit ein besonders hoher Grad von leidenschaftlicher Schilderung und Kraft des Ausdrucks bewirkt wird, so ist dieses in der Tonsprache dasjenige, was man in der Ideensprache Poesie nennt. Wir haben daher eben sowol eine musikalische Poetik, als wir eine Rhetorik haben."[40] In der programmatischen Vorrede zur *Musikalisch-Kritischen Bibliothek* werden dann gleichermaßen die „musikalische Rhetorik" und die „musikalische Kritik" zu den vordringlich ausbaubedürftigen Teilen der Musiktheorie erklärt.[41] Unter dem Eindruck der Genieästhetik, die Forkel (wie sein häufig zitierter Gewährsmann Gotthold Ephraim Lessing) lediglich in rationalistisch disziplinierter Form akzeptiert[42], wird die Erfassung von Musik durch ein vernunftgesteuertes Regelsystem zum methodischen Problem.

Dessen Lösung ist für Forkel bezeichnend. Sie liegt in der endgültigen systematischen Aufwertung der Rhetorik einige Jahre später. Ihre ausdrückliche Bezeichnung als „die höhere und eigentliche Theorie der Musik"[43] ist zunächst erstaunlich – zumal nun die vorher den höchsten systematischen Platz einnehmende „Kritik" (oder, in dem eben zitierten Manuskript: die „Poetik") nur noch als „Hülfswissenschaft" in den Bereich der Rhetorik eingeordnet wird.[44] Der Vergleich musikalischer mit poetischen Gattungen kommt jetzt nur noch gleichsam am Rande vor: Der Rhythmus in der Musik entspricht für Forkel dem „Versbau in einem Gedichte"; entsprechend ist der unrhythmisierte Choralgesang als „Prosa", der „figurirte Gesang" als „Poesie" zu verstehen.[45] Jenseits dieses reinen Materialaspekts der Sprache jedoch, dort, wo es um künstlerische Gestaltung geht, kommen die Gattungen der Poesie nicht mehr vor: Was in der Musik „ein kleines Lied" genannt werden müßte, hat in der Sprache seine Entsprechung nicht etwa als Gedicht, sondern als „eine kleine Rede".[46]

So paradox es angesichts dieser zunehmend rhetorischen Ausrichtung des Musikbegriffs, also einer Weiterführung barocker Theoreme, auch klingt, die ja nachträglich wie ein Rückgang Forkels hinter den ästhetischen Diskussionsstand seiner Zeit erscheint: Forkel konnte sich mit Grund in der vordersten Front der Theoriebildung sehen – als Vollender einer Aufgabe, die über mehrere Generationen hinweg[47] nur in Einzelaspekten gelöst worden war. In der Tat ist Forkels „Metaphysik der Tonkunst" der zugleich erste wie auch einzige Versuch, „das vollständige Gebäude einer musikalischen Rhetorik im einzelnen abzustecken".[48] Dabei ist die eigentümliche Tendenz zu beobachten, daß Forkel zwar den Ausbau eines stimmigen Systems der Rhetorik der Sache nach forciert, die entsprechenden Attribute aus den einschlägigen Wortbildungen jedoch nach Möglichkeit entfernt. So wurde in der Einleitung zur *Musikgeschichte* die Überschrift des mit § 104 beginnenden Abschnitts aus „Von den rhetorischen Figuren" (so im Manuskript) zu „Von den Figuren" korrigiert[49], und was in den Vorlesungen von 1778 noch als „rhetorische Einrichtung einer Sonate" begegnete[50], heißt im Manuskript der *Musikgeschichte* bereits „ästhetische Einrichtung".[51] Ein wichtiger Teil der Rhetorik ist denn auch in der publizierten Version der *Musikgeschichte* „die ästhetische Anordnung" der musikalischen Gedanken.[52] Offenbar durch diese Integration des Ästhetischen – im modernen, durch Alexander Baumgarten in die Diskussion gebrachten Sinne des Begriffs[53] – ließ sich der von Forkel früher selbständig gefaßte Bezirk des „Poetischen" in das Sachgebiet der Rhetorik einfügen, das jenem gegenüber den enormen Vorteil einer vollständigen Systematisierbarkeit bot. Die rhetorischen Figuren, das zeigt ihre Auswahl und Zusammenstellung deutlich, werden von Forkel zu Bestandteilen einer Empfindsamkeitsästhetik umfunktioniert.[54] Als eine rhetorische (statt einer poetischen) war Forkels musikalische Sprachtheorie letztlich deshalb faßbar, weil seine Sprachauffassung nicht dialektisch, sondern mechanistisch ist: „Sprache ist das Kleid der Gedanken"[55] und nicht etwa ihr produktiver Grund.[56] „Worte sind das Gewand der Ideen, so wie Töne das Gewand musikalischer Ideen sind", heißt es in einem nicht datierten Manuskript.[57] Wenn die Definition der Musik darauf abzielt, sie als die Sprache der Empfindungen in der Weise zu deuten, daß sie gleichsam als Trägerin oder Einkleidung einer außerhalb ihrer selbst liegenden Substanz erscheint, dann leuchtet es immerhin ein, daß Forkel ihrem Verständnis durch ein ausgebautes rhetorisches Analyseinstrumentarium näherkommen zu können glaubte. Schon für den jungen Forkel ist die verschwiegene Gesetzgeberin für die Anwendungsregeln der Rhetorik niemand anderes als „die Natur selbst".[58]

Für die Interpretation von Forkels Bach-Deutung ist dies höchst bedeutsam. Es ergeben sich nämlich daraus Lösungsmöglichkeiten für häufiger konstatierte Widersprüche innerhalb der Geschichtsauffassung Forkels[59], die einerseits – von ihren geschichtstheoretischen Voraussetzungen her – nur die zunehmende und ununterbrochene Perfektionierung der Musik kennt und für eine Verfallsperiode nach dem Gipfelpunkt dieser Entwicklung weder eine systematische Stelle noch eine Begründung hätte, und die andererseits seit der Eröffnung der *Musikalisch-Kritischen Bibliothek*[60] eben solche Verfallserscheinungen als bedrohliches Gegenwartsphänomen beklagt und mit der Bach-Monographie (1802) den unübersteigbaren Gipfelpunkt der Musikentwicklung in eine bereits ein halbes Jahrhundert zurückliegende Epoche zu verlegen scheint. Jedoch lösen sich solche Widersprüche auf, wenn man diese verschiedenen Gedankengänge Forkels als ein bewegliches und in Entwicklung begriffenes Gefüge erkennt, für das gerade der

Ausbau der musikalischen Rhetorik schließlich einen verläßlichen Grund bildet. Allem Anschein nach besetzt Johann Sebastian Bachs Musik in der Einleitung zur *Musikgeschichte*, also um 1788, noch nicht dieselbe ästhetisch-historische Position wie in der späteren Monographie[61], auch wenn Forkel schon zehn Jahre zuvor – aus der Perspektive des Zeiterscheinungen gegenüber kritisch-polemischen Publizisten – generell erklärt hatte: „Die erste Hälfte unsers gegenwärtigen Jahrhunderts hindurch, war die Tonkunst unstreitig in allen Betracht in ihrer schönsten und männlichsten Reife [...]. Aber, eben dieser glückliche Zeitpunkt ihrer Vollkommenheit, war er nicht zugleich ein Vorbote ihrer Abnahme?"[62] In der Einleitung zur *Musikgeschichte*, also im Kontext von Wissenschaft statt von Publizistik, wird dieser pauschale Befund einer Blüte in der ersten Hälfte und einer allmählichen Dekadenz in der zweiten Hälfte des Jahrhunderts erheblich differenziert. Forkel, der sich nun mit sichtlichem Stolz über die Ausbildung einer musikalischen Rhetorik als den größten bisher erreichten theoretischen Fortschritt äußert, stellt unmißverständlich klar, daß diese Möglichkeit bei dem von ihm hochgeschätzten Johann Mattheson notwendigerweise noch nicht über Andeutungen habe hinauskommen können. Bedenkt man, daß Matthesons *Vollkommener Capellmeister* auf dem Höhepunkt von Bachs Wirken publiziert wurde (1739), so wird deutlich, daß Forkel jene Weiterentwicklung der Musik, der die Rhetorik überhaupt erst ihre Formulierbarkeit verdankt, geradlinig über Bachs Musik hinaus in der Generation seiner Söhne kulminieren sieht: „Allein, zu seiner [= Matthesons] Zeit, oder vielmehr in der Zeit, in welcher der vollkommene Capellmeister erschien, war die Musik noch nicht von einer Beschaffenheit, daß sich eine zusammenhängende musikalische Rhetorik aus ihr hätte abstrahiren lassen. Es fehlte ihr nicht nur an Feinheit und Geschmack, sondern auch vorzüglich derjenige Zusammenhang ihrer Theile, der sie theils durch die Entwickelung der Gedanken aus einander, theils durch die Einheit des Styls u.s.w. erst zu einer förmlichen Empfindungsrede machte. Diesen höchsten Grad ihrer Vollkommenheit erhielt sie erst nach seiner Zeit, von wenigen unserer ersten Tonkünstler."[63] Tatsächlich stammt das ausführlichste der vielen didaktisch gemeinten Notenbeispiele – wenn auch ohne Verfasserangabe – von Carl Philipp Emanuel Bach.[64] Und Carl Philipp Emanuel Bach bildet mit Sicherheit auch das Anschauungsmodell für die in Forkels Vorlesungen von 1778 entfaltete rhetorische Theorie der Sonatenform[65], die er, geringfügig verändert, zur Übernahme in die *Musikgeschichte* vorgesehen hatte[66] und die, wäre sie publiziert worden, innerhalb der Sonatentheorie der Zeit einen bemerkenswerten Diskussionsbeitrag gebildet hätte.[67]

In der Bach-Monographie von 1802 dagegen hat sich das Verhältnis verschoben: Hier nun wird, im VII. Kapitel, die Bedeutung der Söhne dem großen Vater gegenüber vorsichtig relativiert. Besonders schlagend ist, daß an dem früher über alle anderen gestellten Carl Philipp Emanuel Bach gerade die Konzessionen an die „Liebhaber" betont werden – zu einem Zeitpunkt, zu dem sich Forkel seinerseits, wie oben ausgeführt, kompromißlos nur noch an die „Kenner" wendet: Jener sei „frühe genug in die große Welt [gekommen], um noch zu rechter Zeit zu bemerken, wie man für ein ausgebreitetes Publikum componiren müsse. Er nähert sich daher an Deutlichkeit und leichter Faßlichkeit seiner Melodien schon etwas dem Populären, bleibt aber noch vollkommen edel".[68]

MELODIE UND HARMONIE: BACH ALS DER „GRÖßTE HARMONIST ALLER ZEITEN"

Die „leichte Faßlichkeit" der Melodie, die der Musik Carl Philipp Emanuel Bachs aus der Perspektive von 1802 nicht mehr zum bloßen Vorteil gereicht, weist auf jenen Abschnitt der Monographie zurück, den Forkel einer Erörterung von Johann Sebastian Bachs Behandlung der Melodik widmet. Diese präsentiert sich, wie Forkel sogleich unverblümt feststellt, dem zeitgenössischen Hörer zunächst als „Fremdartigkeit". Damit greift Forkel eine zentrale Wahrnehmungskategorie der frühen Bach-Rezeption auf; seine Leistung liegt darin, daß er sich um ihre intensive theoretische Erklärung bemüht. Als zwischen Harmonik und Melodik vermittelnden Begriff verwendet Forkel den Terminus der „Modulation" (im traditionellen Sinne[69], der die Tonführung der jeweiligen Einzelstimme meint[70]). Daß sich die Stimmen im Bachschen Tonsatz „bisweilen gar künstlich und fein drehen, biegen und schmiegen" und daher „ungewöhnliche, fremdartige, ganz neue, noch nie gehörte Wendungen" hervorbringen[71], führt Forkel auf Bachs harmonisches – und das bedeutet hier: harmonisch-polyphones – Denken zurück. „Wenn diese Fremdartigkeit nicht ins Unnatürliche oder in Schwulst ausartet", wie Forkel mit deutlicher Anspielung auf die (ihm nach Ausweis seiner *Allgemeinen Litteratur der Musik* gut bekannte[72]) Kontroverse zwischen Johann Adolph Scheibe und Johann Abraham Birnbaum sagt, „sondern mit fließender, wahrer Singbarkeit verbunden bleibt, so ist sie für denjenigen, der sie hervor zu bringen weiß, ein Verdienst mehr, und eigentlich das, was man Originalgenie nennt, die den einzigen Nachtheil hat, daß sie nicht fürs große Publikum, sondern nur für sehr gebildete Kenner brauchbar ist".[73] Dieser scheinbare „Nachtheil" ist natürlich für Forkel der eigentliche Vorzug der Bachschen Melodik, die – ebenso zeitenthoben wie die schon erwähnte „absolute" Schönheit – „nie veraltet": „Sie bleibt ewig schön und ewig jung, wie die Natur, aus welcher sie entsprungen ist."[74] Um diese erstaunliche Behauptung von der Natürlichkeit Bachscher Melodik, die von Scheibe ja gerade bestritten worden war, in ihrer Begründung zu verstehen, muß man auf die „Metaphysik der Tonkunst" von 1788 zurückgreifen. Es zeigt sich, daß in ihr außer der Skizzierung einer musikalischen Rhetorik, vor deren Hintergrund Carl Philipp Emanuel als letzte Vervollkommnungsstufe der Musik über die Epoche seines Vaters hinaus erscheinen mußte, zugleich auch schon das Material entwickelt wird, mit dessen Hilfe die unbestrittene Spitzenposition Johann Sebastians in der Monographie von 1802 begründet werden kann.

Entscheidend für die Diskussion melodischer Probleme ist die Bedeutung des Begriffs der Harmonie. Die Harmonik im Sinne des neuzeitlichen Akkordsatzes – geschichtlich erst spät entwickelt, aber ästhetisch grundlegend und daher nachträglich auch an ältere Musik als Maßstab anlegbar – ist für Forkel das regulative Zentrum der Musik als Sprache: die „Logik der Musik".[75] In Forkels Geschichtsbild, dem die stetige Perfektionierung der Musik als einer Empfindungssprache zugrundeliegt, bedeutet die Ausbildung der mehrstimmigen Musik den Eintritt in die letzte Phase ihrer Vervollkommnung, denn in ihr liegt die bisher umfassendste „Erweiterung und Vermehrung der Sprach- und Kunstausdrücke"[76] in zweierlei Hinsicht („homophonisch" und „polyphonisch"): einerseits durch die erst mittels ihrer harmonischen Deutung präzis bestimmbare Melodie[77], andererseits durch die „gegenseitige Verwebung" mehrerer melodischer Stimmzüge, die Forkel insofern als Steigerung der Sprachfähigkeit von Musik bezeichnen kann, als sie die harmonische Präzisierung des Tonsatzes mit der „mannichfaltigen Modification der Empfindungen" vieler sprechender Melodien (statt nur einer einzigen) vereinigt.[78] Daß hier die Natürlichkeit einer Künstlichkeit geopfert werde, kann nach Forkels Ansicht nur der noch nicht gebildete „Liebhaber" argwöhnen; vielmehr verbürgt die Verankerung aller Einzelstimmen in der Naturgrundlage der menschlichen Empfindungen, daß selbst „der doppelte Contrapunkt mit allen zu ihm gehörigen Compositionskünsten kein unnützes, leeres Spielwerk, sondern eben so in der Natur der Kunst, und in den Empfindungen des Menschen gegründet sey, als das Lied, die Tanzmelodie, und jede andere einfachere Compositionsart".[79]

Dieses merkwürdige Argument, das die Zunahme der Sprachintensität rein quantitativ – als Steigerung der Stimmenzahl – verbucht, ist das Pendant jenes anderen, das man demgegenüber als qualitativ bezeichnen muß, indem es die Intensivierung musikalischer Sprachfähigkeit rhetorisch erfaßt – als „ästhetische Anordnung" der Gedanken mit ihrem verschwiegenen Kernstück: der Dramaturgie des vorklassischen Sonatensatzes. Für das eine Prinzip ist Johann Sebastian, für das andere Carl Philipp Emanuel Bach als Anschauungsmodell zu denken. Die Qualifizierung beider Kompositionsstile erfolgt auf zwei unterschiedlichen Ebenen, und dies erklärt, warum sie in der Monographie von 1802 trotz der leisen Gewichtsverschiebung gegenüber 1788 letztlich nicht gegeneinander ausgespielt werden müssen. In der Bach-Monographie formuliert Forkel dazu eine erstaunliche Passage, deren Raffinesse erst auf der Folie von Forkels ganzem Theoriegebäude erkennbar wird. Neben der offensichtlichen Modernisierung des Vokabulars (der Komponist erscheint nun als „Dichter", die Musik als Sprache der „Gefühle") geht es Forkel erkennbar darum, in Bachs Lebenswerk eine singuläre Leistung hineinzuprojizieren, die in der Einleitung zum ersten Band der *Musikgeschichte* noch als das langsam gewachsene Resultat einer ganzen Epoche erschienen war: Der junge Bach „wurde bald gewahr, daß der damals vorhandene musikalische Sprachschatz erst vermehrt werden müsse, ehe das ihm vorschwebende Kunst-Ideal erreicht werden könne. Er sah die Musik völlig als eine Sprache, und den Componisten als einen Dichter an, dem es, er dichte in welcher Sprache er wolle, nie an hinlänglichen Ausdrücken zur Darstellung seiner Gefühle fehlen dürfe. Da nun wirklich in seiner Jugend die Kunstausdrücke wenigstens für seinen musikalischen Dichtergeist noch nicht in hinlänglicher Anzahl vorhanden, auch außerdem noch nicht geschmeidig genug waren, so suchte er beyden Mängeln zunächst durch eine Behandlung der Harmonie abzuhelfen, die, so sehr sie auch ihrer eigentlichen Natur und Bestimmung angemessen ist, doch ihm allein eigen war."[80] Man beachte, wie diese emphatische Formulierung zugleich die Möglichkeit für die Annahme einer weiteren Steigerung musikalischer Sprachmächtigkeit offenläßt: Die seit Bach nicht mehr überbietbare „Behandlung der Harmonie" ist der ihm allein vorbehaltene Ausweg aus dem Dilemma der epochenbedingten Spracharmut – die fernere Erarbeitung der zu seiner Zeit „noch nicht geschmeidig genug" ausgebildeten „Kunstausdrücke" dagegen mag – wie noch 1788 ja explizit gesagt – dem auf Bach (und auf Matthesons *Vollkommenen Capellmeister*) folgenden Zeitalter einer ausgebauten musikalischen Rhetorik vorbehalten sein, auf die Forkel im Kontext der Bach-Monographie naturgemäß nicht weiter eingeht. Johann Sebastian Bachs harmonisch fundierte Melodik dagegen wird von Forkel als exemplum classicum, vor dem Veralten geschützt, aus dem reißenden Strom der Geschichte herausgenommen.

Forkels geschichtsphilosophisch begründete Wertschätzung der Harmonik verwickelt ihn an zahlreichen Stellen in eine Polemik gegen Rousseau und dessen Favorisierung der Melodie.[81] Er wird damit jedoch nicht zum Anwalt von Rousseaus Kontrahenten Rameau und seiner Harmonielehre, sondern – und das ist für seine Bach-Deutung erhellend – zum Anhänger Johann Philipp Kirnbergers. In Forkels Kirnberger-Rezension von 1779 steht denn auch das später vielfach zitierte und paraphrasierte Dictum von Bach als dem „größten Harmonisten aller Zeiten", für dessen analytische Durchdringung die Kirnbergerschen „Grundsätze der Harmonie nicht allein die wahren, sondern auch die einzigen sind".[82] Forkel, der substantielle Theoreme von Kirnbergers Harmonielehre in seine Systematik übernimmt – beispielsweise den für das harmonische Denken der Neuzeit unverzichtbaren „wesentlichen Septimenakkord"[83] –, kann somit die Kantabilität als einziges Bewertungskriterium für Bachs Melodik relativieren: Auch unsangliche Melodieschritte wie der Tritonus sind nach dem Kirnbergerschen System – als Akkordausschnitte: etwa als Sprung von der Terz zur Septime im Dominantseptakkord – legitimierbar. Damit erscheint in Bach das Ideal einer Musik, die durch die enge Verflechtung und durch die besonderen Eigenschaften der Satzdimensionen, die Forkel in den Begriffen der „Harmonie", der „Modulation" und der „Melodie" anspricht, über Reichtum und Vielfalt einerseits, über Zusammenhalt und Stimmigkeit andererseits verfügt. Forkel sieht in Bach also das Höchstmaß an Integrationsleistung, das nach seinen geschichtstheoretischen Voraussetzungen überhaupt denkbar ist und daher den Superlativ vollauf rechtfertigt: Es ist die Vereinigung der beiden Prinzipien des stimmig-kontrapunktischen Denkens und der den Intervallsatz hinter sich lassenden modernen Akkordharmonik, so daß der erste Superlativ einen zweiten nach sich zieht, wenn Forkel ein Jahr vor der Abfassung seiner Monographie Bach den „klassischsten Componisten der Deutschen" nennt.[84] Vor dem Hintergrund der Geschichtsphilosophie von 1788 erweist sich Bachs Klassizität tatsächlich als nicht nur behauptet, sondern als umfassend begründet. Bach erscheint als der Vollstrecker und als das Telos einer historischen Tendenz, denn „in der innigsten Vereinigung der Melodie und Harmonie" als der Synthese gegensätzlicher und doch als komplementär erkannter Prinzipien liegt für Forkel die von Bach erreichte und nicht mehr übersteigbare „hohe Stufe von Kunst-Vollendung".[85]

Man muß sich freilich vor Augen halten, daß Forkels Panegyrikus Bestandteil einer verdeckten Polemik ist. Die Forciertheit, mit der von Forkel schon 1779 Bachs Unübertrefflichkeit als Harmoniker behauptet worden war, hatte sogleich kritische Einwände provoziert. Georg Joseph (Abbé) Voglers berühmt-berüchtigte Verbesserungen Bachscher Choralsätze[86] dürften nicht zuletzt als Reaktion auf Forkels öffentlich geäußerten Enthusiasmus zu begreifen sein: Erstmals 1780/81 angedeutet, verstehen sie sich als Kritik von Kirnbergers 1779 abgeschlossener *Kunst des reinen Satzes*, bei dessen öffentlichem Lob Forkels Dictum von Bach als dem „größten Harmonisten aller Zeiten" ja gefallen war.[87] In systematischer Entfaltung brachte Vogler seine Bach-Kritik erst 1800 in seinem *Choral-System* vor, das das Ausmaß darzulegen versuchte, in dem Vogler Bachs harmonische Modernität die Forderungen der Kirchentonarten verfehlen und dadurch „der ursprünglichen hohen Einfalt des Chorals schaden" sah.[88] Als direkt gegen Voglers Kritik gewendet ist also Forkels ausdrückliches Lob für Bachs „Behandlung der alten sogenannten Kirchentonarten" zu verstehen[89]; daß er – als von Vogler selbst harsch Kritisierter[90] – den eigentlichen Anlaß dieser Bemerkung verschweigt, kommt dem sachlichen Ton seiner Bach-Darstellung zugute. Die schließlich 1810 von Vogler ausdrücklich als verbessernde Umarbeitungen publizierten zwölf Bach-Choräle[91] werden im Vorwort, das Voglers Schüler Carl Maria von Weber zu der Ausgabe beisteuerte, ihrerseits – auch hier wiederum ohne Namensnennung – auf Forkels berühmtes Dictum bezogen.[92] Keineswegs ist Voglers Bach-Kritik von den Zeitgenossen einhellig abgelehnt worden; im Gegenteil hat sie um 1800 für einige Verunsicherung gesorgt, wie noch gezeigt werden soll, so daß Forkel allen Grund sehen konnte, für die Darstellung des Kernstücks seiner Bach-Auffassung zu einem überschwenglichen Ton zu greifen. Im Zentrum von Forkels Bach-Bild wird Bach gerade als Harmoniker „der erste Klassiker, der je gewesen ist, und vielleicht je seyn wird".[93]

ZUM PROBLEM DER BACH-„UMDEUTUNG"

Nach heute weithin geltender Auffassung ist Johann Sebastian Bachs Musik Jahrzehnte nach seinem Tod erst dadurch breiter rezipierbar geworden, daß sie einem inzwischen fundamental gewandelten musikästhetischen Paradigma, der Autonomieästhetik nämlich, unterworfen worden sei.[94] Vor einer weiteren Diskussion dieser These ist hier zunächst nur darauf einzugehen, daß solche paradigmatischen Umdeutungen Bachs – rezeptionsästhetisch begründete Anpassungen an die geltende Ästhetik des jeweiligen Zeitalters – bereits aus Forkels Monographie herausgelesen worden sind, von denen zwei sehr plakative Lesarten hier erwähnt seien: die Unterstellung einer „romantischen" (Leo Schrade) und einer „klassischen" (Martin Zenck) Bach-Adaptation Forkels. Beide Interpretationen beruhen jedoch, schlicht gesagt, auf einer Verkennung der zentralen Bedeutung, die in Forkels Musikanschauung der Rhetorik zukommt: bei Schrade, wenn er etwa die Metaphorik vom Komponisten als einem „Dichter" oder vom Komponieren als einem Gefühlsausdruck (eine dem Darstellungskontext geschuldete Vereinfachung der rhetorischen Begriffe „Redner" und „Empfindungssprache") ohne Berücksichtigung des in der Bach-Monographie zwar mitgedachten, jedoch nicht eigens explizierten rhetorischen Hintergrunds als romantischen Überschwang interpretiert[95]; bei Zenck, wenn er Forkels „Periodologie" – einen zentralen Bestandteil der musikalischen Rhetorik, der überdies in der Bach-Monographie kaum eine Rolle spielt – mit der Periodizität des Satzbaus im Stil der Wiener Klassik verwechselt.[96]

Von Umdeutungen dieser Art kann also bei Forkel in Wirklichkeit nicht die Rede sein. Dies soll jedoch nicht bedeuten, Forkel habe sein Bach-Bild unabhängig von ästhetischem Gedankengut seiner Epoche gewonnen. Einige wichtige, eng miteinander zusammenhängende Voraussetzungen, die Forkel als Kind seiner Zeit ausweisen, wurden bereits genannt: die Einbeziehung des modernen Begriffs von Ästhetik in die Formtheorie, die Zurückführung ihrer Regeln auf die „Natur", die Bezeichnung Bachs als eines „Originalgenies", die Zugrundelegung des neuzeitlichen akkordharmonischen Denkens als des geschichtsimmanenten Telos der musikalischen Sprachentwicklung und die Beziehung dieser Musiksprache auf den Fluchtpunkt der individuellen Empfindung als ihren Grund und als ihr Ziel. Dabei ist freilich festzuhalten: Wenn Forkel auch gelegentlich vom „Ausdruck" der Empfindungen spricht, so darf dies nicht zu dem Fehlschluß verleiten, damit sei unmittelbar subjektiver Gefühlsausdruck gemeint. Charakteristischerweise bevorzugt Forkel den distanzierten Begriff der „Schilderung" vor dem unmittelbareren des „Ausdrucks". Er ist hierin viel konservativer als die Vortragslehren etwa von Johann Joachim Quantz oder Carl Philipp Emanuel Bach. Wo diese bereits den häufigen Affekt- oder Empfindungswechsel innerhalb desselben Stücks voraussetzen[97], macht Forkel beispielsweise die zu abrupten Affektwechsel, die dem Hörer nicht Zeit lassen, „seine Empfindungen erst wiederum zu schwächen, und zu einem etwas niedrigern Puncte herunter zu stimmen, ehe er im Stande ist, [...] neue Eindrücke auf sich wirken zu lassen", zum Hauptpunkt seiner scharfen Polemik gegen Gluck.[98] Ein Vorbild für Forkels Ausprägung der Empfindsamkeit ist zweifellos Lessing, den er häufiger zitiert: Das von Forkel geforderte „Mitgefühl"[99] des Rezipienten ist das musikästhetische Gegenstück zu Lessings Umdeutung des aristotelischen Katharsis-Begriffs zur Mitleidstheorie. Es verfolgt den gleichen Zweck, nämlich eine sittliche Veredelung des Rezipienten. Diese gehört – als „gewisser Endzweck" der Musik neben dem „Reichthum an Combinationen der Töne" und der „Richtigkeit und Ordnung in den Verbindungen derselben" – zu den drei „Hauptmerkmale[n] einer wahren, guten und ächten Musik".[100] Bezeichnend für diese Tendenz ist auch eine Formulierungskorrektur, die Forkel bei der Drucklegung vorgenommen hat. Im Manuskript der *Musikgeschichte* findet sich noch der distanzierte lateinische Terminus technicus: „Das Sensorium commune, der Mensch."[101] Im endgültigen Text dagegen heißt es, dem epochentypischen Sprachgebrauch angepaßt: „Das allgemein fühlende Geschöpf, der Mensch."[102]

Gerade angesichts solcher historisch gewandelter ästhetischer Prämissen, die nicht mehr jene der Bach-Zeit sind, erhebt sich die Frage, ob und wie stark Forkel

1802 überhaupt die Notwendigkeit einer zwischen der Gegenwart und dem über ein halbes Jahrhundert zurückliegenden Darstellungsgegenstand vermittelnden „Deutung" Bachs empfand. Immerhin war ihm, wie eine nachgelassene unpublizierte Abhandlung deutlich zeigt, der Umstand klar bewußt, daß die „harmonische [= kontrapunktische] Schreibart" längst „nicht mehr Mode" sei – dieses Bewußtsein bildet das Motiv für die engagierteste Verteidigung dieser Schreibart in Forkels gesamtem Schrifttum überhaupt: „Man sagt: sie habe zu wenig fürs Herz – strenge den Verstand zu sehr an und belohne doch diese Anstrengung so schlecht – sie thue den Ohren nicht wohl – ihr Vortrag habe so abschreckende Schwierigkeiten und sey doch am Ende nichts als leere Künsteley. Wenn man aber auch zugeben wollte, daß sie mehr für den Verstand als fürs Herz sey, was würden dann die Anhänger der gebieterischen Mode damit gewinnen? Haben sie denn nie gehört oder bedacht, daß diejenigen Gefühle und Empfindungen des Herzens, die mit Vorbewußt und Billigung des Verstandes in uns erregt werden, die besten und nützlichsten sind? Oder meynen sie, der Verstand müsse nichts davon wissen, wenn das Herz gerührt wird? Welch eine erbärmliche Kunst wäre die Musik, wenn sie dem Verstande weniger Unterhaltung als dem Herzen geben könnte. Die kleine Anzahl derer, die Kräfte genug haben, eine wahre Intellectual-Musik (deren Inhalt zugleich wohl Ausdruck höherer und edelerer Gefühle ist als diejenigen sind, die der Verstand nicht wissen darf) zu genießen, kennen ihren vorzüglichen Werth, und werden sich den Genuß derselben gewiß durch nichts entreißen lassen."[103] Was bedeutet dies für Forkels Bach-Darstellung?

Zur Beantwortung der Frage kann ein Vergleich zweier in zeitlicher Nähe zu Forkels Bach-Monographie gedruckter Rezeptionszeugnisse dienen. Beiden ist gemeinsam, daß sie, anders als Forkel, die Irritation durch das an Bachs Musik als fremdartig Empfundene explizit zur Sprache bringen. Das erste Beispiel stammt aus Johann Friedrich Reichardts *Musikalischem Kunstmagazin*.[104] Der Text führt, erkennbar unter Rückgriff auf Forkels Formulierung von 1779, Bach als den „größten Harmoniker" vor, dessen Unzeitgemäßheit allerdings in einer Epoche, deren ästhetisches Ideal in „schöne[n] Formen und Manieren", in „Ordnung und Schönheit" besteht, die Rezeption vor erhebliche Schwierigkeiten stellt. Das Klischee, daß Bach über „den hohen Wahrheitssinn und das tiefe Gefühl für Ausdruck" nicht im gleichen Maße verfügt habe wie Händel – ein Mangel, den Bach freilich nach Reichardts Ansicht durch umso größere Kunstgelehrsamkeit kompensiert –, hat zwar ältere Wurzeln, ist jedoch hier erstmals in solcher Deutlichkeit formuliert.[105] Reichardts argumentative Strategie zur Überbrückung der Rezeptionsdistanz besteht nun darin, daß er Goethes berühmten Aufsatz über das Straßburger Münster[106] – den er als eindringliche Schilderung der Überwindung eines Rezeptionsvorurteils liest – auf seine eigene Bach-Erfahrung anwendet. Die Pointe des Vergleichs liegt darin, daß Goethes spontanes Erlebnis unter dem direkten Eindruck des Bauwerks sich bei der Begegnung mit Bachs Musik wiederholen läßt: Was, in Goethes Worten, der vorurteilsgeprägten Erwartung den „Anblick eines mißgeformten krausborstigen Ungeheuers" bieten soll, löst sich überraschenderweise auf in „die grossen harmonischen Massen, zu

unzählig kleinen Theilen belebt; wie in Werken der ewigen Natur, bis aufs geringste Zäserchen, alles Gestalt, und alles zweckend zum Ganzen". So wie hier
Goethe vor der als „barbarisch" und „gothisch" verrufenen Kathedrale ergeht es
Reichardt vor Bachs *f-Moll-Fuge* aus dem 2. Teil des *Wohltemperierten Klaviers*
(BWV 881), die er dem Text als Notenbeilage anfügt (dabei handelt es sich um
den, freilich gekürzten, Erstdruck des Stücks), weil sie dem über diese Gattung
verbreiteten Vorurteil entgegen „als Fuge ein großes, seltnes Verdienst" aufwei-
se: „es herrscht durchaus eine so ausdrucksvolle sprechende Melodie drinnen und
die Wiederholungen des Themas sind in allen Versetzungen so klar und eindrin-
gend, eben so auch der Gang aller Stimmen so natürlich und so unverworren, wie
mans fast nur in händelschen Fugen findet, und daß selbst Bach – zwar sehr viele
unendlich gelehrtere und fleißigere – aber wenig so schöne wahrhaftig rührende
Fugen gemacht hat. Ich konnte gar nicht aufhören sie zu spielen, da ich sie zuerst
sah, und war darob in das tiefste und doch süßeste Trauergefühl versunken. Man
könnte Worte der tiefen Trauer sehr gut drauf singen: sie muß auch ja nicht geschwind vorgetragen werden."[107] Die Wahrnehmungskategorie des Befremdli-
chen löst sich zugunsten der Rezeptionstopoi einer Empfindsamkeitsästhetik auf,
und doch rückt unter der Hand – durch die Erklärung des Stücks zu einer Aus-
nahmeerscheinung – das Gesamtwerk Bachs bereits wieder in die Distanz.

Als zweites der erwähnten Beispiele kann ein 1803 publizierter Aufsatz von
Friedrich Rochlitz dienen, der dadurch von Interesse ist, daß der Autor, der schon
als Knabe im Leipziger Thomanerchor in intensive Berührung mit Bachs Motetten
gekommen war, die Rezeptionsschwelle vor dem Œuvre Bachs in bis dahin bei-
spielloser Ausführlichkeit beschreibt. Seiner eigenen Erfahrung war Bachs Musik
jahrelang lediglich „eine recht nützliche und lehrreiche Verstandesübung, weiter
aber auch nichts".[108] Ähnlich wie zwei Jahrzehnte früher für Reichardt, setzt es
auch für Rochlitz „nicht wenig voraus, wenn man Werke, die, wie Bachs, so einzig in ihrer Art dastehen, soll auffassen und geniessen können".[109] Im Unterschied
jedoch zu Reichardt akzeptiert Rochlitz nicht den Ausweg einer Anpassung des
Werkes an den eigenen Wahrnehmungshorizont. Vielmehr hat sich der Hörer den
unerbittlichen Forderungen des Werks zu stellen: „Es kann demnach nichts hel-
fen; man muss gestehen, ich bin für diesen Zweig des Schönen nicht und mag
nicht dafür seyn [...] oder man muss sich dafür bilden – ich meyne: man muss das,
was in uns auch zu jenem Zweck liegt, sorgsam wecken und treulich aufnähren".
Zu diesem Zweck entwirft Rochlitz einen nicht ohne Mühe zu absolvierenden
Stufenplan einer allmählichen Annäherung an Bach[110], auf den hier nicht näher
eingegangen werden muß.

Demgegenüber nun liegt die Besonderheit von Forkels Bach-Bild darin, daß er
einen Traditionsbruch nicht wahrhaben will: daß er also ohne jedes Zugeständnis
in der Sache (wie etwa Reichardt) die ästhetische Gegenwart Bachscher Musik
als weitgehend problemlos behauptet (anders als etwa Rochlitz) und sie doch,
eben durch seine bemerkenswerte sachliche Konzessionslosigkeit, unausgespro-
chen als Alte Musik präsentiert. In dem Umstand, daß Forkel mit ostentativer
Ausschließlichkeit nur den „Kenner" anspricht, liegt das stillschweigende Einge-

ständnis, daß die Überbrückung des historischen Abstands doch nicht vorausset-
zungslos – in einem unmittelbar „ästhetischen" Rezeptionsakt[111] – zu leisten sei.
Die Explikation der Harmonik als der „Logik der Musik" und die detaillierte
Ausarbeitung eines Systems musikalischer Rhetorik im späten 18. Jahrhundert
bereiten schon im ersten Band der *Musikgeschichte* nichts Geringeres vor, als den
Bruch zwischen der alten und der in Forkels Jugend neuen Musik in eine glatte
Kontinuität zu verwandeln: die behauptete Kontinuität und innere Einheit der
letzten Epoche europäischer Musik, die mit Johann Sebastian Bach an ihren Voll-
endungspunkt gelangt ist und durch die theoretische Interpretationsleistung einer
musikalischen Rhetorik als die generationenübergreifende und bis in Forkels Gegenwart andauernde Ausbildungsstufe einer rhetorisch analysierbaren universalen
Tonsprache erweisbar sein soll.

„UNVERMEIDLICHE LÜCKEN"? DIE GRENZEN VON FORKELS BACH-BILD

Von der Bachforschung sind der Forkelschen Monographie etliche Beschränkt-
heiten vorgehalten worden. Einige von ihnen sollen hier näher betrachtet werden.

Zunächst: Unter dem Aspekt einer Biographie läßt Forkels Buch manches zu
wünschen übrig. Charles Sanford Terry hat es Forkel zum Vorwurf gemacht, seine biographischen Quellen – vor allem Wilhelm Friedemann und Carl Philipp
Emanuel Bach im persönlichen Umgang – nicht stärker ausgeschöpft zu haben.[112]
Neuerdings ist dieser Vorwurf von Hans-Joachim Schulze in wesentlich schärfe-
rer Form wiederholt worden: Forkel habe „die Kunst des Weglassens ebenso bereitwillig wie virtuos gehandhabt und damit einen beträchtlichen Informations-
verlust bewirkt".[113]

Dabei hat sich Forkel durchaus um die Einholung biographischer Informationen bemüht, stieß jedoch schon bei seinem Hauptinformanten auf Grenzen: Aus
einem Brief Carl Philipp Emanuel Bachs stammt der Satz, mangels jeglicher au-
tobiographischer Aufzeichnungen seines Vaters seien für eine Lebensbeschrei-
bung Johann Sebastian Bachs „die Lücken darin unvermeidlich".[114] Unter dem
Eindruck hartnäckigen Nachfragens änderte Carl Philipp Emanuel sogar erstaunlich schnell sein Urteil über den von ihm und Agricola 1754 verfaßten Nekrolog:
„Meines seel. Vaters Lebenslauf im Mizler ist durch meine Hülfe der vollkommenste"[115], heißt es noch Ende 1774; jedoch schon einen Monat später lautet der
Ton ganz anders: „Meines seel. Vaters Lebenslauf im Mitzler, liebster Freund, ist
vom seel. Agricola u. mir in Berlin zusamgestoppelt worden [...]. Es ist nicht viel
werth."[116] Darüber hinaus jedoch scheint überhaupt die Unterdrückung alles
Anekdotischen zu Forkels wissenschaftlichem Ethos gehört zu haben.[117] Nicht
nur hielt er sich an Carl Philipp Emanuels Rat, die allenthalben kursierenden Ge-
rüchte über die jugendlichen „Fechterstreiche" seines Vaters, die er weder zu bestätigen noch zu dementieren in der Lage war, zu ignorieren („Der seel. hat nie
davon etwas wissen wollen, u. also laßen Sie diese comischen Dinge weg"[118]),
sondern er sparte auch, sicherlich um Platz für die ihn wesentlich stärker interes-

sierende Sachdarstellung zu gewinnen, viele offensichtlich verbürgte biographische Details bewußt aus.[119]

Zudem ist es von Bedeutung, daß Forkel sich bei der Konzeption seiner Bach-Monographie in vielem bewußt an die ein Jahr zuvor erschienene Fasch-Biographie Carl Friedrich Zelters gehalten hat.[120] Dies betrifft nicht nur den Umfang (Zelters Buch umfaßt 62, dasjenige Forkels – ohne den Notenanhang – 69 Seiten) und die dem Verlag gegenüber geforderte Ausstattung, sondern auch den Umgang des Biographen mit dem heiklen Material des aus erster oder höchstens zweiter Hand erfahrenen Anekdotischen. So begründet schon Zelter seinen Verzicht auf weitere Ausbreitung solcher Materialien: „Ich hätte das Leben meines Freundes durch einen beträchtlichen Vorrath von Geschichten, Bemerkungen und Anekdoten noch sehr weit ausspinnen können. Es sey mir genug, wenn ich es als ein Freund dargestellt habe, dem die Wahrheit und die Liebe die Feder geführt hat."[121]

Daß hier geradezu vorsätzlich „der Strom der Überlieferung rigoros eingedämmt worden ist"[122], läßt sich also schwerlich behaupten. Manche biographische Einzelheit wird sogar, jedoch bedauerlicherweise in der Regel ohne Nennung der Quelle, bei Forkel erstmals genannt, so etwa die Namhaftmachung von Altnickol[123] als Schreiber des in der Forschung umstrittenen „Sterbechorals".[124] Man mag es heute angesichts der desolaten Lückenhaftigkeit an biographischen Primärquellen im Rückblick als Pflichtversäumnis des Biographen empfinden, nicht jede zur Verfügung stehende Detailinformation für die Nachwelt gesichert zu haben zu einem exakt durch Forkels Monographie bezeichneten Zeitpunkt, an dem das „Zeitalter der Tradition" in die „Ära der Forschung" überging.[125] Forkel jedenfalls, der sich nicht primär als Biographen, sondern als Musiktheoretiker verstand, hatte daran offensichtlich ebenso wenig ein Interesse wie schon vorher Bachs eigene Söhne.

Die Briefe, in denen Carl Philipp Emanuel Bach dem per Frageliste forschenden Forkel Rede und Antwort stand, machen Forkels Verfahren durch einen Textvergleich gut erkennbar. Daß er die mitgeteilten Informationen in der übermittelten Form und Anordnung nicht ohne redaktionelle Maßnahmen verwenden konnte, wurde schon durch den Informanten selbst klargestellt: „Obige Specialia Patris habe ich ohne Zierlichkeit, so, wie sie mir eingefallen sind, hingeschmiert. Brauchen Sie sie, wie Ihnen beliebt u. bringen sie in eine bessere Ordnung."[126] In vielen Fällen mußte Forkel in der Tat einzelne Sätze der sehr sprunghaften Briefe Carl Philipp Emanuels auf weit auseinanderliegende geeignete Stellen seiner Monographie verteilen. Aufschlußreich sind Forkels Redaktionen jedoch auch an Stellen, an denen er das von Carl Philipp Emanuel übersandte Material in der übermittelten Reihenfolge und in größerem Zusammenhang übernimmt:

C. Ph. E. Bach: „Da er selbst die lehrreichsten Claviersachen gemacht hat, so führte er seine Schüler dazu an. In der Composition gieng er gleich an das Nützliche mit seinen

Forkel: „So zweckmäßig und sicher Bachs Lehrart im Spielen war, so war sie es auch in der Composition. Den Anfang machte er nicht mit trockenen, zu nichts führenden

Scholaren, mit Hinweglaßung aller der trockenen Arten von Contrapuncten, wie sie in Fuxen u. andren stehen. Den Anfang musten seine Schüler mit der Erlernung des reinen 4stimmigen Generalbaßes machen. Hernach gieng er mit ihnen an die Choräle; setzte erstlich selbst den Baß dazu, u. den Alt u. den Tenor musten sie selbst erfinden. Alsdenn lehrte er sie selbst Bäße machen. Besonders drang er sehr stark auf das Aussetzen der Stimmen im General-Baße. Bey der Lehrart in Fugen fieng er mit ihnen die zweystimmigen an, u.s.w. Das Aussetzen des Generalbaßes u. die Anführung zu den Chorälen ist ohne Streit die beste Methode zur Erlernung der Composition, qvoad Harmoniam. Was die Erfindung der Gedanken betrifft, so forderte er gleich anfangs die Fähigkeit darzu, u. wer sie nicht hatte, dem riethe er, gar von der Composition wegzubleiben. Mit seinen Kindern u. auch anderen Schülern fieng er das Compositionsstudium nicht eher an, als bis er vorher Arbeiten von Ihnen gesehen hatte, woraus er ein Genie entdeckte.“[127]

Contrapuncten, wie es zu seiner Zeit von andern Musiklehrern geschah; noch weniger hielt er seine Schüler mit Berechnungen der Tonverhältnisse auf, die nach seiner Meynung nicht für den Componisten, sondern für den bloßen Theoretiker und Instrumentenmacher gehörten. Er ging sogleich an den reinen vierstimmigen Generalbaß, und drang dabey sehr auf das Aussetzen der Stimmen, weil dadurch der Begriff von der reinen Fortschreitung der Harmonie am anschaulichsten gemacht wird. Hierauf ging er an die Choräle. Bey diesen Uebungen setzte er selbst anfänglich die Bässe, und ließ sie von den Schülern nur den Alt und Tenor dazu erfinden. Nach und nach ließ er sie auch die Bässe machen. Ueberall sah er nicht nur auf die höchste Reinigkeit der Harmonie an sich, sondern auch auf natürlichen Zusammenhang und fließenden Gesang aller einzelnen Stimmen. Was für Muster er selbst in dieser Art geliefert hat, weiß jeder Kenner; seine Mittelstimmen sind oft so sangbar, daß sie als Oberstimmen gebraucht werden könnten. Nach solchen Vorzügen mußten auch seine Schüler in diesen Uebungen streben, und ehe sie nicht einen hohen Grad von Vollkommenheit hierin erreicht hatten, hielt er es nicht für rathsam, sie eigene Erfindungen versuchen zu lassen. Ihr Gefühl für Reinigkeit, Ordnung und Zusammenhang in den Stimmen mußte erst an andern Erfindungen geschärft und gleichsam zur Gewohnheit werden, ehe er ihnen zutrauete, dieselben Eigenschaften ihren eigenen Erfindungen geben zu können.

Ueberdieß setzte er bey allen seinen
Compositionsschülern die Fähigkeit,
musikalisch denken zu können, voraus. Wer diese nicht hatte, erhielt
von ihm den aufrichtigen Rath, mit
der Composition sich nicht zu beschäftigen. Daher fing er auch so
wohl mit seinen Söhnen als andern
Schülern das Compositions-Studium
nicht eher an, bis er Versuche von
ihnen gesehen hatte, worin er diese
Fähigkeit, oder das, was man musikalisches Genie nennt, zu bemerken
glaubte. Wenn sodann die schon erwähnten Vorbereitungen in der
Harmonie geendigt waren, nahm er
die Lehre von den Fugen vor, und
machte mit zweystimmigen den
Anfang u.s.w."[128].

Forkels Version der Bachschen Unterrichtspraxis, ohnehin schon fast doppelt so
umfangreich wie die briefliche Vorlage, ist ihrerseits nur der mittlere Abschnitt
eines ausführlichen Kapitels über Bach als Pädagogen. Die zusätzlichen Informationen sind anscheinend, so muß man nach Forkels Bemerkung im Vorwort vermuten, den zahlreichen persönlichen „Unterhaltungen"[129] mit Wilhelm Friedemann und Carl Philipp Emanuel Bach entnommen. Zu Forkels Methode gehört
selbstverständlich auch die gründliche Auswertung von Carl Philipp Emanuel
Bachs *Versuch über die wahre Art das Clavier zu spielen.*[130] Viel wichtiger ist
freilich der Umstand, daß Forkels Textredaktion nicht einfach quantitativ, sondern qualitativ erscheint. Besonders deutlich ist in dem obigen Textausschnitt die
Verstärkung der Tendenz, Forkels eigenen, im modernen akkordharmonischen
Denken wurzelnden Begriff von „Harmonie", wie er schon in der Einleitung zur
Musikgeschichte dargelegt worden war, in Johann Sebastian Bachs pädagogischer Praxis zu verankern. In diesem Kontext wird aus Carl Philipp Emanuels
nüchterner Bemerkung über die didaktische Trockenheit der Fuxschen Methode
durch die Verschweigung des konkreten Bezugs ein pauschaler Seitenhieb gegen
die „zu nichts führenden Contrapuncte", der bezeichnenderweise zu den ganz
wenigen Stellen gehört, die Carl Friedrich Zelter in seiner ansonsten überaus
wohlwollenden Rezension von Forkels Buch nicht zu akzeptieren bereit war: „Es
ist die Frage, ob die frühe Uebung in den Kontrapunkten, bey ihrer scheinbaren
Trockenheit, zu nichts führt? Bach selbst hatte wahrscheinlich mit den Kontrapunkten angefangen und es hat ihm nicht geschadet."[131]
   Solche Stellen bezeugen die Geschicklichkeit, mit der Forkel verstreute Details immer wieder auf das Zentrum seiner Bach-Deutung hin anordnet und somit

ein Bach-Bild von enormer Geschlossenheit erzeugt, das die biographisch ver-
bürgten Fakten und die Gestaltungsleistung des Historiographen als gleichwertige
Momente enthält. Besonders auffallend (und gleichsam auf dem anderen Ende einer Stufenskala der Textredaktion angesiedelt) sind jene Passagen, in denen Forkel den brieflich mitgeteilten Einzelheiten überhaupt ganz neue Bewertungen un-
terschiebt und so aus dem konzilianten Bach-Bild des Sohnes das wesentlich
schroffere eines konzessionslos den eigenen Weg verfolgenden und um das Urteil
der Mitwelt unbekümmerten Genies formt:

C. Ph. E. Bach: „Fürst Leopold in Cöthen, Herzog Ernst August in Weimar, Herzog Christian in Wei-ßenfels haben ihn besonders geliebt u. auch nach proportion beschenkt. Außerdem ist er in Berlin u. Dreß-den besonders geehrt worden. Ue-berhaupt aber hatte er nicht das brillanteste Glück, weil er nicht dasjenige that, welches dazu nöthig ist, nehmlich die Welt durchzustrei-fen. Indeßen war er von Kennern u. Liebhabern genug geehrt."[132]

Forkel: „Wie sollte also Beyfall der Menge und wahre Kunst neben ein-ander bestehen können? Diesen Beyfall der Menge suchte Bach nie. Er dachte wie Schiller: Kannst du nicht allen gefallen durch deine That' und dein Kunstwerk, / Mach' es wenigen recht, vielen gefallen ist schlimm. Er arbeitete für sich, wie jedes wahre Kunstgenie; er erfüllte seinen eigenen Wunsch, befriedigte seinen eigenen Geschmack, wählte seine Gegenstände nach seiner eige-nen Meynung, und war endlich auch mit seinem eigenen Beyfall am zu-friedensten. Der Beyfall der Kenner konnte ihm sodann nicht entgehen, und ist ihm nie entgangen."[133]

Die im engeren Sinne biographischen Informationen der Briefstelle werden von
Forkel an anderer geeigneter Stelle in die Darstellung eingebaut; nur für die
Köthener Zeit wird Carl Philipp Emanuels Formulierung direkt übernommen:
„Der Fürst Leopold von Anhalt-Cöthen liebte ihn sehr"[134]; die Dresdner Ehrung
wird von Forkel allein auf die breit dargestellte Marchand-Episode bezogen.[135]
Entscheidend ist die kleine Differenz zwischen den Schlußsätzen der beiden obi-
gen Zitate: In dem auf den letzten Seiten der Monographie exponierten Ausschluß
der bloßen „Liebhaber" aus dem Adressatenkreis nicht nur des Forkelschen
Buchs, sondern nun auch der Bachschen Musik liegt geradezu die Pointe von
Forkels ganzer Unternehmung.

Zum anderen: Eine besondere Art der Begrenztheit von Forkels Bach-Bild
liegt in der rigorosen Ausschließung der Jugendwerke aus der Wertschätzung. Sie
hat nicht nur Forkels - eine Korrektur durch spätere Generationen ja nicht aus-
schließende – theoretische Darstellung gefärbt, sondern sie hat unmittelbare
praktische Folgen gehabt. Erstens hat Forkels Abwertung der Jugendwerke zu
entscheidenden Änderungen der Hoffmeister-Kühnelschen Editionspläne geführt

bis hin zu der „Korrektur" des ersten Hefts der *Œuvres complettes* durch Nach-
lieferung einer vermeintlich reiferen Fassung des Präludiums und der Fuge in C-
Dur BWV 846 und der zweistimmigen *Inventionen* BWV 772–786 (was von
Forkel im Text der Monographie eigens angekündigt wird[136]); zweitens dürfte bei
Forkels umfassender, durch zahlreiche Korrespondenten und eigene umfangreiche
Reisetätigkeit ins Werk gesetzter Sammeltätigkeit eine zwar nicht faßbare, aber
wohl nicht unbeträchtliche Zahl von wirklichen oder vermeintlichen Bachschen
Jugendwerken „im Netz der Vorzensur"[137] hängengeblieben und damit – als der
Sicherung und Aufbewahrung nicht wert erachtet[138] – für die Nachwelt verloren-
gegangen sein.

Selbstverständlich ist Forkels Einstellung ein geradezu zwangsläufiger Bestandteil seiner Geschichtsphilosophie und der ihr zugrundeliegenden Anthropo-
logie. Der Entwicklungs- und Vervollkommnungsgedanke gilt für Forkel gleichsam in onto- wie in phylogenetischer Hinsicht, und seiner Allgemeingültigkeit
unterliegt auch ein Genie wie Bach. Seine Frühwerke sind in dem 1802 veröffentlichten Text „wie alle ersten Versuche mangelhaft"[139], und einer nicht für die
Öffentlichkeit bestimmten, wesentlich drastischeren Formulierung Forkels zufolge
mußte Bach sogar „wie jeder andere Mensch erst ein Stümper seyn, ehe er ein
Meister werden konnte".[140] Bemerkenswerterweise setzt Forkel den Zeitpunkt
der Stilreife verhältnismäßig spät an; als Wertkriterium dient ihm der schon bekannte Begriff von „Harmonie" (was ein weiteres Mal ihre zentrale Stellung in
Forkels Bach-Bild beweist): „Aus einer solchen Verwebung mehrerer Melodien,
die alle so sangbar sind, daß jede zu ihrer Zeit als Oberstimme erscheinen kann,
und wirklich erscheint, besteht die Joh. Seb. Bachische Harmonie in allen Werken, die er ungefähr vom Jahre 1720, oder von seinem 35sten Lebensjahre an, bis
an sein Ende verfertiget hat."[141] Den Umstand, daß Bach zum Zeitpunkt der ersten von ihm selbst initiierten Publikation (BWV 825) „schon über vierzig Jahre
alt" gewesen sei, deutet Forkel als Folge strenger Selbstkritik und als Bestätigung
seiner eigenen Abwertung der Frühzeit.[142] Für die Quellenbewertung sieht Forkel
hier ein erstes Kriterium: „Wir können daher alle seine Werke, die er selbst durch
den Stich bekannt gemacht hat, für vorzüglich gut halten." Als zweites Kriterium
dient ihm Bachs eigene Überarbeitungs- und Verbesserungspraxis, die nach Forkels Ansicht – damit die schon erwähnte Zäsur zwischen Früh- und Reifestil noch
weiter nach hinten verschiebend – „das meiste [betrifft], was er vor dem Jahre
1725 componirt hat".[143] Daß Forkel freilich den Bachschen Umarbeitungsprozeß,
bei dem ihm fast grundsätzlich die kürzere Fassung als die reifere, weil gestraffte-
re und konzentriertere gilt, meistens unzutreffend interpretiert hat, ist nicht ohne
Folgen für die Publikationsgeschichte geblieben.[144] Eine dritte Möglichkeit zur
„Absonderung dieser Versuche oder Jugendübungen von den wahren Meisterwerken" sieht Forkel schließlich in der „Kunst der kritischen Vergleichung".[145]
Wohlgemerkt liegt hier nicht etwa die Vorstellung philologischer Quellenkritik
zugrunde, sondern Forkels schon 1777 propagierter Begriff von ästhetischer Kritik, die das Kunstwerk nach dem Maßstab zeitenthobener innerer „Schönheit"
beurteilen soll. Für diese Kritik gilt aber, ohne jede Einschränkung, das folgende

Prinzip: „Alles ohne Unterschied loben, ist im Grunde nicht viel besser, als gar nichts loben. Kein menschliches Werk ist so vollkommen, daß gar nichts daran getadelt werden könnte."[146] Überaus deutlich wird also an Forkels Umgang mit Bachs (vermeintlichen) Jugendwerken, in welchem Maße – was man bei einem Gelehrten wie Forkel nicht ohne weiteres als selbstverständlich voraussetzen würde – sein Blick auf Bach weniger einer „wissenschaftlichen Haltung" als vielmehr einem dezidierten „Kunstinteresse" entsprang.[147]

Indirekt mit dieser Selbstbeschränkung der Perspektive durch das Prinzip der Normativität und der aus ihr folgenden Kritik an Bachs Jugendwerken hängt eine weitere Begrenzung von Forkels Sicht auf Bach zusammen. Es geht um das spezielle Problem der Konzerttranskriptionen für Orgel und für Cembalo, deren Existenz Forkel zwar – ohne die Herkunft dieser Information zu belegen – erwähnt und die er, seiner Sichtweise vom Autodidakten und auf dem langen Wege zur Selbstausbildung nach Mustern suchenden jungen Bach entsprechend, besonders im Falle der Vivaldi-Bearbeitungen als Übungsarbeiten erklärt[148], diese jedoch, soweit er sie in seiner Monographie besprochen hat[149] oder soweit sich Exemplare in seiner eigenen Sammlung befunden haben, nach Ausweis der Titel im Nachlaß-Katalog entweder gar nicht als solche erkannte (BWV 592a, 973, 983, 984 und 1065), sie mit Originalwerken verwechselte (BWV 1054) oder ihre wahre Verfasserschaft nicht entdeckte (BWV 596). Tatsächlich ergeben sich dadurch „aus heutiger Sicht grundsätzliche Zweifel an Forkels Legitimität, über Bachs Verhältnis zu Vivaldi zu befinden"[150] – vor allem an der Zuverlässigkeit der folgenreichen These, Bach habe Vivaldi ausschließlich zu Übungszwecken transkribiert –, und „zur nachträglichen Entschuldigung Forkels" ließe sich allenfalls der vergleichbare Kenntnismangel auch noch der späteren Forschung ins Feld führen.[151]

Und schließlich: Eine vielberedete dritte empfindliche Lücke in Forkels Bach-Bild – die weitgehende Außerachtlassung des Vokalschaffens – ist für die Deutung der frühen Bachrezeption so erheblich und für ihre Problematik so repräsentativ, daß ihrer Diskussion ein eigener·Abschnitt eingeräumt werden soll.

DIE VOKALMUSIK ALS „MUTTER DER INSTRUMENTALMUSIK"

Das „gänzliche Uebersehen des Wesentlichen in Bachs Wirken in Forkels Biographie", also die angebliche Ignoranz gegenüber der Bedeutung des Bachschen Vokalschaffens, ist bereits 1829 von Adolf Bernhard Marx angeprangert worden; die Aufzählung der Vokalwerke im Schlußabschnitt von Forkels Werkregister empfand Marx als liebloses „Pausch- und Bogen-Register".[152] Nun sind zwar diese Vorwürfe Teil einer Propagandakampagne am Vorabend der Wiederaufführung der *Matthäus-Passion* und als solche zeitbedingt, aber sie legen den Finger auf eine Lücke, die seit jeher nicht nur als eine Spezialität von Forkels persönlichem Bach-Bild, sondern als eine seines ganzen Zeitalters gilt.

Das von Marx monierte Werkregister am Ende der Bach-Monographie hält sich eng an dasjenige des Nekrologs von 1754[153], nur mit dem Unterschied, daß in diesem das Werkverzeichnis mit den Vokalkompositionen eröffnet, Forkels Katalog dagegen mit ihnen beschlossen wird. Außer dieser von Marx zitierten Liste, die unter vier Punkten die fünf Kantatenjahrgänge, die fünf Passionen, die Ora-torien und Messen sowie die Motetten nennt, zählt Forkel außerdem noch die von ihm selbst eingesehenen umfangreichen Bestände der Amalienbibliothek im Berliner Joachimsthalschen Gymnasium auf.[154] Von den letzteren abgesehen, muß Forkel die meisten dieser Vokalwerke hier als bereits in alle Winde „zerstreut" betrachten.

Zunächst einmal ist festzuhalten, daß also schon aufgrund der Quellenlage Forkels Kenntnis des Bachschen Vokalwerks nur ausgesprochen beschränkt sein konnte. Den Choralkantatenjahrgang aus dem Erbteil Wilhelm Friedemann Bachs hatte Forkel zwar in den 1770er Jahren zur Ansicht „im Hause gehabt"[155], wenn auch mit Sicherheit bereits nicht mehr vollständig[156], sich jedoch daraus nur zwei „der allervorzüglichsten Stücke" (BWV 9 und 178) selbst kopieren können, da er zur Aufbringung des geforderten Kaufpreises nicht in der Lage war. Neben diesen beiden enthält der Nachlaß-Katalog unter knapp über einhundert Bach-Einträgen (siehe die Abbildungen) nur noch sechs weitere Vokalwerke – unter ihnen den Erstdruck der *Trauer-Ode* (BWV 198), eine Abschrift der Motette BWV 225 und eine verschollene „Neujahrs Cantate"[157] – und außerdem die erst nach der Bach-Monographie gedruckten Ausgaben der Motetten (Leipzig 1803 durch Schicht) und der unechten *G-Dur-Messe* (1805 fälschlicherweise unter Bachs Namen publiziert; BWV Anh. 167[158]). Die Urteile, die Forkel auf dieser eingeschränkten Grundlage über Bachs Vokalmusik abgeben konnte, fallen entsprechend aus.

Erstens spiegelt ihre Charakterisierung allzu deutlich den relativ zufälligen Bestand von Forkels Sammlung wider: „Seine Chöre sind durchgehends voll Pracht und Feyerlichkeit. Sehr häufig wählte er eine Choralmelodie dazu, und ließ nach Motetten-Art die übrigen Stimmen um sie herum fugiren."[159] Neben dieser erkennbar von den Choralkantaten und der Motette BWV 225 abstrahierten Beschreibung sind es überhaupt die Motetten, die Forkel – weil sie „an Pracht, an Reichthum der Harmonie und Melodie, und an Leben und Geist alles übertreffen, was man von dieser Art hören kann"[160] – als den Gipfel des Bachschen Vokalschaffens rühmt. Zweitens hebt sich – durch den Mangel an Anschauungsmaterial fast zwangsläufig – Forkels generelle Qualifizierung der Bachschen Vokalmusik von den ausführlichen Urteilen über die Instrumentalwerke durch ihre gänzliche Unselbständigkeit auffällig ab, wie der Vergleich mit der einschlägigen Briefstelle Carl Philipp Emanuel Bachs zeigt:

C. Ph. E. Bach: „Bey des seel. Kirchensachen kan angeführt werden, daß er devot u. dem Inhalte gemäß gearbeitet habe, ohne comische Verwerfung der Worte, ohne einzelne Worte auszudrücken, mit Hinterlaßung des Ausdrucks des ganzen

Forkel: „Der Styl, dessen er sich in seinen Kirchenmusiken bediente, war wie der Styl seiner Orgelsachen, andächtig, feyerlich und völlig so, wie der Kirchenstyl seyn muß. Dabey hatte er den sehr richtigen Grundsatz, sich nicht auf den Aus-

Verstands, wodurch oft lächerliche Gedanken zum Vorschein kommen, welche zuweilen verständig seyn wollende unverständige zur Bewunderung hinreißen."[161]

druck einzelner Worte, wodurch bloße Spielereyen entstehen, sondern nur auf den Ausdruck des ganzen Inhalts einzulassen."[162]

Drittens werden Forkels Urteile dort, wo er – auf seine Sammlung zurückgreifend – erkennbar aus eigener Anschauung spricht, durch Irrtümer wieder halb entwertet: Von den beiden „Trauer-Cantaten", denen Forkel einen ganzen der vier Absätze über Bachs Vokalmusik widmet[163], ist nur die eine, die *Trauer-Ode* (BWV 198), echt; die andere, Bachs vermeintliche Köthener Trauermusik von 1727 (die selbstverständlich auch in Forkels Nachlaß als Originalkomposition firmiert), konnte, nachdem sie lange als verschollen gegolten hatte[164], erst kürzlich als identisch mit der aus dem Besitz Georg Poelchaus stammenden Handschrift *P 398*, einer Meininger Trauerkomposition Johann Ludwig Bachs (1677– 1731) von 1724, nachgewiesen werden.[165]

134

Muſikalien.

Erklärung der im nachſtehenden Verzeichniſſe gebrauchten Abreviaturen:
G bedeutet: geſchrieben. (Alle bey denen bis Zeichen nicht ſteht ſind geſtochen.)
P — Partitur
O — Oeuvre, opus.
m. a. St. — mit ausgeſchriebenen Stimmen.
C A — Clavier Auszug.

1 Albrechtsberger XII Fugues pour le Clav. ou l'Orgue. Berl. O. 1.
1 Albinoni XII Violin - Sonaten. G.
3 Abell VI Quatuors a 2 Viol. Alto et Violonc. Lond. O 2.
4 Alberten poetiſch = muſikaliſches Luſt = Wald= lein, d. i. Arten oder Melodeyen geiſt. u. weltl. — Lieder Königsb. Fol. angebund'n Partitura ob. Tabulatur Alberts muſik. Kürbs= Hütten mit 3 Stimmen.
5 — daſſ. Werk ohne dem Anhange.
6 Ahlens drittes zehn neuer geiſtl. Arien, ſo m. 1·6 u. mehr Stimmen ꝛc Sondersh. 662 Fol.
7 — unſtrutiſche Melpomene, begreif. XII neue 4 ſtimmige Beth = Buß = u. Sterbelieder. Mühl= hauſen 678 4.
8 Anglebert, Henry, D', Pieces de Clavecin, avac la maniere de les jouer. Diverses chaconnes, ouvertures et autres airs de M. Lully mis fur cet Inſtr. Quesqus Fug. p. l'orgue et les principes de l'accompagnement. Livre I. Par. in qu. 4 128 Seiten.
9 — Pieces de Clavecin av. la man. de les jouer. Div. Chac. Ouvert. et autres airs de

135

M. Lully mis fur cet inſtrum. av. quesq. Fug. p. l'Orgue. Amſt. 679. 4. 70 Seiten.
10 Andre, Joh., Geſänge beym Clavier zu ſin= gen. Thl. 2. Offenb.
11 — Ant., 4 ſtimmige Fuge. Offenb.
12 Auffchnaiter dulcis fidium Harmonica ſymphoniis ecclefiaſticis concinnata. Aug. Vind. 703 Fol.
13 Agrell VI Sonate per il Cemb. folo. O. 2. G.
14 — Concerto a Cemb. obl. c. 2 Viol. et Violonc. Nor.
15 — 3 Concerti da Cemb. Viol. Alto etc. O. 3. Norimb.
16 Attilio Ariofti, il Coriolano, Opera. Lond.
17 - 19 P. A. Avondano, Gioas, Oratorio. Ps. I. 2. P. m. a. St.
20 - 22 — Morte d'Abel, Oratorio. Ps. 1. 2. P. G. m. a. St.
24 Bach, J. Sebaſt. Toccata Nr 1. Vien.
25 — XV. Inventions. Vien.
26 — Exercices p. le Cl. O. 1. P. 1-6. Vien.
27 — — O 2 Aria con variaz. Vien.
28 — VI. Suites O. 1. N. 1 - 6. Vien.
29 — VI Preludes. Vien.
30 — Fantaiſie chromatique. Vien.
31 — XV Inventions. nouv. Ed. — XV Simphonies. Vien.
32 — XII Chorále umgearb. v. Vogler. Lpz.
33·34 — Grandes Suites dites Suites angloiſes Nr. 1 2. Leipz.
35 — Fantaiſie p. le Clav. Nr. 1. Leipz.
36 — 4 ſtimmige Choralgeſänge Thl I·4. Lpz. 784
37 38 — Le Clavecin bien tempéré P. 1. 2. Vien.
39 — Vorſpiele über die Melodien verſchiedener Choral = G.ſänge für die Orgel. G.

Gemessen an Forkels Musikbegriff ist die Unterbelichtung von Bachs Vokalschaffen in der Monographie geradezu paradox – sie kann daher auf gar keinen
Fall als planvoll herbeigeführt gelten. Im Gegenteil steht für Forkel ganz zweifelsfrei eine Hierarchie der Musikgattungen fest, in der die Vokalmusik an ober-
ster Stelle steht, auch wenn sich diese strenge Subordination in Forkels Ästhetik
allmählich in Richtung auf eine Aufwertung der Instrumentalmusik verschiebt, die
aber weder jemals bis zur Gleichberechtigung beider Gattungen noch gar bis zur
Umwertung der Hierarchie geführt wird. Forkels Einladungsschrift zu den Göttinger Winterkonzerten der Saison 1780/81 enthält einen Panegyrikus auf die Vokalmusik, der in das zustimmende Zitat aus Sulzers *Allgemeiner Theorie der
Schönen Künste* mündet, die Instrumentalmusik sei „insgesamt nichts weiter, als
ein lebhaftes nicht unangenehmes Geräusch, oder ein artiges und unterhaltendes,
aber das Herz nicht beschäftigendes Geschwätz".[166] Einige Jahre später, in der
Einleitung zur Musikgeschichte, wird diese starre systematische Vorrangigkeit
der Vokalmusik historisiert; sie erscheint nun als geschichtliche Priorität, die der
Instrumentalmusik als späterer Entwicklungsstufe zugleich einen eigenen Entfal-

136

40 — Sonate al Cembalo et Flauto trav G.
H moll.
41 — dito dito. G. Es moll.
42 — 2 Sonate al Cemb. e Viol. G D dur.
43 — Sonata a Cemb. e Viola da Gamba. G.
D dur. /
44 — zwei=u. dreistimmige Inventiones. G.
45 — VI Sonate a 2 Clav. e Pedal. G.
46 — Sei Sonate al Cemb. e Viol. oblig. G.
47 — 6 Preludes a l'usage des Commaucan-
ces. G.
48 — Preludinm et Fuga super Kyrie Gott Va=
ter ꝛc. für die Orgel. G.
49 — 6 Suites de pieces p. le Clav. G.
50. 51 — des wohltemperirten Claviers I u 2
Thl. G.
52 — Missa a 8 voci reali e 4 rèpiene coll' acc.
di due Orchestre. Lipf. P.
53 — Motetten in Partitur Heft 1. 2. Leipz.
55 — celebrated Fantasia chromatica w. addit.
by Kohlmann London.
56 — Clavierübung best. in 1 Arie mit 30 Ver=
änder. Nürnberg.
57 — dito. G.
58 — Clavierübung 2r Thl. best. in 1 Conc. u.
1 Ouvert. Nürnb. Fol.
59 — — 3 Thl. best. in versch. Vorspielen über
die Gesänge für die Orgel. in 4. angebunden
6 Choräle für die Orgel mit 2 Clav. u. Pedal.
60 — Clavierübung best. in Präludien, Alleman=
den ꝛc. 731. in 4. O. 1.
61 — Kunst der Fuge. 752
62 — — — G.
63 — einige canonische Veränderungen über das
Lied: Vom Himmel hoch ꝛc. für die Orgel.
64 — VI Suites pour le Clav. (Englische Sui=
ten) G.

137

65 — vor das wohltemperirte Clavier Praeludia
u. Fugen aus allen 24 Tönen.
66 — Musikalisches Opfer. P.
67 — Missa a 5 Voci 6 Stromenti e Continuo.
P G.
68 — Fuga p. Organo. G moll
69 — — — F dur.
70 — 2 — — G moll D moll.
71 — 3 — — H Dis. u. A moll.
72 — 3 — — A. C. D. moll.
73 — 2 — — C. u. F dur.
74 — 3 — für die Orgel H. D. u. C. moll.
75 — 3 — — C u. D moll u. Es dur.
76 — 3 Präludien für die Orgel. C. G. dur u.
E moll.
77 — Praelud. e Fuga per l'Org. D moll.
78 — — — — — E dur.
79 — — — — — A dur
80 — 8 — u. Fugen. —
81 — 2 — u. Fugen. —
82 — 2 einzelne Präludien u. Fugen für die
Orgel. D u. E moll.
83 — 2 dito H moll u. C. dur.
84 — 2 dito G u. C. dur.
85 — 2 dito F u. C. dur.
87 — 2 dito G u A. moll.
88 — 4 Prälud. über Choräle.
89 — 2 — für das Clavier H. u. C. moll.
90 — 5 Claviersonaten.
91 — Kirchenmusik auf Dom VIII post Trin. P.
92 — — — VI — — P.
93 — Cantata Non sa chi sia etc. P.
94 — Neujahrs Cantate. Ihr wallen den Wol=
ken ꝛc. P.
95 — Trauer=Musik auf das Absterben der
Churfürstin v. Sachsen Christ. Eberhard. Orig.
P. v. 18 Oct. 727. gestochen.

tungsraum zubilligt. Diesen vorsichtigen Bewertungswandel zeigt nichts treffender als die Entwicklung, die der dieser Frage gewidmete § 90 der Einleitung
durchgemacht hat: In seiner endgültigen Version wird, ganz generell, „überhaupt
die Musik" als ein „Ausdruck unserer Empfindungen" angesprochen, aus dessen
jeweils gattungsspezifischer Erscheinungsweise sich ohne Wertung „die Verfahrungsarten bey den meisten unserer Musikgattungen erklären lassen".[167] Nur noch
das Manuskript macht den hierarchisch gedachten Hintergrund dieses Gedankens
deutlich, in dem die für die Publikation gestrichene Frühfassung dieses ersten
Satzes die Vokalmusik unmißverständlich als die „Mutter der Instrumentalmusik"
bezeichnet: „So wie überhaupt die Vocalmusik in ihrer ganzen ausgebreiteten und
mannichfaltigen Anwendungen nicht nur Mutter [urspr.: die Quelle] der Instrumentalmusik, sondern auch die Quelle der meisten verschiedenen Musikgattungen
ist; so müssen auch vorzüglich in ihr die Gründe aufgesucht werden, woraus sich
die Verfahrungsarten bey den meisten dieser Gattungen erklären lassen."[168]
 Forkels Bild von Johann Sebastian Bach als einem Komponisten von Instrumentalmusik teilt also mit seinem Zeitalter zunächst ganz einfach die pragmati-

138

96 — Drama. zerreißet, zersprenget zertrüm-
mert ꝛc. Orig. Part.
97 — Motetta a 8 voci. Singet dem Herrn ꝛc. P.
98 — Concerto per 4. Clavicemb. c. accomp.
C dur. P. u. Stimmen.
99 — — per 3 Clavic. c. accomp. D moll.
P. u. St.
100 — — per 2 Clav. c. acc. F dur.
101 — — — — C dur. P. u. St.
102 — — al Cembalo c. acc. D. dur P. u, St.
103 — — al 3 Cemb. c acc. C dur.
104 — — al Cemb. c. acc D dur.
105 — — al 2 Clav. Solo.
106 — — al Cemb. Solo. (Scheint ein
aufs Clavier übertrag. Violinconcert von Vivaldi zu seyn). D. dur.
107 — — con accomp. G mol P.
108 — 4 Couc. per il Cemb. Solo.
109 — Concerto per il Cemb. G dur.
110 — 4 Concerte für die Orgel.
111 — Fantasia chromatica nebst 2 andern Fantasien für das Clavier aus C. moll.
112 — 2 Fantasien für die Orgel G u. C. moll.
113 — 2 dito. C moll u. G dur.
114 — 3 Toccaten für die Orgel aus F dur D.
u. G moll.
115 — 3 dito für das Clavier aus Fis, E u.
D moll.
116 — 6 Suites a Violoncello Solo.
117 — 5 — pour le Clav.
118 — Parthia per il Cemb E dur.
119 — Sonata per 2 Flauti trav. acc. dal Cembalo.
120 — 2 Trio für 2 Clav. u. Pedal. C u. D moll.
121 — Ariette: Ich begehr' nicht mehr zu leben ꝛc.
mit 12 Variat.

139

122 — Pastorale per l'Org. F dur — Passaca-
glia con Pedale C moll.
123 — Ein Conv. varirte Choräle.
124 — 3 Fugen für die Orgel F dur G u. H moll.
124 b. — 3 Violin-Sonaten.
124 c. — 2 Juventiones u. 2 Sinfonien fürs
Clavier.
124 c. e Trauer-Musik. P. Thl. 1-3.
(Nr. 65 bis 124 e incl. sind geschrieben.)
125. 26 Bach, C. Ph. Eman., Melodien zu Cramers übersetzte Psalmen. Lpz. 74. 2 Ex.
127 — 6 Sonate per Cembalo. O 2.(1744)
128. 29 — Clavier-Sonaten mit 1 Viol. und
1 Violoncell. Saml. 1. 2. Lpz. 77
130-34 — — — für Kenner und Liebhaber. Saml. 1. 2. 3. 5. 6. Lpz. 787
135 — 6 Son. p. le Clav. av. acc. Berl. O. 2.
136 — Grande Son. p. le Clav. O. posth N. 1.
137 — neue Lieder-Melodien nebst 1 Cantate.
Lüb. 789
138 — 5 kurze und leichte Clavierstücke mit der
Fingersatz. Berl.
139. 40 — Melodien zu Sturms geistl. Gesän-
gen Thl. 1. 2. Hamb. 781
141-42 — — zu Gellerts Oden u. Lieder. Berl.
771 2 Ex
143 — Musicalisches Allerley von verschied. Tonkünstlern. Saml. 1=9. Berl. 761 Fol.
144 — — Saml. 1. 2.
145 — — Vielerley. Stück 1=51. Hamb. 51
146 — — Mancherley Stück. 1=48. Berl. 763
147 — Exempel nebst 18 Probstücken zu dem
Versuche über die wahre Art das Clavier zu
spielen.
148 — Minuetta con variaz — Canfonetta c.
Var. — G.

schen Voraussetzungen. Die Überlieferungssituation verhindert, daß Bachs Vokalwerke in der ästhetischen Diskussion der Zeit eine nennenswerte Rolle spielen. Zu diesem Umstand tritt ein auch klar von Forkel erkannter, in soziologischen Kategorien zu erfassender Sachverhalt hinzu, auf den Forkel den größten
Teil der Einleitung zum zweiten Teil der Musikgeschichte konzentriert[169]: der
Verfall der Kirchenmusikpflege. Forkel sieht dessen Ursache ganz handgreiflich
„in dem geringen Aufwand, welchen man selbst bey den reichsten Kirchen für die
Musik bestimmt".[170] Allerdings – wollte man Forkel überhaupt einen ästhetischen
Vorbehalt gegen Bachs Kirchenmusik unterstellen, dann ist er nicht etwa in dem
grundsätzlichen Verhältnis der vokalen und instrumentalen Gattungen zu suchen.
Er liegt vielmehr – in der Bach-Monographie freilich nicht einmal von fernher angedeutet – auf einem Gebiet, das erst im späteren 19. Jahrhundert die Diskussion
um die Bach-Kantaten wirklich bestimmen sollte: im Vorbehalt gegen die Texte[171]. Im zweiten Band der Musikgeschichte nennt Forkel sehr allgemein die Kirchenkompositionen voriger Jahrhunderte für die Gegenwart ebenso wenig brauchbar „als die älteren Predigt-Postillen": „Die Zeiten haben sich geändert, und mit
ichnen unsere Kenntnisse, unsere Begriffe und unser Geschmack."[172] Der nach
„Erbauung" suchende „aufgeklärte Christ", der auch Forkels eigene Perspektive
durchgängig bestimmt, bevorzugt „ein geistliches Lied von Gellert, Sturm, Cramer etc. nach den so vortrefflichen Compositionen von C. Ph. E. Bach, Rolle,
Schulz, Hiller etc."[173] Dies ist deutlich genug und wahrscheinlich auf die Bewer-
tungsperspektive der Bach-Monographie übertragbar. Für Forkel bedeutet das ein
Dilemma: Als den technischen Standard der zeitgenössischen Kirchenmusikpflege
bei weitem übersteigender, dem Bibelverständnis der Empfindsamkeit gegenüber
sperriger und außerdem im strengen Sinne funktional gebundener Werkbestand
ist Bachs Kirchenmusik – anders etwa als die Vokalwerke Händels oder Carl
Philipp Emanuel Bachs – ein historisch vergangenes und derzeit nicht wiederbeleb-
bares Phänomen. Die desolate Quellensituation, die bereits unwiderrufliche Tatsachen
geschaffen hat, entspricht daher nur, wie Forkel – der sich dennoch 1808 (erfolglos)
um die Publikation der beiden Choralkantaten aus seiner Sammlung bemühte[174] –
deutlich sieht, dem soziologischen Befund: „Wäre er [= Bach] so glücklich gewesen,
lauter gute Ausführer seiner Kirchenarbeiten zu haben, so würden sie gewiß Eindrük-
ke ihrer Vortrefflichkeit hinterlassen haben, und so wie seine andern Werke noch
jetzt bewundert und genutzt werden. Der unerschöpfliche Schatz von Kunst, welcher
in ihnen liegt, wäre einer längern Aufbewahrung gewiß werth gewesen."[175]
So erklärt sich auch die privilegierte Behandlung der Motetten in Forkels Text,
denn ihre an Psalmdichtung, Schriftwort und Choralverse angelehnte und dadurch
den Geschmackswandlungen enthobene Faktur hat ihnen schon in der Leipziger
und der Berliner Bachtradition des späten 18. Jahrhunderts eine gewisse Präsenz
ermöglicht, und aus ihr heraus sind sie nicht zufällig die ersten im 19. Jahrhundert
gedruckten Bachschen Vokalwerke überhaupt. Insgesamt also kann vor diesem
Hintergrund Forkels Sichtung der Vokalmusik Bachs gar nicht anders als kurso-
risch ausfallen. Mit einer Bevorzugung der Instrumentalmusik aus systematischen
oder ästhetischen Gründen hat sie jedoch nichts zu tun.

Forkel und die „romantische Bachdeutung"

Zum heutigen Bild der frühen „Bachbewegung" gehört aber der Glaube an die ästhetisch oder geschichtsphilosophisch motivierte und daher planvoll selektive Bachrezeption um 1800. Die These, daß Bach im frühen 19. Jahrhundert ausschließlich (oder zumindest vorwiegend) als Komponist von Instrumentalmusik nicht etwa aus pragmatischen, sondern aus ästhetisch-systematischen Gründen gesehen worden sei, ist am ausführlichsten von Carl Dahlhaus vorgetragen worden.[176] Ihre Plausibilität verdankt sie dem Umstand, daß sie die für die „romantische Bachdeutung" bezeichnende Verkennung oder Geringschätzung des Vokalwerks auf jene „Metaphysik der Instrumentalmusik" zu beziehen erlaubt, die Dahlhaus selbst als das Signum des Zeitalters der „absoluten Musik" herausgearbeitet hat.[177] Dieses neue musikästhetische Paradigma wäre somit die Folie, auf die nach der Jahrhundertwende die Konturen eines Bach-Bildes aufgetragen wurden, aus dem alle Züge funktionaler Bindung seiner Musik verschwunden sind zugunsten einer Bach-Auffassung, die – wie bei E. T. A. Hoffmann vielleicht am zugespitztesten formuliert – nur die „musikalischen Zahlenverhältnisse" und die „mystischen Regeln des Kontrapunktes" kultiviert.[178] Nicht einmal die Wiederaufführung der *Matthäus-Passion* gilt nach dieser Sichtweise als Auslöser einer Neubesinnung auf das Verhältnis der Gattungen: „Denn der 'eigentliche' Bach des 19. Jahrhunderts war – trotz des Ereignisses von 1829 – der Instrumentalkomponist: ein 'Komponist für Komponisten', dessen Werke als Paradigma absoluter Musik und als monumentale Eröffnung eines 'Zeitalters der deutschen Musik' gerühmt wurden."[179] Die Genese dieser „romantischen" Bach-Deutung, die mit dem Beginn des neuen Jahrhunderts zusammenfiele, würde sich demnach mit der Entstehungszeit von Forkels Monographie decken. Als Hauptbeleg für seine These dient Dahlhaus allerdings nicht Forkels Buch, sondern ein fast zwei Jahre vorher gedruckter Artikel in der Leipziger *Allgemeinen Musikalischen Zeitung*, mit dem exakt am Beginn des neuen Jahrhunderts, am 1. Januar 1801, ein Rückblick auf die Musik des gerade vergangenen eröffnet wurde: Johann Karl Friedrich Triests umfangreiche Abhandlung über die *Ausbildung der Tonkunst in Deutschland im achtzehnten Jahrhundert*.[180] Es kann jedoch gezeigt werden, daß dieser an so exponierter Stelle publizierte programmatische Aufsatz eine solche Deutung nicht zuläßt.

Das Unternehmen einer Geschichte der deutschen Musik ist von Triest von vornherein als Skizze und als Provisorium gedacht, weil deren ausführliche Darstellung erst noch „auf einen Forkel wartet"[181] (der kurz darauf erschienene zweite Band von Forkels *Musikgeschichte* reicht allerdings nur bis zum Zeitalter der Vokalpolyphonie). Daß Triest sehr weitgehend der „Metaphysik der Tonkunst" im ersten Band der Forkelschen *Musikgeschichte* verpflichtet ist, beweist seine Überzeugung, daß die Musik aus der ersten Hälfte des vergangenen Jahrhunderts „mit den Regeln der Rhetorik"[182] und nicht in Analogie zur Poesie zu erfassen sei; die Betrachtung der Harmonik als der „Logik" der Musik klingt auch bei ihm an.[183] Über Forkel hinaus geht freilich seine Ansicht, daß die Musik seit dem Auftreten Carl Philipp Emanuel Bachs, das für Forkel ja gerade die letzte Entwicklungsstufe einer musikalischen Rhetorik verbürgt hatte, „poetischer" geworden sei. Für Triest folgt daraus, wie sich noch zeigen wird, eine deutliche ästhetische Hierarchisierung zugunsten des Bach-Sohnes.

Johann Sebastian Bach dient dieser Skizze als Ausgangspunkt; obwohl seiner Darstellung gerade ein knappes Zehntel des Textes eingeräumt wird, steht damit seine historische Bedeutung – als Begründer der eigentlichen deutschen Musik – fest. Zuvor jedoch ist ein Blick auf die von Triest zugrundegelegte Systematik nötig, denn sie vor allem hat seinen Aufsatz als frühes Dokument der „romantischen" Bachdeutung erscheinen lassen. Triest ersetzt die gängige Teilung der Musik in instrumentale und vokale durch das Begriffspaar „reine" und „angewandte" Musik. Dabei meint die „reine" Musik jene Werke, die „nichts weiter sind als schönes (d. h. nach Kunstregeln geformtes) Tonspiel, das schon Zweckmäßigkeit hat, wenn nur eine aesthetische, obgleich unbestimmte Idee durch das Ganze herrscht", so daß man zu ihnen „sogar alle Gesangsstücke rechnen kann, bey denen der Text nichts sagt, indem er nur als Vehikel zum Gebrauch der Singstimme dient".[184] Dagegen versteht er unter „angewandter" Musik „die musikalische Versinnlichung eines Subjekts (seiner Gefühle und Handlungen) wo die Poesie, die Mimik u. gl. den ersten Rang einnehmen", also auch etwa „die charakteristischen Instrumentalstücke".[185] Was sich in dieser prinzipiellen Darlegung liest wie eine Ästhetik der „absoluten" Musik avant la lettre, wird in Wirklichkeit von Triest nur unzulänglich durchgeführt. Erstens stellt sich heraus, daß ihm seine als Alternative gemeinte Begriffsopposition häufig doch mit der Dichotomie von Instrumental- und Vokalmusik zusammenfällt, und zweitens schlagen ihm die ästhetisch-systematisch gemeinten Kategorien im Lauf der Darstellung unter der Hand immer wieder in geschichtsphilosophische um. Bach nämlich, der als „der größte, tiefsinnigste Harmonist aller bisherigen Zeiten" eingeführt wird[186], und zwar aufgrund seiner „Fugen u.s.w.", wird in dieser seiner Bedeutung sogleich wieder relativiert. Triest beeilt sich festzustellen, daß mit diesem überschwenglichen Lob „keineswegs gesagt ward: I. S. Bach habe *alles* gethan, was für die Musik zu thun war. Seine Verdienste erstrecken sich eigentlich nur auf *reine* Musik, d. h. auf den Mechanismus der Tonkunst, besonders auf Harmonie und gebundenen Styl."[187] Daß Bach „nur" (!) auf dem Gebiet der „reinen" Musik gewirkt habe, läßt ihn fast stärker unter einem theoretisch-didaktischen als unter einem lebendig-praktischen Aspekt rezipierbar erscheinen: Als „Gesetzgeber in der ächten Harmonik"[188] und damit als Vollender des „Mechanismus der Tonkunst"[189] ist Bach eher der Verfasser theoretischer Lehrwerke als der Schöpfer lebendiger Kompositionen.

Soweit ist nachvollziehbar, inwiefern Bach tatsächlich als „Komponist für Komponisten" erscheint. Jedoch steht er bei Triest damit keineswegs – und dies wäre die eigentliche Bedingung für die Einordnung des Textes in eine „romantische" Bachdeutung – im Zentrum einer emphatischen Ästhetik der Instrumentalmusik, die es bei Triest vielmehr gar nicht gibt. Zwar bezeichnet Triest die „reine" Musik ausdrücklich als „das Urbild der Kunst, aus einer höhern Region gegeben"[190] – aber gemeint ist mit dieser scheinbar so poetischen Formulierung vornehmlich der „Mechanismus" der Musik: Handwerkslehre und Theorie.[191] Zwar habe, Triest zufolge, Bachs Sohn Carl Philipp Emanuel bewiesen, „die reine Musik sey nicht bloße Hülle für die angewandte, oder von dieser abstrahirt, sondern könne für sich allein große Zwecke erreichen"[192] – aber der weitere Zusammenhang stellt klar, daß hier das für Triest offenkundige Versagen Carl Philipp Emanuel Bachs auf dem Gebiet der Vokalmusik entschuldigt und seine Klavierwerke als Kunst eigenen Rechts in Schutz genommen werden sollen: So habe der Bach-Sohn es zwar ermöglicht, die „reine" Musik – hier übrigens in der Bedeutung von Instrumentalmusik – „zur Poesie zu erheben, die um desto reiner sey, je weniger sie durch Worte, (die immer Nebenbegriffe enthalten) in die Region des gemeinen Sinnes hinabgezogen würde. Allein hier zeigt sich nun eine Merkwürdigkeit. Einem solchen Manne, einem so poetischen Musiker, sollte man denken, müßte die Komposition der Gesangstücke ganz vorzüglich gerathen; – und doch war dies nicht der Fall. Einzelne originelle Schönheiten ausgenommen, hätten diese schwerlich seinen großen Ruhm befestigt, der sich eigentlich nur, wie gesagt, auf seine Sonaten und Phantasien gründet."[193] Aus seiner Bevorzugung der Vokalmusik macht Triest keinen Hehl, und so wie ihm das Begriffspaar „rein/angewandt" doch wieder in die alte Dichotomie der Gattungen entgleitet, so wird seine systematische Brauchbarkeit immer stärker zugunsten eines Geschichtsmodells aufgelöst, in dem die Musik der unmittelbar zurückliegenden Jahre geradezu krampfhaft einseitig schematisiert wird: Mozart erscheint – unter Zurückstellung seiner gesamtem Instrumentalmusik – als der Vollender des musikalischen Dramas, Haydn dagegen – um den Preis einer harschen Kritik an der *Schöpfung* – nahezu ausschließlich als Symphoniker. Daß Triest sich angesichts dieser Situation weigert, einen „Verfall" der Musik zu konstatieren[194], setzt ihn deutlich von Forkel ab; daß er der Versuchung nicht widersteht, aus dem derzeitigen Überwiegen der Instrumentalmusik (als Folge von Mozarts frühem Tod) die Forderung nach einem ebenbürtigen Fortsetzer auf dem Gebiet der Gesangskomposition zu erheben[195], macht ihn für die Inanspruchnahme als Vorreiter einer Metaphysik der Instrumentalmusik ganz ungeeignet. „Die *bloße* Instrumentalmusik [...] ist auch in ihren schönsten Produkten nicht im Stande, mehr als ein *Analogon* der Empfindung *darzustellen*, ob sie gleich oft *mittelbar*, d. h. durch die Stimmung des Zuhörers, in diesem eben so gewaltige Gemüthsbewegungen als die mit Worten verbundene Musik erregen kann."[196] Die Aufwertung der Instrumentalmusik ist nicht offensiv gemeint, sondern aus einer vorsichtigen Verteidigungshaltung gegen ihre gebildeten Verächter formuliert; nur den wirklich poetischen Komponisten (erstmals: Carl Philipp Emanuel Bach) „kann nie die Frage treffen: *Sonate, que me veux-tu?*"[197] Und ist damit der „Maaßstab für den ästhetischen Werth aller und jeder Instrumentalmusik angegeben"[198], so ist daraus auch erklärt, warum das Bild Johann Sebastian Bachs im weiteren Verlauf der Darstellung bei gelegentlicher Erwähnung immer blasser wird. Bachs ausschließliche Erscheinung als Instrumentalkomponist ist, wie sich am Schluß von Triests Abhandlung zeigt, keineswegs das Resultat einer absichtlich selektiven Rezeption –

die angebliche Einseitigkeit wird ihm (oder genauer: durch nur pauschale Erwähnung seinem ganzen Zeitalter) im Gegenteil sogar als Mangel vorgerechnet. In der von Bach dominierten ersten Periode der deutschen Musik mit ihrer Konzentration auf „die Ausbildung eines Theils der *innern* Tonmechanik"[199] – dies ist, wie gesagt, die Hauptbedeutung der Triestschen Kategorie der „reinen" Musik – „herrschte gründliche, aber in Rücksicht auf die übrigen Zweige der Tonkunst einseitige Behandlung der Harmonie".[200] Daß dieses einseitige Bach-Bild auf vollständiger Unkenntnis des Vokalwerks (und nicht auf seinem willkürlichen Ausschluß) beruht, liegt auf der Hand.

Daß Triests nur inkonsequent durchgeführte Scheidung in „reine" und „angewandte" Musik auch von den Zeitgenossen durchaus nicht im Sinne einer romantischen „Metaphysik der Instrumentalmusik" verstanden worden ist, zeigt ihre Zitierung in Ernst Ludwig Gerbers Bach-Artikel in der Neuausgabe seines *Tonkünstler-Lexikons* (Leipzig 1812).[201] Zunächst könnte es freilich so scheinen, als werde Bach hier nun doch in ein geschichtsphilosophisches Muster der Emanzipation der nicht-textierten Musik eingefügt. In der Tat nämlich versteht Gerber, unter ausdrücklicher Berufung auf Triests terminologische Anleihen bei der „Mathesis pura und applicata", die kompositorische Praxis Bachs als „Muster reiner Instrumentalmusik", an das erst Joseph Haydn wieder angeknüpft habe. Mit Haydns Fähigkeit, „durch die Bearbeitung und Zerlegung eines einzigen Satzes, ein großes, schönes Ganzes zu bilden, und gleich dem Goldarbeiter, aus einem kleinen Kügelchen, einen langen, aus lauter homogenen Theilen bestehenden Faden zu ziehen"[202], wird nun das satztechnische Paradigma der motivisch-thematischen Arbeit als traditionsstiftendes Element in die Vergangenheit zurückverlagert. Denn für Gerber ist es ausschließlich dieses Kriterium motivisch-thematischer Ökonomie, das den stilistischen Gegensatz zwischen „strenger" und „freier" Schreibart unwesentlich werden läßt. So können sowohl die f-Moll-Fuge BWV 881/2, bei deren Zitierung Gerber – angesichts mehrerer inzwischen vorliegender Gesamtausgaben des *Wohltemperierten Claviers* höchst seltsam – auf den 30 Jahre alten Artikel Reichardts aus dessen *Musikalischem Kunstmagazin* zurückgreift, als auch der Kopfsatz von Joseph Haydns Klaviersonate Hob. XVI:35 angeführt werden als Exemplare der „seit 70 Jahren vernachlässigte[n] Bearbeitung der reinen Musik, welche sich auf die Kunst gründet, ein reichhaltiges Thema zu erfinden, selbiges zu zergliedern, und so aus diesen Theilen, entweder nach dem herrschenden Geschmacke in freyer Manier, oder nach den Regeln des Kontrapunkts und der Fuge, ein schönes selbstständiges Ganzes zu bilden, dessen Einheit von der ersten bis zur letzten Zeile um so weniger unverkennbar sein muß, da es durchaus der musikalische Ausdruck einer und der nämlichen Empfindung ist".[203]

Diese letzte Bemerkung als Ziel der Argumentation erweist sich also als das geheime Zentrum von Gerbers Ästhetik: Zurückgewiesen werden soll jene Instrumentalmusik, die als „angewandte" deshalb bezeichnet wird, weil ihr Verlauf – „nichts, als lauter zwecklos aufeinander folgende heterogene, vielleicht noch am besten kontrastierende Ideen" – den Eindruck eines poetisch gedachten, jedoch nicht verständlichen Hintergrundes erweckt und sich somit – genau wie bei Triest – der berühmten Fontenelleschen Frage gegenübersieht: „Sonate, was willst du mir sagen?"[204] Das in der Folgezeit hochbrisante, auch schon von Rochlitz[205] in die Diskussion gebrachte Tonsatzkriterium strengster motivischer Ökonomie ist hier vor den Karren eines überaus rückwärtsgewandten ästhetischen Arguments gespannt: Die satztechnisch verbürgte Empfindungseinheit nämlich, die eine Irritation des Hörers durch Kontraste und Überraschungen verhindern soll, gilt Gerber als das künstlerische Ziel. In Bachs Fuge nimmt er sie als „süße Traurigkeit", in Haydns Sonatensatz als „lauter Fröhlichkeit" wahr.[206] Ist nun schon die konservativ gewendete, zur Verteidigung eines anachronistischen Ideals formulierte Interpretation der „Reinheit" der Instrumentalmusik gleichsam aus der Defensive heraus gedacht, so wird dies noch deutlicher beim Blick auf den weiteren Kontext der Argumentation. Sie ist immer noch, wie schon bei Triest, geprägt durch den zeittypischen Mangel an einschlägiger Materialkenntnis: Zwar wird in Gerbers Bach-Artikel die Liste der ungedruckten Vokalwerke – vor allem durch Auswertung des Nachlaßverzeichnisses von Carl Philipp Emanuel Bach – beträchtlich erweitert, aber nach wie vor gilt nicht zuletzt für den Verfasser selbst: „Nur sehr wenige Kenner seiner Werke hatten blos vom Hörensagen bisher noch Kenntniß von diesem Schatze."[207] Zudem steht Gerbers Text unter dem frischen Eindruck der von Vogler formulierten Kritik an Bachs Choralsatz.[208] Ihr hat Gerber argumentativ nichts entgegenzusetzen als das Verlagern der Debatte auf ein anderes Gebiet: eben die Instrumentalmusik. Somit tritt diese tatsächlich, aber nicht infolge systematischer Bevorzugung, als der wesentliche und – speziell für Gerber – gegen ästhetische Einwände gefeite Bereich des Bachschen Schaffens in den Vordergrund.[209] Keinesfalls wird aber hier eine offensive Ästhetik der Instrumentalmusik mit Bach als Gallionsfigur formuliert.

Auch das vorwiegend biographische Bach-Kapitel in Christian Albrecht Siebigkes *Museum berühmter Tonkünstler* (Breslau 1801) handelt Bachs Rang als Kontrapunktiker zwar zunächst im Hinblick auf die Klavier- und Orgelfugen, dann jedoch entschieden im Kontext der Vokalmusik ab. Hier wird der zeitgenössischen Bevorzugung rein homophoner Kantabilität die strenge Satztechnik zumindest als wünschenswerte Ergänzung entgegengehalten: „der Künstler von Range [...] sehnt sich, wenn er ein Oratorium hört, trotz allen Arien und Recitativen, nach canonischen oder fugirten Sätzen und wirklichen Fugen, und wird dadurch erquickt, wie die lechzende Flur durch den befruchtenden Regen".[210] Der ganze Text ist sogar, für die Zeit durchaus untypisch, auf Bach als den Kirchenmusiker par excellence hin angelegt. Siebigke schließt „mit dem Wunsch, mit der herzlichen Bitte, daß doch ja diejenigen unserer Musiker, welche mit der höhern, d. h. mit der Kirchenmusik, sich beschäftigen, vor allen andern Komponisten, J. S. Bach oder Hendel [sic] studiren mögen."[211]

So läßt sich für die Entstehungszeit von Forkels Bach-Monographie eine systematische Selektion der Rezeptionshaltung – eine wirklich ästhetisch begründete Zuspitzung des Bach-Bildes auf das des Schöpfers reiner Instrumentalmusik, wie sie einer „romantischen Bachdeutung" unverzichtbar zugrundeliegen müßte –

eigentlich nirgends belegen. Eine Selektion ist zwar zweifellos vorhanden (wenn auch nicht stets in dem meist behaupteten Ausmaß), aber sie erfolgt vor allem aus anderen als geschichtsphilosophisch-ästhetischen Gründen. Sie bildet sich vielmehr – widersprüchlich motiviert, überaus pragmatisch und ohnehin zu keiner Zeit konkurrenzlos – als Produkt mancher argumentativer Kompromißlösungen auf der Grundlage unzulänglicher Materialkenntnis heraus. Dadurch erst ist sie begründeten Korrekturen zugänglich geblieben. Anders wäre auch die fast widerstandslose Erweiterung des zeitgenössischen Bach-Bildes seit der Wiederaufführung der *Matthäus-Passion* nur schwer zu erklären, sofern man über die rein geistesgeschichtlichen Deutungen dieses Vorgangs, wie sie in der Vergangenheit überwogen, hinauskommen will.

Daß es im ersten Viertel des 19. Jahrhunderts eine kohärente „romantische Bachdeutung" gegeben hat (und nicht eine bloß beiläufige wie bei E. T. A. Hoffmann, die frühestens in den späten 1820er Jahren für das Bach-Bild der um 1810 Geborenen, etwa Schumann oder Wagner, relevant geworden ist[212]), ist also zu bezweifeln. Daß die aus dieser Zeit stammenden Dokumente später in diesem Sinne aufgefaßt werden konnten oder gar einer solchen Deutung Vorschub geleistet haben könnten, steht dagegen auf einem anderen Blatt. Nicht zuletzt Forkels Bach-Monographie selbst bietet dafür Ansatzpunkte, wie das schon erwähnte Mißverständnis Leo Schrades zeigt. Auffällig an Forkels Bach-Monographie ist tatsächlich, im Vergleich zu seiner vorher ausgearbeiteten Theorie, das Zurücktreten der im eigentlichen Sinne rhetorischen Terminologie. Wenn Bach, bezeichnenderweise in dieser Reihenfolge, 1802 als „der größte musikalische Dichter und der größte musikalische Declamator, den es je gegeben hat, und den es wahrscheinlich geben wird", erscheint[213], wenn er ferner an anderer Stelle nur als „Dichter" (und nicht als Redner) bezeichnet wird[214], wenn Forkel schließlich den Bereich des an Bachs Musik sprachlich Analysierbaren mit der Erklärung einschränkt, „manches" könne „nicht gesagt, sondern nur gefühlt werden"[215] – dann erscheint dies zwar auf den ersten Blick tatsächlich als Zugeständnis an den inzwischen romantischen Zeitgeist oder gar als romantische Emphase. Es ist aber in Wirklichkeit als bewußte Reflexion des rationalistischen Musiktheoretikers auf die kritische Grenze sprachlicher Darstellungsmöglichkeiten zu verstehen. Wie schon 25 Jahre zuvor, als Forkel noch vor dem Ausbau eines Systems der musikalischen Rhetorik das „Poetische" als den Bezirk der buchstäblich „unnennbaren Reitze" der Musik anvisiert hatte, dessen Erfassung durch die „Kritik" er später der Rhetorik an letzter (andererseits systematisch gesehen höchster) Stelle eingliederte, so stößt er nun im Zuge der praktischen Auseinandersetzung auf das Problem der begrenzten Reichweite technisch-rhetorischer Analysesprache, die zwar den „inneren Kunstmechanismus"[216], aber kaum den „lebendigen Geist" erklären kann: „Ich bin vielmehr innigst überzeugt, daß keine Sprache in der Welt reich genug ist, um alles damit auszudrücken, was von dem hohen Werth und von dem erstaunlichen Umfang einer solchen Kunst gesagt werden könnte und müßte. Je genauer man damit bekannt wird, desto höher steigt unsere Bewunderung für sie. All unser Rühmen, Preisen und Bewundern derselben wird stets bloß gutgemeyntes Lallen und Stammeln seyn und bleiben. Wer Gelegenheit gehabt hat, Kunstwerke mehrerer Jahrhunderte mit einander zu vergleichen, wird diese Erklärung nicht übertrieben finden; er wird vielmehr selbst der Meynung geworden seyn, daß man von Bachischen Werken, wenn man sie völlig kennt, nicht anders als mit Entzücken, und von einigen sogar nur mit einer Art von heiliger Anbetung reden könne. Seine Handhabung des innern Kunstmechanismus können wir allenfalls begreifen und erklären; aber wie er es gemacht hat, diesem ebenfalls nur von ihm erreichten so hohen Grad der mechanischen Kunst zugleich den lebendigen Geist einzuhauchen, der uns auch im geringsten seiner Werke so deutlich anspricht, wird wohl stets nur gefühlt und angestaunt werden können."[217]

Abgesehen davon, daß Forkels Blick auf den Bereich des „Wunderbaren" und des „Unnennbaren" nicht im Sinne der Frühromantik, sondern eher im rationalistisch stilisierten Sinne der Poetik von Johann Jacob Bodmer und Johann Jacob Breitinger verstanden werden muß[218], ist er selbst von der romantischen Lösung dieser Darstellungsproblematik um Welten entfernt.

Während Wackenroders und Tiecks kurz zuvor erschienene *Phantasien über die Kunst*, die Forkel besaß (und mit Sicherheit auch kannte[219]) die Unsagbarkeits-Grenze in poetisierender Darstellung methodisch bewußt überschreiten, hält Forkel vor ihr ebenso absichtlich inne. Die verstreuten Bemerkungen über das letztlich nur Fühlbare stehen deutlich hinter den Versuchen zurück, die Bachschen „Mittel" in ganz rationalistischer Manier namhaft zu machen und in technischen Erklärungen auseinanderzulegen.[220]

Die eben zitierte lange Passage, nicht zufällig in dem programmatischen Vorwort plaziert, erweist sich also in letzter Instanz als an den Leser adressierte Captatio benevolentiae für etwaige Unzulänglichkeiten sprachlicher Darstellung und analytischer Erfassung der Phänomene. Vor allem aber ist sie wahrscheinlich direkt gegen Triests Bach-Bild formuliert, in dem Bach als Repräsentant der „reinen" Musik auf die Ausbildung des „inneren Mechanismus" der Tonkunst festgelegt, aber gerade dadurch in seiner Bedeutung in für Forkel unerträglicher Weise reduziert wird.

Hier zeigt sich also nichts weniger als die durchgehaltene Konsequenz aus Forkels schon früh gewonnener fortschrittlicher Überzeugung von der Gleichursprünglichkeit und damit auch der irreduziblen Eigenständigkeit der Musik als einer Sprache, die „erst da anfängt, eigentlich Sprache der unendlichen Grade von Empfindungen zu werden, wo andere Sprachen nicht mehr hinreichen, und wo ihr Vermögen sich auszudrücken ein Ende hat".[221]

Allerdings ist in der 1802 formulierten Reflexion auf das „Unnennbare" der Bachschen Musik, die bei Forkel als Stilmittel einer methodischen Restriktion des mit technischer Sprache Sagbaren planvoll eingesetzt wird, gegen Forkels Intention – bei isolierter Rezeption nur dieser wenigen Passagen – eine Art des Sprechens über Bach vorgeprägt, die sich in die kunstreligiöse Ästhetik des späteren 19. Jahrhunderts bruchlos einfügen ließ.

„Freyes Tonspiel" oder „Ideenkunstwerk"?
Bach bei Hans Georg Nägeli und Adolf Bernhard Marx

Den Zeitpunkt, zu dem sich die ästhetische Favorisierung des Bachschen Instru-
mentalschaffens jenseits aller pragmatischen Perspektivverengungen, argumentativer Notlösungen und geschichtstheoretischer Kompromisse zum ersten Mal öffentlich als philosophisch motivierte Metaphysik der Instrumentalmusik bekennt,
wird man frühestens zwei Jahrzehnte nach Forkels Bach-Monographie ansetzen
können. Sie findet sich in Hans Georg Nägelis seit 1824 in verschiedenen Städten
Süddeutschlands gehaltenen und 1826 gedruckten *Vorlesungen über Musik*.[222]
Die in ihnen vorgetragene Bach-Deutung, Resultat einer jahrzehntelangen Beschäftigung Nägelis mit Bach[223], ist keinesfalls für ihr Zeitalter repräsentativ und
findet sogleich in der von Adolf Bernhard Marx 1829 geführten Pressekampagne
zur Wiederentdeckung des Bachschen Vokalwerks eine Gegenposition.

      Nägelis Absicht ist es, dem Publikum die Instrumentalmusik „als eines der
köstlichen Kleinode der Cultur darzustellen"[224] und diese Sichtweise durch eine
Geschichte der Instrumentalmusik zu fundamentieren, in der „die anerkannt
größten Instrumental-Componisten: Sebastian Bach, Emanuel Bach, Haydn, Mozart, Beethoven"[225] die Hauptpositionen besetzen. Der Fixpunkt in der Vergangenheit ist damit also, wie schon bei J. F. K. Triest, unverrückbar festgelegt: „Die
Kunstwelt, in welcher Sie Alle leben", so läßt Nägeli seine Hörer und Leser wissen, „reicht nicht über die Periode des auch Ihnen nicht unbekannten Johann Sebastian Bach hinauf".[226] Nägeli braucht, anders als die Schriftsteller eine Generation vor ihm, nicht mehr zu umständlichen und verschraubten Rechtfertigungen
der Instrumentalmusik zu greifen. Für ihn ist sie gerade in ihrer Identifizierung als
reines „Spiel" von höchster Dignität: „Ein durchaus und durchein <u>spielendes We-
sen</u> ist sie, weiter nichts. Sie hat auch keinen Inhalt, wie man sonst meinte, und
was man ihr andichten wollte. Sie hat nur <u>Formen</u>, geregelte Zusammenverbin-
dung von Tönen und Tonreihen zu einem Ganzen."[227] In dieser Inhalts- und Ge-
genstandslosigkeit kann die Instrumentalmusik, paradox gesprochen, ihren höchsten Zweck erfüllen – nämlich das Ausdrucks- und Darstellungsmedium noch der
subtilsten menschlichen Gemütsbewegung zu sein. Subjekt und Adressatin dieser
Kunst ist die „Seele"; sie „schwebt, von diesem Formenspiel getragen, in der
ganzen unermeßlichen Region der Gefühle, bald in ebbender, bald in fluthender
Bewegung auf und nieder, senkt sich mit dem leise verhallenden Tonhauch zur
tiefsten Herzenstiefe hinab, und schwingt sich mit dem steigenden Tonschwung
wieder auf zum höchsten Wonnegefühl."[228] Und daß die so als „<u>freyes Ton-
spiel</u>"[229] verstandene Instrumentalmusik zwar inhaltslos, aber nicht ohne Bezug
auf Wesentliches sei, stellt Nägeli durch eine Metapher des Mystikers Jakob
Böhme klar. Dessen Vision von der „selige[n] Gemeinschaft himmlischer Wesen", nämlich „<u>ein heiliges Spiel Gottes</u>" zu sein, sei „in der modernen Instru-
mental-Musik ins Leben getreten".[230]

      Für diesen Vorgang setzt Nägeli nun Bach als „den persönlichen Begründer
und daher auch geschichtlich ersten Repräsentanten" ein.[231] Er erscheint inner-

halb einer merkwürdigen, hier jedoch nicht näher zu erörternden musikgeschicht-lichen Konstruktion, die vor allem der Abwertung Mozarts als Vertreters der „Cantabilität" – eines der Instrumentalmusik fremden oder sogar feindlichen Prinzips – dient und in Beethoven als dem zweiten Höhepunkt der Entwicklung gipfelt. In Bachs Rolle verschränken sich Vollendung (die ihm den singulären Rang sichert) und Vorläufigkeit (die den Nachfolgern, allen voran seinem Sohn Carl Philipp Emanuel, Raum zur selbständigen Weiterentwicklung der Musik las-sen). Johann Sebastian habe die „contrapunktische Kunst auf ihren höchsten Gipfel gebracht, und dadurch die Instrumentalmusik zur selbständigen Kunst er-hoben"[232]; dafür stelle sich in Carl Philipp Emanuel „der große kunsthistorische Wendepunkt, der Uebergang von der 'strengen' Schreibart zur 'freyen' klar, wahr und vollständig dar".[233] Die von Bernd Sponheuer behauptete „enge Anein-anderbindung von Bach und Beethoven"[234] muß man also etwas differenzieren. Es geht Nägeli um die Feststellung, daß Beethoven an die Kompositionsprinzipi-en sowohl der „strengen" als auch der „freien" Schreibart anknüpft, mithin zwei substantiell unterschiedliche Epochenstile beerbt. Darum steht der Name Bach bei Nägeli im Plural, wenn er mit Beethoven verbunden wird: Beethoven er-scheint als der „Kunstheld des neuen Jahrhunderts", der die Krise der Instrumen-talmusik „im Geist der Bache, aber mit seither erweiterten Kunstmitteln, siegreich überwand".[235]

Aus dieser Perspektive werden Bachs Vokalwerke mit ästhetischen Argu-menten systematisch abgewertet. Sie seien eigentlich instrumental gedacht, ohne Konzession an das hier zuständige und auch erforderliche (und von Mozart fälschlicherweise ˙ in die Instrumentalmusik eingeführte) Prinzip der „Cantabilität": „Bey diesem Uebermaß von bloß musikalischem (eigentlich in-strumentalischem) Inhalt mußte aber das Wort sich gar oft gezwungen unter den Ton fügen; die Menschenstimme, als besonderes Tonorgan, ward von ihm gar nicht, als solches, bedacht; ihr Effekt ward von ihm nie erkannt."[236] Über Bach als Komponisten von Vokalmusik zu reden heißt über ihn nach Nägelis Überzeu-gung also stets nur „in einer Beziehung zu sprechen [...], in welcher seine Kunst nicht als die höchste, ja wirklich nicht ganz als eine ächte erscheint".[237]

Bemerkenswerterweise traten diese den Begründer der Instrumentalmusik fei-ernden Ausführungen drei Jahre vor jenem Ereignis an die Öffentlichkeit, bei dem ausgerechnet ein Bachsches Vokalwerk die zentrale Rolle spielte und das seither von der Musikgeschichtsschreibung häufig als geradezu epochale Zäsur der Re-zeptionsgeschichte hingestellt worden ist: der Wiederaufführung der *Matthäus-Passion* durch die Berliner Singakademie im Frühjahr 1829. Es schmälert Ver-dienst und Leistung des jungen Felix Mendelssohn Bartholdy keineswegs, wenn der heutige Wissensstand über die Bachpflege der deutschen Singakademien die Singularität dieser Aufführung relativiert[238] und wenn betont wird, daß die spätere Bewertung dieses Ereignisses ihrerseits nicht zuletzt auf einen Akt bewußter Re-zeptionslenkung zurückgeht.

Die Rede ist damit von der bis dahin beispiellosen, die Aufführung vorberei-tenden „Pressekampagne"[239] des Chefredakteurs der *Berliner Allgemeinen Musi-*

kalischen Zeitung, Adolf Bernhard Marx. Marx, der den Instrumentalkomponi-
sten Bach bereits mit Selbstverständlichkeit einen „musikalischen Riesen"
nennt[240], ist erst durch die Begeisterung seines wesentlich jüngeren Freundes
Mendelssohn, also während der Vorbereitung der von ihm dann publizistisch so
wirkungsvoll unterstützten Aufführung, zu einem neuen Bach-Verständnis – das
heißt hier: zu einem Verständnis unter Einschluß des Vokalwerks – gekommen;
dies wird von Marx in seinen Lebenserinnerungen auch entsprechend gewürdigt.
Für die Zeit davor darf seine Haltung dem Bachschen Vokalschaffen gegenüber
als geradezu typisch gelten: „Das Wenige, was bisher von den Kirchenkompositionen Bach's veröffentlicht war, kannte ich: einige der achtstimmigen Motetten,
das Magnificat etc., es hatte mich mit Bewunderung, mit Staunen erfüllt, nicht
aber mein Gemüth ganz befriedigen können; noch stand Händel mir als Uner-
reichter, Einziger, für Kirchenmusik da."[241] In der Tat hatte Marx noch 1824 vorgeschlagen, das traditionell in der Karwoche aufgeführte Passionswerk Carl Heinrich Grauns, *Der Tod Jesu*, durch Händels *Messias* zu ersetzen[242], diesem letzteren also die Stelle zuzubilligen, an die dann 1829 die *Matthäus-Passion* treten
sollte. Die Marxsche Pressekampagne selbst findet sich in Martin Gecks Standardwerk so umfassend dargestellt und dokumentiert[243], daß hier wenige Bemerkungen zu ihren Hintergründen und ihren Auswirkungen auf die heutige Bewertung von Marxens Bach-Deutung genügen.

Zwei Punkte sind hervorzuheben, die sich bei Marx im Strom des hervorbre-
chenden Enthusiasmus als geradezu bestürzende Entdeckungen darstellen: die
Entdeckung der Verwurzelung Bachscher Musik im Kultus und die Entdeckung
einer gänzlich unerwarteten ästhetischen Qualität. „Bachs durchaus biblische Musik"[244] wird von Marx zu einem Medium stilisiert, das den menschlichen Geist
„für die höchste Idee"[245] zu öffnen in der Lage sei. Ihre religiöse Funktionalität
soll nun das Motiv für ihre angebliche lange Vergessenheit darstellen (in diesem
Zusammenhang wird, stellvertretend für eine ganze Epoche, Forkel kritisiert),
denn im Zeitalter aufklärerischer Verweltlichung sei sie zwangsläufig heimatlos
gewesen.[246] Die bevorstehende Aufführung dürfe daher auch nicht als bloßes
„Kunstfest" mißverstanden werden, sondern sie komme „einer religiösen Hochfeier" gleich[247], in deren Bild freilich Kunst und Kultus bereits zu dem für die
Epoche so bezeichnenden Konglomerat der Kunstreligion verschmolzen sind:
„Mögen unsere Leser mit andächtiger Ehrfurcht vor Religion und Kunst zu dieser
Hochfeier wallen. Wer so hintritt, wird geläutert und erhoben, beides für Religion
und Kunst, zurückkehren."[248]

Als eng mit dieser gehaltlichen Qualität zusammenhängend erscheint für Marx
nun an der *Matthäus-Passion* eine Eigenschaft, für deren Herausstellung er eine
ganze Palette redaktioneller Möglichkeiten zum Einsatz bringt. Es ist das Phänomen der – von Ernst Lichtenhahn auch für die frühe französische Bach-Rezeption
als ausschlaggebende Entdeckung behaupteten – „überraschenden Andersartig-
keit des Werkes".[249] Entgegen diversen recht diffusen Erwartungen hinsichtlich
der Komplexität und Sperrigkeit des Bachschen Vokalstils sei, so Marx, die
Matthäus-Passion fast frei von satztechnischen Dunkelheiten und kontrapunkti-

schen Komplikationen. Diese Wahrnehmung hat sich, wie die spätere Bach-Rezeption noch lange zeigt, durchaus nicht allgemein durchgesetzt; umso wirkungsvoller wird sie von Marx herausgestrichen. So zitiert er beispielsweise den prominenten Kritiker Ludwig Rellstab mit der Bemerkung, „dass man sich nicht durch die Furcht der Unverständlichkeit von dem Werk zurückschrecken lassen solle, da der, als Fugen-Komponist vielen gewissermassen furchtbare Meister hier seiner Phantasie in viel freiern Formen Spielraum läßt."[250] Oder er druckt eine entsprechende anonyme Leserzuschrift ab: In der *Matthäus-Passion* begegne dem Hörer nicht „der kaum gekannte, geschweige geliebte oder geachtete, eigentlich nur gefürchtete Bach"[251], sondern eine gleichsam ganz neue Erscheinung: „Denn, zur Wiederholung: in diesem Werke herrscht ursprünglicher Gesang, d. i. stark betonte Rede und unmittelbar sich aussprechendes Gemüth."[252] Marx selbst geht noch weiter, wenn er den Rezitativen Bachs den bisher nur in Arien erwarteten „tiefsten, innigsten musikalischen Ausdruck, die Seele der Rede", zuerkennt.[253] Wie wichtig Marx dieser Aspekt einer unmittelbar ästhetischen Wirkung der Komposition gewesen sein muß, zeigt noch sein einige Jahre später geschriebener Bach-Artikel für Gustav Schillings *Universal-Lexikon der Tonkunst*, in dem die auffällige und dem Vorurteil widersprechende Abwesenheit komplexer kontrapunktischer Strukturen an der *Matthäus-Passion*, die Marx erneut als Bachs „höchstes" Werk bezeichnet, eigens noch einmal hervorgehoben wird.[254]

Daß dieser schwärmerische Ton (der geschichtswirksam geworden ist) auch Kritik auf sich gezogen hat (die weitgehend vergessen worden ist), darf nicht verwundern.[255] Noch Jahre später versuchte Heinrich Heine, der Marx in Berlin persönlich begegnet war, dessen Bach-Begeisterung, diesmal durch Unterstellung niedrigster Motive, zu entwerten: „Der Enthusiasmus für Sebastian Bach sollte aber nicht bloß jenes Interregnum ausfüllen, sondern auch die Reputation von Rossini vernichten."[256] Ein bloßes Mittel, um das „Interregnum" – die Zeit zwischen Mozarts Tod und der künstlerischen Reife „eines gewissen jungen Genies", nämlich Mendelssohns – zu überbrücken: Hier erscheint Bach als taktisch eingesetzter Lückenbüßer. Heines witzig-polemischer Einfall, entstanden aus dem Mißtrauen gegenüber der Ernsthaftigkeit der Berliner Bach-Begeisterung, gewinnt jedoch, mit einer kleinen Akzentverschiebung, einen überraschend erhellenden Zug, wenn man die musikpolitische Situation am Ende der 1820er Jahre aus der Perspektive des Journalisten Marx aufgrund seiner eigenen Äußerungen einzuschätzen versucht. Die *Berliner Allgemeine Musikalische Zeitung* war 1824 von Marx mit der erklärten Absicht gegründet worden, „im großen Publikum eine haltbare Ansicht von der gegenwärtigen Kunst und eine begründete Erwartung von der Zukunft" zu „erwecken" und zu „festigen".[257] Es ist inzwischen häufiger dargestellt worden, wie die Zeitschrift im Verfolg dieser Absicht zu einem der wichtigsten Organe der Beethoven-Rezeption wurde.[258] Nicht zuletzt die geschichtsmächtige Beziehung Beethovens auf eine Ästhetik des „Ideenkunstwerks" geht direkt auf Marx zurück. Der abrupte Abbruch von Beethovens Produktion wenige Jahre darauf wirkte auf die Zukunftsorientierung der *Berliner Allgemeinen Musikalischen Zeitung* als Schock.[259] Erst vor diesem

Hintergrund erhält Marxens überschwengliche Bach-Deutung von 1829 ihren Sinn: Die *Matthäus-Passion* wird nun, angesichts ihres religiösen Gehalts und ihrer ästhetischen Faktur nicht schwer zu begründen, als Ideenkunstwerk gefeiert, in dem sich die Hoffnungen auf die Zukunft, in deren Zeichen die Gründung der *Berliner Allgemeinen Musikalischen Zeitung* ja erfolgt war, auf wunderbare Weise erfüllen: „Nach einer hundertjährigen Zwischenzeit ersteht dieses grösste und heiligste Gebilde der Tonkunst, und wie die erste Morgensonne nach den Nebellasten der Sündfluth verkündet es einen neuen leuchtendern Tag [...]. Dass auch Jedermann in dieser That des jungen Künstlers [= Mendelssohns] ein Zeichen der Erfüllung gewahrte für die Vorhersagung einer neuen und hochsinnigern Periode der Tonkunst, an der diese Zeitung unter dem Erschlaffen und Verzagen der meisten Zeitgenossen, unter dem Missverstehen und Widerstreben so vieler Kunstgenossen, von ihrem Beginn an festgehalten hat! [...] Jedes Wort, das ich über Musik geschrieben, jeder Widerspruch gegen Verirrungen und Wahn des heutigen Tages, findet seine Deutung und Rechtfertigung nur in der Voraussicht und Vorhersagung einer Zeit, die den Tand der heutigen Modeseichtigkeit und Eitelkeit abschütteln und hinwerfen wird, wie der erste Frühlingswind die welken Blätter vom vorigen Herbst her."[260]

Mit solcher Stilisierung der Bachaufführung zur Erfüllung einer geradezu messianischen Prophezeiung verschieben sich die Gewichte von der Produktions- zur Rezeptionschronologie: Früher entstanden als die Beethovenschen Ideenkunstwerke, aber später als diese ans Licht getreten, kann die *Matthäus-Passion* nun in die durch Beethovens unerwarteten Tod hinterlassene Lücke eintreten und die Hoffnung auf eine abermalige Erweiterung des musikalischen Horizonts wachhalten. Es ist also nicht das „Interregnum" in der von Heine unterstellten Form, sondern das durch Beethovens Tod erzeugte Vakuum, in dem der Marxsche Bach-Enthusiasmus (dessen Echtheit außer Frage steht) seinen Entfaltungsraum findet. Unter dem Aspekt des Ideenkunstwerks wiegt für Marx die *Matthäus-Passion* aufgrund ihres religiösen Gehalts (den Marx fast ausschließlich betont) noch schwerer als jedes Werk Beethovens, dessen Pantheismus nur als ein Schatten des religiösen Urbildes erscheint: „Wie in der wunderbar ihm erschlossenen Natur sich ihm [= Beethoven] ein neues Pantheon erschloss, ähnlich dem Bilde der Kirche, die alle weltregierenden Gedanken in sich aufgenommen: so findet sich eben in dem Stimmgewebe Beethovens eine sonderbare Verwandtschaft mit Bach (den er gleichwohl wenig gekannt haben kann) und doch eine entschiedene Abweichung; der Naturgeist spiegelt den Geist der Religion ab und vor, ohne derselbe zu sein."[261]

Jedoch ist diese Stufung eine bei Marx vorübergehende, erkennbar der tagespolitischen Aktualität geschuldete Anwandlung. Bedürfte es dazu eines weiteren Beweises, dann liefert ihn der deutlich herabgestimmte Ton, mit dem Bach 30 Jahre später im Kontext der zweiten (der letzten noch von Marx selbst veranstalteten) Auflage seiner Beethoven-Monographie bedacht wird. Bach ist auch hier in erster Linie der Schöpfer von Vokalmusik (und für Marx immer noch vornehmlich der Komponist der *Matthäus-Passion*), und er wird mit Beethoven zusammen als einer der beiden Gipfelpunkte der deutschen Musik herausgestellt[262]. Zugleich werden aber mit der Fixierung der Bachschen Musik auf ihre Wortgebundenheit – während die Beethovens „vom Wort hinweg zu dem Unaussprechlichen" strebe – die Zuständigkeitsbereiche anders verteilt als im Frühjahr 1829: Als „Idealmusik" erscheint nun endgültig erst, wie schon in den Marxschen Rezensionen der 1820er Jahre vorgeprägt, die Beethovensche Instrumentalmusik von der *Eroica* an[263]. Alles davor an Instrumentalmusik Komponierte gehört für Marx ins Gebiet des „Tonspiels", für dessen Charakterisierung er – wahrscheinlich von Nägeli übernommen, aber in ganz anderer Wertung – Jakob Böhmes Wort vom „heiligen Spiel Gottes" zitiert. Marx beabsichtigt keine Ästhetik der absoluten Musik, und darum kann er Bachs und Beethovens Intentionen als miteinander verwandt erklären in der Art, daß die von Bach in seiner wortgebundenen Musik erreichte „Objektivität" bei Beethoven nun ohne „Anhalt an aussermusikalischer Stütze" wirklich als Musik zu sich selbst komme: „Damit erst war die Musik objektiv geworden und ideal, das letztere in dem Sinne, dass sie aus eignem Mittel das Leben, nämlich ganze Lebenszustände darstellte nach der Idee, nach dem geistig verklärten Bilde, das sich im Künstler erzeugt hatte."[264] Jeder, Bach und Beethoven, ist der Größte auf jeweils einem der beiden großen Gebiete der Musik. Die Instrumentalmusik jedoch, als historisch spätere (und, wie nur zwischen den Zeilen angedeutet, ästhetisch höherstehende), kommt erst durch Beethoven, als objektive und ideale, „über die Sphäre des Spiels mit Formen oder unbestimmten Gefühlregungen" hinaus.[265]

Zugleich hat Marx, für die Rezeption überaus folgenreich, ein *satztechnisches* Kriterium angegeben, das über ihre Differentia specifica hinweg die beiden größten Meister deutscher Tonkunst miteinander verbindet. Als ein solches nur für Bach und Beethoven reklamiertes Merkmal „ist die völlige Ungebundenheit zu bezeichnen, in der beide Meister ihre Stimmen mit und gegen einander durch die Räume der Akkorde führen, ganz unbekümmert um augenblicklichen Anstoss und Reibung einer gegen die andre [...]. Der Lohn dieser Unverzagtheit zeigt sich sogleich im Reichthum und in der Tiefe der Melodie."[266] Es ist genau jenes über das Klischee vom trockenen Kontrapunktiker hinausführende Tonsatzcharakteristikum einer idealen Synthese von polyphonem und akkordharmonischem Denken mit dem Resultat einer zeitenthobenen charakteristischen Melodik, das zum ersten Mal als ästhetisches Wertkriterium systematisch von Johann Nikolaus Forkel entfaltet, ins Zentrum seiner Bach-Darstellung gestellt und der Hypostasierung Bachs als des ersten Klassikers der (deutschen) Musik zugrundegelegt worden ist.

„...DENN WIR SCHREIBEN ZUGLEICH UNSERE GESCHICHTE INDEM WIR DIE SEINIGE SCHREIBEN".
CARL FRIEDRICH ZELTERS KRITIK AN FORKEL

Nicht verwunderlich ist das spezielle Interesse, das Carl Friedrich Zelter der Bach-Monographie Forkels entgegenbrachte. Daß seine eigene Fasch-Biographie

der Unternehmung Forkels als Muster diente, spielt dafür eine weit geringere
Rolle als vielmehr die Tatsache, daß Zelter – Angehöriger derselben unmittelbar
nach Bachs Tod aufgewachsenen Generation – sich neben Forkel zu Recht als eine Schlüsselfigur der Bachpflege empfinden konnte. Die umfangreichste und
wichtigste Rezension des Forkelschen Buchs stammt denn auch, anonym publiziert, von ihm.[267] Bemerkenswert ist ihre durchgängig positive Tendenz, für die
sich Forkel bei Zelter brieflich ausdrücklich bedankte als bei dem „Einzige[n],
der noch vernünftig darüber reden und urtheilen kann"[268], und die sich nur an einer scheinbar nebensächlichen Stelle – nämlich in der schon zitierten Zurückweisung von Forkels Polemik gegen die angeblich „zu nichts führenden" theoretischen Kontrapunktstudien – eine Detailkritik erlaubt. Bemerkenswert ist der geradezu enthusiastische Tonfall von Zelters Rezension vor allem jedoch in noch
ganz anderer Hinsicht: dadurch nämlich, daß dieser offensichtlich lediglich der
Adresse an die Öffentlichkeit geschuldet ist. Privat dagegen machte Zelter etliche
zum Teil erhebliche Einwände gegen Forkel geltend, die allerdings zu seinen
Lebzeiten nicht bekannt geworden sind. Im Briefwechsel mit Goethe sind einige
von ihnen dokumentiert, und es fällt auf, daß die Schärfe ihrer Formulierung mit
wachsendem Abstand zum Erscheinungsdatum des Buchs – und eigentlich auch
erst nach Forkels Tod – zunimmt. Zelter, der die aus Forkels Nachlaß stammenden, die Biographie betreffenden Briefe Carl Philipp Emanuel Bachs kannte[269],
gewann auf diese Weise einen tiefen Einblick in Forkels Arbeitsmethode. Am
grellsten kontrastiert zum Tenor der fast ein Vierteljahrhundert früher verfaßten
Rezension die pauschale Abqualifizierung von Forkels Monographie in dem Brief
an Goethe vom 27. November bzw. 2./3. Dezember 1825: „Forkel war Dr. der
Philosophie und Dr. der Musik zugleich, ist aber sein Leben lang weder mit der
einen noch der andern in unmittelbare Berührung gekommen und hat ein
schlechtes Ende genommen [...]. Sebastian Bach war sein Held, der ihn gleichwohl zur Verzweiflung brachte, indem er seine Härten, Petulanzen, Frei- und
Frechheiten nicht mit einer Größe und Tiefe zu reimen wußte, die allerdings nicht
zu verkennen ist. Zuletzt schrieb er, und zu diesem Endzweck, Bachs Leben, ohne [mehr] davon zu wissen, als was aller Welt ohnehin bekannt ist. Er läuft an
ihm herum, tastiert hier und dort, kann aber weder hinein noch hinauf, und so
schließt sich seine Arbeit, indem er uns alle ermahnt, zu sein, was Bach war – 'ja
Kuchen!' sagt man hier."[270]

Am geschlossensten ist Zelters Forkel-Kritik allerdings in einem Materialkon-
volut niedergelegt, das bislang noch einer vollständigen Erschließung harrt. Zelter
hatte sein Handexemplar der Forkelschen Monographie mit leeren Blättern durchschießen lassen, um Raum für Anmerkungen, Ergänzungen und Einwände zu haben. Dieses Exemplar ist erst kürzlich im Antiquariatshandel aufgetaucht und
wird heute in der Houghton Library (Harvard University/Cambridge, Mass.) verwahrt.[271] Ihm beigefügt sind etliche Manuskripte, die Forkels Buch zum Gegenstand haben. Das wahrscheinlich früheste von ihnen ist der Entwurf eines
(wahrscheinlich nie abgesandten[272]) Briefes an Forkel, aus dem hier ausführlich
zitiert sei, weil er sowohl die Essenz von Zelters Forkel-Kritik als auch die Be-

gründung für sein Verhalten gegenüber Forkel coram publico und schließlich Zelters Charakterisierung seines eigenen Verhältnisses zu Bach enthält:

„Sie haben es getroffen mein verehrungswürdiger Freund, daß die *recens.* Ihres Werks: Über J. S. Bachs Leben *etc.* In der Leipziger Mus. Z. von mir ist. Ich habe ihm mit dem nehml. Muthe der in Ihrem Werke lebt die oberste Stelle nicht blos über alle Musiker sondern vielmehr über alle Kritiker deren Werke auf uns gekommen sind angewiesen.

Aber an vielen Stellen bin ich nicht mit Ihrer Beschreibung zufrieden dies wollte ich in der *recens.* nicht äußern um das Publikum nicht irre zu machen und es lieber auf die Werke hinleiten. Daher möchte ich lieber mit Ihnen selber darüber in Correspondenz treten. Sie haben hier und dort des Guten bald zu viel, bald zu wenig gethan und darin bestehen meine Einwendungen. Ich weis wohl daß man von B. nicht zu viel Gutes sagen kann; unsere ganze Weisheit ist Kinderspiel gegen seine Kunst, aber eben deßwegen müßen wir nicht erfahren wollen daß er über aller Erfahrung steht, denn wir schreiben zugleich unsere Geschichte indem wir die seinige schreiben.

Ein großer Mangel Ihrer Schrift, (den Sie freilich nicht ganz verschuldet haben) ist, daß wir nichts mehr von der frühen Jugend dieses außerordentlichen Mannes erfahren: welch ein Keim, welche Pflanze muß es sein die solche Blume, solche Frucht hervorbringt! Doch die letztere haben wir in den Werken vor Augen. Von dieser Jugend konnten Sie nichts wissen weil Sie Ihre Nachrichten von Bachs Söhnen haben, aber daß Sie von dieser Jugend und von Bachs Jugendwerken mit zu weniger Sorgfalt reden und (gleichsam um gerecht zu scheinen) sich davon los zu machen suchen; daß Sie zu verstehen geben diese jugendlichen Werke wären der Erhaltung nicht würdig; darüber hätte ich Lust im Ernste mit Ihnen zu rechten.

Wenn mancher einstige Verehrer einen Knochen aus Bachs Finger besäße, er würde ihn für eine ehrwürdige Reliquie halten und solche seinen Nachkommen zu überliefern suchen. Ich weis gar wohl daß man realiter viel mehr als nichts hat wenn man einen solchen Knochen aufbewahren wollte, aber ich versichere Sie, daß ich meine beste Composition mißen wollte (auf die ich doch auch etwas halte) wenn ich die allererste Fuge besäße die Bach gemacht hat. Auch haben wir kein Recht, der Nachwelt vorzubehalten was die Natur frey für alle giebt. Daher möchte ich Sie ermuntern ja ich bitte Sie inständigst darum bewahren Sie nicht allein alles sorgfältig was Bach gemacht hat und suchen Sie so viel als möglich die Jahreszahlen auszumitteln, formiren Sie ein ordentliches Archiv in *Mscpt* von diesen schätzbaren Sachen, besonders aber bewahren Sie die Exemplare: wie die Bachschen Sachen vor seiner eigenen Verbesserung und Feilung gewesen sind und Sie werden sich einen unsterblichern Namen allein dadurch bereiten."

Auch im späteren Briefwechsel mit Goethe klingt Zelters Kritik an Forkels Unterdrückung der Jugendwerke an.[273] Wenn Zelter wie in dem zitierten Briefentwurf argwöhnt, Forkel erschleiche sich mit deren Abwertung auf wohlfeile Weise den Anstrich kritischer Objektivität, so insistiert er in einer Anmerkung am Schluß seines Handexemplars darauf, daß Bach auf eine solche Behandlung gar

nicht angewiesen sei: „Man merkt ganz wol, daß Hr. Forkel seinen Helden bey
der Welt in Schutz zu nehmen gedenkt, und sich selber dabey eine Hinterthür offen läßt, indem er nur das Ganzvollendete anpreist. Was wäre es denn, wenn
Bach wirklich was Schlechtes gemacht hätte?"[274] Forkels der Intention nach
sachliche Darstellung erscheint in Zelters Perspektive nur als blinder Eifer:
„Herrlicher Bach! Niemand soll uns in deiner Verehrung übertreffen, doch wenn
der Forkel ins Rennen kommt ist er nicht einzuholen: <u>Alles</u> ist ihm zuletzt <u>Einigs</u>
und was er mit dem Finger schreibt löscht sein Ermel wieder aus."[275] Die Entrük-
kung Bachs in eine Sphäre „über aller Erfahrung" will Zelter nicht akzeptieren;
den Verweis auf die menschliche Dimension des Phänomens Bach enthält im
oben zitierten Briefentwurf die Formulierung, daß „wir [...] zugleich unsere Geschichte [schreiben,] indem wir die seinige schreiben".

Die verhängnisvolle Kehrseite von Forkels Vorgehen sieht Zelter daher in dem
differenzierungslos überschwenglichen Ton jener Partien der Monographie, in
denen die Vokabeln zur Umschreibung Bachscher Perfektion sich so häufen[276],
daß Zelter sie lediglich durch unterstreichendes Zitieren ad absurdum führen
kann: „Das verhüte Gott daß er <u>alles</u> umfaßte, <u>alles</u> in sich vereinigte was zur
<u>Vollendung</u> der <u>unerschöflichen</u> Kunst erforderlich ist. Wer darf so etwas
schreiben? – das ist unkritisch wie es unmöglich ist. Danken wir den Göttern daß
wir haben, was wir haben!"[277] Die schon erwähnte Konfusion des ästhetischen
und des philologischen Kritikbegriffs wird von Zelter also klar als neuralgischer
Punkt von Forkels Methodik erkannt. Zu Forkels Formulierung, die Bachschen
Jugendwerke und „frühern Vorübungen" könnten „auf keine Weise in einer kri-
tischcorrecten Ausgabe seiner Werke aufgenommen werden"[278], merkt Zelter an:
„was hier unter kritisch-correct verstanden werden soll, mag Hr. Forkel wissen.
Eine kritische korrekte Ausgabe wäre nach unserer Meinung eine solche, worin
nicht Eine Note fehlte, die Bach jemals geschrieben, um genau zu lernen, was
Bach selber für korrekt gehalten. So wäre eine Kritik seiner Werke möglich, wozu wir noch keine Hoffnung haben."[279]

Mit diesem Postulat einer erst auf der Grundlage kritisch-philologischer Arbeit
denkbaren ästhetischen Kritik an Bach ist ein Punkt angesprochen, der in Zelters
Bach-Verständnis eine zentrale Rolle spielt und dessen genauere Betrachtung mit
erklären kann, warum Zelter trotz intensiver Beschäftigung mit Bach sich als
Leiter der Berliner Singakademie mit der öffentlichen Produktion Bachscher Vokalwerke zurückgehalten hat. Aus dem Briefwechsel mit Goethe sind Zelters
Vorbehalte gegen Bachs Vokalmusik bekannt, die Zelter zunächst in dem Bild
vom „dünnen Schaum", nach dessen Abhebung erst „der lichte Gehalt" der Musik zum Vorschein komme, zu fassen versucht hatte und erst auf Goethes Nachfrage hin weiter präzisierte.[280] Während aber hier die von Zelter praktizierte De-
kolorierung Bachscher Arien- und Rezitativmelodik[281] *ästhetisch* motiviert erscheint, führt Zelter in seinen Anmerkungen zu Forkels Buch eher deren enorme
technische Schwierigkeiten ins Feld: „Man findet solcher Stücke, mit einer einzigen Melodie und einem blossen Begleitungsbasse, viele in Bachs Kirchenmusiken: Diese eine einzige Melodie aber wird oft von guten Sängern so schwer, ja

unsingbar befunden, wie sie es in der That ist."[282] Zelter findet daher, anders als Forkel, durchaus Verständnis für Johann Adolph Scheibes Bach-Kritik: „Wenn Bachs Styl in den Singmusiken der nehmliche Styl seiner Orgelsachen ist, und das mag wahr seyn; so mag auch hier der Grund des Tadels liegen, den er oft genug erfahren hat."[283] Denn: „Viele hundert mir wohlbekannte Arien von ihm können nur von Sängern gesungen werden die recht eigentliche Musiker zugleich sind. Die Singstimme ist oft wie die Mittelstimme einer Fuge oder sonst eines gebundenen Stückes behandelt."[284] Und schließlich führt Zelter das wichtigste Rezeptionshindernis gegenüber der Bachschen Kirchenmusik an: Es ist „die allen Begriff übersteigende Geschmacklosigkeit der meisten deutschen Kirchentexte damaliger Zeit"[285], die „man ignorieren, verdammen und doch auch wieder haben muß um ihn recht zu verehren".[286] „Das größte Hindernis in unserer Zeit liegt freilich in den ganz verruchten deutschen Kirchentexten"[287] – so hatte Zelter auch an Goethe geschrieben und bezeichnenderweise nur die biblischen Texte von diesem Verdikt ausgenommen.[288] Damit ist jener Vorbehalt überdeutlich formuliert, der auch bei Forkel als freilich unausgesprochenes Motiv für die auffallende Zurückhaltung gegenüber Bachscher Kirchenmusik zu vermuten war – eine Zurückhaltung, die nicht nur dem Theoretiker Forkel posthum, sondern mehr noch dem Praktiker Zelter zu Lebzeiten die scharfe öffentliche Kritik von Adolf Bernhard Marx zugezogen hat.[289]

Es gibt andererseits einen Bereich von Forkels Darstellung, dem Zelter seine nachdrückliche Zustimmung nicht versagt. Gerade jenes Kernstück des Forkelschen Bach-Bildes steht ersichtlich auch im Zentrum von Zelters Deutung: All jene Passagen, in denen Forkel das Bild des „größten Harmonisten aller Zeiten" zu zeichnen versucht, kommentiert Zelter mit einem lapidaren „Vollkommen richtig" oder „Vollkommen wahr!"[290] Dabei findet Zelter zu Formulierungen, die den vielbemühten Vergleich Bachscher Musik mit dem Straßburger Münster tatsächlich in einem technischen Sinne plausibel machen: „Unter eigner Art von Harmonie ist hier eine solche zu verstehen, die aus lauter obligaten Melodien zusammen gesetzt ist, etwa wie der Thurm der Münsterkirche zu Straßburg, der aus Acht Treppen zusammen gesetzt ist, welche hinauf führen und zugleich der Thurm selbst sind."[291] Zelter weiß sich mit Forkel einig in der Zurückweisung unbefugter Bach-Kritik; den verschwiegenen Anlaß von Forkels enthusiastischer Werbung für Bachs Choräle greift er daher sofort auf: „Abt Vogler hat sie untersucht, aber nicht angetroffen; sie wollten sich nicht sprechen lassen."[292] Und entsprechend wird Forkels Hinweis auf Bachs Umgang mit der Modalität emphatisch unterstützt: „Vollkommen wahr und schön! Was Bach mit den Kirchentonarten angefangen hat wird ohne Ende die Bewunderung der Kenner bleiben."[293] Eben diesem für ihn zentralen Aspekt hat Zelter einen ganzen Absatz gewidmet in dem merkwürdigsten der Dokumente, die sich zu dem nachgelassenen Handexemplar als Beilage fanden: einem fiktiven Brief an Forkel kurz nach dessen Tod, in dem Zelter auf 32 Seiten seine Stellungnahme zu Forkels Buch zusammenfaßt.[294] Auch hier hebt sich das Lob für diese Facette von Forkels Bach-Darstellung von dem überwiegend kritisch-polemischen Kontext auffällig ab:

„Nach allem diesem Wortwesen sagst Du nun aber etwas recht tüchtiges worüber sich unser gute Bach noch im Himmel freuen dürfte, wenn er nichts Besseres
hat. Du sagst nämlich, oder willst doch sagen: Das wunderbare Kunstwesen in
Bachs Melodie und Modulation, liege in seiner Art die Kirchentonarten zu gebrauchen, auch wohl den Contrapunkt dort anzuwenden, der Meinung sind wir
denn auch und obgleich der Vogler und alle Vöglein aus seinem Neste aus Büch-
lein weis machen wollen: Der alte Bach habe nichts vom Choral und von den Kirchentonarten verstanden so wollen wir dabei bleiben daß wenn Bach nichts davon
verstanden hätte es auch so noch recht gut wäre denn mit allem Respeckt gegen die
Kirchentonarten, so sind sie Menschenwerk, und Bachen hat Gott selbst gemacht."

Daß in diesem Manuskript der heftig kritisierte Forkel gleichwohl als „mein
lieber Bruder in Bach" angeredet wird, ist allerdings bezeichnend für Zelters gesamte Haltung in dieser nie öffentlich geführten Auseinandersetzung. Die gemeinsame Sache steht im Vordergrund, und schon in der Einleitung seines Schreibens
bringt Zelter die bei aller Polemik gemeinsame Grundlage auf einen bedeutsamen
und für die Bach-Rezeption höchst folgenreichen Begriff: „Da wollen wir uns
zanken, wer unsern Bach am deutschesten liebt."

BACH, DER „DEUTSCHE" – EINE REZEPTIONSKONSTANTE SEIT FORKEL?

Als „Eroberung Bachs für die deutsche Nation" hat Leo Schrade 1937 das Ziel
der frühen „Bachbewegung" gesehen und Forkels Monographie darin eine
Schlüsselrolle zugewiesen.[295] Daß Schrade dieses Ziel gerade in Forkel kulminieren ließ, ist allerdings lediglich ein Ergebnis seiner Deutungskonstruktion und be-
rührt merkwürdig, wenn man bedenkt, wie wenig mit dieser Feststellung eine
Spezialität nur von Forkels Bach-Bild getroffen ist. Unschwer nämlich ließe sich
nicht nur an Forkels Text, sondern an nahezu allen deutschen Rezeptionszeugnis-
sen vom Nekrolog an die auffallende und stolze Betonung der Tatsache, daß
Bach ein Deutscher gewesen ist, herausstellen – nur fragt es sich, ob man nicht
gerade angesichts eines derart auf der Hand liegenden Beobachtungsbefunds
sorgfältiger nach den Motiven forschen sollte.

Forkels Schrift bot sich für die Unterstellung eines – je nach Standort des Interpreten – national überhöhten oder nationalistisch verengten Bach-Bildes natürlich besonders an, klingt sie doch programmatisch mit den berühmt-berüchtigten
Sätzen aus: „Und dieser Mann – der größte musikalische Dichter und der größte
musikalische Declamator, den es je gegeben hat, und den es wahrscheinlich je
geben wird – war ein Deutscher. Sey stolz auf ihn, Vaterland; sey auf ihn stolz,
aber, sey auch seiner werth!"[296] Und diese exponierte Passage am Schluß des
Buchs hat ihr ebenso exponiertes Pendant gleich auf der ersten Seite: „Die Werke, die uns Joh. Seb. Bach hinterlassen hat, sind ein unschätzbares National-
Erbgut, dem kein anderes Volk etwas ähnliches entgegensetzen kann."[297] Überhaupt wendet sich der Text ja schon dem Untertitel zufolge an „patriotische Verehrer echter musikalischer Kunst".

In diesem Untertitel jedoch liegt bereits der Schlüssel zum Verständnis von Forkels Intention. Patriotismus ist durchaus etwas anderes als Nationalismus, den es in seiner bornierten und darin geschichtswirksamen Erscheinungsform vor dem Zeitalter der Befreiungskriege kaum gegeben haben dürfte und mit dem sich Forkels Schrift nicht in Verbindung bringen läßt. Vor allem dann nicht, wenn man weiß, daß Forkel – wie er seinen Verlegern gegenüber äußert – als Adressaten „die Kenner in ganz Europa" im Auge hatte[298] und aus diesem Grunde Übersetzungen ins Englische und ins Französische anregte (die allerdings erst lange nach seinem Tode zustandekamen) sowie die Versendung nach Wien und „vorzüglich nach Liefland u. Rußland" veranlaßte.[299] Forkels europäische Orientierung geht deutlich aus dem zeitgleich mit der Bach-Monographie gemeinsam mit Joseph Sonnleithner in Angriff genommenen Wiener Projekt einer mehrbändigen Denkmäler-Ausgabe hervor, die, schon bis zur Herstellung der Druckplatten für den ersten Band gediehen, im letzten Moment den Napoleonischen Kriegen zum Opfer fiel. In dem erhaltenen Entwurf für die Vorrede (Frühjahr 1803)[300] bezeichnet Forkel das Projekt als ein „Unternehmen, wodurch die europäische Cultur einer so allgemein geschätzten und geliebten Kunst, wie die Musik ist, der Nachwelt überliefert werden soll", und in einer (freilich wieder gestrichenen) Entwurfsnotiz wird diese Europa-Vorstellung näher spezifiziert: „da alle europäischen Völker zu dieser Entwicklung auf irgend eine Weise beygetragen, so werden von ihnen allen, jedoch vorzüglich von den Niederländern, Italiänern, Franzosen, Spaniern, Engländern u. Deutschen Beyspiele genommen werden." Demgegenüber bedeutet nun die Betonung des Deutschen in der Bach-Monographie nicht einfach eine „nationale Wendung des Forkelschen Europäismus", wie Heinrich Edelhoff[301] meint. Es hat vielmehr den Anschein, als verdanke sich der Aufruf an die Patrioten Forkels illusionsloser Erkenntnis, daß mit dem bloßen Appell an die ästhetische Einsicht des Publikums für die Verbreitung Bachs und insofern auch für die Rentabilität des Verlagsprojekts nichts auszurichten sei. Ohnehin ist sein Buch nur an die „Kenner" gerichtet[302], und neben die ästhetische Überzeugungsarbeit, die Forkel eindringlich, sorgfältig und konzessionslos leistet, tritt die Adresse an die simple patriotische Pflicht zur Unterstützung der geplanten Gesamtausgabe: „jeder, dem die Ehre des deutschen Nahmens etwas gilt, ist verpflichtet, ein solches patriotisches Unternehmen zu unterstützen, und so viel an ihm ist, zu befördern. An diese Pflicht unser Publicum zu erinnern, diesen edlen Enthusiasmus in der Brust jedes deutschen Mannes zu wecken, achtete ich für meine Schuldigkeit."[303] In diesem Zusammenhang hält Forkel den deutschen Lesern auch im Laufe der späteren Darstellung das schmähliche Schicksal der *Kunst der Fuge* als warnendes Exempel vor: „Wäre ein Werk außerhalb Deutschland von einem so außerordentlich berühmten Mann, wie Bach, zum Vorschein gekommen, und noch außerdem durch einen Schriftsteller, der in diesem Fache öffentlichen Glauben hatte, als etwas Außerordentliches empfohlen worden, so würden aus bloßem Patriotismus vielleicht 10 Prachtausgaben davon vergriffen worden seyn. In Deutschland wurden nicht einmahl so viele einzelne Exemplare von einem solchen Werke abgesetzt, daß die dazu erforderlichen Kupferplatten mit deren Ertrag bezahlt werden konnten."[304] Aufgrund solcher Erfahrungen wird die Werbung für Bach verständlicherweise von einer bloßen „Kunst-Angelegenheit" zur „National-Angelegenheit"[305]; der Patriotismus muß als Surrogat für die mangelnde ästhetische Einsicht einspringen.

Vor allem aber tat Forkel damit nichts anderes, als was durch die Werbestrategie des Verlages bereits begonnen worden war. Im Pränumerationsaufruf für die geplanten *Œuvres complettes* – am 24. Januar 1801, also einige Zeit vor der Heranziehung Forkels für das Unternehmen – heißt es: „Dürfen wir Unterzeichnete uns des Beifalls unserer Nation schmeicheln, wenn wir die sämmtlichen theoretischen und praktischen Klavier- und Orgelwerke Joh. Seb. Bach's als wahre Denkmähler deutscher Kunst in einer vollständigen, correkten und schönen Sammlung gestochen liefern, und der Nachwelt zur Uibung und zum Nachdenken aufbewahren?"[306] Auch die Notiz, mit der das Verlagsunternehmen (gemeinsam mit jenem von Simrock in Bonn) in der Leipziger *Allgemeinen Musikalischen Zeitung* angezeigt wurde, stellt diesen Aspekt deutlich heraus, wenn sie die „Werke dieses Vaters deutscher Harmonie" ankündigt.[307] Daß allerdings ein solcher Ton nicht a priori selbstverständlich war, zeigt die feine Differenz, mit der Beethoven in seiner spontanen Reaktion auf den Editionsplan von der gleichsam verlagsoffiziellen Formulierung abweicht: „daß sie *Sebastian* Bach's Werke herausgeben wollen, ist etwas, was meinem Herzen, das ganz für die Hohe Kunst dieses Urvaters der Harmonie schlägt, recht wohl thut, und ich bald im vollen Laufe zu sehen wünsche."[308]

Der Erfolg stellte sich indessen für die Verleger nicht in gewünschter Schnelligkeit ein. Angesichts des durch die Wirren der Kriegs- und Besatzungszeit stockenden Absatzes der *Œuvres complettes* mußte Forkel, der mit der Denkmälerausgabe selbst gerade eines seiner ehrgeizigsten Projekte verloren hatte, als in langen Zeiträumen rechnender Gelehrter seinem kurzfristig-kaufmännisch denkenden Verlag im Juni 1808 Mut zusprechen: „Ueber den Vertrieb Seb. Bachischer Werke, lassen Sie uns, lieber Freund, etwas bessere Zeitumstände abwarten. Ich bin sehr überzeugt, daß Ihnen nicht ein einziges Exemplar von Ihrer Auflage liegen bleiben wird, nur müssen Sie nicht verlangen, daß diese Sachen so warm abgehen sollen wie Romane oder Operettenauszüge."[309] Für die fernere Zukunft stellte Forkel sogar, bezeichnenderweise erneut unter Hinweis auf den patriotischen Aspekt der Angelegenheit, einen weiteren Appell an das Publikum in Aussicht: „Die Zeitumstände können ja doch nicht immer so ungünstig bleiben. Und sobald einiger Anschein vorhanden ist, daß es mit Nutzen geschehen kann, so will ich augenblicklich bereit seyn, das Publicum an seinen mus. Nationalreichthum zu erinnern. Jetzt, unter solchen Umständen, würde man nur tauben Ohren predigen."[310]

Neben dieser offen zutageliegenden nationalen Ideologie (mit ihrer bei Forkel jedoch ganz pragmatischen Anwendung) ist jene andere von viel größerem Belang, die Johann Sebastian Bach in wesentlich subtilerer und wirkungsvollerer Weise zum Gründungsvater der deutschen Musik und des Glaubens an ihre „Weltgeltung"[311] werden ließ. Sie läßt sich im Anschluß an das oben zu Adolf

Bernhard Marx Gesagte erklären. „Niemals hat ein Volk zwei solche Tonmeister nebeneinander besessen, wie unser Volk den Bach und den Händel; und niemals einen wie Bach. Es soll damit aber nicht äusserlich seine Grösse gegen andere Grössen gemessen werden, sondern er als Einziger in seiner Art und Stellung bezeichnet sein, wie es später Beethoven in der seinigen war."[312] Diese Positionierung Bachs und Beethovens auf den beiden Gipfeln aller bisherigen Musik wird in Marxens zwischen 1837 und 1847 erschienener vierbändiger Kompositionslehre in einer Weise argumentativ gestützt, die sich zunächst nur über eine Zusammenstellung weit verstreuter Passagen interpolieren läßt. Im dritten Band wird Bach lapidar für „das wahrhaft dramatische Prinzip, das in aller (mehr als einstimmigen) Komposition lebt", in Anspruch genommen: „die Stimmen sollten sprechen, jede wie es ihr eigen und recht wäre".[313] Deutlicher noch wird an anderer Stelle ausgesprochen, daß mit der „Macht des Prinzipes Bach'scher Komposition, das aber das Prinzip aller Meister jeder Kunst und jeder Zeit, und dasjenige unsrer Kompositionslehre von ihrem ersten Schritt an bis zu Ende ist", in der Tat die „Lebendigkeit der Polyphonie" gemeint ist, mit der die „streng-logische [...] Gedankenfolge" Hand in Hand geht.[314] Damit wird schließlich das Tonsatzmerkmal strenger motivischer Ökonomie und umfassender polyphoner Strukturierung, in letzter Instanz zurückgeführt auf Johann Sebastian Bach, zum generellen ästhetischen Wertkennzeichen deutscher Instrumentalmusik: „Das ist der innere Vorzug, den die Orchesterwerke der deutschen Meister und vor allen andern Haydns und Beethovens vor den nur aus subjektiver Richtung und Bildung hervorgegangenen fremdländischen behaupten; es ist die Kraft der Durchgeistigung [...]; es ist der Sieg der Polyphonie oder musikalischen Dramatik über die Homophonie oder musikalische Lyrik."[315]

Es ist diese Konstruktion einer technisch-ästhetischen Begründbarkeit der Vorherrschaft deutscher Musik, die in der musikalischen Praxis des Jahrhunderts und noch weit darüber hinaus zu höchster Wirksamkeit gekommen ist. Hans von Bülow, der in den Orchesterkonzerten seiner letzten Lebensjahre dieses Modell vielleicht am wirkungsvollsten in die Praxis umgesetzt hat, erwies sich als feiner Kenner des Marxschen Ideengangs, wenn er die Wurzel dieses Ideologems bis zu Bach zurückverlegte: Er interessiere sich nur noch, so äußerte er 1884, für „die wahre [Musik], die polyphone, die auf eignen Füßen thronende, göttlich stützenlose, in ihrer inneren Dramatik (wie A. B. Marx so treffend sagt) schwelgende, die Musik eines Bach, Beethoven, Brahms".[316] Ganz zu Recht werden hier Marx' verstreute Bemerkungen über das dramatische Prinzip der Polyphonie (Bach) aus der Kompositionslehre und über die stützen- und „anhaltlose" Instrumentalmusik (Beethoven) aus der Beethoven-Monographie zusammengebracht; ein Ausschnitt aus der Genese dieser Marxschen Musikgeschichtsvorstellung wurde oben erörtert.

Für Marx ist allerdings der Umstand, daß Bach und Beethoven Deutsche waren, als solcher wenig erwähnenswert. Wichtig erscheint, daß das Blickfeld sich auf ästhetische, technische und strukturelle Kriterien konzentriert. Ihre vielfältigen ideologischen Implikationen sind von Marx selbst kaum entfaltet worden. Darin aber, daß Marx zugleich auf Forkels gründliche Darstellung des Bachschen

Tonsatzes zurückgreifen konnte, liegt eine nicht unbeträchtliche Ironie der Geschichte. Für Forkel bezeichnete Bach den unübersteigbaren Höhepunkt der gesamten europäischen (und das heißt für Forkel: der relevanten) Musikentwicklung und damit in gewisser Weise ein Ende, wenn er sich auch über das Aussprechen dieser Konsequenz durch geschichtsphilosophische Konstruktionen hinweghalf. Für Marx dagegen wurde Bach auf der Grundlage seines eigenen Entdeckungserlebnisses, das wirkungsgeschichtlich später als Erlebnis einer ganzen Generation, als die „Wiederentdeckung der *Matthäus-Passion*", erschien, zum Anknüpfungspunkt einer neuen zukunftsoffenen Epoche und (implizit) zum Gewährsmann einer begründbaren Hoffnung auf den deutschen Akzent der weiteren Musikentwicklung. Von Forkels infolge der Vernachlässigung des Vokalschaffens einseitigem Bach-Bild setzte er sich kritisch ab; die ästhetischen Wertungen aber wurden ohne Abstriche übernommen.

Auch diese Differenz wirft noch einmal ein helles Licht auf den historischen Ort von Forkels Bach-Darstellung. Nichts wäre unangebrachter, als gerade in ihr das Gründungsdokument einer nationalistischen Bach-Rezeption zu sehen. Daß ihr freilich, wie die Geschichte ihrer bisherigen Lektüre zeigt, eben dies widerfahren ist, bietet ein Schulbeispiel für die Dialektik des Untersuchungsgegenstands: Innerhalb der Rezeptionsgeschichte ist Forkels Monographie nicht nur ein aktives (Deutungsmuster vorgebendes), sondern auch ein passives (Deutungsmustern unterworfenes) Teilmoment.

ANMERKUNGEN

1 Heinrich Edelhoff, *Johann Nikolaus Forkel. Ein Beitrag zur Geschichte der Musikwissenschaft*, Göttingen 1935, S. 21.

2 Edelhoff, *Johann Nikolaus Forkel*, S. 37ff.

3 [Johann Nikolau Forkel], *Commentar über die 1777 gedruckte Abhandlung über die Theorie der Musik, insofern sie Liebhabern und Kennern nothwendig und nützlich ist; zum Gebrauch academischer Vorlesungen* entworfen, Manuskript in Hamburg SUB: Cod. Hans. V, NL Trummer, Nr. 2.

4 Johann Nikolaus Forkel, *Genauere Bestimmung einiger musikalischer Begriffe. Zur Ankündigung des akademischen Winter-Concerts von Michaelis 1780 bis Ostern 1781*, Göttingen 1780.

5 Z. B. Herz, *Bachbewegung*, S. 67.

6 Vgl. *Zeitung für die elegante Welt* [Leipzig], Intelligenzblatt Nr. 4, 24. Januar 1801 (zitiert nach Karen Lehmann, „*...von allem unnützen Ueberfluß befreyt...*" *Bachs Wohltemperiertes Klavier und die sogenannten Forkelschen Kurzfassungen*, in: *BzBf* 9/10 [1991], S. 159).

7 Vgl. Stauffer, *Forkel / Hoffmeister & Kühnel*, Nr. 1 (S. 2–6).

8 Georg Kinsky, *Aus Forkels Briefen an Hoffmeister & Kühnel. Ein Beitrag zur Frühgeschichte der Bachpflege*, in: *Jahrbuch der Musikbibliothek Peters* 39 (1932), Leipzig 1933, S. 57f.

9 15. Februar 1802, Stauffer, *Forkel / Hoffmeister & Kühnel*, Nr. 7 (S. 22).

10 Ebd.

11 2. August 1802, Stauffer, *Forkel / Hoffmeister & Kühnel*, Nr. 16 (S. 46).

12 Forkel, *Bach*, S. X.

13 Vgl. neben der Monographie Heinrich Edelhoffs für eine überblickshafte Darstellung: Martin Stae-helin, *Musikalische Wissenschaft und musikalische Praxis bei Johann Nikolaus Forkel*, in: ders. (Hrsg.), *Musikwissenschaft und Musikpflege an der Georg-August-Universität Göttingen. Beiträge zu ihrer Geschichte*, Göttingen 1987, S. 9–26.- Vgl. auch Klaus Hortschansky, *Die Academia Georgia Augusta zu Göttingen als Stätte der Musikvermittlung in der 2. Hälfte des 18. Jahrhunderts*, in: Wolf Frobenius, Nicole Schwindt-Gross und Thomas Sick (Hrsg.), *Akademie und Musik* (= *Festschrift Werner Braun*), Saarbrücken 1993, S. 233–254.

14 Johann Nikolaus Forkel, *Ueber die Theorie der Musik, insofern sie Liebhabern und Kennern nothwendig und nützlich ist. Eine Einladungsschrift zu musikalischen Vorlesungen*, Göttingen 1777, S. 32)

15 [Forkel], *Commentar*, fol. 2r; vgl. dazu Andreas Liebert, *Die Bedeutung des Wertesystems der Rhetorik für das deutsche Musikdenken im 18. und 19. Jahrhundert*, Frankfurt/M. 1993, S. 259f., der erstmals seit Heinrich Edelhoffs eher kursorischen Hinweisen auf dieses Forkel-Dokument eingeht.

16 Johann Nikolaus Forkel, *Allgemeine Geschichte der Musik*, Band I, Leipzig 1788, S. 19.

17 Johann Nikolaus Forkel, *Musikalisch-Kritische Bibliothek*, Band I, Gotha 1778, S. V.

18 Forkel, *Geschichte der Musik* I, S. XIV.

19 Forkel, *Musikalisch-Kritische Bibliothek* I, S. 55.

20 Forkel, *Geschichte der Musik* I, S. 65.

21 [Forkel], *Commentar*, bes. fol. 195f. Vgl. den Abdruck der entsprechenden Passage bei Liebert, *Wertesystem*, S. 309-313.

22 Forkel, *Geschichte der Musik* I, S. 64.

23 Johann Nikolaus Forkel, *Musikalisch-Kritische Bibliothek*, Band II, Gotha 1778, S. 167.

24 Ebd.

25 Tibor Kneif, *Forkel und die Geschichtsphilosophie des ausgehenden 18. Jahrhunderts. Ein Beitrag zu den Begriffen Entwicklung und Verfall in der Musikgeschichte*, in: *Mf* 16 (1963), S. 230f.

26 Johann Nikolaus Forkel, *Allgemeine Geschichte der Musik*, Band II, Leipzig 1801, S. 20.

27 9. August 1802, Stauffer, *Forkel / Hoffmeister & Kühnel*, Nr. 17 (S. 48).

28 16. Juli 1802, Stauffer, *Forkel / Hoffmeister & Kühnel*, Nr. 14 (S. 40).

29 Ebd. – Dies kam jedoch zu Forkels Lebzeiten nicht zustande. 1820 erschien in London die erste englische Übersetzung und erst mehr als ein halbes Jahrhundert später eine französische Fassung durch Felix Grenier (*Vie, Talent et Travaux de Jean-Sébastien Bach. Ouvrage traduit de l'allemand de J. N. Forkel*, Paris 1876).

30 Ebd.

31 Ebd., S. 42.

32 Edelhoff, *Johann Nikolaus Forkel*, S. 38.

33 Forkel, *Geschichte der Musik* I, S. 2.

34 Ebd.

35 Forkel, *Geschichte der Musik* I, S. XV.

36 Auch diese Stufe der Theorieentwicklung bezeichnet schon einen weiteren Schritt gegenüber dem Stand des (verschollenen) Vorlesungsmanuskripts von 1772, das noch von einer übergreifenden Zweiteilung des Stoffgebiets in „praktische" und „theoretische" Musik ausgegangen war (vgl. die Darstellung bei Edelhoff, *Johann Nikolaus Forkel*, S. 38ff.).

37 Forkel, *Ueber die Theorie der Musik*, S. 28.

38 [Forkel], *Commentar*, fol. 15v–16r.

39 *Magazin der* Musik, 1.2, 1783.

40 Johann Nikolaus Forkel, *Genauere Bestimmung einiger musikalischer Begriffe*, Autograph in Berlin SBPK: Mus.ms.theor. Forkel [Ms. 49], fol. 46r.

41 Forkel, *Musikalisch-Kritische Bibliothek* I, S. XI und XVII.

42 Vgl. Jochen Schmidt, *Die Geschichte des Genie-Gedankens 1750–1945*, Darmstadt 1985, Bd. 1, S. 93ff.

43 Forkel, *Geschichte der Musik* I, S. 37.

44 Forkel, *Geschichte der Musik* I, S. 39, vgl. S. 68.

45 Forkel, *Geschichte der Musik* I, S. 26.

46 Forkel, *Geschichte der Musik* I, S. 9.

47 Zu Forkels Anknüpfen an Johann Mattheson und besonders an Johann Adolph Scheibe vgl. Liebert, *Wertesystem*, S. 269ff.

48 Liebert, *Wertesystem*, S. 251. - Auch Heinrich Christoph Kochs etwa gleichzeitig entstandene Kompositionslehre ist, worauf Carl Dahlhaus hingewiesen hat, zutiefst einer rhetorischen Tradition des musikalischen Denkens verpflichtet, ohne diese aber, wie Forkel, systematisch zu entfalten (Carl Dahlhaus, *Der rhetorische Formbegriff H. Chr. Kochs und die Theorie der Sonatenform*, in: *AfMw* 35 [1975], S. 155–177).

49 Forkel, *Geschichte der Musik* I, S. 53.

50 Liebert, Wertesystem, S. 298.

51 Die gesamte Passage über die „ästhetische Einrichtung" einer Sonate wurde dann jedoch vor der Drucklegung von Forkel gestrichen (vgl. Johann Nikolaus Forkel, *Allgemeine Geschichte der Musik*, Band I, Autograph in Berlin SBPK: Mus.ms.autogr.theor. Forkel, Band 1a, S. 165).

52 Forkel, *Geschichte der Musik* I, S. 39.

53 Darauf weist zu Recht Liebert (*Wertesystem*, S. 282f.) hin.

54 Vgl. Dietrich Bartel, *Handbuch der musikalischen Figurenlehre*, Laaber 1985, S. 62.

55 Forkel, *Geschichte der Musik* I, S. 24.

56 Vgl. Carl Dahlhaus, *Die Idee der absoluten Musik*, Kassel und München 1978, S. 113.

57 Johann Nikolaus Forkel, *Von der wahren Güte der Clavichorde. Eine Abhandlung von Joh. Nic. Forkel*, Autograph in Berlin SBPK: Mus.ms.theor. Forkel [Ms. 48], S. 6.

58 Forkel, *Musikalisch-Kritische Bibliothek* I, S. 120.

59 Kneif, *Forkel und die Geschichtsphilosophie*, S. 230f.

60 Forkel, *Musikalisch-Kritische Bibliothek* I, bes. S. III–VII.

61 Bach wird nur einmal - als Muster für den vierstimmigen Choralsatz - ausdrücklich erwähnt (Forkel, *Geschichte der Musik* I, S. 46). 1787 war die von Carl Philipp Emanuel Bach herausgegebene Sammlung vierstimmiger Bach-Choräle abgeschlossen worden.

62 Forkel, *Musikalisch-Kritische Bibliothek* I, S. Vf.

63 Forkel, *Geschichte der Musik* I, S. 37.

64 Forkel, *Geschichte der Musik* I, S. 40 und S. 42: Beginn des Rondos in G-Dur, Wq 57,3.

65 Liebert, *Wertesystem*, S. 297ff.

66 Forkel, *Geschichte der Musik* I, Autograph, S. 165f.

67 Insofern läßt sich Fred Ritzels negatives Urteil über Forkel revidieren (Fred Ritzel, *Die Entwicklung der „Sonatenform" im musiktheoretischen Schrifttum des 18. und 19. Jahrhunderts*, Wiesbaden 1968, S. 106–111).

68 Forkel, *Bach*, S. 44.

69 Vgl. Johann Gottfried Walther, *Musicalisches Lexikon*, Leipzig 1732, Artikel *Modulatio* („die Führung einer Melodie oder Sang-Weise"). Zu Forkels Synonymisierung von „Modulation" und „Tonführung" s. u., Anm. 75.

70 Vgl. Forkel, *Bach*, S. 28–30.

71 Forkel, *Bach*, S. 30.

72 Johann Nikolaus Forkel, *Allgemeine Litteratur der Musik oder Anleitung zur Kenntniß musikalischer Bücher*, Leipzig 1792, S. 477f.

73 Ebd.

74 Forkel, *Bach*, S. 31.

75 Forkel, *Geschichte der Musik* I, S. 24. Forkels berühmte Formulierung von der „Logik der Musik" ist in dem Vorlesungsmanuskript von 1778 bereits vorgeprägt, in dem Forkel eine „rhythmische Periodologie" (Verhältnis der Phrasenlängen) und eine „logische Periodologie" (sie äußert sich „in den

Tonführungen und Modulationen") unterscheidet (*Commentar*, fol. 11r): „Rhythmisch ist sie [= die „Periodologie"], wenn alle Perioden eines ganzen Tonstücks in betreff ihrer Größe in einem gewissen Verhältniß gegen einander stehen. Logisch, wenn die Tonführungen oder harmonischen Clauseln ebenfalls in gewissen Verhältnissen stehen" (ebd., fol. 145r).

76 Forkel, *Geschichte der Musik* I, S. 12.

77 Forkel bringt ein Notenbeispiel, das ein gleichbleibendes zweitaktiges Melodiefragment jeweils in C-Dur, G-Dur, e-Moll und a-Moll harmonisiert (Forkel, *Geschichte der Musik* I, S. 13f.).

78 Forkel, *Geschichte der Musik* I, vgl. auch S. 47.

79 Forkel, *Geschichte der Musik* I, S. 15.

80 Forkel, *Bach*, S. 24f.

81 Zu den über das Prioritätsproblem („Melodie" oder „Harmonie") hinausgehenden Differenzen zwischen Forkel und Rousseau vgl. Wulf Arlt, *Natur und Geschichte der Musik in der Anschauung des 18. Jahrhunderts. J.-J. Rousseau und J. N. Forkel*, in: *Melos/NZ* 5 (1976), S. 351–356.

82 *Dok III*, Nr. 842. Als „der größte Kenner u. Beurtheiler der Harmonie" wird Bach bereits in einem an Forkel gerichteten Brief Carl Philipp Emanuels bezeichnet (Dezember 1774; Ernst Suchalla [Hrsg.], *Carl Philipp Emanuel Bach: Briefe und Dokumente. Kritische Gesamtausgabe*, 2 Bde., Göttingen 1994, Nr. 196 [S. 458]).

83 Vgl. Johann Philipp Kirnberger, *Die Kunst des reinen Satzes in der Musik*, Bd. I, Berlin und Königsberg 1776, S. 30ff. (Reprint Hildesheim und New York 1988). In der Vorlesung von 1777 führt Forkel den Klang noch als „wesentlichen Septimenakkord" an (vgl. Edelhoff, *Johann Nikolaus Forkel*, S. 41), in der Einleitung zum ersten Band der Musikgeschichte bereits als „Dominanten-Septimenaccord" (Forkel, *Geschichte der Musik* I, S. 35).

84 4. Mai 1801, Stauffer, *Forkel / Hoffmeister & Kühnel*, Nr. 1 (S. 4).

85 Forkel, *Bach*, S. 65.

86 Vgl. dazu: Joachim Veit, *Abt Voglers „Verbesserungen" Bachscher Choräle*, in: *Kongreßbericht Stuttgart 1985*, Kassel 1987, Bd. I, S. 500–512; Hermann Jung, *„Der pedantisch geniale Abt Vogler". Musiktheorie und Werkanalyse in der zweiten Hälfte des 18. Jahrhunderts*, in: *Musiktheorie* 3 (1988), S. 99–115 (bes. S. 110–112).

87 *Beispiel einer gründlichen und gemeinnüzigen musikalischen Recension über des Herrn Kirnberger Kunst des reinen Sazes in der Musik*, in: *Betrachtungen der Mannheimer Tonschule* 3 (1780/81), Bd. 3, S. 257–288, Bd. 4, S. 441–442 (Reprint Hildesheim 1974). Die auf Bach bezogenen Passagen auch in Dok. III, Nr. 844a (S. 337f.). - In Forkels *Allgemeiner Litteratur der Musik* (S. 431) wird übrigens Kirnbergers *Kunst des reinen Satzes* eine in diesem Rahmen ungewöhnlich ausführliche Darstellung von 1½ Spalten Umfang eingeräumt, während Voglers gleich im Anschluß aufgeführte *Tonwissenschaft und Tonsetzkunst* lediglich mit der lakonischen Titelangabe erscheint.

88 Georg Joseph (Abbé) Vogler, *Choral-System*, Kopenhagen 1800, S. 23. Die auf Bach bezogenen Passagen auch in *Dok III*, Nr. 1039 (S. 600–613).

89 Forkel, *Bach*, S. 19f.

90 Vogler hatte eine Komposition Forkels – die Variationen über *God Save the King* (1791) – in einer „verbesserten" Fassung neu ediert (1793) und seine Kritik an Forkels „kesselartigen Variazionen und der ledernen Fuge" in einer Fußnote seines *Choralsystems* nochmals bekräftigt (*Choral-System*, S. 80, Anm.).

91 *Zwölf Choräle von Sebastian Bach, umgearbeitet von Vogler, zergliedert von Carl Maria von Weber*, Leipzig [1810].

92 „Ein bekannter musikalischer Schriftsteller nennt Bach den größten Harmonisten seiner Zeit und aller Zeiten. Vogler, der immer höchst bereitwillig ist, das Verdienst anderer zu ehren, erkennt Bach als ein seltenes großes Genie, von dem es bewundernswert, daß er ein System der Anwendungen zu kennen, solche reichhaltige Harmonienfolgen erfunden hat, in welcher Mannigfaltigkeit er alle seine Zeitgenossen übertraf; aber daß durch ihn alle Harmoniekenntnis erschöpft sein sollte – ist wirklich eine gewagte Behauptung und schon durch Voglers Arbeiten hinlänglich widerlegt" (hier

zitiert nach: Carl Maria von Weber, *Sämtliche Schriften*, hrsg. v. Georg Kaiser, Berlin und Leipzig 1908, S. 230).

93 Forkel, *Bach*, S. VIII.

94 Als prominente Beispiele mit freilich durchaus unterschiedlichen Interpretationskonsequenzen vgl. Carl Dahlhaus, *Bach-Rezeption und ästhetische Autonomie*, in: *Kongreßbericht Stuttgart 1985*, Kassel 1987, Bd. I, S. 18–26, und Hans Heinrich Eggebrecht, *Über Bachs geschichtlichen Ort*, in: ders., *Bach – wer ist das?*, München und Mainz 1992, S. 27–63.

95 Schrade, *Johann Sebastian Bach und die deutsche Nation. Versuch einer Deutung der frühen Bachbewegung*, in: *Deutsche Vierteljahrsschrift für Literaturwissenschaft und Geistesgeschichte* 15 (1937), S. 240f.

96 Zenck, *Stadien der Bach-Deutung*, S. 18–22.

97 Vgl. Johann Joachim Quantz, *Versuch einer Anweisung die Flöte traversiere zu spielen*, Berlin 1752, S. 116, S. 227; Carl Philipp Emanuel Bach, *Versuch über die wahre Art das Clavier zu spielen*, Teil I, Berlin 1753, S. 122–124.

98 Forkel, *Musikalisch-Kritische Bibliothek* I, S. 119.

99 Forkel, *Geschichte der Musik* I, S. 51.

100 Forkel, *Geschichte der Musik* I, S. 19.

101 Forkel, *Geschichte der Musik* I, Autograph, S. 167.

102 Forkel, *Geschichte der Musik* I, S. 53.

103 Forkel, *Von der wahren Güte der Clavichorde*, Autograph, S. 16f. - Einen Teilabdruck dieses Aufsatzes (ohne die zitierte Passage) bietet Hanns Neupert, *Das Klavichord*, Kassel 1948, S. 60–67.

104 Bd. I, Berlin 1782.

105 Zur Ideengeschichte des „Dioskuren-Topos" und seiner Auswirkung auf die Bach- und Händel-Rezeption vgl. Ludwig Finscher, *Händel und Bach - Zur Geschichte eines musikhistoriographischen Topos*, in: *Göttinger Händel-Beiträge*, Band 3, Kassel etc. 1989, S. 9–25.

106 Johann Wolfgang von Goethe, *Von deutscher Baukunst* [1772], in: *Goethes Werke. Hamburger Ausgabe in 14 Bänden*, hrsg. v. Erich Trunz, München [11]1989, Bd. 12, S. 7–15.

107 Alle Zitate nach *Dok III*, Nr. 864 (S. 357–360).

108 Friedrich Rochlitz, *Ueber den Geschmack an Sebastian Bachs Kompositionen, besonders für das Klavier. Brief an einen Freund*, in: *AMZ* 5 (1802/03), Sp. 516.

109 Dieses und das nächste Zitat: ebd., Sp. 511.

110 Ebd., Sp. 517–522. - Rochlitz hat den Artikel später in seine Aufsatzsammlung *Für Freunde der Tonkunst* (Bd. II, Leipzig 1825, S. 205–229) aufgenommen und mit einer Vorrede versehen, die das geistige Klima zum Zeitpunkt des Erstdrucks als den ersten Höhepunkt der Bach-Rezeption verdeutlichen soll, während die Zeit des Wiederabdrucks (1825) Rochlitz zufolge deren vorläufigen Tiefststand bezeichnet. Noch während der Zusammenstellung der weiteren Bände (I: 1824, II: 1825, III: 1830, IV: 1832) wurde eine Neuauflage der inzwischen vergriffenen beiden ersten Bände notwendig, die in der Literatur zu Mißverständnissen geführt hat: Schrade, der den Rochlitzschen Aufsatz nach der zweiten Auflage (Leipzig 1830) zitiert, wundert sich über den Pessimismus der Vorrede (der 1830, nach der mehrmaligen Wiederaufführung der Matthäuspassion, in der Tat nicht mehr angebracht war), der jedoch seine einfache Erklärung in der unveränderten Neuauflage des Textes von 1825 findet (Schrade, *Johann Sebastian Bach und die deutsche Nation*, S. 246f.). Vgl. ein ähnliches Mißverständnis in bezug auf den Publikationszeitpunkt bei Carl Dahlhaus, *Klassische und romantische Musikästhetik*, Laaber 1988, S. 139.

111 Vgl. Eggebrecht, *Über Bachs geschichtlichen Ort*, S. 50, S. 56.

112 Charles S. Terry (Hrsg.), *Johann Sebastian Bach. His Life, Art and Work. Translated from the German of Johann Nikolaus Forkel*, London 1920, S. XVI.

113 Hans-Joachim Schulze, *Zur Herausbildung einer „Bachlegende" im 18. Jahrhundert*, in: *Bach-Konferenz Leipzig 1985*, S. 472.

114 13. Januar 1775, Suchalla, *Carl Philipp Emanuel Bach*, Nr. 202 (S. 481).

115 Dezember 1774, Suchalla, *Carl Philipp Emanuel Bach*, Nr. 196 (S. 457).

116 13. Januar 1775, Suchalla, *Carl Philipp Emanuel Bach*, Nr. 202 (S. 478).

117 Auf den Umstand, daß in Forkels universalhistorischer Perspektive aus methodologischer Zwangsläufigkeit heraus „die Musikgeschichte auf[hört], eine Sammlung von Anekdoten und Musikerbiographien zu sein", hat Tibor Kneif hingewiesen (*Forkel und die Geschichtsphilosophie-des*, S. 227).

118 Dezember 1774, Suchalla, *Carl Philipp Emanuel Bach*, Nr. 196 (S. 459).

119 Vgl. etwa den von Wilhelm Friedemann Bach an Forkel überlieferten Bericht von der gescheiterten Zusammenkunft Bachs und Händels (*Dok III*, Nr. 912 [S. 421f.]), von dem Forkel in seiner Monographie keinen Gebrauch macht. Im Text der Monographie selbst macht Forkel Andeutungen, wiederum unter Berufung auf Wilhelm Friedemann, über Bachs Besuch in Potsdam, deren nähere Ausführung er sich jedoch bewußt untersagt (Forkel, *Bach*, S. 9f.).

120 5. März 1802, Stauffer, *Forkel / Hoffmeister & Kühnel*, Nr. 9 (S. 28).

121 Karl Friedrich Zelter, *Karl Friedrich Christian Fasch*, Berlin 1801, S. 61.

122 Schulze, *Zur Herausbildung einer „Bachlegende"*, S. 473.

123 Forkel, *Bach*, S. 1802.

124 Vgl. Christoph Wolff, *Johann Sebastian Bachs „Sterbechoral": Kritische Fragen zu einem Mythos*, in: Robert L. Marshall (Hrsg.), *Studies in Renaissance and Baroque Music in Honor of Arthur Mendel*, Kassel 1974, S. 283–297 (bes. S. 284ff.).

125 Schulze, *Zur Herausbildung einer „Bachlegende"*, S. 472.

126 Dezember 1774, Suchalla, *Carl Philipp Emanuel Bach*, Nr. 196 (S. 460).

127 Suchalla, *Carl Philipp Emanuel Bach*, Nr. 202 (S. 479f.)

128 Forkel, *Bach*, S. 39f.

129 Forkel, *Bach*, S. X.

130 Vgl. etwa Forkels Ausführungen über Johann Sebastian Bachs Fingersatzprinzipien (Forkel, *Bach*, S. 14f.) mit C. Ph. E. Bach, *Versuch*, Teil I, S. 17 (§ 7).

131 *AMZ* 5 (1802/03), Sp. 365f.

132 Suchalla, *Carl Philipp Emanuel Bach*, Nr. 202 (S. 479f.).

133 Forkel, *Bach*, S. 67.

134 Forkel, *Bach*, S. 8.

135 Forkel, *Bach*, S. 7f.

136 Forkel, *Bach*, S. 64.

137 Schulze, *Bach-Überlieferung*, S. 27.

138 Von der „große[n] Menge einzelner Suiten, Toccaten und Fugen" hält Forkel „höchstens 10 bis 12 einzelne Stücke" für „der Aufbewahrung werth" (Stauffer, *Forkel / Hoffmeister & Kühnel*, S. 57). Auch Hoffmeister und Kühnel gegenüber bietet Forkel nach Abschluß seiner Monographie an, ihre Bach-Bestände daraufhin zu begutachten, „was echt, was unvollkommene Jugendarbeit, oder was der Aufbewahrung für die Nachwelt werth ist" (S. 78). Vor allem erwähnt er als Bestandteil seiner eigenen Sammlung „Jugendarbeiten, deren ich noch hundert besitze, aber nicht achte" (S. 92).

139 Forkel, *Bach*, S. 23.

140 4. Mai 1801, Stauffer, *Forkel / Hoffmeister & Kühnel*, Nr. 1 (S. 2).

141 Forkel, *Bach*, S. 25.

142 Forkel, *Bach*, S. 49.

143 Forkel, *Bach*, S. 50.

144 Vgl. Karen Lehmann, „...von allem unnützen Ueberfluß befreyt...", S. 162.

145 Forkel, *Bach*, S. 49.

146 Forkel, *Musikalisch-Kritische Bibliothek* I, S. 86.

147 Termini nach Christian Martin Schmidt, [Artikel] *Editionstechnik*, in: *MGG II*, 2 (1995), Sp. 1658.

148 Forkel, *Bach*, S. 24.

149 Forkel, *Bach*, S. 58f.

150 Schulze, *Bach-Überlieferung*, S. 147.

151 Ebd., S. 152.

152 *BAMZ* 6 (1829), S. 66, Fußnote.

153 Vgl. *Dok III*, Nr. 666 (S. 86).

154 Forkel, *Bach*, S. 61f.

155 4. April 1803, Stauffer, *Forkel / Hoffmeister & Kühnel*, Nr. 28 (S. 72).

156 Ebd., S. 21.

157 BWV, S. XI.

158 Die unechte *G-Dur-Messe* ist auch das Werk, auf das sich E. T. A. Hoffmanns Kenntnis des Bachschen Vokalwerks im wesentlichen gründete: Auf seine Bitte, ihm zur Vorbereitung seines Aufsatzes *Alte und neue Kirchenmusik* (1814) auch „irgend ein wichtig Werk von Sebastian Bach" zur Verfügung zu stellen, übersandte der Verlag (Breitkopf & Härtel) eben jenen neun Jahre zuvor unter Bachs Namen erschienen Druck (vgl. E. T. A. Hoffmann, *Schriften zur Musik. Singspiele*, Weimar und Berlin 1988, S. 643, [= *Gesammelte Werke in Einzelausgaben*, Bd 9]).

159 Forkel, *Bach*, S. 36.

160 Forkel, *Bach*, S. 36.

161 Suchalla, *Carl Philipp Emanuel Bach*, Nr. 196 (S. 457).

162 Forkel, *Bach*, S. 35.

163 Forkel, *Bach*, S. 36.

164 Vgl. Friedrich Smend, *Bach in Köthen*, Berlin [1951], S. 91.

165 Klaus Hofmann, *Forkel und die Köthener Trauermusik Johann Sebastian Bachs*; in: *BJ* 69 (1983), S. 117.

166 Johann Nikolaus Forkel, *Genauere Bestimmung einiger musikalischer Begriffe. Zur Ankündigung des akademischen Winter-Concerts von Michaelis 1780 bis Ostern 1781*, Göttingen 1780, S. 18 (leicht veränderter Wiederabdruck in Cramers *Magazin der Musik* 1.2, 1783, S. 1039ff.).

167 Forkel, *Geschichte der Musik* I, S. 46.

168 Forkel, *Geschichte der Musik* I, Autograph, Band 1a, S. 148.

169 Forkel, *Geschichte der Musik* II, S. 19–48.

170 Forkel, *Geschichte der Musik* II, S. 19.

171 Vgl. bes. Martin Ruhnke, *Moritz Hauptmann und die Wiederbelebung der Musik J. S. Bachs*, in: Anna Amalie Abert und Wilhelm Pfannkuch (Hrsg.), *Festschrift für Friedrich Blume zum 70. Geburtstag*, Kassel 1963, S. 305-319; vgl. auch Hans-Joachim Schulze, *Johann Sebastian Bach im Urteil Moritz Hauptmanns*, in: *Mf* 50 (1997), S. 22.

172 Forkel, *Geschichte der Musik* II, S. 30.

173 Forkel, *Geschichte der Musik* II, S. 23, S. 49.

174 Stauffer, *Forkel / Hoffmeister & Kühnel*, Nr. 28 (S. 74).

175 Forkel, *Bach*, S. 36.

176 Carl Dahlhaus, *Zur Entstehung der romantischen Bach-Deutung*, in: ders., *Klassische und romantische Musikästhetik*, Laaber 1988, S. 121-140 (zuerst in: *BJ* 64 [1978], S. 192-200).

177 Dahlhaus, *Die Idee der absoluten Musik*, S. 91ff.

178 E. T. A. Hoffmann, *Fantasiestücke in Callots Manier*, Berlin und Weimar ²1982, S. 60 (= *Gesammelte Werke in Einzelausgaben*, Bd. 1).

179 Dahlhaus, *Zur Entstehung der romantischen Bach-Deutung*, S. 125.

180 [Johann Karl Friedrich Triest], *Bemerkungen über die Ausbildung der Tonkunst in Deutschland im achtzehnten Jahrhundert*, in: *AMZ* 3 (1800/01), Sp. 225–235, 241–249, 257–264, 273–286, 297–308, 321–331, 369–379, 389–401, 405–410, 421–432, 437–445.

181 Triest, *Bemerkungen*, Sp. 234, Anm.

182 Triest, *Bemerkungen*, Sp. 248.

183 Triest, *Bemerkungen*, Sp. 238.

184 Triest, *Bemerkungen*, Sp. 228, Anm.

185 Ebd.

186 Triest, *Bemerkungen*, Sp. 259.

187 Triest, *Bemerkungen*, Sp. 261.

188 Triest, *Bemerkungen*, Sp. 259.

189 Triest, *Bemerkungen*, Sp. 261. An anderer Stelle erläutert Triest diesen Begriff ausführlicher: „Unter *Mechanismus* wird hier der Inbegriff der *natürlichen* Mittel verstanden, wodurch eine schöne Kunst ihre *Formen* produziren kann, und wodurch sie auch für sich bestehende Kunst wird[...]. Der Mechanismus der Musik ist theils ein *innerer* (Melodie, Harmonie, Rhythmus), theils ein *äußerer* (die materielle Beschaffenheit der Tonwerkzeuge)" (Sp. 230, Anm.). Aus der späteren Darstellung wird deutlich, daß Bach als der Ausbilder des „inneren" Mechanismus gesehen wird; die Entwicklung des „äußeren" - in Form einer „Vermehrung und Kultur der Instrumente" - bleibt den letzten Jahrzehnten des 18. Jahrhunderts (vor allem Haydn und Mozart) vorbehalten (vgl. Sp. 421).

190 Triest, *Bemerkungen*, Sp. 274.

191 Vgl. Triest, *Bemerkungen*, Sp. 302f.

192 Triest, *Bemerkungen*, Sp. 301.

193 Ebd.

194 Triest, *Bemerkungen*, Sp. 442.

195 Triest, *Bemerkungen*, Sp. 426f.

196 Triest, *Bemerkungen*, Sp. 397.

197 Triest, *Bemerkungen*, Sp. 398.

198 Ebd.

199 Triest, *Bemerkungen*, Sp. 421.

200 Triest, *Bemerkungen*, Sp. 444.

201 Ernst Ludwig Gerber, *Neues historisch-biographisches Lexikon der Tonkünstler*, Teil 1, Leipzig 1812.

202 Gerber, *Lexikon*, Sp. 220.

203 Ebd.

204 Gerber, *Lexikon*, Sp. 219.

205 Vgl. oben, Anmerkungen 108–110.

206 Gerber, *Lexikon*, Sp. 221.

207 Gerber, *Lexikon*, Sp. 214.

208 Gerber, *Lexikon*, Sp. 217: „Beynahe war nun Bach, größer als seine Vorgänger und Nachfolger, ein volles Jahrhundert im ruhigen Besitze seiner Alleinherrschaft im Reiche der Harmonie, und unser Muster, beym Gebrauche derselben, geblieben, als Riese Vogler aufstand, und in seinem Choralsysteme, Bachen, in seinen vierstimmigen Chorälen, nicht etwa nur einer Sünde zeihete, nein, sondern Takt für Takt Fehler entdeckte". - Auf Voglers Bach-Kritik war schon zehn Jahre zuvor J. K. F. Triest eingegangen, ohne aber Stellung zu beziehen (*AMZ* 3 [1800/01], Sp. 304, Anm.). Anscheinend hat er diese Fußnote ganz kurzfristig in den laufenden Abdruck des Artikels eingefügt; zwischen dem dritten und dem vierten Abschnitt von Triests Abhandlung findet sich der Beginn der Rezension von Voglers *Choral-System* durch Justin Heinrich Knecht (ebd., Sp. 264ff.), wodurch das Werk offenbar erst zu Triests Kenntnis kam.

209 Gerber, *Lexikon*, Sp. 217f.

210 Christian Albrecht Siebigke, *Museum berühmter Tonkünstler [...]. Oder Museum deutscher Gelehrten und Künstler*, Band 2, Breslau 1801, S. 26.

211 Ebd., S. 30.

212 Für Schumann vgl. den Beitrag von Bodo Bischoff im vorliegenden Band; für Wagner vgl. Cosima Wagner, *Die Tagebücher*, hrsg. v. Martin Gregor-Dellin und Dietrich Mack, München 1976, Bd. 2, S. 263 (18. Dezember 1878).

213 Forkel, *Bach*, S. 69.

214 Forkel, *Bach*, S. 24.
215 Forkel, *Bach*, S. 19.
216 Vgl. die Auseinandersetzung zu diesem Begriff bei Triest (oben, Anm. 189).
217 Forkel, *Bach*, S. IX.
218 Vgl. Schmidt, *Die Geschichte des Genie-Gedankens*, Bd. 1, S. 55f.
219 *Verzeichniß der von dem verstorbenen Doctor und Musikdirektor Forkel in Göttingen nachge-lassenen Bücher und Musikalien*, Göttingen 1819, S. 419 (Nr. 415): „Tiecks Phantasien über die Kunst, Hbg. 1799".
220 Vgl. z. B. Forkel, *Bach*, S. 19ff.
221 Forkel, *Musikalisch-Kritische Bibliothek* I, S. 66f.
222 Hans Georg Nägeli, *Vorlesungen über Musik mit Berücksichtigung der Dilettanten*, Stuttgart und Tübingen 1826.
223 Ein eindrucksvolles Dokument dieser Beschäftigung ist eine erst kürzlich publizierte Abhandlung über Bach, die nach der Vermutung des Herausgebers „wohl um 1806/07" entstanden ist (Hans Georg Nägeli, *Johann Sebastian Bach*, Nach dem autographen Manuskript der Zentralbibliothek Zürich hrsg. v. Günter Birkner, Zürich 1974, S. 31). Bernd Sponheuer dagegen vermutet (und be-gründet) ein geringfügig früheres Entstehungsdatum (Sponheuer, *Das Bach-Bild Hans Georg Nä-gelis*, S. 110–112). – Im übrigen vgl. zu Nägelis Tätigkeit als Bach-Herausgeber, die ihn in erheb-liche Konkurrenz zu Forkel brachte, den Beitrag von Karen Lehmannn im vorliegenden Band und die bei Sponheuer (*Das Bach-Bild Hans Georg Nägelis*, S. 107, Anm. 1) angegebene Literatur.
224 Nägeli, *Vorlesungen*, S. VIIf.
225 Ebd.
226 Nägeli, *Vorlesungen*, S. 107.
227 Nägeli, *Vorlesungen*, S. 32.
228 Nägeli, *Vorlesungen*, S. 33.
229 Nägeli, *Vorlesungen*, S. 185.
230 Nägeli, *Vorlesungen*, S. 48.
231 Nägeli, *Vorlesungen*, S. 117.
232 Nägeli, *Vorlesungen*, S. 195.
233 Nägeli, *Vorlesungen*, S. 134.
234 Sponheuer, *Das Bach-Bild Hans Georg Nägelis*, S. 121. Sponheuer sieht hier – zu Unrecht – Au-gust Halms Vision einer „dritten Kultur" der Musik, einer Synthese also aus Bachs Fugen- und Beethovens Sonatenprinzip, bereits angesteuert.
235 Nägeli, *Vorlesungen*, S. 196.
236 Nägeli, *Vorlesungen*, S. 230.
237 Ebd.
238 Vgl. den Beitrag von Susanne Oschmann im vorliegenden Band; vgl. ferner Arno Forchert: „*Die Hauptstadt von Sebastian Bach*". *Berliner Bach-Traditionen zwischen Klassik und Romantik*, in: *SIM-Jahrbuch* 1995, S. 15f. und S. 22–25.
239 So wird sie mit Recht von Martin Geck bezeichnet (*Wiederentdeckung*, S. 25).
240 *BAMZ* 2 (1825), S. 360f.
241 Adolf Bernhard Marx, *Erinnerungen. Aus meinem Leben*, Bd. I, Berlin 1865, S. 85.
242 *BAMZ* 1 (1824), S. 153f.
243 Geck, *Wiederentdeckung*, S. 20–25, 55–58, 131–137.
244 *BAMZ* 6 (1829), S. 66.
245 *BAMZ* 6 (1829), S. 73)
246 *BAMZ* 6 (1829), S. 65f.
247 *BAMZ* 6 (1829), S. 73
248 *BAMZ* 6 (1829), S. 78.

249 Ernst Lichtenhahn, *Zum französischen Bach-Bild des 19. Jahrhunderts*, in: *Basler Jahrbuch für historische Musikpraxis* 6 (1982) , S. 71.

250 *BAMZ* 6 (1829), S. 80. – Dieselbe Funktion erfüllt die ausführliche Zitierung des Kritikers der Spenerschen Zeitung, Friedrich von Raumer, durch Marx: „Die, welche das Vorurtheil hegen, Sebastian Bach habe mehr Kunststücke, als Kunstwerke, geliefert, hätten sich aus den, jedem zugänglichen Werken, längst vom Gegentheil überzeugen können; hier werden selbst seine Verehrer erfahren, dass er nicht bloss die grössten Massen von Tönen beherrscht und sich mit Leichtigkeit und Klarheit in ihnen bewegt, sondern dass ihm das Einfachste, Zarteste, Innigste an den passenden Stellen gleichmässig zu Gebote steht, wodurch sein Werk jeden, der nicht blos in den musikalischen Floskeln des letzten Tages befangen ist, ansprechen, ja ergreifen und tief bewegen muss" (*BAMZ* 6 [1829], S. 80).

251 *BAMZ* 6 (1829), S. 92.

252 *BAMZ* 6 (1829), S. 93.

253 *BAMZ* 6 (1829), S. 77.

254 Marx, [Artikel] *Bach, Johann Sebastian,* in: Gustav Schilling (Hrsg.), *Encyclopädie der gesammten musikalischen Wissenschaften oder Universal-Lexikon der Tonkunst,* Bd. 1, Stuttgart 1835, S. 376.

255 Vgl. etwa den Versuch einer Relativierung des Ereignisses unter Hinweis auf die Bachpflege Leipzigs (regelmäßige Aufführung der Motetten unter den Thomaskantoren August Eberhard Müller und Christian Theodor Weinlig) in der *AMZ* 31 (1829), Sp. 262–264. Der Verfasser, wahrscheinlich der Chefredakteur Gottfried Wilhelm Fink, plädiert dafür, „dass man nicht einseitig das Allerhöchste aller Bachischen Kunst, vielweniger der Kunst überhaupt, die so unendlich ist, wie des Menschen Geist, nur allein in diesem Werke des in Berlin Wiedererstandenen suchen möge" (Sp. 263).

256 Heinrich Heine, *Über die Französische Bühne. Vertraute Briefe an August Lewald (Geschrieben im Mai 1837, auf einem Dorfe bei Paris),* in: Heinrich Heine, *Sämtliche Schriften,* hrsg. v. Klaus Briegleb, München 1976, Bd. 3, S. 338. - Auf diese Heine-Stelle hat erstmals Geck hingewiesen (*Wiederentdeckung*, S. 25).

257 *BAMZ* 1 (1824), S. 448.

258 Vgl. Helmut Kirchmeyer, *Die Proklamation des Fortschritts in den Anfängen der Neuen Berliner Musikzeitung und die Propagierung einer musikwissenschaftlichen Stilfiktion als kritisches Prinzip,* in: Wiora, *Historismus,* S. 233–242; Klaus Kropfinger, *Klassik-Rezeption in Berlin (1800–1830),* in: ders., *Über Musik im Bilde,* hrsg. v. Bodo Bischoff u. a., Bd. 1, Köln 1995, S. 53–142.

259 Vgl. Elisabeth Eleonore Bauer, *Wie Beethoven auf den Sockel kam. Die Entstehung eines musikalischen Mythos,* Stuttgart 1992, S. 319ff.

260 *BAMZ* 6 (1829), S. 65.

261 *BAMZ* 6 (1829), S. 67.

262 Adolf Bernhard Marx, *Ludwig van Beethoven. Leben und Schaffen,* Bd. 1, Berlin ²1863, S. 51–53.

263 Marx, *Beethoven* 1, S. 252f.

264 Marx, *Beethoven* 1, S. 256.

265 Marx, *Ludwig van Beethoven. Leben und Schaffen,* Bd. 2, S. 89. – Marx tendiert dazu, das historisch Spätere mit dem ästhetisch Reiferen zu identifizieren; schon früher sieht er Beethovens kompositorischen Rang durch seinen Beitrag zur Entwicklung der (von Marx theoretisch kodifizierten) Formen der Instrumentalmusik garantiert. Nur bei stillschweigender Voraussetzung eines linearen Fortschrittsbegriffs wird Marxens Behauptung plausibel, „daß keines einzelnen Künstlers Kraft zur Vollendung dieser Formen genügt hat, daß der große Bach, – er, der mit Riesenkraft und legendenhaftem Treufleiß alle in seiner Zeit denkbaren Tonformen gleichsam erschöpfte, – unserer Sonatenform nicht hat mächtig werden, daß sie auch von Haydn und Mozart nicht auf den Punkt der Vollendung gehoben werden können, wie von ihrer beiden Erben und Zögling, Beethoven" (Adolf Bernhard Marx, *Die alte Musiklehre im Streit mit unserer Zeit,* Leipzig 1841, S. 20).

266 Marx, *Beethoven* 1, S. 53f.

267 *AMZ* 5 (1802/03), Sp. 361–369.

268 Heinrich Bellermann (Hrsg.), *Fünf Briefe von Joh. Nic. Forkel an Carl Friedr. Zelter*, in: *LAMZ* 39 (1874), Sp. 625 (Göttingen, 28. April 1803). – Vgl. ebd. Sp. 611: „Wenn Sie mir, Hochge-schätzter Freund, mit der Versicherung, dass Ihnen mein Bach einige Unterhaltung verschafft habe, nicht etwa bloss ein Compliment haben machen wollen, so freut es mich sehr, und ich kann Sie da-gegen versichern, dass mir Ihre Beystimmung lieber ist, als der Beyfall vieler anderer" (Göttingen, 13. März 1803).

269 Zelter beabsichtigte, an der Nachlaßauktion teilzunehmen. Ob er dieses Vorhaben realisiert hat, ist unklar; vgl. seinen Brief an Goethe vom 21. Juni 1818 (*Goethe*/Zelter, Nr. 311). Bei den erwähn-ten Briefen Carl Philipp Emanuel Bachs handelt sich um die Briefe Suchalla, *Carl Philipp Ema-nuel Bach*, Nr. 196 (Dezember 1774) und Nr. 202 (13. Januar 1775). Früher wurde angenommen, Zelter habe diese Briefe besessen und womöglich selbst aus Forkels Nachlaß erworben (zu seiner Kenntnis der Dokumente vgl. *Dok III*, Nr. 801 K). Erst Hans-Joachim Schulze hat dies in jüngster Zeit begründet in Zweifel gezogen (Hans-Joachim Schulze, *Karl Friedrich Zelter und der Nachlaß des Bach-Biographen Johann Nikolaus Forkel*, in: *SIM-Jahrbuch* 1993, bes. S. 147f.).

270 *Goethe*/Zelter, Nr. 487.

271 Über den Fund berichtete Erwin Reuben Jacobi 1972 auf dem 11. Kongreß der International Musi-cological Society (*C. F. Zelters kritische Beleuchtung von J. N. Forkels Buch über J. S. Bach, aufgrund neu aufgefundener Manuskripte*, in: *Kongreßbericht Kopenhagen [1972]*, Kopenhagen 1974, Bd. 2, S. 462–466). Eine Faksimile-Ausgabe der Forkelschen Bach-Monographie samt einer Übertragung aller Zelterschen Anmerkungen war von Jacobi noch in Angriff genommen und fast vollständig für den Druck vorbereitet worden, kam dann aber durch seinen Tod nicht mehr zustan-de. Zelters Notizen sind vollständig erfaßt; nur der Kommentarteil ist noch unabgeschlossen. Alle folgenden Zitate - nachgewiesen durch Klammerzusätze im Text - stammen, falls nicht anders an-gegeben, aus dem Typoskript Jacobis, für dessen Studium ich Herrn Prof. Dr. Hans Schneider, Tutzing, zu herzlichem Dank verpflichtet bin.

272 Dies vermutet Erwin Jacobi, und zwar aufgrund des unverändert freundlichen Tonfalls, der in For-kels (bis 1806 nachweisbaren) Briefen an Zelter herrscht, die keinen Hinweis darauf enthalten, daß Zelter seine Kritik Forkel gegenüber jemals geäußert hat (Jacobi, *Zelters kritische Beleuchtung*, S. 464).

273 April 1827 (*Goethe*/Zelter, Nr. 549).

274 Typoskript Jacobi, S. 39.

275 Typoskript Jacobi, S. 18.

276 Z. B. Forkel, *Bach*, S. 21, Z. 28f.

277 Typoskript Jacobi, S. 12.

278 Forkel, *Bach*, S. 59.

279 Typoskript Jacobi, S. 32.

280 *Goethe/Zelter*, Nr. 549 (April 1827), Nr. 551(21./22. April 1827) und Nr. 556 (8. Juni 1827).

281 Beispiele finden sich bei Georg Schünemann, *Die Bach-Pflege der Berliner Singakademie*, in: *BJ* 25 (1928), S. 149f., S. 153–155 und S. 167f. - Vgl. auch Gerald Osthoff, *Untersuchungen zur Bach-Auffassung im 19. Jahrhundert*, Diss. Köln 1949, S. 190–196.

282 Typoskript Jacobi, S. 17.

283 Typoskript Jacobi, S. 20. – Daß hier auf Scheibe angespielt wird, den Zelter sonst mehrfach expli-zit erwähnt, ist nicht zu bezweifeln.

284 Typoskript Jacobi, S. 21.

285 Typoskript Jacobi, S. 16.

286 Typoskript Jacobi, S. 18.

287 *Goethe/Zelter*, Nr. 549 (April 1827).

288 *Goethe/Zelter*, Nr. 556 (8. Juni 1827).

289 Zu dem überaus belasteten persönlichen Verhältnis zwischen Zelter und Marx vgl. Kropfinger, *Klassik-Rezeption in Berlin*, S. 123f., sowie Forchert, *Die „Hauptstadt von Sebastian Bach"*, S. 22ff.

290 Etwa zu Forkel, *Bach*, S. 27 und S. 30.

291 Typoskript Jacobi, S. 15.

292 Typoskript Jacobi, S. 11.

293 Etwa zu Forkel, *Bach*, S. 27 und S. 30.

294 Allerdings ist dieses Manuskript nicht autograph; es ist also durch Abschrift oder durch Diktat entstanden.

295 Schrade, *Johann Sebastian Bach und die deutsche Nation*, S. 231, S. 243.

296 Forkel, *Bach*, S. 69.

297 Forkel, *Bach*, S. V.

298 16. Juli 1802 (Stauffer, *Forkel / Hoffmeister & Kühnel*, Nr. 14 [S. 40]).

299 23. Dezember 1802 (Stauffer, *Forkel / Hoffmeister & Kühnel*, Nr. 25 [S. 66]).

300 Auf dem Entwurf findet sich Forkels Vermerk: „Die Abschrift nach Wien gesendet am 25. März, 1803. nebst dem unterschrienben Contract" (Berlin SBPK: Forkel, Mus. theor. 310). Der Probeabzug des ersten Bandes, der als Unikat in Forkels Nachlaß noch von Heinrich Edelhoff in der Berliner Staatsbibliothek eingesehen werden konnte (Edelhoff, *Johann Nikolaus Forkel*, S. 113), ist seit dem Zweiten Weltkrieg verschollen. Die Druckplatten sind 1803 in Wien von den französischen Besatzungstruppen eingeschmolzen worden.

301 Edelhoff, *Johann Nikolaus Forkel*, S. 79.

302 Der Text zeigt dies unmißverständlich, und aus Forkels Verlagskorrespondenz wurden oben die entsprechenden Belege angeführt. Nur an einer Stelle - natürlich in dem appellativen Vorwort - gibt Forkel sich etwas konzilianter, wenn er feststellt, daß er mit dem Mittel seiner kleinen Monographie „zu einem größern Theil meiner deutschen Mitwelt" sprechen könne als in der nur für Spezialisten geschriebenen Musikgeschichte (Forkel, *Bach*, S. VI).

303 Forkel, *Bach*, S. VI.

304 Forkel, *Bach*, S. 53.

305 Forkel, *Bach*, S. VI.

306 *Zeitung für die elegante Welt* [Leipzig], Intelligenzblatt Nr. 4, 24. Januar 1801.

307 *AMZ* 3 (1801), Sp. 336.

308 Brief an Franz Anton Hoffmeister, datiert „Vien am 15ten (oder so was dergleichen) Jenner 1801" (*Beethoven: Briefwechsel. Gesamtausgabe*, im Auftrag des Beethoven-Hauses Bonn hrsg. v. Sieghard Brandenburg, Bd. 1, München 1996, S. 63 (Nr. 54)).

309 20. Juni 1808, Stauffer, *Forkel / Hoffmeister & Kühnel*, Nr. 33 (S. 88).

310 Ebd.

311 Schrade, *Johann Sebastian Bach und die deutsche Nation*, S. 251.

312 Marx, *Beethoven 1*, S. 51.

313 Marx, *Die Lehre von der musikalischen Komposition, praktisch und theoretisch*, Bd. 3, Leipzig 1845, S. 361. – Dieser toposhafte Vergleich polyphoner Satztechnik mit dem dramatischen Dialog begegnet schon in Forkels Bach-Monographie (Forkel, *Bach*, S. 41f.): „Er [= Bach] sah seine Stimmen gleichsam als Personen an, die sich wie eine geschlossene Gesellschaft mit einander unterredeten".

314 Marx, *Die Lehre von der musikalischen Komposition*, Bd. 2, Leipzig 1838, S. 164.

315 Marx, *Die Lehre von der musikalischen Komposition*, Bd. 4, Leipzig 1847, S. 395.

316 Hans von Bülow, *Briefe und Schriften*, hrsg. v. Marie von Bülow, Bd. 7 (= Briefe 6), Leipzig 1907, S. 255.

LE CLAVECIN BIEN TEMPÉRÉ

ou

Préludes et Fugues

dans tous les tons et demi-tons
sur les Modes majeurs et mineurs

PAR

JEAN SEBASTIEN BACH.

Edition nouvelle, soigneusement revue, corrigée et doigtée,
ainsi que pourvue de notifications sur l'exécution
et sur les mesures des temps (d'après le Métronome de Maelzel)
et accompagnée d'une préface

par

CHARLES CZERNY.

Partie 1.	Propriété de l'Editeur.	*Pr. 3 Rthlr*
	(dans cet arrangement)	

Enregistré aux archives de l'union.

LEIPZIG,

au Bureau de Musique de C. F. Peters.

2654. 2655.

❧ Oeuvres complets. Liv. I ❧

1837.

KAREN LEHMANN

DIE IDEE EINER GESAMTAUSGABE: PROJEKTE UND PROBLEME*

Die Wirkungsgeschichte Bachs, die wohl einzigartig und beispiellos ist und nach deren Parallelen man in der Musikgeschichte vergeblich sucht, wird in der einschlägigen Literatur in widersprüchlicher Weise dargestellt: vom völligen Vergessensein des Komponisten bis hin zu einer ungebrochenen Tradition seiner Werke.[1] Beides trifft so nicht zu, und diese Wertung zu differenzieren, ist auch das Anliegen des vorliegenden Beitrages. Das Engagement der Verleger, ihr Idealismus und ihre Begeisterung für das Werk Bachs sind dabei ebenso bewundernswürdig wie die verantwortungsvolle Arbeit der Redakteure, ihr Fleiß und ihre Beharrlichkeit.

Dank der nahezu vollständigen Überlieferung von Briefkopierbüchern der Verlage Hoffmeister & Kühnel und C. F. Peters sind wir in der Lage, uns einen Einblick in die Arbeitswelt der Verlage zu verschaffen. Hinzu kommen erhaltene Briefe von Herausgebern wie Johann Nikolaus Forkel, Carl Czerny oder Friedrich Konrad Griepenkerl, von Bach-Sammlern wie Johann Gottlob Schuster oder Franz Hauser, von Verlegern wie Johann August Böhme oder Hans Georg Nägeli.

Zweifellos hat Felix Mendelssohn Bartholdy (1809–1847) einmalige Verdienste um die Wiederentdeckung der Musik Bachs durch die denkwürdige Aufführung der *Matthäus-Passion* am 11. März 1829 mit der Berliner Sing-Akademie, doch reichen die Anfänge einer Bach-Bewegung deutlich weiter zurück. Ohne diese Anfänge wäre es Mendelssohn nicht möglich gewesen, seine Aufführung vorzubereiten und durchzuführen und damit eine Welle der Begeisterung und Leidenschaft für das Werk Bachs auszulösen.

Aus zahlreichen Bach-Erwähnungen in handschriftlichen oder gedruckten Textquellen zu Beginn des 19. Jahrhunderts wird deutlich, daß eine maßgebliche Phase der Bach-Renaissance bereits in die Zeit um 1800 fällt. Die nahezu gleichzeitige Herausgabe des *Wohltemperierten Klaviers* (BWV 846–893) durch drei Verleger im Jahre 1801, eine erste Gesamtausgabe der Klavierwerke bei Hoffmeister & Kühnel (1801–1804) und die erste ausführlichere Bach-Biographie von Johann Nikolaus Forkel aus dem Jahre 1802[2] leiten ein neues Kapitel der Bach-Bewegung ein, deren publizistischer Ertrag von der Einbeziehung Bachscher Kompositionen in Unterrichtswerke über eigenständige Abhandlungen bis hin zu zahlreichen Beiträgen, Rezensionen, Nachrichten und Verlagsanzeigen in musikalischen Zeitungen und Zeitschriften reicht.

DER WETTSTREIT UM DIE HERAUSGABE DES *WOHLTEMPERIERTEN KLAVIERS*

„Es ist wirklich ein bemerkenswerthes Zeichen der Zeit, daß nicht nur drey Verleger fast zugleich es zu unternehmen wagten, Sebastian Bachs Werke für das
Klavier herauszugeben, sondern daß diese Ausgaben auch so viel Unterstützung
finden. Der beste Beweis dafür ist wohl, daß die eine sehr rasch vorwärts gehet,
und die andern auch nicht dahinten bleiben."[3] Mit diesen Worten würdigte die
Allgemeine Musikalische Zeitung im März 1803 die verlegerischen Leistungen
von Nicolaus Simrock, Hans Georg Nägeli sowie Franz Anton Hoffmeister und
Ambrosius Kühnel um die Herausgabe des *Wohltemperierten Klaviers*.

Zweifellos ist mit dem Druck des *Wohltemperierten Klaviers* der eigentliche
Beginn der Bach-Renaissance eng verbunden; die Verlage haben dabei einen
ganz entscheidenden Anteil. Auch wenn zum Beispiel das *Wohltemperierte Klavier* in zahlreichen Abschriften kursierte, so wurde doch mit der Druckausgabe
eine wesentlich breitere Öffentlichkeit erreicht. Zu Recht kann man sagen, daß
sich an der Wende zum 19. Jahrhundert eine Wandlung in den Verlagsprofilen
vollzogen hatte: Der Handel mit abschriftlichen Musikalien ging deutlich zurück
und wurde von dem weitaus rentableren Notendruck vom Markt verdrängt.

Der Gedanke an eine Druckausgabe des *Wohltemperierten Klaviers* war nicht
neu. Einige Jahre zuvor, im September 1790, hatte der Berliner Musikverleger
Johann Carl Friedrich Rellstab (1759–1813) „Joh. Seb. Bachs, zweymal 24 Vorspiele und Fugen aus allen Tonarten" angekündigt, „das Erste und Bleibendste
was die deutsche Nation als Musikkunstwerk aufzuzeigen hat".[4]

Rellstab kämpfte gegen die wahre Flut von fehlerhaften, schlechten und dazu
noch teuren Abschriften, doch sein Vorhaben scheiterte an der zu geringen Zahl
von Pränumeranden. In England plante August Friedrich Christoph Kollmann
(1756–1829) die Herausgabe des *Wohltemperierten Klaviers*; aber wie bei Rellstab kam es auch hier nicht zur Ausführung. Kollmann fürchtete die Konkurrenz
anderer Verlage.[5]

Warum gerade die Klaviermusik am Beginn der Bach-Renaissance von 1800
steht, gleichsam als Auftakt für das wachsende Interesse an der Musik Johann
Sebastian Bachs, läßt sich leicht beantworten. Die Klaviermusik spielte im privaten Musikleben des beginnenden 19. Jahrhunderts eine dominierende Rolle. Zum
Repertoire eines jeden guten Klavierspielers gehörten die Werke von Haydn und
Mozart, Clementi, Cramer, Dussek, Steibelt oder Kalkbrenner, und schließlich
auch Johann Sebastian Bach und sein *Wohltemperiertes Klavier*. Dieses fand
vornehmlich zu Unterrichtszwecken, als Beispiel für strenge kontrapunktische
Arbeit, Eingang in die häusliche bürgerliche Musikszene.

Die Verlage paßten sich dem wachsenden Bedarf an Klavierliteratur an, und
so brachten Hoffmeister & Kühnel beispielsweise die Klavierschulen von Muzio
Clementi und Ignaz Pleyel heraus[6] sowie als Erstdruck die Sonate für Klavier
B-Dur von Carl Philipp Emanuel Bach (Wq 268; H 51) – „ein noch unbekanntes
Werk, das allen Clavierspielern um desto willkommener seyn wird, als man die
Erscheinung der ungedruckten Werke Phil. Emanuel Bachs allgemein verlangt".[7]

Kehren wir zurück zu den Verlegern des *Wohltemperierten Klaviers*. Nicolaus Simrock (1751–1832) brachte als erster im Januar 1801 in der *Allgemeinen Literatur-Zeitung* und in den *Leipziger Zeitungen*, im Februar auch in der *Allgemeinen musikalischen Zeitung* eine „Musikalische Anzeige" zu seinem Editionsvorhaben.[8] An der Menge der Anzeigen läßt sich erkennen, wie eilig er es hatte, die interessierte Öffentlichkeit von seinem Unternehmen in Kenntnis zu setzen.

Der ungenannte Herausgeber ist der Hamburger Musikdirektor, Musikalienhändler und Bach-Sammler Christian Friedrich Gottlieb Schwenke (1767–1822), der neben den Autographen der *Matthäus-Passion* (BWV 244) und der *Zweistimmigen Inventionen* und *Dreistimmigen Sinfonien* (BWV 772–801) beide Teile des *Wohltemperierten Klaviers* in Abschriften besaß.[9] Ein zwischen Takt 22 und 23 nachträglich eingefügter Takt im *C-Dur-Präludium* des I. Teiles – nach Alfred Dürr wohl kaum von dem damals erst 16jährigen Schreiber Schwenke – ist in zahlreichen nachfolgenden Druckausgaben wiederzufinden und als der sogenannte „Schwenkesche Takt" in die Musikgeschichte eingegangen.[10]

Daß der II. Teil des *Wohltemperierten Klaviers* vor dem I. erschien, mag wohl daran gelegen haben, daß Simrock Teil I zum Stechen nach Paris gab und der in der heimischen Werkstatt hergestellte Teil II schneller fertiggestellt war.[11]

Im Wettstreit um die Herausgabe des *Wohltemperierten Klaviers* meldete sich aus Zürich Hans Georg Nägeli (1773–1836). Die „Kurze Nachricht" vom 4. Februar in der *Allgemeinen musikalischen Zeitung*, „daß zwey Musikverleger zugleich es vortheilhaft gefunden haben, J. Sebastian Bachs Werke herauszugeben – Hr. Simrock in Bonn die berühmten Präludien, und das Bureau de musique (die Herren Hoffmeister und Kühnel) in Leipzig die vollständigen Werke dieses Vaters deutscher Harmonie"[12], versetzten ihn in Unruhe, und er „bevollmächtigt einen seiner Freunde in Leipzig unter gewissen Voraussetzungen", unverzüglich eine „Vorläufige Nachricht" über seine Bach-Ausgabe ebenfalls in der *Allgemeinen musikalischen Zeitung* zu bringen.[13]

Das *Wohltemperierte Klavier* wurde von Nägeli in die Reihe *Musikalische Kunstwerke im Strengen Style von J S Bach u. andern Meistern* aufgenommen. Schon einige Zeit zuvor hatte ihn dieses Werk beschäftigt, das er – aufmerksam gemacht durch die Anzeige im Katalog Rellstab vom Jahre 1790[14] – durch Vermittlung des Verlages Breitkopf & Härtel gern erwerben wollte.

Welche Vorlagen Nägeli für seine Druck-Ausgabe zur Verfügung standen, ist nicht mehr auszumachen. Fest steht, daß es mehrere gewesen sein müssen: eine Handschrift, die Nägeli über Breitkopf & Härtel bekam, eine Handschrift, die er in Zürich erhielt – das sogenannte Züricher Autograph – und die oben erwähnte Abschrift von Schwenke.[15]

Schließlich konnte auch der dritte Konkurrent, der Leipziger Verlag Hoffmeister & Kühnel (Bureau de Musique), folgendes mitteilen: „Das erste Heft der Prachtausgaben von Seb. Bachs Werken [...] können die resp. Pränumeranten gegen Vorausbezahlung auf das folgende Heft erhalten."[16] Damit ist die „Gesamtausgabe" der Werke Bachs gemeint, die *Œuvres complettes de Jean Sebastien Bach*, in deren Lieferungen neben anderen Klavierwerken das *Wohltem-*

perierte Klavier gegeben wird: Teil I verteilt auf die Hefte I–IX, Teil II auf die Hefte VIII–XIII. Als eigenständiger Band, gewissermaßen als Zusammenfassung der einzelnen Lieferungen und unter Verwendung derselben Druckplatten, kam Teil I im Juli 1802 heraus, Teil II Ende 1803.

Hoffmeister & Kühnel gewannen Johann Nikolaus Forkel als Redakteur für ihre *Œuvres complettes*. Für sie war Forkel der große Bach-Kenner, der mit den beiden Bach-Söhnen Carl Philipp Emanuel und Wilhelm Friedemann in Korrespondenz gestanden, sie persönlich gekannt und von ihnen Bachiana erhalten hatte. Unter dem Druck der Rivalen Simrock und Nägeli ließ der Verlag das I. Heft mit *Präludium und Fuge C-Dur* aus dem *Wohltemperierten Klavier* I, den *15 Inventionen* (BWV 772–786) und der *d-Moll-Toccata* (BWV 913a) zunächst ohne die Mitarbeit Forkels erscheinen. Wie wir noch sehen werden, wurde dieses I. Heft (außer der *Toccata*) später von Forkel revidiert, und die überarbeiteten Fassungen wurden in den Heften IX und XIV als lose Bogen den Pränumeranten „gratis" beigefügt. Auf dem Titelblatt des IX. Heftes ließ der Verlag stolz und selbstbewußt folgende Anmerkung anbringen: „Nun ist der I^{te} Theil des wohltemperirten Klaviers vollständig nach dem von Seb. Bach selbst verbesserten Originale des Herrn D. Forkel gestochen."

Die Quellen, die Forkel für seine Edition benutzte, sind eine Abschrift von unbekannter Hand um 1800 mit Eintragungen von Forkel, eine Abschrift von der Hand des Weimarer Stadtorganisten und Lexikographen Johann Gottfried Walther (1684–1748) sowie eine Abschrift einzelner Stücke von Forkels Hand in einem Klavierbuch aus dem Besitz Forkels.[17]

WEITERE BACH-EDITIONEN

Wie Hoffmeister & Kühnel beabsichtigte auch Simrock, „sämmtl. Werke von Seb. Bach" herauszubringen, sah sich jedoch durch „verschiedene Musikfreunde und Kenner vom ersten Range" von diesem Plan abgehalten, da diese der Meinung seien, „daß vieles unter seinen musikalischen Producten für unser Zeitalter ganz und gar nicht genießbar sey".[18]

Unzweifelhaft beziehen sich diese Bemerkungen aus einer Ankündigung des *Wohltemperierten Klaviers* in den *Leipziger Zeitungen* vom 6. Juni 1801 auf die schon genannte „Vorläufige Nachricht", die Hans Georg Nägeli im Februar 1801 in der *Allgemeinen musikalischen Zeitung* als Antwort auf die vernommene „doppelte Konkurrenz" bringen ließ. Wie aus dem Briefwechsel Nägeli – Breitkopf & Härtel hervorgeht, ist Nägeli nicht der Verfasser dieser Ankündigung, und er verlangte energisch, davon „freigesprochen" zu werden, vor allem deshalb, da in die Nachricht „einige kunstrichterliche Reflexionen" aufgenommen wurden, die er „am allerwenigsten in ihrer Beziehung auf Johann Sebastian Bach dem Publikum zugesprochen haben möchte".[19] Daß Bach neben Werken, die ihn „unsterblich" machen, solche geschrieben habe, „die nichts sind, als Produkte scholastischer Spitzfindigkeit und unfruchtbarer Grübeley", eine derartige Äußerung hätte Nägeli in der Tat nicht von sich gegeben. Sie paßt nicht zu seinem Bach-Bild, wie auch seine um 1806 geschriebene Abhandlung über Johann Sebastian Bach deutlich macht.[20]

Bleiben wir bei dieser Anzeige in den *Leipziger Zeitungen* vom 6. Juni, in der noch ein weiteres Bach-Werk von Simrock angekündigt wurde: die *Drei Sonaten und drei Partiten* (BWV 1001–1006). Vorerst endeten damit Simrocks Aktivitäten auf dem Gebiete der Bach-Editionen, bis der Bonner Verlag 1833 in der mit Nägeli zusammen veranstalteten Herausgabe von *Kyrie* und *Gloria* aus der *Messe in h-Moll* (BWV 233) seinen wohl größten Erfolg verbuchen konnte.

Hoffmeister & Kühnel setzten ihre *Œuvres complettes* mit den Heften V–XI fort, und bei Nägeli in Zürich erschienen in der Reihe *Musikalische Kunstwerke im strengen Style* 1802 die *Kunst der Fuge* (BWV 1080) und die *Sechs Sonaten für Klavier und Violine* (BWV 1014–1019).

Ergänzend zu den genannten Verlagen, die sich ausschließlich der Instrumentalmusik widmeten, wandte sich Breitkopf & Härtel der Vokalmusik zu und ließ 1802 und 1803 in zwei Heften „Joh. Seb. Bach's Motetten in Partitur" erscheinen, mit „*Singet dem Herrn ein neues Lied*" (BWV 225), „*Fürchte dich nicht, ich bin bei dir*" (BWV 228), „*Ich lasse dich nicht, du segnest mich denn*" (BWV Anh. 159), „*Komm, Jesu, komm*" (BWV 229), „*Jesu, meine Freude*" (BWV 227) und „*Der Geist hilft unsrer Schwachheit auf*" (BWV 226) – ediert von Johann Gottfried Schicht (1753–1823), dem späteren Thomaskantor, in zeitüblicher Praxis ohne Nennung des Herausgebers. Dieser Erstdruck – mit deutlichen Abweichungen gegenüber den Hauptquellen im Notentext und in der Textunterlegung – blieb für einige Zeit die einzige Edition Bachscher Motetten. Erst um 1820 folgten drei weitere Motetten, darunter bezeichnenderweise zwei unechte: bei Breitkopf & Härtel „*Lob und Ehre und Weisheit und Dank*" (BWV Anh. 162) – eine Komposition des Bach-Schülers Georg Gottfried Wagner (1698–1756) – , in Berlin bei Christian Ernst Kollmann die Motette „*Jauchzet dem Herrn, alle Welt*" (BWV Anh. 160), deren dritter Satz zu Georg Philipp Telemanns Kantate „*Lobt Gott, ihr Christen allzugleich*" (TWV 1:1066) gehört, und 1821 wiederum bei Breitkopf & Härtel „*Lobet den Herrn, alle Heiden*" (BWV 230).

Die Resonanz der Ausgabe von 1802/03 war groß, und es ist verständlich, daß Breitkopf & Härtel vornehmlich in ihrer hauseigenen Zeitschrift über das Projekt berichten lassen. Eine Rezension über drei Spalten erschien am 9. Februar 1803. Der ungenannte Verfasser, für den Bach der „grösste aller deutschen Künstler" ist, lobt dieses „verdienstliche und aller Ermunterung würdige Unernehmen", das „gerade diesen Zweig der Bachschen Muse, der im Auslande vielleicht nirgend bekannt worden ist, durch den Druck zur Publizität" bringt.[21]

Bereits drei Monate später wurde zusammen mit dem zweiten Motetten-Heft ein weiteres Vokalwerk Bachs von Breitkopf & Härtel angekündigt, die „Missa für zwey Chöre", die jedoch erst 1805, ebenfalls von Schicht herausgegeben, erscheinen sollte. Es handelt sich hierbei um die unechte *Messe in G-Dur* (BWV Anh. 167), Johann Ludwig Bach oder Antonio Lotti zugeschrieben. Friedrich

Rochlitz schreibt über die Aufführung dieser Messe am 7. März 1805 im Ge-
wandhaus unter Leitung von Schicht: „Von ganz eigener, seltsam-feyerlicher
Wirkung war das Konzert, in welchem zwey der grössesten Meisterwerke der
Bache neben einander gestellt waren – im ersten Theil die grosse, zweychörige
Messe Sebastian Bachs, und im zweyten, das berühmte zweychörige Heilig sei-
nes Sohnes, K. Ph. Emanuel. Das erste trat wie ein aus den Ruinen der grauen
Vorzeit herausgegrabener Obelisk hervor, und erfüllte das Gemüth mit einem
Schauer der Ehrfurcht gegen die Kraft und Gewalt der Vorfahren, u. gegen das
Grosse und Heilige ihrer Kunst."[22]

Inzwischen war bei Hoffmeister & Kühnel die Bach-Biographie von Johann
Nikolaus Forkel erschienen, mit den Heften XII–XVI wurde die erste sogenannte
Gesamtausgabe der Klavierwerke Bachs abgeschlossen, und schließlich sind den
genannten Bach-Editionen der ersten Jahre nach 1800 noch folgende Ausgaben
hinzuzufügen:

- *Englische Suiten* Nr. 3 und Nr. 6 (BWV 808 und 811), Hoffmeister & Kühnel
  1805, 1812;
- *J. S. Bach's Choral-Vorspiele für die Orgel* (BWV 614, 633–634, 645–650,
  664b, 675–684, 691–693, 697–701, 704–708/708a, 710–711, 748, 759,
  769a), 4 Hefte, hrsg. von J. G. Schicht, Breitkopf & Härtel 1803–1806;
- *Vierstimmige Choralgesänge* (aus BWV 2–438, Auswahl), Nachauflage,
  Breitkopf & Härtel 1804;
- *Goldberg-Variationen* (BWV 988), in: *Musikalische Kunstwerke im strengen
  Style*, Nägeli 1809.

BACH-AUFFÜHRUNGEN

Diese ersten Bemerkungen zur Wirkungsgeschichte Bachs nach 1800 wären unvollständig, würde nicht auch die öffentliche Rezeption seiner Musik mit einbezogen werden. Hier möchte ich auf die anderen Beiträge dieses Bandes verweisen
und nur noch einige Nachrichten über Leipziger Bach-Aufführungen hinzusetzen.
Daß dabei die geistliche Vokalmusik im Vordergrund stand, ist hinlänglich bekannt und zweifelsfrei ein Verdienst der Thomaskantoren. Anknüpfend an die ältere Aufführungstradition, wurden Kantaten und Motetten gebracht, aufgeführt in
den beiden Hauptkirchen und – wie wir gleich sehen werden – im Konzertsaal der
Thomasschule.

Zunächst berichtete die *Allgemeine Musikalische Zeitung* zu Beginn des Jah-
res 1803 über die Aufführung der beiden Kantaten *„O Ewigkeit, du Donnerwort"*
(BWV 20) und *„Mache dich mein Geist bereit"* (BWV 115) in einer der beiden
Hauptkirchen St. Thomas oder St. Nikolai und machte in diesem Zusammenhang
auf die „wöchentlichen [Konzerte] auf der Thomasschule" aufmerksam.[23] Dieser
Hinweis ist insofern bedeutsam, als damit Aufführungen im Konzertsaal der
Thomasschule gemeint sind, die dienstags von fünf bis sieben Uhr unentgeltlich
stattfanden und vornehmlich für „junge Kunsttalente" gedacht waren. Von Johann

Adam Hiller (1728–1804) eingeführt, erhielten diese Konzerte durch seinen Adjunkten, den 1804 zum Thomaskantor berufenen August Eberhard Müller (1767–1817) bald einen festen Platz im Musikleben der Stadt Leipzig.

Noch „vor der öffentlichen Aufführung" wurden einem kleineren Kreis von interessierten Zuhörern zum Beispiel Haydns *Jahreszeiten* geboten, „Kirchenmusik von ihm, von Hiller, von Mozart und andern, zweychörige Motetten von Sebast. Bach, Graun, Doles u.s.w."[24]

Johann Friedrich Reichardt (1752–1814), Komponist, Schriftsteller und Herausgeber der *Berlinischen Musikalischen Zeitung* (1805–1806), berichtete in fast regelmäßigen Abständen über die „Concerte der Thomasschule zu Leipzig" und versetzt uns damit in die glückliche Lage, einen Aufführungskalender von Bach-Werken aus den Jahren 1805/06 nach diesen Angaben erstellen zu können, der durch Mitteilungen aus der *Allgemeinen musikalischen Zeitung* noch ergänzt werden kann.

Michaelis bis Neujahr 1802	*„O Ewigkeit, du Donnerwort"* (BWV 20)
	„Mache dich mein Geist bereit" (BWV 115)
	Aufführungsort: eine der beiden Hauptkirchen[25]
20. Nov. 1804	„Eine kunstvolle Motette von Joh. Seb. Bach."
	Aufführungsort: Thomasschule[26]
7. Febr. 1805	*Messe in G-Dur* (BWV Anh. 167)
	Aufführungsort: Gewandhaus[27]
10. Febr. 1805	*„Ach Herr, mich armen Sünder"* (BWV 135)
	Aufführungsort: eine der beiden Hauptkirchen[28]
26. Febr. 1805	*„Jauchzet dem Herrn, alle Welt"* (BWV Anh. 160)
	Aufführungsort: Thomasschule[29]
12. Nov. 1805	*„Singet dem Herrn ein neues Lied"* (BWV 225)
	Aufführungsort: Thomasschule[30]
19. Nov. 1805	„eine zweite sehr schöne zweichörige Motette"
	Aufführungsort: Thomasschule[31]
26. Nov. 1805	*„Fürchte dich nicht, ich bin bei dir"* (BWV 228)
	Aufführungsort: Thomasschule[32]
3. Dez. 1805	*„Ich lasse dich nicht, du segnest mich denn"* (BWV Anh. 159)
	Aufführungsort: Thomasschule[33]
10. Dez. 1805	*„Jesu, meine Freude"* (BWV 227)
	Aufführungsort: Thomasschule[34]
21. Jan. 1806	*„Fürchte dich nicht, ich bin bei dir"* (BWV 228)
	Aufführungsort: Thomasschule[35]
18. März 1806	*„Singet dem Herrn ein neues Lied"* (BWV 225)
	Aufführungsort: Thomasschule[36]

Reichardt ist es auch, der auf anschauliche Weise ein Bild von der Musikstadt Leipzig in dieser Zeit nach 1800 zeichnet, das gleichermaßen auch für andere Musik-Zentren wie Berlin, Hamburg oder Wien gelten kann: „Die Musik wird in Leipzig bekanntlich sehr kultivirt, und ein feinerer Geschmack für diese Kunst verbreitet sich auf mancherlei Wegen immer mehr. Gebildete Künstler und Ken-

ner, die unter uns wohnen, und entweder die Aufsicht über das Musikwesen führen, oder doch thätig sich dafür interessiren, öffentliche und Privatconcerte, musikalische Bildungsanstalten, wie die Thomasschule und die vom Herrn Musikdirektor Schicht vor einiger Zeit errichtete Singakademie, die Kunstliebe mancher
reichen Partikuliers, einiger Kaufleute und Gelehrte der Stadt, die Leichtigkeit aus
den Kunsthandlungen Breitkopfs und Härtels, Hoffmeisters und Kühnels, Rost's,
Meysels, die neuesten besten, wie auch ältere klassische Musikalien zu erhalten,
der Vorrath der vorzüglichsten Instrumente des In- und Auslandes, die häufige
Gelegenheit, durchreisende Virtuosen zu hören, die bis auf die kurze Fasten- und
Adventszeit ununterbrochenen sonn- und feiertäglichen Kirchenmusiken, endlich
auch die Opern, welche im Winterhalbenjahr wöchentlich dreimal gegeben werden, – dies Alles und mehreres Andre sind theils Beweise, theils Beförderungs-
mittel einer vorzüglichen Kultur und Liebe der Tonkunst."[37]

DIE ERSTE GESAMTAUSGABE DER WERKE J. S. BACHS

Werke einer großen Persönlichkeit der Dichtkunst, der bildenden Kunst, der Musik, auch Abhandlungen eines bedeutenden Naturwissenschaftlers zu sammeln
und zu bewahren, hat eine alte Tradition; sie in einer sorgfältigen Ausgabe der
Nachwelt zu erhalten, ist ein relativ junges Unternehmen, wobei die Forderungen
nach einer kritischen und quellenkundlich fundierten Edition auf der Grundlage
wissenschaftlich exakter Richtlinien stetig gewachsen sind. Mit der kontinuierlichen Reifung des Geschichtsbewußtseins hat sich im Laufe der Zeit das Verlangen nach kritischen Editionen verstärkt und damit auch das ernsthafte Betreiben
von Quellenforschung mit dem Ziel einer authentischen Textwiedergabe, ohne die
die Redaktion moderner Gesamtausgaben heute nicht mehr denkbar ist.
     Die zahlreichen Musiker-Gesamtausgaben, die die erste Hälfte des 19. Jahr-
hunderts hervorbrachte, können diesen hohen Anspruch nicht erfüllen. Es sind
Sammlungen (Collectionen) von ausgewählten Werkgruppen, vornehmlich Kla-
vier- und Kammermusikwerke, bestimmt für das herrschende, kulturtragende
Bürgertum in der häuslichen Musikszene. Die Bach-Ausgabe von 1851 ist die erste Gesamtausgabe, die sich mit den genannten Ansprüchen auseinandersetzt. Ihr
folgen Editionen von beträchtlicher Zahl in fast lückenloser Folge bis in das 20.
Jahrhundert hinein, dessen zweite Hälfte als das „Zeitalter der neuen Gesamtausgaben" bezeichnet werden kann.[38]
     An der Wende zum 19. Jahrhundert sind drei Editionen zu nennen, die den
Anspruch auf „Gesamtausgaben" erheben: 1798 brachte Breitkopf & Härtel die
Œuvres complettes von Wolfgang Amadeus Mozart heraus, ein Jahr später diejenigen von Joseph Haydn.
     Zuvor hatte in England der Organist und Komponist Dr. Samuel Arnold
(1740–1802) die Werke Georg Friedrich Händels in einer großangelegten Gesamtausgabe zusammengefaßt (*The works of Handel, in score, correct, uniform,
and complete. ...*, London 1787–1797). Nationalstolz – denn Händel galt und gilt

als englischer Komponist – und der in England stark ausgeprägte Sinn für Tradition und ehrfurchtsvolles Bewahren bestimmten dieses Unternehmen.

Breitkopf & Härtel blieb nicht der einzige Verlag, der der Edition von Gesamtausgaben besondere Aufmerksamkeit schenkte. 1798 gab der Braunschweiger Verleger Johann Peter Spehr die *Collection complete de tous les œuvres pour le Fortepiano de Mozart* heraus, es folgten die Chemische Druckerei in Wien, Rellstab in Berlin, Hoffmeister & Kühnel in Leipzig, Simrock in Bonn, Pleyel und Launer in Paris, Richault in Paris. An Haydn-Verlegern sind unter anderem zu nennen: C. F. Lehmann in Leipzig, Hoffmeister & Kühnel, Imbault und Le Duc in Paris sowie Simrock in Bonn. Diese *Œuvres complettes* von Mozart und Haydn, so lückenhaft und unvollständig sie auch waren, sind die ersten Versuche, einen als repräsentativ angesehenen Ausschnitt aus dem Schaffen der beiden allenthalben geschätzten Komponisten vorzulegen. Die Klaviermusik erhielt dabei den Vorrang.

Bei der Suche nach analogen Erscheinungen in anderen Gebieten bietet sich· die Literatur als die·geeignetste Disziplin an. Auch hier wurden mit Beginn des 19. Jahrhunderts Gesamtausgaben, vornehmlich der „Heroen der Dichtkunst" Goethe und Schiller, veranstaltet, zum Beispiel bei Cotta in Tübingen 1806–1808 beziehungsweise 1812–1815. Hinzu kommen die „Gesammelten Schriften" der beliebtesten Autoren des 18./19. Jahrhunderts wie Achim von Arnim, Clemens Brentano, Gotthold Ephraim Lessing, Christian Friedrich Daniel Schubart oder Johann Joachim Winckelmann.

Ohne Frage waren die Musikverlage nicht nur an Gesamtausgaben der Werke Haydns und Mozarts interessiert. Es folgten Gesamtausgaben der Werke Beethovens, der Klavierwerke Scarlattis und der Trios und Quintette von Boccherini, die *Sacred Music* von Purcell und die *Musica sacra* von Lasso. Die zahlreichen *Œuvres complettes* der sogenannten Kleinmeister der Klaviermusik Clementi, Cramer, Dussek, Steibelt oder Kalkbrenner entsprachen dem wachsenden Bedarf an Literatur für die bürgerliche Hausmusik.

Zusammen mit den beiden Gesamtausgaben von Haydn und Mozart begannen bei Hoffmeister & Kühnel im April 1801 auch die *Œuvres complettes de Jean Sebastien Bach*. In seiner Vorrede zur Bach-Biographie von 1802[39] wirbt Forkel für diese „rühmliche Unternehmung". Für ihn sind die Werke, „die uns Joh. Seb. Bach hinterlassen hat, ein unschätzbares National-Erbgut, dem kein anderes Volk etwas ähnliches entgegen setzen kann." Und weiter heißt es: „Wer sie der Gefahr entreißt, durch fehlerhafte Abschriften entstellt zu werden, und so allmählig der Vergessenheit und dem Untergange entgegen zu gehen, errichtet dem Künstler ein unvergängliches Denkmahl, und erwirbt sich ein Verdienst um das Vaterland; und jeder, dem die Ehre des deutschen Nahmens etwas gilt, ist verpflichtet, ein solches patriotisches Unternehmen zu unterstützen, und so viel an ihm ist, zu befördern."

Die erste Gesamtausgabe der Werke Bachs ist eine Edition, die nicht hoch genug bewertet werden kann. Für lange Zeit bleibt sie die einzige Gesamtausgabe, bis sie 1837 von einer neuen, bei C. F. Peters, dem Nachfolger von Hoffmeister & Kühnel, erschienenen weitergeführt wird.

Am 1. Dezember 1800 gründeten der Wiener Verleger und Komponist Franz Anton Hoffmeister (1754–1812) und der Organist und Informator an der Leipziger Kurfürstlichen Kapelle Ambrosius Kühnel (1770–1813) eine „Musik–Stecherey, Druckerey, und Handlung" unter dem Namen „Hoffmeister & Kühnel, Leipzig, Bureau de Musique". Ausgestattet mit den Verlagserfahrungen Hoffmeisters und den musikpraktischen Kenntnissen Kühnels etablierten sie ein Unternehmen, das neben dem ansässigen Haus Breitkopf & Härtel (gegründet 1719) bald seinen festen Platz im Leipziger Verlagswesen einnahm und sich in der Folgezeit als „Bureau de Musique C. F. Peters" zu einer weltbekannten Institution entwickelte.

Binnen kurzem hatten sich Hoffmeister & Kühnel respektable Geschäftsbeziehungen aufgebaut. Sie standen mit zahlreichen Buch- und Musikalienhandlungen in Verbindung, mit Verlegern, Komponisten und Privatpersonen. Das Sächsische Staatsarchiv Leipzig befindet sich in der glücklichen Lage, diese Briefe zu besitzen. Hinzukommen die zahlreichen Briefe in den sogenannten Kopierbüchern des Verlages, die eine unschätzbare Quelle für die Erforschung nicht nur des Verlages Hoffmeister & Kühnel sind und von denen noch später die Rede sein wird.[40].

Kehren wir zurück zum April 1801. Das erste Heft der *Œuvres complettes* war erschienen und mehrfach in den *Leipziger Zeitungen* angezeigt worden. Der Verlag hatte Johann Nikolaus Forkel um Mitarbeit an der Ausgabe gebeten und vergeblich auf seine Rückantwort gewartet. Forkel war von dem ersten Heft enttäuscht und schrieb am 4. Mai 1801 an Hoffmeister & Kühnel: „So sehr ich mich anfänglich über Ihr Unternehmen gefreut habe, so sehr bedaure ich jetzt, daß Sie dabey an einen Redacteur gerathen sind, der unglücklicherweise 1, keine zweckmäßige Auswahl zu machen gewußt hat. [...] 2, Sich schlechter u. sehr alter Abschriften bedient hat. [...] 3, Der keinen Unterschied unter den sogenannten Manieren zu machen gewußt hat. [...] 4, Der gar wenig von der Harmonie verstehen muß."[41] Forkels vernichtende Kritik ist unmißverständlich, und er empfiehlt den beiden Herren, das erste Heft zu „unterdrücken" und ein „richtigeres" nachzuliefern, indem sie sich dann an einen Redakteur wenden, „der der Sache gewachsen ist". „Thun Sie dieß nicht, so muß nothwendig Ihr ganzes Unternehmen scheitern, und weder Sie noch die deutsche Nation hat Ehre davon. Welcher Kenner von Musik muß nicht Eckel empfinden, wenn er statt gehofter Meisterwerke nun solche Schülerwaare zu Gesicht bekommt?"[42]

Auf einer ausgedehnten Reise im Spätsommer 1801, auf der Forkel Material für den dritten Band seiner *Allgemeinen Geschichte der Musik*[43] sammelte und nach Bach-Handschriften forschte und die ihn auch nach Leipzig und Wien führte, machte Forkel dann endlich die schon lange geplante Bekanntschaft der beiden Verleger. Hier kam es schließlich zum endgültigen Kontrakt zwischen Forkel und dem Verlag hinsichtlich der Mitarbeit an den *Œuvres complettes*, und Forkel wirkte vom zweiten Heft an bei der Ausgabe mit.

Nach wie vor war Forkel jedoch mit dem ersten Heft unzufrieden. Zunächst wollten Hoffmeister & Kühnel nur die *15 Inventionen* in einer neuen, von Forkel redigierten Ausgabe bringen, aber schließlich fügten sie sich und schrieben ihrem

Redakteur am 22. Februar 1802: „Wenn Sie nebst den Invent. auch den 1ten Bogen des wohltemp. Klav. aus Cah. I wollen neu gestochen haben, so erbitten wir uns diesen Bogen, unser Stecher hat ihn wohl verloren. Dann sind alle Werke von Einem Stich."[44] Die neue Ausgabe der *15 Inventionen* wurde zusammen mit dem Heft XIV ausgeliefert und konnte unentgeltlich von den Pränumeranten bezogen werden; die redigierte Fassung des *C-Dur-Präludiums* aus dem *Wohltemperierten Klavier I* wurde zusammen mit dem Heft IX gegeben. Die zum *C-Dur-Präludium* gehörige Fuge blieb unverändert, da sie nach Meinung des Redakteurs „keine Hauptfuge, sondern nur eine steife Jugendarbeit J. Seb. Bachs ist".[45] Ebenso unredigiert blieb die *Toccata in d-Moll* (BWV 913a). Sie gehört zu Bachs frühen Arbeiten und wurde allein aus diesem Grunde von Forkel strikt abgelehnt.

Für Forkel sind die vor 1725 entstandenen Kompositionen Bachs noch keine „Meisterwerke", sondern weiter nichts als „Schülerarbeiten", die einer Edition unwürdig sind. „Bach mußte, wie jeder andere Mensch erst ein Stümper seyn, ehe er ein Meister werden konnte, und seine Schülerarbeiten, wodurch er sich erst nach und nach zu dem großen Meister bildete, der er hernach geworden ist, verdienen eben so wenig in einer Ausgabe seiner Werke aufgenommen zu werden, als man die Schul-Exercitia eines nachher groß gewordenen Gelehrten unter seine Opera aufzunehmen pflegt."[46]

Von seiner Meinung und seinem Wissen um Bach überzeugt, erbittet sich Forkel von Hoffmeister & Kühnel deren Bachiana zur Begutachtung: „Könnten Sie mir gelegentlich, ohne Kosten, Ihre Sebastiana, die nicht in dessen Leben angegeben sind, übersenden, so wollte ich Ihnen bald sagen, was echt, was unvollkommene Jugendarbeit, oder was der Aufbewahrung für die Nachwelt werth ist."[47] Mit diesem absoluten Urteilsspruch und der Mitteilung an den Verlag – „die übrigen Sachen gehören unter Seb. Jugendarbeiten, deren ich noch hundert besitze, aber nicht achte"[48] – hat Forkel die Schicksale der frühen Werke Bachs und ihren Überlieferungsweg nicht unwesentlich bestimmt. Vielleicht ist auch hierin ein Grund dafür zu sehen, daß das Frühwerk Bachs der Bach-Forschung bis in die jüngsten Tage „die wohl größte Zahl offener Fragen und hartnäckiger Probleme" bietet[49] und als die „vielleicht ausgedehnteste Grauzone in der Erforschung der Musik Johann Sebastian Bachs" bezeichnet werden kann.[50]

Spätestens an dieser Stelle muß die Frage gestellt werden, wie Forkels Redaktionsarbeit aussah. Der I. Teil des *Wohltemperierten Klaviers* mit den sogenannten Forkelschen Kurzfassungen bietet hierfür ein gutes Beispiel.

Erschienen in den Heften I–VIII der *Œuvres complettes*, enthält diese Ausgabe des *Wohltemperierten Klaviers I* Versionen von insgesamt 10 Präludien, die nach ihrem Redakteur als „Forkelsche Kurzfassungen" in der Bach-Forschung bekannt geworden sind. Es handelt sich um die Präludien in C-Dur, c-Moll, Cis-Dur, cis-Moll, D-Dur, d-Moll, es-Moll, e-Moll, f-Moll und G-Dur mit Abweichungen von drei bis zu 36 Takten; meist ist der Schluß des Präludiums davon betroffen. Die Fugen sind dabei auffälligerweise verschont geblieben.

Über die Kurzfassungen ist verschiedentlich geschrieben worden, doch aufgrund fehlender Kenntnisse zur Frühgeschichte des *Wohltemperierten Klaviers* mußte lange Zeit auf eine umfassende Darstellung verzichtet werden. Erst in der jüngeren Vergangenheit sind durch Alfred Dürr – in Vorbereitung der Herausgabe des *Wohltemperierten Klaviers I* in der Neuen Bach-Ausgabe – wesentliche Erkenntnisse hinzugekommen.[51]

Philipp Spitta war der erste, der diese Kurzfassungen als Frühfassungen richtig einzuordnen wußte[52], während noch Carl Ludwig Hilgenfeldt und Carl Hermann Bitter[53] sich Forkel anschlossen, der diese verkürzten Präludien als späte Fassungen ansah und in seiner Bach-Biographie von 1802 wie folgt kommentierte: „In seinen frühern Arbeiten war Bach wie andere Anfänger sehr oft in dem Fall, einerley Gedanken mehrere Mahle, nur mit andern Worten zu wiederhohlen, das heißt: dieselbe Modulation wurde vielleicht in einer tiefern, vielleicht in eben derselben Octave, oder auch mit einer andern melodischen Figur wiederhohlt. Eine solche Armuth konnte er in reifern Jahren nicht ertragen; was er also von dieser Art fand, wurde ohne Bedenken verworfen, das Stück mochte auch schon in so vielen Händen seyn, oder so vielen gefallen haben, als es wollte. Zwey der merkwürdigsten Beyspiele hiervon sind die beyden Präludien aus Cdur und Cisdur im ersten Theil des Wohltemp. Claviers. Beyde sind dadurch zwar um die Hälfte kürzer, aber auch zugleich von allem unnützen Ueberfluß befreyt worden."[54]

Die Ausgabe des *Wohltemperierten Klaviers I* mit den „Forkelschen Kurzfassungen" wurde bis in das Jahr 1866 vertrieben.[55] Zum gleichen Zeitpunkt erschienen beide Teile des *Wohltemperierten Klaviers* in Band 14 der (alten) Bach-Gesamtausgabe. Der Herausgeber Franz Kroll brachte in seinem sorgfältigen Variantenverzeichnis auch die „Forkel'sche Gestalt" der Präludien.[56] In seinem Vorwort schrieb er dazu: „Man vergleiche [...], was Forkel als Bach'sche Verbesserung hat aufreden wollen, und wo nicht mehr verbessert sondern abgehackt worden ist (Theil I, Prälud. III, Prälud. VIII etc.). Wenn das abgehackte Stück nichts getaugt hätte, so würde Bach ein anderes dazu geschaffen haben, – aber so hätte er den Krüppel nicht in die Welt geschickt. Schlimm genug, dass es oft das beste Stück war, was die Forkelianer wegoperirt haben wollten; [...]"[57] Unkenntnis der frühen Quellen und des Klavierbüchleins für Wilhelm Friedemann Bach ließen Kroll zu diesem Urteil kommen, das 31 Jahre später Alfred Dörffel zu Recht kritisierte.[58]

Die ersten kritischen Stimmen über das von Forkel veränderte *C-Dur-Präludium* aus dem *Wohltemperierten Klavier* I meldeten sich, und Hoffmeister & Kühnel schrieben besorgt an ihren Redakteur: „Einige Pränum. unter andern Cantor Müller sind mit dem veränderten Prälu. im 9ⁿ Hefte sehr unzufrieden."[59] Doch Forkel beruhigte sie, sie sollten sich „an die Unzufriedenheit einiger mit der Veränderung des 1sten Präludii" nicht kehren: „Es ist bloßer böser Wille. Wem es so nicht recht ist, der hat ja das alte noch."[60]

Gemeinsam suchten Verlag und Redakteur nach einer Möglichkeit, diese „Veränderungen" zu kommentieren, zunächst in dem Heft selbst, doch schließlich kam Forkel auf einen „andern Einfall", über welchen er die Meinung des Verlages „vernehmen will". „Ich glaube nemlich, der schicklichste Weg, die ganze Unternehmung zu heben, und das größere Publicum vom Werth derselben gehörig zu unterrichten, sey, wenn jetzt oder wenigstens bald, ein kleines Werkchen über das Leben und die Werke J. S. Bachs in dieses größere Publikum gebracht werden könnte. Da ich schon seit mehr als 20 Jahren zu einem solchen Werk Materialien gesammelt habe, u. überhaupt mit diesem Gegenstand so bekannt bin, wie gewiß niemand in Europa, so wollte ich allenfalls um der guten Sache willen, meine andere jetzt vorhabende Arbeit bey Seite legen, und diese unternehmen, wenn Sie es thunlich finden, den Verlag desselben zu wagen."[61]

In diesem „kleinen Werkchen", das Hoffmeister & Kühnel mit „Freude erwarten", zu dem sie als Verleger „alles, Portr. Papier etc. zur Eleganz beitragen"[62] wollten und das dann letzten Endes die erste Bach-Biographie werden sollte, hatte Forkel nun endlich Gelegenheit, sich auch über die frühen Werke Bachs zu äußern.

Zu den ersten, die Kritik an Forkels Bach-Bild übten und seine Autorität in Frage stellten, gehörte Karl Friedrich Zelter (1758–1832). Zwar äußerte er sich 1803 – auffälligerweise anonym – in einer Rezension in der *Allgemeinen musikalischen Zeitung* noch wohlwollend über die Bach-Biographie[63], doch im Laufe der Jahre muß Zelter seine Ansicht über Forkel geändert haben, oder er hatte nicht den Mut, seine ehrliche Meinung dem „verehrungswürdigen Freund" offen zu sagen.[64]

Ausgangspunkt für diese Überlegungen ist Zelters Handexemplar der Forkelschen Bach-Biographie, das er mit insgesamt 170 kritischen Anmerkungen versah.[65] Um das Vorhandensein eines solchen annotierten Exemplars wußten der Redakteur der zweiten Bach-Gesamtausgabe Friedrich Konrad Griepenkerl und sein Verleger Carl Gotthelf Siegmund Böhme, der Inhaber der Firma C. F. Peters.[66] Böhme schreibt dazu am 9. Mai 1842 an Griepenkerl: „Das Zeltersche Exemplar von Forkels Bachs Leben u.s.w. muß in jeder Hinsicht ein merkwürdiges Stück sein, und auch ich möchte glauben, daß sich doch vielleicht manche brauchbare Wahrheit daraus ziehen läßt, indem ein Mann wie Zelter doch nicht lauter Feindseligkeiten niederschreiben würde ohne dieselben durch ein besseres Wissen hier und da zu motivieren."[67]

Und Griepenkerl antwortet Böhme, indem er ihm mitteilt, daß er nach München an den „Bassisten Krause" geschrieben habe mit der Bitte, ihm die „belehrenden Stellen der Zelterschen Bemerkungen zu Forkels' Bachs Leben etc. auszuziehen": „Die Berliner haben freilich gegen Zelter viel einzuwenden, in der That ist es aber doch so gar arg nicht. Freilich konnte er recht falsch sein bei allem Schein von deutscher Gradheit und Derbheit. So schrieb er die scheltenden Briefe an Goethe[68], während er mit mir noch schön that. Mir wollte er auf den Zahn fühlen mit einem Konzerte, das er für eins von Friedemann Bach ausgab.[69] Die Täuschung gelang nicht; und ich schickte ihm eine eigene Composition, worin ich altitalienische, sebastianische und Friedemannsche Weisen so mit einander verwebt hatte, daß er nicht durchfinden konnte und darum that, als habe er das Stück gar nicht erhalten. Von allen diesem und von einem Briefe, der allein alle Misverständnisse hätte aufklären können, schrieb er nichts an Goethe, so daß der in der schlechten Meinung von mir bleiben mußte."[70]

Diese beiden Zitate werfen ein bezeichnendes Licht auf die Persönlichkeit Karl Friedrich Zelters und seinen nicht immer ganz aufrichtigen Charakter. Mit einer Kostprobe aus dem Handexemplar soll dieser Exkurs zu Zelter und Forkel seinen Abschluß finden: Herr Forkel gelte als tüchtiger Kenner und Ausüber der Bachschen Schule, bemerkt Zelter am Schluß seiner Anmerkungen. „Über Bachs Werke aber und Bachsche Kunst ist nicht ohne Anmaßung gar zu wenig Gründliches und Ausführliches gesagt [...] Man merkt ganz wohl, daß H. Forkel [...] sich selber [...] eine Hinterthür offen läßt, indem er nur das Ganzvollendete anpreißt [...] Aber wir [...] wollen nichts missen; auch das sogenannte Schlechte nicht! Es ist unser einziger Trost wenn wir manches besser machen, um nur der Bewunderung eines solchen Geistes würdig zu seyn."[71]

Hier kündigt sich eine ganz neue Beurteilung des Werkes Bachs an, die im engen Zusammenhang mit der Berliner Bach-Pflege zu sehen ist. Unterstützt wird Zelter in seinen Ansichten von Adolf Bernhard Marx (1795–1866), Redakteur der *Berliner allgemeinen musikalischen Zeitung*, der dem „Bachianer Forkel" die Herausgabe „einer Masse kleinerer Klavierwerke [...], zum Theil für den augenblicklichen Bedarf im Unterricht oder aus ähnlichen geringen Antrieben geschrieben", und die geringe Beachtung „der Bachschen Vokalwerke" vorwirft.[72]

Zweifellos ist die Wiederentdeckung des Bachschen Vokalwerks mit der Stadt Berlin zu verbinden. Von Zelters Proben in der Berliner Sing-Akademie über Mendelssohns sensationelle Aufführung der *Matthäus-Passion* bis hin zu den Ausgaben Bachscher Vokalmusik von Adolf Bernhard Marx, Karl Friedrich Ludwig Hellwig (1773–1838) und Siegfried Wilhelm Dehn (1799–1858) läßt sich ein weiter Bogen spannen. Dieser Prozeß einer einzigartigen Wirkungsgeschichte Bachscher Musik mit Rezeption und Quellenüberlieferung ist kaum zu erfassen, und es ist hier nicht der Ort, näher darauf einzugehen.[73]

DIE 16 HEFTE DER *ŒUVRES COMPLETTES*

Wenden wir uns noch einmal den *Œuvres complettes* zu und schließen mit einigen technischen Daten zur Ausgabe.[74]

Alle 16 Hefte sind mit einem grauen Außenumschlag versehen, der auf Seite (1) folgenden Serientitel mit wechselnder Inhaltsangabe trägt:

ŒUVRES COMPLETTES | DE | JEAN SEBASTIEN BACH. | – | Cahier ... | contenant: | ... | – | à Vienne, | chez Hoffmeister et Comp. | à Leipsic, | au Bureau de Musique.

Die Verlagszeile ändert sich ab Heft X wie folgt:

| à Leipsic, | au Bureau de Musique de Hoffmeister et Kühnel. | à Vienne, chez Hoffmeister et Comp.

Seite (2) des Umschlages enthält zumeist Nachrichten und Verlagsanzeigen, Seite (3) ist leer und Seite (4) ist mit einer Rosenvignette versehen.

Die Bogen sind lose eingelegt: Das jeweilige Werk ist mit einem Titelblatt ausgestattet, so daß dieses auch einzeln bezogen werden konnte, dann allerdings nur zum Ladenpreis und nicht zum Pränumerationspreis. Die in Fortsetzung erscheinenden Werke erhalten zunächst kein Titelblatt, sie werden als ein geschlossener Band im Heft XVI in einer Gesamtübersicht angezeigt.

Alle zwei Monate – nicht, wie ursprünglich vorgesehen, jeden Monat – erschien ein Heft; am Ende verlängerten sich die Abstände.
Der Inhalt der einzelnen Hefte und die Erscheinungsdaten:

Cahier I
April 1801 *Toccata d-Moll* (BWV 913a)
15 Inventionen (BWV 772–786)
Wohltemperiertes Klavier I:
Präludium und Fuge C-Dur (BWV 846)

Cahier II
Juni 1801 *15 Sinfonien* (BWV 787–801)
Wohltemperiertes Klavier I:
Präludium und Fuge c-Moll (BWV 847)
Präludium und Fuge Cis-Dur (BWV 848)
Präludium und Fuge cis-Moll (BWV 849, Anfang)

Cahier III
August 1801 *Sechs Partiten (Klavierübung Teil I):*
Partita I (BWV 825)
Partita II (BWV 826)
Wohltemperiertes Klavier I:
Präludium und Fuge cis-Moll (BWV 849, Schluß)
Präludium und Fuge D-Dur (BWV 850)
Präludium d-Moll (BWV 851)

Cahier IV
Oktober 1801 *Sechs Partiten:*
Partita III (BWV 827)
Wohltemperiertes Klavier I:
Fuge d-Moll (BWV 851)
Präludium und Fuge Es-Dur (BWV 852)
Präludium und Fuge es/dis-Moll (BWV 853)
Präludium und Fuge E-Dur (BWV 854)
Präludium und Fuge e-Moll (BWV 855)
Präludium und Fuge F-Dur (BWV 856)
Präludium und Fuge f-Moll (BWV 857)

Cahier V
Dezember 1801 *Sechs Partiten:*
Partita IV (BWV 828)

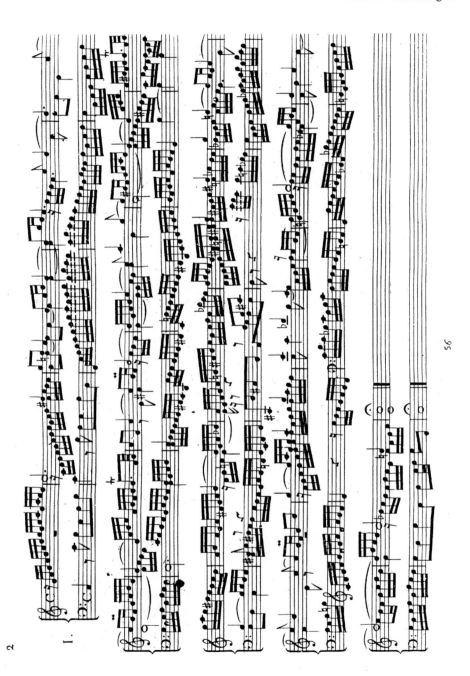

Erste Notenseite von *Cahier II*

Wohltemperiertes Klavier I:
    Präludium und Fuge Fis-Dur (BWV 858)
    Präludium und Fuge fis-Moll (BWV 859)
    Präludium und Fuge G-Dur (BWV 860)
    Präludium und Fuge g-Moll (BWV 861)

Cahier VI
Februar 1802   *Sechs Partiten:*
    Partita V (BWV 829)
Wohltemperiertes Klavier I:
    Präludium und Fuge As-Dur (BWV 862)
    Präludium und Fuge gis-Moll (BWV 863)
    Präludium und Fuge A-Dur (BWV 864)
    Präludium und Fuge a-Moll (BWV 865, Anfang)

Cahier VII
April 1802   *Sechs Partiten:*
    Partita VI (BWV 830)
Wohltemperiertes Klavier I:
    Fuge a-Moll (BWV 865, Schluß)
    Präludium und Fuge B-Dur (BWV 866)
    Präludium und Fuge b-Moll (BWV 867, Anfang)

Cahier VIII
April/Mai 1802   *Chromatische Fantasie und Fuge* d–Moll (BWV 903)
Wohltemperiertes Klavier I:
    Fuge b-Moll (BWV 867, Schluß)
    Präludium und Fuge H-Dur (BWV 868)
    Präludium und Fuge h-Moll (BWV 869)
Wohltemperiertes Klavier II:
    Präludium und Fuge C-Dur (BWV 870, Anfang)

Cahier IX
Juli 1802   *Wohltemperiertes Klavier I:*
    Präludium und Fuge C-Dur (BWV 846a)
Sechs kleine Präludien (BWV 933-938)
Wohltemperiertes Klavier II:
    Fuge C-Dur (BWV 870, Schluß)
    Präludium und Fuge c-Moll (BWV 871)
    Präludium und Fuge Cis-Dur (BWV 872)
    Präludium und Fuge cis-Moll (BWV 873)
    Präludium und Fuge D-Dur (BWV 874)
    Präludium und Fuge d-Moll (BWV 875)
    Präludium und Fuge Es-Dur (BWV 876, Anfang)

Cahier X
Sept./Okt. 1802   *Fantasie c-Moll* (BWV 906, ohne die Fuge)
                      Französische Suiten:
                          Suite I (BWV 812)
                      Wohltemperiertes Klavier II:
                          Fuge Es-Dur (BWV 876, Schluß)
                          Präludium und Fuge es/dis-Moll (BWV 877)
                          Präludium und Fuge E-Dur (BWV 878)
                          Präludium und Fuge e-Moll (BWV 879)
                          Präludium und Fuge F-Dur (BWV 880)
                          Präludium und Fuge f-Moll (BWV 881, Anfang)

Cahier XI
Dezember 1802   *Französische Suiten:*
                          Suite II (BWV 813)
                      Wohltemperiertes Klavier II:
                          Fuge f-Moll (BWV 881, Schluß)
                          Präludium und Fuge Fis-Dur (BWV 882)
                          Präludium und Fuge fis-Moll (BWV 883)
                          Präludium und Fuge G-Dur (BWV 884)
                          Präludium und Fuge g-Moll (BWV 885)
                          Präludium und Fuge As-Dur (BWV 886)
                          Präludium und Fuge gis-Moll (BWV 887, Anfang)

Cahier XII
März 1803   *Aria mit 30 Veränderungen* „Goldberg-Variationen" (*Klavier-
                      übung Teil IV*; BWV 988):
                          Aria, Variationen 1–14 (Anfang)
                      Französische Suiten:
                          Suite III (BWV 814)
                      Wohltemperiertes Klavier II:
                          Fuge gis-Moll (BWV 887, Schluß)
                          Präludium und Fuge A-Dur (BWV 888)
                          Präludium und Fuge a-Moll (BWV 889, Anfang)

Cahier XIII
Juni 1803   *Aria mit 30 Veränderungen:*
                          Variation 14 (Schluß), *Variationen 15–17* (Anfang)
                      Französische Suiten:
                          Suite IV (BWV 815)
                      Wohltemperiertes Klavier II:
                          Fuge a-Moll (BWV 889, Schluß)
                          Präludium und Fuge B-Dur (BWV 890)
                          Präludium und Fuge b-Moll (BWV 891)

Präludium und Fuge H-Dur (BWV 892)
Präludium und Fuge h-Moll (BWV 893)

Cahier XIV
Oktober 1803   *Aria mit 30 Veränderungen*:
                   Variation 17 (Schluß), *Variationen* 18–30
                   Französische Suiten:
                   Suite *V* (BWV 816)
                   Suite *VI* (BWV 817)

Cahier XV
April 1804   *Präludium und Fuge Es-Dur*, (*Klavierübung Teil III*, BWV 552):
                   Präludium (BWV 552,1)
                   Choralbearbeitungen, Klavierübung Teil III (BWV 669–689):
                   BWV 669–678 (Anfang)

Cahier XVI
September 1804   *Choralbearbeitungen, Klavierübung Teil III*
                   BWV 678 (Schluß), BWV 679–689
                   Präludium und Fuge Es-Dur:
                   Fuge (BWV 552,2)

                              *

Energisch und zielbewußt bemühte sich der Verlag um die Verbreitung seiner *Œuvres complettes* und warb um Rezensionen in den „öffentlichen Blättern". So schreibt er auch an Johann Friedrich Reichardt, den Herausgeber der *Berlinischen Musikalischen Zeitung*: „Allein das dürfen wir Ihnen gestehen, daß der größte Theil der Musikfreunde mit Unwillen bemerkt, daß die hisige musik. Zeit. nichts von unserem Verlag erwähnt, u. daß man mit Vergnügen Anzeigen davon in Ihrer Zeit. lesen wird. Wir haben das Vergnügen, da Sie unsere größeren Werke nicht kennen, Ihnen einige davon zur Beurtheilung zu senden."[75] In der Tat findet man in der „hisigen musik. Zeit.", der *Allgemeinen musikalischen Zeitung* von Breitkopf & Härtel, keine einzige Anzeige oder Mitteilung des Verlages Hoffmeister & Kühnel; die beiden Leipziger Unternehmen führten einen unerbittlichen Konkurrenzkampf. Nur Forkels Bach-Biographie erhielt, wie wir wissen, eine ausführliche Rezension.[76]

Im zweiten Jahrgang der *Berlinischen Musikalischen Zeitung* wurden schließlich die Hefte I bis XIV von Reichardt ausführlich besprochen, verbunden mit den Wünschen für die „beste Unterstützung zur Vollendung des Ganzen."[77]

Der Absatz der Ausgabe hatte dem Verlag offensichtlich große Sorgen bereitet. Wie der Korrespondenz zu entnehmen ist, wandte er sich an zahlreiche Musikalienhändler und -verleger, die die *Œuvres complettes* in Kommission nahmen; doch blieb der erwartete Erfolg oft aus. Die Bestellungen bewegten sich in der

Größenordnung von einem bis maximal acht Exemplaren, häufig gingen Kunden „von der Praenumeration ab", die Händler baten, „keine Cahiers von Seb Bach mehr zu schicken", und es kam auch vor, daß die „vorhandenen Bachschen Sachen" wieder zurückgeschickt wurden.[78]

Einige Jahre später vertröstete Forkel den selbstlosen und engagierten Ambrosius Kühnel, der ab Januar 1805 das Unternehmen nach dem in freundschaftlichem Einvernehmen erfolgten Austritt Hoffmeisters allein weiterführte, auf „etwas bessere Zeitumstände": „Ich bin sehr überzeugt, daß Ihnen nicht ein einziges Exemplar von Ihrer Auflage liegen bleiben wird, nur müssen Sie nicht verlangen, daß diese Sachen so warm abgehen sollen wie Romane oder Operettenauszüge. Sie werden aber in der Folge immer mehr finden, daß solche Werke, wenn man die Auslage aushalten kann, die solidesten Handelsartikel sind. Ich würde Ihnen daher wirklich rathen, mit der Ausgabe dieser Werke ununterbrochen, jedoch langsam, fortzufahren. Die Zeitumstände können ja doch nicht immer so ungünstig bleiben."[79]

Ohne Frage hatten auch die Verlage unter den Zeitumständen der Napoleonischen Fremdherrschaft, verbunden mit Kriegen und Kontinentalsperre, zu leiden. Zwar erschienen im „Bureau de Musique. A. Kühnel" – so die Firmierung ab März 1806 – nach wie vor Werke Beethovens, alle Hauptwerke Louis Spohrs (1784–1859), die Fugen- und Generalbaßlehren von Friedrich Wilhelm Marpurg (1718–1795) und Johann Georg Albrechtsberger (1736–1809), doch zeigten sich deutliche Lücken im Verlagsangebot.[80]

Am 19. August 1813, zwei Monate vor der Völkerschlacht bei Leipzig, starb Ambrosius Kühnel. Im Namen der Erben wurde der Verlag an den Buchhändler Carl Friedrich Peters (1779–1827) verkauft. Mit dem 1. Frieden von Paris und dem Wiener Kongreß wurde der „goldne Frieden" verkündet. Noch einmal erschienen im Nachdruck einzelne Hefte der *Œuvres complettes*, die *Chromatische Fantasie und Fuge* (BWV 903) wurde 1820 in einer neuen Ausgabe „mit einer Bezeichnung ihres wahren Vortrags, wie derselbe von J. S. Bach auf W. Friedemann Bach, von diesem auf Forkel und von Forkel auf seine Schüler gekommen" von Friedrich Konrad Griepenkerl vorgelegt, dann trat eine Pause von knapp 20 Jahren ein, bis es zur nächsten Gesamtausgabe im Jahre 1837 kam.

DIE ZWEITE GESAMTAUSGABE DER WERKE J. S. BACHS

1837 begann mit einer neuen Ausgabe des *Wohltemperierten Klaviers* die zweite Gesamtausgabe der Werke von Johann Sebastian Bach. Zunächst nicht als eine solche geplant, erhielt sie erst ab Band 3 den Reihentitel *Œuvres complets*.

Der Leipziger Neubürger Carl Gotthelf Siegmund Böhme (1785–1855), Tabakfabrikant, Kunst- und Musikmäzen, stand dem Unternehmen vor. Im Oktober 1828 hatte er den Verlag übernommen, nachdem Carl Friedrich Peters am 20. November 1827 in der Landesirrenanstalt auf dem Sonnenstein bei Pirna gestorben war. Böhme konnte sich auf Grund seiner schweren Krankheit seit 1834 nur selten um die Geschäfte kümmern, und so wurde die Verlagshandlung von seinen beiden Prokuristen Christian Friedrich Erdmann Leede und Carl Gustav Probst geleitet, die auch weitgehend die Verlagskorrespondenz führten. Ferdinand August Roitzsch (1805–1889) war als Korrektor angestellt.

Leede, Probst und Roitzsch waren somit diejenigen, die für die Bach-Ausgabe verantwortlich zeichneten, wobei Roitzsch, auf den wir später noch zu sprechen kommen, der „Hauptstimmenführer in der Bachschen Angelegenheit" war.[81] Oft hatten diese drei Männer mit dem „Widerwillen des Chefs gegen die Unternehmung [Bach-Ausgabe] zu kämpfen", erst Ende 1842 erklärte sich Böhme „mit dem Ganzen" zufrieden.[82]

DER HERAUSGEBER CARL CZERNY (1791–1857)

Carl Gotthelf Siegmund Böhme gewann den berühmten Pianisten und Beethoven-Schüler Carl Czerny als Herausgeber.

Czerny hatte im Sommer 1836 dem Verlag einen Besuch abgestattet und sich zur Redaktion des *Wohltemperierten Klaviers* angeboten „unter der Versicherung, daß er dieselbe mit aller Umsicht und Sachkenntniß übernehmen könne, indem ihn theils sein Umgang mit Beethoven dazu befähigt habe, anderentheils er auch in Wien alle Mittel besäße, um das Vorhandene gehörig zu berichtigen"[83]: eine Versicherung, die Czerny – wie sich im Laufe der Arbeiten an den *Oeuvres complets* herausstellte – letzten Endes nur in Teilen erfüllen sollte.

Bekannt war Czerny dem Verlag vornehmlich durch seine *Vollständige theoretisch-practische Pianoforte-Schule*, Wien (1828/1837); hier druckte er Fugen aus dem *Wohltemperierten Klavier* I und II ab und schrieb (im dritten Band) *Über den Vortrag der Fugen Seb. Bach's, Händel's und and'rer classischer Autoren*.[84]

Im November 1837 erschienen beide Teile des *Wohltemperierten Klaviers*. Die Ausgabe erhielt viel Anerkennung, wobei Czernys Hinzufügen von Fingersatz, Vortrags- und Tempobezeichnungen als eine „Nachhilfe" und „unentbehrliche Anleitung zur Bach'schen Spielart", nach „wohlbewahrter Erinnerung, wie Beethoven eine grosse Anzahl dieser Fugen vortrug", von den Rezensenten besonders hervorgehoben wurde. „Mit Vergnügen sehen wir dem Fortgange dieses einflussreichen Unternehmens entgegen und hoffen auf zahlreiche Theilnahme der Musikfreunde, vorzugsweise der teutschen, die alle Ursache haben, sowohl dem Hrn. Herausgeber als der Verlagshandlung für überaus gelungene, schwierige Arbeit dankbare Anerkennung nicht zu versagen."[85]

Bestärkt und ermutigt durch so viel Lob, schreibt Böhme seinem Redakteur nach Wien: „Weil inzwischen mehrere andre Stücke aus meiner Sammlung von Bachs Werken einer neuen Auflage bedürfen, so wäre ich fast geneigt, eine vollständige neue Ausgabe aller übrigen zugleich vorzunehmen [...] Wollten Sie daher die Güte haben, mich durch Ihren untenstehenden Künstler-Geist bei dieser Unternehmung gefälligst zu unterstützen."[86]

Czerny brachte als nächstes Werk die *Kunst der Fuge* (BWV 1080) in Vorschlag, die schließlich im Dezember 1838 erschien.

Doch die *Kunst der Fuge* führte zu den ersten harten Auseinandersetzungen
und einer spürbaren Verstimmtheit in den Beziehungen zwischen dem Verlag und
seinem Herausgeber. Czernys Editionsplan folgend, der eine „streng systematische Ordnung" zum Inhalt hatte (1. Solowerke, 2. Pedalwerke, 3. Werke für mehrere Instrumente)[87], wurden die beiden Fugen für zwei Klaviere (BWV 1080, Nr.
18) weggelassen, dafür die Eingangsfuge und das *Ricercare* (Nr. 5) aus dem *Musikalischen Opfer* (BWV 1079) hinzugefügt.[88]

Diese Edition mit ihrer eigenwilligen Einteilung geriet in heftige Kritik, so daß
sich der Verlag gezwungen sah, kurzfristig eine neue Ausgabe – dieses Mal mit
den beiden Fugen für zwei Klaviere und ohne die Nummern 1 und 5 aus dem *Musikalischen Opfer* – zu veranstalten. Seinen Redakteur stellt Böhme vor vollendete Tatsachen und schreibt am 29. September 1839 nach Wien: „Mit nächster
Gelegenheit sende ich Ihnen ein Exemplar von Bach's Kunst der Fuge, worin Sie
eine andere Einrichtung finden werden, als früher. Die beiden Stücke aus dem
musikalischen Opfer sind heraus geworfen und dafür die 2 Fugen für 2 Claveicine
in Partitur und Stimmen eingeschaltet worden, weil dies Werk in Form und Gedanken, mit allen Theilen ungetrennt erscheinen muß, wenn eine Verlagshandlung
sich – dem Kenner gegenüber, nicht in hohem Grade compromottiren will. Denn
die gründlichsten Kenner und größten Freunde der Bachschen Compositionen
sind in Erstaunen gerathen, als Sie fanden daß die beiden Fugen für 2 Claveicine
in der Kunst der Fuge fehlten. Ja! man hat – im eigentlichen Sinne – die Hände
über dem Kopfe zusammen geschlagen, vor Verwunderung, wie es möglich gewesen, nur die Idee einer solchen Trennung der Theile zu fassen, die durch Ihre
Veranstaltung in der ersten Auflage geschehen ist, blos um den Grundsatz fest zu
halten, zuerst lauter Solo Sachen zu bringen. [...] Es würde zu weitläufig sein, Ihnen zu erzählen welche Verdrießlichkeiten mir dadurch bereitet sind, ausser dem
Schaden, daß ich die ganze erste Auflage des Liv. III wieder einziehen und vertil-
gen muß."[89]

Wie groß Böhmes Enttäuschung über Czernys Arbeit ist, zeigen die abschließenden Zeilen dieses Briefes: „Ferner muß ich noch im Allgemeinen bemerken,
daß Ihre Durchsicht größtentheils nicht sorgfältig vergleichend gewesen ist, [...]
Auch sind durch Ihren Schreiber die Noten Systeme oft ohne Grund in einander
gemengt [...] Daher kann ich die mir gelieferten Hefte dem Stecher nicht sofort
übergeben, sondern bin genöthigt eine genaue Durchsicht derselben vorher zu
veranstalten, weil ich mit großer Betrübniß bemerke, daß ich mich auf den
werthen Freund H. C. Czerny nicht sehr verlassen kann."[90]

Postwendend antwortet Czerny. Er ist gekränkt und verletzt, hält jedoch an
seinem Grundsatz der Werkeinteilung entschlossen fest: „Bey musikalischen Ge-
sammteditionen muß doch wohl auch irgend ein Grundsatz festgestellt werden,
wenn man keinen Galimathias liefern will. Denn es handelt sich darum, eine
Eintheilung zu treffen, welche für das große Publikum deutlich, bequem und
praktisch brauchbar ist, selbst wenn sie auch irgend einem gelehrten Eigensinn

nicht zusagen wollte." Vorwurfsvoll bemerkt er: „Hätten EW mir bessre Mittel und Quellen verschafft, so würde ich auch sicherer haben arbeiten können, denn ich habe mich nie gerühmt auch Bachs sämmtliche ungedruckte Manuspte zu besitzen, und wenn sich jetzt irgend Jemand findet, der zufällig eine wichtigere Copie derselben besitzt, so kann er leicht über manche einzelne Note besser Bescheid wissen. In solchen Fällen hat übrigens die Tadelsucht freyes Feld, man mag es machen wie man will."[91]

Unzweifelhaft ist hier Franz Hauser (1794–1870) gemeint, der berühmte Sänger, Gesangslehrer, engste Freund von Felix Mendelssohn Bartholdy und seit Georg Pölchaus Tod 1836 Besitzer der bedeutendsten privaten Bach-Sammlung. Hauser fertigte mehrere Kataloge an, unter denen das „Thematische Verzeichniss der Werke von Johann Sebastian Bach" mit den Abteilungen Instrumentalmusik, Choralvorspiele für Orgel und Vokalmusik der wichtigste ist.[92] Hausers Katalog (ohne die Vokalmusik), den der Verlag C. F. Peters im Herbst 1839 erhielt und von dem dieser eine Kopie anfertigen ließ[93], wurde für Böhme ein grundlegendes und unentbehrliches Arbeitsmittel: „mir fehlte der wichtigste Anhaltspunkt, um selbst die zweckmässige Anordnung zu treffen, und ohne Ihren Catalog war mir dies nicht möglich. Jetzt da ich diesen besitze, würde ich freilich eine ganz andere Einrichtung wählen."[94]

Der Plan einer Drucklegung des Kataloges wurde wieder aufgegeben, und C. F. Peters überließ dieses Projekt dem Verlag Breitkopf & Härtel, „deren Officin in solchen Sachen, vor der Hand, nicht zu übertreffen ist".[95]

Kehren wir zurück zu Carl Czerny. Ihn finden wir noch bis zum Band 8 als Herausgeber der *Compositions pour le Piano-Forte*, wie sich die Ausgabe mit diesem Serientitel für die Bände 4 bis 8 nennt. Das ungeheure Arbeitstempo, das der schaffensfreudige und produktive Czerny vorlegte, wollte und konnte der Verlag nicht einhalten: „Ihren außerordentlichen Fleiß bei der Bearbeitung dieser Bach'schen Ausgabe erkenne ich vollkommen an, jedoch vermag ich eben jetzt Ihrem Wunsche einer schnellen Beförderung von meiner Seite nicht zu entsprechen, weil ich eben nur einen Stecher damit beschäftigen kann. [...] Inzwischen schadet es insofern nicht, weil es wirklich gerathen ist, so umfangreiche theure Werke, nur nach und nach ins Publikum zu bringen damit die Musikfreunde Zeit erhalten, einestheils das schon Gekaufte zu studiren, anderntheils ihren Beutel von den bedeutenden Ausgaben sich erholen zu lassen."[96]

Noch im Frühjahr 1839 vertrat Böhme die Ansicht Czernys hinsichtlich der Konzeption der Ausgabe. Böhme fehlte der notwendige Gesamtüberblick über Bachs Werke, den er erst mit dem Hauser-Katalog bekam. Am 11. März 1839 schreibt Böhme an Franz Hauser: „Im Bezug auf die Ordnung, in welcher ich die Werke Bachs nach einander erscheinen lasse, mußte ich mich nothwendig dem Urtheile des Herrn Czerny unterwerfen, der auch, wie ich glaube, zwischen zwei schwierigen Wegen den bequemsten und sichersten gewählt hat. Denn H. Czerny läßt erst alle Solo Sachen für Pfte. oder Orgel folgen und bringt die Werke nach ihrer Gattung in eine regelmäßige Reihe, [...] hernach sollen die Stücke mit Begleitung daran kommen. [...] Daß die Kunst der Fuge gleich nach den Clavesin

folgt, schadet deshalb nicht, weil sie sich durch ihren besonderen Titel an ein erstes Titelwerk passend anschließt, ferner auch zu den Solo-Compositionen gehört. [...] H. Czerny mag sich wegen der beobachteten Reihenfolge bei Ihnen
selbst vertheidigen, Sie haben den Freund in der Nähe, und werden hoffentlich
zuweilen mit ihm sprechen."[97]

Czernys Herausgeberzutaten – Fingersatz, Tempo- und Vortragsbezeichnun-
gen – machen seine Editionen zu den ersten „Interpretationsausgaben" Bachscher
Werke. Bereits zu ihrer Zeit waren sie heftig umstritten: anerkannt von Rezensenten wie Gottfried Wilhelm Fink (1783–1846) und Adolf Bernhard Marx
(1795–1866), abgelehnt von Franz Hauser, Felix Mendelssohn Bartholdy und
Friedrich Konrad Griepenkerl (1782–1849).

In seinem Vorwort zum *Wohltemperierten Klavier*, in dem sich Czerny an
Klavierspieler wie an Organisten wendet, begründet er die Angabe des Fingersatzes damit, daß dadurch Bachs Werk eine „weit grössere Gemeinnützlichkeit" erhält: ein Gesichtspunkt, dem sich die Rezensenten anschlossen und der vornehmlich für den Verlag – nicht nur aus wirtschaftlichen Erwägungen – zählte. Johann
Sebastian Bachs Werke sollten kein „Monopol für nur Wenige" sein![98]

Überhaupt wandte sich der Verlag mit seinen Interpretationsausgaben an die
„studirenden, jungen und talentvollen Künstler", auch an Dilettanten, denen die
gegebenen Zutaten eine Hilfe und Unterstützung sein sollen und denen damit die
„würdige Auffassung der Bachschen Werke" ungemein erleichtert werde. Der in
dem „Bachschen Geist tief eingeweihte Meister" könne dagegen auf Tempi,
Vortragszeichen und Fingersatz völlig verzichten.[99]

Daß der Verlag im Laufe der Arbeiten an weiteren Bänden und mit anderen
Herausgebern sowie angesichts der zunehmenden Kritik sich mit den übertrieben
reichen Zutaten Czernys schwertat, ist kein Geheimnis. Immer wieder klagte
Böhme über die „Czernysche Gewissenlosigkeit", „in einiger Zeit wird dieser mir
schreckliche Name von allen Titeln verschwunden sein".[100]

Im Zusammenhang mit den genannten Editionsfragen soll kurz auch Mendelssohns Ansicht über diese Problematik mitgeteilt werden, denn spätestens hier
stellt sich die Frage, warum Mendelssohn nicht als Herausgeber bei dieser Bach-
Gesamtausgabe in Erscheinung trat.[101] Zwar kann man sagen, daß der berühmte
und vielbeschäftigte Mendelssohn kaum Zeit für derartige Arbeiten gehabt haben
dürfte, doch ist diese Antwort nicht zufriedenstellend. Mendelssohn hatte von
kritischen Ausgaben eine ganz eigene Vorstellung. Er stellte den hohen Anspruch,
nicht nur die Werke Johann Sebastian Bachs „unverfälscht", in einer authentischen Fassung und möglichst nach dem Autograph zu edieren. Dabei müßten
Herausgeberzutaten deutlich gekennzeichnet werden: ein Grundsatz, der erst sehr
viel später die Richtlinien für kritische Editionen bestimmte.

Czernys Ausgaben lehnte Mendelssohn rigoros ab. Dazu schreibt Böhme an
Franz Hauser: „Aber mit aller Bescheidenheit darf ich doch erwähnen, daß die
Sache in Praxi doch einige Modificationen gestattet. Wie? wenn ich nun zu beweisen vermag, daß eben dieser Fingersatz und die Vortragszeichen ein Erleich-
terungs-Mittel für Dilettanten sind, die im kecken Übermuthe ihrer vorgerückten

Fertigkeit auch einmal eine Fuge vom alten S. Bach vortragen wollen, und weil meine Ausgabe sie mehr dazu in Stand setzt als eine andere, sie solche auch lieber kaufen? denn die alte Ausgabe ohne Fingersatz etc. will niemand mehr." Und weiter heißt es in diesem Brief: „Der große Mendelssohn konnte sich allerdings in den Kopf kleiner Geister nicht hineindenken, aber dieser Umstand hebt meine Verpflichtung als Geschäftsmann nicht auf, eben für die kleinen Geister auch freundlich zu sorgen."[102]

Überlegungen über eine Zusammenarbeit zwischen Mendelssohn und dem Verlag hatte es zweifelsfrei gegeben. Hauser, der durch seine Freundschaft mit Mendelssohn und die gemeinsame Arbeit am Bach-Katalog über Mendelssohns Bach-Kenntnisse und seine Bach-Sammlung bestens Bescheid wußte, trat als Mittelsmann zwischen Mendelssohn und dem Verlag auf. Nach dem Fiasko mit Czerny und dessen Edition der *Kunst der Fuge* und der Suche des Verlages nach geeigneteren Herausgebern machte Hauser dem Verlag folgenden Vorschlag: „Warum in aller Welt berathen Sie sich nicht mit dem ersten Kenner Bachs der lebt, und den Sie nur paar Häuser weit von sich haben: Dr. Felix Mendelssohn. Der hat von jeher darin gelebt kennt rein jede Note, [...]."[103]

Tatsächlich gab Mendelssohn seine Zusage für die „officielle Redaction von jedem Bande", und Böhme berichtet Hauser: „Diese [die Zusage] wird nun mit Freuden für die Orgel-Compositionen namentlich für die variierten Choräle angenommen, wo von Fingersatz, Vortrags-Zeichen, Maelzel M. u.s.w. keine Rede sein kann.

Bei den durch H. Czerny schon vorbereiteten Bänden für Clavier solo und Clavier mit Begleitung darf ich aber nur in der Stille seinen gütigen Rath benutzen, ohne H. Dr. M. Namen in Anzeigen oder Titel zu nennen. Es gefällt, unter andern gerügten Mängeln dem H. Dr. M. durchaus nicht, daß Czerny so unersättlich viel Fingersatz gegeben, und sich angemaßt habe, den Vortrag vielfach anzudeuten.

Man müsse Bach darstellen, wie er wirklich sei, ihn aber nicht czernysiren, diese Behauptung ist so wahr, daß sich, der Theorie nach, auch gar nichts dagegen einwenden läßt."[104]

Letztendlich gab Mendelssohn bei C. F. Peters weder Klavier- noch Orgelwerke Bachs heraus. Aus Böhmes Berichterstattung an Franz Hauser über die fehlgeschlagene Unternehmung mit Mendelssohn als Redakteur klingen Enttäuschung und Resignation: „Warum H. Dr. Mendelssohn mir nicht freundlich gesinnt ist, weiß ich leider selbst nicht kann es also nicht erklären. Sein letztes Wort war, daß er in der Bachschen Sache nichts weiter thun wolle, weil der Name Czerny auf dem Titel stünde. Freilich wenn Einer verbessern soll, der Mendelssohn heist und ein Czerny trüge die Ehre davon, so dürfte sich die Weigerung noch überall rechtfertigen lassen."[105]

Im Frühsommer des Jahres 1844, als Mendelssohn sich zum wiederholten Male in London aufhielt, traf er auch mit den englischen Verlegern Charles Coventry und John Hollier zusammen, die ihm – dem großen und gefeierten Orgelvirtuosen – vorschlugen, Stücke für die Orgel zu schreiben. Es entstanden die sechs *Orgelsonaten* op. 65, die 1845 bei Coventry & Hollier erschienen und kurz darauf als Nachdruck bei Breitkopf & Härtel in Leipzig. Zur gleichen Zeit gab Mendelssohn in dem englischen Verlagshaus eine Reihe von Orgelwerken Bachs heraus – nach Autographen und Abschriften aus seinem Besitz: das Orgelbüchlein (BWV 599–644), dazu BWV 651–663, 667 und 740 aus den Choralbearbeitungen, *Partite diverse sopra: „Christ, der du bist der helle Tag"* (BWV 766) und *Partite diverse sopra: „Sei gegrüßet, Jesu gütig"* (BWV 768).

Wie Opus 65 wurden auch diese von Breitkopf & Härtel nachgedruckt. Mit Coventry & Hollier vereinbarte Mendelssohn, daß nur in den englischen Ausgaben sein Name angegeben werden sollte.[106]

DER HERAUSGEBER FRIEDRICH KONRAD GRIEPENKERL (1782–1849)

Czernys Edition der *Kunst der Fuge* brachte, wie schon gesagt, eine deutliche Abkühlung in der Beziehung zwischen dem Verlag und seinem Herausgeber. Sehr bald wandte sich Böhme anderen potentiellen Redakteuren zu, die vor allem über eigene Bach-Sammlungen verfügten. Er stand im Briefwechsel mit Franz Hauser und Moritz Hauptmann (1792–1868), dem späteren Thomaskantor, und erhielt von Felix Mendelssohn Bartholdy – durch Vermittlung Hausers – zunächst die Zusage zur redaktionellen Mitarbeit. Wie wir wissen, ist es dazu nicht gekommen.

Im Frühjahr 1842 schrieb der Verlag an Friedrich Konrad Griepenkerl, den „Nestor aller Kenner der Bachschen Compositionen", und bat ihn, die „letzte Feile" an seine Bach-Ausgabe zu legen.[107] Zunächst abweisend, willigte Griepenkerl schließlich in die Mitarbeit an der Gesamtausgabe ein. Es begann ein langer Briefwechsel, der nur durch die schwere Krankheit Griepenkerls oftmals unterbrochen wurde und zwei Jahre vor seinem Tode endete. Dank der 22 Briefe Griepenkerls aus den Jahren 1842 bis 1847, die das Sächsische Staatsarchiv Leipzig aufbewahrt, und dank des erhaltenen Kopierbuches des Verlages C. F. Peters von 1841 bis 1844 sind wir in der erfreulichen Lage, uns einen einmaligen Einblick in die Arbeitsweise des Bach-Herausgebers Griepenkerl und die Art seiner Zusammenarbeit mit dem Verlag verschaffen zu können. Die Diskussionen um den Band 9 sollen dabei stellvertretend für die anderen Bände stehen.

Als Herausgeber zahlreicher Werke Bachs zählt Friedrich Konrad Griepenkerl neben seinem Lehrer Johann Nikolaus Forkel zu den großen Redakteuren der ersten Bach-Gesamtausgaben, die die Wirkungsgeschichte Johann Sebastian Bachs in der ersten Hälfte des 19. Jahrhunderts entscheidend beeinflußt haben, und es ist deshalb unverständlich, daß bislang so wenig über ihn geschrieben worden ist.[108] Herausgegeben wurden von Griepenkerl die Bände 9 und 11 bis 14, revidiert die Bände 4, 5 und 8. Doch bevor wir uns ganz diesem Kapitel zuwenden, sei noch ein kurzer Exkurs zu den anderen Bänden (7 und 10) erlaubt.

Eine herzliche Freundschaft verband Carl Gotthelf Siegmund Böhme mit Moritz Hauptmann. Zu Hauptmanns Berufung zum Thomaskantor schreibt Böhme am 20. Juli 1842 nach Kassel: „Heute vor acht Tagen sind Sie geehrtester Herr und Freund zur Cantor und Musik-Director-Stelle an hiesiger Thomas-Schule gewählt und ernannt worden. [...] man zweifelt nicht daß Sie die Stelle annehmen und so bringe ich Ihnen meine aufrichtigsten und herzlichsten Glückwünsche dar, die ich auch im Namen aller Ihrer Verehrer und Freunde von nah und fern mit wahrem Vergnügen ausspreche. Ich hoffe, Sie werden sich in unserm Leipzig wohl befinden."[109]

Die Zusammenarbeit mit Hauptmann begann im Frühjahr 1840. „Ich danke dem Himmel, daß ich in dem unvergleichlichen Hauptmann so eine trostreiche Hülfe und liebe vollen Beistand gefunden habe", schreibt Böhme am 18. September 1841 an Hauser nach Wien.[110] Bereits ein Jahr später erschienen Hauptmanns *Erläuterungen zu Joh. Sebastian Bach's Kunst der Fuge*, und neben seiner beratenden Tätigkeit war Hauptmann Mitherausgeber der Bände 7, 8 und 10.

Leihweise erhielt Böhme durch Moritz Hauptmann ein „dickes Buch von Peter Kellner", über das er und seine Mitarbeiter „wie die hungrigen Wölfe" herfielen, „aber nicht um es zu zerreißen, sondern es ganz zu machen", und aus dem Ferdinand August Roitzsch, Böhmes „Erster Corrector", der später – wie wir noch sehen werden – eine bedeutsame Rolle bei der Bach-Gesamtausgabe spielen wird, „alles Wichtige von Bach" abschrieb.[111] Dieses „dicke Buch" von Johann Peter Kellner wurde zu einer wesentlichen Quelle für den Band 9.

Wegen der *Zweistimmigen Inventionen* und *Dreistimmigen Sinfonien* (BWV 772–801), die neben den *Sechs kleinen Präludien* (BWV 933–938), der *Fughetta in c-Moll* (BWV 961) und den *Französischen Suiten* (BWV 812–817) in Band 7 erschienen, bat der Verlag Hauptmann, der mit Louis Spohr (1784–1859) befreundet war, um Vermittlung wegen einer Einsichtnahme in das Autograph der Inventionen und Sinfonien, das Spohr besaß. Hauptmann erfüllte Böhme diesen Wunsch, und der Verlag bedankte sich bei ihm für die „freundliche Gefälligkeit und gediegene Belehrung bei diesem Werke".[112]

Im selben Brief vom 15. Juli 1840 kündigte der Verlag einen neuen, wichtigen Band an, der die *Sechs Sonaten für Violine und Klavier* (BWV 1014–1019) enthalten sollte, und bat Hauptmann um seine Mitwirkung. Gleichzeitig hatte Böhme den Organisten der Katholischen Hofkirche in Dresden, August Stephan Alexander Klengel (1783–1852), und den Konzertmeister des Dresdner Opernorchesters und Direktor der Kapelle der Hofkirche, Karol Lipinski (1790–1861), als Berater und Mitherausgeber herangezogen. Dieser Band 10 erschien Anfang 1841, noch vor Band 9.

Mit Friedrich Konrad Griepenkerl beginnt ein neues Kapitel der Bach-Gesamtausgabe von 1837. Die ersten Kontakte nahmen Griepenkerl und C. F. Peters 1819 auf. Ein Jahr zuvor, am 20. März 1818, war Johann Nikolaus Forkel gestorben, und der Verlag wandte sich an dessen Schüler Griepenkerl mit der Bitte, die *Chromatische Fantasie und Fuge* (BWV 903) – 1802 in Heft VIII der *Œuvres complettes* von Forkel herausgegeben – neu zu edieren.

Zu erwähnen ist auch, daß Griepenkerl noch vor der *Chromatischen Fantasie und Fuge* bei Peters die *Zwölf Polonoisen* (Fk 12) von Wilhelm Friedemann Bach veröffentlichte.[113] Überhaupt war sein Interesse an den Werken des ältesten Bach-Sohnes groß, begünstigt durch eine in seinem Besitz befindliche, beachtli-

che Sammlung aus Forkels Nachlaß. Hervorzuheben ist in diesem Zusammenhang, daß eine Wilhelm-Friedemann-Bach-Ausgabe bei Julius Schuberth (1804–
1875) in Hamburg geplant war und Griepenkerl dabei als Kenner und Besitzer
der Werke Friedemanns genannt wurde.[114]

Die Verbindung Griepenkerls zu dem Leipziger Verlag war zunächst nur von
kurzer Dauer. Bereits im Juni 1820 hörte der Briefwechsel auf, zuvor wurde jedoch noch der Plan einer Ausgabe der Orgelwerke Johann Sebastian Bachs in
Erwägung gezogen, und Carl Friedrich Peters gab den Sommer 1821 für den Beginn dieser Edition an. Erst sehr viel später, 1844, ist es dazu gekommen. „Sechs
Sonaten, zwanzig Präludien und zwanzig Fugen, und viele Choralvorspiele, von
welchen allen nie eine Note gedruckt wurde, liegen zur Auswahl bereit“, berichtet Griepenkerl nach Leipzig, „lauter Kunstwerke von der ausgezeichnetsten
Vortrefflichkeit“. Für „völlig korrekte Abschriften“ will er Sorge tragen, indem
„viele dieser Werke in der eigenen Handschrift des Komponisten“ sich in seinem
Besitz befinden, „und sie alle durch Forkels kritische Hand gegangen sind“.[115]

In der Tat muß Griepenkerl, wie dem Briefwechsel zu entnehmen ist, eine reiche und wertvolle Sammlung musikalischer Handschriften und Drucke besessen
haben. Über das Schicksal dieser Sammlung ist wenig bekannt. Die Bachiana
stammen zum großen Teil aus dem Nachlaß seines Lehrers Johann Nikolaus Forkel; einige davon befinden sich heute in der Musikbibliothek Leipzig und in der
Staatsbibliothek zu Berlin – Preußischer Kulturbesitz. Wie Karl Heller im Bach-
Jahrbuch 1978 nachweisen konnte, ist Griepenkerls Nachlaß 1849 nach einem
gedruckten, nicht mehr auffindbaren Katalog verkauft worden.[116] Dabei hatte der
damalige Kustos der Musiksammlung der Königlichen Bibliothek in Berlin, Siegfried Wilhelm Dehn (1799–1858), offenbar das Vorkaufsrecht erhalten, nachdem
er den musikalischen Nachlaß Griepenkerls zur Durchsicht erhalten hatte.

Nach fünf Jahren Œuvres complets mit insgesamt neun Bänden wandte sich
Carl Gotthelf Böhme am 5. April 1842 an Friedrich Konrad Griepenkerl und bat
ihn um Mitarbeit an dieser Edition. Zu fragen ist, warum erst zu diesem Zeitpunkt der
Verlag mit Griepenkerl sich in Verbindung setzte, obwohl er ihn von der Zusammenarbeit her im Jahre 1819 kannte. Eine leidlich zufriedenstellende Antwort darauf erhalten wir von Böhme selbst: „Warum ich nicht früher Ihren wichtigen Beistand
in Anspruch genommen habe, liegt nur daran, daß ich die Größe, und Schwierigkeit meiner Unternehmung erst bei dem 3, 4 & 5 Bande einzusehen begann.“[117]

Nach anfänglicher Ablehnung gab Griepenkerl seine Zustimmung zur Mitwirkung an den Œuvres complets. Eine gewisse Betroffenheit darüber, daß man ihn
erst zum Zeitpunkt der „beinahe fertigen Ausgabe“ hinzuzog, ist dabei nicht zu
übersehen.

Mit Czerny ging Griepenkerl hart ins Gericht: „Czerny hat in der That eine
große Verantwortlichkeit auf sich geladen, indem er ein Geschäft übernahm, dem
er durchaus nicht gewachsen war, und das er durchaus hätte ablehnen müssen,
wenn er sich selbst genug kannte. Niemand macht ihm den Ruhm eines der besten
Lehrer des neueren Klavierspiels streitig; aber von dem Vortrage bachischer
Compositionen versteht er nichts. Die Beweise davon giebt er auf jeder Seite.“[118]

Wunschgemäß sah Griepenkerl den Band 8 mit den *Englischen Suiten* (BWV 806–811) durch. Von einer Revision des *Wohltemperierten Klaviers*, dem – nach seinen Worten – eigentlichen „Sündenbock" der Ausgabe, nahm er zunächst Abstand und machte Böhme folgenden Vorschlag, „der vielleicht vor dem kaufmännischen Urtheil Gnade fände und dessen Ausführung höchst ehrenvoll wäre": „Warten Sie noch etwa ein Jahr und machen dann bekannt: es wäre viel Nachfrage bei Ihnen gewesen nach einer anderen einfacheren Gestalt des wohltemp. Klaviers." Und am Rand des Briefes vermerkte Griepenkerl noch: „Und sollte bei Ihnen selbst keiner nachgefragt haben, so ist die Sache dennoch wahr. Ich kenne niemanden, der mit der neuen Ausgabe des wohltemp. Klaviers zufrieden wäre." Seine Sachkenntnis unterstrich Griepenkerl mit den Worten: „alles, was ich weis, kommt auf dem geradesten Wege von Bach selbst her. Von dem Vater lernten es die Söhne, von den Söhnen lernte Forkel und von Forkel ich. Fast zwei Jahre hatte ich täglich mindestens zwei Stunden bei ihm. Nachher habe ich das Studium nie liegen lassen und ziemlich alles benutzt, was dabei zu benutzen war. Die Abschrift besitze ich auch, welche einzig bei der beabsichtigten neuen Ausgabe benutzt werden müßte."[119]

Zu einer Griepenkerl-Edition des *Wohltemperierten Klaviers* ist es nicht gekommen. Die umfangreichen Arbeiten an den weiteren Bänden der Gesamtausgabe hatten den Verlag und seinen Herausgeber in vollem Maße beansprucht. In den folgenden Briefen ist dann vom *Wohltemperierten Klavier* auch kaum noch die Rede. Immer wieder klagte der Verlag über die „vielen Lesarten" bei diesem Werk, gab jedoch nicht den Plan auf, in einigen Jahren „vielleicht eine ganz richtige Darstellung dieses Werkes" geben zu können, da er jetzt „auf der Spur des einzig ächten Claviers, woran die letzte Hand des Autors gelegt worden", sei.[120]

Erst sehr viel später, 1862 und 1863, wurden beide Teile des *Wohltemperierten Klaviers* als Einzelausgaben von Franz Kroll (1820–1877) in einer „Neuen und kritischen Ausgabe nach handschriftlichen Quellen bearbeitet und mit technischen Erläuterungen und Fingersatz versehen" herausgegeben.[121] Daneben vertrieb C. F. Peters die Ausgabe von 1819 (verbesserte Ausgabe von 1801–1803 mit den „Forkelschen Kurzfassungen") und die von Czerny.[122]

Neben den Revisionsarbeiten an Band 8 bereitete Griepenkerl den Band 9 vor und stellte zu diesem Zweck ein thematisches Verzeichnis von den in seinem Besitz befindlichen „Solo-Sachen fürs Klavier von J. S. Bach" zusammen. Es ist kein Verzeichnis seiner gesamten Bachschen Klaviersachen, sondern eine Auswahl, eigens für den Band 9 angefertigt.[123]

Um Band 9 wurde ein umfangreicher Briefwechsel geführt. Beide Seiten – Herausgeber und Verlag – waren fleißige Briefeschreiber, und es ist ein Vergnügen, diese Briefe zu lesen. Sie lassen uns Einsicht nehmen in die Arbeitswelt des Verlages C. F. Peters, sein Engagement und seinen Idealismus für das Werk Bachs und die nicht immer leichte Aufgabe, das kostspielige Unternehmen Bach-Gesamtausgabe mit allen Höhen und Tiefen auszuführen. Von ebensolchem Fleiß, Eifer und Enthusiasmus war Friedrich Konrad Griepenkerl, der neben seinen beiden Ämtern – als Collaborator am Catharineum und als Lehrbeauftragter für deut-

sche Sprache und Literatur, Mathematik und philosophische Vorbereitungswis-
senschaften am Obergymnasium in Braunschweig – sehr viel Zeit für die Bach-
Ausgabe aufbrachte, oftmals beeinträchtigt durch seine schwere Krankheit.

Nach langen Diskussionen über den Inhalt des Bandes und die Reihenfolge der
Stücke, nach aufwendigen, mühsamen Recherchen zur Beschaffung von Vergleichsabschriften und nach beharrlichen, doch gleichbleibend freundlichen Er-
mahnungen des Verlages an seinen Herausgeber zur Manuskriptabgabe kam der
9. Band der *Œuvres complettes* schließlich im Sommer 1843 heraus. Außer der
Fantasie in c-Moll (BWV 906) und der *Fuge in e-Moll* (BWV 945) erschienen
alle Stücke „hier zum ersten Male im Stich, theils nach der eigenen Handschrift
des Autors selbst, theils, wo diese fehlte, nach den besten alten Abschriften".[124]

Maßgeblichen Anteil an den redaktionellen Arbeiten an Band 9, in verstärktem
Maße ab Band 15 (nach dem Tode Griepenkerls), hatte Ferdinand August Roitzsch,
der als Korrektor im Verlag arbeitete und zusammen mit den beiden Prokuristen
Leede und Probst für die Bach-Ausgabe federführend war. Daß bei dem kost-
spieligen und zeitaufwendigen Unternehmen der Bach-Ausgabe die Verlagsatmo-
sphäre nicht immer die beste war, läßt sich gut vorstellen. Dem schwerkranken
Böhme fehlte oft das nötige Verständnis für die zeitraubenden Ermittlungen nach
Vergleichsabschriften und für die viele Mühe, die für die redaktionelle Arbeit
aufgebracht werden mußte; zeitweilig wollte er die Ausgabe ganz abbrechen.

Stellvertretend für diese vielfältige Problematik um die Bach-Ausgabe soll das
folgende Zitat aus einem Brief an Franz Xaver Gleichauf (1801–1856), den Erben
der Bach-Sammlung von Johann Nepomuk Schelble (1789–1837), stehen. Be-
kanntermaßen klagen Verleger viel, doch muß in diesem Falle gesagt werden, daß
in der Tat der Verlag C. F. Peters „größte Anstrengung und immerwährende Opfer" brachte, um mit dieser Bach-Gesamtausgabe „ein 100jähriges Monument für
Deutschland" zu schaffen. „Die Beschaffung des 9ⁿ Bandes zu welchem ich bereits ¾ des Stoffes vorräthig habe, verursachte deshalb unglaubliche Mühe und
Zeit weil ich das Beste aus den noch ungedruckten und überall zerstreuten Compositionen, für Pfte. allein geben wollte. Um die zahlreichen und verschiedenen
Abschriften dieser Stücke in Ordnung und Richtigkeit zu bringen, ist ein Extrem
von Mühe, Sorgfalt und geduldigem Fleiße aufgewendet worden.

Vor Weihnachten a.c. oder Jan. 1843 kann dieser Band schwerlich erscheinen.
Die Arbeit ist zu furchtbar und erfordert die äusserste Vorsicht, trotz der drei &
vierfachen Vergleichsmittel die ich dabei benutzt habe. Sie können also leicht
schließen, daß ich selbst sehr froh sein werde, wenn dieser Band aus der Presse
kommt. Ich hoffe mir durch die Errettung so manchen schönen Stückes vom unver-
meindlichen Untergange, den Dank aller Kenner und Liebhaber zu verdienen."[125]

Ein herzliches und freundschaftliches Verhältnis entwickelte sich im Laufe der
Arbeiten an Band 9 zwischen Griepenkerl und Roitzsch, vertieft durch persönliche Besuche des Korrektors in Braunschweig. Griepenkerl schätzte die gewis-
senhafte und sachkundige Arbeit von Roitzsch, vornehmlich seine praktischen
Erfahrungen als Klavierlehrer, und übertrug Roitzsch hinsichtlich der Vortrags-
zeichen und des Fingersatzes die Vollmacht, „das, was ihm zu viel scheint, weg-

zustreichen", ohne bei ihm, dem Herausgeber, „anzufragen".[126] Die „letzte Entscheidung" gab Griepenkerl jedoch nicht aus der Hand: „Finden Sie hierin eine
kleine Empfindlichkeit von meiner Seite, so muß ich das allerdings einräumen und
wünschen, Herr Roitzsch hätte sie mir erspart. Indeß – transeat cum caeteris!"[127]

Nicht alles verlief in bester Harmonie zwischen dem Verlag und seinem Herausgeber. Außer dem ständigen Drängen, doch endlich das Manuskript für Band
9 fertigzustellen, gab es divergierende Vorstellungen über den Inhalt des Titel-
blattes, insbesondere über die Nennung des Herausgebers.

Der Verlag wünschte, wie bei Band 3, die Herausgeber als „Comité d'Artistes" zu betiteln; Griepenkerl war hier anderer Meinung: „Daß Sie auf den Titel:
par un Comité d'Artistes haben setzen lassen, ist sehr klug und vermeidet gewisse
manche mögliche Wiederwärtigkeiten. Aber wenn Sie nun wünschen, daß ich
meinen Namen unter die Vorrede setzen soll, die ich zum 9ten Bande schreibe, so
paßt das nicht wohl zum Titel. [...] Die Herstellung der beiden Adagio's in N^{ro} 1,
die Reinigung der ganzen N^{ro} nach meiner Handschrift, die Schreibung der beiden
Adagio's in N^{ro} III, wodurch sie für die Gegenwart spielbar werden im rechten
Geist etc. etc. rührt von mir her, wie ich denn auch im 8ten Bande eine Menge von
Unrichtigkeiten des Notentextes nach meinen Handschriften und nach meinem
Urtheil verbessert habe.

Meine Absicht ist nicht, mich mit meinem Namen vorzudrängen, wie Sie vielleicht glauben, und dadurch Unannehmlichkeiten mit den übrigen Männern zu
veranlassen, die auch etwas zu dem Unternehmen beigetragen haben. Vielmehr
will ich das vermeiden. Auch will ich auf die Nennung meines Namens keine musicalischen Erfolge für mich gründen, da meine Berufsfächer, Philosophie und
schöne Wissenschaften, mir dergleichen schon zu meiner Befriedigung gewährt
haben, und ich über 60 Jahr alt bin. Nur meinen Theil der Verantwortlichkeit
möchte ich seiner Zeit übernehmen."[128]

Das Titelblatt wies schließlich eine „Edition nouvelle, soigneusement revue,
corrigée, métronomisée et doigtée, enrichie de notes sur l'exécution et accompagnée d'une préface. par FRÉD. CONR. GRIEPENKERL." aus; der nicht unwesentliche Anteil des Korrektors Ferdinand August Roitzsch wurde von Griepenkerl am Ende seines Vorwortes freundlich genannt: „Zum Schluß noch die
dankbare Bemerkung, dass Herr Ferd. Roitzsch, Musiklehrer in Leipzig, dem
Unterzeichneten mit rühmlicher Sachkenntniss und unermüdlichem Fleisse bei der
Vergleichung der Handschriften und bei der Correctur zu Hilfe gekommen ist,
und dass er einen bedeutenden Antheil hat an dem Nützlichen und Brauchbaren,
was die gegenwärtige Ausgabe enthalten mag."

Abschließend ist noch zu erwähnen, daß auch Griepenkerl – wie sein großer
Lehrer Forkel – eine Schrift über Johann Sebastian Bach verfassen wollte. Der
Verlag war nicht abgeneigt und machte seinem Herausgeber den Vorschlag, alles
niederzuschreiben, was ihm „während der Redaction der Bände über Auffassung
& Vortrag der Werke und über die Manier des Bach'schen Spiels" einfiele.[129] Im
Sommer 1843 waren die ersten Seiten des Buches geschrieben, und Griepenkerl
teilte dem Verlag seine Vorstellung über den Wortlaut des Titels mit:

„Johann Sebastians Bachs
Zeit, Kunst, Kunstwerke und Behandlung derselben
1ᵗᵉʳ Theil
Die Compositionen fürs Clavier."

Für „jede verbürgte Nachricht", die er über Weimar, Köthen und Leipzig aus dem
Zeitraum von 1708 bis 1750 erhalten könne, sei Griepenkerl dem Verlag äußerst
dankbar.[130]

Die vielfältigen Verpflichtungen und Griepenkerls Krankheit ließen nicht zu,
daß dieser gewiß großartige Plan einer Bach-Schrift zustande kam. Neugierig
gemacht auf diese geschriebenen Seiten, müssen wir wie so oft auch hier bedauern, daß sich der Nachlaß Griepenkerls „in alle Winde zerstreut" hat.[131]

Am 6. April 1849 starb Friedrich Konrad Griepenkerl. Vergeblich sucht man
in den Braunschweiger Tageszeitungen nach einem Nachruf auf ihn.

DER HERAUSGEBER SIEGFRIED WILHELM DEHN (1799–1858)[132]

Nach dem Tode Griepenkerls übernahm Siegfried Wilhelm Dehn die Herausgabe
der *Œuvres complets*. Schon einige Jahre vorher stand C. F. Peters mit ihm in
brieflichem Kontakt, insbesondere wegen der *Kunst der Fuge* (BWV 1080), deren „Autographon letzter Hand" der Leipziger Verlag in der kostbaren Musiksammlung der Berliner Bibliothek vermutete, und das er für seine neue Edition
des Werkes unbedingt benutzen wollte.

Zusammen mit Probst fuhr Roitzsch Anfang November 1841 nach Berlin, um
die Ausgabe der Kunst der Fuge von 1839 (*Œuvres complets*, Band III) mit dem
Autograph zu vergleichen. Über den Verlagskollegen Bote & Bock erbat sich
Böhme „eine bequem gelegene Privatwohnung, worin mein Correct. H. Roitsch
während der 8–10 Tage anständig und nicht zu theuer wohnen könne".[133]

Der Berlin-Besuch führte nicht zu dem erwarteten Erfolg. Enttäuscht berichtet
Böhme am 9. Mai 1842 Griepenkerl über die Arbeit in der Königlichen Bibliothek: „Nach diesem Vergleich [mit der Marpurg-Ausgabe von 1752[134], die der
Verlag von Dehn leihweise erhielt] sind wir in Berlin gewesen und haben auf der
Königl. Bibliothek das dortige Autographon der Kunst der Fuge verglichen, was
aber leider unvollständig war und uns nur als erster Entwurf nicht aber als Ur-
schrift letzter Hand gelten kann. Die vier ersten Fugen sind namentlich noch nicht
in der Gestalt, wie man sie bei Marpurg antrifft, und 4 Fugen nebst 2 Canons
fehlen gänzlich. Indessen haben wir doch etliche wichtige Fehler daraus ermittelt,
welche ohne dieses Autograph sehr schwer zu entdecken waren."[135]

Dem Verlag lag die sogenannte Reinschrift der *Kunst der Fuge*[136] vor, und er
konnte zu diesem Zeitpunkt nicht wissen, daß seine Suche nach dem sogenannten
Kompositionsmanuskript, das er als „Autographon letzter Hand" bezeichnet, vergeblich war.[137] Es gilt als verloren.

Böhme gab die Hoffnung nicht auf und schrieb im selben Brief an Griepenkerl: „Ein Freund in Berlin [= Siegfried Wilhelm Dehn] versicherte, daß er das Autograph letzter Hand wenig Monate vorher noch gesehen habe, er wisse wo es hingekommen sei und wolle uns eine ganz genau durchpunktierte Copie davon verschaffen, darauf warten wir nun, würden wir so glücklich sein, dies noch zu erhalten, so könnten wir in der That das Vollkommste leisten. Ich will dieses Werk nicht allein in correcterem Clavier-Auszuge sondern auch noch in Partitur stechen lassen, denn die Unbequemlichkeit der Nägelischen Ausgabe [= *Musikalische Kunstwerke im Strengen Style*, Hefte 4 und 5, 1802] mag ich nicht nehmen, wo Partitur und Clavier Auszug auf einer Seite zusammen stehen und wo der Spielende wie der Studierende allzuhäufig umwenden müssen."[138]

Im Mai 1842 ließ Böhme in einer „der gelesensten Schwedischen Zeitungen" eine Anfrage inserieren, „worin das Autograph letzter Hand ausdrücklich erwähnt und der etwaige Besitzer aufgefordert wird, sich zu melden, um mit ihm über die Mittheilung desselben das Nöthige zu verabreden."[139] Zu fragen ist, warum gerade in einer nordischen Zeitung? Die Antwort erhalten wir von Siegfried Wilhelm Dehn. Dieser schreibt in der *Caecilia* auf Grund „der von vielen Seiten" an ihn gerichteten Anfrage: „Befindet sich in der musikalischen Abtheilung der Königlichen Bibliothek zu Berlin das Originalmanuskript der Kunst der Fuge von Joh. Seb. Bach?", daß „vorzugsweise Copenhagen der Ort sein [würde], wo man versuchen müsste, dem mehrgedachten Manuscript auf die Spur zu kommen".[140] Zu diesem Schluß kommt er über einen von Carl Philipp Emanuel Bach geschriebenen, ursprünglich dem Autograph P 200 beiliegenden kleinen Zettel mit der Aufschrift „Herr Hartmann hat das eigentliche" und vermutet dahinter Johann Hartmann, Konzertmeister in Kopenhagen, dessen bekannte Musiksammlung in Kopenhagen durch Verkauf vereinzelt wurde.

Eine weitaus überzeugendere Antwort erhalten wir von Christoph Wolff, der annimmt, daß damit die (ebenfalls verlorene) Stichvorlage gemeint ist, die Friedrich Traugott Hartmann (1749–1833) – ein Verleger aus Elbing und als Mitarbeiter Friedrich Wilhelm Marpurgs (1718–1795) mit Carl Philipp Emanuel Bach möglicherweise bekannt gewesen – , erhalten hat.

Untermauert wird diese Überlegung durch eine Annonce von Carl Philipp Emanuel aus dem Jahre 1756, in der den „Herren Verlegern practischer musikalischen Werke" bekanntgegeben wird, daß er die Stichplatten zur *Kunst der Fuge* verkaufen will.[141]

Dieser gleichermaßen labyrinthischen wie faszinierenden Überlieferungsgeschichte der *Kunst der Fuge* sei abschließend folgendes Dokument noch hinzugefügt. Im Oktober 1842 schreibt Böhme, der im übrigen keine Antwort aus Schweden erhielt, noch einmal wegen der *Kunst der Fuge* an Dehn: „Meine mit dH. Corrector im Novbr. v. J. unternommene Reise hatte eigentlich gar keinen andern Zweck als jene Autographie mit meiner Ausgabe zu vergleichen. [...] Leider fand sich aber jene Autographie unvollständig, [...] weshalb ich gegen Sie die Vermuthung äusserte, daß es noch ein Autographon letzter Hand gegeben haben müßte, wonach die Erben Bach's die gestochene Ausgabe besorgen ließen. Diese

Vermuthung bestätigten Sie in allen Theilen und versicherten dies Autographon letzter Hand selbst, im Frühjahr 1841 noch gesehen zu haben, wobei Sie mir einige Hoffnung machten, den gegenwärtigen Besitzer desselben noch vielleicht auszumitteln. [...] Hätten Sie aber auf der Bibliothek, neben dem unvollständigen Autograph, auch das Vollständige entdeckt, (was ich kaum glauben darf) dann wäre mir freilich, im Bezug auf dieses Werk, die Vergleichung der noch übrigen 6 Stücke möglich und ich könnte mich dann überall auf die keinen Widerspruch duldende authentische Richtigkeit berufen, die meine Ausgabe hernach vor allen Andern auszeichnen würde."[142]

Zu dieser Ausgabe ist es aus den genannten Gründen nicht gekommen, auch nicht zu einer vorgesehenen redigierten Fassung der Marpurg-Ausgabe durch Siegfried Wilhelm Dehn. Dehn, nach wie vor von der *Kunst der Fuge* begeistert, hatte im Sommer 1855 an August Theodor Whistling[143], den Geschäftsführer der Firma C. F. Peters seit 1852, geschrieben und sich nach einem möglichen Auftrag erkundigt: „Als H Roitzsch in Berlin war, habe ich mit ihm über Marpurg im Allgemeinen gesprochen und er hat mir versichert, darüber das Nähere nach genommener Rücksprache mit unserm Herrn Böhme mitzutheilen; eine derartige Mittheilung aber, die mich beauftragte oder veranlassen konnte, den Marpurg zu redigiren, habe ich aber so wenig erhalten als das mir versprochene Heft von Friedemann Bach, [...] Ein Paket mit diesen Sachen und ein Brief in Bezug auf Marpurg kann doch nicht verloren gegangen seyn?! Doch dem sey nun, wie ihm wolle, gegenwärtig bekomme ich etwas freie Zeit und es fehlt mir nur an einem Exemplar Ihrer Ausgabe des Marpurg, um dasselbe mit Papier durchschießen zu lassen und in dieser bequemsten und weniges zeitraubenden Weise das Manuscript für den Druck vorzubereiten und zu redigiren. – "[144]

1845 erschien bei C. F. Peters die *Kunst der Fuge* in einer Titelauflage der Ausgabe von 1839 in veränderter Reihenfolge der Stücke und 1866 wiederum eine Titelauflage der Ausgabe von 1845 als Cahier 11 der Série I in der „dritten Gesamtausgabe" der Werke Johann Sebastian Bachs, den *Œuvres complètes de Jean Sebastien Bach.*

Diese „dritte Gesamtausgabe", eine Fortsetzung der Gesamtausgabe von 1837, erschien in den Jahren 1866–1867 und hatte zum Anliegen, nicht nur durch die Ergänzung der noch fehlenden Klavier- und Instrumentalkompositionen dieser Edition „die grösste Vollständigkeit" zu geben, sondern auch „die Partituren der Vocalwerke darin aufzunehmen, so dass die Verehrer BACH'S in dieser Ausgabe (mit Ausnahme einer Anzahl Cantaten) nichts mehr vermissen werden".[145] An hinzugekommenen Herausgebern sind zu nennen Ferdinand David (1810–1873), Ludwig Christian Erk (1807–1883), Friedrich Wilhelm Grützmacher (1832–1903), Joseph Hellmesberger (1828–1893) und Franz Kroll (1820–1877).

Kehren wir zurück zu Siegfried Wilhelm Dehn. Herausgegeben wurden von ihm die Bände 15–23. Analog zu den vorhergehenden hat auch in diesen Bänden Ferdinand August Roitzsch maßgeblichen Anteil an den redaktionellen Arbeiten, und ab Band 15 wird Roitzsch zusammen mit Dehn verdientermaßen auf dem Titelblatt als Herausgeber genannt.

Wie mit Friedrich Konrad Griepenkerl wird auch mit Siegfried Wilhelm Dehn ein ausgedehnter Briefwechsel um die Redaktion dieser Bände geführt.[146] Über 50 Briefe werden an Dehn geschrieben, aber es ist hier nicht der Ort, darauf näher einzugehen. Die oben wiedergegebenen beachtenswerten und eindrucksvollen Dokumente zur Kunst der Fuge sollen stellvertretend für den Komplex Siegfried Wilhelm Dehn stehen.

*

Abschließend sei folgende Überlegung zu den *Œuvres complets* von 1837 angestellt, um zum weiteren Nachdenken über diesen Gegenstand anzuregen.

In die Zeit dieser „zweiten Bach-Gesamtausgabe" fällt Ende 1850 die Gründung der Bach-Gesellschaft zu Leipzig und 1851 die damit verbundene Herausgabe des ersten Bandes von „Johann Sebastian Bach's Werken". Stich und Druck übernahm der Leipziger Verlag Breitkopf & Härtel, C. F. Peters härtester Konkurrent. Vorsitzender des Direktoriums der Bach-Gesellschaft wurde Moritz Hauptmann, in den Ausschuß wurden unter anderem Professor Siegfried Wilhelm Dehn, Joseph Fischhof, Franz Hauser und Dr. Louis Spohr benannt – Persönlichkeiten, mit denen der Verlag C. F. Peters in engen privaten und geschäftlichen Verbindungen stand.

Mit Dehn, der ab Band 15 die Herausgabe der *Œuvres complets* übernommen hatte, arbeitete der Verlag weiterhin zusammen. Über ihn wird im ersten Band der Bach-Gesamtausgabe gesagt, daß er „durch frühere Verpflichtungen gebunden" sei und dadurch „nur für die Herausgabe der Gesangcompositionen seine Theilnahme zusichern konnte". Ohne Zweifel ist damit Dehns Redaktionstätigkeit bei C. F. Peters gemeint.

Weder der Inhaber der Firma C. F. Peters, Carl Gotthelf Siegmund Böhme, noch sein Korrektor Ferdinand August Roitzsch oder auch die beiden Prokuristen und späteren Musikalienhändler Leede und Probst sind im Mitgliederverzeichnis der Bach-Gesellschaft zu finden – ein Tatbestand, der keines weiteren Kommentars bedarf. Nahezu vertraulich schreibt Dehn am 24. Februar 1851 an Böhme nach Leipzig: „In Bezug auf das Härtelsche Project werde ich in diesen Tagen nachträglich noch eine halb-amtliche Konferenz haben, deren Resultat Sie unverzüglich erfahren sollen. Vorläufig nur so viel, daß man diesen Herren gegenüber in ihrem christlich-germanischen Streben, immer noch auf der Hut seyn muß und daß man den glatten Worten nicht blindlings trauen darf. Das Weitere in dieser Angelegenheit nächstens."[147]

DIE EINZELNEN BÄNDE[148]

Band 1
LE CLAVECIN BIEN TEMPÉRÉ | ou | Préludes et Fugues | dans tous les tons et demi-tons | sur le Modes majeurs et mineurs | PAR | [Brustbild J. S. Bachs mit

den Angaben: Steindr. v. A. Kneisel und C. Brand] | JEAN SEBASTIEN BACH.
| Edition nouvelle, soigneusement revue, corrigée et doigtée, | ainsi que pourvue
de notifications sur l'exécution | et sur les mesures des temps (d'après le Métro-
nome de Maelzel) | et accompagnée d'une préface | par | CHARLES CZERNY. ||
[links:] Partie I [Mitte:] Propriété de l'Editeur. | (dans cet arrangement) [rechts:]
Pr. 3 Rthlr. || Enregistré aux archives de l'union. | LEIPZIG, | au Bureau de Musi-
que de C. F. Peters. | 2635. 2636.
– PN 2635
– *Wohltemperiertes Klavier I* (BWV 846–869)
– C. Czerny
– 1837

Band 2
... [wie Bd. 1] ... || [links:] Partie [hs. aus I verb:] II. ...
– PN 2636
– *Wohltemperiertes Klavier II* (BWV 870–893)
– C. Czerny
– 1837

Band 2 (Titelauflage von 1837)
... [wie Bd. 1] ... | [in Schild:] Œuvres complettes Liv. [hs.:] II. | Adoptées au
Conservatoire de Musique de Leipzig. | Tous le Numéros se vendent aussi
séparément. | Alle Nummern sind auch einzeln zu haben.
– um 1845

Band 3
L'ART DE LA FUGUE | y jointes du | <Sacrifice musicale> | la Fugue sur un
Thême de Fréderic II. | la Ricercata à 6 Voix sur le même Thême | PAR | ... | [in
Schild:] Œuvres complets Liv. III.
– PN 2690
– *Die Kunst der Fuge* (BWV 1080, ohne Nr. 18); *Musikalisches Opfer* (BWV
  1079, 1 und 5)
– C. Czerny
– 1838

Band 3 (rev. Titelauflage von 1838)
L'ART DE LA FUGUE | Kunst der Fuge | ... | [in Schild:] Œuvres complets Liv. III.
– *Die Kunst der Fuge* (BWV 1080, mit Nr. 18)
– 1839

Band 3 (Titelauflage von 1839)
... [wie Bd. 3, 1839] ... | par | UN COMITÉ D'ARTISTES. | ...
– um 1841/42

Erste Notenseite von *Band 3*.

Band 3 (Titelauflage von 1839)
  [wie Bd. 3, 1839]
– um 1845

Band 4
COMPOSITIONS | pour le | Piano-Forte | sans et avec accompagnement | PAR |
... | [in Schild:] Œuvres complets Liv. [hs.:] 4. | La table des matières de cette li-
vraison se trouve | indiquée au revers de ce titre.
– PN 2696
– BWV 903, 944,2, 914,3 898, 910, 911, 904, 907, 908, 992, 913
  (ältere Fass.), 830
– C. Czerny
– 1839

Band 4 (neu gestochen u. umgearb.)
  [wie Bd. 4, 1839]
– PN 2696
– BWV 903, 944, 914, 910, 911, 904, 907, 908, 992, 913 (jüngere Fass.), 802–
  805, 903a, 903, 913 (ältere Fass.), 898
– F. K. Griepenkerl
– 1843/44

Band 4 (Titelauflage von 1843/44)
... [wie Bd. 4, 1839] ... | par | FRÉD. CONR. GRIEPENKERL, | Docteur et Pro-
fesseur en philosophie et belles-lettres à Brunswic. | – ‖ [links in 4 Zeilen unter-
einander:] No 2838. 2696. | – 2783. 2746. | – 2983. 2747. | – 2984. 2748. | ...
[rechts in 4 Zeilen untereinander:] Liv: 4, 5, 6, 7, 8: | Pr. 3 ½ Thlr. | Liv: 9, 11: |
Pr. 4 Thlr. ‖ ... | [in Schild:] Œuvres complettes Liv. [Stempel:] 4| ...
– PN 2696
– F. K. Griepenkerl
– um 1846

Band 4 (Titelauflage von 1843/44)
... [wie Bd. 4, um 1846] ... ‖ [links in 7 Zeilen untereinander:] ...[wie Bd. 4, um
1846]| – 3026, 3027. | – 3120. 3121. | – 3292. 3293. ... | [rechts in 6 Zeilen unter-
einander:] Liv. 4, 5, 6, 7, 8, 12: | Pr. 3 ½ Thlr. | Liv. 9, 11, 14: | Pr. 4 Thlr. | Liv.
13: | Pr. 3 Thlr. ‖ [in Schild:] Œuvres complettes Liv. [Stempel:] 4 | ...
– um 1850

Band 5
... [wie Bd. 4, 1839] ... ‖ [links:] No 2696. 2746. ... | [in Schild:] Œuvres complets
Liv. [hs.:] 5. | ...
– PN 2746

– *Sechs Partiten* aus *Klavierübung Teil I* (BWV 825–830); *Vier Duette* aus *Kla-vierübung Teil III* (BWV 802–805)
– C. Czerny
– 1840

Band 5 (Titelauflage von 1840)
  [wie Bd. 4, 1839]
– F. K. Griepenkerl (Revision)
– nach 1846

Band 5 (Titelauflage von 1846)
– um 1850

Band 6
... [wie Bd. 4, 1839] ... | [in Schild:] Œuvres complets Liv. [hs.:] 6. | ...
– PN 2747
– *Italienisches Konzert F-Dur* (BWV 971) und *Partita h-Moll* (BWV 831) aus *Klavierübung Teil II*; *Aria mit 30 Veränderungen* (*Goldberg-Variationen*, BWV 988) aus *Klavierübung Teil IV*.
– C. Czerny
– 1840

Band 6 (Titelauflage von 1840)
– um 1841/42

Band 6 (Titelauflage von 1840)
– um 1846

Band 7
... [wie Bd. 4, 1839] ...| [in Schild:] Œuvres complets Liv. [hs.:] 7. | ...
– PN 2748
– *Sechs kleine Präludien* (BWV 933–938); *Fughetta c–Moll* (BWV961); *Inven-tionen und Sinfonien* (BWV 772–801); *Französische Suiten* (812–817)
– C. Czerny unter Mitarbeit von M. Hauptmann
– 1840

Band 7 (Titelauflage von 1840)
– um 1841/42

Band 7 (Titelauflage von 1840)
– um 1850

Band 8
... [wie Bd. 4, 1839] ... | [in Schild:] Œuvres complets Liv. [hs.:] 8. | ...
– PN 2783
– *Englische Suiten* (BWV 806–811)
– C. Czerny unter Mitarbeit von M. Hauptmann
– 1841

Band 8 (rev. Titelauflage von 1841)
... [wie Bd. 4, 1839] ... | par | FRÉD. CONR. GRIEPENKERL, | ... | [in Schild:]
Œuvres complettes Liv. [Stempel:] 8. | ...
– F. K. Griepenkerl
– um 1846

Band 8 (Titelauflage von 1841)
– um 1850

Band 9
... [wie Bd. 8, um 1846] ... | [in Schild:] Oeuvres complettes Liv. 9.
– PN 2838
– BWV 915, 894, 912, 899, 900, 895, 906,1, 952, 953, 919, Anh. III/180 (von
  J. P. Kellner) 948, Fuge es–Moll von J. E. Eberlin, 945, 947, 924, 939, 999,
  925, 926, 940, 941, 927, 928, 929, 930, 942, 823, 906,2
– F. K. Griepenkerl
– 1843

Band 9 (Titelauflage von 1843)
– um 1846

Band 9 (Titelauflage von 1843)
– nach 1846

Band 10
Six | GRANDES SONATES | pour le | Pianoforte et Violon obligé | composées |
PAR | [Brustbild J. S. Bachs, gezeichnet rechts: P.] | JEAN SEBASTIEN BACH.
| Edition nouvelle, soigneusement revue, corrigée, | métronomisée et doigtée; en-
richie de notes sur l'exécution | et accompagnée d'une préface. || [links:] No.
2766. [Mitte in 2 Zeilen untereinander:] Propriété de l'Editeur. | (dans cet arran-
gement.) [rechts:] Pr. 4 1/2 Rthlr. || Enregistré aux archives de l'union. | LEIPZIG,
| au Bureau de Musique de C. F. Peters. | [in Schild:] Œuvres complets. Liv. 10.
– PN 2766
– *6 Sonaten für Violine und Klavier* (BWV 1014–1019)
– C. Czerny, M. Hauptmann, A. Klengel, K. Lipinski
– 1841

Band 10 (Titelauflage von 1841)
... [Titel wie Bd. 10, 1841] ... | PAR | [Brustbild J. S. Bachs, unbezeichnet] | ... |
[in Schild:] Œuvres complets. Liv. 10. | Adoptées au Conservatoire de Musique
de Leipzig
– um 1850

Band 11
CONCERT | (en Ré mineur) | POUR | Trios Clavecins | avec deux Violons Viola
et Basse | par | JEAN SEBAST. BACH. | – | Première Edition, | soigneusement
revue, métronomisée enrichie de notes sur l'exécution et accompagnée d'une
préface | PAR | FRÉD. CONR. GRIEPENKERL $^{SEN.}$ | [links:] Propriété des Edi-
teurs. [rechts:] Enregé aux Archiv. de l'Union. | – | LEIPZIG, | au Bureau de Mu-
sique de C. F. Peters. | LONDRES, | chez J. J. Ewer & Co | Partition. | Parties. |
2983. 2984.
– PN 2983
– *Konzert d-Moll* (BWV 1063)
– F. K. Griepenkerl
– 1846

Band 12
CONCERT | (en Ut majeur) | pour | Deux Clavecins | avec deux Violons, Viola et
Basse | PAR | ...
Part. mit 6 St.
– PN 3026 (Part.), 3027 (St.)
– *Konzert C-Dur* (BWV 1061)
– F. K. Griepenkerl
– 1846

Band 13
CONCERT ¦ (en Ut mineur) | pour | Deux Clavecins | avec deux Violons, Viola et
Basse | par | ...
Part. mit 6 St.
– PN 3120 (Part.), 3121 (St.)
– *Konzert c-Moll* (BWV 1060)
– F. K. Griepenkerl
– 1848

*Band 14**
CONCERT (en Ut majeur) pour Trios Clavecins avec deux Violons, Viola et
Basse par ...
Part. mit St.
– PN 3292 (Part.), 3293 (St.)
– *Konzert C-Dur* (BWV 1064)

– F. K. Griepenkerl
– 1850

Band 15
XVI | CONCERTOS | d'après des Concertos pour le Violon | DE | Antoine Vivaldi | arrangés | POUR LE Piano SEUL | PAR JEAN SEBASTIEN BACH | publiés pour la première fois | par | S. W. DEHN ET F. A. ROITZSCH. | ... | [in Schild:] Œuvres complettes Liv. 15. | ...
– PN 3338
– *Sechzehn Konzerte nach verschiedenen Meistern* (BWV 972–987)
– S. W. Dehn und F. A. Roitzsch
– 1851

Band 16*
CONCERT (en Fa majeur) pour le Clavecin et deux Flûtes concertantes avec accompagnement de deux Violons, Viola et Basse composé par Jean Sebastien Bach publié pour la première fois d'après la partition originale par S. W. Dehn et F. A. Roitzsch
Part. mit St.
– PN 3434 (Part.), 3435 (St.)
– *Konzert Nr. 6* (BWV 1057) aus den *Sieben Konzerten*
– S. W. Dehn und F. A. Roitzsch
– 1851

Band 17*
CONCERT (en Sol mineur) pour le Clavecin avec accompagnement de deux Violons, Viola, Violoncelle et Basse composé ...
Part. mit St.
– PN 3410 (Part.), 3411 (St.)
– *Konzert Nr. 7* (BWV 1058) aus den *Sieben Konzerten*
– S. W. Dehn und F. A. Roitzsch
– 1852

Band 18*
CONCERT (en Fa mineur) pour le Clavecin avec accompagnement de deux Violons, Viola et Basse composé ...
Part. mit St.
– PN 3539 (Part.), 3540 (St.)
– *Konzert Nr. 5* (BWV 1056) aus den *Sieben Konzerten*
– S. W. Dehn und F. A. Roitzsch
– 1852

Band 19
CONCERT | en Ré majeur | POUR | Le Clavecin | avec accompagnement de | DEUX VIOLONS, VIOLA ET BASSE | composé | ... | [in Schild:] Œuvres complettes Liv. 19. | ...
– PN 3660
– *Konzert Nr. 3* (BWV 1054) aus den *Sieben Konzerten*
– S. W. Dehn und F. A. Roitzsch
– 1854

Band 20
CONCERT | en La majeur | POUR | Le Clavecin | avec accompagnement de | DEUX VIOLONS, VIOLA, VIOLONCELLE ET BASSE | composé | ... | [in Schild:] Œuvres complettes Liv. 20. | ...
– PN 3666
– *Konzert Nr. 4* (BW.V 1055) aus den *Sieben Konzerten*
– S. W. Dehn und F. A. Roitzsch
– 1854

Band 21
CONCERT | en Mi majeur | POUR | Le Clavecin | avec accompagnement de | DEUX VIOLONS, VIOLA ET BASSE | composé | ... | [in Schild:] Œuvres complettes Liv. 21. | ...
– PN 3710
– *Konzert Nr. 2* (BWV 1053) aus den *Sieben Konzerten*
– S. W. Dehn und F. A. Roitzsch
– 1854

Band 22
CONCERT | en Ré mineur | POUR | Le Clavecin | avec accompagnement de | DEUX VIOLONS, VIOLA ET BASSE | composé | ... | [in Schild:] Œuvres complettes Liv. 22. | ...
– PN 3717
– *Konzert Nr. 1* (BWV 1052) aus den *Sieben Konzerten*
– S. W. Dehn und F. A. Roitzsch
– 1854

Band 23*
CONCERT en La mineur pour le Clavecin, Flûte et Violon concertans avec accompagnement de deux Violons, Viola, Violoncelle et Basse composé ...
– PN 3731 (Part.), 3732 (St.)
– *Konzert a-Moll* (BWV 1044)
– S. W. Dehn und F. A. Roitzsch
– 1855

Band 24*

CONCERTO en La mineur pour quatre Clavecins avec accompagnement de deux Violons, Viola et Basse d'après un Concerto pour quatre Violons d'Ant. Vivaldi par ...
- Part. mit St.
- PN 4519 (Part.), 4520 (St.)
- *Konzert a-Moll* (BWV 1065)
- F. A. Roitzsch
- 1865

ANMERKUNGEN

*   Die vorliegende Abhandlung ist Teil einer größeren Arbeit, die sich mit den beiden Bach-Gesamtausgaben, den *Œuvres complettes de Jean Sebastien Bach* und den *Œuvres complets* bei Hoffmeister & Kühnel und C. F. Peters, beschäftigt. Die jahrelangen und überaus aufwendigen Recherchen sind in einmaliger Weise vom Bach-Archiv Leipzig ermöglicht und unterstützt worden. Hierfür möchte ich dem Direktor des Bach-Archivs, Herrn Professor Dr. Hans-Joachim Schulze, meinen ganz besonderen Dank aussprechen. Auch für die vielen anregenden Gespräche, die wertvollen Hinweise und immer wieder ermunternden Worte sage ich an dieser Stelle herzlichsten Dank. Ohne seine Hilfe wäre der hier vorgestellte Beitrag und insbesondere die in Teilen bereits abgeschlossene größere Arbeit nicht möglich gewesen.

Dem Staatsarchiv Leipzig möchte ich an dieser Stelle für die bereitwillig gewährte Möglichkeit der Einsicht in ihre Bestände und für die Überlassung von Kopien herzlichst danken.   Besonders bedanken möchte ich mich bei meiner Kollegin und meinen Kollegen des Bach-Archivs, Frau Ulrike Feld, Herrn Dr. Ulrich Leisinger und Herrn Dr. Peter Wollny, die das Manuskript mit kritischen Anmerkungen versehen haben und mir mit Rat und Tat zur Seite standen.

1   Hans-Joachim Schulze, *„Unbequemes Geräusch"* und *„Gelehrtes Chaos"*. *Bemerkungen zur Bach-Rezeption im 18. und frühen 19. Jahrhundert*, in: *Kongreßbericht Stuttgart 1985*, S. 137–143.

2   Zuvor wird 1801 von Ludwig Anton Leopold Siebigke (1775–1807) in der Breslauer Sammelschrift *Museum berühmter Tonkünstler* Bachs Biographie unter dem Titel „Johann Sebastian Bach. Nebst einer kurzen Darstellung seines Lebens und seiner Manier" gegeben. Siehe hierzu *Dok III*, Nr. 1014a K.

3   *Abhandlung. Novitäten (Fortsetzung)*, in: *AMZ* 5 (1802/03), Nr. 24 vom 9. März 1803, Sp. 393–401, hier Fußnote zur Sp. 395.

4   *Dok III*, Nr. 955. Siehe auch Ulrich Leisinger, *„Das Erste und Bleibendste was die deutsche Nation als Musikkunstwerk aufzuzeigen hat"*. *Johann Sebastian Bachs Werke im Berliner Musikleben des 18. Jahrhunderts*, in: *SIM-Jahrbuch* 1995, S. 66–79.

5   *Dok III*, Nr. 1021 K.

6   Angezeigt im *Allgemeinen Verzeichniß der Bücher, welche in der Frankfurter und Leipziger Michaelismesse des 1802 Jahres entweder ganz neu gedruckt, oder sonst verbessert wieder aufgelegt worden sind, ...*, Leipzig, in der Weidmannischen Buchhandlung.

7   *Leipziger Zeitungen*, 163. Stück vom 23. August 1802, S. 1482.

8   *Allgemeine Literatur-Zeitung* Nr. 3, 10 und 18 (7., 21. und 31. Januar), *Leipziger Zeitungen* 17. und 20. Stück (24. und 28. Januar), *AMZ* 3 (1800/01) *Intelligenz-Blatt* Nr. V, Februar 1801. Siehe *Dok III*, Nr. 1045.

9   Hans-Joachim Schulze, *Bach-Überlieferung in Hamburg: Der Quellenbesitz von Christian Friedrich Gottlieb Schwencke (1767–1822)*, in: *BJ* 80 (1993), S. 69–79.

10 Alfred Dürr, *Krit. Ber.* zu: *NBA* V, 6.1: *Das Wohltemperierte Klavier* I, Leipzig 1989, S. 76f.

11 Dürr, *Krit. Ber.* zu: *Das Wohltemperierte Klavier* I, S. 123ff.

12 *AMZ* 3 (1800/01), Nr. 19 vom 4. Februar 1801, Sp. 336.

13 *AMZ* 3 (1800/01), *Intelligenz-Blatt* Nr. VI, Februar 1801. Vgl. auch Edgar Refardt, *Briefe Hans Georg Nägelis an Breitkopf & Härtel*, in: *ZfMw* 13 (1931), S. 384–400, hier S. 392.

14 *Vollständiges Verzeichniß aller gedruckten, gestochenen u. geschriebenen Musikalien [...] welche zu Berlin beym Musik- und Instrumentenhändler J. C. F. Rellstab [...] zu haben sind*, Berlin 1790, S. 18; vgl. auch *Dok III*, Nr. 956.

15 Siehe insbesondere Dürr, *Krit. Ber.* zu: *Das Wohltemperierte Klavier* I, S. 183ff. Zum „Züricher Autograph" siehe Hans-Joachim Schulze, *Johann Sebastian Bach und Christian Gottlob Meißner*, in: *BJ* 54 (1968), S. 80–88 sowie Schulze, *Bach-Überlieferung*, S. 101–110.

16 *Leipziger Zeitungen* vom 18. April 1801, S. 653.

17 Dürr, *Krit. Ber.* zu: *Das Wohltemperierte Klavier* I.

18 Ankündigung des *Wohltemperierten Klaviers* in den *Leipziger Zeitungen* vom 6. Juni 1801.

19 Refardt, *Briefe Nägelis an Breitkopf & Härtel*, S. 392.

20 Hans-Georg Nägeli, *Johann Sebastian Bach*. Nach dem autographen Manuskript der Zentralbibliothek Zürich hrsg. von Günther Birkner, Zürich 1974 (= *Hundertachtundfünfzigstes Neujahrsblatt der Allgemeinen Musikgesellschaft Zürich*).

21 *AMZ* 5 (1802/03), Nr. 20, Sp. 333–335.

22 *AMZ* 7 (1804/05), Nr. 30, 24. April 1805, Sp. 477–491.

23 *AMZ* 5 (1802/03), Nr. 15, Sp. 241–258.

24 *AMZ* 4 (1801/02), Nr. 31, 28. April 1802, Sp. 497–507.

25 *AMZ* 5 (1802/03) Nr. 15, 5. Januar 1803, Sp. 247.

26 *BMZ* 1 (1805), Nr. 14, S. 55.

27 *AMZ* 7 (1805), Nr. 30, 24. April 1805, und 8 (1806), Nr. 13, 25. Dezember 1805.

28 *BMZ* 1 (1805), Nr. 31, S. 123.

29 *BMZ* 1 (1805), Nr. 36, S. 143.

30 *BMZ* 1 (1805), Nr. 104, S. 413.

31 *BMZ* 1 (1805), Nr. 104, S. 413.

32 *BMZ* 2 (1806), Nr. 1, S. 3f.

33 *BMZ* 2 (1806), Nr. 1, S. 4.

34 *BMZ* 2 (1806), Nr. 1, S. 4.

35 *BMZ* 2 (1806), Nr. 16, S. 63.

36 *BMZ* 2 (1806), Nr. 26, S. 104.

37 *BMZ* 1 (1805), Nr. 7, S. 26f.

38 Schulze, *Bach-Überlieferung*, S. 7.

39 Johann Nikolaus Forkel, *Ueber Johann Sebastian Bachs Leben, Kunst und Kunstwerke. Für patriotische Verehrer echter musikalischer Kunst*. Mit Bachs Bildniß und Kupfertafeln, Leipzig, bey Hoffmeister und Kühnel (Bureau de Musique) 1802.

40 Vgl. eine Aufstellung vorhandener Kopierbücher aus dem Zeitraum 1801–1855 bei Karen Lehmann, *Bachiana unter „Tabak & Cigaretten". Die Bach-Sammlung des Leipziger Verlages C. F. Peters in der ersten Hälfte des 19. Jahrhunderts*, in: *BJ* 82 (1996), S. 49ff.

41 Brief Forkels an Hoffmeister & Kühnel vom 4. Mai 1801 (Stauffer, *Forkel / Hoffmeister & Kühnel*, Nr. 1).

42 Brief Forkels an Hoffmeister & Kühnel vom 4. Mai 1801, in: Stauffer, *Forkel / Hoffmeister & Kühnel*, Nr. 1.

43 Der dritte Band seiner Musikgeschichte ist nicht erschienen, ebenso wurde Forkels Plan, die Ergebnisse der Reise in einer „musikalischen Reisebeschreibung" zu bringen – als Pendant zum Reisetagebuch von Charles Burney (*Burney's der Musik Doctors Tagebuch einer musikalischen Reise durch Frankreich und Italien*, Hamburg 1772 – in der Übersetzung von C. B. Ebeling) –, nicht verwirklicht.

44 Leipzig StA, *Musikverlag C. F. Peters, Kopierbuch 1801–1812*, Sign. Nr. 5021, S. 16f.

45 Brief Forkels an Hoffmeister & Kühnel vom 5. März 1802, in: Stauffer, *Forkel / Hoffmeister & Kühnel*, Nr. 9.

46 Brief Forkels an Hoffmeister & Kühnel vom 4. Mai 1801, in: Stauffer, *Forkel / Hoffmeister & Kühnel*, Nr. 1.

47 Brief Forkels an Hoffmeister & Kühnel vom 3. Oktober 1803, in: Stauffer, *Forkel / Hoffmei-ster & Kühnel*, Nr. 29.

48 Brief Forkels an Hoffmeister & Kühnel vom 18. Mai 1810, in: Stauffer, *Forkel / Hoffmeister & Kühnel*, Nr. 35. Die Jahreszahl 1810 irritiert zunächst, doch geht aus dem Brief hervor, daß schon seit 1803 „die alten Sebastiana u. Friedemanniana [...], wie ich aus meinem –Tagebuch sehe", bei Forkel liegen.

49 Peter Wollny, [*Rezension* zu:] Karl Heller und Hans-Joachim Schulze (Hrsg.), *Das Frühwerk Johann Sebastian Bachs. Kolloquium, veranstaltet vom Institut für Musikwissenschaft der Universität Rostock 11.–13. September 1990*, Köln 1995, in: *BJ* 81 (1995), S. 203.

50 Christoph Wolff, *Zur Problematik der Chronologie und Stilentwicklung des Bachschen Frühwerkes, insbesondere zur musikalischen Vorgeschichte des Orgelbüchleins*, in: *Bach-Konferenz Leipzig 1985*, S. 449ff.

51 Alfred Dürr, *Zur Frühgeschichte des Wohltemperierten Klaviers I von Johann Sebastian Bach*, Göttingen 1984 (= *Nachrichten der Akademie der Wissenschaften in Göttingen. I. Philologisch-Historische Klasse*, Bd. 1). Über die Quellen, die Forkel für seine Ausgabe benutzte, informiert ausführlich Dürr, *Krit. Ber.* zu: *Das Wohltemperierte Klavier* I.

52 Spitta, *Bach* I, Wiesbaden ⁵1962, S. 836f.

53 Hilgenfeldt, *Bach*, S. 74, und Bitter, *Bach*, S. 167f.

54 Forkel, *Bach*, S. 63.

55 Siehe hierzu die Anmerkungen in Krause II, S. 85 zu Nr. 177.

56 BG 14, S. 205ff.

57 BG 14, S. XXIV.

58 Siehe hierzu Dörffels Bemerkungen im Anhang III „Zu dem Wohltemperirten Clavier" von *BG* 45, 1, S. LIX. – Zu den „Forkelschen Kurzfassungen" siehe auch Karen Lehmann, „..... von allem unnützen Ueberfluß befreyt ...". Bachs Wohltemperiertes Klavier und die sogenannten Forkelschen Kurzfassungen*, in: *BzBf* 9/10 (1991), S. 157ff.

59 Leipzig StA, *Musikverlag C. F. Peters, Kopierbuch 1802–1803*, Sign. Nr. 5023, S. 82f. (2. August 1802).

60 Stauffer, *Forkel / Hoffmeister & Kühnel*, Nr. 20 (8. Oktober 1802).

61 Stauffer, *Forkel / Hoffmeister & Kühnel*, Nr. 7 (15. Februar 1802).

62 *Kopierbuch 1801–1812*, S. 16–17 (22. Februar 1802).

63 *AMZ* 5 (1802/03) Nr. 22 vom 23. Februar 1803, Sp. 361–369.

64 Forkel schreibt am 28. April 1803, nach dem Erscheinen der Rezension, an Zelter: „Für die freundliche Beurtheilung meines Bachs danke ich Ihnen. Sie sind vielleicht jetzt der Einzige, der noch vernünftig darüber reden und urtheilen kann. Nochmals tausend Dank für Ihre freundschaftliche Güte."; zitiert nach Heinrich Bellermann, *Fünf Briefe von Joh. Nic. Forkel an Carl Friedr. Zelter*, in: *LAMZ* 9 (1874), Nr. 40 vom 7. Oktober 1874, Sp. 625f.

65 Jetzt im Besitz der Houghton Library, Harvard University, Cambridge/Mass. Dieses Handexemplar tauchte zusammen mit drei dazugehörigen Manuskripten, darunter ein 32 Seiten langer Brief an Forkel, den Zelter 1818 oder 1819 kurz nach Forkels Tod geschrieben beziehungsweise diktiert hatte, 1967 auf einer Auktion der Autographenfirma J. A. Stargardt in Marburg auf. (J. A. Star-gardt, *Autographen aus verschiedenem Besitz. Auktion am 23. und 24. Mai 1967 in Marburg.* Katalog 580, S. 187, Nr. 811.) Vgl. auch Erwin Reuben Jacobi, *C. F. Zelters kritische Beleuchtung von J. N. Forkels Buch über J. S. Bach, aufgrund neu aufgefundener Manuskripte*, in: Henrik Glahn, Søren Sørensen und Peter Ryom (Hrsg.), *International Musicological Society. Report of the Eleventh Congress Copenhagen 1972*, Bd. II, Kopenhagen 1974, S. 462–466. S. auch Schulze, *Bach-Überlieferung*, S. 148.

66 Zu Griepenkerl und Böhme siehe das Kapitel „Die zweite Gesamtausgabe der Werke J. S. Bachs", im vorliegenden Band S. 87ff.

67 *Kopierbuch 1841–1844*, S. 257.

68 Vgl. *Goethe/Zelter.*

69 Mit dem Konzert von Wilhelm Friedemann Bach könnte das von Wilhelm Friedemann verfälschte Autograph zu dem Orgelkonzert in d-Moll (BWV 596) gemeint sein, von dem Griepenkerl Zelter eine Abschrift zukommen ließ. Siehe hierzu die überzeugenden Ausführungen in: Schulze, *Bach-Überlieferung*, S. 148f.

70 Brief Griepenkerls an C. F. Peters vom 15. Mai 1842; Leipzig StA, *Musikverlag C. F. Peters*), Nr. 1147. – Der noch nicht identifizierte Bassist J. Krause aus München wird noch einmal im Brief vom 3. September erwähnt. Ob Griepenkerl letztendlich die „Zelterschen Bemerkungen" erhalten hat, geht aus dem nachfolgenden Briefwechsel nicht hervor.

71 Zit. nach Stargardt, *Autographen.*

72 *BAMZ* 6 (1829), 28. Februar 1829.

73 Ernsthafte Bemühungen gehen hierbei von den „Berliner Bach-Tagen" aus, deren Wortbeiträge in den *SIM-Jahrbüchern* vorgestellt werden. Siehe hierzu die Jahrbücher 1993, 1994 und 1995.

74 Expl.: Bach-Archiv Leipzig (außer den Heften I und XV).

75 *Kopierbuch 1804*, 18. April 1804, S. 311.

76 Siehe Anm. 64.

77 *BMZ* 2 (1806), Nr. 17, S. 65f.

78 Z. B. in Briefen des Verlages an Vincent Maselek (1755–1831) in Prag oder die Musikalienhandlung Grobenschütz & Seiler in Berlin; Leipzig StA, *Musikverlag C. F. Peters*, Nr. 1805 und 1173.

79 Stauffer, *Forkel / Hoffmeister & Kühnel*, Nr. 33 (20. Juni 1808).

80 Nach Bernd Pachnike (Hrsg.), *Daten zur Geschichte des Musikverlages Peters*, Leipzig 1974.

81 *Kopierbuch 1841–1844*, S. 278 (28. Mai 1842, an Griepenkerl).

82 *Kopierbuch 1841–1844*, S. 394 (21. Dezember 1842, an Griepenkerl).

83 *Kopierbuch 1841–1844*, S. 223 (20. April 1842, an Griepenkerl).

84 Zenck, *Bach-Rezeption*, S. 118f.

85 *AMZ* 40 (1838), Nr. 19 vom 9. Mai 1838, Sp. 297–299 (Gottfried Wilhelm Fink [1783–1846]).

86 *Kopierbuch 1836–1841*, S. 161 (7. November 1837).

87 Brief Czernys an C. F. Peters, 6. Oktober 1839 (Bach-Archiv Leipzig).

88 Siehe auch Czernys Vorwort zur *Kunst der Fuge* (*Oeuvres complettes*, Liv. III).

89 *Kopierbuch 1836–1841*, S. 421.

90 *Kopierbuch 1836–1841*, S. 424.

91 Czerny an C. F. Peters, 6. Oktober 1839.

92 Vgl. Yoshitake Kobayashi, *Franz Hauser und seine Bach-Handschriftensammlung*, Phil. Diss. Göttingen 1973, S. 217ff.

93 Nach Kobayashi, *Hauser und seine Bach-Handschriftensammlung*, S. 218, ist damit der Hauser-Katalog IV (Berlin SBPK: Mus. ms. theor. K. 419/10) gemeint, der 1934 indirekt aus Ferdinand Roitzschs Besitz in die Berliner Bibliothek gelangte. Er enthält Eintragungen von Roitzschs Hand.

94 Kopierbuch 1836–1841, S. 453 (30. Nov. 1839, an Hauser).

95 Kopierbuch 1841–1844, S. 84 (18. Sept. 1841, an Hauser). Doch auch Breitkopf & Härtel druckten den Katalog nicht. Erst Kobayashi gab in seiner Dissertation Hausers Katalog „Clavier- Orgel- und Instrumentalmusik. ʻauch Vokalmusikʼ ... Thematisches Verzeichniss der Werke von Johann Seba-stian Bach" nach dem Exemplar der Berlin SBPK: Mus. ms. theor. K. 419 wieder.

96 *Kopierbuch 1836–1841*, S. 213 (22. Juni 1838).

97 *Kopierbuch 1836–1841*, S. 311.

98 *AMZ* 43 (1841), Nr. 7 vom 17. Februar 1841 (aus einer Rezension über die *Englischen Suiten* [*Oeuvres complettes*, Liv. 10] von G. W. Fink.)

99 *Kopierbuch 1841–1844*, S. 211–212 (5. April 1842, an Griepenkerl).

100 *Kopierbuch 1841–1844*, S. 83 (18. September 1841, an Hauser).

101 Siehe hierzu Karen Lehmann, *Mendelssohn und die Bach-Ausgabe bei C. F. Peters. Über den mißglückten Versuch einer Zusammenarbeit*, in: *BJ* 83 (1997, im Druck).

102 *Kopierbuch 1836–1841*, S. 449–450 (30. Nov. 1839).

103 Brief Hausers an C. F. Peters, 8. November 1839 (Leipzig StA, Musikverlag C. F. Peters Leipzig Nr. 1279).

104 *Kopierbuch 1836–1841*, (30. November 1839.)

105 *Kopierbuch 1841–1844*, S. 152 (4. Januar 1842).

106 Siehe hierzu Elvers, *Verzeichnis*, S. 145–149. Außer den genannten Orgelwerken führt Elvers noch die *Chaconne* aus BWV 1004 „mit hinzugefügter Begleitung des Pianoforte von Felix Mendelssohn Bartholdy" an.

107 *Kopierbuch 1841–1844*, S. 210 (5. April 1842).

108 An Beiträgen über Friedrich Konrad Griepenkerl sind hier insbesondere zu nennen: Karl Heller, *Friedrich Konrad Griepenkerl. Aus unveröffentlichten Briefen des Bach-Sammlers und -Editors*, in: *BJ* 64 (1978), S. 211–228; Heinrich Sievers, *Friedrich Konrad Griepenkerl und die neu aufgefundene Handschrift von Bachs h-moll-Messe*, in: Walther Vetter und Ernst Hermann Meyer (Hrsg.), *Bericht über die Wissenschaftliche Bachtagung 1950*, Leipzig 1951, S. 231–239; Dietrich Kilian, *Krit. Bericht* zur NBA IV/5, 6.1, S. 233–235.

109 *Kopierbuch 1841–1844*, S. 310.

110 *Kopierbuch 1841–1844*, S. 83.

111 Aus demselben Brief an Hauptmann vom 20. Juli. Es handelt sich hierbei um Johann Peter Kellner (1705–1772) und das Konvolut Mus. ms. P 804 (Berlin SBPK), das zum großen Teil aus Bach-Abschriften Kellners besteht. Kellner – mit Bach persönlich bekannt – ist Kopist zahlreicher Werke Bachs. – Wie dem Brief vom 20. Juli 1842 zu entnehmen ist, war zum Zeitpunkt der Leihgabe des Konvoluts an den Verlag C. F. Peters der Einband sehr beschädigt, und der Verlag ließ dieses „ein Wenig wieder binden", weil er befürchtete, „daß wegen des sehr beschädigten Einbandes irgend ein Blatt verloren gehen möchte. Der H. Besitzer wird darüber nicht böse sein." Der Name des Besitzers wird nicht genannt. Nach den *Krit. Ber.* V/5, S. 24f. und S. 34f. und VI/1, S. 16f. der *NBA* ging die Handschrift nach dem Tode Kellners in den Besitz seines Sohnes Johann Christoph Kellner (1736–1803); als nächster Besitzer wird Ferdinand August Roitzsch angegeben. Nach dem Tode Roitzschs erhielt 1889 die Berliner Bibliothek (heute: Berlin SBPK) das Konvolut, als Stiftung des Teilhabers der Firma C. F. Peters Max Abraham (1831–1900). Zwischen 1803 und 1842 muß es folglich in Kassel einen derzeit unbekannten Besitzer (aus der Familie Kellner?) gegeben haben.

112 *Kopierbuch 1836–1841*, S. 536 (15. Juli 1840).

113 Vgl. Martin Falck, *Wilhelm Friedemann Bach. Sein Leben und seine Werke*, Lindau 1956, S. 81f.

114 In der *NZfM* vom 18. Oktober 1842 erscheint unter „Vermischtes" folgende Ankündigung: „Friedemann Bach's Clavierwerke sollen in einer vollständigen Ausgabe neu edirt werden, und zwar zum Besten des Aufbaues der Nicolaiorgel in Hamburg. Herausgeber ist Hr. Superintendent Wiedemann, Verleger die HH. Schuberth und Comp." (*NZfM*, Bd. 17, Nr. 32 vom 18. Oktober 1842, S. 134.) – Hamburg war im Mai 1842 von einer verheerenden Brandkatastrophe heimgesucht worden, der auch die Nicolai-Orgel zum Opfer gefallen war.

115 Brief Griepenkerls an C. F. Peters, 17. April 1820 (Wolfenbüttel, Niedersächsisches Staatsarchiv, 298 N 671).

116 Siehe Anmerkung 26.

117 *Kopierbuch 1841–1844*, S. 223 (20. April 1842).

118 Brief Griepenkerls an Böhme, 15. April 1842.

119 Ebd. Es handelt sich um die Abschrift von der Hand der Anna Magdalena Bach, fortgeführt von Johann Friedrich Agricola (Berlin SBPK, Mus. ms. Bach P 202), die Griepenkerl von dem Braunschweiger Domorganisten Carl Heinrich Ernst Müller (1751–1835) erhalten hatte. Siehe Dürr, *Krit. Ber.*, NBA V/6.1, S. 57.

120 *Kopierbuch 1841–1844*, S. 221 (20. April 1842, an Franz Xaver Gleichauf).

121 Diese Ausgabe ist 1866 in Band 14 der alten Bach-Gesamtausgabe eingegangen.

122 Krause II, S. 84–85.

123 Erwähnt im *Kopierbuch 1841–1844*, S. 276 (28. Mai 1842) sowie in den Briefen Griepenkerls an C. F. Peters (15. Mai und 30. Juni 1842). Das Verzeichnis ist nicht erhalten.

124 Aus der Vorrede zu Band 9.

125 *Kopierbuch 1841–1844*, S. 335 (18. August 1842).

126 10. Februar 1843.

127 31. März 1843.

128 Ebd. Der Brief bezieht sich auf die Bände 8 und 9.

129 *Kopierbuch 1841–1844*, S. 365 (29. September 1842).

130 6. Juni 1843.

131 Sievers, *Griepenkerl und Bachs h-Moll-Messe*, S. 236.

132 Vgl. zu diesem Abschnitt Lehmann, *Bachiana*.

133 *Kopierbuch 1841–1844*, S. 109 (28. September 1841).

134 Die Originalausgabe erschien 1751, der Nachdruck mit dem Vorbericht von Friedrich Wilhelm Marpurg (1718–1795) 1752.

135 *Kopierbuch 1841–1844*, S. 256.

136 Berlin SBPK, Sign. Mus. ms. P 200.

137 Vgl. Christoph Wolff, *Zur Chronologie und Kompositionsgeschichte von Bachs Kunst der Fuge*, in: *BzMw* 25 (1983), S. 130ff. sowie ders., *Bach. Essays on his Life and Music*, Cambridge und London 1991, S. 265ff.

138 *Kopierbuch 1841–1844*, S. 256 (9. Mai 1842).

139 *Kopierbuch 1841–1844*, S. 360f. (24. September 1842 an Dehn).

140 *Caecilia*, Bd. XXIV, 1845, S. 17ff. mit der Überschrift *Ueber einige theils noch ungedruckte, theils durch den Druck bereits veröffentlichte musikalische Manuscripte von Johann Sebastian Bach, welche sich in der musikalischen Abtheilung der Königl. Bibliothek zu Berlin befinden.*

141 Wolff, *Kompositionsgeschichte von Bachs Kunst der Fuge* , S. 133.

142 *Kopierbuch 1841–1844*, S. 368.

143 Herausgeber des *Handbuches der musicalischen Literatur, oder allgemeines, systematisch geordnetes Verzeichnis gedruckter Musikalien, auch musikalischer Schriften und Abbildungen mit Anzeigen der Verleger und Preise*, Leipzig 1817. 1829 wird dieses wichtige Nachschlagewerk durch die *Musikalisch-literarischen Monatsberichte neuer Musikalien* des Leipziger Verlegers Friedrich Hofmeister (1782–1864) fortgesetzt.

144 *Katalog der Sammlung Manfred Gorke. Bachiana und andere Handschriften und Drucke des 18. Jahrhunderts*, bearb. von Hans-Joachim Schulze, Leipzig 1977, Nr. 270 (= *Bibliographische Veröffentlichungen der Musikbibliothek der Stadt Leipzig*, Bd. 8); vgl. auch Siegfried Wilhelm Dehn, *7 eigenhändige Briefe an Leipziger Verleger (1851–1855)*.

145 *Signale* 24 (1866), Nr. 45 vom 26. Oktober 1866, S. 764.

146 *Kopierbücher 1841–1844* und *1844–1855*.

147 *Sammlung Gorke*, Nr. 270.

148 Diese Angaben (Titel, Plattennummer, Inhalt, Herausgeber und Erscheinungsjahr) wurden nach den Exemplaren der Musikbibliothek Leipzig erstellt; die mit einem Stern versehenen Bände sind dort nicht vorhanden. Als grundlegende Literatur wurde der Katalog Krause II hinzugezogen. Herrn Peter Krause möchte ich an dieser Stelle sehr herzlich danken für die Bereitstellung des Materials und für wertvolle Auskünfte.

DIE NEUE DISPUTA.

Der Frankfurter Cäcilienverein
Kopie des verschollenen, Moritz August Bethmann-Hollweg
zugeschriebenen Originals (aus: *Hundert Jahre Cäcilien-Verein*,
Frankfurt a.M. 1918). Am Notenpult: Johann Nepomuk Schelble.

SUSANNE OSCHMANN

DIE BACH-PFLEGE DER SINGAKADEMIEN

„SINNLICHES ERGÖTZEN" ODER „SCHÖNE KUNST"

„Es ist in der musikalischen Welt jetzt die Zeit der Auferstehung der Todten; und glücklicherweise erstreckte sich diese Auferstehung, wie, nach einigen Kirchenvätern, die allgemeine – nur auf die Gerechten. Seb. Bach, Händel, E. Bach, Jomeli und andere große Männer der vergangenen Zeit – sie waren vor zehn Jahren als Entschlafene zu betrachten, von denen man nur noch mit Ehren sprach, deren Umgang man aber nicht mehr genoß. Jetzt ist es zum Glück anders."[1]

Der Autor dieses Textes aus dem Jahre 1804 bewies nicht eben übermäßige Vertrautheit mit dem Musikleben jener Zeitenwende (1794–1804), über die er schrieb. Denn Georg Friedrich Händels große Chorwerke waren kontinuierlich über den Tod des Komponisten hinaus in London, seit 1771 in Hamburg, Berlin, Breslau und andernorts öffentlich zur Aufführung gebracht worden, und innerhalb lokaler Traditionen, etwa der Berliner, kannte man Kompositionen Johann Sebastian Bachs ebenfalls. Daß Bachs Musik nach seinem Tod für Jahrzehnte in Vergessenheit geraten sei, hat sich als eine zweckdienliche Wahrnehmungskonstruktion des 19. Jahrhunderts entpuppt.

Anderes in diesem Text spiegelt die musikgeschichtliche Situation treffender. Johann Sebastian Bach wird neben Händel, Carl Philipp Emanuel Bach und Niccolò Jommelli als <u>einer</u> der 'Gerechten', <u>einer</u> der 'großen Männer' bezeichnet: Noch besaß er nicht die uneingeschränkte Vorrangstellung wie in späteren Jahrzehnten. Der Verfasser dachte wohl vor allem an die Vokalwerke der angeführten Komponisten, und im Hinblick auf Johann Sebastian Bach zeigt sich hier eine neue Interessenlage: Tatsächlich fanden Bachs Vokalwerke erst seit dem Ende des 18. Jahrhunderts und nur allmählich die Beachtung breiterer Kreise, während zuvor eher die instrumentalen Werke rezipiert worden waren. Das (ironisch gebrochene) biblische Bild schließlich verweist auf die damals verbreitete Auffassung der Gegenwart als einer musikgeschichtlichen Endzeit, die allein durch eine „Auferstehung der Todten" abgewendet werden könne. Ebendieses Bild illustriert zugleich die an religiösen Metaphern reiche Sprache, in der die Autoren des frühen 19. Jahrhunderts sich zu Bach zu äußern pflegten.

Was schon 1804 als „Auferstehung der Todten" erschienen war, hielt Friedrich Rochlitz noch 1831 für „eine befremdliche, gewiss nicht unmerkwürdige Erscheinung", so daß er öffentlich und scharfsinnig nach einer Erklärung dafür suchte, „dass eben seit der Zeit, wo die Tonkunst in Composition und Ausführung ganz entschieden die Richtung nach sinnlichen Reizen, deren möglichster Steigerung, Verfeinerung, Befriedigung, genommen, [...] dass eben seit dieser Zeit auch so viele, gerade der ernstesten, feyerlichsten, ja gelehrtesten Werke grosser Meister der Vorzeit, vorzüglich Händel's und Sebast. Bach's, zahlreicher gedruckt worden sind, als zu irgend einer Zeit, selbst der ihres Entstehens; denn, wenn gedruckt, auch gekauft [...], wenn gekauft, auch geachtet und geliebt, wenn geachtet und geliebt, auch benutzt."[2]

Rochlitz nahm im weiteren Verlauf dieses Textes in (impliziter) Kritik am musikalischen Leben seiner Gegenwart eine genauere Bestimmung der musikhistorischen Situation vor. Danach bestand die Musik aus zwei „Gattungen", deren eine nichts als „durch Töne und Rhythmen sinnlich erregen und ergötzen" wolle, deren andere aber „eine schöne Kunst" sei. Zu dieser „schönen Kunst" gehörten neben zeitgenössischen Werken auch solche der „Altvordern", vor allem Händels und Bachs. Zugleich definierte Rochlitz damit zwei ästhetische Einstellungen, die bis heute in den populären Kategorien der „U-" und „E-Musik" erkennbar sind: Unterhaltungsbedürfnis versus Kunstanspruch. Nach Rochlitz hatten beide von ihm konstatierten „Gattungen" der Musik ihr eigenes Publikum, für das sich unschwer ein je spezifischer sozialer Ort ausmachen läßt: Das Publikum für die erste Gattung versammelte sich in den „Singetees" und Liederkränzen, das Publikum für die zweite in den Cäcilienvereinen oder Singakademien.

„ASYL DER ÄLTEREN, CLASSISCHEN MUSIK"

Die erste Singakademie überhaupt war jene in Berlin, als deren offizielles Gründungsdatum das Jahr 1791 gilt. In zahlreichen weiteren Städten des deutschsprachigen Raumes entstanden in den nächsten Jahrzehnten ebenfalls jene gemischten Chöre, die den vokalen bzw. vokal-instrumentalen Teil des öffentlichen Musiklebens im 19. Jahrhundert vor allem bestritten und die im Zeichen des musikalischen Historismus für die Entdeckung und Wiederbelebung der Vokalmusik des 16. bis 18. Jahrhunderts sowie für die Ausbildung des bis heute gültigen Werkkanons von erheblicher Bedeutung sind.

In diesem Beitrag soll die Bach-Pflege in einigen Singakademien während der ersten Hälfte des 19. Jahrhunderts in einem vergleichenden Überblick dargestellt werden. Eine genauere Untersuchung des Selbstverständnisses der Singakademien, das durch die von Rochlitz beschriebene neuartige ästhetische Polarisierung der Musik und des Musiklebens explizit geprägt wurde, wird bereits eine Annäherung an die Frage ermöglichen, welche Bedeutung Johann Sebastian Bachs Kompositionen in ihren Repertoires zukam. Programmatisch formulierte der Leiter der Breslauischen Singakademie, Johann Theodor Mosewius, zur Gründung des Institutes 1825: „Kein Werk, welches eine bedeutende Zeit, eine besondere musikalische Richtung bezeichnet, bleibe unserem Kreise fremd. Aber verbannt, auf immer von unseren Übungen ausgeschlossen, sei jede Musik, welche ohne innere Bedeutung, blos mit Tönen spielt."[3] Weiter zugespitzt schrieb Carl Freyeisen nach der zweiten Frankfurter Aufführung von Bachs *Matthäus-Passion* durch den dortigen Cäcilienverein im Jahr 1830: „Wir, die wir das Galante, das Oberflächliche, den kitzelnden Reiz zum Mittelpunkte in der Musik gemacht haben, [...] müssen mit hartnäckiger Ausdauer in dem Schacht fortgraben, der uns das Bach'sche Gold verschließt."[4]

Im wesentlichen waren es drei einander ergänzende Aspekte, die einerseits zur Gründung der Singakademien führten und andererseits das Selbstverständnis ihrer Mitglieder kennzeichneten: die Ausbildung im Gesang, das Studium von Werken der Kirchenmusik, die ästhetische und moralische Erziehung.

1. Die Singakademien sahen ihre wichtigste Aufgabe in der Erhaltung und Förderung der Vokalmusik und der (chorischen) Gesangskunst, wie hier für die Dresdner Singakademie formuliert: „Im Gegentheil aber ist Chorgesang der eigentliche Haupt-Gegenstand der academischen Übungen und nur ein rein intonirtes, mit Würde, Präcision und Ausdruck vorgetragenes Chor, [...] ist, was die Academie zu leisten sich vorsetzt und nur darnach ist der Erfolg ihrer Bemühungen zu würdigen."[5] Dies erschien jenen notwendig, die vom Niedergang der Musik und der Musikausübung im allgemeinen überzeugt waren und die im besonderen die zunehmende Dominanz der Instrumentalmusik im zeitgenössischen Musikleben fürchteten. Die Berliner Singakademie war es, die den Impuls für eine solche Umkehr gab, wie bereits Johann Karl Friedrich Triest 1801 erkannte: „Mitten unter diesen für die Vokalmusik so trüben Aussichten entstand und erhob sich allmählig ein Institut, welches den einzig richtigen Weg einschlug, den Gesang mit der Instrumentalmusik wieder in's Gleichgewicht zu bringen, nämlich die jezt sogenannte *Singakademie in Berlin*."[6] Und einige Jahre später konnte E. T. A. Hoffmann konstatieren: „Dem gänzlichen Verfall des Gesanges scheint durch die lobenswerthe Einrichtung der Singakademien Einhalt zu geschehen."[7]

2. Der Ensemble- (und Solo-)gesang wurde überwiegend mit kirchlicher oder geistlicher Musik geschult: „Die Sing-Akademie ist ein Kunstverein für die heilige und ernste Musik, besonders für die Musik im gebundnen Styl, und ihr Zweck: practische Uebung in den Werken derselben, zur Erbauung der Mitglieder."[8] Dieser Zielsetzung der Berliner Singakademie korrespondierte ihre Einschätzung in der Öffentlichkeit: „Hier ist nun der Ort, die allgemeinen Verdienste der Singakademie um Wiedererweckung des Sinnes für alte klassische Musik zu erwähnen. Wenn evangelische Kirchenmusik in den Kirchen selbst keine Aufnahme findet, so gedeiht sie hier unter Zelters sorglicher Pflege desto sichtlicher."[9] Ähnliches enthalten die Satzungen und Statuten anderer Akademien; die Institute in Dresden, Frankfurt am Main, Breslau und Königsberg ließen zudem einem weltlichen Repertoire, sofern es 'in ernstem Style' gehalten war, (programmatisch) einen gewissen Raum.

Neben Charakter, Zweckbestimmung und Art der Musik zog man aber bei der Festlegung der Repertoires als neues Kriterium auch die jeweilige Entstehungszeit der Musik in Betracht. Besonders der Königsberger Singverein ver-

schrieb sich der „Ausführung von Kirchenmusıken älterer und neuerer Zeit
[...], vorzugsweise solcher älteren Werke, welche bisher nie zur Aufführung
gekommen waren".[10] So war die Auswahl der von den Singakademien studierten Kompositionen geleitet durch ihren Charakter ('ernst'), ihre ursprüngliche Zweckbestimmung (kirchlich oder 'heilig'), teilweise ihre Art
('gebundener Stil') und ihre Entstehungszeit ('älter'). In einem Bericht über
den Frankfurter Cäcilienverein sind wie in einem Brennspiegel alle diese Ideen
zusammengefaßt: „Frei von allem Modetreiben des Tages bietet er der älteren,
classischen Musik ein Asyl [...] man pflegt jene Musik, die das Herz zur Andacht stimmt [...] Wir wollen über das Neue das Alte nicht aus den Augen
verlieren und wenn die Poesie des Gemüthes und die Würde der Kunst verdrängt werden könnten, so wäre das ein Verlust, für welchen weder Eisenbah-
nen, noch Dampfmaschinen Ersatz bieten könnten. [...] Die Oper dient der
Masse erholungssüchtiger Leute; [...] sie schwimmt mit dem Strome und ein
volles Haus geht ihr über Alles. Ehre dem Cäcilien-Verein!"[11]
Daß Werke Bachs Eingang in die Musikpflege der Singakademien fanden, daß
es im besonderen zunächst seine Motetten und Choräle waren, die studiert
wurden, erklärt sich vor diesem Hintergrund ohne weiteres. Sie erfüllten alle
Ansprüche, tragen ernsten Charakter, waren kirchlich-liturgischen Zwecken gewidmet, standen im 'gebundenen Stil', sie stammten aus 'älteren' Zeiten, und
sie konnten der Übung und Pflege des chorischen Gesanges dienen. Diese
Merkmale trafen aber nicht allein auf die Werke Bachs zu, begünstigten vielmehr
eine breite Fächerung des Repertoires der Singakademien. Eine unter diesen
Gesichtspunkten getroffene Werkauswahl führte dazu, daß die Kompositionen
den Akademiemitgliedern wie dem Publikum zunächst unbekannt waren, daß
man sich mit jedem „ausgegrabenen" Stück auf Neuland begab: Entdeckerfreude
dürfte für die Mitgliedschaft in einer Singakademie eine Rolle gespielt haben.
3. Die Rettung des Gesanges durch stete Schulung und die Pflege der 'ernsten'
Musik dienten dem allen Singakademien gemeinsamen idealen Ziel der ästhetischen und moralischen Erziehung des Menschen[12], einem Anliegen, das von
privater wie von staatlicher Seite gefördert wurde.[13] So waren etwa in der
Dresdner Singakademie „einige Fertigkeit im Treffen" ebenso wie „moralische
Unbescholtenheit" notwendige Voraussetzungen bereits für die Aufnahme eines neuen Mitglieds, das im übrigen „aus allen Ständen" kommen konnte[14]; in
der Berliner Akademie war ein angemessener „Grad der sittlichen und Kunst-
Bildung" für die Mitgliedschaft unabdingbar.[15] Dafür wurden die „Erhaltung
und Belebung ächten Kunstsinns durch praktische Uebung der kirchlichen
oder heiligen und der damit zunächst verwandten ernsten Vokal-Musik"[16], die
„Veredelung des Sinnes für höhere musikalische Bildung überhaupt"[17] in Aussicht gestellt. Daß von der ästhetischen Erziehung die moralische unabtrennbar
erschien, wird bei Karl Friedrich Zelter besonders deutlich: „Die Übung in den
schönen Künsten macht das Herz wahr und führt zu innerer Selbsterkenntnis."[18] Mosewius spitzte diesen Gedanken zu: „Durch Musik ist unser Ge-
schlecht humanisiert worden, durch Musik wird es noch humanisiert. [...] Und

was sollte uns hindern, ernstlich unsern Zweck für die Belebung unsres Gefühls für das Gute und Schöne zu verfolgen."[19]
Für die Umsetzung der geschilderten Ansprüche und Ideale wurden auch Bachs Werke in Anspruch genommen. In den Proben- und Konzertprogrammen besaßen sie deshalb ihren bestimmten Stellenwert. Neben dem Bach-Repertoire der Berliner Singakademie wird hier jenes der Akademien in Dresden, Frankfurt am Main, Königsberg, Stettin und Breslau (in der Reihenfolge der Akademiengründungen) einer Sichtung unterzogen werden.[20] Denn diese Institute hatten trotz gewisser sehr charakteristischer Gemeinsamkeiten jeweils ein eigenes Profil, wie im folgenden herausgearbeitet werden soll. So bestehen teilweise große Unterschiede in der Auswahl der Werke und in der Intensität, mit der sich die einzelnen Institute Bachs Kompositionen zuwandten.

DIE BERLINER SINGAKADEMIE: PIONIERTATEN

Die Berliner Singakademie ist die einzige der hier behandelten Akademien, die seit ihrer Gründung ohne Unterbrechung bis in die Gegenwart besteht.[21] Carl Friedrich Christian Fasch, Cembalist Friedrichs II. und zeitweise Berliner Hofkapellmeister, bildete 1790 einen Singkreis, um seine 16stimmige Messe zu proben, die er unter dem Eindruck der von Johann Friedrich Reichardt aus Italien mitgebrachten 16stimmigen Messe Orazio Benevolis vertont hatte. Doch da sich seine Sänger mit diesem Werk überfordert zeigten, komponierte er einige geringerstimmige Stücke für sie, und in den nächsten Jahren probte man wechselweise Sätze aus der Messe und andere Kompositionen Faschs. Im Jahr 1794 ließ Fasch erstmals ein Stück eines anderen Komponisten singen – er wählte eine Motette Bachs. Am 21. Januar 1794 trug er in das Probentagebuch der Akademie ein: „Heute ward der Anfang gemacht, die Motette 1 [= „Komm, Jesu, komm"] von J. Seb. Bach ein zu studieren."[22] Während dieses einen Jahres standen drei Motetten Bachs auf dem Probenplan der „Singe-Accademie", wie sie sich seit 1793 nannte: „Komm, Jesu, komm", „Fürchte dich nicht" und „Singet dem Herrn ein neues Lied". Nur die „Motette 1" wurde später, 1795 und 1798, jeweils noch einmal geprobt; im Mittelpunkt der Proben standen nach wie vor Faschs eigene für die Akademie geschaffenen Werke, etwa die Choräle, das „Miserere", die Davidiana und die Mendelsohniana.

Die lange übliche teleologische Darstellung, die Pflege und Aufnahme der Werke Bachs in das Repertoire der Singakademie habe als das eigentliche und stetig verfolgte Anliegen Faschs und später Zelters zu gelten, ist heute so nicht mehr haltbar.[23] Fasch trat während seiner neunjährigen Amtstätigkeit mit der Singakademie kaum an die Öffentlichkeit; Motetten Bachs erklangen nicht öffentlich. Wohl aber sang man sie seit 1794 in den „Auditorien", einer Veranstaltungsform, bei der geladenen Gästen den Proben beizuwohnen gestattet wurde.

Nach dem Tode Faschs übernahm Carl Friedrich Zelter im Jahre 1800 die Leitung der Singakademie. Auch Zelter zögerte: Nicht vor 1804 setzte er Motet-

ten Bachs auf den Probenplan, die erst von nun an in jedem Jahr geübt wurden –
ein Neubeginn nach immerhin einem vollen Jahrzehnt. Zunächst waren es *„Singet
dem Herrn ein neues Lied"* und *„Fürchte dich nicht"*, später *„Jesu, meine
Freude"*, *„Komm, Jesu, komm"*, *„Der Geist hilft unsrer Schwachheit auf"*; dazu
kamen die Motetten *„Kündlich groß ist das gottselige Geheimnis"* (BWV Anh.
161) und *„Ich lasse dich nicht"* (BWV Anh. 159).[24]

Ließ Zelter Bachs Motetten in den Hauptproben vom großen Chor singen, so
studierte er andere Kompositionen Bachs zumeist mit einem kleinen, ausgesuchten Mitgliederkreis in den sogenannten „Freitagsproben". Denn 1811 schließlich
nahm er oratorische Werke Bachs in das Probenprogramm auf, beginnend mit der
h-Moll-Messe. In den nächsten Jahren folgten die *A-Dur-Messe*, einzelne Sätze
aus der *Johannes-* und der *Matthäus-Passion*. 1813 wurde die *h-Moll-Messe*
vollständig einstudiert, 1822/23 die *Johannes-Passion*. Nach 1820 intensivierte
Zelter das Studium Bachscher Kompositionen; dabei lag der Schwerpunkt nach .
wie vor auf den Motetten.

Die drei Aufführungen der *Matthäus-Passion* am 11. und 21. März sowie am
17. April 1829 stellen die noch heute bekanntesten Unternehmen der Berliner
Singakademie dar. Sie verdankten sich der Initiative Felix Mendelssohn Bartholdys und Eduard Devrients, – eine Initiative, die nicht zuletzt deshalb erfolgreich sein konnte, weil die Singakademie nach dem Bau eines neuen Vereinshau-
ses die Zahl ihrer (öffentlichen) Veranstaltungen erhöhen mußte, um die entstandenen Kosten decken zu können. Mendelssohn leitete die beiden ersten Konzerte,
für das dritte, als Mendelssohn bereits nach England abgereist war, sprang Zelter
als Dirigent ein.[25] Der ungeheure und für die Beteiligten wohl unerwartete Erfolg
kam letztlich durch die Überschneidung verschiedener Interessenslagen und Erwartungen zustande, die gleichermaßen auf künstlerischem wie auf politischem
Feld zu suchen sind. Symptomatisch dafür ist, daß zu den Besuchern der ersten
Aufführung sowohl Mitglieder des Hofes mit König Friedrich Wilhelm III. an der
Spitze als auch die Crème des Berliner Geistes- und Kulturlebens zählten wie
Schleiermacher, Hegel, Droysen, Heine und Rahel Varnhagen von Ense. Im Ber-
lin der Restaurationszeit konnte Bachs Musik nicht allein als durchaus epochal
verstandenes musikalisches Ereignis erlebt, sondern ebenso auch als politische
Demonstration nationalliberaler bürgerlicher Kreise verstanden werden.

Die Passions-Aufführungen riefen in der lokalen und überregionalen zeitgenössischen Presse ein immenses Echo hervor; Planung, Vorbereitung und Durchführung sowie die direkte Resonanz in anderen Singakademien sind von Martin
Geck in einer grundlegenden Monographie erschöpfend behandelt worden. Für
die ausführliche Darstellung dieser Aufführungen in Berlin, Frankfurt am Main,
Breslau, Stettin, Königsberg und Dresden (in der Reihenfolge der Aufführungen)
sei deshalb auf Gecks Abhandlung verwiesen.[26] Die Fokussierung Gecks und anderer Autoren auf die lokalen Erstaufführungen der *Matthäus-Passion* zwischen
1829 und 1833 kann leicht zu dem Glauben verleiten, die vielbeschworene
„Wiederentdeckung" – besser: Entdeckung – der *Matthäus-Passion* im besonderen und der Werke Bachs im allgemeinen sei damit endgültig erfolgt. Doch ließ

der Impuls zur praktischen Beschäftigung mit Bachs Vokalwerken nach diesen Premieren zunächst wieder nach. Die Jahre bis zur Mitte des 19. Jahrhunderts stellten einen mühsamen und keineswegs kontinuierlichen oder gar zielgerichtet verlaufenden Prozeß dar, sich Bachs Werke gegen immanente wie rezeptionsbedingte Widerstände anzueignen.

Trat die Singakademie mit der *Matthäus-Passion* erstmals mit einem Werk Bachs an die Öffentlichkeit, so war sie doch nicht die erste Vokalkomposition Bachs, die in Berlin in einem Konzert erklang. 1827 hatte der Organist August Wilhelm Bach, seit 1815 Mitglied der Singakademie, in der Marienkirche die Motette *„Fürchte dich nicht"* und das *„Et incarnatus est"* aus der *h-Moll-Messe* zur Aufführung gebracht[27], und ein Jahr später, im April 1828, wählte Gaspare Spontini das *Credo* aus der *h-Moll-Messe* für ein Konzert mit der Königlichen Kapelle.[28] Beide Veranstaltungen fanden nur geringe Aufmerksamkeit sowohl beim Publikum als auch in der Presse. Devrients Erinnerungen an die Zeit vor der Berliner Aufführung der *Matthäus-Passion* könnten sich deshalb durchaus auf diese Ereignisse beziehen: „Man hatte wohl in geistlichen Concerten hie und da ein kurzes Stück von Sebastian Bach der Merkwürdigkeit wegen hingenommen, nur die wenigen Kenner hatten Freude daran gehabt."[29] Devrients Hinweise deuten die Probleme an, die die Zuhörer mit Werken Bachs hatten; an späterer Stelle soll dies ausführlicher zur Sprache kommen.

Zelter brachte Mendelssohns und Devrients Passions-Projekt große Skepsis entgegen.[30] Dennoch entschloß auch er sich, anders als manche älteren Darstellungen annehmen lassen, zu öffentlichen Aufführungen Bachscher Kompositionen – allerdings erst nach Mendelssohns erfolgreichem Vorstoß: Im November 1829 ließ er in zwei Konzerten der Singakademie die Motetten *„Ich lasse dich nicht"*[31] als ein Werk Johann Sebastian Bachs und *„Singet dem Herrn ein neues Lied"* vortragen[32]; 1830, 1831 und 1832 leitete er die Aufführungen der *Matthäus-Passion*; im Februar 1832 führte er die Kantate *„Herr, gehe nicht ins Gericht"*[33] und die „bekannte [!] Motette" *„Komm, Jesu, komm"* auf.[34]

Nach 1829 erklangen Kompositionen Bachs in öffentlichen Konzerten zunehmend häufiger. Zelters Nachfolger Carl Friedrich Rungenhagen führte die *Matthäus-Passion* bis 1840 alljährlich, danach in unregelmäßigen Abständen auf. Bereits im Februar 1833, unmittelbar nach seinem Amtsantritt, wählte er die *Johannes-Passion* für ein Konzert, die Erstaufführung des Werkes im 19. Jahrhundert. Der Jurist und Musikforscher Carl von Winterfeld, der der Aufführung beiwohnte, berichtete an seinen Freund Mosewius in Breslau: „Sie [= die *Johannes-Passion*] kann auf das größere Publikum nie den Eindruck machen wie die andere, weil die wenigsten hinlänglich vorbereitet sind, sie zu würdigen und der rasche, augenblickliche Eindruck, das Effektvolle der andern ihr fehlt. Den ersten Chor selbsttätig, mit Verstand zu hören, möchte den Meisten schwer fallen, ist es doch für uns, die wir länger mit dergleichen uns beschäftigen, eine große Aufgabe."[35]

Den Plan einer vollständigen Wiedergabe der *h-Moll-Messe* konnte Rungenhagen nur beschränkt umsetzen, indem er jeweils im Februar 1834 und 1835 *Kyrie*, *Gloria* und *Credo*, dazu 1835 noch *Sanctus* und *Agnus Dei* bei partieller

Kürzung der Sätze aufführte. (Noch vor Rungenhagen präsentierte August Wilhelm Bach im Januar und Februar 1834 die *h-Moll-Messe* in einem nicht-öffentlichen Konzert vor geladenem Publikum mit Schülern des Königlichen Institutes für Kirchenmusik.[36]) Daß dies gleichwohl Pioniertaten waren, erhellt daraus, daß die *h-Moll-Messe* erst 1871 eine vollständige Wiedergabe durch die Singakademie erfuhr. Ebensowenig wie die *Johannes-Passion* und die *h-Moll-Messe* gewann später das *Weihnachts-Oratorium*, erstmals 1857 musiziert, eine der *Matthäus-Passion* vergleichbare Beliebtheit.

Bei den zahlreichen von der Singakademie veranstalteten Wohltätigkeitskonzerten findet sich Bachs Name kaum einmal: 1829 wurde die *Matthäus-Passion* zweimal, 1835 und 1840 je einmal zu wohltätigen Zwecken aufgeführt; auch das Konzert im November 1829 mit der Johann Sebastian Bach zugeschriebenen Motette *„Ich lasse dich nicht"* war ein Wohltätigkeitskonzert. Für diese Veranstaltungen wählte man entweder „zugkräftigere" Namen oder man stellte gemischte Programme zusammen, um jedem Geschmack etwas zu bieten – schließlich sollte die Kasse klingeln.[37]

Erst eine Darstellung des relativen Anteils der Werke Bachs am Gesamt-Repertoire läßt Rückschlüsse auf deren Bedeutung für die Singakademie zu. Das Spektrum war von Anfang an weitgefaßt, indem es neben zeitgenössischen Kompositionen u. a. von Reichardt, Johann Abraham Peter Schulz und Johann Gottfried Naumann auch ältere Werke wie Carl Heinrich Grauns *Der Tod Jesu*, das „Händel'sche Kraftwerk"[38] *Judas Maccabäus* sowie eben Motetten Bachs enthielt. Fasch aber griff noch weiter aus und nahm Kirchenmusik italienischer, also katholischer Komponisten der ersten Hälfte des 18. Jahrhunderts wie Francesco Durantes oder Leonardo Leos auf. Während der Amtstätigkeit Zelters stieg der Anteil Bachscher Werke zwar in den Proben erheblich, machte aber im Blick auf das Gesamtrepertoire nach wie vor nur einen geringen Teil aller studierten Kompositionen aus. Ähnlich wie Fasch wählte Zelter neben zeitgenössischen (auch eigenen) Werken deutsche und italienische Kompositionen des 16. bis 18. Jahrhunderts, so Joseph Haydns *Die Schöpfung*, Wolfgang Amadeus Mozarts *Requiem*, Chorsätze Händels, Bachs, Antonio Lottis und Giovanni Pierluigi da Palestrinas.

Rungenhagen, der die Singakademie über die Jahrhundertmitte hinaus leitete, bevorzugte für Aufführungen und Proben zeitgenössische Oratorien, überwiegend von Komponisten aus dem Umkreis der Singakademie; sein anfängliches Bemühen, Bachs Werke vermehrt in öffentlichen Konzerten vorzustellen, darf nicht darüber hinwegtäuschen, daß sie quantitativ nach wie vor nur einen geringen Anteil im Gesamtrepertoire ausmachten. Es waren die Oratorien Händels, denen in Proben und Konzerten der Singakademie der größte Stellenwert zukam. Die Händel-Pflege erreichte ihren Höhepunkt in den Jahren zwischen 1827 und 1841, also etwa zeitgleich mit den ersten öffentlichen Aufführungen der Werke Bachs; doch von einer Konkurrenz für die Vorrangstellung Händels konnte keine Rede sein. Der starke Impuls, der von der Aufführung der *Matthäus-Passion* 1829 zunächst ausgegangen war, verlor recht bald wieder an Schubkraft.

EXKURS: CARL HEINRICH GRAUNS *DER TOD JESU*

Hector Berlioz stellte während seiner Deutschlandreise 1842/43 fest, daß Grauns Oratorium *Der Tod Jesu* „seine Anbeter besonders in Berlin findet, während man sich zur Religion Sebastian Bachs in ganz Norddeutschland bekennt".[39] Doch Grauns Passionsvertonung war ebenfalls durchaus in Nord- wie in Ostdeutschland verbreitet, und sie diente anderen Singvereinen, wenn auch nicht unbedingt den hier behandelten Singakademien, jahrzehntelang für das Karfreitags-Konzert.[40] Nachdem die Passion 1755 in Berlin uraufgeführt worden war, trug die Berliner Singakademie erstmals 1796 Auszüge einem Auditorium vor und führte sie seit 1801 im öffentlichen Karfreitags-Konzert auf. Seit 1808 erlebte die Passionsvertonung mit nur wenigen Ausnahmen (wie etwa 1829) in Berlin jährlich sogar zwei Aufführungen: am Mittwoch der Karwoche durch die von Otto Friedrich Hansmann, später von Julius Schneider geleitete Singanstalt[41] und am Karfreitag durch die Singakademie. Daß die feste Stellung von Grauns Werk seit 1829 durch Bachs Passion „erschüttert" worden sei, wie lange Zeit behauptet, entspricht in keiner Weise den historischen Tatsachen. Erst nach 1858 sollte die Vertonung Grauns durch die *Matthäus-Passion* ersetzt werden, doch wurde sie schließlich 1866 auf Wunsch König Wilhelms I. erneut aufgenommen und dann bis 1884 beibehalten. Seit 1767 wurde *Der Tod Jesu* auch in Stettin aufgeführt, in Königsberg seit den 1760er Jahren bis mindestens 1851[42], in Breslau zwischen 1762 und 1900[43]; nur im katholischen Dresden und im süddeutschen Frankfurt spielte die Komposition so gut wie keine Rolle.

Die außerordentliche Verbreitung sowie die über Jahrzehnte während Aufführungstradition von Grauns *Der Tod Jesu* zeigen auf ihre Weise, wie schwer man sich mit Bachs Werken tat; und inwieweit die Graunsche Passion unter den Kennern und Verehrern Bachs geschätzt wurde, ist nicht ohne weiteres ersichtlich. Doch die Aufführung beider Werke nebeneinander läßt auf eine Polarisierung des bürgerlichen Publikums schließen. Adolf Bernhard Marx zumindest hat zweifellos so empfunden, denn ihm schien 1824 Grauns Passion geeignet für „die Bedürfnisse derer, welche für höhere Musik noch nicht gereift" sind.[44] Die von vielen Zeitgenossen gerühmte leichte „Faßlichkeit" des Werkes dürfte einer der Gründe für seinen langanhaltenden Erfolg gewesen sein. Äußerte Marx 1824 den Wunsch, die Graunsche Passion durch Händels *Messias* zu ersetzen[45], so sah er 1829 Bachs *Matthäus-Passion* als ihren Gegenpol. Nun ging er in seiner kritischen Haltung noch weiter und wies Grauns Passion jener Zeit „gemachter, sogenannter Vernunft- oder Naturreligion" zu, in der „Bachs durchaus biblische Musik" keinen Platz fand: „Das wärmste Feuer [...] war Grauns Passion nach Ramlers Gedicht, die Anspielungen auf die Schrift und einzelne Sätze aus ihr nicht verschmähte, in Kirchenliedern den Gemeindegottesdienst vergegenwärtigte, daneben aber den Lockmitteln der damaligen Opern- und Modemusik so wenig entsagte, dass schon der grosse König Friedrich sie mehr opernmässig, als kirchlich fand."[46] Gerade das 'mehr Opernmäßige als Kirchliche', das ja auch als Gütezeichen verstanden werden konnte[47], ist einer der Gründe gewesen, warum Grauns Passion mehrere Epochen überlebte.[48]

In eine ähnliche Richtung zielte Marx mit seiner süffisanten Bemerkung, Zelter habe die *Matthäus-Passion* „ungefähr in Graun'scher Weise [umkomponiert], ich habe die Stimmen selbst in Händen gehabt".[49] Hingegen sprach Triest 1801 einen Aspekt an, der auf eine Gemeinsamkeit in der Rezeption der Bachschen wie der Graunschen Passion deutet und ebenfalls dienlich ist, ihr jahrzehntelanges Nebeneinander aufzuhellen. Triest urteilte, es handele sich bei Karl Wilhelm Ramlers Dichtung zu Grauns Vertonung um das „fast einzige musikalische Gedicht, was wir Deutsche haben. Kein Wunder, [...] wenn daraus ein bleibendes Nationalwerk [...] entstand."[50] Hierin lag eine Verbindung zwischen der *Matthäus-Passion* und der Graunschen Vertonung als ihrem eigentlichen Gegenstück: die Vereinnahmung beider Kompositionen als 'Nationalwerke'. Die Idee einer „deutschen" Epoche der Musikgeschichte, verknüpft mit dem Namen Bachs, bildete seit dem Beginn des 19. Jahrhunderts, nicht zuletzt begründet in den patriotisch orientierten Darstellungen Triests und Johann Nikolaus Forkels, in der Rezeption der *Matthäus-Passion* einen eigenen Strang.

VON DEN SCHWIERIGKEITEN, BACH ZU SINGEN

Nach immerhin neun Proben der Motette „*Komm, Jesu, komm*" vermerkte Fasch 1794 im Probentagebuch der Singakademie: „noch immer nicht ohne Fehler".[51] Zelter notierte im Januar 1823 nach einer Probe: „Daß die Seb. Bachschen Motetten seit 30 Jahren immer mehr anklingen, ja ihren Schwierigkeiten Trotz geboten wird, ist ein Triumpf der Singakademie und zeigt, das die Übung an Meisterwerken, sie mögen gefallen oder nicht, ihren unbestreitbaren Nutzen hat."[52] Und 1829 verhieß Marx der *Matthäus-Passion* die „Auferstehung von den Todten"[53] – beinahe ein Menschenalter, nachdem der Autor des eingangs zitierten Textes im *Intelligenz-Blatt* bereits Bachs „Auferstehung von den Todten" verkündet hatte. Der Zugang zu den Werken Bachs, im besonderen aber zur *Matthäus-Passion*, erschien allen Beteiligten während des gesamten hier betrachteten Zeitraumes ungemein schwierig, und das nicht allein in Berlin, sondern ebenso in Dresden, Frankfurt am Main, Königsberg, Stettin und Breslau.

Die gesangstechnischen Schwierigkeiten, mit denen sich die Sängerinnen und Sänger bei der Einstudierung Bachscher Werke konfrontiert sahen und die bei den größeren Werken nicht selten zum Austritt von weniger engagierten oder durchhaltefähigen Mitgliedern führten, gingen einher mit intellektuellen und emotionalen Schwierigkeiten. Die Ausführenden mußten zunächst ihnen unüberwindlich erscheinende praktisch-technische Probleme bewältigen, denen sie oft genug nicht nur hilf-, sondern auch mutlos gegenüberstanden, wie etwa aus einem Brief Felix Mendelssohns über die Einstudierung der *Matthäus-Passion* in der Berliner Singakademie deutlich wird: „Im Anfang wollte Keiner daran, sie meinten, es sei zu verwirrt und ganz unsinnig schwer."[54] In anderen Akademien waren diese Probleme nicht geringer. Die Mitglieder des Frankfurter Cäcilienvereins wünschten sich während der ersten Proben zum *Credo* der *h-Moll-Messe*, das sie 1828

aufführten, die Rückkehr zu leichteren Stücken.[55] Eine Bemerkung vor der ersten
Aufführung der *Matthäus-Passion* durch die Breslauer Singakademie machte
deutlich: „Die von ihm [= Mosewius] gegründete Singakademie, durch die Musik
selbst in die lebhafteste Bewegung gesetzt, hat seine unausgesetzten Bemühungen
und höchst achtungswerthen Anstrengungen mit der thätigsten Liebe zur Sache
unterstützt. Diese ist für die Aufführung einer solchen Musik denn auch unentbehrlich, da hierbei der gewöhnliche Gesang-Mechanismus nicht ausreicht."[56]
Doch Mosewius gab so wenig auf wie die anderen Bach-Enthusiasten und gründete als Vorstufe zur Breslauer Singakademie eine Elementar-Gesangsklasse für
junge Mädchen, denn: „Die Fertigkeit, ein Lied oder eine Arie am Clavier mit
Geschmack vorzutragen, reicht nicht hin für die zum Theil sehr schwierigen
Chorstimmen z. B. der Händel'schen und Bach'schen Werke."[57] Ähnlich wurden
in den Singakademien in Berlin und Frankfurt am Main Vorschulen gebildet oder
Bachs Werke zunächst in kleinen Extrachören studiert, bevor sie in die Proben
des jeweiligen Hauptchores Eingang fanden. Die Motetten bzw. die Choräle bildeten überall den Ausgangspunkt der Auseinandersetzung mit den „neuen" alten
Werken Bachs. Sie wurden aber auch als „gradus ad Parnassum" verstanden, wie
etwa im Frankfurter Cäcilienverein, dessen Begründer Johann Nepomuk Schelble
1828 Bach „zum Hauptgegenstand der Vereinsstudien" zu machen beabsichtigte:
„Trotz der fortgeschrittenen Bildung der Mitglieder hatte aber die reine Durchführung dieser kunstvoll geordneten, oft äußerst complicirten Compositionen, [...]
die größten Schwierigkeiten. Allerdings war der Verein schon vorbereitet. Die
Bachischen Motetten, waren allen schon bekannt und lieb geworden. Die Compositionen anderer Meister hatten gleichfalls die Leichtigkeit der Darstellung gefördert und den Sinn für ernste tiefgehende Musik allgemein angeregt."[58]
Technische Bewältigung und rationale Durchdringung der Bachschen Kompositionen gelang den Sängerinnen und Sängern aber nicht allein aufgrund der praktischen Probenarbeit. Carl Heinrich Saemann, Leiter der Königsberger Singakademie, nahm den Dirigenten mit einer ganz neuartigen Forderung didaktisch in
die Pflicht: „Um das Kunstwerk würdig und im Geiste des Tondichters darzustellen, ist es nicht hinlänglich, daß alle Ausführenden den erforderlichen Grad
der Ausbildung in der technischen Fertigkeit und der Darstellungsgabe besitzen,
sondern sie müssen mit dem Werke, welches sie ausführen sollen, bekannt und
durch fortgesetzte Uebung bis zu dem Grade vertraut gemacht werden, wodurch
die möglichste Vollendung in der Ausführung erreicht wird. Hieraus folgt also
auch, daß der Dirigent, sei es der Komponist des Werkes oder nicht, im Stande
sei, die Ausführenden zu üben, ihnen die Vorzüge der Komposition auseinander
zu setzen und sie überhaupt auf den rechten Standpunkt zu führen, von welchem
aus sie das Werk seiner geistigen Seite nach aufzufassen vermögen."[59]
Diente das Studium der Motetten bzw. Choräle den Singakademien dazu, sich
Bach zunächst vertraut zu machen, ohne instrumentale Unterstützung singen zu
lernen und im Falle der Motetten die komplexen polyphonen Strukturen zu erfassen, so erfüllte die oft erst nach Jahren endlich erlangte Bewältigung der Schwierigkeiten mit Stolz: „ein Verein, der diese Werke [= *Matthäus-Passion* und *h*-

Moll-Messe] sein nannte, war allen Aufgaben gewachsen."[60] Wer sich der Mühe
unterzogen hatte, wurde reich belohnt: „Was für eine Welt der Schönheit und des
Tiefsinns erschloß sich allmählig dem staunenden Ohre!"[61] So konnte die Aufführung der *Matthäus-Passion*, die in allen Singakademien als erstes großes oratori-
sches Werk einstudiert wurde, als die Gipfelstürmung des Parnaß erscheinen, wonach „in Folge der Bewältigung dieses mächtigen Werkes, sich eine nähere Verständniss Bach's, eine leichtere Zugänglichkeit zu seinen Werken, eine vielfälti-
gere Beschäftigung mit ihm, mithin ein gesteigertes Vermögen des Institutes da-
tirt", wie Mosewius rückblickend für die Breslauer Singakademie konstatierte.[62]

DER FRANKFURTER CÄCILIENVEREIN: „ÜBERHAUPT ABER KOMMT BACH IN MODE"

Herkömmlicherweise gilt die Berliner Singakademie als das Institut, in dem die
Werke Bachs in der ersten Hälfte des 19. Jahrhunderts die größte Bedeutung besaßen. Doch zwei weitere Akademien, deren Bach-Pflege heutzutage weitaus weniger bekannt ist als diejenige der Berliner, maßen Bachs Kompositionen nicht nur
qualitativ, sondern auch quantitativ einen besonderen Stellenwert in ihrem Repertoire zu: der Cäcilienverein in Frankfurt am Main und die Breslauer Singakademie.

Entstehung, Geschichte und Repertoire des Frankfurter Cäcilienvereins lassen
jenes Muster erkennen, das die Berliner Singakademie prägte. Schelble hatte in
Berlin Zelter und die dortige Singakademie kennengelernt;[63] inwieweit er sich
später jedoch ausdrücklich am Berliner Vorbild orientierte, ist nicht überliefert.
Vor der Gründung des Cäcilienvereins hatte Schelble als Sänger an verschiedenen Opernhäusern gastiert. In Frankfurt seit 1816, veranstaltete er im eigenen
Hause private musikalische Aufführungen, in denen er mehrstimmige Opernstük-
ke bzw. zeitgenössische instrumentale und vokale Kammermusik präsentierte;
auch die Frankfurter Akademie erwuchs also aus einer privaten Initiative. Nach
der 1818 erfolgten Gründung des Cäcilienvereins beschloß Schelble 1819 seinen
Rückzug von der Oper. 1821 garantierten wohlhabende Mitglieder ihm ein Ein-
kommen als Direktor auf zehn Jahre; nach dem Ablauf der Garantie wurde der
Cäcilienverein als Korporation aufgelöst, und Schelble führte ihn auf eigene
Rechnung fort.

Unter Schelbles Leitung entwickelten sich die Leistungen des Cäcilienvereins
sehr schnell, wie die folgenden Äußerungen auch bei Abzug eines vielleicht etwas
lokalpatriotischen Blickwinkels deutlich machen: „Diese Anstalt hat in der That
in kurzer Zeit die bedeutendsten Fortschritte gemacht und dürfte jetzt wohl, neben dem Zelter'schen Verein in Berlin, die vorzüglichste ihrer Art im deutschen
Vaterlande seyn."[64] Nachdem Rungenhagen 1832 die Leitung der Berliner Singakademie übernommen hatte, scheint der Cäcilienverein die Berliner Akademie
sogar überflügelt zu haben: „Hat die Singakademie in Berlin auch wohl den Vorzug
größerer Mitgliederzahl, so steht ihr doch der Cäcilienverein in vollendeter Ausführung der Tonwerke nicht nach, ja was Bachs Kompositionen betrifft, so möchte in
Ausführung derselben der Cäcilienverein der Singakademie den Rang ablaufen."[65]

Nach Schelbles Tod 1837 folgten zunächst mehrere Leiter kurz aufeinander. Unter ihnen waren Felix Mendelssohn, der die ihm angebotene dauerhafte Leitung des Vereins ablehnte, und Ferdinand Hiller. 1840 wurde dann Franz Joseph Messer als Direktor gewählt, der den Cäcilienverein über die Jahrhundertmitte hinaus bis zu seinem Tod im Jahre 1860 führte.

Während der ersten zehn Jahre des Bestehens des Cäcilienvereins dominierten in den öffentlichen Konzerten Händels Oratorien. Dazu kam Zeitgenössisches, darunter wie in Berlin so in Frankfurt auch Werke des Leiters, sodann Kompositionen Mozarts, Haydns und Ludwig van Beethovens, schließlich Luigi Cherubinis, die in Berlin nicht heimisch wurden. Italienische und deutsche Komponisten des 16. bis 18. Jahrhunderts waren, anders als in Berlin, während des gesamten hier betrachteten Zeitraumes seltener vertreten. Dafür dürften vor allem zwei Momente verantwortlich gewesen sein. Zum einen galt Schelbles Vorliebe anfänglich zeitgenössischer Musik, zum anderen aber hatte sich der Cäcilienverein dem a cappella-Vortrag, den man für die ältere Kirchenmusik für angemessen hielt, nicht programmatisch verschrieben wie die Berliner Akademie. Dies sind signifikante Unterschiede nicht allein zum Berliner Institut, sondern zu allen hier behandelten Singakademien.

Das Repertoire der Proben wies auch in Frankfurt deutliche Abweichungen von dem der Konzerte auf. Mit dem Studium der Werke Bachs begann Schelble recht bald nach Gründung des Vereins in den 1820er Jahren[66], was umso bemerkenswerter erscheint, da in Frankfurt anders als in Berlin keinerlei Bach-Traditionen vorhanden waren. 1821 und 1824 wurde die Motette *„Ich lasse dich nicht"* als ein Johann Sebastian Bach zugeschriebenes Werk zur Aufführung gebracht, es schlossen sich 1824 ein Choral an, 1825 ein Duett, ebenfalls 1825[67] und 1829 die Motette *„Fürchte dich nicht"*. Die Jahre 1824 und 1825 stellen damit die frühesten Daten dar, an denen authentische Werke Bachs in einem öffentlichen Konzert einer der hier behandelten Singakademien erklangen. In Breslau folgten 1826 eine Strophe des Chorals *„Ein feste Burg"*, in Berlin 1827 *„Fürchte dich nicht"* und das *„Et incarnatus est"* aus der *h-Moll-Messe* (jedoch nicht durch die Singakademie), in Breslau 1828 wiederum eine Strophe aus einem Choral, dieses Mal *„Gelobet seist du Jesus Christ"*. Im März 1828 wählte Schelble ein weiteres Mal ein Werk Bachs für ein Konzert, das *Credo* aus der *h-Moll-Messe*[68], das damit in Frankfurt knapp zwei Monate früher als in Berlin aufgeführt wurde: „Zum Bußtage wird Spontini den ersten Theil der großen Messe von Beethoven [...] und das Credo von Seb. Bach geben. Wie gefällt Dir der Unsinn?? Überhaupt aber kommt Bach in Mode; in Frankfurt am Main hat man sein Credo aufgeführt und will die Passion geben."[69]

Die Frankfurter Erstaufführung der *Matthäus-Passion* fand nur wenige Wochen nach der Berliner statt, am 29. Mai 1829. Schelble hatte die Passion zwar in Kenntnis, doch unabhängig von Mendelssohns Berliner Projekt geprobt. Er begann zeitgleich mit Mendelssohn und wie dieser zunächst in kleinem Kreis. Trotz ihres im Vergleich zu Berlin geringeren und nicht unumstrittenen Erfolges leitete die Aufführung der *Matthäus-Passion* für den Cäcilienverein eine Wende ein, indem von da an Werke Bachs häufiger in öffentlichen Konzerten erklangen: Die *Matthäus-Passion* wurde bis 1834, dann wieder ab 1843 bis zur Mitte des Jahrhunderts fast in jedem Jahr zur Aufführung gebracht, und sie gewann damit in Frankfurt einen ähnlichen Stellenwert wie in Berlin. Einzelne Sätze der *h-Moll-Messe* wurden zwischen 1828 und 1840 etwa im Zweijahresturnus, dann noch einmal 1850 aufgeführt; die erste vollständige Aufführung fand 1856 und damit immerhin 15 Jahre früher als in Berlin statt. Das *Magnificat* wurde zuerst 1842, das *Weihnachts-Oratorium* 1858, ein Jahr später als in Berlin, die *Johannes-Passion* erst 1870 zur Aufführung gebracht. Neben der Motette *„Ich lasse dich nicht"* führte man häufiger *„Fürchte dich nicht"* und *„Jesu, meine Freude"* auf; *„Singet dem Herrn ein neues Lied"* und *„Komm, Jesu, komm"* erklangen je zweimal. Schließlich nahm der Cäcilienverein, im Gegensatz zur Berliner Singakademie, auch in Programme von Festveranstaltungen Werke Bachs auf: Zum Jubiläumskonzert 1843 wählte man die doppelchörige Motette *„Fürchte dich nicht"*, zur Feier des 50-jährigen Bestehens 1868 erklang erneut die *h-Moll-Messe*. Ein anderer charakteristischer Unterschied zwischen Berlin und Frankfurt galt den Kantaten: Ab 1832 führte der Cäcilienverein bis zur Jahrhundertmitte alle ein oder zwei Jahre eine Kirchenkantate auf.

Von den Schwierigkeiten, Bach zu verstehen

Nicht allein Sänger und Sängerinnen hatten Schwierigkeiten mit den Werken Bachs, auch das Publikum tat sich schwer. Die Rezensionen nach Aufführungen Bachscher Werke spiegeln häufig die Ratlosigkeit der Zuhörer wider, die bei allem Bemühen um das Verständnis doch über Jahrzehnte erhalten blieb. Eine sich neu herausbildende und zumindest bis zur Jahrhundertmitte bestehende Wahrnehmungskategorie war die von der „Fremdheit" der Bachschen Musik: „So fremd das im strengsten Style geschriebene grossartige Werk auch in unsrer Zeit erscheinen muss, so fand es dennoch verdiente Anerkennung"[70], lautete etwa ein Urteil nach der Erstaufführung der *Johannes-Passion* 1833 durch die Berliner Singakademie; ähnlich wurde die *h-Moll-Messe* nach Rungenhagens Berliner Erstaufführung des *Kyrie*, *Gloria* und *Credo* 1834 als „complicirtes, der jetzigen Zeit so überaus fremdes Werke"[71] charakterisiert.

In einem weiteren Sinne bezog etwa Friedrich Rochlitz das „Fremde" als Wahrnehmungskategorie nicht ausschließlich auf Bachs Werke, sondern auf die Musik der „Altvordern" schlechthin.[72] In diesem allgemeinen Sinne hieß es auch in einem Textbuch über die Werke Giovanni Gabrielis, Lottis und Leos, sie seien „unserm Zeitgeiste und unserer heutigen, modernen Kunst zu singen, ganz fremd".[73]

1850 bedachte die Dreyssigsche Singakademie in Dresden die Hundertjahrfeier von Bachs Geburtstag bemerkenswerter- und mutigerweise mit einer öffentlichen Aufführung der *h-Moll-Messe*, der ersten öffentlichen Aufführung des Werkes durch eine der hier behandelten Singakademien. Auch der Autor der Re-

zension sprach von „dieser höchst schwierigen und fremdartigen Musik", von „so
fremdartigen Motiven und Formen und durch eigenthümliche Disharmonien geführten Tongängen".[74] Obwohl die Aufführung als Jubiläumskonzert im *Dresdner
Anzeiger* angekündigt, obwohl im selben Jahr 1850 die *h-Moll-Messe* bereits zuvor zur Stiftungsfeier der Singakademie vor geschlossener Gesellschaft aufgeführt
worden war, also auf eine gewisse Bekanntheit rechnen durfte, ließ der Besuch
des Jubiläumskonzertes zu wünschen übrig. Wenn der Rezensent die mäßige Resonanz nicht zuletzt darauf zurückführte, daß die Dreyssigsche Singakademie in
der Öffentlichkeit wenig bekannt und durch diese Zurückhaltung der Geschmack
des größeren Publikums nicht gepflegt sei, so dürfte er mit der Bemerkung über
die mangelnde 'Pflege des Publikumsgeschmacks' eine zutreffende Erklärung
gefunden haben. Denn erschien Bachs Musik, und erschienen im besonderen die
großen oratorischen Werke beim ersten Hören oft 'fremd', so daß man sie erst
nach großer Anstrengung schließlich schätzen lernte, so wurde doch auch immer
wieder die Hoffnung ausgesprochen, durch wiederholtes Hören tiefer in das jeweilige Werk eindringen zu können: „Nur ein öfteres Hören desselben fördert
echten und wahren Kunstgeschmack, weshalb wir denn auch die Ueberzeugung
haben, dass dieses Riesenwerk auch den Hörern, wie bereits den Ausübenden,
immer mehr ans Herz wachsen werde"[75], hieß es beispielsweise zur Aufführung
der *Matthäus-Passion* 1832 in Stettin. Und in Frankfurt am Main schrieb man
anläßlich der dortigen Erstaufführung der *Matthäus-Passion*, es sei „ein Zeichen
von der hohen Genialität dieses Werkes, daß es immer neue Züge von Schönheit
entfaltet, je öfter dasselbe an uns vorübergeht".[76]

Tatsächlich waren die Anhänger der Bachschen Musik und jene, die zumindest
bereit waren, sich mit Bachs Musik zu befassen, davon überzeugt, daß man sich
um diese Musik bemühen müsse, daß man 'lernen' müsse, sie zu hören und zu
verstehen, daß sie „grosse Geistesthätigkeit in Anspruch" nehme.[77] Wenn von
Winterfeld 1836 an Mosewius in Breslau von Berliner „radicalen und exclusiven
Bachisten" berichtet[78], dürfte damit deutlich werden, daß die Erfahrungen dieser
anstrengenden „Geistesthätigkeit" wohl ebenso zu einem „aristokratischen" Bewußtsein wie zu einem gewissen Ausschließlichkeitsanspruch jenen gegenüber
führten, die nicht als Anhänger der 'schönen Kunst' gelten mochten.

Bereiteten vor allem die *Johannes-Passion* und die *h-Moll-Messe* Verständnisschwierigkeiten, fanden *Kyrie*, *Gloria* und *Credo* aus der *h-Moll-Messe* nach
ihrer ersten Aufführung 1834 in Berlin noch „mehr Bewunderung, als innige
Theilnahme, wie diess ganz natürlich nach einmaligem Hören eines so streng in
sich abgeschlossenen Ganzen ist, für dessen Dimensionen der Maasstab unserer
Zeit nicht zureichen dürfte"[79], so war es in erster Linie der *Matthäus-Passion*
vorbehalten, starke positive Gefühlsreaktionen zu provozieren: „Aber die Rührung sprach sich während der Aufführung der Passion auf dem Gesicht so manches Hörers unverkennbar aus, und Thränen, deren sich Niemand zu schämen
braucht, glitten die Wange herab."[80] Ähnlich wie 1832 in Königsberg waren 1833
auch in Dresden „Aeusserungen der tiefsten Rührung, so wie der lebhaftesten
Theilnahme [...] unverkennbar" gewesen.[81] 1840 brachte gleich der Eingangschor

der Passion in Königsberg eine Wirkung hervor, „die alle begeisterte und zu Thränen hinriss"[82]; über den Choral *„Wenn ich einmal soll scheiden"* hieß es lapidar: „Seine erschütternde Wirkung ist bekannt."[83] Und nach der Dresdner Aufführung von 1840 lautete das Urteil über denselben Choral: „[...] unser Herz war voller Rührung, während die Seele in freudiger Hoffnung darein schauete."[84] Auch in Berlin hatten gelegentlich die Ausübenden selbst, sodann das Publikum bei den Proben und der Aufführung der *Matthäus-Passion* 1829 Tränen in den Augen.[85] Mit der Frankfurter Aufführung der Passion 1834 schließlich habe Schelble „das Publikum, trotz Rossinischer Verwöhntheit ganz gewaltig ergriffen".[86] Hatte sich die „Fremdheit" als Wahrnehmungskategorie der Bachschen Musik in der ersten Hälfte des 19. Jahrhunderts neu herausgebildet, so läßt sich die emotionale Wirkung der *Matthäus-Passion* umgekehrt auf einen altvertrauten Topos zurückführen: daß Musik vermag, zu Tränen zu rühren.

Die beigebrachten Urteile zeigen eine erstaunliche Polarität der zeitgenössischen Reaktionen auf Bachs Musik, hier im besonderen auf die *Matthäus-Passion*. Verweist die kunstunspezifische Kategorie der „Fremdheit" nicht zuletzt auf das Fehlen jeglicher Maßstäbe, nach denen diese Musik beurteilt werden konnte und damit auf die (vorläufige) Unfähigkeit, Kompositionen der Vergangenheit ästhetisch und also dem konkreten geschichtlichen Zusammenhang enthoben wahrzunehmen[87], so läßt die „Rührung" auf eine poetische Wahrnehmung der *Matthäus-Passion* schließen. Man rezipierte sie nicht als liturgische Kirchenmusik, als die sie entstand, sondern schätzte sie als ein Werk der „reinen" Tonkunst, nahm eine Komposition aus einer Epoche, die die Unterscheidung von autonomer und funktional gebundener Musik nicht kannte, in den sich herauskristallisierenden Kanon der autonomen Musik auf.

EXKURS: SINGETEES

Die „Pflege des Publikumsgeschmacks", die „Erziehung" eines Publikums „zu Bach" bedingte allerdings eine bestimmte Art der Publikumszusammensetzung. Nur wenige der Zuhörer vermochten „dem Adlerfluge dieses Geistes" zu folgen, hieß es bezeichnend nach der Aufführung einiger Sätze der *h-Moll-Messe* 1835 in Berlin.[88] Und Devrient schilderte die Zweifel, die man in Berlin vor der Erstaufführung der *Matthäus-Passion* gehegt hatte: „Man hatte wohl in geistlichen Concerten hie und da ein kurzes Stück von Sebastian Bach der Merkwürdigkeit wegen hingenommen, nur die wenigen Kenner hatten Freude daran gehabt, jetzt aber sollte man einen ganzen Abend Nichts als Sebastian Bach hören, der nur als unmelodisch, berechnend, trocken und unverständlich im Publicum bekannt war?"[89] „Kennerschaft" erschien im übrigen nicht nur für die Werke Bachs, sondern für „alte" Musik schlechthin vonnöten.

Jener Teil des musikliebenden Publikums, der nicht willens oder imstande war, sich der Anstrengung eines Konzertes mit (ausschließlich) Bachscher Musik zu unterziehen, versammelte sich eher bei den Singetees, wie sie ironisch und exemplarisch E. T. A. Hoffmann beschrieb.[90] Sein Kapellmeister Johannes Kreisler durchlebte während eines „Thees" im „charmanten Haus" des Geheimen Rats Röderlein „höllische Qualen", denn „neben dem Thee, Punsch, Wein, Gefrornem etc. wird auch immer etwas Musik präsentiert, die von der schönen Welt ganz gemüthlich so wie jenes eingenommen wird". Nachdem Kreisler rückblickend den Verlauf des „Thees" beschrieben und nicht versäumt hat, darauf hinzuweisen, daß der „bescheiden" sich zierende „Tituskopf" „Mitglied mehrerer Singe-Academien" ist, bereitet er dem Spuk der Arietten und Duettinos schließlich ein Ende, indem er durch den Vortrag der „Johann Sebastian Bachschen Variationen" (gemeint sind die *Goldberg-Variationen*) die anwesenden Herrschaften in die Flucht schlägt. Sowohl die Berliner Singakademie als auch der Frankfurter Cäcilienverein trugen in ihren Anfängen nun zunächst den Charakter von Singetees. Denn die Singetees rekrutierten sich aus denselben Gesellschaftsschichten wie die Singakademien, vornehmlich aus Kreisen des gehobenen Bürgertums und des niederen Adels, der Verwaltung und des Militärs: Akademiker, Kaufleute, Künstler und deren Gattinnen. Doch darüber hinaus gab es kaum Verbindendes. Singetees waren lose, privat veranstaltete Zusammenschlüsse; es dominierte die Absicht des gesellschaftlichen Beisammenseins, dem das Musizieren zusätzlichen Reiz verlieh, ohne daß man Wert auf Institutionalisierung, auf regelmäßige Treffen, kontinuierliche Probenarbeit oder gar öffentliches Auftreten legte. Und schließlich unterschieden sich beide Veranstaltungen wesentlich durch die Art der Musik, die zur Ausführung kam: Unterhält sich Hoffmanns Tee-Gesellschaft durch Arien und Chöre aus verschiedenen Opern Mozarts und bittet Kreisler um den Vortrag von Klaviervariationen über bekannte Opernmelodien, so „birst" sie „vor Langeweile" bei Bachs *Goldberg-Variationen* – und damit ist die Grenze abgesteckt. Die Werke Bachs als zur 'schönen Kunst' gehörig waren mit den gesellschaftlichen Bedürfnissen eines Singetees nicht vereinbar – wenngleich die Akademie-Direktoren sich gelegentlich bemüßigt fühlten, die mißbräuchliche Nutzung der singakademischen Übungen als heiratspolitische Begegnungsstätten intern zu beklagen.

DIE BRESLAUER SINGAKADEMIE: WECHSELSPIEL VON FORSCHUNG UND PRAXIS

Wie Schelble in Frankfurt am Main wies Mosewius in Breslau den Werken Bachs in der von ihm gegründeten Singakademie eine bedeutende Rolle zu.[91] Mosewius hatte gleichfalls eine Laufbahn als Sänger eingeschlagen und war seit 1816 am Breslauer Theater beschäftigt. Nach dem Scheitern anderer Pläne gründete er 1825 eine Singakademie, nachdem er zuvor in Berlin an den Proben der dortigen Akademie teilgenommen und sich mit Zelter beraten hatte. Ähnlich wie für Frankfurt wird für Breslau deshalb das Berliner Vorbild sehr deutlich, ohne daß dies hier im einzelnen aufgezeigt werden soll.

Wichtig für Mosewius' Musikkenntnis und -verständnis wurde die Bekanntschaft mit Wissenschaftlern der Universität bzw. deren Königlichem Institut für

Kirchenmusik[92], in erster Linie mit dem zwischen 1816 und 1832 in Breslau täti-
gen Juristen Carl von Winterfeld: „Die tief in ihm liegende Neigung für ernste
Musik wurde hier [= bei Winterfelds Musikabenden] reichlich genährt [...], wenn
er auch nicht alle Fäden festhielt und weiterspann, die hier angeknüpft wurden.
Denn am lebendigsten in ihm wurde doch nur das Verständniss Händel's und
Seb. Bach's, nicht ebenso tief drangen die alten Italiener."[93] Indem Mosewius die
'Fäden weiterspann', die zu Bach führten, machte er als erster dessen Werk in
Schlesien bekannt: „Insbesondere dies verdanken ihm viele Musiker und Freunde
der Tonkunst, daß sie durch ihn mit Seb. Bach näher vertraut worden sind, ein
Meister, welchen man in Schlesien früher mehr vom Hörensagen als aus eigener
Erfahrung kannte."[94]

Mosewius beschritt drei einander ergänzende Wege, um die „Musiker und
Freunde der Tonkunst" an Bach heranzuführen. Er ließ Werke Bachs durch die
Singakademie zur Aufführung bringen, er hielt Vorträge vor der von ihm mitbe-
gründeten Musikalischen Sektion der Schlesischen Gesellschaft für Vaterländi-
sche Kultur, und er brachte ausführliche, analytisch-ästhetische Einführungen zu
Bachs Kantaten und zur *Matthäus-Passion* im Druck heraus, die zu seiner Zeit in
ihrem wissenschaftlichen Anspruch und ihrer ästhetischen Durchdringung einzig
dastehen:[95] Mosewius legte mit seinen Untersuchungen einen Grundstein zur Erforschung von Bachs kirchenmusikalischem Werk. Zur Vorbereitung seiner Veröffentlichungen hatte Rungenhagen ihm gestattet, Handschriften Bachscher Kompositionen aus dem Besitz der Berliner Singakademie einzusehen.

In den ersten Jahren des Bestehens der Breslauer Singakademie erklangen in
den öffentlichen Konzerten, wie in Berlin und Frankfurt, vornehmlich Werke
Händels. Seit dem Beginn der 1830er Jahre erweiterte Mosewius das Repertoire
um Oratorien etwa der Zeitgenossen Carl Loewe, Bernhard Klein, Marx und
Mendelssohn. Die auch in Breslau üblichen musikalischen Trauerfeiern für verstorbene Mitglieder beging man mit denselben Werken wie die anderen Akademien: mit den Requiemvertonungen von Mozart und Jommelli, Bachs Kantaten
„*Gottes Zeit*" und „*Liebster Gott, wann werd ich sterben*", Michael Bachs Motette „*Unser Leben ist ein Schatten*", Kompositionen Reichardts und Faschs, mit
verschiedenen Chorälen. Vokalwerke italienischer Komponisten des 16. bis 18.
Jahrhunderts stellte Mosewius zurück, weil er sie für seine Singakademie als ein
zu großes Wagnis empfand; erst sein Nachfolger Julius Schaeffer, der die Singakademie ab 1860 leitete, führte dieses Repertoire in die Proben und auch in die
kleineren öffentlichen Konzerte ein.

Im Gegensatz zu den Singakademien in Berlin und Frankfurt begann in Breslau die Pflege der Musik Bachs nicht mit Motetten, sondern mit Chorälen. Mosewius strukturierte den Probenablauf sehr genau: Die Übungen begannen mit einem Choral aus einer eigens angelegten Sammlung mit Vertonungen Johannes
Eccards, Michael Prätorius', Bachs u. a., sodann folgte ein kleineres Kirchen-
stück oder eine Kantate und als dritter Teil schließlich die größere Abteilung eines Oratoriums. Die Struktur der öffentlichen Konzerte entsprach häufig dem
Ablauf der Proben, indem einzelne Choralstrophen der Eröffnung eines Konzertes

dienten, ein Programmablauf, der bis zur Mitte der 1840er Jahre die Breslauer Singakademie von allen anderen Akademien unterschied. Mosewius hielt die Choräle Bachs nicht allein einer regelmäßigen Pflege für wert, sondern sie dienten ihm sowohl zum Einsingen als auch zum Versetzen in die erforderliche ernste Stimmung.

Anders als in Berlin und Frankfurt trat man in Breslau sehr bald nach der Gründung mit Werken Bachs auch an die Öffentlichkeit. Schon 1826 begann Mosewius ein Konzert mit Strophen des Kirchenliedes *„Ein feste Burg"* nach drei verschiedenen Komponisten, darunter auch der Satz aus Bachs Kantate.[96] Erst zwei Jahre später stand Bach erneut auf dem Programm, wieder wurde ein Konzert mit drei verschiedenen Bearbeitungen eines Chorals, *„Gelobet seist du Jesus Christ"*, darunter eine von Bach, eröffnet.

Für den 3. April 1830 setzte Mosewius die *Matthäus-Passion* auf das Programm, die am 5. Mai wiederholt wurde.[97] Die Breslauer Veranstaltung wurde unmittelbar durch Mendelssohns Initiative des Jahres 1829 angeregt; Mosewius hatte die dritte Aufführung der *Matthäus-Passion* in Berlin selbst gehört. Weitere Aufführungen der *Matthäus-Passion* folgten 1831 und 1832, bis 1847 fanden insgesamt zehn statt.

1830 trat Mosewius erstmals mit der Motette *„Ich lasse dich nicht"* an die Öffentlichkeit (weitere Aufführungen 1831 und 1844); 1832 sang man *„Jesu, meine Freude"* und *„Fürchte dich nicht"*. Im übrigen führte Mosewius selten Motetten auf, wahrscheinlich aufgrund derselben Befürchtung, die ihn das italienische a cappella-Repertoire ablehnen ließ.

Seit den 1830er Jahren bis zum Ende des hier behandelten Zeitraumes enthielten die Konzertprogramme fast jedes Jahr mehrfach Werke Bachs. Neben der *Matthäus-Passion* handelte es sich überwiegend um Kantaten: in der Reihenfolge der Erstaufführungen zwischen 1835 und 1850 *„Ein feste Burg"*, *„Liebster Gott"*, *„Gottes Zeit"*, *„Sei Lob und Ehr"*, *„Wer nur den lieben Gott läßt walten"*, *„Gott der Herr ist Sonn' und Schild"*, *„Herr, deine Augen schauen nach dem Glauben"*, *„Gedenke Herr, wie es ausgeht"* und *„Aus der Tiefe"*. Mosewius' Singakademie wandte sich 1844, 1845, 1847 und 1850 in Konzerten als erste Akademie überhaupt einzelnen Kantaten aus dem *Weihnachts-Oratorium* zu.[98] Mosewius schickte 1844 oder 1845 von Winterfeld, mit dem er nach dessen Weggang nach Berlin in brieflicher Verbindung stand, offenbar die Noten des *Weihnachts-Oratoriums* zu; in seinem Antwortschreiben charakterisierte von Winterfeld das *Weihnachts-Oratorium* als die „bedeutendste" von Bachs Schöpfungen.[99] Es sei vorerst dahingestellt, ob von Winterfelds Urteil Mosewius zu seinen Aufführungen angeregt oder ob umgekehrt Mosewius' Einsatz für die Kantaten von Winterfelds Einschätzung beeinflußt hat.

Ähnlich wie in Frankfurt nahm man auch in Breslau ins Programm eines Festkonzertes – 1855 zum 30jährigen Bestehen der Akademie – Werke Bachs auf: die beiden Kantaten *„Wer nur den lieben Gott läßt walten"* und *„Du Hirte Israel"*.[100] Durch das nahezu gänzliche Fehlen von Motetten einerseits, durch die Frequenz der Kantatenaufführungen und die Häufigkeit einzelner Choralstrophen andererseits erhielt das Repertoire der Breslauer Singakademie in Proben und Konzerten ein sehr eigenes Profil. Die Erklärung für diese Besonderheit dürfte eine Folge der zuerst von Mosewius in seinen wissenschaftlichen Untersuchungen gemachten Beobachtung sein, daß die durch die Druckausgabe Carl Philipp Emanuel Bachs weit verbreiteten Choräle seines Vaters zu einem großen Teil aus den Kirchenkantaten und Passionen stammten und also nur mit Beziehung zu den Kantaten adäquat verstanden werden könnten.

Vor der Mitte des 19. Jahrhunderts erklangen in Breslau von den oratorischen Werken lediglich die *Matthäus-Passion* sowie 1835 und 1848 das *Magnificat*; doch weder die *h-Moll-Messe* noch die *Johannes-Passion* wurden aufgeführt. Von einer Aufführung der *Johannes-Passion* hatte von Winterfeld in dem schon erwähnten Brief aus dem Jahre 1833 Mosewius abgeraten, nachdem er das Werk von der Berliner Singakademie unter Rungenhagen gehört hatte. Aus den Formulierungen von Winterfelds läßt sich schließen, daß Mosewius sich offenbar mit dem Gedanken an eine Aufführung dieser Passion trug; inwieweit von Winterfelds Urteil dann den Anstoß gab, das Werk nicht aufzuführen, muß offenbleiben.[101] In einem für das Verständnis Bachs im 19. Jahrhundert wesentlichen Punkt differierten die Ansichten Mosewius' und von Winterfelds, wie hier nur kurz angedeutet werden soll. Bach galt Mosewius dezidiert als Kirchenkomponist, ohne aber daß er Werke Bachs im liturgischen Zusammenhang aufgeführt hätte. Hingegen schloß sich von Winterfeld der Position der protestantischen Kirche an, nach der Bachs Kompositionen aus liturgischen Erwägungen als ungeeignet für die Form des zeitgenössischen Predigtgottesdienstes galten. Nicht zuletzt fand von Winterfeld in den oben angesprochenen Verständnisschwierigkeiten, die ein großer Teil der Zuhörer mit Bachs Werken hatte, ein gewichtiges Argument gegen deren Verwendung im Gottesdienst, weil dadurch nicht alle Gemeindeglieder an jedem Teil des Gottesdienstes inneren Anteil nehmen könnten. Zu den Widersprüchlichkeiten in der Rezeption Bachscher Vokalmusik im 19. Jahrhundert gehört, daß die als Konzerte veranstalteten Aufführungen der *Matthäus-Passion* regelmäßig gleichwohl am Palmsonntag oder Karfreitag stattfanden, also einem traditionellerweise dem Passionsvortrag vorbehaltenen Tag des Kirchenjahres.

VON DEN SCHWIERIGKEITEN, BACH ZU BEURTEILEN

Die zeitgenössischen Konzertbesprechungen jener Werke Bachs, die durch die Singakademien dem interessierten Musikpublikum zur Kenntnis gebracht wurden, zeugen von sehr disparaten Urteilen und Einschätzungen. Auf der einen Seite standen die Bewunderer Bachscher Werke, stand die Erkenntnis und Anerkennung ihrer Größe. Hier wurde die *Matthäus-Passion*, deren Aufführungen seit 1829 die größte öffentliche Aufmerksamkeit auf sich zogen, als „ausserordentliches Meisterwerk"[102], als „gewaltiges Werk des unsterblichen Meisters"[103] apostrophiert, die *h-Moll-Messe* mit ähnlichen Worten als „Riesenwerk"[104] (eine Apostrophierung, die sich zum bis heute gültigen Topos entwickelte), als „colossales Kunstwerk"[105] gewürdigt. Vor allem Marx und sein Berliner Kreis zollten Bach im allgemeinen und der *Matthäus-Passion* im besonderen uneingeschränkte Bewunderung und gleichsam religiöse Verehrung.

Auf der anderen Seite aber sah man sich Bachschen Werken gegenüber verständnislos und tat die *Matthäus-Passion* kurzerhand als „veralteten Trödel" ab.[106] Dieses Unverständnis mündete häufig wenn nicht in Ablehnung, dann doch in die oben aufgestellte Kategorie von „Fremdheit", wie sich in der Rezension der Dresdner Aufführung der *h-Moll-Messe* 1850 durch die Dreyssigsche Singakademie zeigt. Einleitend wird die Komposition ausführlich besprochen und gelobt: „Dieses Werk von so großartigen Formen und erhabenem Styl – rein, wahr, allgemein und doch geheimnißvoll, – von so bewunderungswürdiger Kunst in Ausführung und Aufbau und zugleich so reich an Genialität der Erfindung und aus der Tiefe der Empfindung schöpfend [...]"[107] Doch nach den differenzierten Ausführungen über die Komposition selbst wird im Zusammenhang der eigentlichen Aufführungsrezension die Musik nicht nur als „höchst schwierig", sondern auch als „fremdartig" bezeichnet; als habe der Autor den ersten Teil seiner Besprechung ausschließlich nach dem Partiturstudium, den zweiten Teil sodann nach dem „Hörerlebnis" formuliert. Hier scheint einmal mehr die von den Zeitgenossen selbst häufig konstatierte und zugleich beklagte Diskrepanz zwischen dem literarischen „Hohelied" auf Bach und der praktischen Kenntnis seiner musikalischen Kompositionen aufzuscheinen.

Häufig begründete man ein ablehnendes Urteil damit, daß Bach „höher als Contrapunctist und Fugen-Componist, denn als Melodiker und Gesangs-Componist stehe".[108] Diese negative Bewertung als „Fugenkomponist" korrespondiert mit den Schwierigkeiten im Ausführen und Verstehen, von denen oben die Rede war. Wohlwissend schrieb Ludwig Rellstab vor der ersten Aufführung der *Matthäus-Passion* in Berlin: „Ich bemerke nur noch dabei, dass man sich nicht durch die Furcht der Unverständlichkeit von dem Werk zurückschrecken lassen solle, da der, als Fugen-Komponist vielen gewissermassen furchtbare Meister hier seiner Phantasie in viel freiern Formen Spielraum läßt."[109]

Gelegentlich wurde Bachs Musik mit Kirchenmusik aus dem 16. Jahrhundert verglichen, wenn ein ablehnendes Urteil begründet werden sollte; so anläßlich eines Konzertes der Dreyssigschen Singakademie in Dresden im Jahre 1835: „Bei jenen alten Musikwerken, in denen auch viel gearbeitet ist, hört man nicht wie bei den Bachschen, daß es schwer ist, solche Musik zu erfinden; auch kann man sich ihrem Genuß weit ruhiger hingeben, denn es dünkt uns, als sei es den Sängern ein Leichtes, sie vorzutragen, während wir bei den Bachschen immer gemahnt werden, welche große Mühe dazu gehört, sie richtig auszuführen. Bei jener alten Musik ist das Gearbeitete derselben nur deshalb da, um Alles fest an einander zu binden, um eine vollkommne Einheit darzustellen; dem Klange untergeordnet ist seine Wissenschaft. Bei Bach ist aber das Ganze oft nur da, um Gelehrsamkeit zu zeigen und ihr ist der Klang untergeordnet."[110] Ein entsprechender Vergleich anläßlich der Frankfurter Aufführung der *Matthäus-Passion* 1829 mündete in das Resümee: „Der Eindruck des Ganzen ist indeß kein religiös-erhebender: diese

Musik ist mehr vornehm als menschlich-innig, sie will weniger empfunden als studirt seyn, und ist ohne jene symbolische Wärme, die in den Werken der italienischen Kirchenkomponisten unser Herz durchglüht."[111]

Man griffe zu kurz, sähe man in solchen Äußerungen allein ein durchaus differenzierendes, letztlich unangemessenes Vergleichen zwischen einem Komponisten des 18. mit Komponisten des 16. Jahrhunderts, zwischen Werken verschiedener Epochen, wobei durchaus bemerkenswert ist, daß diese Vergleiche aus dem katholischen Dresden und dem im Hinblick auf Bach traditionslosen Frankfurt kommen. Hinter der Polarisierung steht aber wohl auch der Streit um die katholische und evangelische Kirchenmusik, wie er auch in Berlin schwelte. Friedrich Förster thematisierte in einer Rezension nach der Berliner Aufführung der *Matthäus-Passion* 1829 diese Auseinandersetzung und konstatierte schließlich, daß die evangelischen Kirchenkomponisten, „so Großes auch Händel, Sebastian Bach und andre geleistet haben, es so wenig mit den großen Italienern der altkatholischen Zeit aufnehmen können, als Lucas Cranach mit Raphael".[112]

Bei dem Teil des Publikums, der sich ernsthaft mit den gehörten Werken auseinandersetzte, gab es im Urteil bezüglich der oratorischen Werke eine eindeutige Präferenz: „Dagegen war die Wirkung der meisten Chöre unbeschreiblich gross und erhebend."[113] Die Zuhörer fühlten sich vor allem durch die Chöre und zumeist auch die Choräle in den Bann geschlagen[114], eine Vorliebe, welche mehrere Gründe haben dürfte. So waren zunächst mehrstimmige Chorsätze im allgemeinen die eigentliche Domäne der Singakademien. Sodann erschienen die Texte der Choräle im besonderen durch ihre kirchliche Herkunft in gewisser Hinsicht sakrosankt und ihre Wortwahl dem Zeitenwandel enthoben. Dagegen stieß die Sprache der Arien häufig auf Ablehnung; die barocke Stilebene kollidierte mit dem Geschmack des 19. Jahrhunderts. Aber auch die Vertonung der Arientexte behinderte den Zugang, wie eine Besprechung der Berliner Aufführung der *Johannes-Passion* deutlich macht: „Die Chöre und Choräle erschienen als die Hauptzierde des Werkes durch Erhabenheit der Ideen, Wahrheit des Ausdrucks und Kunst der harmonischen Behandlung [...] am schwersten verständlich die Arien, deren Cantilene so disparat von der Begleitung geführt wird, dass die Combination der Motive dem Sänger ebenso schwer als dem Zuhörer wird. Hier dürfte doch mehr die Melodie vorherrschen, so bewunderungswürdig auch die Kunst der Harmonie erscheint."[115] Ähnlich fiel das Urteil anläßlich der Berliner Aufführung der *Matthäus-Passion* aus: „Die Arien [...] sind ganz eigenthümlich, doch sehr melodisch und empfindungsvoll gehalten, dabey oft seltsam, obgleich höchst effectuirend instrumentirt."[116] Die Arien galten für gewöhnlich nicht nur als 'schwer verständlich', sondern man empfand zudem, an den Solosätzen habe „meistens der Zahn der Zeit oder der Mode genagt".[117] Ablehnend stand man häufig auch den Rezitativen gegenüber, die zu lang und zudem langweilig erschienen.

DIE DREYSSIGSCHE SINGAKADEMIE IN DRESDEN: BACH IM EXIL

Spielten die Werke Bachs im Repertoire der bisher behandelten Singakademien von Berlin, Frankfurt am Main und Breslau eine relativ bedeutende Rolle, so ist ihr Anteil im Repertoire der im folgenden dargestellten Institute wesentlich geringer. Die sogenannte Dreyssigsche Singakademie in Dresden ging ähnlich wie die bisher dargestellten Akademien aus einer privaten Initiative hervor.[118] Die erste Anregung stammte von dem Dresdner Hofkapellmeister Johann Gottlieb Naumann, der, 1801 verstorben, die Errichtung einer Singakademie aber nicht mehr erlebte. Erst seit dem Jahr 1804 oder 1805 wurden im Hause Christian Gottfried Körners während regelmäßig veranstalteter Musikabende „auch vierstimmige Sachen im ernsten Stil durch Dilettanten" gesungen.[119] 1807 schließlich errichtete der Hoforganist Anton Dreyssig ein „Sing-Institut". Dreyssigs erklärte Absicht schloß sich eng an Körners Veranstaltungskonzept an, „den Sinn für ächte Kirchenmusik zu befriedigen, auszubilden und zu erhalten".[120]

Die Körnersche bestand, wahrscheinlich bis 1813, neben der Dreyssigschen Singakademie; beide hatten teilweise dieselben Mitglieder und zeichneten sich durch Gemeinsamkeiten aus, die kennzeichnend für die Struktur der Singakademien waren, etwa daß die Probeabende regelmäßig stattfanden und daß ihr Verlauf einem festen Plan folgte; allerdings sang man im Hause Körner zunehmend Opernliteratur. In einem Nachruf auf den 1815 verstorbenen Dreyssig hieß es, daß sein „musikalischer Verein [...] seinem Vorbild, der Berliner Singakademie, nichts nachgibt".[121] Ein Jahr vor seinem Tod hatte Dreyssig, der 1811 bei einem Besuch Zelters und der Singakademie in Berlin Grauns *Der Tod Jesu* gehört hatte[122], selbst noch auf das „Muster" hingewiesen, das „die ausdauernde Kunstliebe und die Geistescultur der Bewohner Berlins" seinem Institut gewesen war.[123] Allerdings bestand während der Jahre von Dreyssigs Leitung ein markanter Unterschied zwischen beiden Einrichtungen: Die Tätigkeit der Dresdner Singakademie vollzog sich nahezu unter Ausschluß der Öffentlichkeit. Gleichwohl leisteten sowohl die Körnersche als auch die Dreyssigsche Singakademie einen erheblichen Anteil zur Herauskristallisierung einer bürgerlichen Musikkultur in Dresden. Die auf Dreyssig folgenden Leiter amtierten jeweils nur kurz: der mit Körner befreundete Christian Theodor Weinlig, der mit der Akademie etwas häufiger an die Öffentlichkeit trat, bis 1823; Ferdinand Mende bis 1830; Karl Gottlob Mühle bis 1832. Musikalischer Leiter wurde dann bis 1856 der Bruder des Komponisten Friedrich Schneider, der damalige Hoforganist Johann Gottlieb Schneider, während dessen Tätigkeit sich die Verhältnisse der Singakademie stabilisierten.

Seit wann Bach-Werke in der Dreyssigschen Akademie auf dem Probenplan standen, wie das Probenrepertoire überhaupt aussah, ist wohl nicht mehr zu recherchieren. Das Studium Bachscher Werke begann auch in Dresden allem Anschein nach mit Motetten; zumindest nahm Weinlig 1816 „*Ich lasse dich nicht*" in eine öffentliche Darbietung auf, ein weiteres Mal 1820, auch hier als ein Werk Johann Sebastian Bachs. 1822 folgte eine Aufführung dieser Motette in Breslau durch den Kantor Gottlob Siegert, 1824 in Frankfurt durch Schelble. Nach diesem

Vorlauf trat in Dresden allerdings eine längere Pause ein. Am 31. März 1833
wurde im regelmäßig veranstalteten Palmsonntags-Konzert der Hofkapelle unter
Leitung der Kapellmeister Francesco Morlacchi und Carl Gottlieb Reissiger erstmals in Dresden die *Matthäus-Passion* zur Aufführung gebracht; 1840 gab man
sie erneut im Palmsonntags-Konzert. Die Dresdner Aufführung von 1833 zeich-
nete sich vor allen anderen Erstaufführungen der Passion in jenen Jahren dadurch
aus, daß hier die Initiative nicht von einer privat geführten Singakademie ausging,
sondern bei einer Hofkapelle lag; entsprechend professionell waren Vorbereitung
und Aufführung. Wie diese Aufführung beispielhaft deutlich macht, wurde Bachs
Musik hier betont als Konzertmusik rezipiert, ohne kirchenmusikalischen Akzent
wie in Breslau und ohne politische Färbung wie in Berlin. Beide Aufführungen
der *Matthäus-Passion* sind in den Festschriften der Dreyssigschen Singakademie
verzeichnet; die zeitgenössischen Rezensionen erwähnen allerdings 1833 die
Mitwirkung der Akademie nicht, mit Sicherheit hat sie neben anderen Chören
aber 1840 mitgewirkt. Nach 1833 veranstaltete die Dreyssigsche Akademie häufiger öffentliche Konzerte, bei denen gelegentlich auch Motetten Bachs auf dem
Programm standen. So erklang jeweils in den Jahren 1833, 1841, 1844[124] und
1850 *„Singet dem Herrn ein neues Lied"*, 1835 *„Fürchte dich nicht"*, 1836 und
1849 *„Jesu, meine Freude"*.

    Ein oratorisches Werk Bachs führte die Dreyssigsche Akademie erstmals 1850
auf eigene Initiative und ausschließlich mit eigenen Vokalkräften auf. Zum Stiftungsfest der Singakademie gab man in einem internen Konzert die *h-Moll-
Messe*, die später im Jahr zur „Säcularfeier" von Bachs Geburtstag öffentlich wiederholt wurde. Außerdem erklang 1850 in einem Konzert eine Kantate, *„Ein feste
Burg"*. Im übrigen kam Bach in der Dreyssigschen Singakademie kein großer
Stellenwert zu[125], und auch nach 1850 blieben Bach-Aufführungen zunächst selten; das *Weihnachts-Oratorium* beispielsweise wurde nicht vor 1858, im selben
Jahr wie in Frankfurt am Main, aufgeführt; es erklangen lediglich die Teile I–III.
Dresden als Residenz des katholisch-sächsischen Herrscherhauses verfügte trotz
der geographischen Nähe zu Leipzig über keinerlei ältere Bach-Traditionen; erst
mit dem Aufkommen einer bürgerlichen Musikpflege zu Beginn des 19. Jahrhunderts begannen Werke Bachs in der Öffentlichkeit eine größere Rolle zu spielen.

    Das übrige Repertoire scheint sich mit einigen charakteristischen Unterschie-
den ähnlich zusammengesetzt zu haben wie in den weiteren hier behandelten
Singakademien. Einen großen Teil machten anfänglich geistliche Werke zumeist
zeitgenössischer in Sachsen wirkender Komponisten inklusive der Leiter der
Akademie aus, etwa von Gottfried August Homilius, Johann Gottfried Schicht,
Naumann, Weinlig, Joseph Schuster, Moritz Hauptmann, Morlacchi und Reissiger. In Dresden mit seiner über 100jährigen Tradition italienischer Opern wurden
gelegentlich italienische Oratorien (Naumanns und Paisiellos) aufgeführt. Einen
zweiten Schwerpunkt bildeten seit den 1830er Jahren Komponisten des 16. bis
18. Jahrhunderts, wie Palestrina, Jacobus Gallus, Orlando di Lasso, Melchior
Vulpius, Giacomo Antonio Perti, Andreas Hammerschmidt, Lotti, Durante und
Alessandro Scarlatti. Eine dritte Gruppe stellten zumeist zeitgenössische, über-

wiegend deutsche Komponisten nicht-sächsischer Herkunft, etwa Friedrich Ludwig Aemilius Kunzen, Peter Winter, Vincenzo Righini, später Mendelssohn, Friedrich Schneider und Louis Spohr, außerdem die „Klassiker" Haydn und Mozart. Die Werke Händels hingegen wurden im deutlichen Gegensatz zu den anderen Sing-akademien erst spät ins Repertoire aufgenommen; seit 1820 wurden dann auch in Dresden Händels oratorische Werke zur Aufführung gebracht.

„CHRONOLOGISCHE MUSIKAUFFÜHRUNGEN"

Während der Amtszeit von Schneider ist in den öffentlichen Konzerten der Dreyssigschen Singakademie eine veränderte Programmplanung erkennbar. Zwei grundverschiedene Programmstrukturen bildeten sich heraus, von den unverändert beibehaltenen Gedächtnisfeiern für verstorbene Mitglieder mit einem Requiem und einer Motette abgesehen: einerseits Konzerte, in denen ein oder zwei größere oratorische Werke vollständig aufgeführt wurden, und andererseits Konzerte, die mehrere Einzelsätze, häufig Motetten, enthielten. Stammten die großen oratorischen Werke von zeitgenössischen bzw. nahezu zeitgenössischen Komponisten wie Friedrich Schneider, Spohr, Mendelssohn, Haydn, Beethoven, Naumann bzw. Händel als einzigem Vertreter einer vergangenen Epoche, so lag das Besondere der zweiten Gruppe in der mehr oder minder konsequent durchgeführten historischen Anordnung der Programme, die Komponisten vom 16. bis 19. Jahrhundert umfaßte. Diese „chronologischen Musikaufführungen", wie sie in einer Rezension ausdrücklich betitelt wurden[126], enthielten öfter auch eine Komposition Bachs: etwa 1833 „*Singet dem Herrn ein neues Lied*"[127], 1835 „*Fürchte dich nicht*"[128], 1841 erneut „*Singet dem Herrn ein neues Lied*"[129] und 1851 das „*Crucifixus*" aus der *h-Moll-Messe*.[130] Zu einem dieser historischen Konzerte aus dem Jahre 1844 mit der Motette „*Singet dem Herrn eine neues Lied*" ist ein gedrucktes Programm erhalten, dessen Titel durchaus ein Indiz für die didaktische Absicht auch der anderen entsprechenden Konzerte sein könnte: „Der christliche Kirchengesang auf verschiedenen Stufen seiner Ausbildung vom 10ten bis zum 19ten Jahrhundert."[131] Die dann im folgenden aufgeführten Programmpunkte[132] sind vereinzelt mit Erläuterungen versehen. Der Sinn eines chronologischen Konzertes dürfte, wie die Formulierung des Programmtitels nahelegt, weniger in der ästhetischen Vermittlung älterer Musikstücke als 'Kunstwerke' gesehen worden sein als in der historischen Dokumentierung musikgeschichtlicher Entwicklungen.[133]

Ähnliche „chronologische Musikaufführungen" fanden auch in Breslau statt, veranstaltet von Kantor Siegert. Siegert füllte seit 1820 am Mittwoch der Karwoche jene „Lücke", die Mosewius mit der dortigen Singakademie ließ: Er bevorzugte die Komponisten des 16. und 17. Jahrhunderts, wählte allerdings für manches Konzert auch ein Stück von Bach, offenbar zumeist eine Choralvertonung.[134] Aus dem Jahr 1822 ist ein Programmheft vorhanden, das u. a. die Aufführung der Motette „*Ich lasse dich nicht*" in einer „geistlichen Vocal-Musik" in der Bernhardiner-Kirche während des Gottesdienstes verzeichnet.[135] Siegert gab hier zu den einzelnen Kompositionen kurze musikgeschichtliche Erläuterungen. Es liegt nahe, anzunehmen, daß er zu den anderen Konzerten oder Gottesdiensten ebenfalls Programme verteilte, wie das auch für die Dresdner chronologischen Konzerte zu vermuten steht.

Mosewius verfolgte allerdings ähnliche Ambitionen wie Siegert: „Zur genaueren Kenntnis der besonderen Richtung, welche in verschiedenen Zeiten die Musik genommen, soll zuweilen eins oder das andere gleichsam zur historischen Anschauung gebracht werden."[136] Entsprechend verfuhr Mosewius bei seiner Programmgestaltung, veranstaltete aber keine ausgesprochen „chronologischen Musikaufführungen". Wohl aber war er bemüht, wie oben gezeigt, die musikhistorischen Kenntnisse seines Publikums zu erweitern und dessen ästhetisches Verständnis für die „alte" Musik zu schulen, indem er die mit der Singakademie veranstalteten Konzerte durch Werkeinführungen vorbereitete.

Die Königsberger Singakademie: Ultima Thule?

„Wir besitzen hier zwei Singakademieen, eine unter dem Musikdirector Riel, der nun schon seit 30 Jahren mit seltener Ausdauer der edlen Musica hoffirt, und seit dieser Zeit regelmäßig am Charfreitage den Tod Jesu von Ramler und Graun aufführt; die zweite unter dem Musikdirector Sämann, der die Musik *all'antica* treibt, und daher Händel und Bach liebt."[137] Friedrich August Riel, ein Schüler Faschs, hatte „fast ganz nach dem Muster des Herrn Fasch in Berlin"[138] bereits 1799 in Königsberg einen Singverein gegründet. Mit diesem brachte er vor allem zeitgenössische oratorische Werke zur Aufführung. 1820 gründete sodann Carl Heinrich Saemann, Sänger, Musiklehrer, Kantor und Organist, zusammen mit dem Klavierlehrer Ernst Pastenacy und dem Kantor Johann Friedrich Dorn jenen Singverein, „dessen Aufgabe die Ausführung von Kirchenmusiken älterer und neuerer Zeit sein sollte, vorzugsweise solcher älterer Werke, welche bisher nie zur Aufführung gekommen waren!"[139] In der spezifischen Ausrichtung dieses Konzeptes lag der Unterschied zu Riels Institut begründet. Nach dem Tode Pastenacys 1824 führte Saemann den Singverein allein weiter, denn Dorn hatte seine Mitarbeit eingestellt.[140] Bereits 1849 ging Saemanns Singverein in der 1843 durch Eduard Sobolewski und Friedrich Zander gegründeten, aus Chor und Orchester bestehenden Musikalischen Akademie auf[141]; scheinbar waren die künstlerischen Leistungen von Saemanns Singverein nicht sehr befriedigend.[142] Wie Riel pflegte auch Sobolewski ein eher zeitgenössisches Repertoire.

Für Saemanns Singverein hatte die Berliner Singakademie ebenfalls große Bedeutung, wenn auch das Vorbild nicht so klar profiliert erscheint wie in Frankfurt, Breslau oder Dresden. Zudem bestanden ebenfalls persönliche Beziehungen zwischen den Instituten Berlins und Königsbergs. So hatte Saemann die Berliner Singakademie besucht und dort die Erfahrung gemacht, „daß in den unsterblichen Werken Bachs, Händels u. a. eine unversiegbare Quelle für geistige Bildung, ein durch keine Stürme der ephemeren Gegenwart zu entwurzelnder Stamm und der

Anker zu finden sei, welcher den einzig festen Anhalt gewährt und den Untergang wahrer Kunst zu verhindern vermag".[143] Tatsächlich waren Händels Werke in Saemanns Singverein von größter Bedeutung, und das übrige Repertoire zeigte ebenfalls eine ähnliche Zusammensetzung wie dasjenige des Berliner Instituts; bemerkenswerterweise wählte Saemann auch öfter Werke Faschs und Rungenhagens. Ein charakteristischer Unterschied gegenüber Berlin bestand darin, daß Saemann relativ häufig weltliche Kompositionen aufführte, Chöre aus Opern Glucks, Mozarts, Carl Maria von Webers oder aus anderen Gattungen von Beethoven, Kuhlau und Saemann.

Die Werke Bachs spielten im Aufführungs-Repertoire des Königsberger Singvereins jedoch trotz der oben angeführten emphatischen Äußerung Saemanns nur eine sehr geringe Rolle. Für Saemanns Singverein läßt sich ebenfalls die mehrfach angesprochene Diskrepanz zwischen dem Lippenbekenntnis zu Bach und einer zweifellos auf mehreren Ursachen basierenden Zurückhaltung gegenüber dem Musizieren seiner Werke konstatieren. 1826 wurde erstmals eine Bach-Motette für zwei Chöre aufgeführt[144]; damit liegt die Vermutung nahe, daß auch das Königsberger Bach-Studium mit den Motetten begann. Ein Jahr darauf war in Königsberg, allerdings nicht bei der Singakademie, sondern bei Kantor Karl Leopold Witt, eine Bach-Kantate zu hören.

Erst vier Jahre später stand bei Saemann Bach erneut auf dem Programm mit der Kantate „*Ein feste Burg*" und der Arie „*Erbarme dich, mein Gott!*" aus der *Matthäus-Passion*.[145] Die *Matthäus-Passion* wurde zuerst am 17. April und 1. Mai 1832, sodann in den Jahren 1833, 1834 und 1840 jeweils einmal durch den Singverein aufgeführt. 1836 und 1841 erklang wiederum die doppelchörige Motette[146]; und damit ist der Kreis der Bach-'Pflege' durch Saemanns Singverein bereits abgesteckt.[147] Eine im Gegensatz zu Berlin und Breslau fehlende Bach-Tradition machte sich hier noch wesentlich stärker bemerkbar als in Dresden, wo Bach trotz des katholischen Umfelds eine größere Bedeutung zukam als in Königsberg. Auch vereinzelte Bach-Aufführungen anderer Veranstalter können dieses Bild nicht ändern, wie etwa die Aufführung der *Matthäus-Passion* 1845 durch Sobolewskis Musikalische Akademie.

Obwohl der Impetus der Berliner Aufführung der *Matthäus-Passion* in Königsberg zunächst auf Resonanz gestoßen zu sein schien, führte er doch nicht dazu, daß Bachs Werke bis zur Mitte des Jahrhunderts hier heimisch wurden. Auch der Versuch einer „Instrumentalisierung" der beiden Passions-Aufführungen von 1832 zeitigte keine nachhaltige Wirkung: „Wichtiger aber als diess Alles und unzweifelhaft für Deutschland interessanter ist der Umstand, dass wir durch die Aufführung von J. Seb. Bach's Passionsmusik nach dem Evangelium Matthäi uns auf eine ehrenvolle Weise neben Berlin, Breslau und Frankfurt a. M. zu stellen und so unter den Städten des preussischen Vaterlandes auch in musikalischer Hinsicht die dritte Rolle einzunehmen versucht haben, die unserer 'Haupt- und Residenzstadt'. der Grösse nach gebührt."[148]

Bemerkenswerterweise hielt der offenbar patriotisch gesonnene Autor eine Aufführung von Bachs *Matthäus-Passion* für geeignet, 'Haupt- und Residenzstadtanspruch' kulturpolitisch zu demonstrieren. Zu Beginn desselben Textes wurde beklagt, daß man Königsberg jetzt allerorten für „ultima Thule" hielte:[149] Eben darin könnte aber eine Ursache gelegen haben dafür, daß Bachs Werke in Königsberg so bald nicht heimisch wurden.[150]

DER STETTINER GESANGVEREIN: „AUCH HÄNDEL UND BACH WURDEN NICHT VERGESSEN"

1822 gründete Carl Loewe[151] in Stettin einen Gesangverein, der vor allem seine Oratorien aufführen sollte: „Aber auch Händel und Bach wurden nicht vergessen."[152] Loewe war 1820 als Kantor nach Stettin gekommen; 1821 wurde er auf den neugeschaffenen Posten des Musikdirektors berufen. Anders als Schelble, Saemann und Mosewius – die beiden letztgenannten kannte er persönlich – setzte Loewe seine Sängerlaufbahn parallel zu seinen sonstigen Stettiner Tätigkeiten fort.

Loewe hatte Beziehungen zur Berliner Singakademie, die sich über einen längeren Zeitraum erstreckten; inwieweit sie Gründung und Struktur seines Stettiner Gesangvereines beeinflußten, ist nicht erkennbar. Neben zwei Besuchen im Berliner Institut, wo er sich beide Male durch den Vortrag Bachscher Arien besonderen Ruhm erwarb, gehörte dazu auch, daß er sich – wie Schelble und Mosewius – für die Nachfolge Zelters als Leiter der Singakademie interessiert hatte. Auch Loewe wurde zu einer Aufführung der *Matthäus-Passion* unmittelbar durch Mendelssohns Berliner Aufführung angeregt. Danach soll er gesagt haben: „Ich habe das Werk gehört, es ist gross und prächtig, Stettin soll es auch haben."[153] Am 27. März 1831 brachte er mit seinem Gesangverein die Passion zur Aufführung; eine Wiederholung fand am 1. April statt[154]; das Echo war äußerst gering.[155] Erst über die Aufführung der *Matthäus-Passion* im folgenden Jahr erschien im Stettiner *Intelligenzblatt* ein kurzer Bericht: „Aufführung der Grossen Passions-Musik nach dem Evangelisten Matthäus von Sebastian Bach in der erleuchteten Jacobi-Kirche [deren Kantor Loewe war] zum Besten unserer Stadt-Armen am Charfreitage, Abends präcise 6 Uhr."[156]

Ebenfalls 1832 studierte Loewe Bachs Motette „*Jesu, meine Freude"* ein.[157] Das Vorhandensein eines Textbuches der *Johannes-Passion* mit der Jahreszahl 1844 legt eine entsprechende Stettiner Aufführung nahe[158], die jedoch bislang nicht nachzuweisen ist; eine darüber hinausgehende Beschäftigung Loewes mit Bach läßt sich derzeit nicht konstatieren.[159]

AUF DEM WEGE ZU BACH

Wenn im folgenden einige Aspekte der Aufführungspraktiken des 19. Jahrhunderts bezüglich der *Matthäus-Passion* erörtert werden, so kann manches als repräsentativ für die Aneignung Bachscher Werke unter historistischen und romantischen Vorstellungen schlechthin gelten. Die *Matthäus-Passion* erklang nicht, ihrem ursprünglichen Zweck entsprechend, in Gottesdiensten, sondern in Konzertveranstaltungen, und das unabhängig davon, ob die Aufführungsorte profanen Charakters waren wie in Berlin, Breslau und Dresden, ob es Kirchen wie in Königsberg waren oder wechselweise profane oder sakrale Räumlichkeiten wie in Frankfurt am Main und Stettin. Dabei erfuhr diese Musik, die ursprünglich dem Kultus diente, nunmehr selbst nahezu religiöse Verehrung, und die Aufführungen wurden mit Gottesdiensten gleichnishaft in Beziehung gesetzt; ein Paradigmenwechsel, der häufig beobachtet wurde und an den hier nur erinnert werden soll.

Doch nicht allein die gegenüber dem liturgischen Zusammenhang veränderten Umstände einer Konzertaufführung, auch veränderte Hörgewohnheiten und Erwartungen, ein anderer Geschmack ließen die oratorischen Werke Bachs in ihrer originalen Gestalt nicht akzeptabel erscheinen; mangelnde historische Kenntnisse in manchen Fragen kamen hinzu. Alle hier beschriebenen Erstaufführungen der *Matthäus-Passion* verbindet mithin, daß das Werk nicht in der von Bach überlieferten Form erklang, wie im folgenden an ausgewählten Parametern aufgezeigt werden soll.

Bevor die Singakademien mit dem Studium der *Matthäus-Passion* begannen, hatten die Dirigenten bereits erhebliche Vorarbeiten geleistet, um ihren Sängern und Sängerinnen den Weg zu bahnen. So nahmen sie vor allem Kürzungen und gelegentlich Änderungen von Text und Musik vor. Zahlreiche Arien, in geringerem Umfang auch Rezitative und Choräle wurden gestrichen.[160] Mendelssohn etwa verzichtete auf zehn oder elf Arien und sieben Choräle[161]; Schelble strich acht Arien und sechs Choräle, Saemann sogar 13 Arien und sieben Choräle. Offenbar empfand man es aber als notwendig, diese Eingriffe in das „heilige Kunstwerk" zu rechtfertigen.   .

In bezug auf die durchaus „zweckmässigen Abkürzungen" der *Matthäus-Passion* führte Marx 1830 zur Begründung an: „Halten wir die von Herrn Mendelssohn getroffne Anordnung mit der Idee des Bach'schen Planes zusammen, so muss erwogen werden, dass in unsrer Zeit die Passionsmusik nicht mehr wirklicher Gottesdienst, sondern nur religiöse Feier ausser dem kirchlichen Gottesdienst ist, von der Musik begangen, und von den Zuhörern ohne Mitthätigkeit aufgenommen."[162] Im Gegensatz zu dieser sachlichen Einstellung formulierte der Rezensent 1832 in Königsberg polemisch: „Dass Hr. S. [= Saemann] nur etwa die Hälfte des ganzen Werkes gegeben [...], tadeln wir nicht. War es doch Vielen schon an dem Gegebenen zu viel!"[163]

Für die durch die Streichung der Solosätze entstandene Dominanz der Chöre in der *Matthäus-Passion* kann zur Erklärung auf das geschmacksbildende Ideal der Oratorien Händels verwiesen werden, die ja in den meisten Singakademien den Hauptgegenstand der akademischen Übungen ausmachten. Erst weit nach der Jahrhundertmitte erhob sich gegen die Praxis des Kürzens Kritik, etwa durch Robert Franz, seit 1842 Dirigent der 1814 gegründeten Singakademie in Halle, der nunmehr das durch die Kürzungen entstandene Verhältnis von Arien und Chören als unausgewogen wahrnahm.[164]

Auch ein Blick auf die Stärke von Orchester- und Chorbesetzungen macht deutlich, wie weit man sich in der Ausführung von den Gegebenheiten des

18. Jahrhunderts entfernte und wie sehr man Bachs Kompositionen den Ansprüchen der eigenen Zeit anpaßte – um sie sich zugänglich zu machen. Das Königsberger Orchester bestand 1834 aus 20 Violinen, 8 Bratschen, 6 Celli, 4 Kontrabässen, je 4 Flöten und Oboen, 1 Orgel, Klarinetten bei zwei Nummern und 3 Posaunen bei dem Rezitativ *„Und siehe da, der Vorhang im Tempel zerriß".* In Dresden wirkten 1833 mehr als doppelt so viele Instrumente mit, entsprechend der dortigen Chorstärke, nämlich 46 Violinen, 16 Bratschen, 14 Celli, 10 Bässe, 10 Flöten, je 8 Oboen und Klarinetten, insgesamt also 112 Musiker; 1840 waren es sogar 126 Instrumentalisten.[165] Von der Berliner Aufführung ist lediglich die zweifache Bläserbesetzung bekannt. Die Stärke des Frankfurter Orchesters ist ebenfalls nicht überliefert; als Maßstab könnte aber die Orchesterbesetzung für die Aufführung des *Credo* aus der *h-Moll-Messe* von 1828 dienen, bei der 18 Violinen, je 4 Bratschen und Celli, 2 Kontrabässe sowie Holzbläser und Posaunen mitwirkten. Die Orchesterstärke wurde bedingt durch die Chorbesetzungen, und auch hier führte der Weg „hin zur *Matthäus-Passion"* – „fort von Bach". Der kleinste Chor mit 80 bis 100 Sängerinnen und Sängern fand sich 1829 in Frankfurt zusammen; 1834 sangen in Königsberg 119, 1829 in Berlin 150 Singakademie-Mitglieder. Für die Breslauer Aufführung 1830 sind keine Zahlen überliefert, doch da die Singakademie damals etwa 120 Mitglieder hatte und für die Aufführung noch Knaben und junge Damen zusätzlich herangezogen wurden, dürfte die Chorstärke etwa 150 bis 160 betragen haben. In Stettin wirkten 1831 mehr als 160 Sängerinnen und Sänger[166], bei der zweiten Aufführung 1832 annähernd 200 mit[167]; in Dresden wurde die Aufführung 1833 mit 220, die Aufführung 1840 sogar mit 238 Sängerinnen und Sängern bestritten[168]; die Dresdner Chorbesetzungen stehen damit an der Spitze. Schließlich konnten die Mitglieder der Singakademien zu Recht erwarten, daß sie alle die Passion mitsingen durften – sofern sie denn wollten.[169]

Der Hauptgrund aber für solche Massenchöre dürfte darin zu suchen sein, daß das „romantische" Chorklangideal sich an den Aufführungsgepflogenheiten der Oratorien Händels ausgebildet hatte. Seit dem irrtümlich schon 1784 in London veranstalteten Festival zu Händels 100. Geburtstag waren Massenbesetzungen für Händelsche Oratorienchöre auch in Deutschland üblich geworden; diese Praxis wurde durch die Singakademien auf die Werke anderer Komponisten, sei es Bach oder Palestrina, übertragen: „Es ist eine Interpretationsart, in der nicht Wirkung aus dem Sinn des Werks, sondern nur Sinn aus der Wirkung geholt werden will. Mit der Angleichung an den Ausdrucksstil der eigenen Zeit glaubte man dem Genius der Vergangenheit am besten gerecht zu werden."[170]

Besondere Aufmerksamkeit bei den Interpreten erfuhr der Cantus firmus im Eingangschor der Passion. Mendelssohn ließ ihn in der zweiten Aufführung des Jahres 1829 von allen Solisten und einzelnen Chorsopranen singen, die zudem von je zwei Flöten, Oboen und Klarinetten verstärkt wurden: „Die Instrumentation des ersten Chorals trug dazu bei, dem ganzen Satze den ihm eigenthümlichen Orgelklang zu geben, und den Cantus firmus aus dem achtstimmigen Chore hervorzuheben."[171] Die Wertschätzung des „Orgelklangs", der ein in einem allgemeinen Sinne „sakrales" Umfeld evoziert, geht auch aus der Korrespondenz von Felix und Fanny Mendelssohn hervor. Für die dritte Aufführung experimentierte man in einer Probe auf Vorschlag Felix Mendelssohns mit einer Instrumentalbesetzung von vier C-Klarinetten, kehrte für das Konzert aber wieder zu der Besetzung der ersten Aufführungen zurück, weil der Orgelklangcharakter verloren gegangen sei.[172] Für die Ausführung des Cantus firmus, den offenbar die Zuhörer überall als zu leise empfanden, wurde von den übrigen hier behandelten Singakademien ein anderer Weg beschritten. Saemann in Königsberg suchte sogar über mehrere Jahre nach einer zufriedenstellenden Lösung.[173] 1834 ließ er ihn durch vier Schülerchöre mit insgesamt 241 Stimmen verstärken, die im übrigen auch die Choräle mitsangen; 1840 bot er gar 400 bis 500 Schüler in allen vier Stimmlagen zusätzlich auf.[174] Den Weg der Singstimmenverstärkung des Cantus firmus wählte man auch 1829 in Frankfurt, wo Schelble 60 Schülerinnen zusätzlich heranzog, und 1840 in Dresden, wo aber lediglich 20 Kreuzschüler den Hauptchor verstärkten.[175]

Auch den Choral *„Wenn ich einmal soll scheiden"* paßte Mendelssohn den Geschmacksvorstellungen seiner Zeit an, indem er ihn als einzigen der Choräle a cappella vortragen ließ. Diese Lösung machte im übrigen Schule; sie wurde in Berlin später beibehalten und ebenso von anderen Singakademien wie Breslau, Königsberg und Frankfurt übernommen. Gleichermaßen historisches Bewußtsein wie Partiturkenntnis stellte der Autor der Besprechung der Königsberger Aufführung 1832 bei der Beurteilung dieser a cappella-Ausführung unter Beweis: „Allerdings von schönem Effecte, wenn auch vielleicht nicht von Bach beabsichtet."[176] Ebenfalls beispielgebend war Mendelssohns nicht erhaltene Instrumentierung des Rezitativs *„Und siehe da, der Vorhang im Tempel zerriß"*; Mosewius erweiterte nach Berliner Vorbild ebenfalls die Instrumentalbesetzung, und Saemann, der ohnehin sämtliche Rezitative für Streicher eingerichtet hatte[177], ließ hier noch zusätzlich drei Posaunen spielen. Mosewius erklärte seine Instrumentierung dieses Rezitativs auf eine für das Bach-Verständnis seiner Zeit sehr aufschlußreiche Weise: „Das Erdbeben habe ich, nach Mendelssohn's Beispiel, vierstimmig ausgesetzt und mit dynamischen Druckern und sonstigem Effekt-Schmucke versehen."[178] Vermutlich war das Streben nach „Effekt-Schmucke" entsprechend den Vorstellungen des 19. Jahrhunderts einer der maßgeblichen Gründe für zahlreiche Eingriffe in Bachs Partitur. Bei Robert Franz erfuhr diese Tradition schließlich ihren Höhepunkt und erlebte zugleich durch die von ihm verantwortete Publikation der Passion (Leipzig 1873) eine Verfestigung: In dem fraglichen Rezitativ kommen zu Streichern und drei Posaunen noch Holzbläser, Pauke und Orgel.

In bezug auf die Ausführung der Gesangssoli sind keine Zeugnisse vorhanden. Allenfalls Schlußfolgerungen über das technische Vermögen lassen sich aus der Kenntnis ziehen, ob es Dilettanten oder Berufssänger waren, denen man je nach den örtlichen Verhältnissen die Solopartien der *Matthäus-Passion* anvertraute. In Berlin und Dresden standen bei den Erstaufführungen ebenso wie später Mitglieder der jeweiligen Hofopern und damit professionelle Sänger zur Verfügung. In Frankfurt am Main, Breslau und Königsberg hingegen sangen Mitglieder aus dem

Kreise der Akademie. In Frankfurt sang Schelble die Rolle des Evangelisten.
Mochte die Besetzung mit Dilettanten manchmal als Notlösung betrachtet worden
sein, weil Berufssänger nicht zu bezahlen waren, so entschied sich Mosewius in
Breslau bewußt für diese Lösung. Nur so schien ihm die Einheitlichkeit der Ausbildung und der Auffassung sowohl der Chor- als auch der Solosänger gegeben,
die im Falle der Besetzung mit Berufssängern, also Theatersängern, nicht gewährleistet war; im Gegenteil war Mosewius der Überzeugung, daß die Solisten
aus dem Chor der „Fremdartigkeit des Styles" nicht ablehnend gegenüberstanden,
wie er das bei Theatersängern befürchtete.[179]

Wie die Verpflichtung von Theatersängern hing auch jene der professionellen
Instrumentalisten von den finanziellen Verhältnissen der einzelnen Singakademien ab. Die Breslauer Singakademie und der Frankfurter Cäcilienverein etwa
sahen sich häufig gezwungen, nicht allein Proben, sondern auch öffentliche Aufführungen lediglich mit ein oder zwei Flügeln begleiten zu lassen; hingegen war
etwa in Berliner öffentlichen Konzerten eine schlichte Klavierbegleitung anstelle
des Orchesters nicht notwendig. Das Orchester für die *Matthäus-Passion* setzte
sich in Berlin überwiegend aus Dilettanten und einigen Berufsmusikern zusammen; ähnlich war es in Frankfurt am Main, Breslau und Königsberg. Einzig Loewe in Stettin konnte als Musikdirektor der Stadt die städtischen Musiker für Konzerte mit seinem Chor heranziehen; allerdings sind für die Stettiner Aufführung
der *Matthäus-Passion* keine diesbezüglichen Angaben überliefert. Da die Dresdner Aufführungen der *Matthäus-Passion* höfische Veranstaltungen im Rahmen
der Palmsonntags-Konzerte waren, stand hier die Hofkapelle zur Verfügung.

Nicht allein gewandelte ästhetische Vorstellungen führten zu Eingriffen in
Text und Musik der *Matthäus-Passion*. Durch den zeitlichen Abstand eines Jahrhunderts waren gewisse aufführungspraktische Gegebenheiten des 18. Jahrhunderts in Vergessenheit geraten. Dienten die starken Chor- und Orchesterbeset-
zungen dazu, das Werk den Möglichkeiten der Singakademien wie dem Geschmack der eigenen Zeit anzunähern, so gab es für den Austausch der Oboe da
caccia gegen Klarinette, Bassett- oder Englischhorn oder auch Violine und das
Streichen der Sätze mit Viola da gamba einen anderen Grund: Diese Instrumente
waren nicht mehr gebräuchlich und sogar unbekannt.[180] Auch Sinn und Praxis des
Continuo-Spiels waren teilweise in Vergessenheit geraten. Allerdings müssen bei
der Beurteilung der Besetzungsstärke im allgemeinen wie der Generalbaßbeset-
zung im besonderen auch die jeweiligen räumlichen Verhältnisse in Rechnung gestellt werden. So war etwa die Verwendung der Orgel als Generalbaßinstrument
abhängig vom Vorhandensein eines entsprechenden Instrumentes; der Gebrauch
von Instrumenten anstelle einer Orgel kann durchaus auch als Notlösung angesehen worden sein. Schelble verzichtete offensichtlich bei manchen mit Orchester
begleiteten Aufführungen des Cäcilienvereins auf den Flügel, also auf das einzige
Akkordinstrument[181]; in der *Matthäus-Passion* ließ er möglicherweise den Conti-
nuo-Part in einzelnen Sätzen von einem Positiv, sonst nur von Celli und/oder
Bässen ausführen. In Königsberg verwandte man 1834 für die Generalbaßausfüh-
rung der Choräle und einzelner Chorabschnitte eine Orgel[182]; die Generalbaß-

stimme der Arien und übrigen Chöre dürfte den tiefen Streichern allein zugewiesen worden sein. In Berlin diente 1829 zum Generalbaß neben Celli und Bässen der Hammerflügel, aber wohl nur für die Rezitative und Arien. In Dresden wurde 1833 der Continuo durchgehend allein von Celli und Bässen ausgeführt, 1840 aber hatte „Kapellmeister Reissiger selbst das für diese Musik besonders wichtige Geschäft des Begleitens der Rezitative am Pianoforte übernommen".[183]

Schon aus diesen wenigen Beispielen wird deutlich, daß mindestens in der ersten Hälfte des 19. Jahrhunderts weder authentische Besetzungsmöglichkeiten des Generalbasses noch auch dessen 'kontinuierliche' Mitwirkung überall bekannt waren. Im besonderen hat die Ausführung des Generalbasses nur durch Cello und Kontrabaß, „eines der wunderlichsten Ergebnisse kenntnisarmer Bachpflege"[184], weite Verbreitung gefunden, denn Franz setzte sich ausführlich mit diesem Problem auseinander, als er 1871 rückblickend auf die Jahrzehnte vor Erscheinen der Bach-Gesamtausgabe mit den Bezifferungen in der Continuo-Stimme (1851ff.) zu sprechen kam: „Zwar machte das Publikum zuweilen große Augen, wenn ihm in einer Bach'schen Kantate ein seltsames Zwiegespräch zwischen Flöte und Kontrabaß vorgetragen wurde, oder wenn gar der Continuo einen langen, grämlichen Monolog zum Besten gab, – dergleichen focht uns aber nicht weiter an und kam auf Rechnung der guten, alten Zeit, die man hinnehmen zu müssen glaubte, wie sie eben war."[185] Vielleicht kann die Empfindung von „Fremdheit" teilweise auch auf solche Besetzungseigentümlichkeiten der Generalbaßstimme zurückgeführt werden.

„AUCH WIRD SEB. BACH MEHR GEPRIESEN, ALS GEKANNT UND GENOSSEN."

Die Berliner Aufführung der *Matthäus-Passion* im Jahre 1829 wurde im zeitgenössischen Urteil übereinstimmend als „epochemachendes Ereignis" für die musikalische Welt gewürdigt; ebenso wurden die anschließenden lokalen Erstaufführungen der Passion als „Zeitenwende" verstanden. Läßt sich eine solche „Zeitenwende" für die Singakademien zu Berlin, Frankfurt am Main und Breslau im Hinblick auf die Frequenz der Bach-Aufführungen allenfalls konstatieren, so spielten Bachs Werke in den Akademien Dresdens, Königsbergs und Stettins nach den auch publizistisch hochgespielten Aufführungen der *Matthäus-Passion* bis zum Ende des hier betrachteten Zeitraumes eine periphere Rolle, oder sie wurden zudem, wie in Dresden und bei Siegert in Breslau, im Reservat der „chronologischen Musikaufführungen" angesiedelt.

Doch selbst in den Singakademien in Berlin, Frankfurt und Breslau kannte man in den Jahren nach dem „Sturm von Begeisterung"[186], den die *Matthäus-Passion* entfacht hatte, noch immer keinen selbstverständlichen Umgang mit den Werken Bachs; sowohl die Ausführenden als auch das Publikum mußten sich unverändert „mühen". Meinte im Jahre 1804 der eingangs zitierte Autor des *Intelligenz-Blattes* feststellen zu können, daß man mittlerweile 'den Umgang' mit Bachs Werken 'genieße' (im Sinne von 'pflege'), so notierte Mosewius noch ein halbes Saeculum später, als es ihm um eine Begründung seiner Schrift über „Johann Sebastian Bach's Matthäus-Passion" zu tun war, in nahezu gleicher Wortwahl: „auch wird Seb. Bach mehr gepriesen, als gekannt und genossen".[187] Der in diesem Text mehrfach aufgezeigte Widerspruch zwischen literarischer Emphase einerseits und nur bescheidener praktischer Übung andererseits prägte die erste Hälfte des 19. Jahrhunderts durchgängig. Diesen Widerspruch macht auch der häufig große zeitliche Abstand deutlich, der zwischen der Edition einer Vokalkomposition Bachs und der ersten Aufführung dieses Werkes liegen konnte. Beispielsweise druckte die *Allgemeine Musikalische Zeitung* 1816 eine Rezension Johann Friedrich Reichardts ab, in der dieser die Edition des *Magnificat* durch den Verleger Simrock besprach und mit folgenden Worten zum Schluß kam: „Chor- und Singe-Lehrer und Directoren können daher in ihrem Beruf nichts Verdienstlicheres thun, als solche Meisterwerke, wie dies Magnificat, unablässig in ihren Singschulen und Akademien einüben und gründlich einstudieren lassen, bis die Stimmen wieder die Sicherheit und Kraft im Vortrage erlangt haben, ohne welchen kein grosser Vortrag in der Musik und besonders in der Kirche möglich ist."[188] Doch erst zwanzig Jahre später, 1835, führte Reichardts Appell bei einer der hier untersuchten Singakademien, in Breslau, zum Erfolg.

Versuche, Bachs Musik zu verstehen, sie sich anzueignen und an ihr Gefallen zu finden, bestimmten die Auseinandersetzungen mit seiner Musik während der ersten Hälfte des 19. Jahrhunderts. Die Vokalmusik errang im hier betrachteten Zeitraum bei weitem nicht die Anteilnahme, die man seinen instrumentalen Kompositionen angedeihen ließ. Auch handelte es sich in keiner Weise um eine geradlinige Entwicklung, wie in der älteren Literatur postuliert wird, sondern im Gegenteil um einen regional und zeitlich sehr differenzierten Prozeß. Die Widerstände bestimmter Publikumsschichten waren hartnäckig und währten jahrzehntelang. Bereits bei der Dresdner Erstaufführung der *Matthäus-Passion* 1833 hatten einige Zuhörer mit ihrem „unzeitigen Aufbruch die Ruhe und dadurch den vollen Genuß des schönen Finale [!]"[189] gestört – und noch 1855 berichtete Karl Mendelssohn Bartholdy aus Berlin: „am Charfreytag wandert halb Berlin, weil es keine öffentlichen Vergnügungen gibt, aus Langeweile in die Passion von Bach, von der keiner etwas versteht, und aus der sie vor dem Ende gähnend herauslaufen."[190] Denkwürdig und bezeichnend solche Reaktionen beinahe ein Menschenalter später, nachdem die *Matthäus-Passion* in Berlin Sensation gemacht hatte.

ANMERKUNGEN

1 *Intelligenz-Blatt* 6 (1804), S. 242; zit. nach: Bernhard Knick (Hrsg.), *St. Thomas zu Leipzig. Schule und Chor. Stätte des Wirkens von Johann Sebastian Bach. Bilder und Dokumente zur Geschichte der Thomasschule und des Thomanerchors mit ihren zeitgeschichtlichen Beziehungen*, Wiesbaden 1963, S. 265.

2 *Auf Veranlassung des Werkes: Grosse Passions-Musik nach dem Evangel. Johannis, von Joh. Seb. Bach. Vollständiger Klavier-Auszug von C. Hellwig*, in: *AMZ* 33 (1831), Sp. 266ff.

3 Zit. nach: Carl Partsch, *Festschrift zur 100 Jahrfeier der Breslauer Singakademie*, Breslau 1925, S. 13.

4 Carl Freyeisen, in: *Zeit-Bilder* vom 4. April 1830; hier zit. nach: Geck, *Wiederentdeckung*, S. 85.

5 *Statuten der vom verewigten Herrn Hof-Organist Dreyssig [...] gestifteten [...] Sing-Academie zu Dresden*, Dresden 1817, S. 4, § 3.

6 *Bemerkungen über die Ausbildung der Tonkunst in Deutschland im achtzehnten Jahrhundert*, in: *AMZ* 3 (1801), Sp. 424 (Hervorhebung im Original).

7 E. T. A. Hoffmann, *Alte und neue Kirchenmusik*, in: *AMZ* 16 (1814), Sp. 618.

8 *Grundriß der Verfassung der Sing-Akademie zu Berlin*, Berlin 1816, § 1; zit. nach: Werner Bollert (Hrsg.), *Sing-Akademie zu Berlin. Festschrift zum 175jährigen Bestehen*, Berlin 1966, S. [65].

9 Guido**, *Uebersicht der wichtigsten neueren Erscheinungen und öffentlichen Leistungen im Gebiete der Tonkunst, zu Berlin*, in: *Dresdner Morgen-Zeitung* Nr. 73 (1828), S. 584.

10 C[arl] H[einrich] Saemann, *Ueber die Entwickelung und den Fortgang des im Jahre 1820 zu Königsberg gestifteten Singvereins*, Königsberg 1845, S. 11.

11 ww., *Aus Frankfurt a. M.*, in: *NZfM*, Bd. 2 (1835), S. 194f.

12 Die Verbindung von praktischer Übung mit ästhetisch-moralischer Erziehung kennzeichnete auch andere Einrichtungen, etwa das Singe-Institut am Königlichen katholischen Gymnasium in Breslau: „Kurz, der Einfluss, ja man kann von einer Anstalt, wo die herrlichen Motetten von Bach, Homilius, Telemann, Rolle etc. die grossartigen Chöre von Händel etc. gesungen werden, ohne Uebertreibung sagen, der Segen eines solchen Sing-Instituts ist nicht zu berechnen" (Johann Gottfried Hientzsch, *Etwas über Musik in Breslau*, in: *BAMZ* 3 [1826], S. 53).

13 Der Begründer der Dresdner Singakademie, Anton Dreyssig, schrieb 1814: „Das im Königreiche Sachsen bestehende Hohe Landes-Gouvernement würdiget die von mir errichtete [...] Singakademie als eine Anstalt geistiger Bildung und Veredelung seiner alles Gute ergreifenden Aufmerksamkeit"; zit. nach: Paul Rachel, *Aus der Frühzeit der Dreyßigschen Singakademie in Dresden*, in: *Dresdner Anzeiger. Sonntags-Beilage Nr. 44* (1903), S. 194.

14 *Statuten der Dreyßig'schen Singakademie zu Dresden*, 1832, S. 4, § 3.

15 *Grundriß der Verfassung der Sing-Akademie zu Berlin*, Berlin 1816, § 2; zit. nach Bollert, *Sing-Akademie zu Berlin*, S. [65].

16 Johann Theodor Mosewius, *Die Breslauische Sing-Akademie in den ersten fünf und zwanzig Jahren ihres Bestehens*, Breslau 1850, S. 5 (= Statuten von 1827).

17 *Statuten der Dreyßig'schen Singakademie zu Dresden*, 1832, S. 4, § 2.

18 Zit. nach: Gottfried Eberle, *200 Jahre Sing-Akademie zu Berlin. „Ein Kunstverein für die heilige Musik"*, Berlin 1991, S. 44.

19 Zit. nach: Partsch, *Breslauer Singakademie*, S. 14f.

20 Manche Aspekte werden in dieser Darstellung, die lediglich einen Überblick geben soll, nur gestreift, andere müssen unberücksichtigt bleiben, wie die Einbindung der jeweiligen Singakademien in das übrige städtische Musikleben, besonders im Hinblick auf die Rezeption Bachscher Musik.

21 Die vorliegende Darstellung verdankt sich den folgenden Veröffentlichungen, denen sie in der Regel ohne Einzelnachweise folgt: [Hinrich] Lichtenstein, *Zur Geschichte der Sing-Akademie in Berlin. Nebst einer Nachricht über das Fest am funfzigsten Jahrestage ihrer Stiftung und einem alphabetischen Verzeichniss aller Personen, die ihr als Mitglieder angehört haben*, Berlin 1843; Martin Blumner, *Geschichte der Sing-Akademie zu Berlin. Eine Festgabe zur Säcularfeier am 24. Mai 1891*, Berlin 1891; Georg Schünemann, *Die Bachpflege der Berliner Singakademie*, in: *BJ* 25 (1928), S. 138ff.; ders., *Die Singakademie zu Berlin. 1791-1941*, Regensburg 1941; Werner Neumann, *Welche Handschriften J. S. Bachscher Werke besaß die Berliner Singakademie?* in: Wilfried Brennecke und Hans Haase (Hrsg.), *Hans Albrecht in memoriam. Gedenkschrift mit Beiträgen von Freunden und Schülern*, Kassel 1962, S. 136ff.; Bollert, *Sing-Akademie zu Berlin*; Eberle, *200 Jahre Sing-Akademie zu Berlin*; ders., *„Du hast mir Arbeit gemacht". Schwierigkeiten*

der Bach-Rezeption im Umkreis der Sing-Akademie zu Berlin, in: *SIM-Jahrbuch* 1993, S. 88ff.; Joachim Jaenecke, *Zur Bedeutung der Werke Johann Sebastian Bachs in der Sing-Akademie zu Berlin zwischen 1791 und 1850*, in: *SIM-Jahrbuch* 1993, S. 98ff.; Arno Forchert, *„Die Hauptstadt von Sebastian Bach“. Berliner Bach-Traditionen zwischen Klassik und Romantik*, in: *SIM-Jahrbuch* 1995, S. 9. – Tatsächlich gibt es in Berlin gegenwärtig zwei Singakademien, die 1963 in [Ost-]Berlin gegründete „Berliner Singakademie" und die [West-]Berliner „Sing-Akademie zu Berlin", die sich in der Tradition des 1791 gegründeten Instituts sieht.

22 Zit. nach: *Dok III*, S. 532.

23 Schünemanns diesbezügliche Auffassung wies zuletzt Forchert, *Berliner Bach-Traditionen*, S. 15f., deutlich zurück. Forchert zufolge nahm Fasch die Motetten zur Erweiterung eines geeigneten Repertoires vor, ohne daß es ihm um den Komponisten als solchen gegangen wäre.

24 Im 19. Jahrhundert wurde diese Motette verschiedenen Autoren zugeschrieben: 1802 erschien sie innerhalb der von Johann Gottfried Schicht veranstalteten Ausgabe als ein Werk Johann Sebastian Bachs; 1823 wurde sie als ein Werk Johann Christoph Bachs gedruckt. Zuletzt hat Daniel R. Melamed, *The Authorship of the Motet „Ich lasse dich nicht" BWV Anh. 159*; in: *JAMS* 41 (1988), S. 491–526, das Werk mit überzeugenden Argumenten Johann Sebastian Bach zugewiesen.

25 Fanny Mendelssohn übte an Zelters Dirigat heftige Kritik, die in der (vielleicht nicht ganz unvoreingenommenen) Bemerkung gipfelte: „Zelter spielte selbst und was er mit seinen zwei Fingern, und seiner völligen Unkenntnis der Partitur herausbrachte, kannst Du dir denken" (Brief an ihren Bruder nach London vom 18. April 1829; zit. nach: Susanna Großmann-Vendrey, *Felix Mendelssohn Bartholdy und die Musik der Vergangenheit*, Regensburg 1969, S. 30f. [= *Studien zur Musikgeschichte des 19. Jahrhunderts*, Bd. 17]).

26 Die Ergebnisse von Gecks Untersuchung fließen in die folgende Darstellung ohne Einzelnachweise ein. Siehe ferner die Rezension von Eduard Devrients Buch *Erinnerungen an Mendelssohn* von H...n., *Die Auferweckung der Bach'schen Matthäuspassion*, in: *NZfM*, Bd. 65 (1869), S. 17ff.

27 Adolf Bernhard Marx, *Kirchenmusik in Berlin*, in: *BAMZ* 4 (1827), S. 423; das *„Et Incarnatus est"* erwähnt auch Herz, *Bachbewegung*, S. 89.

28 *BAMZ* 5 (1828), S. 146 und 152ff.; s. auch Herz, *Bach im Zeitalter des Rationalismus*, S. 90. Nach Guido**, *Musikalisches. Aus Berlin*, in: *Dresdner Morgen-Zeitung* Nr. 115 (1828), S. 918, wurden *Credo* und *Gloria* aufgeführt. Obwohl Marx 1827 die Aufführung Johann Sebastian Bachscher Werke durch August Wilhelm Bach selbst angekündigt hatte, betonte er 1828, daß Spontini der erste sei, der Werke Bachs „öffentlich" (also nicht in einer Kirche?) aufgeführt habe.

29 Eduard Devrient, *Meine Erinnerungen an Felix Mendelssohn Bartholdy und seine Briefe an mich*, Leipzig ²1872; zit. nach: Geck, *Wiederentdeckung*, S. 27.

30 Auf Schünemanns tendenziöse Betonung der Rolle Zelters auf Kosten des Anteils Mendelssohns an der Vorbereitung der Aufführung (*Bachpflege*, S. 159ff.) wurde bereits von anderer Seite hingewiesen. Daß die Einstudierung der Passion durch die Singakademie aus deren Verpflichtung gegenüber Felix Mendelssohn zustande kam, geht aus einem Brief Fanny Mendelssohns hervor (abgedruckt bei Geck, *Wiederentdeckung*, S. 24; vgl. auch H:..n, *Auferweckung*, S. 18). Jedoch schrieb Marx in seinen Erinnerungen, daß Zelter in früheren Jahren durchaus erwogen habe, die *Matthäus-Passion* im Ganzen oder in Teilen aufzuführen (s. Geck, *Wiederentdeckung*, S. 21).

31 Ludwig Rellstab, zit. in: *Eutonia* 3 (1830), S. 175.

32 Adolf Bernhard Marx, *Erste Abonnements-Aufführung der Singakademie*, in: *BAMZ* 6 (1829), S. 395. Schünemann, *Singakademie zu Berlin*, S. 49, schreibt ohne Belege, daß Zelter „Jahr für Jahr" Motetten Bachs in der Marienkirche aufführte.

33 Blumner, *Geschichte der Sing-Akademie zu Berlin*, S. 81; Eberle, *200 Jahre Sing-Akademie zu Berlin*, S. 103, spricht von zwei Motetten und einer Kantate (ohne Titel).

34 *Berlin*, in: *AMZ* 34 (1832), Sp. 218.

35 Brief Carl von Winterfelds an Johann Theodor Mosewius vom 2. April 1833; Berlin SBPK, Mus. ep. Winterfeld 8.

36 Andreas Sieling, *August Wilhelm Bach (1796–1869). Kirchenmusik und Seminarmusiklehrer-Ausbildung in Preußen im zweiten Drittel des 19. Jahrhunderts*, Köln 1995, S. 142f. (= *Berliner Musik Studien*, Bd. 7). August Wilhelm Bach spielte in mehreren Kirchenkonzerten auch Orgelwerke Johann Sebastian Bachs; er galt als angesehener Bach-Interpret (Sieling, *A. W. Bach*, S. 30ff.).

37 So bezeichnete Albert Schiffner Beethovens Ouvertüre Nr. 1 zu *Fidelio* als „Lockspeise" in dem wohltätigen Zwecken gewidmeten Dresdner Palmsonntagskonzert 1840 mit Bachs *Matthäus-Passion*; s. Schiffner, *Das Palmsonntagsconzert in Dresden*, in: *NZfM*, Bd. 12 (1840), S. 137.

38 *Berlin*, in: *AMZ* 34 (1832), Sp. 156.

39 Hector Berlioz, *An Herrn Desmarest. Neunter Brief. Berlin*; in: ders., *Memoiren mit der Beschreibung seiner Reisen in Italien, Deutschland, Rußland und England 1803–1865*, Bd. 2, Leipzig 1905, S. 107 (= *Literarische Werke. Erste Gesamtausgabe*, aus dem Französischen übersetzt von Elly Ellès, Bd. 2).

40 „Blos der Tod Jesu bringt am Charfreytage eine gute Einnahme, denn es ist Mode hinzugehen", heißt es süffisant in der *Uebersicht des Zustandes der Musik in Königsberg*, in: *AMZ* 11 (1809), Sp. 623.

41 Christoph Helmut Mahling, *Zum „Musikbetrieb" Berlins und seinen Institutionen in der ersten Hälfte des 19. Jahrhunderts*, in: Carl Dahlhaus (Hrsg.), *Studien zur Musikgeschichte Berlins im frühen 19. Jahrhundert*, Regensburg 1980, S. 52f. (= *Studien zur Musikgeschichte des 19. Jahrhunderts*, Bd. 56).

42 Ingeborg König, *Studien zum Libretto des „Tod Jesu" von Karl Wilhelm Ramler und Karl Heinrich Graun*, München 1972, S. 7f. (= *Schriften zur Musik*, Bd. 21).

43 König, *Tod Jesu*, S. 7.

44 *BAMZ* 1 (1824), S. 154; zit. nach: König, *Tod Jesu*, S. 20.

45 Ebd., Anm. 1.

46 *Bekanntmachung*, in: *BAMZ* 6 (1829), S. 66; zit. nach: Geck, *Wiederentdeckung*, S. 131.

47 Vgl. etwa Hientzsch, in: *Eutonia* 3 (1830), S. 305; zit. nach: Geck, *Wiederentdeckung*, S. 152f.

48 Zur religiösen Haltung des Textes s. König, *Tod Jesu*, S. 19.

49 Marx, *Erinnerungen*; zit. nach: Geck, *Wiederentdeckung*, S. 21.

50 Johann Karl Friedrich Triest, *Bemerkungen über die Ausbildung der Tonkunst in Deutschland im achtzehnten Jahrhundert*, in: *AMZ* 3 (1801), Sp. 286 (Hervorhebung im Original).

51 Zit. nach: Schünemann, *Bachpflege*, S. 141.

52 Zit. nach: Schünemann, *Bachpflege*, S. 151.

53 *Bekanntmachung*, in: *BAMZ* 6 (1829), S. 65; zit. nach: Geck, *Wiederentdeckung*, S. 131.

54 Brief Felix Mendelssohns an Franz Hauser vom 16. April 1830; zit. nach: Geck, *Wiederentdeckung*, S. 42.

55 Johann Weismann, *Johann Nepomuk Schelble, Direktor des Cäcilien-Vereins in Frankfurt am Main*, Frankfurt a. M. [1838], S. 21.

56 Hermann Frank, *Die Passionsmusik nach dem Evangelisten Matthäus von J. S. Bach*, in: *Breslauer Zeitung* vom 22. März 1830; zit. nach: Geck, *Wiederentdeckung*, S. 148.

57 Julius Schaeffer, *Die Breslauer Singakademie. Ihre Stiftung, weitere Entwickelung und Thätigkeit in den ersten 50 Jahren ihres Bestehens*, Breslau 1875, S. 15.

58 Weismann, *Schelble*, S. 21. Die intensive Händel-Pflege in den Singakademien scheint im nachhinein manchmal beinahe als Mittel zu dem Zweck betrachtet worden zu sein, die „viel schwierigeren Aufgaben" zu bewältigen, die „mit der Einführung der Bach'schen Werke geboten wurden." (Schaeffer, *Breslauer Singakademie*, S. 21f.).

59 Carl Heinrich Saemann, *Musikalische Chronik Königsbergs. Erstes Heft, enthaltend ein Verzeichniß sämmtlicher bei der am 26. März 1834 in der Domkirche zu Königsberg in Preußen veranstalteten vierten Aufführung der großen Passion von Johann Sebastian Bach (nach dem Ev. Matth.) thätig Mitwirkenden nebst einigen Worten über Aufführungen großer Werke im Allgemeinen*, Königsberg [1834], S. 3f.

60 Schaeffer, *Breslauer Singakademie*, S. 24.

61 Weismann, *Schelble*, S. 22 (Die Mitglieder des Frankfurter Cäcilienvereins nach den ersten Proben der *Matthäus-Passion*).

62 Mosewius, *Breslauische Sing-Akademie*, S. 6.

63 Die vorliegende Darstellung basiert auf den im folgenden genannten Abhandlungen: Weismann, *Schelble*; *Festfeier des Cäcilien-Vereins zu Frankfurt am Main bei Gelegenheit seines 50jährigen Jubiläums*, Frankfurt 1868; eine Artikelserie über Johann Nepomuk Schelble in der *LAMZ* 3 (1868), S. 353ff.; *Hundert Jahre Cäcilien-Verein in kurzer Fassung zusammengestellt nach den in dem Archiv des Vereins niedergelegten Protokollen und Schriftstücken*, Frankfurt a. M. 1918; Carl Heinrich Müller, *Felix Mendelssohn, Frankfurt und der Cäcilien-Verein*, in: *Volk und Scholle*, Darmstadt 1925, S. 1ff.; Oskar Bormann, *Johann Nepomuk Schelble (1789–1837). Sein Leben, sein Wirken und seine Werke. Ein Beitrag zur Musikgeschichte in Frankfurt am Main*, Diss. Frankfurt a. M. 1926.

64 *Frankfurt a. M.*, in: *AMZ* 26 (1824), Sp. 60 (auch bei Bormann, *Schelble*, S. 126).

65 *Beurmanns Telegraph* Nr. 18 (1837); zit. nach: Bormann, *Schelble*, S. 131.

66 „Die Kirchencompositionen älterer italienischer Meister und der deutschen: Händel, Bach und Mozart sind hier an der Ordnung." (*Frankfurt am Main*, in: *AMZ* 25 [1823], Sp. 183 [auch bei Bormann, *Schelble*, S. 126]). In dem Text ist aber nicht eindeutig die Rede von Aufführungen, wie Herz, *Bachbewegung*, S. 89, annimmt; zweifelhaft auch die diesbezügliche Formulierung bei Gottfried Wilhelm Fink, *Johann Nepomuk Schelble*, in: *AMZ* 41 (1839), Sp. 57. Die Verzeichnisse der Festschriften nennen übereinstimmend die Jahre 1821, 1824 und 1825 als Daten der ersten öffentlichen Aufführungen von Werken Bachs und erst die Jahre 1825, 1827 und 1831 als Daten der ersten öffentlichen Aufführungen mit Werken italienischer Komponisten.

67 S. auch Herz, *Bachbewegung*, S. 89.

68 Ebd.

69 Brief Felix Mendelssohns an den Komponisten Lindblad vom 22. April 1828; zit. nach: Großmann-Vendrey, *Mendelssohn*, S. 29.

70 *Berlin*, in: *AMZ* 35 (1833), Sp. 211 (auch bei Eberle, *200 Jahre Sing-Akademie zu Berlin*, S. 121).

71 *Berlin*, in: *AMZ* 36 (1834), Sp. 226; zit. nach: Eberle, *200 Jahre Sing-Akademie zu Berlin*, S. 122.

72 Rochlitz, in: *AMZ* 33 (1831), Sp. 270.

73 Geheimes Staatsarchiv Preußischer Kulturbesitz, Sign. HA I, Rep.76 V^e, Vol. II (1821–1823).

74 Carl Banck, *Musikaufführung der Dreyßigschen Singakademie: Joh. Sebastian Bach's große katholische Messe in Hmoll*, in: *Dresdner Journal und Anzeiger* Nr. 303 (1850), S. 1708.

75 *Stettiner Intelligenzblatt* Nr. 92 (1832), vgl. Anm. 156.

76 *Zeit-Bilder* vom 1. November 1830; zit. nach: *Hundert Jahre Cäcilien-Verein*, S. 11.

77 *BAMZ* 6 (1829), S. 245; zit. nach: Geck, *Wiederentdeckung*, S. 83 (im Zusammenhang der Frankfurter Aufführung der *Matthäus-Passion*).

78 Brief Carl v. Winterfelds an Mosewius vom 30. April 1836, Berlin SBPK: Mus. ep. Winterfeld 19.

79 *Berlin*, in: *AMZ* 36 (1834), Sp. 227 (auch bei Eberle, *200 Jahre Sing-Akademie zu Berlin*, S. 122).

80 Friedrich August Gotthold, *Über Joh. Seb. Bach's Passionsmusik, nach dem Matthäus und ihre zweimalige Aufführung zu Königsberg*, in: *Preussische Ostsee-Blätter*, Beilage Nr. 107 (1832), S. 570ff.; zit. nach: Geck, *Wiederentdeckung*, S. 157.

81 *Carl Borromäus von Miltitz*, in: *AMZ* 35 (1833), Sp. 294, zit. nach: Geck, *Wiederentdeckung*, S. 122.

82 *Königsberg in Preussen*, in: *AMZ* 43 (1841), Sp. 42.

83 Ebd.

84 Gottfried Wilhelm Fink, *Dresden*, in: *AMZ* 42 (1840), Sp. 358.

85 Geck, *Wiederentdeckung*, S. 44 (nach den Erinnerungen Therese Devrients).

86 *Frankfurt a. M.*, in: *AMZ* 36 (1834), Sp. 450 (auch bei Bormann, *Schelble*, S. 127)

87 Vgl. Carl Dahlhaus, [Artikel] *Historismus. IV. Theorie, Ästhetik, Geschichtsschreibung*, in: *MGG II* 4 (1996), Sp. 339.

88 *Berlin*, in: *AMZ* 37 (1835), Sp. 239 (auch bei Eberle, *200 Jahre Sing-Akademie zu Berlin*, S. 123).

89 Eduard Devrient, *Erinnerungen*; zit. nach: Geck, *Wiederentdeckung*, S. 27.

90 E. T. A. Hoffmann, *Johannes Kreislers, des Kapellmeisters, musikalische Leiden*, in: *AMZ* 12 (1810), Sp. 825ff.

91 Das folgende nach: Kossmaly und Carlo (Hrsg.), *Schlesisches Tonkünstlerlexikon*, 4 Hefte, Breslau 1846f.; Mosewius, *Breslauische Sing-Akademie*; Schaeffer, *Breslauer Singakademie*; Partsch, *Breslauer Singakadmie*; Maria Zduniak, *Dzielo J. S. Bacha w XIX-wiecznym Wroclawiu*, in: *Zeszyty Naukowe. Akademia Muzyczna im. K. Lipinskiego w Wroclawiu* 32 (1983), S. 111ff.; dies., *Muzyka i Muzycy Polscy w dziewietnastowiecznym Wroclawiu*, Wroclaw 1984, S. 117ff. (= Monografie Slaskie, Bd. 37); dies., *Bachrezeption in Breslau im 19. Jahrhundert*, in: *Kongreßbericht Stuttgart 1985*, Bd. 2, S. 145ff. – Herrn Dr. Andrzej Ladomirski danke ich für die freundliche Mitteilung über die Mosewius und die Breslauer Singakademie betreffenden Materialien der Universitätsbibliothek der Universität Wroclaw sowie die Übersendung von Fotokopien.

92 Dieses Institut war Teil des von Zelter für die preußischen Länder ausgearbeiteten Konzeptes zur Reformierung und Strukturierung der musikalischen Ausbildung von Kantoren, Theologen und Lehrern. Nach der Errichtung des Breslauer Institutes erfolgten entsprechende Gründungen in Berlin und Königsberg; sowohl Mosewius als auch der Leiter des Königsberger Singvereins Saemann waren an den jeweiligen Instituten tätig.

93 F. E. Baumgart, zit. nach: Schaeffer, *Breslauer Singakademie*, S. 6 (Hervorhebung im Original).

94 Kossmaly/Carlo, [Artikel] *Mosevius*, S. 281.

95 Johann Theodor Mosewius, *Johann Sebastian Bach in seinen Kirchen-Cantaten und Choralgesängen*, Berlin 1845; ders., *Johann Sebastian Bach's Matthäus-Passion, musikalisch-ästhetisch dargestellt*, [Berlin 1852]; beide Schriften fassen zahlreiche Einzelartikel zusammen, die Mosewius zuvor sukzessive in der *AMZ* 46 (1844) publiziert hatte; die Abhandlungen über die Kirchenkantaten waren bereits 1839 entstanden.

96 Die von Geck, *Wiederentdeckung*, S. 88, für dasselbe Konzert angegebene Aufführung eines Teiles aus dem *Magnificat* ist weder bei Mosewius, *Breslauische Sing-Akademie*, noch bei Schaeffer, *Breslauer Singakademie*, verzeichnet.

97 Helmuth Rudloff gibt ohne Nachweis eine dritte Aufführung am Buß- und Bettag 1830 an; s. ders., *Beiträge zur Geschichte der Bach-Renaissance in Deutschland (1750–1850)*, Diss. B, Halle/Wittenberg 1983, S. 221.

98 Michael Heinemann hat darauf hingewiesen, daß die Aufführung des *Weihnachts-Oratorium*s durch die Berliner Singakademie 1857 nicht die erste nach Bachs Tod gewesen sei (*Die Bach-Rezeption von Franz Liszt*, Köln 1995, S. 220, Anm. 20 [= *Musik und Musikanschauung im 19. Jahrhundert. Studien und Quellen*, Bd. 1]; bereits Anna Kempe hatte Mosewius' Leistung betont (*Erinnerungen an Ernst* [!] *Theodor Mosewius*, Breslau 1859, S. 40). Zu der bedeutenden Rolle, die Schelble in Frankfurt a. M. und Mosewius in Breslau im Hinblick auf die Kantaten-Aufführungen spielten, vgl. Karl Anton, *Neue Erkenntnisse zur Geschichte der Bachbewegung. Wie es zur Wiedererweckung Johann Sebastian Bachs, zur Bachgesellschaft und Gesamtausgabe kam. Auf Grund bisher nicht veröffentlichter Dokumente aus dem Franz-Hauser-Archiv*, in: *BJ* 42 (1955), S. 17.

99 Brief Carl v. Winterfelds an Mosewius vom 1. Mai 1845; Berlin SBPK: Mus. ep. Winterfeld 34.

100 Für die Übersendung einer Kopie des gedruckten Programms danke ich Herrn Dr. Andrzej Ladomirski.

101 Bedauerlicherweise sind die Briefe Mosewius' in der Korrespondenz nicht vorhanden.

102 *Stettiner Intelligenzblatt* Nr. 92 (1832), vgl. Anm. 156.

103 *Königsberg in Preussen*, in: *AMZ* 43 (1841), Sp. 41.

104 *BAMZ* 6 (1829), S. 245; zit. nach: Geck, *Wiederentdeckung*, S. 84 (*Matthäus-Passion* in Frankfurt); *Berlin*, in: *AMZ* 37 (1835), Sp. 239 (auch bei Eberle, *200 Jahre Sing-Akademie zu Berlin*, S. 123; *h-Moll-Messe* in Berlin).

105 *BAMZ* 6 (1829), S. 244; zit. nach: Geck, *Wiederentdeckung*, S. 83 (*Matthäus-Passion* in Frankfurt a. M.); *Berlin*, in: *AMZ* 36 (1834), Sp. 227, zit. nach: Eberle, *200 Jahre Sing-Akademie zu Berlin*, S. 122 (*h-Moll-Messe* in Berlin).

106 *Königsberg*, in: *AMZ* 34 (1832), Sp. 668, zit. nach: Geck, *Wiederentdeckung*, S. 105. Mosewius
        schrieb nach seinem Besuch der dritten Aufführung der *Matthäus-Passion* 1829 in Berlin über die
        Arie „*Buß und Reu*", daß sie „doch etwas Veraltetes an sich zu tragen schien" (zit. nach: Geck,
        Wiederentdeckung, S. 49), was ihn später bewog, bei der Aufführung in Breslau diese Arie weg-
        zulassen.

107 Banck, *Musikaufführung der Dreyssigschen Singakademie*, S. 1708.

108 *Königsberg*, in: *AMZ* 34 (1832), Sp. 667; zit. nach: Geck, *Wiederentdeckung*, S. 104.

109 *Vossische Zeitung*, zit. in: *BAMZ* 6 (1829), S. 80.

110 *Aus Dresden*, in: *NZfM*, Bd. 3 (1835), S. 107.

111 *Frankfurter Ober-Postamts-Zeitung*, zit. nach: Geck, *Wiederentdeckung*, S. 82f.

112 *Berliner Conversationsblatt* 1829, S. 260ff., zit. nach: Geck, *Wiederentdeckung*, S. 140.

113 *Königsberg*, in: *AMZ* 34 (1832), Sp. 667; zit. nach: Geck, *Wiederentdeckung*, S. 104 (über die
        Matthäus-Passion).

114 Vgl. etwa *Berlin*, in: *AMZ* 31 (1829), Sp. 258f., zit. nach: Geck, *Wiederentdeckung*, S. 55 (über
        die *Matthäus-Passion*).

115 *Berlin*, in: *AMZ* 35 (1833), Sp. 211 (auch bei Eberle, *200 Jahre Sing-Akademie zu Berlin*, S. 121).

116 *Berlin*, in: *AMZ* 31 (1829), Sp. 258f., zit. nach: Geck, *Wiederentdeckung*, S. 55.

117 *Königsberg*, in: *AMZ* 34 (1832), Sp. 667f.; zit. nach: Geck, *Wiederentdeckung*, S. 104f.

118 Die vorliegende Darstellung basiert auf den im folgenden genannten Texten: Theodor Seemann
        (Hrsg.), *Geschichte der Dreyssig'schen Singakademie in Dresden. Zur 75jährigen Jubelfeier*,
        Dresden 1882; Rachel, *Dreyßigsche Singakademie* Nr. 43 und Nr. 44, 189f. und 193ff.; Otto
        Schmid, *Geschichte der Dreyssigschen Sing-Akademie zu Dresden. Zur 100jährigen Jubelfeier*,
        Dresden 1907; Wilhelm Virneisel, *Zur Geschichte der Bachpflege in Dresden*, in: Günter Hauß-
        wald (Hrsg.), *Johann Sebastian Bach 1750–1950*, Dresden 1950, S. 24ff.; Franziska Nentwig,
        *Christian Gottfried Körner – sein Wirken und seine Bedeutung für die Entfaltung der bürgerli-
        chen Musikkultur in Dresden während der Jahre 1785 bis 1815*, Diss. TU Dresden 1992.

119 Christian Gottfried Körner, zit. nach: Emil Peschel und Eugen Wildenow, *Theodor Körner und die
        Seinen*, Bd. 1, Leipzig 1898, S. 124.

120 Zit. nach: Seemann, *Geschichte der Dreyssig'schen Singakademie*, S. 7.

121 Zit. nach: Schmid, *Geschichte der Dreyssigschen Sing-Akademie*, S. 24, Anm. 2.

122 Nentwig, *Körner*, S. 73.

123 Zit. nach: Rachel, *Dreyssigsche Singakademie*, Nr. 44, S. 194.

124 Vgl. Anm. 131; Seemann, *Geschichte der Dreyssig'schen Singakademie*, und Schmid, *Geschichte
        der Dreyssigschen Sing-Akademie*, vermerkten lediglich „Gemischtes Programm".

125 Interessant ist in diesem Zusammenhang, wie von Miltitz die Dresdner musikalische Stimmung
        charakterisierte: „So hatten denn auch hier die Parteien den Stab über die neue Oper [= *Macbeth*
        von A. G. Chelard] gebrochen, die eine, weil sie nicht von Bach oder Palästrina war, die andere, weil
        sie ein Shakespear'sches Gedicht zum Gegenstand hatte." (*Dresden*, in: *AMZ* 42 [1840], Sp. 89).

126 *Aus Dresden*, in: *NZfM*, Bd. 3 (1835), S. 107.

127 Ferner Kompositionen Palestrinas, Lottis, Schichts.

128 Ferner Kompositionen Morellis, Melchior Bischoffs, Gallus', Vulpius', Reissigers, Schichts (siehe
        die Rezension in der *NZfM*, Bd. 3 [1835], S. 106f.).

129 Ferner Kompositionen Palestrinas, Lottis, Haydns, Mozarts, Reissigers, Mendelssohns (siehe die
        Rezension in der *AMZ* 43 [1841], Sp. 346f.).

130 Ferner Kompositionen Palestrinas, Johann Rosenmüllers, Durantes, Jommellis, Haydns (Seemann, *Ge-
        schichte der Dreyssig'schen Singakademie*, und Schmid, *Geschichte der Dreyssigschen Sing-Akade-
        mie*, nennen statt Haydn Hauptmann), Mendelssohns, v. Webers (Stadtarchiv Dresden, Archivalie Sign.7).

131 Stadtarchiv Dresden, Kapsel 150.

132 Sequenz, Lied, zweimal Palestrina, Anerio, Jan Dismas Zelenka („*Qui tollis*" ohne nähere Be-
        stimmung; die falsche Angabe des Geburtsortes, Tein/Böhmen, zuerst in Gottfried Johann Dla-

bacz, *Versuch eines Verzeichnisses der vorzüglichern Tonkünstler in oder aus Böhmen*; in: Joseph Anton Stephan von Riegger [Hrsg.], *Materialien zur alten und neuen Statistik von Böhmen*, Heft 12, Leipzig 1794, S. 297f.), Lorenzo Allegri, Durante, August Bergt, Mozart.

133 Vgl. Dahlhaus, *Historismus*, *V. Historische Konzerte*, S. 340.

134 Programmfolgen s. *Eutonia* 2 (1829), S. 176f., *Eutonia* 3 (1830), S. 307, *Eutonia* 5 (1832), S. 280. Nach Zduniak, *Bachrezeption*, S. 145, führte Siegert am Mittwoch der Karwoche des Jahres 1820 die Kantate *„Ich lasse dich nicht"* (BWV 157), des Jahres 1821 die Motette *„Fürchte dich nicht"* und des Jahres 1824 eine Bachsche Choralbearbeitung auf.

135 Geheimes Staatsarchiv Preußischer Kulturbesitz, *Die Acta betreffend: die Gesang- und Musik-Anstalten in der Provinz Schlesien und besonders im Regierungsbezirk Breslau, desgleichen die Verwaltung der für die Kirchen-Musik in der Provinz Schlesien ausgesetzten sogenannten Musikfonds*, Sign. HA I, Rep.76 V^e, Vol. II (1821–1823). Das Programm enthielt ferner Werke Giovanni Gabrielis, Lottis und Leos.

136 Aus seiner 1825 vor der Singakademie gehaltenen Rede, zit. nach: Partsch, *Breslauer Singakademie*, S. 14.

137 J. Feski, *Aus Königsberg*, in: *NZfM*, Bd. 2 (1835), S. 199 (Hervorhebung im Original).

138 *Hartungsche Zeitung* 1799, zit. nach: Benno Rottluff, *Die Entwicklung des öffentlichen Musiklebens der Stadt Königsberg im Licht der Presse von der Mitte des 18. Jahrhunderts bis zur Mitte des 19. Jahrhunderts*, Diss. Königsberg 1924/1928, S. 61.

139 Saemann, *Entwickelung des Singvereins*, S. 5.

140 Diese Darstellung folgt: Saemann, *Chronik Königsbergs*; Saemann, *Entwickelung des Singvereins*; Rottluff, *Musikleben Königsbergs*; Josef Müller-Blattau, *Geschichte der Musik in Ost- und Westpreußen von der Ordenszeit bis zur Gegenwart*, Königsberg 1931; Josef Müller-Blattaus Abhandlung *Ost- und Westpreussische Musik und Musikpflege im 19. Jahrhundert*, in: *Jahrbuch der Albertus-Universität zu Königsberg/Pr.* 5 (1954), S. 274ff., bietet demgegenüber nichts Neues; Werner Schwarz, *Robert Schumann und der deutsche Osten. Aus unveröffentlichten Tagebuchaufzeichnungen, Briefen und Berichten*, in: *Musik des Ostens*, Bd. 2, Kassel 1963, S. 193ff.; ders. *Von Musik und Musikern im deutschen Osten. Nach unveröffentlichten Briefen an Robert Schumann aus den Jahren 1834–1854*, in: *Norddeutsche und nordeuropäische Musik. Referate der Kieler Tagung 1963*, Kassel 1965, S. 120ff. (= *Kieler Schriften zur Musikwissenschaft*, Bd. 16). Nach Auskunft des Königsberger Staatsarchivs sind Materialien zu Saemanns Singverein nicht mehr vorhanden oder jedenfalls nicht zugänglich (freundliche Mitteilung von Dr. Ella Machrowa im November 1995). Hinzuweisen ist auf die Archivalien des Königsberger Staatsarchivs, ehemals in Göttingen, mittlerweile im Geheimen Staatsarchiv Preußischer Kulturbesitz Berlin befindlich, auf die bereits Ludwig Finscher 1962 aufmerksam machte.

141 Schwarz, *Schumann und der deutsche Osten*, S. 214.

142 Vgl. das gedämpfte Lob zweier Konzertbesprechungen: *Königsberg in Preussen*, in: *AMZ* 43 (1841), Sp. 43, und *Aus Königsberg*, in: *NZfM*, Bd. 12 (1840), S. 162 (auch bei Rottluff, *Musikleben Königsbergs*, S. 309).

143 Saemann, *Entwickelung des Singvereins*, S. 7.

144 Saemann, *Entwickelung des Singvereins*, S. 29, verzeichnete keinen Titel; nach Geck, *Wiederentdeckung*, S. 101 handelte es sich um die Motette *„Ich lasse dich nicht"* BWV Anh. 159 (vermutlich nach der allerdings nicht datierten Angabe in der *AMZ* 34 [1832], Sp. 515; zit. bei: Geck, *Wiederentdeckung*, S. 103).

145 *Königsberg. Uebersicht*, in: *AMZ* 34 (1832), Sp. 162; Saemann, *Entwickelung des Singvereins*, S. 29, nannte für *„Ein feste Burg"* keine Gattung (vgl. Geck, *Wiederentdeckung*, S. 101).

146 Also wohl *„Ich lasse dich nicht"* BWV Anh. 159. Rottluff, *Musikleben Königsbergs*, S. 287, nennt eine weitere Aufführung dieser Motette für das Jahr 1837.

147 Auf die Aufführungen von Instrumentalwerken Bachs in Veranstaltungen der Singakademien kann hier nur verwiesen werden.

148 *Königsberg*, in: *AMZ* 34 (1832), Sp. 515, zit. nach: Geck, *Wiederentdeckung*, S. 103.

149 *Königsberg*, in: *AMZ* 34 (1832), Sp. 513.

150 Ergänzend die Vermutung Gecks, *Wiederentdeckung*, S. 108, daß die „rationalistische Atmosphäre" Königsbergs der Aufnahme Bachscher Werke entgegenstand.

151 Zu Loewes Lebenslauf: Karl Anton, *Beiträge zur Biographie Carl Loewes mit besonderer Berücksichtigung seiner Oratorien und Ideen zu einer volkstümlichen Ausgestaltung der protestantischen Kirchenmusik*, Halle/S. 1912; Werner Schwarz, *Pommersche Musikgeschichte. Historischer Überblick und Lebensbilder, Teil II: Lebensbilder von Musikern in und aus Pommern*, Weimar 1994, 142ff. (= *Veröffentlichungen der Historischen Kommission für Pommern*, Reihe 5/Heft 28).

152 Carl Loewes Selbstbiographie, zit. nach: Werner Schwarz, *Pommern und Johann Sebastian Bach. Das Wirken von Martin Tesmer und Johann David Bach, Bachpflege und Bachforschung in Pommern*, in: *Baltische Studien (NF)* 71 (1985), S. 112.

153 Erinnerungen des Seminardirektors Hauffe, zit. nach: Anton, *Loewe*, S. 19. Anton wies bereits hier auf die Aufführung von 1831 hin und nicht erst 1914 (*Zur Geschichte der Bachbewegung. Bericht über eine bisher unbekannte frühe Aufführung der Matthäuspassion*, in: *BJ* 11 [1914], 38f.), wie · manchmal zu lesen. ·

154 Anton, *Loewe*, S. 18, gibt irrtümlich für die erste Aufführung den 1. April 1831 an (s. Otto Altenburg, *Stettiner Kulturbilder aus den Jahren 1835 bis 1850 nach Briefen Dr. Carl Stahrs*, in: *Baltische Studien [NF]* 27 [1925], S. 257).

155 Geck, *Wiederentdeckung*, S. 99, hält die „Selbstverständlichkeit" der Stettiner Aufführung für bemerkenswert, da Loewe eine Tradition nicht schaffen, „sondern lediglich erneuern" mußte, weil er noch in der mitteldeutschen Kantorei-Tradition des 18. Jahrhunderts stand.

156 *Stettiner Intelligenzblatt* Nr. 92 (1832). Den Hinweis auf diese Aufführung und den Text verdanke ich der freundlichen Mitteilung Herrn Professor Dr. Mikolaj Szczesnys.

157 Nach Anton, *Bachbewegung*, S. 43, führte Loewe öfter Bachsche Motetten auf.

158 Anton, *Loewe*, S. 19; Schwarz, *Pommern und Bach*, S. 112, nennt 1841 als mögliches Aufführungsjahr der *Johannes-Passion*.

159 Den Herren Prof. Dr. Helmut Loos und Dr. Werner Schwarz danke ich für ihre brieflichen Auskünfte und Hinweise auf neuere Forschungsliteratur. Mein Dank gilt auch Herrn Prof. Dr. Mikolaj Szczesny für seine Bemühungen in der Musikabteilung der Stadtbibliothek Szczecin.

160 Dazu Georg Feder, *Das barocke Wort-Ton-Verhältnis und seine Umgestaltung in den klassizistischen Bach-Bearbeitungen*, in: Walter Gerstenberg, Heinrich Husmann und Harald Heckmann (Hrsg.), *Bericht über den Kongreß der Gesellschaft für Musikforschung Hamburg 1956*, Kassel 1957, S. 95ff.; ders., *J. N. Schelbles Bearbeitung der Matthäuspassion J. S. Bachs*, in: *Mf* 12 (1959), S. 201ff.; Geck, *Wiederentdeckung*, S. 15f., 36ff., 79ff., 90, 105f.; Michael Marissen, *Religious Aims in Mendelssohn's 1829 Berlin-Singakademie Performances of Bach's St. Matthew Passion*, in: *MQ* 77 (1993), S. 718ff. Während Feder (*Wort-Ton-Verhältnis*, S. 95f.) vermutet, daß Schelble bei seinen Eingriffen in die Rezitative ästhetischen Erwägungen folgte, hält Geck praktische Aspekte für ausschlaggebend (Geck, *Wiederentdeckung*, S. 81f.).

161 Gecks Ansicht von der „Werktreue der ersten Wiederaufführung der Matthäuspassion" (*Wiederentdeckung*, S. 41) läßt sich deshalb weder im Hinblick auf die Werkgestalt noch auf die Besetzung sowie die einzelnen Parameter der Ausführung beipflichten.

162 *Ueber die Aufführung der Passions-Musik, nach dem Evangelium Matthäi von Johann Sebastian Bach*, in: *BAMZ* 7 (1830), S. 101.

163 *Königsberg*, in: *AMZ* 34 (1832), Sp. 667, zit. nach: Geck, *Wiederentdeckung*, S. 104.

164 *Vorbemerkung zu Joh. Seb. Bach's Passionsmusik nach dem Evangelisten Matthäus mit ausgeführtem Akkompagnement bearbeitet von Robert Franz*, Partitur, 1867; wieder abgedruckt in: Robert Bethge (Hrsg.), *Robert Franz. Gesammelte Schriften über die Wiederbelebung Bach'scher und Händel'scher Werke*, Leipzig 1910, S. 33f.

165 Fink, *Dresden*, Sp. 357.

166 Altenburg, *Stettiner Kulturbilder*, S. 258. Nach Anton, *Loewe*, S. 17, bestand Loewes Chor aus etwa 100 Sängern.

167 *Stettiner Intelligenzblatt* Nr. 92 (1832).

168 Fink, *Dresden*, Sp. 357.

169 Einen ungewöhnlichen Vergleich stellte Friedrich von Raumer in einem Reisebericht aus Rom an: „Der päbstlichen Kapelle erwähnte ich schon: sie steht weit hinter der Berliner Sing-Akademie zurück, besonders in Hinsicht auf Genauigkeit, Zusammenstimmen, Milde und Ausdruck. Dies folgt schon aus der Abwesenheit aller weiblichen Stimmen." Und später ergänzte von Raumer: „Die Sänger [der päbstlichen Kapelle] selbst sind fest, und singen ziemlich richtig, schreien aber dabei äußerst roh und ungeschlacht, und die dicken Castraten waren mir ein unangenehmer Anblick. Es ist eine Reiseübertreibung und Schmeichelei des Fremden, wenn man dies Chorsingen [...] mit dem Vortrage heiliger Musik durch die Berliner Singeakademie auch nur vergleicht. Dieses ist ätherische, verklärte Engelsmusik, jenes irdisches Wesen." (*Bruchstücke aus Briefen, geschrieben auf einer Reise durch Deutschland, die Schweiz u. Italien, in den Jahren 1816 u. 1817*, in: *Dresdner Morgen-Zeitung* Nr. 12 [1828], S. 89f. und Nr.13 [1828], S. 99).

170 Erich Doflein, *Historismus in der Musik*, in: Wiora, *Historismus*, S. 15.

171 Marx, *BAMZ* 7 (1830), S. 98; zit. nach: Geck, *Wiederentdeckung*, S. 40.

172 Vgl. die Briefe von Felix und Fanny Mendelssohn vom 14. und 18. April 1829, abgedruckt in: Großmann-Vendrey, *Mendelssohn*, S. 30f.

173 Saemann, *Chronik Königsbergs*. Auf diese ausführliche Beschreibung, eine Mischung von Dokumentation und Vorschlägen für zukünftige Aufführungen, wies zuerst Rottluff, *Musikleben Königsbergs*, hin.

174 *Königsberg in Preussen*, in: *AMZ* 43 (1841), Sp. 41f.

175 Schiffner, *Palmsonntags-Concert*, S. 141.

176 *Königsberg*, in: *AMZ* 34 (1832), Sp. 668, zit. nach: Geck, *Wiederentdeckung*, S. 104.

177 *Königsberg in Preussen*, in: *AMZ* 43 (1841), Sp. 42, über die Aufführung 1840; wahrscheinlich gilt dies auch für die Aufführungen 1832 und 1834.

178 Mosewius, *Bach's Matthäus-Passion*, S. 9. Diese Äußerung ist umso bemerkenswerter auf dem Hintergrund einer anderen Einschätzung Mosewius': „Am alten Bach ist einmal nichts zu verändern, den müssen wir schon ertragen, wie er ist, und ich denke, wir haben Grund genug, ihm dankbar dafür zu sein, dass seine Werke ebenso, wie sie uns vorliegen, und nicht anders da sind" (*Bach's Matthäus-Passion*, S. 44f.).

179 Mosewius, *Breslauische Sing-Akademie*, S. 18ff.

180 Siehe die ausführliche Erörterung bei Mosewius, *Bach's Matthäus-Passion*, S. 48ff.

181 Nach Friedrich Chrysander, in: *AMZ* 3 (1868), Sp. 388.

182 Saemann, *Chronik Königsbergs*, S. 13. Wahrscheinlich auch 1832.

183 Fink, *Dresden*, in: *AMZ* 42 (1840), Sp. 357.

184 Geck, *Wiederentdeckung*, S. 125.

185 Robert Franz, *Offener Brief an Eduard Hanslick über Bearbeitung älterer Tonwerke nahmentlich Bach'scher und Händelscher Vokalmusik, 1871*, wieder abgedruckt in: Franz, *Gesammelte Schriften über die Wiederbelebung Bach'scher und Händel'scher Werke*, S. 46.

186 Geck, *Wiederentdeckung*, S. 5.

187 Mosewius, *Bach's Matthäus-Passion*, S. V.

188 *AMZ* 18 (1816), Sp. 380f.

189 Reinhard, *Danksagung*, in: *Dresdner Anzeiger* vom 2. April 1833, zit. nach: Geck, *Wiederentdeckung*, S. 120.

190 Zit. nach: Hans-Joachim Schulze, *Bach – Leipzig – Mendelssohn*, in: *Felix Mendelssohn – Mitwelt und Nachwelt. Bericht zum 1. Leipziger Mendelssohn-Kolloquium am 8. und 9. Juni 1993*, hrsg. vom Gewandhaus zu Leipzig, Wiesbaden 1996, S. 82.

IV. Rezeptionen

WILLIAM KINDERMAN

BACH UND BEETHOVEN*

Schon die allererste gedruckte Mitteilung über Beethoven, veröffentlicht in C. F. Cramers *Magazin der Musik* des Jahres 1783, unterstreicht die Bedeutung der Musik Johann Sebastian Bachs für den jungen Musiker in Bonn: „Louis van Betthoven, Sohn des obenangeführten Tenoristen, ein Knabe von 11 Jahren, und von vielversprechendem Talent. Er spielt sehr fertig und mit Kraft das Clavier, ließt sehr gut vom Blatt, und um alles in einem zu sagen: Er spielt größtentheils das wohltemperirte Clavier von Sebastian Bach, welches ihm Herr Neefe unter die Hände gegeben. Wer diese Sammlung von Präludien und Fugen durch alle Töne kennt, (welche man das *non plus ultra* nennen könnte), wird wissen, was das bedeute. [...] Dieses junge Genie verdient Unterstützung, daß er reisen könnte. Er würde gewiß ein zweyter Wolfgang Amadeus Mozart werden, wenn er so fortschritte, wie er angefangen."[1]

Dieser Artikel, verfaßt von Beethovens Lehrer in Bonn, Christian Gottlob Neefe, bezeugt den prägenden Einfluß der Bachschen Musik auf seinen Schüler. Gleich Haydn und Mozart vor ihm hat Beethoven Werke von Händel und Bach bei den musikalischen Gesellschaften des Baron van Swieten kennenlernen können, dessen Interesse an Bach während seiner Tätigkeit als Botschafter in Berlin geweckt worden war, bevor der musikliebende Diplomat in die österreichische Hauptstadt zurückkehrte. Im Gegensatz zu seinen Vorläufern war Beethoven in seiner frühen musikalischen Entwicklung bereits von dem Leipziger Meister geformt worden. Schon früh stellte die Musik Bachs ein Gegengewicht dar zu dem allgegenwärtigen Einfluß des Galanten, jenem ebenso eleganten wie etwas oberflächlichen Stil, der Mozarts Originalität in den 1770er Jahren zu ersticken drohte. Tatsächlich war Beethovens Aneignung der Musik Bachs so grundlegend, daß Erwin Ratz eine erhellende Untersuchung zum Problem der musikalischen Form auf den Vergleich von Bachs Inventionen und Fugen mit Beethovens Sonaten und Quartetten gründen konnte.[2]

Untersuchungen zum Einfluß Bachs auf Beethoven richteten sich bislang vorzugsweise auf die spätere Schaffensperiode, die Zeit nach 1813, in der Beethovens Interesse an der Fuge und anderen Aspekten des barocken Stiles wuchs.[3] Doch scheint bereits die frühe Bekanntschaft mit Bachs *Musikalischem Opfer* von 1747 ihren Niederschlag gefunden zu haben in Beethovens *2 Präludien durch die 12 Dur-Tonarten für Klavier oder Orgel*, die in den 1780er Jahren entstanden und nach einer Überarbeitung 1789 erst 1803 als op. 39 veröffentlicht

worden sind.[4] Der Kreis der Modulation folgt hier zunächst aufsteigend dem
Quintenzirkel (von C-Dur bis Cis-Dur), um dann, von Des-Dur aus, durch die B-
Tonarten zur Ausgangstonart zurückzukehren. Für derartige „per tonos" modulie-
rende Präludien fanden sich natürlich zahlreiche historische Modelle; das be-
kannteste war sicherlich Bachs unendlicher Kanon im *Musikalischen Opfer* über
das königliche Thema „Ascendente Modulatione ascendat Gloria Regis", in welchem das kontinuierliche Aufsteigen des Kanons den unendlichen Ruhm des Kö-
nigs symbolisiert. Die Modulationen in Bachs Kanon vollziehen sich allerdings in
aufsteigenden Ganztonschritten; nach sechs Wiederholungen wird so die Ausgangstonart um eine Oktave höher versetzt erreicht. Schon der junge Beethoven
dürfte demnach nicht unempfindlich für die esoterische Seite des Bachschen Erbes gewesen sein, obwohl deren ganze Tragweite erst viel später, in den Werken
des letzten Lebensjahrzehnts, zur Geltung gelangen sollte. Wenn Beethovens Interesse an Bach schließlich in einer Auseinandersetzung mit Fragen der kontrapunktischen Schreibweise und der Fugenkomposition kulminiert, so spiegeln sich
seine Affinitäten zu Bach doch auch, wie man am deutlichsten in einigen seiner
Klaviersonaten sehen kann, in bestimmten Aspekten seiner rhythmischen Gestaltung, des Tonsatzes, der musikalischen Charaktere und Formverläufe.

Nach seiner Ankunft in Wien 1792 gewann Beethoven Kenntnis von einer
großen Zahl Bachscher Klavier-, Kammer- und Vokalwerke, die damals in Form
sowohl von Abschriften als auch gedruckten Partituren erhältlich waren; er selbst
setzte sich aktiv für die Verbreitung der Musik Bachs ein. Als im *Intelligenz-Blatt*
zur *Allgemeinen Musikalischen Zeitung* Spendenaufrufe zur Unterstützung von
Regina Susanna Bach, Johann Sebastian Bachs letztem noch lebendem Kind,
nurmehr geringen Erfolg hatten, verlieh Beethoven seiner Enttäuschung über die
Höhe des gesammelten Geldbetrages in einem Brief an Breitkopf & Härtel vom
22. April 1801 Ausdruck und bot an, ein eigenes Werk zum „besten dieser Person" herauszugeben.[5]

Ein anderer Verleger Beethovens, das *Bureau de Musique* in Leipzig, in Part-
nerschaft von Franz Anton Hoffmeister und Ambrosius Kühnel betrieben, nahm
im Jahr 1800 in Konkurrenz zu Breitkopf & Härtel seine Arbeit auf und brachte
als eine der ersten Veröffentlichungen die gesammelten Klavierwerke Bachs in
der „Kühnel'schen Ausgabe" heraus, die Beethoven besessen und aus der er
1810 Teile der *Chromatischen Fantasie und Fuge* abgeschrieben hat, worauf
noch zurückzukommen sein wird.

Die Rezeption der Musik Bachs ist nicht zuletzt durch theoretische Abhandlungen wie Johann Philipp Kirnbergers *Die Kunst des reinen Satzes* und Friedrich
Wilhelm Marpurgs *Abhandlung von der Fuge* befördert worden, – Schriften, die
Beethoven in Ausgaben von 1793 resp. 1801 besessen hat. Wie Ratz beobachtet,
liegt der Einfluß Bachscher Werke auf Beethoven in ihrer Bedeutung als kompositionstechnische Modelle, worauf Bach selbst im Vorwort seiner *Inventionen
und Sinfonien* hingewiesen hat: „Auffrichtige Anleitung [...] Anbey auch zugleich gute Inventiones nicht alleine zu bekommen, sondern auch selbige wohl
durchzuführen [...] und darneben einen starken Vorschmack von der Composition

zu überkommen." Ratz findet Modelle für die Durchführungsverläufe der Sonaten Beethovens in Bachs dreistimmigen *Inventionen* und stellt fest: „Es war nicht nur die einzigartige Synthese von polyphonem und harmonischem Denken, die Beethoven an Bach so sehr bewunderte. Auch wesentliche homophone Gestaltungsprinzipien fand er bei Bach vorgebildet. Indem Beethoven – entgegen vielfach anders gerichteten Formtendenzen bei Haydn und Mozart, an die später vor allem Brahms anknüpfte – gerade diese von Bach ausgebildeten Formelemente übernahm und weiter entwikkelte, weil er ihre besondere Tragfähigkeit erkannt hatte, können wir auch in dieser Beziehung von einer direkten Weiterführung des Bachschen Erbes sprechen."[6]

Die von Ratz behandelten Verwandtschaften in bezug auf die Gestaltung der musikalischen Form geben bereits einen Eindruck von der Bedeutsamkeit, die die Bach-Rezeption Beethovens darstellt, und zugleich von der Schwierigkeit, diesem Gegenstand in einem kurzen Essay gerecht zu werden. Man könnte hier unterscheiden zwischen prozessualer oder struktureller Anverwandlung einerseits und stilistischem Einfluß andererseits. Wie Ratz feststellt, zielt erstere Kategorie auf die spezifischen Mittel zur Lösung des Problems, eine organische Einheit zu gewinnen: die kohärente Entwicklung von musikalischen Ideen durch motivische, rhythmische und harmonische Mittel, während es gilt, eine Balance zwischen Ruhe und Bewegung, Exposition und Durchführung aufrechtzuerhalten. Ein wichtiges Mittel hierfür bildet die Verdichtung struktureller Einheiten, dergestalt etwa, daß der Inhalt eines ganzen Taktes nur noch die Hälfte oder ein Viertel eines nachfolgenden Taktes ausfüllt, wodurch ein stetes Vorwärtsstreben und eine zunehmende Konzentration des motivischen Gehalts erreicht wird. Diese Verfahrensweise ist sehr deutlich im Anfangsteil von Bachs erster *Invention* in C-Dur (BWV 772) zu erkennen, um nur eines von vielen Beispielen zu geben. Bei Beethoven ist dieses entscheidende Mittel struktureller Komprimierung bisweilen als „Fragmentierung" bezeichnet worden, – Alfred Brendel hat es treffender „Verkürzung" genannt und es „die treibende Kraft seiner Sonatenformen [...] und ein Grundprinzip seines musikalischen Denkens" genannt.[7] Die nachgerade obsessive Verwendung dieser Verkürzungstechnik in dem die *Klaviersonate in f-Moll* op. 2,1 eröffnenden *Allegro* z. B. ist Bach verpflichtet, wenngleich das tatsächliche thematische Material sich in keiner Weise ihm verdankt.

Durch diese Anverwandlung der Bachschen „Festigkeit", wie Beethoven sich in einem Brief vom Juli 1819 ausdrückt, hat er die musikalische Sprache des späten 18. Jahrhunderts um ein dramatisches Idiom bereichert. Der von dem amerikanischen Literaturtheoretiker Harold Bloom geprägte Begriff der „anxiety of influence" scheint hier kaum angebracht.[8] Bach dürfte den jungen Beethoven zuallererst befähigt haben, sich als Komponist zu entwickeln, indem sein Einfluß es ihm ermöglichte, seinen eher architektonischen Zugang zum Komponieren von den starken Vorbildern Haydns und Mozarts zu trennen. Dennoch bleibt die Tendenz Beethovens, Händel und Mozart eher als Bach und Haydn zu rühmen, unter dem Blickwinkel der Bloomschen Theorie des künstlerischen Wettstreites bemerkenswert. In ihrer deterministischen Ästhetik ist die Beethovensche Musik ihrem Wesen nach letzteren näher als ersteren, und diese Nähe könnte eine bewußte Anerkennung verhindert haben.

Der stilistische Einfluß Bachs auf Beethoven ist besonders stark in seinen Klavierwerken zu spüren. Nicht selten können wir eine Beziehung zu jenem Bachschen Meisterwerk wahrnehmen, dessen Vortrag Beethovens Ruhm als Wunderkind begründet hatte: zum *Wohltemperierten Klavier*, und hier insbesondere zum ersten Teil. Jürgen Uhde beispielsweise hat festgestellt, daß Beethovens *Fis-Dur-Sonate* op. 78 aus dem Jahr 1809 sich durch einen intimen, lyrischen Charakter auszeichnet, der an Bachs Stücke in ebendieser Tonart aus dem *Wohltemperierten Klavier* erinnert.[9] In der *„Grande Sonate" in Es-Dur* op. 7 von 1797 auf der anderen Seite tritt eine Verwandtschaft mit Bach im Mittelteil des anmutigen Rondofinales zutage. Das Hauptthema dieses Rondos entfaltet sich mit ausdrucksvollen Appoggiaturen über einem Orgelpunkt auf der Dominante und vermittelt einen intim-lyrischen, tiefempfundenen Charakter. Während im ersten und dritten Couplet Motive, die aus dem Hauptthema stammen, zu einem angeregten Dialog umgestaltet werden, wird im mittleren Couplet ein drastischer Kontrast geschaffen: ein lautstarkes und turbulentes c-Moll-Idiom, das an Bachs Präludium in dieser Tonart aus dem ersten Teil des *Wohltemperierten Klaviers* erinnert.

Johann Sebastian Bach, *Präludium c-Moll* aus dem *Wohltemperierten Klavier* I (BWV 847)

Ludwig van Beethoven, *Sonate Es-Dur* op. 7, *Finale*, T. 60ff.

Die Ähnlichkeit dieser beiden Passagen rührt her von der beiden gemeinsamen Verwendung einer rastlosen Ostinato-Figur, doppio movimento, wobei die Spielfiguren in Beethovens Sonate in Zweiunddreißigsteln an Stelle von Sechzehnteln

notiert sind. Wie Bach betont Beethoven Zieltöne des Figurenwerkes, aber er
überlagert nun die toccata-artige Textur in c-Moll mit geballten Akkorden und
synkopierenden Akzenten.

Beethoven verwendet diese stilistische Anspielung als ein dramatisches Element in seiner Sonate. Die Bedeutung des c-Moll-Couplets reicht über den unmittelbaren Kontext hinaus, handelt es sich doch genau um diejenige Passage, die
Beethoven in den allerletzten Takten des Rondos sich in grazile Vorschlagsnoten
auflösen läßt.

Ludwig van Beethoven, *Sonate Es-Dur* op. 7, *Finale*, T. 166ff.

Beethoven bereitet hier die Coda durch eine gleichsam ätherisch anmutende Vision des Rondothemas in E-Dur vor. In dem sich anschließenden „Abschied vom
Hörer" löst er dann das turbulente, an Bachs Präludium erinnernde c-Moll-Idiom
auf in ein helles Es-Dur von vornehmer Bescheidenheit, auf diese Weise Zank
und Streit in Anmut verwandelnd.

Diese Art der stilistischen Anspielung auf Bach hat Beethoven im Finale einer
späteren Klaviersonate, der *Sonate in F-Dur* op. 54 von 1804, auf die Ebene eines ganzen Satzes gehoben. Ebenso wie in op. 7 besteht die Bezugnahme in einem toccata-ähnlichen Idiom unter Verwendung eines Perpetuum mobile-Rhythmus
in Sechzehnteln. Der Satz wird gebildet von zwei imitativ geführten Stimmen; das
Hauptthema beginnt mit einem den Umfang einer Oktave umfassenden Arpeggio,
gefolgt von einem linearen Motiv, welches bei Beethoven aus einer Folge steigender
Sexten besteht. Ratz vergleicht diesen Satz mit Bachs größeren Orgelwerken und
Solosuiten[10], aber ein noch engerer Bezug besteht zu der Fuge in e-Moll aus dem ersten Teil des *Wohltemperierten Klaviers*, – der einzigen zweistimmigen Fuge der gesamten Sammlung. Charakteristischerweise hat Beethoven sein Modell umgeformt.
Im Unterschied zu dem Stück Bachs ist Beethovens Hauptthema aufwärts gerichtet,
und an die Stelle der Chromatik des Bachschen Soggettos tritt hier eine Abfolge von
sanften, diatonisch aufsteigenden Sexten mit der Vortragsbezeichnung *dolce*.

Diese oft unterschätzte Sonate bezeugt eine bemerkenswerte Einschmelzung
von Bachs Stil in den dramatischeren Kontext der klassischen musikalischen
Sprache Beethovens. Bei op. 54 handelt es sich um die erste der größeren Sonaten Beethovens, in der die Form auf zwei Sätze verdichtet wird. Ihr in Sonatenform gehaltenes Finale entfaltet sich mit zwingender Kraft in langen, aufsteigenden Linien, die von synkopierenden Haltetönen kontrapunktiert werden. Erinnert
die zweistimmige Anlage an Bach, so ist die dramatische Wucht des Stückes un-

verwechselbar Beethovenscher Natur. In der Durchführung kehrt Beethoven die aufsteigende lineare Bewegung um, die nun chromatisch in die Tiefe der Baßregion hinabsteigt und die Modulation nach c-Moll vorbereitet. In der Coda wird das Perpetuum mobile-Artige des Satzes zu einem furiosen *più allegro* beschleunigt, das alles Vorhergehende hinwegzufegen scheint. In dieser rhythmischen Schwungkraft können wir einen Schlüssel finden für die Beziehung der beiden stark kontrastierenden Sätze von op. 54 zueinander. Das Menuett, mit dem der erste Satz anhebt, schreitet eher zögerlich voran, hält alle zwei oder vier Takte mit durch Pausen voneinander abgesetzten Kadenzen inne; aber das kontrastierende Thema dieses Satzes in seinem bestimmenden Charakter lädt die Musik mit einer rhythmischen Energie auf, die im Finale zu einer alles beherrschenden Kraft wird. Das Freisetzen, zu voller Entfaltung Bringen und formale Integrieren dieser rhythmischen Energie stellt eine der Leitideen der Sonate insgesamt dar. In op. 54 ebenso wie im Finale von op. 7 gerät die stilistische Transformierung Bachscher Musik zum Kulminationspunkt des gesamten Werkes.

*

   Wesentlich heikler ist die Feststellung von Einflüssen, die sich in der Ähnlichkeit von Themen einzelner Werke manifestieren. Um ein auffälliges Beispiel handelt es sich bei der Verwandtschaft von Bachs Vertonung der Worte „Es ist vollbracht" in seiner *Johannes-Passion* mit Beethovens beiden Phrasen in fis-Moll im Cello und im Klavier kurz vor dem Durchführungsbeginn des ersten Satzes seiner *Sonate für Cello und Klavier in A-Dur* op. 69, komponiert in den Jahren 1807–1808. Sicher, diese Phrasen in op. 69 stehen in Beziehung zur zweiten Hälfte der vom Cello allein gespielten Phrase, mit der der Satz beginnt, während eine Bekanntschaft Beethovens mit der *Johannes-Passion,* die damals noch nicht im Druck vorlag, nicht dokumentiert ist. Gleichwohl steht diese thematische Ähnlichkeit, wie Peter Schleuning und andere beobachtet haben, in einem größeren Kontext und läßt auch an den Beginn des *Arioso dolente* im Finale von Beethovens *Klaviersonate in As-Dur* op. 110 von 1821 denken.[11] Es ist auffallend, daß Beethoven eine der bekanntesten Melodien Bachs für die Gambe in op. 69 ihrem historischen Nachfolger zuweist: dem Cello. In der *Cello-Sonate* bleibt die thematische Anspielung bis zur Isolierung der Bachschen Phrase in Moll in der Durchführung nur latent. Diese Passage kann als eine Vertiefung des Ausdrucksgehalts des gesamten Satzes gehört werden, obwohl vermutlich weniger zweideutig als in der Klaviersonate, in der eine Beziehung zum barocken Stil unmittelbarer zu spüren ist.
   Ein anderer, nicht leicht zu fassender Bereich Bachschen Einflusses betrifft die Verwendung von Satztypen, wie etwa die Sarabande-ähnlichen Themen, die Beethoven in Variationen-Sätzen des *„Erzherzog"-Trio in B-Dur* op. 97 von 1811 und in der *Klaviersonate in E-Dur* op. 109 aus dem Jahr 1820 verwendet.[12] Ein Modell für diese Themen mag die *Aria* der *Goldberg-Variationen* gewesen sein, allerdings bleibt die Beziehung eher allgemein und wäre zudem nicht spezi-

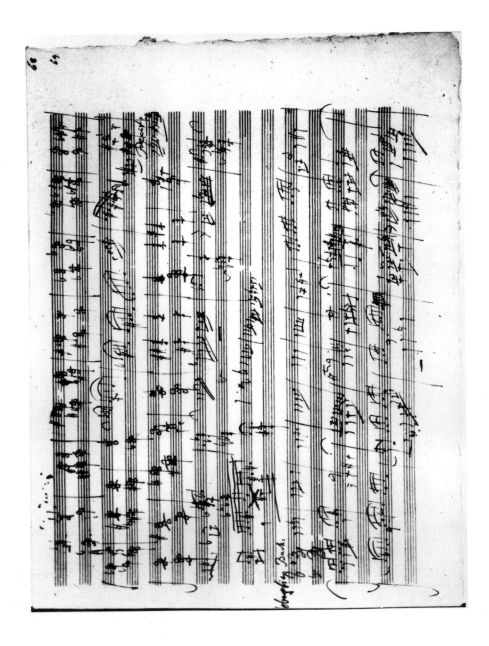

fisch als Bach-Rezeption zu verstehen. Auf der anderen Seite nähert sich Beethoven in seinen *Variationen in c-Moll für Klavier* WoO 80 von 1806 sehr stark der barocken Chaconne, doch mag hier der Einfluß Händels noch größer gewesen sein als das Vorbild Bach. Dem Werk liegt ein kurzes, achttaktiges Thema mit einem chromatisch absteigenden Baß zugrunde. Der enge Bezug zur barocken Praxis dürfte Beethoven als eine Schwäche des Werks erschienen sein, wie seine abschätzigen Äußerungen, mehr noch aber die Tatsache, daß er ihm nicht einmal eine Opuszahl zugedacht hat, erkennen lassen.

Eine erhöhte kontrapunktische Dichte des musikalischen Satzes bezeichnet ebenso wie bei Mozart den Einfluß Bachs auf Beethoven. Im Falle Beethovens kann diese Tendenz über Jahrzehnte seines Lebens hin beobachtet werden, insbesondere aber in der Zeit nach 1810. Für das *„Quartetto Serioso"* in *f-Moll* op. 95 aus eben jenem Jahr hat er einen langsamen Satz in D-Dur (*Allegretto ma non troppo*) mit ausgedehnten fugierten Passagen über einen chromatischen Soggetto komponiert. Im *Erzherzog-Trio in B-Dur*, das im darauffolgenden Jahr entstand, findet sich zu Beginn des Trioteils ein unheimlich anmutender, chromatischer Kanon, ein Abschnitt, in dem jene Räume zwischen den Stufen der diatonischen Durtonleiter erforscht werden, die im Scherzo ausgelassen worden waren. In einer neueren Untersuchung der Skizzen zum Trioteil, die sich im Skizzenbuch *Landsberg 11* in Krakau befinden, assoziiert Seow-Chin Ong „the fluid and meandering chromaticism [...] and its attendant harmonic ambiguities [...] with Beethoven's apparent renewed interest in Bach, for Landsberg 11 contains extensive excerpts from the *Chromatic Fantasy and Fugue* that he had copied out, apparently from a slightly corrupt print".[13] Beethoven hat nicht nur große Teile der Fantasie mit ihren auffälligen, dissonanzreichen und metrisch ungebundenen Arpeggio-Passagen abgeschrieben, sondern auch die vollständige Fugenexposition (siehe umseitige Abbildung; Biblioteka Jagiellonska, Krakau: Mus. ms. aut. Beethoven Landsberg 11, S. 69).

Sein Interesse an gerade diesem Werk Bachs mag zusammenhängen mit seiner Beschäftigung mit Klavierkadenzen und Fantasien um 1809, zugleich mit einem erhöhten Interesse an Fuge und Fugato. Aber erst mit den Sonatenkompositionen ab 1814 wird die kontrapunktische Dimension zu einem Grundpfeiler von Beethovens Kunst. Diese stellt einen wesentlichen Bestandteil seines Spätstils dar, in welchem der für Bach charakteristische Reichtum in der polyphonen Satzgestaltung in ein kontrastreiches Idiom, eher in die Zukunft weisend denn archaisierend im Zuschnitt, integriert wird.

Ludwig van Beethoven, *Sonate in e-Moll* op. 90, 1. Satz, T. 128ff.

Diese stilistische Synthese wird in enger Wechselwirkung mit der Gestaltung der
musikalischen Form erreicht, und Beethovens spätere Verwendung kontrapunktischer Techniken steckt hier voller Neuentdeckungen. Kanon und Fuge werden
daher viel weniger als Selbstzweck, sondern als Mittel zum Zweck behandelt. Ein
gutes Beispiel hierfür ist die Überleitung zur Reprise im Kopfsatz der *Klaviersonate in e-Moll* op. 90. In der zweiten Hälfte der Durchführung (T. 113ff.) findet
sich zu gebrochenen Akkorden in der rechten Hand in der Unterstimme ein Motiv, das aus dem Hauptthema des Satzes abgeleitet ist, hier aber durch Sforzandi
hervorgehoben wird. Besonders faszinierend ist, wie das Material von Takt 130 –
in dem Beethoven die Vorzeichnung ändert, d. h. ein Kreuz vorzeichnet und auf
diese Weise die Rückkehr zu e-Moll andeutet – in der sich anschließenden imi-
tatorischen Passage behandelt wird, um den Eintritt der Reprise zu ermöglichen.
Auf der zweiten und dritten Zählzeit enthält dieser Takt bereits den Kern des
Kopfmotivs, gewissermaßen die Essenz der gesamten Reprise, die fallende Terz
g–e im hohen Register. Nach dreimaliger Wiederholung (T. 131) wird die Figur
isoliert, im nächsten Takt dann dynamisch hervorgehoben und eine Oktave tiefer
imitiert. Es schließt sich eine Folge kanonischer Veränderungen an, in der die Figur sukzessiv gedehnt und ihre Verwandtschaft mit dem Hauptthema allmählich
erkennbar wird. Das gedrängte Stretto im Einklang (T. 138–141) hebt die Tonhö-

he der bevorstehenden Reprise hervor; in einer Aufführung sind diese Takte wegen ihrer strukturellen Dichte und auch, weil das Motiv fortwährend in sich selbst kreist, sehr schwer richtig herauszubringen. Schließlich wird das Stretto auf andere Register ausgedehnt, um der Reprise endgültig Raum zu verschaffen (T. 144). Es gibt keine Kadenz; harmonisch verweilt die gesamte Passage auf der Tonika. Das schnelle Sechzehntel-Figurenwerk der Durchführung hat sich entgegen alle Erwartungen als dem Kopf des Hauptthemas zugehörig erwiesen. Anstatt ein einzelnes strukturelles Moment herauszubilden, stellt die Reprise einen Prozeß dar, der sich über jene 18 Takte erstreckt, die dem tatsächlichen Reprisenbeginn vorausgehen.

Dieses Beispiel mag die dynamische Verwendung kontrapunktischer Prozesse veranschaulichen, wie sie für den späteren Beethoven so charakteristisch ist und durch die er seine Stellung gegenüber Bach zu definieren trachtete. In einem Brief vom 29. Juli 1819 an seinen Gönner und Schüler Erzherzog Rudolf betonte Beethoven bezeichnenderweise die „Festigkeit" der älteren Schreibweise Händels und Bachs, um zugleich sowohl „die verfeinerung unsrer Sitten", die „auch manches erweitert" habe, als auch die Notwendigkeit von „Freyheit, weiter gehn [...] in der Kunstwelt, wie in der ganzen großen schöpfung" hervorzuheben.[14]

Es gibt Hinweise in hinreichender Zahl, daß Beethoven durch seine Auseinandersetzung mit der Fuge in seinen späteren Jahren sich gegen den Geschmack des großen Publikums entschieden hat. Insbesondere die fugierten Finali solcher Werke wie der *Sonate für Cello und Klavier in D-Dur* op. 102, 2 von 1815 und der *Hammerklaviersonate* von 1818 verfielen als zu verzwickte und konstruierte Kompositionen der Kritik. Ein Rezensent der Cello-Sonate, vielleicht Adolf Bernhard Marx, beklagte sich 1824: „Wie viel lieber hätten wir statt dieser Fuge einen andern Satz, ein Beethovensches Finale gehört! Es bleibt daher zu wünschen, daß Beethoven die Fuge nicht so absichtlich ergreife, da sein großes Genie ja über jede Form erhaben ist."[15]

Ein anderer Rezensent hat Beethovens populäres und leichter zugängliches *Septett* op. 20 mit der schwierigen *Hammerklaviersonate* zu deren Nachteil verglichen: „Es ist sonderbar, dass Beethoven gerade dieses Werk [= das Septett op.20] für eines seiner wenigstgelungenen erklärt haben soll. Denn obwohl in der Anlage etwas breit, ist es doch unendlich viel reicher an wahren Schönheiten, als manche seiner spätern Werke, z. B. die grosse Sonate op. 106."[16]

Noch deutlicher wird die ablehnende Haltung der Zeitgenossen Beethovens, denkt man an die *Große Fuge* op. 133, das ursprüngliche Finale des *B-Dur-Quartetts* op. 130, einen kolossalen Satz von 1825, den Anton Schindler als „das Monstrum aller Quartett-Musik" bezeichnet hat. Dieser komplexe, reich gegliederte Schlußsatz verbindet strenge Fugentechnik mit Elementen der Variationstechnik und enthält eine ausgearbeitete Einleitung oder „Ouvertüre", die die Hauptthemen in umgekehrter Reihenfolge vorstellt. Und eben wegen ihrer kühnen Originalität sah Warren Kirkendale in der *Großen Fuge* Beethovens „*Kunst der Fuge*", ein Bach verpflichtetes Kompendium der Fugenkomposition, das aber teilweise auch von einem der Lehrer Beethovens aus seiner frühen Wiener Zeit,

Johann Georg Albrechtsberger, inspiriert worden sei.[17] Was Fragen der Interpretation und Instrumentaltechnik anlangt, stehen die Schwierigkeiten der *Großen Fuge* den anderen ambitionierten Fugenfinali Beethovens in nichts nach, ja übertreffen sie vielleicht sogar. Möglicherweise auch deshalb entschloß er sich schließlich, bekanntlich auf Drängen von Karl Holz und des Verlegers Matthias Artaria, die *Fuge* durch ein anderes Finale zu ersetzen.

Bemerkenswert ist in diesem Zusammenhang der hohe Respekt, den Beethoven ein Leben lang den Fugen Bachs zollen sollte; diese wurden in eben jenem Milieu besonders gewürdigt, in dem auch Beethovens Musik aufgeführt worden ist. Johann Friedrich Reichardt schrieb im Jahr 1809 über die Bedeutung Bachs und Händels für den musikalischen Zirkel der Baronesse Dorothea von Ertmann und ihres zeitweiligen Lehrers Wilhelm Karl Rust; beide wurden als Klavierspieler von Beethoven geschätzt, der die Baronesse einmal enthusiastisch als seine „liebe, geschätzte Dorothea-Cäcilia" beschrieben hat. In den folgenden Jahren wurde sie für ihre Interpretation der *e-Moll-Sonate* op. 90 besonders gefeiert, auch ist sie die Widmungsträgerin der *A-Dur Sonate* op. 101. In einem Brief von 1810 bemerkt Rust über die Konzerte der Baronesse, es werde „da immer ganz nach meinem Sinn musiziert. Entweder spielt sie mir eine *Beethovensche* Sonate vor, die ich wähle, oder ich spiele ihre Lieblings-Fugen von *Händel* und *Bach*."[18]

In diesem Zusammenhang mag eine Diskussion zwischen Beethoven und dem mit ihm befreundeten Geiger Karl Holz Ende Dezember des Jahres 1825 von Interesse sein, in der das Gespräch auch auf die Fuge kam. Nur Holz' Bemerkungen sind überliefert, aber die Kernpunkte der Antworten Beethovens teilen sich durch den Gang der Unterhaltung mit:

„Eine Fuge kommt mir immer vor, wie ein Gebäude, das nach allen Regeln der Architektur ausgeführt ist; ich bewundere es, aber entzücken wird es mich nie.
– – –
Ich meine hier die gewöhnlichen Fugen.
– – –
Gewöhnlich werden sie trocken behandelt; von diesen rede ich; die sind mir auch unausstehlich
– – –
Ich habe noch keine Fuge von S. Bach gut spielen gehört."[19]

Der Kontext zeigt, daß Beethoven Bezug nimmt auf Holz' Ablehnung der Fuge als einer „trockenen", lediglich artifiziellen Angelegenheit und Bachs Fugen als Gegenbeispiel anführt. In den Fugen seiner späteren Werke versuchte Beethoven, diese altehrwürdige Kompositionstechnik durch neue Elemente zu bereichern: „Eine Fuge zu machen ist keine Kunst, ich habe deren zu Dutzenden in meiner Studienzeit gemacht. Aber die Phantasie will auch ihr Recht behaupten, und heutzutage muß in die althergebrachte Form ein anderes, ein wirklich poetisches Moment kommen."[20]

Wie nun aber unterscheidet sich das Fugenidiom des späten Beethoven vom barocken Modell, wie es vor allem im Schaffen Händels und Bachs ausgeprägt erscheint? Im bereits erwähnten Brief vom Juli 1819 an den Erzherzog Rudolf prägt er den Begriff „Kunstvereinigung" im Zusammenhang mit der intensiven Auseinandersetzung mit seinen beiden Vorgängern. In dieser Hinsicht ist Beethovens *Fuge in D-Dur für Streichquintett* op. 137 von 1817 von Interesse, denn Skizzen hierzu sind vermengt mit Exzerpten aus Marpurgs *Abhandlung von der Fuge* sowie zwei Auschnitten aus Werken Bachs, der *Kunst der Fuge* und der *b-Moll-Fuge* aus dem ersten Band des *Wohltemperierten Klaviers*.[21]

Die Intensität der Beschäftigung Beethovens mit Bachscher Musik während dieser Zeit übertrifft sogar Mozarts Auseinandersetzung mit dem Werk des Leipziger Meisters seit 1782, als der Baron van Swieten Mozart verpflichtet hatte, Bachsche Fugen für Streichquartett zu bearbeiten. Bei Beethovens Bach-Rezeption nach 1814 handelt es sich um einen Prozeß, in dem es nicht um geschichtliche Rivalität oder bloßes Nacheifern ginge, wie bisweilen bei Mendelssohn oder Schumann, sondern in dem Bachs kompositorische Mittel zu einer neuen stilistischen Synthese verschmolzen werden. In den besten dieser Werke erreicht Beethoven jene seltene Balance zwischen „direkter Weiterführung des Bachschen Erbes", von der Ratz gesprochen hat, und dem selbstbewußten Streben nach Erneuerung der künstlerischen Mittel, wie es für die Romantik so bezeichnend ist.

Unmittelbar nach der Beendigung von op. 137 nahm Beethoven die größte seiner Klaviersonaten, die *Hammerklaviersonate* in B-Dur op. 106, in Angriff. Wie in zwei seiner früheren Sonaten (der *Cello-Sonate in C-Dur* op. 102,1 und der *Klaviersonate A-Dur* op. 101) findet sich hier eine ausgearbeitete Überleitung zum Finale – eine Überleitung, die an ein rätselhaftes Suchen nach einer angemessenen Fortsetzung der narrativen Abfolge der einzelnen Sätze denken läßt. In beiden Sonaten geht diese Suche mit einem „Rückblick"[22] einher, einer Erinnerung an die Kopfsätze, die jetzt jedoch in einem neuen Licht erscheinen. Solche fantasieartigen Überleitungen erhöhen die Bedeutung der Finalsätze, die nun häufig zum ausgedehntesten und auch gewichtigsten Satz eines Sonatenzyklus avancieren. Die polyphone Anlage ist unübersehbar in diesen Sätzen: In op. 101 nimmt die Fuge die Funktion des Durchführungsteils der Sonatenform ein, während in op. 102,2 der ganze Satz Fugencharakter hat, um dem Finale das nötige Gewicht und somit die richtige Balance zu den vorausgehenden Sätzen zu verleihen.

In der *Hammerklaviersonate* krönt Beethoven die Abfolge der Sätze mit einer großen Fuge, die das Hauptthema erschöpfend entwickelt, – ein Thema, welches dann wieder mit dem Hauptthema des ersten Satzes und den für die ganze Sonate so wichtigen absteigenden Terzen verbunden wird. Vor die Enthüllung des Fugensoggettos stellt Beethoven eine *Largo*-Überleitung, die kurze Einblicke in mögliche musikalische Fortsetzungen eröffnet; diese werden aber dem Hörer gewissermaßen in Parenthesen geboten, da sie abrupt abbrechen. In dieser langsamen Introduktion zum Finale arbeitet Beethoven zunächst das intervallische Grundmaterial für die gesamte Sonate heraus; hierzu reduziert er den Satz auf einen untergründig wirksamen Kern, der lediglich aus einer Kette fallender Terzen im Baß besteht, begleitet von weichen, zögerlichen Akkorden im Diskant. Die

Terzenkette wird dreimal durch kurze polyphone Einschübe unterbrochen, deren letzter offensichtlich Bachschen Charakter trägt.

Ludwig van Beethoven, *Sonate in B-Dur* op.106, Überleitung zum *Finale*, T. 3ff.

Dieser *Allegro*-Ausschnitt mit seinen drängenden synkopierten Rhythmen, seinen Imitationen und versponnenen Figurationen läßt an ein energiegeladenes Toccata-Idiom denken. Aber die Passage wird nach fünf Takten abgebrochen. Wie in der Überleitung zum Chorfinale der 9. Symphonie ist also auch hier eine Suche nach neuen kompositorischen Möglichkeiten festzustellen mit der klaren Zielsetzung, den barocken Kontrapunkt durch neue Gestaltungsmittel, wie sie das geradezu revolutionäre Fugenfinale der Sonate kennzeichnen, zu transzendieren. Gleichwohl ist nicht zu übersehen, daß die B-Dur-Fuge aus dem zweiten Teil des *Wohltemperierten Klaviers* mit der Entstehungsgeschichte des Fugenfinales von op. 106 in Zusammenhang steht.

Martin Zenck vertritt die Ansicht, die „vermittelte Stilantithese von Fantasie und Fuge", wie wir sie in Beethovens Largo-Überleitung und Fugenfinale in op. 106 verkörpert sehen, sei Bachs *Chromatischer Fantasie und Fuge* BWV 903 verpflichtet, die Beethoven 1810 exzerpiert hatte.[23] Dieser Vergleich jedoch sollte nicht zu weit geführt werden. Denn weder für die Kette der motivisch bedeutsamen fallenden Terzen noch auch für die fugierten Einsprengsel in der Überleitung der *Hammerklaviersonate* lassen sich Entsprechungen in der *Chromatischen Fantasie und Fuge* finden. Diese parenthesenartigen Einschübe scheinen eher, wie Richard Kramer es ausgedrückt hat, „to evoke some imaginary fugal moment from the past".[24] Und es ist charakteristisch für Beethovens Rückgriff auf Bach und andere ältere Stile, daß sie in einen fortschreitenden Kontext eingegliedert werden, wodurch ältere Verfahren „ein wirklich poetisches Moment" erhalten.

Ein hervorragendes Beispiel für diesen Vorgang findet sich in Beethovens vorletzter *Sonate in As-Dur*, op. 110. Adolf Bernhard Marx hat 1824 in seiner begeisterten Besprechung des Werkes konstatiert, die Fuge des Finales müsse „neben den reichsten Sebastian Bach's und Händels studirt werden".[25] Marx erkannte auch, in welcher Weise hier Beethoven bei seinen Vorgängern anknüpft, und beschließt seine Rezension folgendermaßen: „Das ist eine Beethovensche Fuge. Seht hier, wie man die Kunst lernen und dann sie über dem freien geistigen Regen vergessen machen muß."[26] Das Finale enthält eine ungewöhnliche zweifache Verschränkung von *Arioso dolente* und Fuge; in ihr realisiert sich eine spannungsreiche Beziehung zwischen komplementären, aber dennoch diametral entgegengesetzten Stimmungsgehalten. Ist das Klagelied voller Ausdruck des Leidens, hierin an das *Agnus Dei* der *Missa solemnis* erinnernd, so hat die Fuge einen affirmativen, verheißungsvollen Charakter und läßt an eine Verwandtschaft mit dem *Dona nobis pacem* denken, mit dem sie auch eine ähnliche thematische Gestalt von aufsteigenden Quarten gemeinsam hat. Die erste Fuge kann jedoch nicht durchgehalten werden; sie wird auf der Dominante von *As* abgebrochen, bevor Beethoven diesen als Angelpunkt dienenden Klang als übermäßigen Quintsextakkord umdeutet, um so die Musik in ein in diesem Zusammenhang entlegenes g-Moll zu führen, in welchem dann das *Arioso dolente* zum zweiten Mal – und noch verzweifelter als zuvor – erklingt.

Die Verbindung barocker Formelemente in op. 110 stellt einen von Beethovens faszinierendsten Versuchen dar, ältere Stile und moderne Techniken zu kombinieren und einer narrativen, völlig neuartigen Formkonzeption zu integrieren. Der Beginn des Arioso-Themas ist mit dem „Es ist vollbracht" aus der Bachschen *Johannes-Passion* verglichen worden; und Paul Badura-Skoda hat kürzlich eine vermutlich „unbewußte Reminiszenz" gegen Ende des ersten Arioso an Bachs *es-Moll-Präludium* aus dem ersten Teil des *Wohltemperierten Klaviers* festgestellt.[27] Das zweite Arioso erinnert auf der anderen Seite hinsichtlich seiner thematischen Gestaltung und seines Charakters an die berühmte g-Moll-Arie der Pamina „*Ach, ich fühl's*" aus der *Zauberflöte*, ein Stück, das auf ähnliche Weise mit Tod und Verzweiflung in Zusammenhang steht; und es mag wohl dieses Mozartsche Vorbild gewesen sein, das Beethoven beeinflußt und seine ungewöhnliche Tonartenwahl an dieser Stelle motiviert hat. Wie in der *Zauberflöte*, so wird auch hier die subjektiv-individuelle Klage anscheinend gemildert durch eine äußere Handlung. Erst nach einer erstaunlichen Umdeutung der Kadenz des Klagegesanges zur Dur-Variante, hervorgehoben durch zehn crescendierende Akkorde, und nach einem geradezu labyrinthischen Fugato mit der Vortragsbezeichnung „nach u. nach sich neu belebend" wird im weiteren Verlauf schließlich die Tonart As-Dur erreicht, um im von gefühlstrunkener Hochstimmung geprägten Schlußteil endgültig den Fugencharakter zu suspendieren.

Es scheint sinnvoll, an dieser Stelle über die Tragweite von Beethovens Begriff der „Kunstvereinigung" im Hinblick auf die narrative Struktur von op. 110 nachzudenken. Hier wäre Martin Coopers Interpretation der Fugen-Teile zu folgen: „Beethoven's reply to the human grief and distress of the two arioso stanzas is the contemplation of a harmonious world whose laws are absolute and objective, neither subject to human passion nor concerned with anything beyond themselves." Gleichwohl würde diese Einschätzung viel eher der ersten Fuge entsprechen, die, wie Cooper ausführt, „almost immaculately traditional in form" sei, als der zweiten, deren Freiheiten die barocken Modelle hinter sich lasse.[28] Und tatsächlich: Beethovens Vortragsbezeichnung „nach u. nach sich neu belebend" und die auf sie bezogene Fortschreitung von *una corda* zu *tutte le corde* in Verbindung mit einer Verlangsamung des Tempos (was in der Folge zu einer Restaurierung sowohl des Grundtempos als auch der Grundtonart führt, wenn der Fugensoggetto oktaviert im Baß erscheint) implizieren, daß „die Betrachtung einer Welt in Harmonie, deren Gesetze absolut und objektiv" sind (Cooper), nicht ausreicht, um die Balance mit der Verzweiflung der beiden Arioso-Abschnitte aufrecht erhalten zu können. Viel eher bedarf die komplexe kontrapunktische Anlage der zweiten Fuge, die in der Umkehrung und *una corda* anhebt, der Aufladung mit neuer Energie, – einer Energie, die sich nicht von selbst durch die traditionellen Techniken der Fugenkomposition ergibt, sondern nur durch eine ungeheure Willensanstrengung, die eben jene Techniken an ihre Grenzen treibt und schließlich erst in einer Überschreitung der in sich eng umrissenen Fugenschreibweise ihren Zielpunkt erreicht.

Donald Francis Tovey betont in diesem Zusammenhang, daß Beethoven in der Schlußfuge eine „orgelartige Klimax" mit den Konnotationen von Askese und „Verneinung der Welt" hat vermeiden wollen: „Like all Beethoven's visions, this fugue absorbs and transcends the world."[29] Diese Eigenschaft der Offenheit, die Tendenz zum Umspannen aller Lebensbereiche, der niederen wie der allerhöchsten, wird in op. 110 durch den heiter-komischen, scherzo-artigen zweiten Satz mit seiner Verwendung von zwei Volksliedern[30] und nicht zuletzt auch durch die offensichtliche Anspielung auf diesen Satz in dem mit „Meno Allegro" bezeichneten Abschnitt der Fuge, in dem das Thema in doppelter Diminution verarbeitet wird, zum Ausdruck gebracht. Die Entsprechung von Rhythmus und Registerwahl in diesen beiden Passagen rückt den Beginn der „Meno Allegro"-Passage in die Nähe des Scherzobeginns und läßt das Volksliedzitat „Ich bin lüderlich" durchscheinen, somit die These Toveys von der Aufnahme der „Welt" bestätigend; die Entsprechung ist deutlich hörbar, auch weil Beethoven die Struktur des Fugensoggettos an dieser Stelle durch Entfernung des zweiten der drei aufsteigenden Quartschritte ändert.

Ich bin   lü-der-lich,   du bist   lü-der-lich

Volkslied

Ludwig van Beethoven, *Sonate in As-Dur* op. 110, *2. Satz*, T. 120ff.

Ludwig van Beethoven, *Sonate in As-Dur* op. 110, *Finale*, T. 168ff.

Beide Motive heben die die Töne *as–es* und *c–g* umspannenden Quarten hervor, die in der Fuge umgekehrt werden; die Stellung der kürzeren Notenwerte korrespondiert hiermit.

Die rhythmischen Entwicklungen, die den Weg aus dem Labyrinth der Fuge weisen, zerstören den Soggetto, er wird bis zur Unkenntlichkeit komprimiert, während hierdurch zugleich neue Möglichkeiten eröffnet werden, Bezüge zu den vorausgehenden Sätzen des Zyklus durch jenes Phänomen herzustellen, das Carl Dahlhaus Subthematik genannt hat.[31] In diesem Sinn bezeichnet das „Meno Allegro" ein entscheidendes Stadium in der Überwindung des nach tradtioneller Auffassung in sich ruhenden Fugenidioms, da hier eine durch die doppelte Diminution freigesetzte rhythmische Energie Autonomie erlangt und regelrecht „aufflammt", um mit Tovey zu reden.[32] Was nach der Rückkehr zu As-Dur allein von der Fugenfaktur Bestand hat, ist eine Folge von Einsätzen des Soggettos in Baß, Alt und Sopran, gefolgt von einer Erweiterung, die der synkopierten Passage aus der Mitte der ersten Fuge (T. 40–46) entstammt. Das Werk schließt ekstatisch, gekrönt von einer neuerlichen Entfaltung des Themas in erweiterter Form und in hohem Register. Nach der Überwindung zweier verminderter Septakkorde findet die Musik ihren Ziel- und Ruhepunkt in der Arpeggierung eines nachdrücklich betonten, sich über alle Register entfaltenden As-Dur-Akkordes.

Die gesamte zweite Fuge ist somit in eine größere, übergreifende Entwicklung gestellt, auf deren symbolische Bedeutung durch die Vortragsbezeichnung „nach u. nach sich neu belebend" von Beethoven hingewiesen wird. Hier wie auch an anderer Stelle in seinen späteren Werken verwendet Beethoven die Fuge nicht als eine selbständige Einheit, sondern integriert sie in ein übergreifendes narratives Konzept. Die gleiche Tendenz kann für andere Fugen aus jenen Jahren beobachtet werden, die bezeichnenderweise in einem Zielklang kulminieren, um dann abzubrechen. Der zweite Teil der *Credo*-Fuge in der *Missa solemnis* gipfelt und bricht zugleich ab mit dem gewaltigen Es-Dur-Akkord bei dem Wort „saeculi"; die dieser Stelle in der Messe analoge Klangbildung in der vorletzten *Diabelli*-Variation – es handelt sich ebenfalls um eine zweiteilige Fuge – bildet ein massiver verminderter Septakkord, der bei gehaltenem Pedal über die ganze Klaviatur hinweg arpeggiert wird und schließlich als überleitende Brücke zur letzten Variation dient. Nur innerhalb der engen Grenzen einer einzelnen früheren *Diabelli*-Variation – der *Fughetta*, Variation XXIV – gestattet sich Beethoven den Versuch einer in sich abgerundeten, lyrisch gehaltenen Fuge, die an einige der Orgelstücke aus dem dritten Teil von Bachs *Clavierübung* erinnert; aber selbst hier wird mit der sich anschließenden Variation durch eine geradezu komisch wirkende Wiedergeburt des abgedroschenen Diabelli-Walzers ein scharfer Kontrast geschaffen.

In zwei weiteren Variationen der *Diabelli-Variationen* finden sich Bezüge zu Bach, doch in keiner der beiden handelt es sich um eine Fuge. In Variation XXIX komponiert Beethoven gewissermaßen ein barockes Lamento unter Verwendung eines sehr einfachen harmonischen Schemas, indem in der ersten Hälfte der Variation taktweise Tonika und Dominante miteinander alternieren. Wieder kann eine Beziehung hergestellt werden zum *es-Moll-Präludium* aus dem ersten Band des *Wohltemperierten Klaviers*, einem Stück, das von Tonsatz und Stimmung her in auffallender Weise Ähnlichkeiten mit dem *Adagio ma non troppo* der Variationen aufweist. Diese deutliche Anspielung auf Bach scheint angesichts der Tatsache aufschlußreich, daß doch das einzige den *Diabelli-Variationen* von Anspruch und Umfang her vergleichbare Werk die *Goldberg-Variationen* sind.

Das große *Largo* (Variation XXXI) zeigt ebenfalls den Einfluß Bachs. Charles Rosen hat diese Variation eine Nachahmung der reich verzierten Moll-Variation aus den *Goldberg-Variationen* genannt.[33] Ob Beethoven die *Goldberg-Variationen* gekannt hat, ist nicht überliefert, aber die Vorankündigung der Publikation von op. 120 durch Diabelli suggeriert schon die Vergleichbarkeit der Werke: Er erklärt diese Variationen zu „einem großen und bedeutenden Meisterwerk, würdig, mit den unsterblichen Schöpfungen der Klassiker auf eine Stufe" und mit Fug und Recht „Johann Sebastian Bachs Meisterwerk in der selben Form an die Seite gestellt" zu werden.[34] Auch Ähnlichkeiten in der Melodik und im Tonsatz lassen Beethovens Kenntnis der Bachschen *Goldberg-Variationen* vermuten, wenngleich die Beziehung der beiden Werke zueinander weniger an eine Nachahmung denn an eine Hommage an Bach denken läßt.

Johann Sebastian Bach, *Goldberg-Variationen*, Nr. 25, T. 1f.

Ludwig van Beethoven, *Diabelli-Variationen* op. 120, Nr. XXXI, T. 1.

Gegen Ende der ersten Hälfte jeder Variation weist Beethovens absteigendes Schlußmotiv eine auffallende Ähnlichkeit mit demjenigen Bachs auf.

Johann Sebastian Bach, *Goldberg-Variationen*, Nr. 25, T. 31.

Ludwig van Beethoven, *Diabelli-Variationen* op. 120, Nr. XXXI, T. 5a.

Darüber hinaus folgt Beethoven Bach in der Verwendung eines üppigen, an Spielfiguren reichen Tonsatzes, in dem Melodietöne durch einen aufwärts gerichteten Sprung, meistens durch einen Oktavsprung, hervorgehoben werden. Angesichts solcher Befunde dürfte es schwer fallen, davon auszugehen, Beethoven habe die *Goldberg-Variationen* nicht gekannt. Die Bezüge zu Bach und insbesondere zu den *Goldberg-Variationen* sind aber auch Teil stilistischer Anspielungen auf andere Komponisten. Es handelt sich um eine zielgerichtete Abfolge, die schließlich in der Coda der Schlußvariation in einer Anspielung auf ein eigenes Werk gipfeln wird, nämlich auf den letzten Satz seiner letzten Klavier-Sonate, die *Arietta-Variationen* von op. 111.[35]

Zwei der monumentalen Leistungen des späten Beethoven, die *Diabelli–Variationen* und die *Missa solemnis*, können für seinen bewußten Versuch einstehen, sich der Herausforderung des Bachschen Erbes auf höchster Ebene zu stellen, – ein Unterfangen, das an Beethovens früheren Kampf während seines ersten Wiener Jahrzehnts erinnert, seine Beherrschung von Streichquartett und

Symphonie unter Beweis zu stellen, jenen Gattungen, in denen zu dieser Zeit Haydn und Mozart die unerreichten Meister waren. Hans Georg Nägeli hat 1818 in der Verlagsankündigung der Veröffentlichung der Bachschen *h-Moll-Messe* das Werk als „größtes musikalisches Kunstwerk aller Zeiten und Völker" bezeichnet. Schon bald darauf, im Jahr 1819, hat Beethoven an seiner *D-Dur-Messe* zu komponieren begonnen. Die Hauptarbeit zog sich bis 1822 hin und füllte vier großformatige Skizzenbücher und viele kleinere Notizbücher sowie einzelne Blätter. Spezifische Parallelen zwischen der *Missa solemnis* und der *h-moll-Messe* sind schwer auszumachen, und Händels Einfluß ist nicht selten viel greifbarer. Gleichwohl mag die Reputation des Bachschen Werkes Beethoven geholfen haben, die innere Haltung und Einstellung zu diesem *magnum opus* seines letzten Lebensjahrzehnts zu formen. War er im allgemeinen auch nicht geneigt, irgendeines seiner Werke als sein größtes zu bezeichnen, so bildet die *Missa solemnis* eine Ausnahme, ein Umstand, den man als eine Reaktion auf Hans Georg Nägelis weitverbreitete Äußerungen über Bachs Messe deuten kann, wie Marianne Helms vermutet.[36] Am 5. Juni 1822 sollte Beethoven in einem Brief an seinen Leipziger Verleger Carl Friedrich Peters äußern, „das gröste Werk, welches ich bisher geschrieben", sei „eine große Meße mit Chören u. 4 obligaten Singstimmen u. großem Orchester"[37], um am 10. März 1824 an Schott in Mainz die Bedeutung des Werkes erneut hervorzuheben: „so schwer e[s] mir wird über mich selbst zu reden, so halte ich sie [= die Missa] doch für mein gröstes werk."[38]

*

In Diskussionen um Beethovens Spätstil ist nicht nur der Einfluß von Bachs Spätwerk gesehen worden, sondern man erkannte auch Parallelen in der geschichtlichen Situation beider Komponisten. Carl Dahlhaus war der Ansicht, die Vorstellung von einem „Spätwerk" eines Komponisten sei wesentlich durch die Werke Bachs, Beethovens und Liszts geprägt: „Aus den Epochen, denen sie chronologisch angehören, fallen Spätwerke geistes- und kompositionsgeschichtlich heraus, ohne daß sie sich 'ideell' in andere Zeiten versetzen ließen. Bachs *Kunst der Fuge* und das *Musikalische Opfer* wirken im Zeitalter der Empfindsamkeit ebenso fremd und sperrig wie Beethovens späte Streichquartette in der Romantik oder Liszts letzte Klavierstücke in der 'Neuromantik'."[39]

Dieses Moment der „Ortlosigkeit" kennzeichnet nach Dahlhaus eine antizipatorische Modernität, die indes keine unmittelbare Tradition begründe, als deren frühestes Zeugnis sie ja gerade fortschrittlich im herkömmlichen Sinne wäre. Bemerkenswert in diesem Zusammenhang ist Adornos Ansicht, der alternde Beethoven durchschaue die Klassik als Klassizismus und unterziehe das Affirmative und Festliche einer Kritik, die jene Einheit von Subjektivität und Objektivität, die seinen eigenen früheren Stil auszeichnete, in Frage stelle.[40] Eine Erweiterung des künstlerischen Spielraums wird teilweise vorangetrieben durch die schärferen Kontraste und die größere Diskontinuität des Beethovenschen Spätstils, und hierin wird man eine – wenn auch begrenzte – Analogie zu Bach sehen können. Ein erhöhtes musikhistorisches Bewußtsein ist charakteristisch für das spätere Schaffen beider Komponisten. Robert Marshall zum Beispiel hat die Aufmerksamkeit auf moderne Elemente in Bachs Musik gelenkt, die Rücken an Rücken stehen mit dem konservativen Stile antico.[41] So werden ein moderner, klangvoller, italienisierender Stil im *Christe eleison* und ein ernster Stile antico im zweiten *Kyrie eleison* in der *h-Moll-Messe* nebeneinandergestellt, während Archaisches in später Klaviermusik, wie etwa die sangliche, ricercarähnliche *E-Dur-Fuge* aus dem zweiten Teil des *Wohltemperierten Klaviers* der gleichen Zeit entstammt wie die damals ganz neue virtuose Klavierschreibweise der *Goldberg-Variationen*, die an den Einfluß Domenico Scarlattis denken läßt.

Beethovens Verwendung älterer Stile war weitreichender, als es bei Bach der Fall war, und umfaßt die Einbeziehung gregorianischer Elemente und anderer bewußt eingesetzter Archaismen in einigen der ambitioniertesten Werke aus der letzten Dekade seines Lebens. Insbesondere die *Missa solemnis* bringt den Erweis für seine Studien vieler geistlicher Werke des 16. und 17. Jahrhunderts und seine Anverwandlung traditionsreicher Topoi der Meßkomposition. Weitreichendste musikhistorische Bedeutung gewinnt jedoch das kühne Nebeneinanderstellen verschiedener Idiome. Für die Vertonung des „Et incarnatus est" etwa läßt Beethoven den dorischen Modus wiederaufleben, aber bald darauf, bei den Worten „et homo factus est", wendet sich die Musik nach D-Dur und zu vertrauter Tonalität. Diese Stelle verdankt ihre Kraft weniger den heute vergessenen Konnotationen, die sich mit den Klängen einer fernen Vergangenheit verbinden, sondern vielmehr unserer Auffassung, daß das spätere Idiom tatsächlich einen Fortschritt darstellt, daß die Geburt der Tonalität selbst die Fähigkeit besitzt, die Geburt (oder Wiedergeburt) des Menschen zur Darstellung zu bringen. Um einen gleichermaßen auffälligen Rückbezug auf Satztechniken klassischer Vokalpolyphonie handelt es sich bei der Vertonung des „Et resurrexit tertia die secundum scripturas" in mixolydischer Tonart.

Bei anderen archaisierenden Passagen in der Messe und im g-moll-Abschnitt des Finales der 9. Symphonie entsteht allerdings nicht mehr der Eindruck, als kontrastierten diese Bezüge auf historische Satztechniken mit anderen Gestaltungsmitteln, wie es im *Credo* der Messe der Fall war. In der 9. Symphonie entsteht die Wirkung des Archaischen, die bei der berühmten Stelle „Seid umschlungen Millionen" spürbar wird, sowohl durch modale Wendungen als auch durch Unisoni in den Gesangspartien und den Posaunen.[42] Die Ehrfurcht gebietende Feierlichkeit solcher Passagen beruht nicht zuletzt auf dem archaischen Nebeneinanderstellen von Dreiklängen in Grundgestalt, wie etwa bei dem plötzlichen Umschwung von dem B-Dur-Akkord bei „Schöpfer" zum C-Dur-Klang bei „Ahnest du den Schöpfer, Welt?" Beethovens Antezipation des Übergangs zum C-Dur-Akkord im Orchester hebt die Sphäre des Transzendenten hervor, auf die hier stillschweigend verwiesen werden soll, während sie zugleich klanglich den Weg bahnt für den sich anschließenden Dominantseptakkord auf *D* und somit auch für die eindrucksvolle trugschlußartige Wendung bei den Worten „Über Sternen muß er wohnen" – erhabener Kulminationspunkt dieser kollektiven Schau des Unendlichen.

Verdanken sich solche Passagen ganz entscheidend einer Anverwandlung älterer musikalischer Verfahren, so scheint ihre ästhetische Wirkung keineswegs restaurativ. Dies führt uns zurück zu Dahlhaus' scheinbar paradoxer Beschreibung des „Spätstils" als eines modernen, jedoch nicht unmittelbar progressiven Phänomens. Der Sachverhalt ist von Donald Francis Tovey aus einem anderen Blickwinkel betrachtet worden: „The same spirit of truthfulness that makes Sebastian Bach hold himself aloof from the progressive art which he encourages in his sons drives Beethoven to invent new forms and new means of expression in every work he writes."[43] Mit anderen Worten: Was den Spätstil beider Komponisten auszeichnet, ist nicht ein bloßes Reagieren auf jeweils aktuelle Strömungen, sondern eine innere Überzeugung und deutliche Vorstellung davon, was eine wahrhaft künstlerische Synthese zu leisten vermag. Oder, um es in Beethovens Worten zu sagen, eine „Kunstvereinigung" – wodurch alte Formen eine neue Gestalt erhalten. Hier mögen vielleicht die tiefsten Wurzeln verborgen liegen für das, was wir bereits beschrieben haben als Beethovens strukturelle und stilistische Anverwandlung von Bachs Musik.

In einem weiteren Sinne hat Beethovens Musik die Kunst der Symmetrie, wie sie von Haydn und Mozart zur Vollendung gebracht worden ist, mit einer anderen, älteren Tradition, deren „Festigkeit" – wie Beethoven sich ausgedrückt hat – vor allem durch das Werk J. S. Bachs verkörpert wird, zu vereinen vermocht. Auf der einen Seite spiegelt sich diese „Festigkeit" in einer zunehmenden kontrapunktischen Dichte wider, die in Beethovens von Karl Holz überlieferter Vorstellung von einer „neuen Art der Stimmführung", wie sie sich in den späten Quartetten finde, kulminieren wird. Zugleich hat die Qualität der „Festigkeit" jedoch auch zu tun mit der Prägnanz oder Konsistenz des musikalischen Charakters. In dieser Hinsicht steht Beethovens in hohem Maße integrative Ästhetik im Gegensatz zu der Kunst bunter und abwechslungsreicher Reihungen, wie sie bei Mozart zu reichster Entfaltung gelangte. Die bezwingende Kraft gleichsam narrativer Kontinuität bei Beethoven verdankt viel der älteren barocken Ästhetik des Einheitscharakters; so gründet sich seine gesamte künstlerische Unternehmung auf der Synthese stilistischer Traditionen, die völlig für sich stehend, ja sogar einander auszuschließen schienen. Die Verschmelzung von Bachscher Gediegenheit und Kontinuität mit den dramatischen Kontrasten und Diskontinuitäten des klassischen Stils verleiht der Beethovenschen Kunst eine einzigartige Vielfalt und Kraft. Und in diesem Zusammenhang scheint sein lebenslanges Interesse an Bach ihn zuallererst befähigt zu haben, seinen eigenen Stil zu finden und fortzuentwickeln, indem es seinen Wunsch, „neue Formen und Ausdrucksmittel zu ersinnen" (Tovey), stets aufs neue inspiriert hat.

Ohne Frage behielt die Musik Bachs auch nach Beethoven die wichtige Rolle einer Hauptquelle von Inspiration und Bezugsgröße kompositionstechnischen Könnens für die stilistische Entwicklung von Generationen von Komponisten. Chopin verband Bachs musikalische Sprache mit einer Ästhetik pianistischer Brillanz und opernhafter Gefühlsseligkeit; Wagner absorbierte sie in der diatonischen Polyphonie der *Meistersinger* und des *Parsifal*; Mahlers Auseinandersetzung mit Bach verleiht dem dritten und fünften Satz der 5. Symphonie wie auch späteren Werken größeres Gewicht. Gleichwohl gibt es vielleicht keinen anderen Komponisten des 19. Jahrhunderts, für den der Einfluß Bachs weitreichender gewesen wäre als für Beethoven.

Jener nach neuen Bahnen suchende „Geist der Wahrhaftigkeit" (Tovey) ist in
Beethovens Musik vielleicht nirgends deutlicher spürbar als in dem ausgedehnten
langsamen Satz des *a-Moll-Quartetts* op. 132. Im Zentrum des Quartetts, flankiert von kürzeren Tanzsätzen in A-Dur an zweiter und vierter Stelle, steht der
*„Heilige Dankgesang eines Genesenden an die Gottheit, in der lydischen Ton-
art".* Der programmatische Titel nimmt Bezug auf Beethovens eigene Rekonva-
leszenz im April 1825. In seiner Form erinnert der Satz an den langsamen Satz
der 9. Symphonie mit einem dreimaligen Erscheinen des Hauptthemas, das variiert wird und sich mit einem Seitenthema in einer anderen Tonart abwechselt. Die
thematische Kontrastbildung im *„Heiligen Dankgesang"* jedoch ist weitreichender als in der Symphonie, sie läßt einen streng modalen, hymnusartigen Satz mit
einer mystischen, archaischen Aura einem lebhaften, tanzartigen *Andante* in D-Dur
gegenüberstehen, der sich durch luxurierendes Figurenwerk und schmückende Triller
auszeichnet. Beethoven bezeichnete das Andante mit „Neue Kraft fühlend"; es
scheint Ausdruck der Vision von einer neuen Kraft zu sein, die, wie Joseph Kerman
beobachtet hat, „has not been attained, and which perhaps never will be attained".[44]

Wir haben andere Fälle wie das „Incarnatus" im *Credo* der *Missa solemnis*
erwähnt, in denen Beethoven modale und tonale Passagen nebeneinanderstellt.
Aber in keinem anderen langsamen Satz Beethovens finden sich so extreme Kontraste wie im *Dankgesang*. In diesem Zusammenhang kommt die paarweise Zusammenstellung von *Arioso dolente* und lyrischer Fuge in op. 110 in den Sinn, ein
Werk, mit dem auf ähnliche Weise die Genesung von schwerer Krankheit assoziiert
ist. Anstatt barocke oder explizit Bachsche Modelle zu verwenden wie in op.
110, greift Beethoven zu einem noch entlegeneren oder gewissermaßen zeitlosen
Topos. Gleichwohl weist auch hier wieder die dahinterstehende Idee in die Zukunft;
alte Modelle werden herangezogen, um neu erprobt und bis an die Grenzen ihrer
Möglichkeiten getrieben zu werden. Bei seinem ersten Erscheinen wirkt der lydische
Choral spröde, aber jede Wiederkehr bringt größere Sinnlichkeit. Schon bei seiner
ersten Wiederholung werden jene kontrapunktischen Phrasen, die zuvor nur als Zwischenspiel gedient hatten, dem Hymnus in Form einer ununterbrochen fließenden Begleitung beigesellt. Schließlich ist bei seinem letztmaligen Erscheinen eine Synthese
erreicht, die den Höhepunkt des langsamen Satzes und des ganzen Quartetts bildet:
Beethoven wählt nur die erste Phrase der Choralmelodie, um deren Diastematik mit
den kürzeren Notenwerten des ursprünglichen Zwischenspiels zu verbinden, das nun
zu einem Kontrasubjekt im Sinne der Fugentechnik geworden ist.

Die erhöhte Subjektivität der Musik spiegelt sich in Beethovens Vortragsbezeichnung „mit innigster Empfindung" wieder. In der strettaartigen Klimax öffnet
sich eine weite Kluft zwischen den Registern der Instrumente, und das Kontrasubjekt tritt kurz zurück, während der Hymnus sich mit erstaunlicher Intensität
durchsetzt. Diese Stelle kann als symbolischer Höhepunkt des ganzen Werkes
verstanden werden, muß sie doch das Gegengewicht schaffen zu dem zerrissenen,
ja qualvollen Ausdruck der äußeren Sätze. Bei dem *a-Moll-Quartett* handelt es
sich um ein Werk von großem Pathos, einem Pathos allerdings voller Schmerz,
wie es nirgends deutlicher zum Ausdruck kommt als in dem das Finale einleiten-

den Rezitativ. Beethoven kehrt hier die Funktion des Rezitativs aus der 9. Symphonie um: Statt utopische Möglichkeiten zu eröffnen, erzwingt dieses Rezitativ eine erneute Konfrontation mit jenem schmerzvollen Pathos, das im vierten Satz, dem *Alla marcia, assai vivace,* ignoriert worden war.

Adorno vertrat über den alternden Beethoven die Ansicht: „Etwas in seinem Ingenium, das Tiefste wohl, weigerte sich, was unversöhnt ist, im Bilde zu versöhnen."[45] In jenem letzten Abschnitt des *Heiligen Dankgesanges* jedoch strebt Beethoven danach, „was unversöhnt ist, zu versöhnen", wenn er zumindest teilweise die scheinbar unvereinbaren Kontraste zu vermitteln sucht. Diese beim späten Beethoven wiederkehrenden polaren Gegensätze von persönlichem Leiden und himmlischer Freude treffen hier zusammen, und es bleibt, wie Kevin Korsyn kürzlich bemerkt hat, eine Sache der Interpretation, ob dieser Prozeß verstanden wird als ein wirkliches Zusammenwachsen oder ein bloßes Nebeneinander.[46] Selbst in diesem düstersten und verzweifeltsten seiner Werke – mit seiner pessimistischen Umkehr der Botschaft der 9. Symphonie – beschwört Beethoven eine Art von übersinnlicher Präsenz, wenn nicht gar überpersönlicher Kraft. Adorno hat das Moment der „Verfremdung" in dieser Musik vielleicht zu stark betont, die sich letztendlich einem Gefühl der Willensstärke und einer gleichsam ins Kosmische gesteigerten, alles umfassenden Ganzheit, welches Beethoven mit dem Leipziger Meister teilt, verdankt, und dies trotz seines ruhelosen Temperaments, in dem sich der Geist des nachrevolutionären Zeitalters widerspiegelt.

*

Abschließend sei eine Verbindung zwischen dem Einfluß J. S. Bachs und der Entstehungsgeschichte der letzten wichtigen Werkgruppe Beethovens näher ins Auge gefaßt: der fünf zwischen 1824 und 1826 komponierten späten Streichquartette. Während eines frühen Kompositionsstadiums des ersten der Quartette, im August 1824, versuchte Anton Diabelli Beethoven zu veranlassen, eine vierhändige Klaviersonate zu komponieren. Dieses Stück ist nie vollendet worden, aber in den Skizzen im Autograph 11/2 (Berlin SBPK) findet sich jene intervallische Grundkonstellation, die in einigen der Quartette vorherrschend werden sollte. In Beethovens Skizze für die Introduktion zu einer vierhändigen *Sonate in c-Moll* werden die Halbtonbeziehungen der fünften und sechsten Stufe respektive von Tonika und Leitton herausgelöst und entwickelt.

Ludwig van Beethoven, *Autograph 11/2,* fol. 5v.

Die Transposition dieser Gestalt auf Es-Dur bildet das Kopfmotiv des Scherzos des Es-Dur-Quartetts op. 127, während andere Varianten dieses Einfalls zu Beginn von op. 131 und 132 wie auch an anderer Stelle in diesen Quartetten auftauchen. Die Skizze offenbart, daß die in den späten Quartetten so bedeutsame intervallische Grundgestalt während der Arbeit an einem ganz anderen Projekt und in anderer Tonart entstanden ist.

Ludwig van Beethoven, *Streichquartett in Es-Dur* op. 127, *3. Satz*, T. 2ff.

Dieser Topos stammt aus dem Barock, aber Beethoven kannte ihn auch aus einigen Mozartschen Werken in c-Moll, wie etwa der von Bach beeinflußten *Fuge für zwei Klaviere* KV 426, einem Werk, von dem Beethoven viele Jahre zuvor sich eine Abschrift gemacht hatte. Diabellis Anregung hat wohl dazu geführt, daß Beethoven sich der mächtigen Fuge Mozarts entsann, war sie doch für zwei Spieler komponiert. Darüber hinaus gibt es aber auch eine unübersehbare Ähnlichkeit in Charakter und Struktur zwischen Mozarts *c-Moll-Fuge* und dem ersten Satz von Beethovens letzter Klaviersonate in ebendieser Tonart op. 111, – ein weiteres Werk, in dem sich in auffallender Weise Fugenelemente finden lassen. Die Kopfmotive des *Allegro con brio ed appassionato* in op. 111 und in der Mozartschen Fuge weisen beide eben jenes Paar von Halbtönen auf, das in Beethovens c-Moll-Skizze auftaucht. Wenngleich es sich hier gewissermaßen um Grundworte der tonalen Sprache handelt und diese Tonkonfiguration in so verschiedenen Werken wie im Unisono-Beginn von Beethovens *Klaviertrio* op. 1,3 und in Mozarts *c-Moll-Konzert* (KV 491) erscheint, kann gleichwohl eine gemeinsame historische Linie gezogen werden. Für Mozart wie für Beethoven war die Verwendung dieser Halbtonbeziehungen im Kontext der Fugentechnik in der Tonart c-Moll ein insbesondere durch das *Musikalische Opfer* mit dem Namen Bachs verbundener Topos. Das im Jahre 1747 Bach von Friedrich dem Großen gegebene, sogenannte königliche Thema beinhaltet diese Beziehungen auf subtile Weise durch die Art der Stimmführung: Die Halbtonschritte *c–h* und *g–as* werden zuerst in den Eröffnungstakten exponiert, aber erst in der Kadenz der Takte 8–9 ganz aufgelöst. Das dissonierende, rhetorisch hervorgehobene *As* des zweiten Taktes ist mit der zwei Takte später von *G* chromatisch absteigenden Linie verbunden. Nach einem über das Ziel der Tonika Hinausschießen zu Gunsten des tieferen, *h* beinhaltenden Tetrachords in Takt 7 greift das Thema den kadenzierenden Terzfall von *es* über *d* zur Tonika *c* wieder auf, um so die harmonische Spannung der dissonierenden Halbtonschritte aufzulösen, die die verminderte Septharmonik *as–h* in den Takten 2–3 entschlüsseln.

Um ein weiteres signifikantes chromatisches Motiv in den späten Quartetten handelt es sich bei der B-A-C-H-Figur selbst. In den 1820er Jahren fungiert sie als „an insignia, an arcane cipher woven into the fabric of much Romantic music, nowhere quite so tellingly (if elusively and even subconsciously) as in Beethoven's last quartets".[47] Es war im September 1825, als Beethoven am *B-Dur-Quartett op. 130* und an der *Großen Fuge* gearbeitet hat, als dieser Einfall sich bei einer Champagner-Party in Baden bei Wien einstellte, wie Emil Platen gezeigt hat.[48] Huhn stand auf der Speisekarte, und Beethovens Freund und Spaßmacher-Kollege Karl Holz riskierte einen schrulligen Witz über die gebratenen „Hendel" in „Zäh-Dur". Eine andere Vergnügung bestand in dem Versuch, den Namen BACH musikalisch aufzuzeichnen unter Verwendung von lediglich einer Note, – ein Trick, der durch die findige Verwendung von Schlüsseln und Akzidentien möglich wird. Dieses Spiel ist von einem Gast der Versammlung, dem dänischen Komponisten Friedrich Kuhlau, vorgeschlagen worden, für den Beethoven seinerseits den humorvollen Kanon „Kühl, nicht lau" WoO 191 erfand. Mehrdeutigkeiten sind charakteristisch für Beethovens Witze und humoristische Kanons, und WoO 191 macht hier keine Ausnahme. Der Kanon beginnt mit den Noten B-A-C-H, aber er ist zugleich mit einigen Quartetten, insbesondere mit op. 132, op. 130/133 und op. 131 motivisch verbunden, wie Platen gezeigt hat.[49] Die Verbindung zu Bach sollte nicht übertrieben werden; in den Quartetten vermeidet Beethoven eine offensichtliche Verwendung der Noten B-A-C-H, selbst in der Tonart B-Dur. Nichtsdestoweniger erstaunt die ebenmäßige rhythmische Deklamation und mottoartige Wirkung der Viertonmotive zu Beginn des *a-Moll-Quartetts* und der *Großen Fuge* und ihre Verwandtschaft mit dem B-A-C-H-Topos, die zurückverweist auf Bachs eigene Verwendung des Motivs in der die *Kunst der Fuge* beschließenden, unvollendet gebliebenen Quadrupelfuge.

Für Beethoven ist Bach immer ein unverbrüchliches künstlerisches Fundament und eine lebenslange Quelle der Inspiration geblieben. Und daß Bachs Name in Töne umgesetzt zu werden vermag, verschmolz diese Tatsache bündig zu einem musikalischen Emblem. Verschiedene seiner Witze bezeugen Beethovens stete Auseinandersetzung mit dem „Bach", der nie verrinne und daher eher „ein Meer" genannt zu werden verdiene. Im Hinblick auf seine Neigung zu Wortspielen und seiner Verehrung für Bach kann es nicht überraschen, daß Beethoven 1824–25 eine *Ouvertüre über B-A-C-H* erwogen hat, ein faszinierendes Projekt, zu welchem Skizzen sich vermengt finden mit denen zur 10. Symphonie und zum B-Dur-Quartett (siehe Abbildung zu Beginn des Textes, S. 350: Berlin SBPK: Mus. ms. autogr. Beethoven Artaria 197, S. 62).

Diese Skizzen blieben rudimentär. Aber Beethovens Antwort auf das Erbe Bachs war bereits tief verankert in vielen seiner Werke. Die stilistischen Anklänge, die wir behandelt haben, sind, so bedeutungsvoll sie auch sein mögen, nichts als die sprichwörtliche Spitze des Eisberges. Von seinen frühen Jahren in Bonn an war die Kunst Bachs für Beethoven unverzichtbar und in nicht geringerem Maße seiner schöpferischen Entwicklung ein Leitstern.

ANMERKUNGEN

* Aus dem Amerikanischen von Thomas Bösche.

1 Alexander Wheelock Thayer, *Ludwig van Beethovens Leben*, hrsg. von Hermann Deiters, weitergeführt von Hugo Rieman, Bd. 1, Leipzig ³1917, S. 150

2 Erwin Ratz, *Einführung in die musikalische Formenlehre*, Wien 1968.

3 Vgl. z. B. Martin Zenck, *Bach-Rezeption*. Siehe auch Warren Kirkendale, *Fugue and Fugato in Rococo and Classical Chamber Music*, Durham 1979, S. 212–225, 246f., 268–271, sowie Ernst Fritz Schmid, *Beethovens Bachkenntnis*, in: *Neues Beethoven-Jahrbuch* 5 (1933), S. 64–83.

4 Zur Behandlung des Werkes in der jüngeren Literatur vgl. Jurij Cholopow, *2 Präludien für Klavier/Orgel op. 39*, in: Albrecht Riethmüller, Alexander Ringer und Carl Dahlhaus (Hrsg.), *Beethoven: Interpretationen seiner Werke*, Bd.1, Laaber 1994, S. 309f.

5 Ludwig van Beethoven, *Briefwechsel. Gesamtausgabe*, Bd. 1: 1783–1807, hrsg. von Sieghard Brandenburg, München 1996, S. 70.

6 Ratz, *Formenlehre*, S. 21–22.

7 Alfred Brendel, *Nachdenken über Musik*, München 1977, S. 51.

8 Harold Bloom hat in mehreren Büchern seine Theorie des literarischen Einflusses entwickelt, vor allem in *The Anxiety of Influence. A Theory of Poetry* (Oxford und New York 1973), *A Map of Misreading* (Oxford und New York 1975) und jüngst in *The Western Canon* (Houndmills und London 1994).

9 Jürgen Uhde, *Beethovens Klaviermusik*, Bd. 3, Stuttgart 1974, S. 226.

10 Ratz, *Formenlehre*, S. 21f.

11 Zur jüngsten Diskussion dieser Verwandtschaft sowohl als auch anderer thematischer Ähnlichkeiten mit J. S. Bach in der Musik aus Beethovens mittlerer Schaffensperiode, s. Peter Schleuning, *Cellosonate A-Dur op. 69*, in: Riethmüller u.a. (Hrsg.), *Beethoven. Interpretation seiner Werke*, Bd. 1, S. 519f. Zur Verwandtschaft zwischen Bachs *Johannes-Passion* und Beethovens *Arioso dolente* in op. 110 vgl. Denis Matthews, *Beethoven*, London 1985, S. 115; Martin Geck, *Johann Sebastian Bach. Johannespassion BWV 245* (= *Meisterwerke der Musik*, H. 55), München 1991, S. 93, und Wilfrid Mellers, *Beethoven and the Voice of God*, New York 1983, S. 299–302.

12 In seiner *Vortragslehre* hat Carl Czerny über das Variationenfinale von op. 109 geschrieben, daß „der ganze Satz im Style Händels und Seb: Bach's" stehe; zit. nach Paul Badura-Skoda, *Über den richtigen Vortrag der sämtlichen Beethoven'schen Klavierwerke*, Wien, 1963, S. 60.

13 *Beethoven's „Archduke" Trio: The Sketches for the Scherzo*, unveröffentlichtes Thesenpapier, vorgetragen auf der Jahrestagung der American Musicological Society, Montreal 1993. Bei dem „etwas unzuverlässigen Druck" handelt es sich um die „Kühnel'sche Ausgabe," wie Gustav Nottebohm, *Zweite Beethoveniana*, Leipzig, 1887, S. 286, gezeigt hat. Wie Ong beobachtet, hat Beethoven die Takte 33–53, 55–57 und 59 der Fantasie sowie die Takte 80–104 der Fuge exzerpiert.

14 „(Genie hat doch nur unter ihnen der <u>Deutsche Händel</u> und *Seb. Bach* gehabt,) allein <u>Freyheit, weiter gehn</u> ist in der Kunstwelt, wie in der ganzen großen schöpfung, zweck, u. sind wir neueren noch nicht ganz so weit, als unsere <u>altvordern</u> in <u>Festigkeit</u>, So hat doch die verfeinerung unsrer Sitten auch manches erweitert, meinem erhabnen Musik Zögling, se[l]bst nun schon mitstreiter um die Lorbeern des ruhms, darf Einseitigkeit nicht vorwurf werden, *et iterum venturus judicare <u>Vivos</u> – et mortuos –*." (in: Beethoven, *Briefwechsel*, Bd. 4, S. 298).

15 Zit. nach: Stefan Kunze (Hrsg.), *Ludwig van Beethoven. Die Werke im Spiegel seiner Zeit*, Laaber 1987, S. 344.

16 Zit. nach: Kunze, *Beethoven. Werke*, S. 21.

17 Vgl. Warren Kirkendale, *The „Great Fugue" Op.133: Beethoven's „Art of the Fugue"*, in: *Acta musicologica* 35 (1963), S. 14–24.

18 Zit. nach Martin Zenck, *Bach-Rezeption*, S. 152.

19 *Ludwig van Beethovens Konversationshefte*, hrsg. v. Karl-Heinz Köhler und Grita Herre, Bd. 8, Leipzig 1981, S. 224.

20 Wilhelm v. Lenz, *Beethoven. Eine Kunststudie*, Bd. 4, Hamburg 1860, S. 219; siehe auch Eliot Forbes (Hrsg.), *Thayer's Life of Beethoven*, Princeton 1967, S. 692.

21 Siehe Richard Kramer, *Fuge für Streichquintett op. 137*, in: Riethmüller u.a. (Hrsg.), *Beethoven: Interpretation seiner Werke*, Bd. 2, S. 269–272.

22 Im Original deutsch (Anm. d. Übersetzers).

23 Vgl. Zenck, *Bach-Rezeption*, S. 218.

24 Richard Kramer, *Between Cavatina and Ouverture: Opus 130 and the Voices of Narrative*, in: *Beethoven Forum*, Bd. 1, 1994, S. 172.

25 *BAMZ* 1 (1824), 87–90, hier zit. nach Kunze (Hrsg.), *Beethoven. Werke*, S. 371.

26 Zit. nach Kunze (Hrsg.), *Beethoven. Werke*, S. 374.

27 Paul Badura-Skoda, *Bach-Interpretationen: Die Klavierwerke Johann Sebastian Bachs*, Laaber 1990, S. 217.

28 Martin Cooper, *Beethoven. The Last Decade. 1817–1827*, London 1970, S. 194.

29 Donald Francis Tovey, *A Companion to Beethoven's Piano Sonatas*, London 1931, S. 270, 285f. Vgl. auch Wilfrid Mellers, *Beethoven and the Voice of God*, New York 1983, S. 238f.

30 Vgl. Cooper, *Beethoven*, S.190f.; Adolf Bernhard Marx, *Ludwig van Beethoven. Leben und Schaffen*, Bd. 2, Berlin 1859, ⁵1901, S. 416.

31 Carl Dahlhaus, *Ludwig van Beethoven und seine Zeit*, Laaber 1987, S.245–262.

32 Tovey, *Companion*, S. 270.

33 Charles Rosen, *The Classical Style: Haydn, Mozart, Beethoven*, New York 1972, S. 439.

34 Alexander Wheelock Thayer, *Chronologisches Verzeichniss der Werke Ludwig van Beethovens*, Berlin 1865, S. 151.

35 Eine ausführliche Diskussion bei William Kinderman, *Beethoven's Diabelli Variations*, Oxford 1987, S. 111–130.

36 Siehe ihre Rezension von Maynard Solomon, *Beethoven*, in: *Beethoven-Jahrbuch* 1978/81, S. 387.

37 Beethoven, *Briefwechsel* Bd. 4, S. 488.

38 Beethoven, *Briefwechsel* Bd. 5, S. 278.

39 Dahlhaus, *Beethoven und seine Zeit*, S. 263.

40 Vgl. Theodor W. Adorno, *Verfremdetes Hauptwerk. Zur Missa Solemnis*, in: ders., *Moments musicaux*, Frankfurt 1964, S.167–185, insbes. S. 183: „Er durchschaut die Klassik als Klassizismus. Er lehnt sich auf gegen das Affirmative, unkritisch das Sein Bejahende in der Idee der klassischen Symphonik; jenen Zug, den Georgiades in seiner Arbeit über das Finale der Jupiter-Symphonie festlich nannte." Vgl. ferner ders., *Spätstil Beethovens*, ebd., S. 13–17. – Siehe auch ders., *Beethoven: Philosophie der Musik. Fragmente und Texte*, hrsg. von Rolf Tiedemann, Frankfurt 1993.

41 Robert Marshall, *Bach the Progressive: Observations on his Later Works*, in: *MQ* 62 (1976), S. 313–357.

42 Vgl. Cooper, *Beethoven*, Oxford 1970, S. 337ff.

43 Donald Francis Tovey, [Artikel:] *J. S. Bach*, in: *The Encyclopaedia Britannica*, London und New York ¹¹1911, Bd. 3–4, S. 126.

44 Joseph Kerman, *The Beethoven Quartetts*, New York 1966, S. 254.

45 Adorno, *Verfremdetes Hauptwerk*, S. 183.

46 Siehe Kevin Korsyn, *J. W. N. Sullivan and the Heiliger Dankgesang: Questions of Meaning in Late Beethoven*, in: *Beethoven Forum*, Bd. 2, Lincoln und London 1993, S. 133–74; insbes. 171ff.

47 Richard Kramer, *Between Cavatina and Ouverture*, S. 188. Vgl. auch Jelena Wjaskowa, *Das Anfangsstadium des schöpferischen Prozesses bei Beethoven: Eine Untersuchung anhand der Skizzen zum ersten Satz des Quartetts Op. 130*, in: Harry Goldschmidt (Hrsg.), *Zu Beethoven III*, Berlin 1988, S. 60–82.

48 Emil Platen, *Über Bach, Kuhlau und die thematisch-motivische Einheit der letzten Quartette Beethovens*, in: Sieghard Brandenburg und Helmut Loos (Hrsg.), *Beiträge zu Beethovens Kammermusik*, München 1987, S. 152.

49 Platen, *Über Bach, Kuhlau*, S. 153 u. 156–163.

John Sebastian Bach.
with Views of
The St Thomas School, Bach's Monument, St Thomas's Church, & Observatory at Leipzig

Wolfgang Dinglinger

Aspekte der Bach-Rezeption Mendelssohns

Auf Felix Mendelssohn Bartholdys beständige Beschäftigung mit dem Werk Johann Sebastian Bachs ist seit Beginn der Mendelssohn-Forschung mit Nachdruck aufmerksam gemacht worden; seine Beziehungen zur Musik Bachs als Lernender, Lehrender und Forschender ebenso wie als Interpret, Sammler und Editor waren aus unterschiedlichsten Blickrichtungen vielfach Gegenstand des Interesses. Die Überzeugung, daß die Beschäftigung mit der Musik Bachs von grundsätzlicher Bedeutung für Leben und Werk Mendelssohns ist, gehört zu den unbestrittenen und selbstverständlichen Voraussetzungen jeder Auseinandersetzung mit dem Komponisten. „Daß er sich um Bach verdient gemacht habe, dürfte eine der nicht zahlreichen Leistungen Mendelssohns sein, die nicht ernsthaft in Zweifel gezogen worden sind."[1]

Dennoch blieb es trotz einer Vielzahl von Bemerkungen zu diesem Problemkreis nicht selten bei flüchtigen und ungenauen Verweisen, wenn auf einzelne Verbindungslinien zwischen Bach und Mendelssohn aufmerksam gemacht und die Nähe zum Werk Bachs an einigen Kompositionen Mendelssohns festgestellt wurde. Eine der Ursachen könnte sein, daß die Trennung dessen, was als selbstverständliche Tradition empfunden wurde, von dem, was wieder oder neu zu entdecken war und daher mit einem anderen Bewußtsein übernommen wurde, für Mendelssohn häufig nicht leicht vollzogen werden kann. Beide Wege des Umgangs mit der Musik Bachs stellen sich immer wieder als derart miteinander verzahnt dar, daß die Unterscheidung und damit eine einigermaßen schlüssige Bewertung und Eingrenzung Schwierigkeiten bereitet. Einerseits hat Mendelssohn sich – weil es zu einem nicht zu diskutierenden, sondern selbstverständlichen Unterrichtsprogramm gehörte – in der grundlegenden Anfangsphase seiner systematischen Ausbildung an Tonsatz-Regeln gehalten, deren Tradition relativ problemlos bis zu Bach zurückzuverfolgen war, andererseits hat er sich dabei aber auch – dies ist nur schwer zu trennen von der Übernahme des Reglements – Ideen zu eigen gemacht, die von jener spezifischen Art des Tonsatzes längst gelöst und verselbständigt waren und nur in einem bewußten Akt der Wiederbelebung erneut mit Sinn gefüllt werden konnten. Darüber hinaus orientierte Mendelssohn sich unter Bezugnahme auf die Musik Bachs nicht nur an Satzregeln, sondern ebenso an Gattungsnormen oder Einzelwerken; die Anlehnung der großformalen Disposition seines Oratoriums *Paulus* an Bachs *Matthäus-Passion* in jener Form, in der er sie 1829 zur Wiederaufführung brachte, ist dabei zwar ein prominentes, aber nur eines unter vielen Beispielen.[2]

Mendelssohns Berührungen mit der Musik Bachs, die davon geprägten Bereiche seiner Erziehung und Ausbildung sind ebenso wie seine späteren umfangreichen Bemühungen um die Wiederbelebung der Werke des Thomaskantors vielfach erwähnt und beschrieben worden. Bemerkenswert und keineswegs zeittypisch, sondern individuelle Ausprägung ist dabei die Tatsache, daß den frühen Begegnungen mit dem Werk Bachs ein überraschendes Maß an Selbstverständlichkeit zukommt. Musik von Johann Sebastian Bach gehört zu den ersten Erfahrungen Felix Mendelssohns als Musiker. Mit Bachs Musik wurde er von jenem Zeitpunkt an konfrontiert, als er begann, die Musik für sich zu entdecken. Seine frühen Bach-Erfahrungen und die Tatsache, daß seine Beschäftigung mit Musik bereits in jugendlichem Alter von zunehmender Ernsthaftigkeit und Leidenschaft für das Metier geprägt war, hatten zur Folge, daß die Kenntnisnahme der Musik Bachs sich nicht auf den spieltechnischen Bereich der Aneignung beschränkte, sondern zu weitreichenden Auseinandersetzungen führte. Friedhelm Krummacher hat deutlich gemacht, daß etwa um das Jahr 1825 eine Zäsur im Schaffen Mendelssohns zu beobachten ist, die den gewissermaßen selbstverständlichen Umgang mit der Musik Bachs von jenem scheidet, der einer bewußten Entscheidung folgt.[3]

Kurz nach der Geburt von Felix' älterer Schwester Fanny (1805) schrieb Abraham Mendelssohn seiner Schwiegermutter in der Geburtsanzeige, die Mutter Lea sei der Meinung, ihre Tochter habe „Bachsche Fugenfinger".[4] Dies ist zunächst eine Referenz an die musikinteressierte und vielseitig musikalisch gebildete Familie Salomon. Leas Mutter Babette Salomon schenkte Felix Mendelssohn zum Weihnachtsfest 1823 eine Abschrift der *Matthäus-Passion*, die dann die Grundlage jener legendären Wiederaufführung im Jahre 1829 wurde; eine Schwester der Babette Salomon, Sarah Levy, die Großtante der Mendelssohn-Kinder, war Schülerin Friedemann Bachs und wirkte bis 1817 als Pianistin in der von Zelter gegründeten Ripienschule mit, in der sie Konzerte von Johann Sebastian Bach, Carl Philipp Emanuel Bach, Friedemann Bach und weiteren, der Berliner Bach-Tradition zuzurechnenden Komponisten spielte.[5]

Zugleich aber stellte die Bemerkung über die „Bachschen Fugenfinger" auch klar, daß keinerlei Zweifel darüber bestand, in welche Richtung die künftige Erziehung der Kinder zu gehen hatte; Musik, hier wird von Lea Mendelssohn speziell das auch von ihr besonders gepflegte Klavierspiel angesprochen, gehörte unbedingt zu den Grundpfeilern der in allem sorgfältig geplanten Ausbildung. Bemerkenswert bleibt jedoch, daß nicht die Finger einer zukünftigen Pianistin oder Virtuosin gerühmt werden, sondern die angeblichen „Fugenfinger" Fannys. Mit dem Begriff Fuge stand für die Eltern in engster und erster Verbindung der Name Bach. Es bestand somit ebenso kein Zweifel darüber, auf welcher Grundlage die musikalische Bildung erfolgen sollte, an wessen Kunst und an welcher Musik diese Ausbildung vornehmlich auszurichten sei. Hervorzuheben ist wiederum das Moment des Selbstverständlichen, das hinter dieser Bemerkung steckt, denn die Verbindung von musikalischer Ausbildung und der Musik Bachs kann für diese Zeit keineswegs als Normalfall angesehen werden. Daß musikalische Studien als wichtiger Teilbereich einer umfassenden Bildung zum Erziehungs-Programm einer großbürgerlichen Familie wie der der Mendelssohns gehörte und aus welchen unterschiedlichen Motivationen und Traditionssträngen sich dies speiste, ist unmittelbarer einzusehen als die Tatsache, daß dies umstandslos mit dem Namen Bach und der Form der Fuge in Zusammenhang gebracht wurde.

Allerdings war dies kein Zufall, konnte doch, wenn überhaupt eine Stadt, vor allem Berlin auf eine halbwegs lückenlose Bach-Tradition zurückblicken, die sich in den Namen der Bach-Söhne Carl Philipp Emanuel und Wilhelm Friedemann, der Bach-Schüler Christoph Nichelmann, Johann Agricola und Johann Philipp Kirnberger sowie der Bach-Verehrer Friedrich Wilhelm Marpurg, Prinzessin Anna Amalia von Preußen, Carl Friedrich Fasch und schließlich Carl Friedrich Zelter wiederspiegelt. Die Verflechtungen der Mendelssohns mit diesem Berliner Zirkel belegen, daß die Familie in die spezielle Berliner Bach-Pflege eingebunden war und teilhatte an einer zwar begrenzten, aber doch statthabenden Tradierung des Bachschen Werkes.

Aus diesem Ambiente heraus erklärt sich die Selbstverständlichkeit, mit der die Mutter Lea das unausgesetzte Spiel des *Wohltemperierten Klaviers* bei ihren Kindern förderte.[6] Fanny und Felix wußten bereits in jungen Jahren große Teile dieser Sammlung auswendig vorzutragen und erregten damit einiges Aufsehen.[7] Nachdem Lea bei ihren Kindern die Anfangsgründe im Klavierspiel gelegt hatte, wurde der Clementi-Schüler Ludwig Berger für die weitere Ausbildung gewonnen; für die Wahl dieses Lehrers war wohl nicht zuletzt die Tatsache mitbestimmend, daß auch er, ungeachtet seiner Bemühungen um die Entwicklung des romantischen Klavierstückes, das *Wohltemperierte Klavier* für Unterrichtszwecke und darüber hinaus·auch als Konzertpianist für den öffentlichen Vortrag heranzog.[8] Mendelssohns Begegnungen mit der Musik Bachs waren demnach zunächst geprägt von einer Tradition, die ihn mit einem bestimmten Ausschnitt aus dem Werk Bachs konfrontierte, der sich auf spezielle Werke der Instrumentalmusik beschränkte.

Allerdings waren Mendelssohns Bach-Erfahrungen unterschiedlicher und weitergehender Art. Konnte er beim Spiel der Präludien und Fugen des *Wohltemperierten Klaviers* auf eine über Wilhelm Friedemann Bach und seine Großtante Sarah Levy in die Familie eingebrachte direkte und lebendig erlebte Tradition zurückblicken, konnte er im Spiel Sarah Levys tatsächlich das Spiel einer Enkelschülerin des Thomaskantors studieren und dabei noch den Atem Johann Sebastian Bachs selbst zu spüren vermeinen, so beschränkte sich dies doch auf einen Teilbereich des Bachschen Werkes. Denn die Tradition derjenigen Musik Bachs, die Mendelssohn durch Zelter in der Berliner Singakademie – und gleichermaßen wohl in Zelters Unterricht und im Studium der in Berlin versammelten Notenbestände des Bachschen Oeuvres – vermittelt bekam, war keineswegs so ungebrochen. Die in den Freitagsmusiken gehörten und teilweise selbst mitgespielten „Instrumentalsachen von Bach [...] kurz die ernsteren Sachen", wie Lea sie apostrophierte[9], und die Vokalmusik, Motetten vornehmlich, aber auch Kantaten und Teile der Passionen, hatten allemal die Bedeutung einer Wieder- bzw. Neuentdeckung, von lebendiger Tradition konnte keine Rede sein. § 1 der 1816 erstmals

aufgestellten Verfassung der Singakademie zeigt, gegen welchen Niedergang an-
zukämpfen sie angetreten war und was sie, nicht zuletzt durch die Beschäftigung
mit Bachs unbekanntem Vokalwerk, wiederzubeleben beabsichtigte: „Die Sing-
Akademie ist ein Kunstverein für die heilige und ernste Musik (Kirchenmusik),
besonders für die Musik im gebundenen Styl (polyphone, kontrapunktische Kompositionen), und ihr Zweck: practische Uebung an den Werken derselben, zur Erbauung der Mitglieder."[10]

Beide Aspekte, Tradition und Wiederentdeckung, prägten Mendelssohns
Bach-Rezeption und haben auf je eigene Weise ihre Spuren in seinem Denken
und seinem Werk hinterlassen. Mendelssohns musikalische Bildung war bestimmt
von Umständen, die gerade in ihrer Besonderheit den Umgang mit Bachs Musik
zu etwas Selbtverständlichem machten. In dieser Intensität konnte die Begegnung
mit der Musik Bachs so nur im speziellen Berliner Umfeld und in der speziellen
biographischen Situation Mendelssohns stattfinden. „Seine Kenntnisse Bachs sind
sicher unlösbar verknüpft mit der Bach-Pflege in Berlin, sie verdanken sich dem
Zugang zu so zahlreichen Werken, wie sie andernorts kaum erreichbar waren."[11]

Wenn Mendelssohn die ersten Niederschriften seiner Kompositionen unabhängig davon, ob sie weltlichen oder geistlichen Inhalts sind, mit den Kürzeln
„h.d.m." (= „hilf du mir") oder „l.e.g.G." (= „laß es gelingen, Gott") versieht, so
ist die Anlehnung an das Bachsche „S D G" (= „Soli Deo Gloria") unübersehbar.
Während jedoch Bach sein Werk als Gott allein zu Ehren geschrieben apostrophiert, bittet Mendelssohn mit beiden seiner Kürzel um den Erfolg seiner Arbeit.
Bach geht es um eine selbstverständliche Rückkoppelung, wenn er sein Können in
den Dienst dessen stellt, dem er das Talent und die Kraft verdankt, die es ihm ermöglichen, seine Kompositionen zu schaffen; Mendelssohn dagegen bittet um das
Gelingen seines Tuns, um unmittelbare Unterstützung angesichts eines in Angriff
genommenen Kompositions-Projektes. Trotz aller Anlehnung an das Vorbild, die
sich in der Nachahmung eines solchen Kürzels dokumentiert, kommt eine diametral entgegengesetzte Haltung zum Ausdruck. Bach denkt von sich weg, ordnet sich
unter und stellt sich und sein vollendetes Werk deutlich sichtbar in den Dienst
Gottes, Mendelssohn denkt zu sich hin und bittet im Vorfeld der in Angriff genommenen Arbeit, daß sich Gott sozusagen in den Dienst seines Vorhabens stellen
möge. Bachs Kürzel haftet durch seinen Widmungs-Charakter ein Moment öffentlichen Bekenntnisses an, Mendelssohns dagegen durch seinen Bitt-Charakter
ein Moment privater, höchst persönlicher Beziehung. Zweifellos ist Mendelssohns andere Blickrichtung Ausdruck eines anderen Selbstverständnisses, das den
Abstand von hundert Jahren deutlich markiert; ungeachtet dessen aber spiegelt
die Tatsache der Nachahmung, wie weit Mendelssohn sich dem Vorbild Bach
nähert. Diejenigen Zeitgenossen, die ihm dies vorhielten, waren nicht im Unrecht.

Schwierigkeiten bereitet weniger die Feststellung, daß einzelne Kompositionen
Mendelssohns eine gewisse Nähe zu Bachs Musik nicht verleugnen können, als
vielmehr die Eingrenzung jener Beweggründe, die Mendelssohns spezifischen
Umgang mit Bach, der höchst differenziert war und sich kaum auf einen Nenner
bringen läßt, bestimmten und nach denen Mendelssohns Anlehnungen zu bewer-

ten sind. Erst neuerdings liegen detailliertere Untersuchungen vor[12], die dem für
die Beurteilung Mendelssohns bedeutenden Phänomen der Bach-Rezeption
grundsätzlicher nachgehen und weiterführende Ergebnisse und Erkenntnisse zutage gefördert haben. Diese Arbeiten lassen allerdings ebenso keinen Zweifel daran, daß die mit der Bach-Rezeption Mendelssohns in Zusammenhang stehenden
Fragen kaum erschöpfend darzustellen sind. Spuren der Bach-Rezeption sind
durch das gesamte Schaffen und Wirken Mendelssohns zu verfolgen, viele musikalische und verbale Äußerungen des Komponisten stehen in direkter Abhängigkeit von ihr. Diese in ihrer Gesamtheit erfassen und bewerten zu wollen, scheint
ein zum Scheitern verurteiltes Unternehmen zu sein.

Dennoch bleibt die Notwendigkeit bestehen, es nicht bei Thesen zu belassen,
die dieses Phänomen nur im allgemeinen zu begreifen suchen, sondern sich den
Kompositionen selbst zuzuwenden und Mendelssohns Bach-Rezeption vor allem
als individuelle und sich von der anderer Komponisten unterscheidende an seinen
Werken zu belegen. Diese Notwendigkeit wird gerade dann besonders schlagend,
wenn Beziehungen zu Bach und seiner Musik in Zusammenhängen hör- und
sichtbar werden, in denen sie kaum zu vermuten waren. So sind in Werken, die
eine Verbindung Mendelssohns mit Bach zunächst nicht nahelegen, überraschen-
de Entdeckungen nicht ausgeschlossen. So hat die an das Lied vom König in
Thule erinnernde Hauptmelodie den zweiten Satz der *Italienischen Symphonie*
seit langem in den Rang einer Hommage an Zelter erhoben und jener Deutung,
die ihn zu einer auf Zelters Tod geschriebenen Musik macht, den Weg gewiesen.
Die Anlehnung an eine Komposition Zelters darf jedoch nicht den Blick dafür
verstellen, daß Instrumentation und satztechnische Einzelheiten dieses Satzes
gewissermaßen im Hintergrund eine Komposition Bachs zitieren[13], die eine jener
Schöpfungen des Thomaskantors ist, über die mit höchster Ehrfurcht in der Familie Mendelssohn gesprochen wurde und die auch Zelters größte Hochachtung
hatte: den *Actus Tragicus*.[14] Die Erinnerung an den verehrten Lehrer erfolgt über
ein gemeinsames Interesse und eine gemeinsame Vorliebe, über die Musik Bachs.
Jene von Lobe mitgeteilte Äußerung Mendelssohns[15], die die Ausbildung bei
Zelter in engen Zusammenhang bringt mit dem Studium der Werke Bachs, bekommt durch die charakteristische Gestaltung dieses Symphonie-Satzes zusätzli-
ches Gewicht. Für Abraham Mendelssohn stand fest, daß der Boden für das wie-
dererstandene Interesse an Bach von Zelter bereitet worden war: „Nebenbei wurde mir aber auf's Neue klar, welch' großes Verdienst es von Zelter war und
bleibt, Bach den Deutschen wiedergegeben zu haben, denn zwischen Forkel und
ihm war von Bach wenig die Rede, und dann auch fast nur vom wohltemperirten
Clavier. Ihm ist zuerst das wahre Licht über Bach aufgegangen, durch den Besitz
anderer seiner Werke, die er als Sammler kennen lernte und als wahrer Künstler
Andere kennen lehrte. Seine musikalischen Aufführungen am Freitag sind abermals ein Beleg, daß nichts, was mit Ernst angefangen und in der Stille ununterbrochen fortgesetzt wird, ohne Erfolg bleiben kann. Ausgemacht ist es wenigstens, daß Deine musikalische Richtung ohne Zelter eine ganz andere geworden
wäre", stellte er seinem Sohn Felix gegenüber fest.[16]

Wenn Friedhelm Krummacher ausführt[17], daß im Kompositionsunterricht, den der junge Mendelssohn bei Zelter erhielt, zwar Muster von Bach nicht übergangen worden sein dürften, wenig jedoch dafür spreche, daß herausragenden Meisterwerken von Bach die Funktion von nachzuahmenden Vorbildern beigemessen wurde, ist dies dahingehend zu präzisieren, daß das Vorbild, dem es nachzueifern galt, zunächst offenbar nicht das Meisterwerk als in sich geschlossene Komposition, sondern – wie Mendelssohn Lobe anvertraute – die am Werk Bachs zu studierende meisterliche Satzkunst war: „Ich liebe die fein ausgearbeiteten Stimmen, den polyphonen Satz, wozu die contrapunctischen Studien in früher Zeit bei Zelter und das Studium Bach's vorzüglich mitgewirkt haben mögen; die blos homophone Satzweise gefällt mir weniger."[18]

Entdeckungen von Spuren der Bach-Rezeption in Werken, die dem engeren Fragen- und Problemkreis scheinbar fernstehen, werden zwar zu immer differenzierteren Ansätzen führen, über den in vielen Facetten in seinen Kompositionen hör- und sichtbar werdenden Umgang Mendelssohns mit der Musik Bachs nachzudenken, doch wird es angesichts der durch neue Erkenntnisse zunehmenden Vielschichtigkeit des Problems bei Annäherungen bleiben. Die nachfolgenden Ausführungen, die einige Momente der Bach-Rezeption Mendelssohns ansprechen, verstehen sich als Beiträge zu diesen Annäherungen und können aus den genannten Gründen keine Gesamtdarstellung der Bach-Rezeption Mendelssohns im Blick haben. Die herangezogenen Kompositionen wurden nicht nach ihrer chronologischen Einordnung im Schaffen Mendelssohns ausgewählt, sondern nach bestimmten Aspekten der Beschäftigung mit der Musik Bachs, wobei sich Mendelssohns Auseinandersetzung mit dem Choralsatz Bachs als ein wichtiges Moment herauskristallisierte. Ausgehend von unterschiedlichen Kompositionen Mendelssohns steht die Frage nach seinem Umgang mit Bachs Choralsatz als besonderes Phänomen seiner Bach-Rezeption im Vordergund dieser Annäherungsversuche.[19]

„MENDELSSOHN-BARTHOLDY ACCOMPAGNIRTE SO WUNDERVOLL, DAẞ DER ALTE EWIGE CANTOR SEINE HÄNDE SELBST MIT IM SPIELE ZU HABEN SCHIEN."
(Robert Schumann, 1. März 1840)

Felix Mendelssohn Bartholdy begleitete am 8. Februar 1840 in der dritten 'Abendunterhaltung', die die Direktion der Gewandhauskonzerte in der Saison 1839/40 veranstaltete, den Freund und Gewandhaus-Konzertmeister Ferdinand David bei der Darbietung der *Chaconne* d-Moll (aus BWV 1004) aus den Sonaten und Partiten für Violine solo von Johann Sebastian Bach auf dem Pianoforte. Wahrscheinlich war es die erste öffentliche Aufführung des Werkes seit dem Ableben des Thomaskantors. „Ganz besonders muß ich aber hervorheben, daß er [= Ferdinand David] zuerst in jenem Winter die seitdem so viel gespielte Ciaconne von Bach in die Oeffentlichkeit brachte. Mendelssohn begleitete frei – es war ein großer Erfolg", notierte Ferdinand Hiller.[20] Die Bemerkung, Mendelssohn habe „frei" begleitet, meint wohl weniger, daß der Gewandhausdirektor die Begleitung improvisierte, als daß er seine Klavierbegleitung und vor allem die *Chaconne* im Kopf hatte. Robert Schumann berichtete in der *Allgemeinen Musikalischen Zeitung*: „David spielte eine Ciaconna von J. S. Bach, ein Stück aus jenen Sonaten für Violino solo von denen jemand einmal verkehrt genug geäußert, 'es ließe sich keine andere Stimme dazu denken', was denn Mendelssohn-Bartholdy in bester Weise dadurch widerlegte, daß er sie auf dem Flügel accompagnirte, und so wundervoll zwar, daß der alte ewige Cantor seine Hände selbst mit im Spiele zu haben schien. Daß Bach sich sein Stück so oder ähnlich gedacht, mag möglich sein – denn der Meister gewordene Componist denkt sich sein Werk auch immer in reinster Vollendung, wenn es auch die Virtuosen nicht gern zugestehen wollen – aber gehört in solcher Vollkommenheit, solcher meisterlichen Naivität hat er es sicher nicht."[21] In der *Neuen Zeitschrift für Musik* erschien dieser Bericht nahezu gleichlautend. Mendelssohns Accompagnement wird hier jedoch als Umspielung des Originals „mit allerhand Stimmen" bezeichnet, mit der Mendelssohn jene These, es ließe sich zur *Chaconne* „keine andere Stimme denken", in schönster Art widerlegt habe, „daß es eine Lust war zu hören."[22]

Ein Jahr später wurde am 21. Januar 1841 die von Mendelssohn initiierte Reihe „Historische Konzerte" im Gewandhaus mit einer Veranstaltung, die Händel und Bach gewidmet war, eröffnet. Schumann äußerte sich wiederum lobend: „Die Solostücke brachten den Spielern feurigen Beifall, was wir zum Beweise anführen, daß man mit Bachschen Kompositionen auch im Konzertsaale noch enthusiasmieren könne. Wie freilich Mendelssohn Bachsche Kompositionen spielt, muß man hören. David spielte die Chaconne nicht minder meisterlich und mit der feinen Begleitung Mendelssohns, von der wir schon früher einmal berichteten."[23] Auch in der *Allgemeinen Musikalischen Zeitung* erschien wiederum – diesmal nicht von Schumann – eine Rezension des Konzertes: „Die Chaconne für Violine solo ist [...] in jeder Hinsicht, auch sogar als reine Virtuosenkomposizion, ein vollendetes Meisterstück, mit dem sich ein wirklich ausgezeichneter Geiger hervorthun kann. Herr Konzertmeister David spielte dieselbe bereits im vergangenen Jahre mit dem grössten Beifall. [...] Auch diesmal begleitete Mendelssohn das [...] Stück durch erläuternde, sehr interessante Harmonieausführung auf dem Pianoforte."[24]

1847 veröffentlichte Mendelssohn seine Klavierbegleitung der *Chaconne* bei Ewer & Co. in London und Crantz in Hamburg,[25] sie wurde später in einem Simultanabdruck mit einer Klavierbegleitung, die Robert Schumann 1853 komponierte, vom Verlag Peters herausgegeben.

Zu Schumanns Ausführungen über Mendelssohns Accompagnement ist festzustellen:

1. Die Vorstellung, das Stück sei tatsächlich solistisch vorzutragen, scheint wenig verbreitet, ja kaum schon denkbar gewesen zu sein.[26] Möglich ist, daß die *Chaconne* – und die *Solo-Sonaten* und *-Partiten* insgesamt – als eine Art Idealkomposition oder als 'theoretische' Komposition gesehen wurde, deren für eine praktische Ausführung notwendige Klavierbegleitung nicht vorhanden ist und die durch Hinzufügung eines Accompagnements aufzubereiten sei.

Wenn Schumann schreibt, daß der „Componist [...] sich sein Werk auch immer in reinster Vollendung" denke, spricht er den gewissermaßen fragmentarischen Charakter der überlieferten Fassung an und auch, daß die Klavierbegleitung erst diese Vollendung herstelle, die Bach sich zwar wohl gedacht, nicht aber notiert habe.

2. Die von Schumann zitierte Sentenz, „es ließe sich keine andere Stimme dazu denken"[27], läßt darauf schließen, daß es vor Davids und Mendelssohns Auftritt eventuell bereits Überlegungen zu einer Aufbereitung der *Chaconne* für den öffentlichen Vortrag gegeben hatte, diese aber zu keinem Erfolg geführt hatten. Damit käme neben der Feststellung der Unzulänglichkeit und Erfolglosigkeit solcher Bemühungen auch zum Ausdruck, daß die Komposition als derart vollkommen und vollendet gesehen wird, daß jeder Zusatz nur Schaden anrichte. Dies würde dem als Mangel empfundenen Fehlen eines Accompagnements nicht widersprechen, aber nur Bach selbst wäre in der Lage gewesen, das Stück angemessen zu vervollständigen. Daß die Sentenz schließlich doch von Schumann als „verkehrt genug" gesehen werden kann, verdankt er einzig dem Auftritt Mendelssohns und Davids, die das Gegenteil bewiesen haben.

3. Mendelssohn widerlegt die bisher geglaubte Unmöglichkeit einer Bearbeitung „in bester Weise" und wird damit gefeiert, erstmals nach Bach und bislang als einziger zu einem angemessenen Umgang mit dem Werk in der Lage gewesen zu sein: „Daß Bach sich sein Stück so oder ähnlich gedacht, mag möglich sein [...], gehört in solcher Vollkommenheit, solcher meisterlichen Naivität hat er es sicher nicht." Die Frage der Angemessenheit ist nicht die nach rekonstruierter Authentizität, wie sie Verfechter historischer Aufführungspraxis unseres Jahrhunderts formulieren und anstreben, sondern eine nach der Tiefe des Verständnisses und des Erfassens aller inhaltlichen und ausdrucksmäßigen Nuancen der Bachschen Komposition, aus der heraus allein die als notwendig gesehene Klavierbegleitung adäquat gestaltet werden kann. Dies leiste Mendelssohn so „wundervoll [...], daß der alte ewige Cantor seine Hände selbst mit im Spiele zu haben schien."

Damit bescheinigt Schumann dem befreundeten Mendelssohn eine umfassende Kenntnis dessen, was Bach mit seiner Musik beabsichtigte, und die kompositorischen und nicht zuletzt auch die pianistischen Fähigkeiten und Möglichkeiten, aus dieser Kenntnis heraus gleichsam im Geiste Bachs ein Meisterwerk des Thomaskantors zu vollenden. Daß Mendelssohn seine Begleitung der *Chaconne* später in den Druck gab, zeigt, daß auch er von der Notwendigkeit einer solchen Begleitung überzeugt war, wolle man ein solch „unschätzbares Stück" der Vergessenheit entreißen, und daß er seine Begleitung für angemessen hielt. Mendelssohns Klavierbegleitung zu einem als herausragend angesehenen Werk Bachs wird damit zu einem musikalischen Zeugnis der Bach-Rezeption Mendelssohns.

Georg Feder hat sich in einem den Bearbeitungen der Bachschen *Chaconne* gewidmeten Aufsatz[28] auch mit Mendelssohns Klavierbegleitung, der eine „große Bedeutung" zukomme, beschäftigt und festgestellt, daß Mendelssohn dem Werk den „Charakter eines Konzertstücks" gegeben habe: „Das Klavier schweigt zu verschiedenen Malen, um der Violine Gelegenheit zu virtuoser Entfaltung zu geben; manchmal flicht es selbständige Linien ein; oft bildet es nur die harmonische Stütze; dann geht es wieder sozusagen im Tutti mit dem Soloinstrument."[29] Gemeint ist demnach die Aufbereitung des Solo-Werkes zu einem Vortragsstück, in dem das Klavier und die Violine in die Lage versetzt werden, miteinander zu konzertieren und in dem somit dem Klavierpart neben seiner Begleitfunktion ein nicht geringes Maß an Selbständigkeit zugewiesen wird. Der grundsätzliche Gedanke der Bearbeitung der *Chaconne* zu einem Konzertstück reagiert auf das Problem, aus einer dem Konzertleben durch ihren fragmentarischen Charakter entzogenen Komposition ein konzertfähiges Werk herzustellen.

Feder konstatiert dabei allerdings „Unvereinbarkeiten mit Bachs Stil".[30] Diese Unvereinbarkeiten, jene Stellen, an denen Bachs Komposition scheinbar Gewalt angetan wird, sind jedoch Interpretationen und eröffnen damit einen Zugang zum Verständnis der spezifischen Bach-Aneignung und Sicht Mendelssohns. Problematisch bleibt, aus welcher Blickrichtung die Kritik an der Bearbeitung einsetzt. Allein die Tatsache der Hinzufügung einer Klavierbegleitung kann bereits als unsachgemäßer Umgang mit dem Original gebrandmarkt werden. Wird allerdings eine solche Begleitung akzeptiert und als Dokument eines bestimmten Verständnisses der Musik Bachs gewertet, dann wird die Frage, ob dieser Umgang mit der Musik Bachs neueren Erkenntnissen der Bach-Forschung standhält, historisch brüchig. Dokumentiert wird jener Erkenntnisstand und jene Haltung der Musik Bachs gegenüber, die dem Urheber dieses Dokumentes, Mendelssohn, und der Zeit, in dem es entstand, eigen ist. Allein die Tatsache der Hinzufügung eines Accompagnements ist bereits Ausdruck einer bestimmten, aus ihrem historischen Umfeld zu beurteilenden Interpretation.

Mendelssohn faßt die Couplets der *Chaconne* nicht als viertaktige, sondern als achttaktige und weiträumigere Perioden auf, meint demnach nicht Couplets im Sinne jener Definition, die Johann Gottfried Walther 1732 gab[31] und die Feder zitiert und der Bearbeitung Mendelssohns entgegenhält, sondern weitgespanntere thematische Gebilde. Die Quartsextakkorde oder Trugschlüsse, die als Abweichungen von der Harmonik Bachs moniert werden, setzt Mendelssohn jeweils in die Mitte dieser zur Achttaktigkeit geweiteten Perioden, verbindet auf diesem Wege zwei Viertakter und vermeidet durch abweichende Harmonisierung der Mitte harmonische 'Kurzatmigkeit' – die im übrigen auch Bach nicht komponierte. Mendelssohn verwirklicht, was aus dem Original herauszulesen ist: die Zusammenfassung mehrerer Couplets zu größeren Einheiten.[32] Grundlage der Komposition ist für Mendelssohn weniger das Baß-Subjectum selbst, als vielmehr der von ihm abhängige harmonische Gang, den er in immer neuen Varianten gestaltet, wobei auch der Baßgang selbst Veränderungen unterworfen sein kann. Dies ist keine Verdunkelung des Baß-Subjectums durch neue Begleitbässe[33], sondern Ausdruck dafür, daß Mendelssohn im Bereich der Harmonik eine Entwicklung, nicht eine stereotype Abfolge sieht. Der Respekt, den Mendelssohn Bach und seinem Werk entgegenbrachte, dürfte ihn kaum bewogen haben, Bachs Absichten wissentlich zu verdunkeln. Mendelssohn wird im Gegenteil alles dar-

anzusetzen bemüht gewesen sein, die von Bach komponierten Inhalte und Strukturen so, wie er sie interpretierte, zu verdeutlichen. Die zeitgenössischen Kritiken
bestätigen, daß dies auch so gehört, verstanden und empfunden wurde und daß
dieses Vorhaben als gelungen angesehen worden ist.

  Eine durch die Klavierbegleitung hervorgerufene – und von Feder monierte –
Differenzierung von „Perioden, die an sich gleichförmig sind", zielt auf die Idee
eines das Werk überspannenden Steigerungsbogens, und wenn Mendelssohn „bei
einem aus dem Original gewählten Begleitmotiv noch verweilt, wenn die Violine
schon zu neuen Motiven übergegangen ist", zeigt diese Maßnahme wiederum,
daß Mendelssohn größere Zusammenhänge zu betonen im Sinn hatte und einer
Kleingliedrigkeit durch Verdeutlichung einer Entwicklung, die ohne Schwierigkeiten aus dem Bachschen Original herausgelesen werden kann, entgegenzuar-
beiten sucht. Aus diesen Bemühungen resultiert, daß Mendelssohn die Übergänge
zwischen den Couplets verwischt und „in den Zäsuren [...] nicht immer mit Bach"
übereinstimmt.[34]

  Feder schreibt weiter: „Ursache für diese Fehlinterpretationen der Struktur ist
hauptsächlich das Streben nach romantischem Ausdruck. Mendelssohn will die
Chaconne aus seiner eigenen Art heraus beseelen. Solchem Musizieren kann die
Chaconne nicht überall angemessen sein; ihr hochbarocker Charakter muß sich
dem romantischen Verständnis streckenweise entziehen, und dann gehen Original
und Begleitung aneinander vorbei." Daß die These, der barocke Charakter ent-
ziehe sich zum Teil dem Verständnis Mendelssohns, auf einer fraglichen Prämisse beruht, wurde bereits angesprochen. Mendelssohn strebt nicht nach romantischem Ausdruck, um dem Stück etwas aufzuzwingen, was ihm nicht eigen ist. Er
liest gleichsam zwischen den Zeilen den nicht notierten Ausdruck, der dem Werk
wie aller guten Musik notwendig eigen ist, und macht ihn hörbar. Mendelssohn
sieht sich in der Hauptsache dem Problem einer vermeintlich unvollständigen
Notation gegenüber, die er durch Hinzufügung seines Accompagnements zu
komplettieren bemüht ist, um das Werk einem breiteren Publikum verständlich zu
machen. Daher kann er neue „Hauptgedanken" einführen, wenn „das Original
[...] aufgrund seiner technischen Faktur geeignet" erscheint, „als bloße Begleitung
[...] zu dienen" oder „unter Benutzung einzelner Haupttöne der Violine eine eigene Melodie an das Original" herantragen, „das hier nur noch die Kulisse abgibt".
Dies alles ist für Mendelssohn virtuell in der Musik bereits angelegt und wird
durch die Bearbeitung zum Vorschein gebracht. Mendelssohns Absicht ist es
nicht, „die Chaconne in seine Ausdruckswelt" hineinzuziehen, sondern er nimmt
eine ihm – und anderen – notwendig erscheinende Ergänzung vor, indem er aus
einer fragmentarischen, weil idealen oder theoretischen Musik eine praktisch
ausführbare macht. Auch Feder gesteht schließlich zu, daß „Mendelssohn überhaupt erst die Möglichkeit einer ausdrucksmäßigen Interpretation der Chaconne
und damit der Violinsoli gezeigt und die Voraussetzung für ihre allgemeinere
Wertschätzung in der Folgezeit geschaffen" habe.[35]

  Mendelssohn hat den Charakter des Stückes allenfalls aus der Sicht unserer
Zeit zerstört, aus dem Blickwinkel seiner Gegenwart nicht. Er hat ein spezifisches

Bachbild herausgearbeitet, nicht nur sein individuelles, sondern – wie die Rezensionen zeigen – zu seiner Zeit allgemein akzeptiertes. Was das Klavier hinzufügt, ist daher nicht „auf eigene Weise schön"[36], sondern stellt das Stück so dar, als habe Bach selbst seine Finger im Spiel.[37] Mendelssohn füllt die vorgegebene Struktur mit – so weit als möglich stets variierten – Akkordfolgen, an wenigen Stellen auch mit zusätzlichen Einzelstimmen. Er bewundert die im Hintergrund stehende Harmonik, aus der die vielfältigen Linienzüge des Violin-Solos erwachsen.

Bei beiden Aufführungen der Chaconne spielte Mendelssohn auch die von ihm besonders geschätzte *Chromatische Phantasie und Fuge* von Johann Sebastian Bach, von der er der Schwester Fanny bezüglich seiner speziellen Ausführung der Arpeggien berichtet und im Anschluß daran schreibt: „und dann thun die einzigen Harmoniefolgen auf den dicken neueren Flügeln prächtig wohl."[38] Abgesehen davon, daß für Mendelssohn die Ausdrucksmöglichkeiten und der Nuancenreichtum der „dicken neueren Flügel" eine adäquatere Interpretation der Absichten Bachs ermöglichen, als ein Clavier-Instrument der Bachzeit, spricht er mit dem Begriff „Harmoniefolgen" ein grundlegendes Moment seiner speziellen Bach-Rezeption an. Mit „Harmoniefolgen" ist zunächst der harmonische Zusammenhang gemeint, darüber hinaus jedoch Zusammenklang schlechthin, das Zusammenklingen der einzelnen Stimmen, die Wirkung ihrer kontrapunktischen Verflechtungen. Kontrapunkt ist ausgearbeitete Harmonik, Harmonie das Ergebnis des Zusammenwirkens der Stimmen. „Aus einer [...] Verwebung mehrerer Melodien [...] besteht die Joh. Seb. Bachische Harmonie", hatte Johann Nikolaus Forkel 1802 definiert[39], und als Spezifikum des Bachschen Tonsatzes dargelegt, daß Harmonik und Kontrapunkt eine Einheit bilden: „Der Begriff von Harmonie und Modulation läßt sich kaum trennen, so nahe sind beyde mit einander verwandt. [...] Unter Harmonie muß man nehmlich den Zusammenklang der verschiedenen Stimmen, unter Modulation aber den Fortgang derselben verstehen." Forkel geht noch einen Schritt weiter und gebraucht beide Begriffe synonym: „Modulation, oder wenn man lieber will, [...] Harmonie."[40] In diesem Sinn sprach Mendelssohn zu Lobe von der Bevorzugung der fein ausgearbeiteten Stimmen, die er an Bachs Musik bewundere und zu denen er durch das Studium der Werke Bachs gekommen sei.[41]

„WHY IS BACH'S NAME ALWAYS CONNECTED WITH FUGUES?
HE HAS HAD MORE TO DO WITH PSALM-TUNES THAN WITH FUGUES."
(Felix Mendelssohn Bartholdy, 17. Dezember 1844)

Mendelssohns Lehrmeister im musikalischen Handwerk, Carl Friedrich Zelter, ging in seinem Unterricht vom Choralsatz aus, dessen Stimmen Schritt für Schritt einer größeren Bewegung und damit einer größeren Selbständigkeit zugeführt wurden.[42] Zelter unterrichtete damit im Geiste der Berliner Bach-Tradition[43], obwohl offenbar nicht mit Pedanterie nach einem Lehrbuch vorgegangen wurde. So schrieb Mendelssohn 1829 aus London an Zelter: „Lachen muß ich oft, wenn die

Musiker hier sich fragten, ob ich nach Marpurg oder Kirnberger gelernt hätte,
oder ob ich vielleicht Fux vorzöge [...], worauf ich antworte: wie ich's gelernt
hätte, das wüßte ich eben nicht, ich wüßte nur das Sie es mir gelehrt, und gelesen
hätte ich leider gar noch nichts, weil Sie wenig davon hielten [...] Da lachte ich,
wie gesagt, und dachte an Sie, und dankte Ihnen, daß Sie mich nicht in der Steif-
heit einzwängender Lehrsätze, sondern in der wahren Freiheit d. h. in der Kenntnis der rechten Gränzen erzogen haben."[44]

Mendelssohn lernte den Tonsatz am einfachen vierstimmigen Satz Note-
gegen-Note mit Generalbaßbezifferung und Fundamentbässen. Daß bei diesen
Übungen der Cantus firmus nach und nach in alle vier Stimmen gelegt wurde,
kann als erster Schritt zur verfeinerten Ausarbeitung der Stimmen gelten. Der
Oberstimme eines Note–gegen–Note-Satzes wird, wenn sie nicht Träger einer
vorgegebenen Melodie ist, allemal eine gesteigertere Aufmerksamkeit gewidmet,
als einer eher im Hintergrund stehenden Mittelstimme. Nach weiteren Studien,
die die allmähliche Bewegungszunahme in den Einzelstimmen als Ergebnis gesteigerter Anwendung von Durchgängen und Vorhalten im Blick haben, münden
diese Experimente schließlich in kontrapunktische Übungen, die somit gewissermaßen aus dem vierstimmigen Choralsatz erwachsen. Das von Zelter angewandte
Unterrichtsverfahren entspricht trotz vieler Modifikationen und trotz der von
Mendelssohn angesprochenen 'wahren Freiheit' grundsätzlich der von Kirnberger
in der *Kunst des reinen Satzes* dargestellten Methode. Zum Ausgangspunkt für
alle kompositorische Arbeit wird die akkurate Beherrschung des vierstimmigen
Satzes erklärt. Daß sich Kirnberger seinerseits auf Bach beruft, ist ein wichtiges
Faktum: Mendelssohn konnte sich gleichsam von Bach selbst unterrichtet fühlen.

Diese Art des Kompositionsunterrichts war untypisch und unzeitgemäß. Wenn
Carl Dahlhaus[45] über die Ausbildung eines professionellen Musikers schreibt, der
Unterricht, der den Komponisten über den Dilettanten erheben sollte, gliche Exerzitien in einer toten Sprache – gemeint ist das Kontrapunkt-Studium nach der
im *Gradus ad parnassum* entwickelten Methode – , die den Vorzug, kodifizierbar
zu sein, mit dem Nachteil bezahle, daß sie irrelevant bleibe, so trifft dies nicht auf
Mendelssohn zu, der Kontrapunkt nicht nach der Fuxschen Methode erlernte.
Denn „Kirnbergers Regeln hatten einen Stil kodifiziert, der streng und im Vergleich zum toten Palestrina-Stil doch zeitgemäß war".[46] Mendelssohn studierte
am Choralsatz Harmonielehre; wie dann die Stimmen meisterlich 'fein' ausgearbeitet werden konnten, welchen Grad die polyphone und kontrapunktische
Durchdringung erreichen konnte, war aus den Choralsätzen Bachs herauszulesen.

Im Dezember 1844 schrieb Mendelssohn an die Londoner Verleger Coventry
und Hollier im Zusammenhang mit der von ihm herausgegebenen Sammlung von
Bachschen Choralbearbeitungen für Orgel: „Why is Bach's name always connected with fugues? He has had more to do with psalm-tunes than with fugues."[47]
Im engeren Sinn bezieht sich diese Bemerkung auf die Orgelwerke Bachs, deren
besonders wichtigen Teil Mendelssohn in den Choralbearbeitungen sieht. Darüber hinaus aber stellt auch diese Bemerkung klar, daß die Choralbearbeitung –
und damit zugleich der Choralsatz, der im Werk Bachs vom Choral und seiner

Bearbeitung nicht zu trennen ist – als Fundament Bachscher Musik interpretiert wird. „Der Choral erschien als ein personaltypisches Element der Musik Bachs – für Mendelssohn war er ein originaler Zug der Musikerpersönlichkeit Bach."[48] Der vierstimmige Satz wird als Grundlage gesehen, und ein solcher Satz, eine solch 'einzige Harmoniefolge' bildet auch den Hintergrund der Chaconne; Mendelssohn macht ihn hörbar und sichtbar: „Die kompositorische Praxis des 19. Jh. außerhalb der Kirchenmusik benutzt im wesentlichen die überlieferten Stimmführungsregeln weiter, wobei durchgängig Kontrapunkt offensichtlich unverkrampft als harmonischen Grundsätzen untergeordnet interpretiert wird."[49] Nichts anderes als die Verdeutlichung des hinter der Chaconne stehenden vierstimmigen Satzes meinte der Korrespondent der *Allgemeinen Musikalischen Zeitung*, als er schrieb, daß Mendelssohn das Stück durch „erläuternde, sehr interessante Harmonieausführung" auf dem Pianoforte begleitet habe.[50]

Bach wird von Mendelssohn als überragender Harmonist gesehen, sowohl in einer allgemeinen Bedeutung als Meister des Zusammenklanges der Stimmen, als auch in einer engeren und spezielleren als Schöpfer einzigartiger Harmoniefolgen. Das Bachsche 'Kunstbuch' ist für Mendelssohn mindestens in dem Maße wie die von Dahlhaus als Kunstbuch bezeichnete *Kunst der Fuge*[51], die als Lehrwerk für die Ausbildung eines Komponisten diente, jene Sammlung der Bachschen Choralsätze, die Carl Philipp Emanuel Bach herausgegeben und die bis zu Mendelssohns Lebzeiten bereits etliche Neuauflagen erlebt hatte. Losgelöst von ihrem eigentlichen Zweck als Kirchenkompositionen, als Teile eines größeren liturgisch eingebundenen Werkes, wurden die Choräle zum Lehr- und Musterbuch der Harmonielehre. „Es kommt dabei weder auf die realen vier Stimmen noch auf den Choral-Charakter an, sondern darauf, daß der vierstimmige Satz Quintessenz stimmiger Struktur überhaupt ist und daß Choral soviel bedeutet wie Mustersatz", schreibt Peter Rummenhöller und führt weiter aus, daß die Beherrschung des vierstimmigen Satzes damit die Einsicht bedeute, daß hinter aller Komposition eine Art Idealsatz vorhanden sein müsse, vergleichbar der Zeichnung unter einem Bild.[52] Dies schließt kontrapunktische Kompositionen selbstverständlich mit ein. Die Art der am Bachschen Choralsatz festzumachenden Harmonielehre stellt durch die ausgearbeiteten Stimmen bereits eine höhere Stufe dar. Es existiert weniger ein Gegensatzpaar Kontrapunkt – Harmonielehre, als vielmehr eine Hierarchie, nach der die Gesetze des Fortschreitens der Akkorde, die harmonischen Verbindungen den Kontrapunkt mitbestimmen. Manche Begriffsbestimmungen und Definitionen dessen, was unter Kontrapunkt im Umfeld Mendelssohns verstanden wurde, laufen in eine ähnliche Richtung. Werner Krützfeldt zufolge versuchte Marx, den Begriff Kontrapunkt durch „Polyphonie" zu ersetzen; Richter definiere Kontrapunkt als „die freie, melodisch selbständige Führung einer Stimme in Verbindung mit einer oder mehreren andern gegebenen oder vorhandenen melodischen Stimmen unter den Gesetzen der harmonischen Verbindung und Fortschreitung": „Interessant ist dabei durchaus, daß sowohl Marx als auch Richter sich auf die Fürsprache Felix Mendelssohn-Bartholdys berufen durften."[53]

Unter Berücksichtigung der Methode, nach der Mendelssohn den Kontrapunkt einschließlich der 'fein ausgearbeiteten Stimmen' über die allmähliche Differenzierung des schlichten Note–gegen–Note-Satzes erlernte, bedeutet Kontrapunkt die höhere Ausarbeitung des Choralsatzes. Daß bei dieser Sicht ein Moment von Arbeit ins Spiel kommt, ist höchst bedeutungsvoll, denn nach Mendelssohns Überzeugung, die Ergebnis der Erziehungsgrundsätze der Eltern war, verleiht angestrengte, fleißige Arbeit dem Werk eine Art höhere Weihe; mehr noch: Erst Arbeit bewirkt, daß ein Kunstwerk überhaupt entstehen kann. Wenn der Satz durch Arbeit gleichsam geadelt wird, dann entspricht dies der Mendelssohnschen Vorstellung von den Voraussetzungen eines künstlerischen Meisterwerkes. Das Studium Bachs, seiner Choralsätze, die bereits kontrapunktische Verfeinerungen hohen Grades aufweisen, und seiner kontrapunktischen Kompositionen zeigen dem Komponisten Mendelssohn, wie weit man es mit Arbeit bringen kann.

Mendelssohn bewundert den Harmoniker Bach, der ihn mit seiner Kunst das Fürchten lehrt. Angesichts der überraschenden harmonischen Wendung am Schluß der Bachschen *Orgel-Toccata in F-dur* (BWV 540), der überwältigenden Rückung in die neapolitanische Tonart, bekennt Mendelssohn seiner Familie gegenüber: „Die F dur-Toccata mit der Modulation am Schluß klingt, als sollte die Kirche zusammenstürzen. Das war ein furchtbarer Cantor! – ",[54] und meint neben der Bedeutung von furchterregend in gleichem Maße ehrfurchtgebietend. Mendelssohn lernt den vierstimmigen Satz und die Ausarbeitung der Einzelstimmen so gründlich und so wenig den gängigen Vorstellungen der Zeit entsprechend, daß Schumann mehrfach Mendelssohns vierstimmige Choralgeschicklichkeit rühmt.[55] Schumann spielte dabei „keineswegs auf dessen Neigung zum Choral als solchem an, sondern meinte die satztechnische Sauberkeit, die auf dieser strengen Schule im Geiste Bachs gründete".[56]

Zu trennen ist der Choralsatz vom Choral. Als Musterbeispiele der Satzkunst, der Harmonie, sind die Choralsätze Bachs zu verstehen, als Bedeutungsträger der Choral, wenn auch die jeweiligen Konnotationen nicht ganz verlorengehen und am Choralsatz ein Moment des Geistlichen ebenso haftet wie am Choral eines der gestellten Harmonie-Aufgabe, des kunstvollen Satzes. In Mendelssohns Œuvre ist ein Wandel der Funktion des Chorals zu beobachten. Mendelssohn schrieb nicht nur in der Phase seiner Ausbildung Kirchenmusik, sondern sah in ihr zumindest für eine gewisse Zeit einen erheblichen Teil seiner Profession. Bis zum Beginn der 1830er Jahre komponierte er zahllose Kirchenmusiken, die sich unter die Sammelbegriffe Choral-Kantate und Choral-Motette subsumieren lassen. In diesen Werken ist der Choral Kirchenmusik, Gesang im Gottesdienst, und zugleich ist die Nähe zu Bach gelegentlich so groß, daß von Stilkopie die Rede sein kann. Diese Werke trugen ihm auch den bekannten Vorwurf des Freundes Eduard Devrient ein, sich zu ausführlich mit geistlicher Musik zu befassen und zu sehr an Bach zu hängen: „Ich hatte ihm scherzhaft den Vers aus 'Don Carlos' citirt: 'Zweiundzwanzig Jahre, und nichts für die Unsterblichkeit gethan', und daran geknüpft: daß man durch Psalmen und Choräle, auch wenn sie an Seb. Bach erinnerten, nicht berühmt werde, hatte ihn auch wieder auf Operncomposition hingewiesen. Das hatte seine Empfindlichkeit erregt."[57] Devrients Vorwurf führte zu einem Rechtfertigungsbrief Mendelssohns vom Juli 1831, in dem er seine Abscheu gegen inhaltslose Stilkopien äußerte: „Und daß ich gerade jetzt mehrere geistliche Musiken geschrieben habe, das ist mir ebenso Bedürfniß gewesen, wie's Einen manchmal treibt, gerade ein bestimmtes Buch, die Bibel oder sonst was, zu lesen, und wie es Einem nur dabei recht wohl wird. Hat es Aehnlichkeit mit Seb. Bach, so kann ich wieder Nichts dafür, denn ich habe es geschrieben, wie es mir zu Muthe war, und wenn mir einmal bei den Worten so zu Muthe geworden ist, wie dem alten Bach, so soll es mir um so lieber sein. Denn Du wirst nicht meinen, daß ich seine Formen copire, ohne Inhalt, da könnte ich vor Widerwillen und Leerheit kein Stück zu Ende schreiben."[58] Der Hinweis auf eine ähnliche Empfindungslage bei Bach und bei sich selbst, die zu ähnlichen kompositorischen Resultaten führen könne, ist eine etwas bemühte Erklärung und Deutung seiner großen Bach-Nähe und eher ein Dokument der Unsicherheit des Komponisten, den richtigen Weg gewählt zu haben. Mit einer Ausnahme[59] wurde keine der Choralkantaten von Mendelssohn veröffentlicht – ein sicheres Zeichen seiner Unzufriedenheit mit einer niedergeschriebenen musikalischen Lösung eines Problems – , und kein weiterer Versuch in dieser Gattung nach seiner großen Reise ist bekannt. Modelle Bachs, die bei der Komposition einzelner Choralkantaten Pate gestanden haben, lassen sich ohne Schwierigkeiten nachweisen.[60] Die von Devrient angemahnte Nähe zum Thomaskantor war keineswegs nur eine Schimäre des Freundes, der als Opernsänger dem jungen Komponisten vor allem eine Oper abzuverlangen angetreten war.

Die große Nähe·ist aber nicht nur eine zu Modellen, sondern vor allem eine zur Idee. Daß der Choral hier Kirchenmusik ist, Grundlage einer Komposition, deren Ort – wie bei Bach – nur eine entsprechende Liturgie sein kann, hat vor allen sonstigen Umständen in die Sackgasse geführt. Jenen Ort und jene Bedingungen, unter denen Bach Kirchenmusik schrieb, die von ihm als Kantor selbstverständlich erwartet wurde, gab es nicht mehr. Die Zeit, in der die Kantate in das Gottesdienstgeschehen funktional eingebunden war und eine wichtige Rolle spielte, gehörte der Vergangenheit an, in der Liturgie verankerte Figuralmusik beschränkte sich – wenn es sie überhaupt noch gab – auf die Motette. Mendelssohn hat dies wenig später erkannt, denn von den vielen auf seiner großen Reise komponierten Kirchenmusiken auf Luther-Choräle, von denen er so überschwenglich und begeistert nach Hause berichtet, sind nur jene wenigen von ihm veröffentlicht worden, die als Motetten konzipiert waren[61]; die vielen ein- und mehrsätzigen Choralkantaten für Soli, Chor und Orchester aber wurden zurückgestellt, weil weder die Liturgie noch das Empfinden und der Wunsch einer Gemeinde ihnen Raum boten.

Als Erscheinungsformen, an denen die Entwicklung der Kirchenmusik dieser Zeit festzumachen ist, listet Georg Feder unter anderem „die Verdrängung der Kantate, die zunehmende Herrschaft der Motette homophonen (liedhaften und akkordischen) Stils, [...] das Aufkommen des A cappella-Gesangs" auf.[62] Dieser Tatsache konnte Mendelssohn sich auf Dauer nicht verschließen, wollte er nicht ins Abseits geraten. Entsprechend resümiert Ulrich Wüster seine Untersuchung der Choralkantaten Mendelssohns: „Auf der einen Seite konnte festgestellt werden, daß diese Werke für ihn eng mit seinem Engagement und seiner – indirekt durch seine Bachrezeption und Schleiermachers ästhetischen und liturgischen Konzeptionen geprägten – Vorstellung von 'wirklicher Kirchenmusik für den evangelischen Gottesdienst' verbunden waren; auf der anderen Seite war zu konstatieren, daß sie weder in der Kirche noch im Konzertsaal den vorherrschenden normativen Erwartungen entsprachen."[63]

Zudem hatte die durch eine Erziehung nach dem Grundsatz und Wahlspruch des Vaters: 'aut Caesar, aut nihil'[64] hervorgerufene Verpflichtung Mendelssohns, sich nur am Besten und Höchsten zu orientieren, ihn nicht nur zu Bach hinsichtlich der Musik, sondern ebenso zu Luther in bezug auf die Texte geführt.[65] Luther-Choräle aber, für die Mendelssohn eine entschiedene Vorliebe äußerte,[66] entsprachen keineswegs dem nach-aufklärerischen Gottesdienst-Geschmack, der sich weitaus mehr empfindsamer und erbaulicher Dichtung verschrieben hatte. Mit seiner Vorliebe für Luther-Texte und -Dichtungen reihte sich Mendelssohn eher in die Kulturgemeinde des Bildungsbürgertums als in die Bedingungen einer gottesdienstlichen Gemeinde und eines Gottesdienstes ein, dem der Bildungsbürger eher kritisch bis ablehnend gegenüberstand, weil für ihn grundlegende ästhetische Forderungen und Vorstellungen nur selten eingelöst wurden.

Choralsätze in kirchlichen und geistlichen Kompositionen Mendelssohns stellen keinen einheitlichen Satztyp dar. Neben Anlehnungen an den Bachschen Choralsatz[67] finden sich weiterhin schlichte Note–gegen–Note-Sätze, die jenen Satztyp repräsentieren, an dem vor allem das Moment des religiös Erhabenen festgemacht wurde.[68] Für Ferdinand Hand war der Kirchenstil „ein erhabener durch die Beziehung auf eine höhere Welt und die Gottheit, und faßt jene erhabene Würde in sich, welche den Gefühlen der Andacht [...] eigenthümlich zukommt."[69] Insbesondere galt dies für den Choral, im Kirchenstil gesetzt, dem „seine direkt auf das Gefühl wirkende Symbolkraft Erhabenheit" verleiht.[70] Kirchenstil aber war gerade nicht jener des Bach-Choralsatzes, sondern der etwas pathetische Note–gegen–Note-Satz, zumeist in Halben notiert und in gemessenem Tempo vorzutragen. Mendelssohn präsentiert den Choral auch in dieser Art des Kirchenstils, der den Satzübungen am nächsten kommt, die der Komponist in Zelters Unterricht anzufertigen hatte.[71] Daneben findet sich ein freierer, gewissermaßen 'konzertanter' Umgang mit dem Choral, oftmals eingebettet in weiträumigere Orchestersätze.[72] Der Bach-Choralsatz ist nicht spezielle Vorlage für Mendelssohns Choralsätze, sondern Vorlage für die 'einzigen Harmoniefolgen' im allgemeinen und kann selbstverständlich, muß aber nicht zwangsläufig in Choralsätzen verwirklicht werden. Wenn dies aber der Fall ist, setzen sich solche Choralsätze Mendelssohns weit vom üblichen ab und werden deutlicher als Stilanlehnungen wahrnehmbar, obwohl sich die Gestaltung im Detail vom Vorbild löst.

Wenn auch der Choral für Mendelssohn seine Bedeutung als Grundlage einer unmittelbaren und liturgisch eingebundenen Kirchenmusik schließlich verlor, so wurde er doch keineswegs endgültig aus seiner Musik verbannt. Der Choral als

Bedeutungsträger wanderte aus der Kirchenmusik in andere Bereiche seines Komponierens als Moment der Überhöhung, insbesondere als Zielpunkt dynamisierter Formen. Hier konnte Mendelssohn auf verschiedene eigene Experimente zurückgreifen, hauptsächlich auf die 1830 fertiggestellte *Reformations-Symphonie* op. 107, deren Entwicklungs-Zielpunkt ein Luther-Choral ist und deren Schlußsatz diesen Choral in unterschiedlichster Behandlung, als Choralsatz und vielfältig mit Fugati verflochten, präsentiert. (Die Dynamisierung der Form der Fuge wurde bereits in den beiden Fugen aus den *Charakterstücken* op. 7 erprobt.[73]) Daß der Zielpunkt solcher Entwicklungsstränge der Choral als Moment der Überhöhung wird, dokumentieren viele spätere Kompositionen. Dabei geht es nicht mehr um einen speziellen Choral, sondern um die hinter ihm stehende Idee. Er kann aus diesem Grund durchaus eine Eigenschöpfung Mendelssohns sein, in Anlehnung an bekannte Choralmelodien, wesentlich ist, daß dem Moment der Überhöhung Genüge getan ist. Bezeichnend ist, daß Mendelssohns eigene Choraladaptionen oft gewissermaßen einen gemeinsamen Nenner bekannter Choralmelodie-Wendungen darstellen. Sie repräsentieren damit vor allem das Allgemeine und haben einen hohen Wiedererkennungswert, obwohl oder gerade weil es nicht spezielle Choräle sind, sondern deren Substrate.[74]

Der Weg zu der Erkenntnis, daß die Bedeutung von Choralsatz und Choral nur wenig miteinander gemein haben, ist für Mendelssohn weit und umständlich, weil er ihn – Ausnahme auch hier in seiner Zeit – über den Umweg der Kirchenmusik geht. Die Unvereinbarkeit professionellen Musikertums mit dieser Ausrichtung musikalischer Tätigkeit wird ihm erst allmählich bewußt. Das Scheitern seiner Versuche mit der Form der Choralkantate kann als Wendepunkt angesehen werden. In dieser direkten und vielleicht etwas naiven, weil realitätsfernen Art der Übernahme war mit dem Phänomen Bach nicht umzugehen. Um an dessen Musik anknüpfen zu können, mußte gewährleistet sein, daß nicht zugleich mit der Musik auch die Bedingungen ihrer Entstehung zum Inhalt der Kompositionen wurden. Die direkte Übernahme im Raum der Kirche und in der Liturgie war nicht möglich, nur der vermitteltere Weg der Übernahme einer Idee der Überhöhung in Formen und Gattungen, die im Raum der Kulturgemeinde, im Konzertsaal, ihren anerkannten Platz hatten.

Mendelssohns Rezeption der Musik Bachs verliert jedoch nicht die Bedeutung Bachscher Musik als Kirchenmusik aus den Augen. Der Niederschlag dieser Rezeption in Mendelssohns Kompositionen vollzieht sich nicht grundsätzlich auf dem Weg der Umwandlung des Kirchlichen und Geistlichen in eine allgemeinere Vorstellung des Erhabenen, die dann in nicht-geistlichen Werken wirksam werden kann. Solche Umwandlungen sind zwar nicht selten, beide Aspekte aber stehen nebeneinander, die Umwandlung hebt nicht die spezifisch kirchliche Konnotation auf. Anders als andere Komponisten der Zeit, versteht sich Mendelssohn trotz aller Rückschläge, die er gerade durch das Unverständnis der Kirche gegenüber seiner Kirchenmusik hinnehmen muß, auch als Kirchenmusiker und präsentiert sich als solcher in der Öffentlichkeit, seine geistlichen Kompositionen stellen einen gewichtigen Teil seines Gesamtwerkes dar. Seine Ernennung zum preußischen Generalmusikdirektor für kirchliche und geistliche Musik nimmt mit dieser speziellen Aufgabenstellung direkten Bezug auf das Bild, das Mendelssohn der Öffentlichkeit von sich bietet. Die Tatsache aber, daß Mendelssohn als eine seiner Aufgaben auch die Kirchenmusik sieht, beeinflußt seinen Umgang mit der Musik Bachs. Als Komponist von Kirchenmusik orientiert er sich wie in allen Bereichen seines Schaffens am Höchsten, an der Kirchenmusik Bachs, deren ursprüngliche Bedeutung als liturgisch eingebundene Musik den gleichen Modellcharakter hat wie ihre formale und satztechnische Gestaltung und nicht auf eine neue, nicht-liturgische Ebene verschoben werden muß. Die Arbeit, die er als Kirchenmusiker zu leisten hat, ist nicht die, in seinen Kompositionen die Modelle ihrer ursprünglichen Bedeutung zu entkleiden und einer grundsätzlich neuen zuzuführen, sondern im Gegenteil ihre Bedeutung als Kirchenmusik den Gegebenheiten seiner Zeit anzugleichen. Wenn die Schwierigkeiten, mit denen er gerade im Raum der Kirche konfrontiert wird, ihn schließlich veranlassen, die Aufführung seiner geistlichen Kompositionen in den Konzertsaal zu verlegen, gibt Mendelssohn nicht sein Selbstverständnis als Kirchenmusiker auf, sondern bringt zum Ausdruck, daß er sich den angemessenen liturgischen Rahmen, den die Kirche ihm und seinen Werken zu bieten nicht imstande ist, im Tempel der Gemeinde der Bildungsbürger selbst schafft.

„DAß BACH DER MUSIKALISCHE REPRÄSENTANT DES PROTESTANTISMUS SEI, WIRD MIR BEI JEDEM NEUEN STÜCK, DAS ICH VON IHM HÖRE, EVIDENT."
(Abraham Mendelssohn Bartholdy, 10. März 1835)

Mendelssohn unterzog seine *Reformations-Symphonie*, die 1829 in zeitlicher Nähe zu den Kirchenmusik-Versuchen entstand, vor der einzigen Aufführung, die unter seiner Leitung im November 1832 in Berlin stattfand, einer Revision, der unter anderem eine gewichtige Einleitung zum Finale zum Opfer fiel.[75] In dieser Einleitung, die sich aus Rückerinnerungen an die vorhergehenden Sätze, aus instrumentalen Rezitativen und aus der Vorbereitung des Chorals „*Ein feste Burg ist unser Gott*", mit dem im unmittelbaren Anschluß das Finale eröffnet wird, zusammensetzt, wird die Verbindung zur Modellkomposition, zur 9. Symphonie Beethovens besonders offensichtlich.[76] Die bis ins Detail gehende Übernahme jener Idee der 9. Symphonie, die in der Hauptsache der Interpretation dieses Werkes durch Adolf Bernhard Marx zu entnehmen war und die Mendelssohn sich offenbar in weiten Teilen zu eigen gemacht hatte, die Idee einer Konfliktzuspitzung und -lösung, hier übertragen auf das Ereignis der Reformation, wird besonders signifikant in jener gestrichenen Einleitung. Für Marx ist jener Augenblick, in dem Beethoven sich mit eigenen Worten meldet, das Rezitativ „O Freunde, nicht diese Töne", der hauptsächliche Beleg für seine Interpretation des Werkes als autobiographisch intendierte Komposition, als Darstellung eines Beethoven persönlich betreffenden Konfliktes, der durch dessen heldenhafte Tat, deren Ausdruck der Einsatz des Chores im Finale ist, einer Lösung zugeführt wird. Zugleich markiert das Rezitativ den Augenblick, in dem das Geschehen umschlägt, in dem einem Neuen Bahn gebrochen wird. Im Umfeld von Erinnerungen an die vorausgegangenen Konfliktsituationen, im Umfeld der Zitate der vorangegangenen Sätze greift der Komponist mit eigenen Worten in den Prozeß ein: „O Freunde, nicht diese Töne, sondern laßt uns andere anstimmen und freudenvollere."

Mit der Idee übernimmt Mendelssohn auch die formale Gestaltung, deren Charakteristikum das Rezitativ darstellt. Es kann sich, der anderen Programmatik und dem anderen Sujet entsprechend, nicht um einen Eingriff Mendelssohns handeln, der von ihm dargestellte Konflikt ist nicht sein persönlicher, sondern ein historischer, die Zuspitzung einer Auseinandersetzung, die in dem geschichtlichen Ereignis der Reformation gipfelt. Mendelssohn läßt am gleichen Ort im Ablauf der Symphonie, im gleichen Umfeld von Erinnerungen an vorangegangene Auseinandersetzungen den Choral *„Allein Gott in der Höh' sei Ehr"* anklingen. Dieser Choral, der gleichsam eine Besinnung auf das Wesentliche in der Widersprüchlichkeit und im Gegeneinander der Glaubensparteien herausfordert, leitet in der *Reformations-Symphonie* den Umschlag des Geschehens ein, der im Choral *„Ein feste Burg"* und in der Siegessymphonie des Finales gipfelt. Nach dreimaliger Wiederholung des Choralbeginns *„Allein Gott in der Höh'"* durch Solo-Bläser wird die Choralmelodie in einen Orchestersatz eingebettet, der in seiner Faktur deutlich an die Technik der Choraleinbindung in den fließenden Orchestersatz in Bachschen instrumentalen Choralkompositionen erinnert. Demnach wird nicht nur an Beethovens Rezitativ angeknüpft, sondern das auslösende Moment der Konfliktlösung wird an einen für Bach charakteristischen Satztyp gebunden. Die besondere Auffälligkeit dieses Abschnittes resultiert vor allem daraus, daß eine solche Art des Orchestersatzes, die unverblümt und mit krasser Deutlichkeit Bezug nimmt, in dieser Symphonie singulär ist.[77]

Die Anlehnung an die Satztechnik Bachs ist kaum zufällig, der Name Bach stand für die Mendelssohns synonym für Protestantismus: „Was mir zuerst bei der Passion klar wurde, daß Bach der musikalische Repräsentant des Protestantismus sei, wird mir bei jedem neuen Stück, das ich von ihm höre, [...] evident, – so neulich durch die Messe, die ich in der Akademie hörte und die mir auf's Entschiedenste antikatholisch vorkömmt", bekannte Abraham seinem Sohn gegenüber.[78] Im Durchbuch eines Sieges, ablesbar am Charakter einer Sieges-Symphonie im Finale und in diesem Werk nur deutbar als Sieg der Reformation, werden die beiden – nicht nur für Mendelssohn – wichtigsten Integrationsfiguren protestantischen Denkens, Glaubens und Handelns zusammengebracht: die theologische, Luther, in Gestalt der Choraldichtung und -melodie „Ein feste Burg" und die musikalische, Bach, in Gestalt eines Orchestersatzes, der in den choralgebundenen kirchenmusikalischen Werken des Thomaskantors zu studieren war und in seiner charakteristischen Eigenheit Symbolcharakter hatte.

Mendelssohn hat den Choral *„Allein Gott in der Höh' sei Ehr"*, der kurz nach der Reformation von Nikolaus Decius als deutsches *Gloria* gedichtet und komponiert wurde und bis heute zum Kernliederbestand der liturgischen Gemeindegesänge der protestantischen Kirche zählt[79], später noch einmal vertont. Im Choral

Nr. 2 seines Oratoriums *Paulus* op. 36 stellt er das einigende und stärkende Bekenntnis der verfolgten Urchristengemeinde dar.[80] Der Choral führt aus dem Elend niederdrückender Anfeindungen und konzentriert auch hier zugleich die Gedanken auf das Wesentliche: *„Allein Gott in der Höh'"*. Nicht nur die Faktur des Choralsatzes erinnert höchst auffallend an das Modell, auch der nicht eigenständige, mit den Chorstimmen colla parte geführte Orchestersatz orientiert sich am Muster jener Choralsätze, die überwiegend die Kantaten Bachs beschliessen. Eine derart deutliche Anlehnung ist im *Paulus* singulär, alle weiteren Choralsätze entfernen sich durch andere Satzart oder durch selbständigere Führung des Orchesters, das den Choralsatz mit gewissermaßen zeitgenössischem Kolorit umgibt, mehr oder weniger vom Muster. Dem Choral *„Allein Gott in der Höh'"* haftet im Oratorium wie in der *Reformations-Symphonie* das Moment eines besonderen Bekenntnisses an, aufgrund dessen sich im Handlungsablauf etwas ändert. Wenn Zelter seinem Schüler gegenüber erklärt: „Bei den Protestanten ist Klerus und Layen d. i. die ganze Christenheit die Gemeine. Das Verbindungszeichen ist der Choral wodurch die Gemeine zur Fakultaet des Cultus wird und so ist dieser Choral gleichsam die Scheidewand zwischen Catholisch und Protestantisch",[81] und wenn Mendelssohn im *Paulus* dem Choral *„Allein Gott in der Höh'"* das Rezitativ „Die Menge der Gläubigen war ein Herz und eine Seele" folgen läßt, wird deutlich, daß ungeachtet aller historischen Widersprüche in seinem Oratorium eine sozusagen protestantisch geprägte Urchristengemeinde nachgezeichnet wird. Mendelssohn selbst betont seinem Freund und zeitweiligen Mitarbeiter am Textbuch des *Paulus*, dem Dessauer Theologen Julius Schubring, gegenüber „ich denke, in jedem Oratorium aus dem Neuen Testament müsse er [= der Choral] von Natur sein"[82], und stellt damit klar, daß ein von ihm komponiertes neutestamentarisches Oratorium von protestantischem Geist getragen sein muß. An Schubring schreibt er: „Am meisten, glaube ich, könntest Du der Sache nützen, wenn Du Choräle aus dem Gesangbuch vorschlügst, zugleich mit den Stellen, wo sie stehen sollen. [...] Ich wünsche in diesem Punct die Anordnung ganz in der Art der Bachschen Passion."[83] Die Satzart des ersten im *Paulus* erklingenden Chorals demonstriert in seiner Adaption ebenso unmißverständlich, wie der Orchestersatz in der *Reformations-Symphonie*, was als höchste Ausprägung des musikalischen Protestantismus anzusehen ist: die Kirchenmusik Bachs und der Kirchenmusiker Bach.

„FREILICH KANN MIR NIEMAND VERBIETEN, MICH DESSEN ZU ERFREUEN UND AN DEM WEITER ZU ARBEITEN, WAS MIR DIE GROßEN MEISTER HINTERLASSEN HABEN."
(Felix Mendelssohn Bartholdy, 18. Dezember 1830)

Mendelssohns vielfach zitierte Äußerung über die Berechtigung, sich an der künstlerischen Hinterlassenschaft der 'großen Meister' erfreuen zu dürfen und über die daraus abgeleitete für ihn erwachsende Verpflichtung, an diesem Erbe weiterzuarbeiten und nicht in 'totes Wiederholen des schon Vorhandenen' zu verfallen, findet sich in einem Schreiben aus Rom an den ehemaligen Lehrer Zelter in Berlin, der – ähnlich wie Mendelssohns Freund Devrient wenig später – dem Komponisten gegenüber hatte durchblicken lassen, er setze sich der Gefahr der Nachahmung aus.[84] Dieser Brief ist ein Schlüssel für das von Goethe beeinflußte und mitgeprägte Verständnis Mendelssohns, wie mit dem 'Erbe der Väter' umzugehen und wie demnach die 'Rezeption' der großen Meister in die richtigen Bahnen zu lenken sei und welche Verpflichtung daraus erwachse. Der Zusammenhang des Briefes macht deutlich, daß es sich dabei um die Rechtfertigung der problematischsten der drei später unter dem Titel *Kirchenmusik* erschienenen Kompositionen handelt, die Mendelssohn Zelter zur Begutachtung zusandte. Im Oktober 1830 hielt sich Mendelssohn im Zuge seiner 'großen Reise' in Venedig auf; hier entstand die *Kirchenmusik „Aus tiefer Not schrei ich zu dir"*, op. 23, 1, die mit dem Brief am 18. Dezember 1830 an Zelter abgesandt wurde. Um zwei Unsicherheiten ging es Mendelssohn: grundsätzlich um die Frage der Berechtigung, ein solches, der Tradition besonders verpflichtetes Werk überhaupt schreiben und in die Öffentlichkeit geben zu dürfen, und im besonderen um satztechnische Einzelheiten. Daß gerade Zelter dieses Werk erhielt, ist kaum ein Zufall, da die Komposition all das in sich versammelt, was Mendelssohn bei ihm an kompositorischem Handwerk erlernt hatte: Harmonielehre, explizit demonstriert am Choralsatz, und Kontrapunkt als gesteigerte Ausarbeitung der Harmonie. Nicht nur satztechnische Details, sondern auch die Form des mehrsätzigen Werkes können das Modell nicht verleugnen[85], die Kantate *„Aus tiefer Not"* (BWV 38) von Johann Sebastian Bach, die sich seit 1825 in einer Abschrift, die Fanny angefertigt hatte, unter den Musikalien der Geschwister Mendelssohn befand.[86] Mendelssohn ist sich dessen und der Kritik des Lehrers bewußt, denn bevor er in seinem Brief an Zelter auf die Komposition zu sprechen kommt, wird sie gewissermaßen einer Kritik entzogen, indem sie als ruhender Pol in einer stürmisch sich verändernden ·Welt, als Unvergängliches in vergänglicher Umgebung apostrophiert wird: „am Ende eines so bewegten, ernsthaften Jahres, in so unruhiger Zeit, ist es fast ängstlich einen Brief zu schreiben, der erst nach einigen Wochen ankommt, wo sich vieles wieder verwandelt haben kann. Da schicke ich Ihnen denn etwas Musik, die bleibt doch still stehen, bis sie ankommt, und bitte Sie, sie freundlich aufzunehmen."

Mendelssohn entschuldigt sich für die ungenügende Qualität der übersandten Komposition – „gern hätte ich Ihnen etwas Anderes von meinen neuen Sachen geschickt, weil viel bessere darunter sind" – und führt eine selbstauferlegte Beschränkung bezüglich des Umfanges seiner Post als Argument an. So wenig es vorstellbar ist, daß der äußerliche Grund – „ich hatte mir vorgesetzt, mich auf zwei Bogen zu beschränken" – Ursache dafür sein kann, dem Lehrer eine tatsächlich schlecht gelungene Komposition zur Begutachtung zuzusenden, so deutlich wird die Unsicherheit des Komponisten, mit dieser Form der Adaption der Musik Bachs den richtigen Griff getan zu haben. Die Meinung des Lehrers ahnend, macht Mendelssohn Zelter für die äußere Form des Werkes mitverantwortlich, indem er schreibt: „Auch sagten Sie mir einmal, es sei Ihnen sowohl für sich, als

für die Akademie unangenehm, daß gar nichts vierstimmiges componirt würde,
sondern Alles gleich zweichörig oder achtstimmig; und da dies Stück ungefähr die
Form hat, die Sie mir damals angaben, und in so fern vielleicht mit Ihren Wünschen
übereinstimmt, so habe ich es Ihnen denn abgeschrieben. Halten Sie es für werth, auf
der Akademie gesungen zu werden, so wäre mir das natürlich die größte Freude."

Mendelssohn brauchte eine Rechtfertigung für ein Werk, in dem über das
Handwerkliche hinaus auch Inhaltliches verwirklicht zu sein schien, das in den
Modellen, an denen das Handwerk zu lernen war, als Dokument einer vergange-
nen Epoche in gleichem Maße transportiert wurde. Er befürchtete wohl nicht zu
Unrecht, daß Zelter der Meinung sein könnte, sein Schüler habe aus den Modellen mehr herausgelesen und zu seiner Sache gemacht, als ihm, dem Lehrer, lieb
sein könne. In der Tat blieben die Modelle nicht nur verkürzte Musterbeispiele
für Tonsatzprobleme, wie von Zelter zunächst gedacht, sondern zugleich wurden
Vorbilder für eine bestimmte – in Vergessenheit geratene – Art der Musik, die
Mendelssohn wiederzubeleben angetreten war, wenn auch modifiziert und von
neuen Ideen geleitet.

Daß Mendelssohn Zelter nicht bittet, die weniger gelungenen Partien zu kommentieren, sondern „mir, da ich die Partitur hier habe, die Stellen und Tacte anzugeben, die Ihnen recht sind", darf nicht überlesen werden. Auch in dieser Nuance
der Formulierung wird offenbar, daß der Komponist die Komposition einer grundsätzlichen Kritik eher entzogen als ausgesetzt haben möchte; er wünscht Zustimmung. Mendelssohn macht lieber selbst auf Mängel aufmerksam, allesamt Mängel des Handwerklichen, nicht des Grundsätzlichen: „namentlich sind einige Punkte, über die ich ziemlich ungewiß bin, und die ich geändert haben würde, wenn
sich mir hier nicht neue Arbeiten gehäuft hätten, und wenn es mit einem Versuch
gethan gewesen wäre: das sind manche Stellen in den Chorälen, wo die Stimmen
unruhig durch einander gehen und absetzen; sie werden Ihnen wohl auffallen, und
es wäre schön, wenn Sie mir eine Veränderung dafür angeben könnten."

Die Frage nach der Berechtigung einer weitgehenden Kopie des Bachschen
Choralsatzes – und dies gleich zweifach in dieser Komposition – wird nicht explizit gestellt. Indem Mendelssohn Zelter um „eine Veränderung" bittet, stellt er
das ehemalige Lehrer–Schüler-Verhältnis wieder her und ernennt den Lehrer geradezu zum Mitverschworenen. Dies betrifft nicht nur die Choralsätze, sondern
auch den zweiten Satz, eine Chorfuge in – wenn auch nur äußerlicher – formaler
Anlehnung an die Nr. 1 aus Bachs Kantate. Auch hier will Mendelssohn nicht
über das Problem der Anlehnung, sondern über technische Details sprechen:
„Auch möchte ich wissen, ob es Ihnen störend erscheint, daß ich beim Fugenthema die erste Note des Chorals verlängert habe? Ich that es, weil ich erstlich gewohnt war, die Melodie so zu hören, und dann namentlich, weil sich's breiter
macht und mehr wie ein Thema[87], als wenn lauter Viertelnoten von gleicher Geltung darin sind. Endlich werden Sie in der Stimmenführung manches Unpolirte
finden; es kommt aber auch von obigem Grunde her, daß ich es nicht sehr oft habe durchsehen können, und dann weil niemand hier ist, dem ich es zeigen konnte;
so zeige ich es Ihnen also, und dann ist's schon gut."

Im Anschluß weist Mendelssohn darauf hin, daß „außerdem ein Ave Maria (op. 23, 2) und ein Lutherischer Choral für acht Stimmen a capella ('Mitten wir im Leben sind', op. 23, 3)", eine Choralkantate („*O Haupt voll Blut und Wunden*") und eine Ouvertüre fertiggestellt sind. Sowohl op. 23, 2 als auch op. 23, 3 sind weniger umfangreich als die *Kirchenmusik „Aus tiefer Not"* op. 23, 1, womit das Argument der Beschränkung des Post-Umfanges ad absurdum geführt ist. Mendelssohn <u>wollte</u> Zelter gerade op. 23, 1 vorlegen, schrieb es deshalb ab und schickte es nach Berlin.

Dann endlich spricht er über jene Frage, die ihn vornehmlich bewegt. Er will sie aber nicht diskutieren und bittet auch nicht um eine Stellungnahme des Lehrers, sondern gibt eine grundsätzliche Erklärung ab, die seine Komposition in die Nähe der Unangreifbarkeit der Kunstwerke der klassischen Antike rückt: „Sie schienen mir in Ihrem vorigen Briefe zu fürchten, ich möchte, durch Vorliebe für irgend einen der großen Meister geleitet, mich viel an Kirchenmusik machen, um mich einer Nachahmung hinzugeben. Das ist aber wohl bestimmt nicht der Fall; denn nirgends, glaub' ich, entwächst man dem bloßen Glauben an Namen mehr, als hier, wie man denn auch dafür nirgends mehr Achtung und Ehrfurcht für das Geleistete fühlt. – Was wir können und verehren, ist hier fremd und unbekannt; man sieht fast ein, daß es so sein müsse, und dann stehen wieder unvergängliche, ewige Denkmale vor Einem, die nach Jahrhunderten von Neuem an's Licht treten, ohne daß man den Namen des Künstlers wissen könnte; da gilt denn nur das, was im tiefsten Ernst aus der innersten Seele geflossen ist; und wenn auch die Aesthetiker und Kunstgelehrten sich quälen, von außen hinein beweisen zu wollen, warum dies schön, und das weniger schön sei, durch Epochen, Styl und wie alle ihre Schubfächer heißen mögen: so ist nur jenes, glaub' ich, der einzige Unveränderliche Maßstab für Bauwerke, Malerei, Musik und Alles. Wenn nicht der Gegenstand allein das Werk hervorgerufen hat, so wird es nie 'Herz zu Herzen schaffen', und da ist dann Nachahmung gleich das Äußerlichste, dem Gedanken Fremdeste. Freilich kann mir Niemand verbieten, mich dessen zu erfreuen und an dem weiter zu arbeiten, was mir die großen Meister hinterlassen haben, denn von vorne soll wohl nicht jeder wieder anfangen; aber es soll auch ein <u>Weiter</u>arbeiten nach Kräften sein, nicht ein todtes Wiederholen des schon Vorhandenen; und wie denn jedes Eigenthümliche, Aufrichtige seinen Platz einmal einnehmen muß, wenn auch in spätester Zeit, das kann man nirgends herrlicher sehen, als in Rom."

Zelters Antwortschreiben ist erhalten.[88] Seine bereits Mitte Januar 1831 verfaßte Reaktion zeigt, daß auch Mendelssohn das Argument eines langen Postweges nur vorgeschoben hatte, um seine Komposition vor den Augen des Lehrers abzusichern. Bis auf Kleinigkeiten beurteilte Zelter op. 23, 1 als gelungen und rät davon ab, Korrekturen vorzunehmen: „Dein Choral mein F. ist gut; und braucht nicht besser zu seyn und das ist mein voller Ernst. Zuspizzen und Abkippen wenn dergl nicht vornherein mit zur Fertigung gehört kann eher die Kleinmeisterey begünstigen als zum Ganzen dienen." Auf Mendelssohns größtes Problem, die Nähe des Werkes zu Bach und die sich daran knüpfende Kritik seines ehemaligen Lehrers, geht Zelter zunächst nicht ein. Es mag sein, daß er es bei seiner ersten Anmahnung, auf die Mendelssohn ja bereits reagierte, belassen wollte, oder daß er gesehen hat, wie weit trotz aller Ähnlichkeit die Komposition von Bach entfernt ist. Zelter hat das Werk genau studiert und äußert Grundsätzliches zur Frage des Umgangs mit einem Choral: „Du behandelst einen Choral als Motett und so tritt jener von seinem vorigen Piedestal und wird zum Motiv einer freien Composition. Der alte Choral an sich, als Gesang der ganzen Gemeine; das Evangelium enthaltend ist, seinem ersten Grunde nach, die Scheidewand zwischen dem kathol und protestant Cultus, weil dadurch die Gemeinde zur Fakultaet des Gottesdienstes wird. Bey dem kathol Cultus giebt es eigentlich keine Gemeine, weil jeder für sich alleine im Stillen an der Ausübung des Cultus Theil nehmen darf. Bei den Catholiken kommt die öffentl Ausübung des Gottesdienstes allein der Priesterschaft zu.

Bei den Protestanten ist Klerus und Layen d. i. die ganze Christenheit die Gemeine. Das Verbindungszeichen ist der Choral wodurch die Gemeine zur Fakultaet des Cultus wird und so ist dieser Choral gleichsam die Scheidewand zwischen Catholisch und Protestantisch.

So lange nun der Choral Gesang der ganzen Gemeine ist müste er am besten seyn wie wir ihn haben, nehmen wir ihn zum Motiv einer freyen Composition so verhält sichs wie mit dem Texte zur Predigt, dem Titel zum Buch und Du hast freie Hände. Wie das Gewässer der Erde sich in Meere Flüsse und Teiche zertheilt und seiner Natur treu bleibt, so kannst Du den Choral zertheilen wenn er nur Musik bleibt."

Zelter unterscheidet zwischen dem Choral als Bedeutungsträger und dem Choral als musikalischem Material, als „Motiv einer freyen Composition", mit dem umzugehen im Belieben des Komponisten stehe, „wenn er nur Musik bleibt". Als Bedeutungsträger wird er zum Symbol des Protestantismus, zum Ausdruck eines grundsätzlichen Unterschieds zum Katholizismus. Diese Bedeutung scheint sich für Zelter zumindest abzuschwächen, wenn er motettisch behandelt wird und „von seinem vorigen Piedestal" tritt. Auch Mendelssohn hat dies wohl ähnlich gesehen, wenn er seiner Komposition einen Satz voranstellt, in dem der Choral in unveränderter Form, „wie wir ihn haben", präsentiert wird, bevor er ihn „zertheilt".[89] Die nicht auf das Bachsche Muster zurückgehende Doppelung der ersten Strophe als Choralsatz und als Fuge dürfte ihre Ursache in der Überzeugung haben, daß vornehmlich der Choralsatz, der den Choral gleichsam unangetastet läßt, als „Verbindungszeichen wodurch die Gemeine zur Fakultaet des Cultus wird", das Werk zu Kirchenmusik macht.

Schließlich spricht Zelter doch noch die Bach-Nähe an und konzentriert sie auf die Choralsätze: „Deine sonstigen Bedenken kann ich nicht erheblich finden. Auf eine Orthographische Kleinigkeit will ich berufen. Dein Choral ist in Viertelnoten geschrieben und damit die Cadenzen nicht auf die schlechte Zeit fallen läßt Du ihn mit 3 Vierteln anfangen d. i. mit einer Pause anfangen, welches unorthographisch ist, denn kein Ding in der Welt kann mit Nichts anfangen und eine Pause ist ein Nonsens; eine Null vor der Zal. Der Choral muß daher in Zweyteln geschrieben werden nach Arsis und Thesis und dann bist du sicher. Unser alter

Bach hats freilich auch so gethan aus Mangel an Pappier und das ist Bachisch aber nicht rhetorisch recht."

Indem Zelter nur auf ein Notationsproblem eingeht, erweckt er den Anschein, sich grundsätzlich zu Mendelssohns vorrangigem Problem nicht äußern zu wollen. Es steckt allerdings eine gewisse Raffinesse hinter seinen Anmerkungen, wenn er bemerkt, daß die Notation „Bachisch aber nicht rhetorisch recht" sei. Zelter unterstellt Mendelssohn damit, daß er in seiner Anlehnung so weit gehe, daß er offenkundige Fehler, einen „Nonsens", den Bach nur „aus Mangel an Pappier" in Kauf genommen habe, kopiert. Da es sich tatsächlich nur um ein Notationsproblem handelt, das aufführungspraktisch kaum wirksam wird, für den Zuhörer nicht wahrnehmbar ist und zudem sich nur auf den ersten Choralsatz bezieht (der zweite, das letzte Stück der *Kirchenmusik*, beginnt wie der Schlußchoral in BWV 38 mit einer Dehnung des ersten Melodietons und umgeht so das Problem), sind Zelters Auslassungen zu dieser von ihm selbst als 'Kleinigkeit' bezeichneten Frage in erster Linie wohl als weitere Mahnung zu verstehen, Mendelssohn solle darauf achthaben, daß seine Abhängigkeit vom Vorbild Bach nicht den Zustand von Kritiklosigkeit erreiche.

Über die Frage, wie mit dem Choral angemessen umzugehen sei, setzte sich Mendelssohn auch mit seinem Vater auseinander. In dieser Diskussion über die Bedeutung von Choral und Choralsatz nahm Abraham eine Haltung ein, die dem Sohn unmißverständlich vor Augen führte, daß ein freierer Umgang mit dem Choral, der ihn zumindest teilweise seiner kirchlichen Bedeutung entkleidet und zum musikalischen Material, das einer Komposition zugrunde liegt, gewissermaßen degradiert, dicht an der Grenze zur Leichtfertigkeit liegt. Mit großer Selbstverständlichkeit hat die Erörterung dieser Probleme ihren Ausgangspunkt wieder in den Kompositionen Bachs. Abraham schreibt an Felix: „Dein Wort, daß Sebastian Bach jedes Zimmer, wo er gesungen wird, zur Kirche umwandele, finde ich ganz besonders treffend, und so hat auch beim einmaligen Hören der Schluß des erwähnten Stücks denselben Eindruck auf mich gemacht; sonst gestehe ich, von meiner Abneigung gegen figurirte Choräle im Allgemeinen nicht zurückkommen zu können, weil ich die eigentlich zu Grunde liegende Idee nicht verstehe, besonders da nicht, wo die beiden certirenden Massen im Gleichgewicht der Kraft gehalten sind. Wo, wie z. B. im ersten Chor der Passion, der Choral nur einen wichtigeren und consistenteren Theil des Grundes ausmacht, oder wo, wie in dem oben erwähnten Stück der Cantate, wenn ich mich nach dem einmaligen Hören recht erinnere, der Choral das Hauptgebäude ist und die einzelne Stimme nur eine Verzierung, kann ich mir eher den Begriff und Zweck denken, – gar nicht aber da, wo die Figur gewissermaßen Variationen auf's Thema ausführt. Ueberhaupt ist mit dem Choral nicht zu spaßen. Das höchste Ziel dabei ist, daß das Volk ihn unter Begleitung der Orgel rein singe, – alles andere erscheint mir eitel und unkirchlich."[90]

Im Zusammenhang mit op. 23, 1 fühlte Mendelssohn sich gedrängt, eine Rechtfertigung seiner vermeintlichen Bach-Nähe zu Papier zu bringen, und an dieser Komposition ist jene Schwelle zu verdeutlichen, die das 'tote Wiederho-

len' vom 'Weiterarbeiten' trennt. Bachs Kantate Nr. 38 umfaßt sechs Sätze: die
beiden Rahmensätze, eine Choralmotette, eine Fuga im Stile antico als Nr. 1 und
einen Choralsatz als Schlußchoral; die vier Innensätze wechseln zwischen Rezitativ und Arie bzw. Solo-Ensemble, auf ein Alt-Rezitativ folgt eine Tenor-Arie,
auf ein Sopran-Rezitativ ein Terzett von Sopran, Alt und Baß. An diese äußere
Gestaltung lehnt Mendelssohn sich – wenn auch mit nur lockerer Bindung – an.
In seiner fünfsätzigen Komposition bilden zwei Choralsätze den Rahmen. Als
Innensätze komponierte Mendelssohn eine Chorfuge, eine Tenorarie mit anschließendem Chor und ein Terzett für die Solostimmen Alt, Tenor und Baß, zu
dem der Chor-Sopran den augmentierten Cantus firmus zu singen hat.

    Die charakteristischen Satztypen aus Bachs Komposition, Chorfuge, Choral-
satz, Arie und Terzett, werden von Mendelssohn zwar aufgegriffen, nicht aber in
jedem Fall die spezielle Satzart. Am ehesten sind es die beiden Choralsätze, die
ihre Herkunft vom Typ des Choralsatzes, wie ihn Bach komponierte, kaum verleugnen können; dennoch gibt es markante Unterschiede, die das 'Weiterarbeiten' bereits im satztechnischen Detail dokumentieren. Mendelssohn biegt die
phrygische Tonart der Choralmelodie nach Moll um und vermeidet damit grundsätzlich den melodischen Schritt der kleinen Sekunde von der Paenultima zur Ultima in den entsprechenden Kadenzen. Der einzige Kleinsekundgang am Ende
des zweiten Choralsatzes, am Ende der Komposition überhaupt, erinnert an die
alte Form der Melodie, der harmonische Gang aber, der hier über einen Zwi-
schendominantseptakkord zum Tonika-Gegenklang, zum Trugschluß führt, berücksichtigt nicht nur die phrygische Wendung der Melodie nicht, sondern macht
noch einmal unmißverständlich klar, daß es nicht Mendelssohns Absicht ist, kom-
mentarlos in die Tonsprache vergangener Epochen zurückzufallen. Daß und wie
die Tonart nach Moll gewendet werden kann, konnte Mendelssohn bereits dem
Schlußchoral der Bach-Kantate entnehmen. Bach harmonisiert die in e-phrygisch
stehende Choralmelodie weitgehend in a-Moll[91] und kann so die phrygischen
Wendungen halbschlüssig enden lassen, ohne in die Intervallstruktur der Melodie
eingreifen zu müssen. Mendelssohn wählt das gleichnamige Moll, womit allerdings eine Änderung von Melodietönen impliziert ist, die sich wie in den Choralsätzen auch im Cantus firmus der kontrapunktischen Sätze Nr. 2 und Nr. 4 findet.
Die Komposition steht in f-Moll, und die beiden rahmenden Choralsätze haben
ihren harmonischen Grund in dieser Tonart. Anders verfuhr Mendelssohn in seiner etwa gleichzeitig entstandenen Choralkantate „O Haupt voll Blut und Wunden" mit der phrygischen Tonart. Über die Harmonisierung der dort nach g versetzten Melodie schrieb er: „Ich freue mich auf das Stück, von welchem niemand
wissen wird, ob es in c moll oder in es dur geht."[92] Mendelssohn stellt sich damit
exakt in die Tradition der seit etwa 150 Jahren üblichen Ausweichharmonisierun-
gen.[93] Dieser Tatsache scheint er sich genau bewußt gewesen zu sein, denn wenn
er die Ambivalenz der Harmonisierung in den Tonarten von Oberquart und Un-
terterz als das Spannende und damit wohl auch Neuartige seiner Komposition
hervorhebt, zeigt er, daß er, über die überlieferte Praxis hinausgehend, beide
Möglichkeiten miteinander kombiniert mit dem Ziel einer gewissen Verschleie-

rung eines tonalen Zentrums. In keinem Fall aber, weder in der Motette noch in der Kantate, geht die Tendenz des Archaisierens so weit, die phrygische Tonart als eigenen Wert zu rekonstruieren.

Rudolf Werners Bemerkung, Mendelssohn stehe als Kind seiner Zeit den harmonischen Reizen und mystischen Klängen der alten Kirchentonarten fern[94], ist nur insofern zuzustimmen, als Mendelssohn nicht angetreten ist, diese alten Tonarten im Sinne einer Stilkopie wiederzubeleben. Die harmonischen Reize ergeben sich für ihn aus den Möglichkeiten, die die melodischen Wendungen für die Dur–Moll-Harmonisierung seiner Zeit eröffnen. Das Interessante seiner Behandlung der Melodie des Chorals „*O Haupt voll Blut und Wunden*" sieht er in der möglichen Ambivalenz, in einem Changieren zwischen den Tongeschlechtern, das zugleich spezifische Ausdrucksmöglichkeiten involviert.[95] Die andere Möglichkeit des Umgangs mit einer phrygischen Melodie in seiner Zeit, ihre Versetzung nach Moll, demonstriert Mendelssohn in seiner Motette „*Aus tiefer Not*". Beide Arten des Umgangs aber belegen auf je eigene Weise das Weiterarbeiten.[96]

Der Choralsatz Bachs wurde in seiner Bedeutung als satztechnisches Modell ideal gesehen in seiner Gleichgewichtung zwischen Horizontaler und Vertikaler, zwischen Harmonielehre und Kontrapunkt, zwischen 'einzigen Harmoniefolgen' und 'fein ausgearbeiteten Stimmen'. Diese ideale Gleichgewichtung war verlorengegangen; die Ausarbeitung der Stimmen war gänzlich, die Abfolge komplizierterer, interessanter und aufregender Harmonik weitgehend einem anderen Ideal zum Opfer gefallen, das die Schlichtheit des Satzes als geeignetes Moment ansah, durch das sowohl religiöse Erhabenheit zum Ausdruck zu bringen als auch andachtsvolle Erbauung zu erzielen sei. Mendelssohns Bemühungen, das Bachsche Ideal wiederzubeleben, vollzogen sich daher unter prinzipiell anderen Voraussetzungen als denen, auf die Bach reagierte. Während Bach einen Satz weiterentwickelte, dessen Herkunft aus der Tradition der 'Ausarbeitung der Stimmen' selbstverständlich war, dessen Harmonik untrennbar mit dieser Ausarbeitung in Zusammenhang stand und dessen Stimmen nunmehr derart differenziert geformt wurden, daß die stufen- und dissonanzreiche Harmonik des kunstvollen Generalbaßsatzes des Spätbarock in den Dienst der textdeutenden Gestaltung einbezogen werden konnte, hatte Mendelssohn sich mit einem unangefochtenen Primat der Harmonik auseinanderzusetzen, der die Ausarbeitung der Stimmen, die gewissermaßen in einem zweiten, nachgeordneten Arbeitsgang erfolgte, unterzuordnen war. Was für Bach Konsequenz und folgerichtige Weiterentwicklung eines Traditionsstranges war, stellte sich für Mendelssohn als Problem dar, eine alte Satzkunst einem neuen Denken anzupassen, für das die Trennung von Harmonielehre und Kontrapunkt so selbstverständlich war wie für Bach die Vorstellung, daß beide Bereiche zusammengehören, nicht getrennt zu diskutieren sind und zwei eng miteinander verzahnte Aspekte ein- und desselben Sachverhaltes darstellen. Bewundert wird die Gleichgewichtung im Choralsatz Bachs, die Modellcharakter hat und unter den Prämissen eines anderen musikalischen Denkens nur schwer nachzuvollziehen ist.

Wie alle Kompositionen wird Mendelssohn auch op. 23 vor oder spätestens während der Publikation einer Revision unterzogen haben – auch wenn Zelter von

„Zuspizzen und Abkippen wenn dergl nicht vornherein mit zur Fertigung gehört" abrät, weil solche Eingriffe „eher die Kleinmeisterey begünstigen als zum Ganzen dienen". So ist davon auszugehen, daß er die „Stellen in den Chorälen, wo die Stimmen unruhig durch einander gehen und absetzen", verbessert hat und die beiden Rahmen-Choralsätze schließlich in einer Form veröffentlicht wurden, die von Mendelssohn gebilligt wurde. Sie können verglichen werden mit dem – einzigen – vierstimmigen Choralsatz über diese Melodie aus Bachs Feder, der sich als Schlußchoral in der Kantate Nr. 38 findet. Trotz aller äußerlichen Übereinstimmung, die sich vornehmlich in der Bewegung der Stimmen zeigt, läßt sich ein fundamentaler Unterschied benennen. In der Baßstimme beider Choralsätze Mendelssohns ist nahezu die Hälfte der Fortschreitungen Sprünge, bei Bach gerade ein Viertel. Bachs Baßführung ist weitaus linearer als die Mendelssohns, eine Folge der verstärkten Verwendung von Akkordumkehrungen. Zudem nutzt Mendelssohn Akkordumkehrungen keinesfalls mit der Konsequenz, dem Baß zu größerer Linearität zu verhelfen; oftmals werden gerade die Baßtöne der Umkehrungsakkorde angesprungen, nicht selten mit großen Sprüngen auf- und abwärts – eine Baßführung, die sich kaum auf Bach berufen kann. Der abwechslungsreiche und interessante harmonische Gang bleibt trotz aller Differenzierung der Ausarbeitung der Stimmen vorgeordnet. Mendelssohns Absicht ist eine andere als die der vordergründigen Nachahmung. Einerseits wird die geltende Hierarchie von Harmonik und Kontrapunkt, nach der letztere sich der Harmonik unterordnet, nicht geleugnet, und andererseits setzt er sich ab von jener Art des Choralsatzes, die Carl Dahlhaus als „mittleren Stil" der Kirchenmusik im 19. Jahrhundert bezeichnet: „Die auf Erbauung zielende Kirchenmusik machte sich [...] die ästhetischen Ideen des Klassizismus, die [...] aus bürgerlichem Geiste stammten, zu eigen: die Ideen, die Winckelmann in die Formel von der 'edlen Einfalt und stillen Größe' gefaßt hatte. Und das musikalische Modell, in dem man das erbaulichklassizistische Ideal verwirklicht sah, war ein Akkordsatz von gedämpftem Pathos, über dem eine Melodie schwebte, die zwischen dem hymnischen und dem rührenden Stil wechselte, ohne jemals in Exaltation zu verfallen."[97] Die Überwindung dieses „Akkordsatzes von gedämpftem Pathos" vollzieht sich bei Mendelssohn in der Orientierung am Choralsatz Bachs, wiederum sind es die „einzigen Harmoniefolgen" und die „fein ausgearbeiteten Stimmen", die das klassische Muster bilden, das zur Richtschnur wird. Sowohl der Akkordvorrat als auch die Stimmführung im einzelnen, sowohl die Behandlung der Dissonanzen als auch der Umgang mit der Tonalität sind allerdings dem Bereich des 'Weiterarbeitens' zuzurechnen. Mit den Mitteln seiner Zeit wird das Modell gefüllt, das im Hintergrund steht. In op. 23, 1 ist es obendrein mehr als ein gleichsam neutrales Muster der Satzkunst. In dieser unter dem Titel *Kirchenmusik* veröffentlichten Komposition wird Bach nicht zuletzt deswegen zitiert, weil er als „der musikalische Repräsentant des Protestantismus" gesehen wurde.

Rudolf Werner klassifizierte die Anlehnung Mendelssohns an Bach in op. 23, 1 mehr als ein „Anschmiegen an Bachs formale und polyphone Kunst" als ein „Aufnehmen seiner geistigen Eigenart". Von Nachahmung könne dabei nicht die

Rede sein, die Mendelssohnsche Individualität blicke immer noch, wenn auch wie unter einem Schleier, hindurch.[98] Es sind Satzabfolge, Satztypen, sogar die Besetzung im einzelnen, die auf das Muster rekurrieren, die Ausarbeitung jedoch entfernt sich weit vom Vorbild. Dies betrifft nicht nur die Tenor-Arie mit anschließendem Chor, die als lyrisch geprägtes Lied und Chorlied in As-Dur markantes Dokument der unmittelbaren musikalischen Gegenwart Mendelssohns ist, sondern auch die kontrapunktischen Sätze Nr. 2 und 4. Bachs Eingangschor, eine im Stile antico gesetzte Motette[99] mit Vorimitation der einzelnen Choralzeilen und Cantus firmus in Augmentation im Sopran liefert Mendelssohn die Idee einer Chorfuge, keineswegs aber das satztechnische Muster. Und Bachs vorletzter Satz, ein Terzett, ist ebenfalls nur Vorbild für einen Satztyp, eine spezifische Besetzungsvariante im Ablauf des Werkes, nicht Vorlage für eine Stilkopie.

Der Beginn mit einem Choralsatz, in dem die Melodie vollständig vorgestellt wird, ergibt sich aus der Notwendigkeit, die die Beschränkung auf ein Thema in der Fuge mit sich bringt. Mendelssohn führt nicht sämtliche Zeilen der Melodie durch wie Bach, sondern schreibt eine Chorfuge, deren Subjekt der Choralbeginn ist. Dennoch wird der gesamte Text der ersten Strophe der Lutherschen Dichtung einbezogen. Rudolf Stephan hat darauf hingewiesen, daß Mendelssohn aus der Notwendigkeit heraus, die verschiedenen Melodien der ersten beiden Choralzeilen in einem Satz zu verarbeiten, zu der Lösung gefunden habe, „sie als zwei verschiedene Subjekte sogleich zu exponieren".[100] Um nun die zweite Zeile mit dem nötigen Nachdruck zu exponieren, werde sie nach dem Beginn des Basses dem Tenor zugewiesen, der vom Baß kontrapunktiert werde: „Der Erfolg dieser Themendisposition besteht zunächst darin, daß die Melodie der zweiten Liedzeile nicht als bloße Fortspinnung der ersten, sondern vielmehr bedeutend aufgewertet erscheint. So erweist sich, daß für Mendelssohn nicht nur der Kontrast an sich, sondern der zweier möglichst gleichwertiger musikalischer Gedanken wichtig ist." Die Notwendigkeit, zwei Choralzeilen zu verarbeiten, ist eine Folge der Idee des Kontrastes und führt zu einer Gestaltung, die der Chorfuge Bachs, insbesondere dem Eröffnungschor der Musterkomposition, fremd ist. Die Idee des Kontrastierens eröffnet eine sich über die Fuge erstreckende Entwicklung, die in den homophonen Schlußtakten des Satzes, einer augmentierten Wiederholung der Schlußzeile des ersten Choralsatzes, ihren Höhepunkt findet.[101] Die vier Teile der f-Moll-Fuge werden jeweils von Kadenzen beschlossen, die der Dominante der Zielstufen As-Dur, b-Moll und C-Dur den Umfang eines Taktes zuweisen, um Raum für einen ausgedehnten Quartsextvorhalt und die gewichtige Einführung der charakteristischen Septime zu geben. In jedem Teil werden zwei Textzeilen der ersten Strophe der Dichtung verarbeitet. Daß sie nur sieben Textzeilen aufweist, nutzt Mendelssohn zu einer Verdichtung, indem er im letzten Teil die Textzeilen fünf und (später) sechs wieder aufgreift und mit der siebenten, letzten zusammenbindet. Diese Verdichtung läßt sich auch in der musikalischen Struktur verfolgen als Niederschlag des Entwicklungsgedankens. In jedem Teil wird der Kontrast weiter zugespitzt, indem neue, aber aus den beiden ersten Choralzeilen abgeleitete Gedanken exponiert werden, die von zunehmender Chromatik wie auch von

zunehmender Weite der Intervalle geprägt sind. Zugleich nimmt auch eine Verdichtung des homophonen Satzes zu, der in den Kadenzbildungen der Teile vorbereitet wird. Zunehmend werden die den jeweiligen Kadenzen vorausgehenden
Takte in die homophone Gestaltung mit einbezogen. Gleichbleibend werden den
Kontrastmotiven die aus den ersten Zeilen gewonnenen Themen gegenübergestellt, die damit zur Klammer des Satzes werden. Die motivischen Umwandlungen, insbesondere der vom zweiten Teil an immer weiter in den Vordergrund gerückte Quartsprung aufwärts und die abwärts gerichteten diatonischen und chromatischen Tonleiterbildungen, bewirken, daß die letzte Choralzeile als Ergebnis
dieses Prozesses gehört wird. Die Fuge findet zu ihrem Ausgangspunkt, dem
Choralsatz zurück. Mendelssohn komponiert keine Doppel-, Tripel- oder Qua-
drupel-Fuge, sondern kombiniert die Form der Fuge mit motivisch-thematischer
Arbeit und mit einem Entwicklungsgedanken – in diesen Gestaltungsprinzipien
dokumentiert sich das 'Weiterarbeiten nach Kräften'. Die grundsätzliche Bedeutung dieses Vorgangs betonte bereits Rudolf Stephan: „Denn immerhin wäre es
an der Zeit, über die Bedeutung des Kontrapunkts in der Musik des 19. Jahrhunderts unvoreingenommener als bisher zu sprechen und endlich der Einsicht zum
Durchbruch zu verhelfen, daß Kontrapunkt kein Gegensatz zur motivisch-
thematischen Arbeit ist, sondern einer ihrer wesentlichen Bestandteile."[102]

„VON SEINEN CHARAKTERSTÜCKEN WOLLTE ER SPÄTER NICHT VIEL MEHR WISSEN.
BACH UND HÄNDEL HABE IHM DA NOCH IN DEN GLIEDERN GELEGEN."
(Robert Schumann, nach dem 4. November 1847)

Mehrfach wurden die beiden Fugen der *Charakterstücke* op. 7, das dritte und das
fünfte Stück der Sammlung, als Dokumente der Bach-Rezeption Mendelssohns
gewertet. Die Verwendung barocker Gestaltungsprinzipien scheint diese Schlußfolgerung nahezulegen, beide Fugen gelten auch als markante Zeichen der besonderen Affinität des Komponisten zur Musik Bachs. Ebenso wie für Wulf Konold[103] sind auch für Friedhelm Krummacher beide Kompositionen Belegstücke
für die Bach-Rezeption Mendelssohns. „Desto markanter wird der Bezug auf
Bach in den fugierten Stücken Nr. III ('Kräftig und feurig', D-Dur) und Nr. V
('Ernst, und mit steigender Lebhaftigkeit' in A-Dur). Diese Beziehung wirkt auch
dann schlagend, wenn es schwerfallen dürfte, direkte Modelle Bachs nachzuweisen."[104] Nachzudenken aber wäre darüber, ob die Form der Fuge allein bereits
Bach-Rezeption signalisiert. Wie in den Chorfugen der Oratorien und Orche-
sterpsalmen nicht selten Spuren der Händel- anstatt der Bach-Rezeption auszumachen sind, ist auch für die Klavier-Fugen keinesfalls auszuschließen, daß die
Kompositionen nicht nur auf Musterwerke Bachs, sondern auch auf andere Modelle rekurrieren. Die beiden Fugen in op. 7 sind höchst unterschiedlicher Natur.
Bereits Walter Dahms hat auf den Einfluß Händels aufmerksam gemacht[105], und
für die Fuge op.7, 3 lassen sich in der Tat leichter im Händelschen als im Bachschen Klavierwerk Modellkompositionen finden. Schon das Thema von op. 7, 3

ist den Themen der Fugen etwa in Händels *Suite* Nr. II F-Dur oder besonders Nr. IV e-Moll weitaus verwandter als den konzentrierter gefaßten Klavierfugen-Themen Bachs. Auf diese Verbindung weist auch eine von Schumann notierte Erinnerung an Mendelssohn hin: „Von s. Charakterstücken wollte er später nicht viel mehr wissen. Bach und Händel habe ihm da noch in den Gliedern gelegen"[106] – eine Erinnerung, deren Formulierung offenbar auf eine Äußerung Mendelssohns zurückgreift und einmal mehr die Orientierung auch an Händel belegt.

Damit ist ein weiteres, bisher wenig berücksichtigtes Problem der Suche nach Spuren von Mendelssohns Bach-Rezeption angesprochen: Die mit Schwierigkeiten verbundene und nur mühsam einzulösende Trennung der Bach-Rezeption von der Händel-Rezeption. Daß Mendelssohns – gelegentlich von geradezu wissenschaftlicher Akribie geleitete[107] – Beschäftigung mit dem Werk Händels für die Bekanntmachung und Verbreitung der Kompositionen dieses Barockmeisters ähnlich wichtig war wie die Beschäftigung mit Bachs Werk für die Bach-Renaissance, ist bisher kaum gründlich untersucht worden. Und daß die Auseinandersetzung mit Händels Werk Spuren im Werk Mendelssohns hinterlassen hat, die ähnlich jenen sind, die aus der Beschäftigung mit dem Werk Bachs herzuleiten sind, war bisher allenfalls von marginalem Interesse. Zwar wurde der Einfluß Händels auf die oratorischen Kompositionen Mendelssohns zumindest ansatzweise benannt und die Modellfunktion einer Händelschen Psalmvertonung für den ersten von Mendelssohns Psalmen mit Orchester ebenso nachgewiesen[108] wie die Wirksamkeit Händelscher Chorsatztypen für Chorsätze in den Oratorien und Orchester-Psalmen[109], eine umfassende Aufdeckung dieser Beziehungen ist bislang aber nicht in Angriff genommen worden; für die Instrumentalmusik fehlen solche Untersuchungen nahezu vollständig.[110]

Die zweite der in den *Charakterstücken* veröffentlichten Fugen, op. 7, 5 ist eindeutiger als op. 7, 3 dem Werk Bachs verpflichtet. Krummacher bemerkt zu Recht, daß op. 7, 5 sich an die im Stile antico gesetzten Fugen des *Wohltemperierten Klaviers* anlehnt[111], daß sich aber ein direktes Modell kaum finden lassen werde. Konold hingegen benennt als unmittelbares Modell die E-Dur-Fuge aus dem 2. Teil des *Wohltemperierten Klaviers*.[112] Gerade der Vergleich jedoch mit Bachs E-dur-Fuge offenbart die fundamentalen Unterschiede. Selbst wenn das äußere Erscheinungsbild des Themas die Aura einer im Stile antico gesetzten Fuge heraufbeschwört, ist seine Struktur von anderen Gestaltungsprinzipien geleitet als die Themen entsprechender Fugen in Bachs Klavierwerk. Mendelssohns Themenkonstruktion ist bestimmt durch eine regelmäßige Folge von Hebungen und Senkungen, und diese Struktur des viertaktigen Gebildes wird im gesamten Stück hin wirksam. Die geradezu aufdringliche Regelmäßigkeit wird nur an wenigen Stellen durch den Einschub überzähliger Takte durchbrochen; Einschübe solcher Art aber werden als Störfaktor gleichmäßiger Metrik behandelt und nach kurzem Verlauf durch ergänzende Einschübe ausgeglichen. Über den 256 Takten der Fuge liegt weitgehend eine strikte Viertaktgliederung. Metrische Verschiebungen von Themeneinsätzen, ein Wechsel von Arsis zu Thesis, finden sich nirgends, auch die Augmentationen und Diminutionen setzen auf metrisch schweren

Zählzeiten ein, und Engführungen werden so kombiniert, daß die übergeordnete Gliederung nicht durchbrochen wird. Dadurch wird die Fuge einer Gleichmäßigkeit unterworfen, die weit entfernt von Bachs E-Dur-Fuge ist, in der bereits der Einsatz des Comes metrisch verschoben ist. Rudolf Stephan hat auf ein Charakteristikum kontrapunktischer Kompositionen Mendelssohns aufmerksam gemacht und hervorgehoben, daß Themen häufig so angelegt werden, daß sie sich für kontrapunktische Arbeit ebenso eignen wie für homophon-durchbrochene. Mendelssohn habe „versucht, Themen kontrapunktischer Sätze, vor allem die der Fugen, so zu gliedern, daß sie den Bedürfnissen der Periodik entweder selbst entsprechen oder so beschaffen sind, daß sie in einem Tonsatz, der diese Themen nur noch als Momente kennen wird, sich der Periodik unterordnen".[113] In op. 7, 5 wird das in diesem Sinne den Bedürfnissen der Periodik entsprechend gegliederte Thema zunächst kontrapunktisch behandelt. Da abgesehen vom Themenkopf kaum weitere charakteristische Motive aus dem Thema abgeleitet werden, ermöglicht erst die Einführung neuer Motive motivisch-thematische Arbeit. Wenn durch Umkehrung des Themas, durch Augmentation und Engführungen ein vorläufiger Kulminationspunkt eines Steigerungsbogens erreicht ist, werden neben weiteren kontrapunktischen Techniken auch Mittel ins Spiel gebracht, die der Fugenkomposition Bachs fremd sind. Nach 128 Takten, also exakt der Hälfte der Takte, wird nach einer Temposteigerung – poco a poco più vivace – das Thema diminuiert durchgeführt, enggeführt und mit seiner Originalgestalt kombiniert. Dabei wird allmählich ein kurzes auftaktiges Motiv ins Geschehen gebracht, das nur noch in loser Verbindung zum Subjekt steht und weitgehend als eigenständiges Gebilde anzusehen ist. Mit ihm wird schließlich das Thema, später nur noch der Themenkopf akkordisch-homophon begleitet, seine rhythmischen Impulse erwecken zwar noch immer den Anschein kontrapunktischer Arbeit, diese aber ist motivisch-thematischer gewichen. Wenn am Ende das Geschehen sich zum homophonen Satz, gewissermaßen zum 'vierstimmigen Choralsatz' verdichtet, der zudem regelmäßiger Gliederung, einer ununterbrochenen Abfolge gleichmäßiger Hebungen und Senkungen in geradtaktigen Komplexen verpflichtet ist, hat nicht nur der die Fuge überspannende Entwicklungsprozeß seinen Höhepunkt erreicht, sondern das 'Weiterarbeiten nach Kräften' ist auf den Punkt gebracht. Kontrapunktische Arbeit hat sich nahtlos mit motivisch-thematischer zu einer Einheit mit neuer Qualität zusammengefügt: „Die kontrapunktische Arbeit erscheint bei Mendelssohn nicht als gesteigerte motivisch-thematische Arbeit, allenfalls als deren Spezialfall, je nach den gewählten Vorbildern. Kontrapunktische Setzweise dient weder der Herstellung dichterer Beziehungen der kompositorischen Details, sie ist vielmehr [...] ihrer Besonderheit entkleidet und zu einem gewöhnlichen musiksprachlichen Mittel geworden, das ganz bestimmten Sphären zugehört."[114]

Krummacher hat die Fuge einer ausführlichen Untersuchung unterzogen und spezifische Eigenarten der Mendelssohnschen Kompositionweise herausgearbeitet, wobei er ebenfalls einen Prozeß interner Umwandlung hervorhebt. Es werde ein Steigerungsgedanke verfolgt, der sich sowohl auf die Dynamik als auch auf das Tempo beziehe, sich aber nicht darauf allein beschränke. Die prägnante Mo-

tivik am Schluß des Satzes sei zwar nicht aus dem Thema abzuleiten, wirke aber
nicht fremd, sondern ergebe sich aus dem Prozeß motivischer Verarbeitung, der
sich im Verlauf der Fuge entfalte. Krummacher resümiert, daß durch die prozes-
sualen Veränderungen der Typus jener Steigerungsfuge vorbereitet werde, „der
dann in späteren Klavier- und Orgelwerken, aber auch in den Ouvertüren der beiden Oratorien Leistungen von unverwechselbarem Profil bestimmt hat."[115] Zutreffend beschreibt er die behutsame Umwandlung vorgegebener Muster im Sinne
einer eigenständigeren Art des Umgangs mit der Form der Fuge. Zwar geht der
die Fuge dynamisierende Steigerungsgedanke als Spezifikum Mendelssohnscher
Aneignung eines alten Musters noch nicht so weit, als Ziel dieser Steigerungsbö-
gen ein neues, gleichsam hymnisch-überhöhendes Element einzuführen, wie dies
in den angesprochenen späteren Werken oft durch die Verwendung eines Chorals
oder choralähnlicher eigener Bildungen Mendelssohns der Fall ist[116], doch markiert dies nur einen graduellen Unterschied. Aus dem Tonsatz am Ende dieser
Fuge ist allemal wieder der hinter dem Werk stehende ideale Satz, Mendelssohns
'vierstimmige Choralgeschicklichkeit', problemlos zu entziffern. Hervorzuheben
ist, daß Mendelssohn in der Sammlung der Charakterstücke op. 7 keine Stilkopie
im engeren, rein tonsetzerisch-handwerklichen Sinn veröffentlicht, sondern eine
Auseinandersetzung mit und eine spezielle Aneignung von alten Mustern dokumentiert. Dies gilt zwar für beide Fugen in op. 7, doch ist Krummachers Beobachtung hervorzuheben, daß die zweite Fuge das von Mendelssohn nachhaltiger
im Sinne einer Steigerungsform umgebildete Stück darstellt. Mendelssohn hat
diese Fuge in einen Zyklus eingereiht, mit dem er die zunehmende Selbständigkeit seiner Tonsprache im Bereich der Klaviermusik in programmatischer Absicht
zum Ausdruck bringt. Die gesamte Abfolge der sieben Stücke ist einer Dynamisierung unterworfen, deren Ziel das letzte, eigenständigste Charakterstück ist, das
in vielen Details jener Musik nahesteht, mit der Mendelssohn in seiner etwa
gleichzeitig entstandenen *Sommernachtstraum-Ouvertüre* große Selbständigkeit
dokumentiert.[117] Wie der gesamte Zyklus zeigt auch die Fuge, worauf Mendelssohn sich bezieht, wovon er sich herleitet und in welcher Form er mit den Modellen umzugehen beabsichtigt.

Die charakterisierende Überschrift der Fuge lautet: „Ernst, und mit steigender
Lebhaftigkeit". „Ernst" steht synonym für 'ernste Sachen' – so hatte Lea die Instrumentalstücke Bachs, die in Zelters Freitagsmusiken zur Aufführung gebracht
wurden, bezeichnet[118] – und zugleich für Bach selbst; „mit steigender Lebhaftigkeit" charakterisiert Mendelssohns Umgang mit dem Modell, insbesondere den
modifizierenden Dynamisierungsprozeß und damit die zeitgemäße Umsetzung der
gewissermaßen als ideal gesehenen und damit fernstehenden oder entrückten Musik Bachs.

ANMERKUNGEN

1 Friedhelm Krummacher, *Bach, Berlin und Mendelssohn. Über Mendelssohns kompositorische Bach-Rezeption*, in: *SIM-Jahrbuch* 1993, S. 44.

2 Vgl. hierzu Geck, *Wiederentdeckung*, und Erich Doflein, *Historismus in der Musik*, in: Wiora, *Historismus*, S. 34.

3 Krummacher, *Bach-Rezeption*, S. 46.

4 Sebastian Hensel, *Die Familie Mendelssohn. 1729 bis 1847. Nach Briefen und Tagebüchern*, hrsg. v. Friedrich Brandes, Leipzig 1929, S. 93. Vgl. auch Rudolf Elvers, *Frühe Quellen zur Biographie Felix Mendelssohn Bartholdys*, in: *Felix Mendelssohn Bartholdy. Kongreß-Bericht Berlin 1994*, hrsg. von Christian Martin Schmidt, Wiesbaden 1997, S. 17. Rudolf Elvers hat den bei Hensel nur kurz erwähnten Brief, der sich in Privatbesitz befindet, ausfindig gemacht und in großen Teilen zitiert. Die Passage lautet: „Lea findet, es [= das Kind] habe Bachsche FugenFinger, nur der Kleine sollte wachsen, er leiste sich schon die Nägel; alles nicht zu verachtende Disposizionen."

5 Hans Engel, *Das Instrumentalkonzert*, Leipzig 1932, S. 325: „Denn diese [= Mad. Levy] spielte solche [= Konzerte der Berliner Schule] 1805–1817 in der sog. Ripienschule, einer Gründung Zelters zur Pflege alter Musik. J. S., K. Ph. E. und Friedemann Bach, Müthel, Nichelmann, Händel, Graun, Quantz, Hasse, nicht aber die Wiener Klassik wurden gespielt."

6 Adolf Bernhard Marx, *Erinnerungen*, Berlin 1865, Bd. II, S. 166: „In ihr [= Lea Mendelssohn Bartholdy] lebten Traditionen oder Nachklänge von Kirnberger her; von dorther war sie mit Sebastian Bach bekannt geworden und hatte das unausgesetzte Spiel des temperierten Klaviers ihrem Hause eingepflanzt."

7 Ernst Wolff, *Felix Mendelssohn Bartholdy*, Berlin 1906, S. 21. „Ihr [= Fannys] musikalisches Gedächtnis war bedeutend; schon im dreizehnten Jahr spielte sie ihrem Vater zur Ueberraschung 24 Bachsche Präludien auswendig vor."

8 Dieter Siebenkäs, *Ludwig Berger. Sein Leben und seine Werke*, Berlin 1963, S. 13: „In Reichardts ‚Berliner Musikalische Zeitung' heißt es 1805, daß er [= Berger] sich ‚durch sein reines und bedeutendes Spiel, mit welchem er Seb. Bach, wie Clementi, spielte, und durch seine gründliche Unterrichtsmethode Freunde und Beifall im Publikum und bei Künstlern erwarb [...]' Die Übung von Bachs Fugen gehörte mit zu Clementis Ausbildungsprogramm. Er hatte sich selbst daran geschult, und nicht nur Berger, sondern auch Klengel und Field glänzten im Vortrag dieser Werke. Entscheidend für diese Studien werden nicht musikalische, sondern pädagogische Ziele gewesen sein"; ebd., S. 194: „Neben Clementis ∙ Werken, die er auf der geplanten Konzertreise (1804) vortragen sollte, scheint er vor allem Werke von Johann Sebastian Bach studiert zu haben, in deren Vortrag er glänzte. Ihren Niederschlag finden diese Studien in Bergers Neigung zu kontrapunktischer Technik, speziell aber in ‚Prélude et Fugue' op. 5."

9 Zitiert nach Susanna Großmann-Vendrey, *Felix Mendelssohn Bartholdy und die Musik der Vergangenheit*, Regensburg 1969, S. 15 (= *Studien zur Musikgeschichte des 19. Jahrhunderts*, Bd. 17).

10 Zit. nach: *Sing-Akademie zu Berlin. Festschrift zum 175jährigen Bestehen*, hrsg. v. Werner Bollert, Berlin 1966, S. 65. Vgl. Gottfried Eberle, *200 Jahre Sing-Akademie zu Berlin*, Berlin 1991, S. 30: „Am 21. Januar 1794 macht Fasch im Probentagebuch die bemerkenswerte Eintragung: ‚Heute wird der Anfang gemacht, die Motete 1 von J. Seb. Bach ein zu studieren.' Gemeint war die doppelchörige Motette ‚Komm, Jesu, komm'. Daß Fasch nach eigenen Werken als ersten fremden Komponisten Johann Sebastian Bach vornahm, war in jener Zeit alles andere als selbstverständlich – und konnte sich wohl nur in Berlin ereignen."

11 Krummacher, *Bach-Rezeption*, S. 47.

12 Vgl. u. a.: Wulf Konold, *Felix Mendelssohn Bartholdy und seine Zeit*, Laaber 1984, hier vor allem Kapitel VIII: *Mendelssohn und Bach*; Krummacher, *Bach-Rezeption*, S. 44ff.; Ulrich Wüster, *Felix Mendelssohn Bartholdys Choralkantaten. Gestalt und Idee*, Frankfurt a. M. 1996; hier vor allem das Kapitel A. 2: *Tradition und Innovation*.

13 Vgl. Reinhard Kapp, *Lobgesang*, in: Josef Kuckertz, Helga de la Motte-Haber, Christian Martin Schmidt und Wilhelm Seidel (Hrsg.), *Neue Musik und Tradition. Festschrift Rudolf Stephan zum*

65. Geburtstag, Laaber 1990, S. 244: „Die Gestalt des langsamen Satzes, der im archaisierenden Gesang an den 'König in Thule', im Satz mit durchlaufendem basso continuo und hinzutretenden Flöten ganz deutlich auf Bach, insbesondere einige Stellen aus dessen Actus tragicus anspielt, gewissermaßen als Requiem für den 1832 verstorbenen Lehrer Zelter."

14 Aus der großen Zahl der Bemerkungen zu BWV 106, die sich in den Briefen der Familie Mendelssohn finden, zwei Beispiele: „Außerdem hat aber Schelble des Freitags Abends bei sich einen kleinen Verein von etwa 30 Stimmen, wo er am Clavier singen läßt und seine Lieblingssachen, die er dem großen Verein [= Cäcilienverein Frankfurt a. M.] nicht gleich zu geben wagt, nach und nach vorbereitet. Da habe ich eine Menge kleiner Sonntagsmusiken von Seb. Bach, sein Magnificat, die große Messe und sonst Vieles Schöne gehört. [...] Ich habe im großen Verein unter andern die Motette 'Gottes Zeit ist die allerbeste Zeit', die wir zuweilen bei Ihnen Freitags sangen, gehört, das Stück 'es ist der alte Bund' macht sich mit dem großen Chor und mit den schönen, weichen Sopranen ganz göttlich." (Brief Felix Mendelssohns aus Paris an Zelter vom 15. Februar 1832; in: *Mendelssohn Bartholdy. Briefe*, hrsg. v. Rudolf Elvers, Frankfurt a. M. 1984, S. 152); „Was nun Bach betrifft, so scheint mir das genannte Stück [= BWV 106] ein ganz bewunderungswürdiges. Schon die Einleitung, welche Fanny besonders schön spielte, hat mich überrascht und ergriffen, wie lange Nichts, und ich mußte wieder an Bach's Einsamkeit denken, an seinen ganz isolirten Stand in Umgebung und Mitwelt, an die reine, milde, ungeheure Kraft und die Klarheit der Tiefe.")Brief Abraham Mendelssohns an Felix vom 10. März 1835, in: *Briefe aus den Jahren 1830 bis 1847 von Felix Mendelssohn Bartholdy*, hrsg. v. Paul Mendelssohn Bartholdy und Carl Mendelssohn Bartholdy, Bd. II, Leipzig 1875, S. 53).

15 Johann Christian Lobe, *Gespräche mit Felix Mendelssohn*, in: ders., *Consonanzen und Dissonanzen. Gesammelte Schriften aus älterer und neuerer Zeit*, Leipzig 1869, S. 373f.

16 Brief Abraham Mendelssohna an Felix vom 10. März 1835, in: *Briefe* II, S. 53.

17 Krummacher, *Bach-Rezeption*, S. 45f.

18 Lobe, *Gespräche*, S. 373f.

19 Einige früher veröffentlichte oder im Druck befindliche Untersuchungen des Verfassers wurden unter der speziellen Fragestellung der Bach-Rezeption Mendelssohns erneut berücksichtigt. Zusätzlich sind während der abschließenden Arbeiten an diesem Beitrag einige Studien zu dieser Thematik und zu den herangezogenen Werken Mendelssohns erschienen, die – soweit es noch möglich war – einbezogen wurden und auf die an entsprechender Stelle verwiesen wird.

20 Ferdinand Hiller, *Felix Mendelssohn-Bartholdy. Briefe und Erinnerungen*, Köln 1878, S. 138.

21 *AMZ* 42 (1840), Nr. 62 vom 1. März 1840.

22 Robert Schumann, *Gesammelte Schriften über Musik und Musiker*, hrsg.v. H. Simon, Leipzig 1888, 3. Bd., *Musikleben in Leipzig während des Winters 1839-1840*, S.42.

23 Schumann, *Schriften*, S. 86.

24 *AMZ* 43 (1841) Sp. 174–179; 194–197.

25 Elvers, *Verzeichnis*, S. 149.

26 Nicht nur zu Lebzeiten Mendelssohns, sondern auch noch lange danach. Vgl. Salomon Jadassohn: „Auch können wir – bei aller Verehrung Bach's – dennoch die Bemerkung nicht unterdrücken, daß wir beim Vortrage eines derartigen Violin-Solo-Satzes, als z. B. selbst bei der herrlichen Chaconne aus der zweiten Partita, auf die Länge tiefere Stimmen, eine auf sicherem Basse ruhende ausgeführte Begleitung, vermissen. Ein derartiger Satz, dessen tiefster Ton das kleine g sein muß, scheint gleichsam in der Luft zu schweben und wird nicht nur durch die nach der Tiefe hin beschränkte Tonlage, sondern auch durch die gleichmäßige Klangfarbe des *einen* Instruments nach und nach ermüdend wirken. Wir ziehen – aufrichtig gesprochen – die Vorführung der Chaconne mit der von Felix Mendelssohn-Bartholdy durchweg angemessen beigefügten Klavierbegleitung dem des Stückes in der ursprünglichen Fassung vor." (Salomon Jadassohn, *Lehrbuch der Instrumentation*, Leipzig ²1889, S. 136, zit. nach: Georg Feder, *Geschichte der Bearbeitungen von Bachs Chaconne*, in: *Bach-Interpretationen*, hrsg. von Martin Geck, Göttingen 1969, S. 174f.).

27 Dieser Satz geht eventuell auf eine Äußerung Forkels zurück; vgl. Forkel, *Bach*, S. 61.

28 Feder, *Chaconne*, S. 170.

29 Feder, *Chaconne*, S. 170.

30 Feder, *Chaconne*, S. 171.

31 Johann Gottfried Walther, *Musikalisches Lexikon oder musikalische Bibliothek*, Leipzig 1732, S. 164, Artikel *Ciacona*: „Ciacona Chaconne ist eigentlich ein Tantz, und eine Instrumental=pièce, deren Bass-Subjectum oder Thema gemeiniglich aus vier Tacten in ¾ bestehet, und, so lange als die darüber gesetzte Variationes oder Couplets währen, immer obligat, d.i. unverändert bleibet."

32 Vgl. die Untersuchung der *Chaconne* von Heinrich Poos, *J. S. Bachs Chaconne für Violine solo aus der Partita d-Moll, BWV 1004. Ein hermeneutischer Versuch*, in: *SIM-Jahrbuch* 1993, S. 151ff. Die weitgreifende Analyse macht u. a. deutlich, daß auch Bach nicht in kurzatmiger Viertaktigkeit dachte, sondern größere Zusammenhänge im Blick hatte.

33 Feder, *Chaconne*, S. 171.

34 Ebd.

35 Feder, *Chaconne*, S. 172.

36 Ebd.: „Mendelssohn hat den Charakter der Chaconne zwar in wesentlichen Punkten zerstört, ihr · aber einen neuen Charakter aufgeprägt. Alles, was das Klavier hinzutut, ist auf eigene Weise schön und bedeutungsvoll. In den wenigen kontrapunktischen Linien gelingen ihm sogar fast bachische Wirkungen."

37 John Michael Cooper hat Mendelssohns und Davids Interpretation der Chaconne eine Studie gewidmet, die im Jahre 1997 im Druck erscheinen wird in: *Mendelssohn-Studien*, Bd. 10, Berlin 1997. Cooper hat bisher unberücksichtigtes Quellenmaterial (Mendelssohns Skizzen, Davids Ausgabe der Violinstimme etc.) in seine Untersuchungen einbezogen und kommt im Gegensatz zu Georg Feder zu dem Schluß, daß Mendelssohn und David bei ihrer Bearbeitung höchst behutsam mit dem Original umgegangen seien.

38 Felix Mendelssohn Bartholdy aus Leipzig an Fanny, 14. November 1840, in: *Briefe* II, S. 160. „Ja, die Arpeggien der chromatischen Phantasie sind ja eben der Haupteffect. Ich erlaube mir nämlich die Freiheit, sie mit allen möglichen Crescendo's und Piano's und ff's zu machen, Pedal versteht sich, und dazu die Baßnoten zu verdoppeln. Ferner die kleinen durchgehenden Noten (die Viertel in den Mittelstimmen u.s.w.) zu Anfang des Arpeggio's zu markiren, ebenso die Melodie-Note, wie es gerade kommt, und dann thun die einzigen Harmoniefolgen auf den dicken neueren Flügeln prächtig wohl ... Die Leute schwören, das sei gerade so schön wie Thalberg, oder noch besser. – Zeig' aber dies Recept Niemand; es ist ein Geheimnis wie alle Hausmittelchen." Bemerkenswert ist die Formulierung „ich erlaube mir nämlich die Freiheit": Wovon befreit sich Mendelssohn, und wogegen ist die Bemerkung gerichtet? Gegen eine von ihm als falsch erkannte Interpretation Bachscher Werke? Oder nimmt er sich auch hier für die Freiheit, Bachs Komposition für seine Zeit verständlich zu machen?

39 Forkel, *Bach*, S. 52 f.

40 Forkel, *Bach*, S. 57.

41 Lobe, *Gespräche*, S. 373f.: „Ich liebe die fein ausgearbeiteten Stimmen, den polyphonen Satz, wozu die contrapunctischen Studien in früher Zeit bei Zelter und das Studium Bach's vorzüglich mitgewirkt haben mögen; die blos homophone Satzweise gefällt mir weniger."

42 Vgl. R. Larry Todd, *Mendelssohn's Musical Education. A Study and Edition of his Exercises in Composition*, Cambridge 1983.

43 Todd, *Education*, S. 2: „A more or less direct pedagogical line [...] may be drawn from Bach through C. P. E. Bach, Kirnberger, and Fasch, to Zelter, and thence to Mendelssohn [...] This tradition played a significant role in Mendelssohn's development – it installed in him a respect for music of the past: and, if it encouraged in him a decidedly conservative temperament, it provided him with a solid foundation upon which he could build his art."

44 Zitiert nach: Großmann-Vendrey, *Vergangenheit*, S. 38. Ulrich Wüster schreibt dazu: „Dies ist eminent wichtig für das Verständnis von Mendelssohns Orientierung an der Musik der 'alten Mei-

ster' überhaupt: Das Zurückführen der Vorbilder auf kompositorische Grundsätze, allgemeine Gestaltungsprinzipien, welche im Sinne der eigenen musikalischen Intention eingesetzt werden konnten, ohne daß indes das Muster kopiert zu werden brauchte." (Wüster, *Choralkantaten*, S. 79.)

45 Carl Dahlhaus, *Die Musik des 19. Jahrhunderts*, S. 22 (= *Neues Handbuch der Musikwissenschaft* Bd. 6).

46 Claude Palisca, [Artikel:] *Kontrapunkt, V. Klassik*, in: *MGG II*, 5 (1997) Sp. 619.

47 Brief Mendelssohns an die Verleger Coventry & Hollier vom 17. Dezember 1844, zit. nach: Todd, *Education*, S. 27. Vgl. auch Elvers, *Verzeichnis*, S. 147f. und *Catalogue of the Mendelssohn Papers in the Bodleian Library, Oxford*, Vol. II: *Music and papers*, compiled by Margaret Crum, S. 296, MS.MDM d. 55.

48 Wüster, *Choralkantaten*, S. 93.

49 Werner Krützfeldt, [Artikel:] *Kontrapunkt, VI. 19. Jahrhundert*, in: *MGG II*, 5 (1997) Sp. 621.

50 Vgl. Anmerkung 24.

51 Dahlhaus, *19. Jahrhundert*, S. 26. Das *Wohltemperierte Klavier* wäre wohl als weiteres eminent wichtiges Kunstbuch hinzuzurechnen.

52 Peter Rummenhöller, *Romantik in der Musik*, Kassel 1989, S. 170.

53 Krützfeld, *Kontrapunkt*, Sp. 620.

54 Brief Felix Mendelssohns aus Sargans an die Familie vom 3. September 1831, in: *Briefe I*, S. 208. „Die F dur-Toccata mit der Modulation am Schluß klingt, als sollte die Kirche zusammenstürzen. Das war ein furchtbarer Cantor! – "

55 Die vielfältigen Beziehungen Mendelssohns zur Musik Bachs hat Schumann oft hervorgehoben. U.a. schrieb er, Mendelssohn sei Bachs „geliebtester und liebendster Zögling." (Schumann, *Schriften*, S. 27.)

56 Wüster, *Choralkantaten*, S. 78.

57 Eduard Devrient, *Meine Erinnerungen an Felix Mendelssohn-Bartholdy und seine Briefe an mich*, Leipzig 1869, S.113.

58 Devrient, *Erinnerungen*, S. 115.

59 „*Verleih uns Frieden*", veröffentlicht 1839; vgl. Wüster, *Choralkantaten*, S. 289ff.

60 Rudolf Werner hat dies in seinem Buch über die Kirchenmusik Mendelssohns (Werner, *Felix Mendelssohn Bartholdy als Kirchenmusiker*, Frankfurt a. M. 1930) ebenso getan wie Krummacher, *Bach-Rezeption*, und Wüster, *Choralkantaten*.

61 Op. 23,1 „*Aus tiefer Not*"; op. 23, 3 „*Mitten wir im Leben sind*".

62 Georg Feder, *Verfall und Restauration*, in: Friedrich Blume, *Geschichte der evangelischen Kirchenmusik*, Kassel ²1965, S. 227ff.

63 Wüster, *Choralkantaten*, S. 470.

64 Vgl. Eric Werner, *Mendelssohn. Leben und Werk in neuer Sicht*, Zürich 1980, S. 49.

65 Mendelssohn konnte dabei an eine Tradition in seiner Familie anknüpfen, denn sein Großvater Moses hatte bei seiner Übertragung der Psalmen ins Deutsche bereits auf die Luther-Übersetzung rekurriert. Vgl. hierzu Wolfgang Dinglinger, *Studien zu den Psalmen mit Orchester von Felix Mendelssohn Bartholdy*, Köln 1993, S. 18f. (= *Berliner Musik Studien*, Bd. 1).

66 Von Luthers Choraldichtungen sagte Mendelssohn, daß sie nach Musik verlangen: „Wie da jedes Wort nach Musik ruft, wie jede Strophe ein anderes Stück ist, wie überall ein Fortschritt, eine Bewegung, ein Wachsen sich rührt, das ist gar zu herrlich ..." in: *Felix Mendelssohn Bartholdys Briefwechsel mit Legationsrat Karl Klingemann*, hrsg. von Karl Klingemann, Essen 1909, S. 86.

67 Z. B. „*Aus tiefer Not*" op. 32, 1; *Paulus* op. 36, Nr. 2 Choral „*Allein Gott in der Höh' sei Ehr*".

68 Noch im November 1843 schrieb Mendelssohn solche Note–gegen–Note-Sätze. Den Cantus firmus jeweils in die Oberstimme legend, komponierte er sieben Sätze über Melodien der Lobwasserschen Ausgabe der Psalmen, Amsterdam 1696, für die neugeschaffene Liturgie im Berliner Dom, in dem er mit dem neu gegründeten Domchor tätig werden sollte. Sie kamen nicht zur Aufführung und sind bis heute ungedruckt. Vgl. Wolfgang Dinglinger, *Mendelssohn – General-Musik-Direktor für geistliche und kirchliche Musik*, in: *Mendelssohn-Kongreß 1994*, S. 23ff.

69 Ferdinand Hand, *Ästhetik der Tonkunst*, Leipzig 1837, Bd. I, S. 442, zit. nach Wüster, *Choralkantaten*, S.380f. Wüster stellt dar, in welcher Weise der Choral mit der Kategorie des Erhabenen verbunden war und faßt zusammen: „Der Choral wurde zum Phänotyp des musikalischen Ausdrucks religiöser Erhebung schlechthin, wobei man freilich an den rhythmisch egalisierten, langsam fortschreitenden, akkordisch unterlegten Satz dachte, ein musikalisches Symbol von allgemeiner und dauerhafter Gültigkeit. Als solcherart aufgeladene Kleinform erfüllte der Choral alle Postulate des Erhabenen."

70 Wüster, *Choralkantaten*, S. 381.

71 Z. B. Eingangschoralsatz der Kantate „*Wer nur den lieben Gott läßt walten*", erstmals veröffentlicht von Oswald Bill, Kassel 1976, S. 4f.

72 Beispiele lassen sich in den Choralkantaten, aber auch im Oratorium *Paulus*, in Orchester- und Kammermusikwerken finden.

73 Vgl. Krummacher, *Bach-Rezeption*, S. 54 f.

74 Vgl. hierzu auch Gerhard Schuhmacher, *Gesicherte und ungesicherte Kirchenliedvorlagen als Themen Mendelssohns*, in: *Jahrbuch für Hymnologie und Liturgik*, 1984, S. 146ff.

75 Autograph in Berlin SBPK: Mus.ms.autogr. F. Mendelssohn Bartholdy 26. Die gestrichene Überleitung vom 3. zum 4. Satz, bzw. die Einleitung zum 4. Satz umfaßt 28 Takte.

76 Vgl. Wolfgang Dinglinger, *Zum Programm von Mendelssohns Reformations-Symphonie*, Vortrag auf dem Internationalen Mendelssohn-Kongreß 1997 in Bloomington, Illinois. Die Beiträge werden nach 1997 im Druck erscheinen.

77 Nicht nur der überdeutliche Bezug zu Beethovens Werk, sondern auch die unüberhörbare Bach-Adaption mögen dazu beigetragen haben, diese Partie in der Revision zu streichen.

78 Brief Abraham Mendelssohns an Felix vom 10. März 1835, in: *Briefe* II, S. 53.

79 Nikolaus Decius, deutscher Kantor, * um 1485, + nach 1546, dichtete drei Lieder als Ersatz für die Meßteile Credo, Sanctus und Agnus Dei und schuf auch deren Melodien.

80 Mendelssohn, *Paulus*, Nr. 2. Choral nach dem Eingangschor, in dem von der Auflehnung der Heiden gegen die Christen die Rede war.

81 Brief Zelters an Felix Mendelssohn von Mitte Januar 1831. Autograph in Berlin SBPK. Michael Steinberg (*Das Mendelssohn-Bach-Verhältnis als ästhetischer Diskurs der Moderne*, in: *Felix Mendelssohn – Mitwelt und Nachwelt. Bericht zum 1. Leipziger Mendelssohn – Kolloquium am 8. und 9. Juni 1993*, hrsg. vom Gewandhaus zu Leipzig, Wiesbaden 1996, S. 84ff.) verbindet mit dem Choral ein Gemeinschaftsprinzip und sieht ihn als Symbol eines bestimmenden Gemeinschaftsideals, das das Bildungsbürgertum neben subjektiver Autonomie bestimme.

82 Brief Felix Mendelssohns an Julius Schubring vom 6. September 1833, in: *Briefwechsel zwischen Felix Mendelssohn Bartholdy und Julius Schubring, zugleich ein Beitrag zur Geschichte und Theorie des Oratoriums*, hrsg. von Julius Schubring, Leipzig 1892, S. 42.

83 Brief Felix Mendelssohns an Julius Schubring vom 22. Dezember 1832, in: Schubring, *Briefwechsel*, S. 22.

84 Brief Felix Mendelssohns an Carl Friedrich Zelter aus Rom vom 18. Dezember 1830, in: *Briefe* I, S. 70ff.: „Sie schienen mit in Ihrem vorigen Briefe zu fürchten, ich möchte, durch Vorliebe für irgend einen der großen Meister geleitet, mich viel an Kirchenmusik machen, um mich einer Nachahmung hinzugeben."

85 Bereits Werner, *Kirchenmusiker*, S. 46, bemerkte zu dieser Komposition. „Die Choralmotette 'Aus tiefer Not schrei ich zu dir' steht wohl von allen seinen geistlichen Vokalwerken am stärksten unter dem Einfluß Bachs." Vgl. auch Ulrich Wüster: „*Aber dann ist es schon durch die innerste Wahrheit und durch den Gegenstand, den es vorstellt, Kirchenmusik.*" Beobachtungen an Mendelssohns Kirchen-Musik op. 23, in: *Mendelssohn Kongreß Berlin 1994*, S. 191: „Kaum sonst [...] wird der Bezug auf Bach so direkt auskomponiert."

86 Rudolf Elvers/Peter Ward Jones, *Das Musikalienverzeichnis von Fanny und Felix Mendelssohn Bartholdy*, in: *Mendelssohn-Studien* Bd. 8, Berlin 1993, S.90. Vgl. auch: *Oxford Bodleian Catalogue*, S. 28, MS.MDM c. 63. Fols. 66–78.

87 Dies hatte Mendelssohn im ersten und letzten Satz von BWV 38 studieren können. Vgl. auch: Wüster: *op. 23*, S. 194, Anm. 48.

88 Autograph in Berlin SBPK. Thomas Schmidt-Beste hat eine Veröffentlichung Zelterscher Briefe an Mendelssohn vorbereitet, die auch diesen Brief berücksichtigt und nach der hier zitiert ist. (In: *Mendelssohn-Studien*, Bd. 10; im Druck.)

89 Vgl. Wüster, *op. 23*, S. 192. „[...] auch die 'Formen' eben rekurrieren auf Bach, in dessen Satzmodellen man im 19. Jahrhundert den Choral in einer 'idealen Bedeutsamkeit' auffaßte: Bei Bach, der darum als 'der musikalische Repräsentant des Protestantismus' gelten konnte, sah man diese symbolische Choral-Idee mustergültig gestaltet."

90 Brief Abraham Mendelssohns an Felix vom 10. März 1835, in: *Briefe* II, S. 52.

91 A-Moll und C-Dur sind die üblichen Ausweich-Harmonisierungen für die phrygische Tonart mit der Finalis e, um das frühzeitig als archaisch und der Dur-Moll-Tonalität fremd empfundene Phrygisch in den Griff zu bekommen. Zahlreiche Beispiele von Crüger über Pachelbel bis zu Bach lassen sich dafür finden.

92 Brief Felix Mendelssohns an seine Schwester Rebecka vom 22. August 1830, zit. nach: Wüster, *Choralkantaten*, S. 218.

93 S. Anm. 77.

94 Werner, *Kirchenmusiker*, S. 46.

95 Der Rückgriff auf die 'Originaltonart' und eine entsprechende Harmonisierung ist erst eine Angelegenheit späterer Jahrzehnte des 19. Jahrhunderts, als im Zuge eines umfassenden Historismus auch die Choräle neu barbeitet wurden und deren ursprüngliche Modalität wenigstens im Ansatz restauriert wurde.

96 Dabei dürfte die Versetzung von e-phrygisch nach f-Moll unmittelbar mit der Aussage *„Aus tiefer Not schrei ich zu dir"* zusammenhängen. Im Oratorium *Paulus* markiert die Tonart f-Moll den Augenblick tiefster Not, die Verfolgung und Steinigung des Stephanus. Von diesem im Quintenzirkel tiefsten Punkt ausgehend, lichtet sich das Geschehen bis zur Verklärung des Paulus, ein Moment, der durch die Tonart E-Dur gekennzeichnet ist. Vgl. Mendelssohn, *Paulus* op. 36, Nr. 8 Rezitativ und Choral („Und sie steinigten ihn"/„Dir, Herr, dir hab ich mich ergeben") und Nr. 43 Rezitativ („Und wenn er gleich geopfert wird").

97 Dahlhaus, *19. Jahrhundert*, S. 147.

98 Werner, *Kirchenmusik*, S. 46.

99 Vgl. Alfred Dürr, *Die Kantaten von Johann Sebastian Bach*, Bd. 2, Kassel 1971, S. 494ff.

100 Rudolf Stephan, *Über Mendelssohns Kontrapunkt*, in: ders., *Vom musikalischen Denken. Gesammelte Vorträge*, hrsg. v. Rainer Damm und Andreas Traub, Mainz 1985, S. 60.

101 Vgl. Wüster, *op. 23*, S. 194 ff. Wüster hat deutlich gemacht, daß ein entscheidendes Moment in op. 23, 1 Mendelssohns Bestreben sei, „die formale, strukturelle und im engeren Sinne 'charakteristische' Gestalt der Komposition zu einem Sinngefüge zu verdichten, das einen [...] 'Ideengang' erkennbar inkorporierte", und er stellt die These auf, daß sich vorrangig in der Fuge als der scheinbar musikalisch-eigengesetzlichsten Form die ideenästhetische Umwertung Bachscher Stilmittel erweisen müsse. Der diskursive Charakter der Fuge sei eine Station auf dem Wege vom Choral zum Choral, auf dem Weg vom Gebet der gesamten Gemeinde zu dem eines einzelnen (Arie) und zurück. In der Fuge werde die Dynamik dieses Ideenganges ausgelöst. Wüsters These kongruiert mit den angesprochenen satztechnischen Details, die durchaus als Niederschlag eines solchen Ideenganges interpretiert werden können. Nicht selten umschrieb Mendelssohn solche 'Ideengänge' in Form von Bildern oder Szenen, die ihm bei der Komposition vor Augen gestanden hätten. Vgl. dazu: Dinglinger, *Studien*, S. 78. Hier wird auf solche Vorstellungen in Zusammenhang mit dem 42. Psalm op. 42 eingegangen und an das *Ave Maria* op. 23, 2 erinnert, von dem Mendelssohn sagte: „Beim Ave [...] singt nämlich ein Tenor (ich habe mir etwa einen Jünger dabei gedacht) dem Chor immer alles vor und ganz allein." (*Briefe I*, S. 66.)

102 Stephan, *Mendelssohns Kontrapunkt*, S. 57.

103 Konold, *Mendelssohn*, S. 141 ff.: „Besonders erhellend für Mendelssohns Bach-Aneignung und
     Verarbeitung sind seine Klavierfugen [...] Nr. 3 D-Dur und Nr. 5 A-Dur aus den dem Lehrer Lud-
     wig Berger gewidmeten Sieben Charakterstücken für das Pianoforte op. 7."
104 Krummacher, *Bach-Rezeption*, S. 52. Krummacher bezieht auch das erste und sechste Stück aus
     op. 7 in seine Untersuchungen zur Bach-Rezeption mit ein, Stücke, die „unmißverständlich auf die
     Werktypen einer Invention und Sarabande hindeuten".
105 Walter Dahms, *Mendelssohn*, Berlin 1919, S. 127: „Aber in den sieben Charakterstücken opus 7
     sah er durch die Brille der alten Meister. Man stößt auf viel Händelsches und fühlt Bachschen Ein-
     fluß. Die Formung aber ist prägnanter geworden, und die Stimmung kann nun voll ausklingen, oh-
     ne zu ermatten. Empfindsames und Neckisches wechselt mit Fugen, Sehnsüchtiges und Spieleri-
     sches verschmäht nicht die Regeln des strengen Satzes."
106 Robert Schumann, *Erinnerungen an Felix Mendelssohn Bartholdy*, hrsg. von Georg Eismann,
     Zwickau 1947, S. 28: *„Mendelssohn über s. eigenen Compositionen."*
107 Zu Mendelssohns systematischen Studien an Händel-Autographen in der Londoner Königlichen
     Bibliothek im Sommer 1829 vgl. Dinglinger, *Studien*, S. 29ff.
108 Dinglinger, *Studien*, S. 29ff.
109 Dinglinger, *Studien*, S. 72ff u.a.
110 Dies wäre ein wichtiges Unternehmen, da die Aufarbeitung der Händel-Rezeption mit Sicherheit
     auch zur Erhellung etlicher Probleme der Bach-Rezeption führen würde, mindestens aber zur deut-
     licheren Abgrenzung der beiden Phänomene voneinander.
111 Krummacher, *Bach-Rezeption*, S. 52.
112 Konold, *Mendelssohn*, S. 141.
113 Stephan, *Mendelssohns Kontrapunkt*, S. 59.
114 Stephan, *Mendelssohns Kontrapunkt*, S. 62.
115 Krummacher, *Bach-Rezeption*, S. 55.
116 Vgl. die 1. Fuge aus op. 35, den 4. Satz der Orgelsonate op. 65, 4, die Ouvertüre zum Oratorium
     Paulus op. 36 oder den Schlußsatz der *Reformations-Symphonie* op. 107 u.v.m.
117 Vgl. Wolfgang Dinglinger, *Sieben Charakterstücke op. 7 von Felix Mendelssohn Bartholdy*, in:
     Mendelssohn-Studien, Bd. 10 (im Druck).
118 Großmann-Vendrey, *Vergangenheit*, S. 15.

CHACONNE.

J. S. Bach.

CIACCONA.

VIOLINO.

PIANOFORTE.

BODO BISCHOFF

DAS BACH-BILD ROBERT SCHUMANNS

„ ... VON BACH DÄMMERTE ES." (1810–1829)

Den ersten Klavierunterricht erhielt Robert Schumann bei dem von ihm Zeit seines Lebens hochgeschätzten Johann Gottfried Kuntsch. Sein Lehrer war ab 1802
in Zwickau Bakkalaureus am Gymnasium und bekleidete zugleich das Amt des
Organisten an der Marienkirche. Schumanns Zueignung der *Studien für Pedalflügel* op. 56, von denen noch die Rede sein wird, ist eine warmherzige Reverenz
nicht nur an den Lehrer, sondern auch an den nachmaligen Freund.[1] Über die
Dauer des Unterrichts war Schumann selbst unsicher: „Anfang meiner Klavier-
stunden wohl im 7. Jahr [...] – meine Entlassung aus Kuntsch' Stunden 1822 o.
1823." So kann es nicht verwundern, daß sich in der Literatur einander widersprechende Angaben finden.[2] Die Verdienste dieses Mannes um die musikalische
Bildung des heranwachsenden, vielfältig begabten Schumann, der wohl durch
günstiges Zusammenwirken der eigenen Anlagen und des erteilten Unterrichtes
bereits mit 13 Jahren ein fertiger Klavierspieler war und im Hause des musikbe-
flissenen Postmeisters Schlegel im Quartett der Erwachsenen mitspielen durfte[3],
sind vor allem durch die pejorative Darstellung Wasielewskis, die in der Folge
unreflektiert und offenbar unüberprüft durch die Schumann-Literatur geisterte,
tendenziös verzerrt worden.[4] Die Aufarbeitung dieses Themenkreises durch Martin Kreisig und vor allem durch zahlreiche Artikel Paul Uhligs, die u. a. die bis
dahin unpublizierten Briefe von Kuntsch an Schumann erschließt, blieb über viele
Jahrzehnte offenbar folgenlos. Erst in Untersuchungen der jüngsten Vergangenheit wurde die Bedeutung dieses Mannes für das Zwickauer Musikleben allgemein und die musikalische Entwicklung Schumanns speziell gewürdigt, ausgelotet
und einer Revision unterzogen.[5] Für Schumanns Bach-Rezeption bleibt jedoch
festzuhalten – und zwar obgleich Kuntsch˙Organist gewesen ist – , daß es an
Zeugnissen, ja selbst an kleinsten Hinweisen mangelt, ob Schumann in seinem
Klavierunterricht mit Kompositionen von Johann Sebastian Bach in Berührung
gekommen ist.

    Einige Bach-Miszellen bleiben gleichwohl für Schumanns Jugendzeit nachzu-
tragen. Im Jahre 1818 beginnt sein Vater, August Schumann, die *Bildnisse der
berühmtesten Menschen aller Völker und Zeiten* herauszugeben. Es wurde immer
wieder vermutet, der Knabe Robert habe für diese Sammlung kurze biographische Texte beisteuern dürfen, hat doch dieses Unternehmen so nachhaltig auf ihn

gewirkt, daß sich in seinen verschiedenen autobiographischen Fragmenten Notizen darüber finden.[6] Eindeutig zu klären ist diese Frage freilich nicht. Jedoch
weisen die Texte in den *Bildnissen* einige Ähnlichkeiten mit den von Schumann
abgeschriebenen „Kurze[n] Biographien berühmter Tonkünstler in alphabetiser
Ordnung herausgegeben v. Robert Schumann 1823" auf, die er dreizehnjährig
offenbar in kindlicher Nachahmung des Vaters auf Seite 31 seiner Textsammlung
Blätter und Blümchen zu eröffnen beginnt.[7] Auf Seite 61 lesen wir: „Bach
(Johann Sebastian). Unter den deutschen Tonkünstlern einer der berühmtesten
und wohl der größte dieser musikalischen Familie geb: zu Eisenach 1685 † 1750;
er wurde Capellmeister bey den Fürsten v. Cöthen. Er hatte 11 Söhne, die alle
sehr ausgezeichnet sind, die berühmtesten sind folgende: Wilhelm Friedrich geb:
1710 † 1784 als hessen-darmstädtscher Capellmeister. Einer der ausgezeich-
nesten Harmonisten. Carl Phillip Emmanuel geb: 1714. [†] 1780; ein sehr
ausgezeichneter Orgelspieler. Johann Christoph Friedrich ein sehr bekannter
Orgelspieler geb: 1732. Johann Christian (der Englische genannt) geb; 1735 zu
Leipzig zu London [†] 1782, welcher lange Zeit ein Lieblingscomponist, wegen
seiner gefälligen Manier war."
      Dieser kurze biographische Steckbrief bleibt für einige Jahre die einzige über-
lieferte Äußerung Schumanns über Bach und einzige nachweisbare Quelle seiner
spärlichen Kenntnisse über Vita und Opera des Thomaskantors in seiner Jugend.
Obgleich er in einem weiteren autobiographischen Fragment im Zusammenhang
mit Notizen für das Jahr 1827 davon spricht, daß ihm die Variationen in G-Dur
von Bach – offenbar die *Goldberg-Variationen* – in die Hände fallen, bekundet er
– sich an die Zeit um den Jahreswechsel 1827/28 bis Mitte 1828 erinnernd – nur
wenige Zeilen später: „Namentlich Schwärmen in Franz Schubert, auch Beethoven, von Bach weniger." [8] Erhärtet wird dieser Befund durch die vermutlich erst
nach 1840 entstandenen autobiographischen Aufzeichnungen, in denen Schumann
davon spricht, daß ihm bis in sein 18. Lebensjahr „Goethe u. Bach [...] verschlos-
sen" geblieben waren.[9] Erst für das denkwürdige Jahr 1829, in dem er während
seines von Mai 1828 bis Mai 1829 dauernden Aufenthaltes in Leipzig nachhaltige
und für seine musikalische Entwicklung bedeutende Anregungen erfuhr, bekundet
er: „von Bach dämmerte es."[10]
      Allein durch diese wenigen Hinweise wird der Unterschied zur Bach-Pflege
des nur um ein Jahr älteren Felix Mendelssohn evident, der in eben jenem Jahr
durch die Aufführung der *Matthäus-Passion* mit der Berliner Singakademie eine
neue Ära der Bach-Rezeption einleitet.

EXKURS: ZUR BACHPFLEGE IM HEIDELBERGER SINGVEREIN VON
ANTON FRIEDRICH JUSTUS THIBAUT. EIN NEGATIVBEFUND.

Die Bedeutung der Bachpflege Anton Friedrich Justus Thibauts in dem unter seiner Ägide stehenden Heidelberger Singverein wird sowohl für die allgemeine
Bach-Rezeption als auch im Hinblick auf die Bach-Rezeption Schumanns bei

weitem überschätzt. Thibauts Verdienste „um eine Wiederbelebung Bachs" gehören in die Welt der gleichwohl weitverbreiteten Fabeln und musikwissenschaftlichen Märchen.[11] Daß Schumann im Hause Thibauts „eine Reihe von Motetten und Kantaten" Bachs kennengelernt und dabei mitgesungen haben soll, ist nachweislich ebenso unzutreffend wie die Behauptung, daß sich die Werke nicht ermitteln ließen, die während seines Aufenthaltes in Heidelberg in den Zusammenkünften des Singvereins geprobt und aufgeführt worden sind.[12] So evoziert die Mitteilung Hermann Kretzschmars, daß man sich im Hause Thibaut „schon seit 1825 an Bach versucht hatte"[13], Erwartungen, die sich nach ihrer Überprüfung anhand des Quellen- und Datenmaterials als unbegründet herausstellen. Leider muß man sich auch in der im übrigen vorzüglichen Studie zur Geschichte und zum Repertoire des Thibautschen Singvereins von Ursula Reichert mit dem Hinweis zufriedengeben, daß „gelegentlich auch Werke von Johann Sebastian Bach gesungen" wurden[14], deren Nachweise über die präzisen, von Eduard Baumstark bereits 1841 im Anhang seines Buches über Thibaut vorgelegte „Chronologische Zusammenstellung der im Thibaut'schen Singverein vom Herbst 1825 [10. November] bis Frühjahr 1833 [28. März] gesungenen Musikstücke" nur unwesentlich und ohne genauere Werkangaben hinausgehen.[15] Versucht man anhand dieser Quelle die tatsächlichen Gegebenheiten zu rekonstruieren, so ergibt sich folgendes Bild:

1. Die Urheberschaft der vom 10. Mai 1826 bis zum 10. Januar 1833 in Baumstarks Verzeichnis zunächst unter dem Namen Johann Sebastian Bachs figurierenden, insgesamt zehnmal gesungenen, achtstimmigen Motette mit dem Titel „Mein Jesu" ist bis heute fraglich. Thibaut selbst erläuterte laut Eintragung vom 30. August 1832, daß sie nicht von Johann Sebastian stamme, der nur den Schlußchoral beigesteuert habe, sondern von Gabriel Bach.[16] Thibauts Mutmaßungen sind wohl teils zutreffend, teils unzutreffend. Wahrscheinlich handelt es sich bei der fraglichen Komposition um die teilautograph überlieferte Motette „Ich lasse dich nicht, du segnest mich denn" BWV Anh. 159, für die zunächst Johann Christoph Bach als Komponist angenommen wurde. In neueren Untersuchungen wird jedoch eine Autorschaft Johann Sebastian Bachs wieder diskutiert und für möglich gehalten.[17]

2. Neben diesem Titel können wir aus den von Baumstark überlieferten Protokollen entnehmen, daß während des dokumentierten Zeitraumes lediglich zweimal authentische (?) Werke von Bach auf dem Probenplan standen: Am 15. Juli 1830: „Auserlesenes aus d. Passionsmusik v. J. S. Bach", und am 24. Februar 1831: „Mehreres aus einer Messe v. J. S. Bach."[18] Anzumerken ist freilich in diesem Zusammenhang, daß die Frage nach der objektiven Authentizität von Kompositionen für eine Untersuchung der Bach-Rezeption allein nicht maßgeblich sein kann, da das „Bach-Bild" genauso durch Werke geprägt wurde, die man – wenn auch irrtümlich – zu seinem Œuvre zählte.

Die Aufführungen dieser beiden Werke konnten mit Notenmaterial aus dem statlichen Fundus des Heidelberger Rechtsgelehrten bestritten werden.[19] Das nach dem Tode Thibauts erstellte Verzeichnis seiner Musikalien enthält neben fünf

Werken bzw. Werkbänden von Söhnen Bachs auch insgesamt 11 Positionen gedruckter Werke Bachs – bzw. unter seinem Namen edierte Ausgaben –, von denen zum Teil neben den Partituren auch Stimmen vorhanden waren. Aus welcher der drei, unter den Nummern 25, 26 und 31 der Musikaliensammlung verzeichneten Messen am 24. Februar 1831 gesungen wurde, läßt sich nicht mehr mit Bestimmtheit feststellen. Da jedoch nur für die „Missa à 8 v. reali" Stimmen vorhanden waren, wird vermutlich dieses Werk musiziert worden sein, dessen Autor bislang unbekannt bzw. fraglich ist.[20] Aus dieser Bestandsaufnahme kann geschlossen werden, daß von authentischen Werken – neben der eventuell von Bach stammenden Motette *„Ich lasse dich nicht, du segnest mich denn"* – einzig und einmalig am 15. Juli 1830 Teile der *Matthäus-Passion* im Thibautschen Hause erklungen sind. Vielleicht waren es die Auswirkungen dieser einen Probe, an die sich Anton Wilhelm von Zuccalmaglio in einem Artikel der *Neuen Zeitschrift für Musik* über Thibaut erinnert, wenn er schreibt, daß von Bach „mit Achtung" gesprochen wurde, „wenn ich die Urtheile über die Passion ausnehme, die man nicht recht loben wollte, obwohl ich nicht verstand, was eigentlich daran zu bessern sei".[21]

Ob Schumann dieser ebenso legendären wie singulären Aufführung beiwohnte, wissen wir nicht, da er im fraglichen Zeitraum kein Tagebuch führte. Es erscheint allerdings unwahrscheinlich, da er auch später über ein Bach-Erlebnis im Hause Thibauts nichts berichtet. Jedoch erfahren wir auch aus weiteren Quellen, daß Thibaut sich offenbar mit der *Matthäus-Passion* nicht recht hat anfreunden können. Nur drei Monate nach der Probe schreibt er an Heinrich Rinck: „Besonders wünschte ich, mit ihnen einmal über die neuerlich so ausposaunte Passion von J. S. Bach zu reden. Ich habe die Partitur dieses Stückes mit dem besten Willen 3mal durchgearbeitet, doch Gott ist mein Zeuge, daß ich es nicht so hoch stellen kann, ob es andere gethan haben. Was macht doch bei uns die Mode, besonders wenn sie von einer berühmten Residenzstadt ausgeht!"[22]

Thibaut hat sein musikästhetisches Credo in dem Buch *Ueber Reinheit der Tonkunst* (Heidelberg 1824/25) niedergelegt. Schumann macht wahrscheinlich während seiner zehntägigen Reise nach Heidelberg im Mai 1829 erstmals Bekanntschaft mit dieser im 19. Jahrhundert weit verbreiteten und kontrovers diskutierten Schrift. Seine eigene Haltung den ästhetischen Positionen Thibauts gegenüber ist bei aller Wertschätzung der Person und bei aller Faszination, die der Rechtsgelehrte mit seinem weitgespannten Weltbild und seiner umfassenden Gelehrsamkeit auf ihn ausübte, durchaus ambivalent und kritisch.[23] Jedoch muß die Auseinandersetzung sowohl mit Thibaut persönlich als auch mit seiner Schrift für Schumann durchaus anregend und erhellend gewesen sein, denn er verwendet in den Jahren 1835–37 und 1840–42 zahlreiche Zitate als Motti für die *Neue Zeitschrift für Musik*[24] und kommt auch in späteren Jahren wieder auf diese Schrift zurück, um schließlich in den *Musikalischen Haus- und Lebensregeln* zu empfehlen, sie oft zu lesen, wenn man älter werde.[25]

Gleichwohl war für Schumann 1829/30 nicht Palestrina der „Engel unter den Tonkünstlern", wie er von Thibaut genannt[26] und von der älteren Romantik, etwa E. T. A. Hoffmann auch rezipiert worden war, vielmehr war Schubert während des Heidelberg-Aufenthaltes sein musikalischer Augapfel, von dessen *Gebet* op. post. 139 (D 815) er 1840 – sich damit zwar implizit, aber nicht weniger als deutlich, von Thibaut abhebend – sagt: „dies sind unsere Palestrinagesänge, so spricht sich die neue Kunst im Gebet aus, duldend und vertrauend, aber auch tatkräftig und zum Handeln bereit." [27] Schumann stellt auf der Grundlage seiner eigenen musikalischen Erfahrungen und vor allem gegründet auf seine intensiven Werkstudien selbständig Relationen her und setzt auch seine eigenen Akzente. Den folgenden Gedanken Thibauts hätte er zweifellos seine Gefolgschaft verweigert: „Sebastian Bach, vor dessen Herrlichkeit man niederfallen möchte, wenn er in voller Einfalt einherschreitet, wäre ganz zum Retter [des Chorals] geschaffen gewesen. Allein seine Neigung ging mehr dahin, die Kunst im Figurierten zur höchsten Vollendung zu bringen oder die höchste Stufe der Kunst zu erreichen [...], ohne auf das Rücksicht zu nehmen, was dem frommen Sinn des Volkes zusagt; und so mußten freilich seine an sich unvergleichlichen vierstimmigen Choräle für das Volk und die Mehrzahl unserer Organisten ganz unfruchtbar bleiben." [28]

Die einleitende Emphase dieses Zitates dient Thibaut, dessen rhetorisches Kalkül oft genug demonstrativ zutage tritt, dazu, die Antithese des nachfolgenden Satzes um so plastischer hervortreten zu lassen und die Kategorien des reinen Kirchenstils und seiner der Kontemplation dienenden Funktion in um so offenkundigere Opposition zu stellen. Derlei Zuspitzungen mußten den Widerspruch Schumanns wecken, der sich in den Jahren seiner intensiven Studien alter und neuer Musik – in diesem Zusammenhang sei vor allem auf Choralvorspiele Bachs verwiesen, die er im Oktober 1837 nach und nach durchspielt [29] – die mannigfachen Verästelungen der Kompositionsgeschichte mehr und mehr angeeignet hatte und zu einer facettenreicheren Sicht vorgedrungen war, als es dem – im besten Wortsinn – ambitionierten Dilettanten möglich war.

In manchen Thibautschen Gedanken finden sich indes durchaus auch Anklänge an spätere Schumannsche Formulierungen: „So würde ich es für ganz kindisch halten, wenn man die unlängst in Paris gedruckte Missa ad Fugam von Palestrina auch nur entfernt mit einer der besseren Fugen von Händel und Sebastian Bach vergleichen wollte. Allein vergeßt dabei nicht, wie unendlich viel Ungesundes und Verzerrtes das neue Genie daneben in Umlauf brachte, wie gerade die Fuge, den Gesetzen gewisser, leicht begreiflicher Regeln unterworfen, eine klägliche Notstütze für tausend genielose Stümper geworden ist." [30] Läßt man einmal die vorangestellte Hypostasierung Palestrinas und den unangemessenen Vergleich zwischen Palestrina einerseits und Händel und Bach andererseits außer acht, so teilte Schumann durchaus die formulierten Vorbehalte gegenüber geistlosen Fugenkompositionen, wenn er u. a. schreibt: „Der seichteste Kopf kann sich hinter einer Fuge verstecken. Fugen sind nur der größten Meister Sache." [31]

Zwar kann die Begegnung mit Thibaut und seiner Schrift *Ueber Reinheit der Tonkunst* nicht als primäres, die Bach-Rezeption Schumanns unmittelbar förderndes Substrat angesehen werden, gleichwohl kann sie als sekundäre, tieferliegende Schicht bezeichnet werden, aus der sich vielfältige und nachhaltige, wohl auch kontradiktorische Entwicklungen speisten.

Tabelle 1: In Thibauts Musikaliensammlung enthaltene Werke Johann Sebastian Bachs und seiner Söhne[32]

Nr.	Originaltext im Verzeichnis, S. 6–7	Kommentar[33]
	B A C H [C. Ph. Eman.]	
17.	*Chor „Leite mich nach Deinem Willen"* à 4 v. und Instrum., herausg. v. G. P ö l c h a u. Wien [Druck]	Wq 226-7, Wien 1818
18.	*Zwei Litaneyen* aus d. Schleswig-Holstein. Gesangbuch für 8 Stimmen in 2 Chören, herausg. von Niels S c h i o r r i n g. Kopenh. 1786 [Druck]	Wq 204
19.	*Heilig,* mit 2 Chören und 1 Ariette zur Einleitung. Hamb., 1779 [Druck] / mit 22 a. St. /	Wq 217
	B A C H [Joh. Christ.]	
20.	*Motette „Der Gerechte, ob er gleich".*	
	B A C H [Joh. Chr. u. Joh. Mich.]	
21.	*Neun Motetten für Singchöre,* herausg. v. F. N a u e. Heft 1-3 Leipz. [Druck]	
	B A C H [Joh. Sebast.]	
22.	*Variierte Choräle* f.d. Orgel. F. d. Pianof. zu 4 Hdn. Frankf. [Druck]	
23.	Motetten, *Heft 1 u. 2. Leipz. [Druck] / mit 16 a. St. / zu Motette 3 „Mein Jesu, ich lasse Dich nicht" u., 18 a. St., zu M. 5, „Jesu, meine Freude".*	Partituren; Heft 1, B&H, Leipzig 1802; Heft 2, B&H, Leipzig 1803
24.	*Magnificat* à 5 v., 2 viol., 2 oboè etc. Bonn [Druck]	BWV 243, hg. von G. Pölchau, Simrock, Bonn 1811
25.	*Messe.* Nach d. Autograph. gestochen, Lfg. 1 Zürich und Bonn.	Messe in h-Moll, BWV 232, Partitur, Nägeli Zürich und Simrock, Bonn, 1833
26.	*Messa* à 8 v. reali e 2 [recte: 4] ripiene, coll' accompagn. di 2 orchestre. Lips. [Druck] / mit 24 a. St./	BWV Anh. 167; B&H, Leipzig 1805
27.	*Kirchen-Music,* herausg. von A.B. M a r x. Band I, II. Bonn [Druck]	Bd. 1: vierstimmige Chöre aus BWV 102, 103; Bd. 2: BWV 104, 105, 106; Simrock, Bonn 1830
28.	„Jauchzet dem Herrn alle Welt" 8stimm. Motette, hrsg. v. J.J.S. D ö r i n g. [Druck]	BWV Anh. 160[34]
29.	Der 117te Psalm à 4 v. Nach d. Originalhandschrift. Leipzig [Druck]	BWV 230; Partitur, B&H, Leipzig 1821
30.	„Eine feste Burg ist unser Gott", Cantate à 4 v. mit Begl. d. Orchest. Nach d. Originalhandschr. Leipz. [Druck]	BWV 80; Partitur, hg. von J.C. F. Schneider, B&H, Leipzig 1821
31.	*Missa* à 4 v., 2 flauti, viol., viola ed organo·[Nr. I.] Bonna e Colon. [Druck]	BWV 234; Partitur, hg. von G. Pölchau, Simrock, Bonn 1818
32.	Grosse Passions-Musik nach dem Evangel. Matthäi. Berl., Schlesinger, 1830 [Druck] / mit 22 a. St. zu 3 Chören und 22 a. St. zu den Chorälen. /	BWV 244, Partitur

„ ... ICH KAM ABER BEI BACH IN'S FEUER –" (1830–1832)
ZU SCHUMANNS FRÜHEN STUDIEN IM *WOHLTEMPERIERTEN KLAVIER* UND IN
MARPURGS FUGENLEHRBUCH

Die Tagebuchnotiz Schumanns vom 15. Mai 1832 gibt Stichworte aus einem Gespräch wieder, das er mit seinem Klavierlehrer Wieck über seinen Kompositionslehrer Dorn, über Generalbaß und über Bach führte.[35] Unverkennbar haben
sich für ihn in der Zeit zwischen seiner Rückkehr nach Leipzig im Herbst 1830
und diesem Gespräch neue Horizonte aufgetan, die mehr und mehr zu erkunden
er sich bereits angeschickt hatte. Wir beobachten von nun an – gleichsam wie einen sich durch seine Biographie ziehenden Strang von roten Fäden – sein nie ermüdendes Engagement, wenn er sich über Bach äußert, sein unentwegtes Eintreten für die Verbreitung seines Œuvres und in immer neuen Anläufen vor allem
seine beharrliche analytische Auseinandersetzung mit den Kompositionen Bachs.
Es erscheint notwendig, einige Schlaglichter auf die einzelnen Phasen dieser
Entwicklung bis zum Sommer 1832 zu werfen, die Schumann in seinen autobiographischen Notizen folgendermaßen zusammenfaßt: „1830 ging ich nach Leipzig
zurück. Fleißige fortgesetzte Studien; Ich spielte täglich über 6–7 Stunden. Eine
Schwäche in der rechten Hand, die sich immer verschlimmerte, unterbrach diese
Studien, so daß [ich] den Plan, Virtuose zu werden, ganz aufgeben mußte. Von
da an beschäftigte ich mich ausschließlich mit Studien in den deutschen Meistern,
so wie mit eigenen Compositionen."[36]
Die Entscheidung für die Musik – der Beginn seines eigentlichen Lebens, wie
Schumann es in einem Brief an Clara selbst formuliert – fällt in das Jahr 1830.[37]
Mit dieser Entscheidung verbunden ist die Rückkehr von Heidelberg nach Leipzig, die Wiederaufnahme des Klavierunterrichtes bei Wieck und damit die Bündelung der zuvor recht oft divergierenden Kräfte zunächst vor allem auf die ins
Auge gefaßte Virtuosenlaufbahn, die Schumann bis zur Zuspitzung seines Handleidens, dessen Krisis im ersten Halbjahr 1832 anzusiedeln ist, mit eiserner Disziplin verfolgt.[38] Nach unterschiedlichsten Therapieversuchen mehrerer Ärzte und
einem steten Schwanken zwischen euphorischem Hoffen und verzweifeltem Bangen muß Schumann im Juni 1832 die bedrückende Wahrheit konstatieren: „Der
Dritte [Finger] ist vollkommen steif."[39] Dieser Zeitpunkt korreliert mit den Datierungen der letzten, allmählich versiegenden Eintragungen Schumanns über Klavierstudien sowohl im Tagebuch als auch in seinem *Uebungstagebuch*. Einer der
letzten Vermerke bezieht sich auf Fugen von J. S. Bach.[40] Zugleich finden sich im
Mai des Jahres 1832 – sieht man von drei Notizen am 18. Februar und 9. Juni
1829 sowie am 31. Oktober 1831 einmal ab – erstmals in Schumanns Diarium in
dichter Folge Vermerke und Aphorismen über Bach.[41] Sie markieren nicht den
Moment einer Erstbegegnung, tragen vielmehr bereits das Gepräge jenes fortgeschrittenen Enthusiasmus, mit dem er das inkommensurable Vorbild von nun an
bis an sein Lebensende stets und mit nie ermüdender Intensität bedachte.
Eine neue Qualität hatte Schumanns Bach-Rezeption bereits ein Jahr zuvor erhalten, als er „endlich [...] einen ordentlichen Compositionscursus unter Heinrich

Dorn" beginnt.[42] Obgleich die eigentliche Unterweisung kaum länger als ein Dreivierteljahr währte, legte sie doch den Grundstein für Schumanns handwerkliche Fertigkeiten. Im *Projektenbuch* protokolliert er für das Jahr 1831: „Studien in Bach –". In seinen autobiographischen Notizen formuliert er ausführlicher: „Die meiste Zeit fast beschäftigte ich mich mit Bach; aus solcher Anregung entstanden die Impromptus op. 5, die mehr auf eine neue Form zu variiren angesehen werden mögen."[43]

Am Paradigma Bach wird dem jungen Komponisten eindrücklich und wohl auch nachhaltig die eigene handwerkliche Unzulänglichkeit evident. Sehr wahrscheinlich aus dem Unterricht bei Heinrich Dorn stammen die Übertragungen der Fugen in c-Moll, in C-Dur und in Cis-Dur aus dem 1. Band des *Wohltemperierten Klaviers* im *Skizzenbuch V*.[44] Von besonderem Interesse ist die Transkription der Fuge in c-Moll (siehe nebenstehende Abbildung): Auf jeweils zwei Systemen, die zu einer Akkolade zusammengefaßt sind, werden die Stimmen von „Discant" und „Alto" im oberen System im Violinschlüssel und im jeweils darunterliegenden System im Sopran- und Alt-Schlüssel notiert. Ergänzend werden die Themeneinsätze markiert und vom vierten Einsatz an auch die Tonarten des Themeneinsatzes angegeben. In der dritten Akkolade wird auf dem oberen System der komponierte „Basso" übertragen, während auf der darunterliegenden Zeile von Takt 1 bis 13 die anfangs auf den Orgelpunkt und nachfolgend auf virtuelle Fundamentfortschreitungen reduzierte Baßstimme mit den dazugehörigen Generalbaßbezifferungen verzeichnet ist. Aus Schumanns Handexemplaren Bachscher Werke können wir entnehmen, daß er auch in späteren Jahren auf die durch seinen Lehrer vermittelten Methoden zurückgreift. Dorn verfolgte mit dieser Form der Darstellung in seinem Unterricht offenbar dreierlei Intention:

1. Die Übertragung in die jeweils anderen Schlüssel – sie wird in den folgenden beiden Fugen in C-Dur und Cis-Dur nicht mehr praktiziert – dient offenbar als Lese- und Schreibübung.
2. Die Markierungen der Themeneinsätze – sie sind sowohl in der Fuge in c-Moll als auch in der Fuge in C-Dur zu finden – sollen Klarheit über die Anlage der Form und insbesondere in der Engführungsfuge BWV 846 über die kontrapunktischen Besonderheiten des Werkes schaffen.
3. Schließlich zielen Generalbaßbezifferung und Notation der auf die Fundamentfortschreitungen reduzierten Baßstimme als Instrument einer vertiefenden analytischen Abstraktion darauf, die harmonische Struktur der Komposition nach Kirnbergerscher Art zu veranschaulichen.

Gerade der letzte Aspekt muß Schumann auch bei seinen eigenen Arbeiten in der Folgezeit beschäftigt haben, denn er vermißt bei „einer Bearbeitung Paganinischer Capricen für's Klavier" den Beistand seines Lehrers sehr, „da die Bässe oft zweifelhaft waren" und er sich daher durch „Einfachheit" aus der Affäre gezogen habe.[45] Daß Schumann zu diesem Zeitpunkt sehr wahrscheinlich die Präludien und Fugen zumindest aus dem ersten Teil des *Wohltemperierten Klaviers* kannte, kann darüber hinaus aus dem Vorwort zu seinen im Herbst 1832 erschienenen *Paganini-Studien* op. 3 geschlossen werden, in dem Schumann als pianistische

Vorübung namentlich die Fugen in c-Moll, D-Dur, e-Moll, F-Dur und g-Moll aus dem ersten Band zu studieren empfiehlt.[46]

Wie Tagebuchnotizen und zwei Briefe an Dorn und Kuntsch belegen, setzt Schumann seine Studien im *Wohltemperierten Klavier* und in Marpurgs Fugenlehrbuch von April 1832 bis in den September hinein auf eigene Faust fort.[47] Anhand seines Handexemplars der Marpurgschen *Abhandlung* kann der Umfang der Beschäftigung mit diesem anspruchsvollen Buch in Umrissen rekonstruiert werden. Es enthält zahlreiche Eintragungen, Korrekturen und Randbemerkungen sowie diagonale Durchstreichungen der durchgearbeiteten Kapitel, die auf Seite 84 enden.[48] Die von Marpurg zusammengestellte, aus zwei Teilen mit 62 und 60 Kupfertafeln bestehende umfangreiche Sammlung von Notenbeispielen zu seinem Fugenlehrbuch erweist sich als wahre Fundgrube Bachscher Fugenthemen, Kontrapunktgestaltung, Kanontechnik und Choralbearbeitungen. Neben zahlreichen kürzeren Ausschnitten aus beiden Bänden des *Wohltemperierten Klaviers*, des *Musikalischen Opfers* und der *Kunst der Fuge* zu den verschiedensten kontrapunktischen Verfahren, von der tonalen und realen Themenbeantwortung bis hin zur Engführung in Spiegelfugen und komplexen Kanonkünsten, werden auch zwei Werke, die *Fuge d-Moll* BWV 875 und das *Kyrie* aus der *Messe in G-Dur* BWV 236, vollständig abgedruckt. Im Juli 1832 berichtet Schumann seinem Freund und ehemaligen Klavierlehrer Kuntsch über den Stand seiner musiktheoretischen Studien: „Den theoretischen Cursus hab' ich vor etlichen Monaten bis zum Canon bei Dorn vollendet; den ich nach Marpurg für mich durchstudirt habe. Marpurg ist ein achtungswerther Theoretiker. Sonst ist Sebastian Bach's wohltemperirtes Klavier meine Grammatik, und die beste ohnehin. Die Fugen selbst hab' ich der Reihe nach bis in ihre feinsten Zweige zergliedert; der Nutzen davon ist groß und wie von einer moralisch= stärkenden Wirkung auf den ganzen Menschen, denn Bach war ein Mann – durch und durch; bei ihm gibt's nichts Halbes, Krankes, ist Alles wie für ewige Zeiten geschrieben."[49]

In diesem Brief exponiert Schumann Gedanken, die er – Wortwahl und Zusammenhang variierend, jedoch stets explizit oder implizit die „moralischstärkende Wirkung" der Bachschen Musik betonend – in zahlreichen Textpassagen der für die *Neue Zeitschrift für Musik* verfaßten Artikel, der *Musikalischen Haus- und Lebensregeln* und seiner privaten sowie offiziellen Briefe während seiner gesamten Lebenszeit gleichsam einer motivisch-thematischen Arbeit unterzieht. Bachs Kompositionen versüßen ihm den Alltag nach der für ihn durchaus nicht immer lustvoll erlebten Tätigkeit für die Zeitschrift, wirken stimulierend auf die kompositorische Arbeit und wecken auch ganz allgemein seine Lebensgeister:[50] „Da hole ich denn gewöhnlich nach dem Abköpfen meinen alten Bach hervor. Der stärkt wieder zur Arbeit und macht Lust zur Kunst und zum Leben," schreibt Schumann 1837 in einer Zeit gründlicher Beschäftigung mit der *Kunst der Fuge*. Vorerst (1832) ermahnt er sich selbst, sich auf die richtigen Vorbilder und ihre Kunstmittel zu besinnen: „Bleibe nur immer Mozart u. Bach dein Muster in Form, Behandlung, Natur u. Kunstruhe. Aber dieser Mächtige hat den Zauberstab in der Hand, mit dem er wie andre tausend Gedanken hervorruft."[51]

Nach Beendigung des Kompositionsunterrichtes im April 1832 nimmt Schumann also entschieden und sich selbst disziplinierend Zuflucht zu den Werken „deutsche[r] Meister".[52] Mozart und Bach erhalten in dem herangezogenen Zitat das Prädikat der Mustergültigkeit, dem es nachzueifern gelte. Doch jenes „Tiefcombinatorische"[53], jenes Netz musikalischer Gedanken, mit dem der Zauberer Johann Sebastian Bach wie kein anderer seine Werke durchwebt, birgt für Schumann eine weiterreichende, ihn nicht mehr verlassende Anziehungskraft in sich, welche das Studium Bachscher Werke und die Versenkung in die ihnen innewohnenden Geheimnisse immer aufs neue katalysiert. Während der Beschäftigung mit seinen Kompositionen wächst in ihm 1832 die Einsicht in die Notwendigkeit einer soliden Handwerkslehre und fruchtbaren Wechselwirkung zwischen der das Material geistig durchdringenden Theorie und der phantasievoll gestaltenden schöpferischen Arbeit. Jene überreiche, dennoch durch Besonnenheit – d. h. durch organische Entfaltung und strukturelle Beziehungen – gebändigte schöpferische Potenz hebt Bach im Verständnis Schumanns über andere Komponisten – auch über Mozart – hinaus. Die Allegorie vom „mächtigen Zauberer", der in seinen Ton-Schöpfungen „tausend Gedanken" hervorruft, wird schließlich vor allem in den Artikeln für die *Neue Zeitschrift für Musik* bis hin zur Parallelisierung dieser Kraft mit der Allgewalt Gottes, des Schöpfers von Himmel und Erde, entwickelt und weitergeführt. Dieser Vergleich kennzeichnet über weite Strecken sowohl die Beethoven- als auch die Bach-Rezeption des 19. Jahrhunderts. Wie unvollkommen erlebt sich Schumann in jener Zeit selbst angesichts seiner Musikgötter, zu denen neben Bach und Mozart auch Beethoven und Schubert zählen: „Wo Genius ist, so verschlägts ja wenig, in welcher Gestalt (Gestalt ist nicht das rechte Wort) er erscheint, ob in der Schwere, wie beym Bach, ob in der Leichtigkeit, wie bey Mozart, ob in der Wärme, wie bey Beethoven, ob in der Dunkelheit (ist auch nicht das rechte Wort) bey Schubert, ob in Nichts, wie bey mir! Halt! da hab' ich Etwas – das Nichts, das unendliche Nichts. Ist denn das Nichts nicht viel unendliche[r], als Alles in Allem zusammen genommen."[54] Bezeichnend ist die ironische, gleichsam Heinesche Idiomatik verpflichtete Wendung am Ende des Zitates, die ein Schlaglicht auf die psychische Befindlichkeit Schumanns in dieser Zeit des Umbruchs wirft. Etwa ein halbes Jahr zuvor hatte er in dem denkwürdigen, sein zukünftiges Leben programmatisch entfaltenden Brief vom April 1831 in schonungsloser Selbsterkenntnis seiner Mutter gegenüber bekundet, endlich „Alles in Etwas" und nicht länger „Etwas in Allem" sein zu wollen.[55] Schumann nimmt die ihm in den Kompositionen Bachs entgegentretende Herausforderung an.

Wiederholt erweist Schumann – man möchte meinen, einem inneren Drängen folgend – den von ihm verehrten Dichtern und Komponisten seine Reverenz, indem er deren letzte Ruhestätten aufsucht. So stand er u. a. im April 1828 am Grabe Jean Pauls in Bayreuth, am 9. Oktober 1838 an den Gräbern von Schubert und Beethoven in Wien.[56] Offenbar am Nachmittag des 15. Mai 1832, an dem Schumann „bei Bach in's Feuer" kam, begibt er sich auf den „herrliche[n] Leipziger Gottesaker", um nach dem Grab Bachs zu fahnden, das er trotz intensiven

Suchens nicht ausfindig machen kann. Am Abend erfährt er von dem Leipziger Arzt Gottfried Wilhelm Becker, daß es nicht mehr existiere.[57] Vielleicht war dies die Ursache dafür, daß Schumann sich ereiferte und darüber „ins Feuer" kam, daß man dem großen Thomaskantor in der Stadt seines jahrzehntelangen Wirkens noch nicht einmal eine würdige Grabstätte zugestanden hatte. Noch im Jahre 1836 erinnert er sich in einem Artikel für die *Neue Zeitschrift für Musik* offenkundig an dieses Erlebnis: „Eines Abends ging ich nach dem Leipziger Kirchhof, die Ruhestätte eines Großen aufzusuchen: viele Stunden lang forschte ich kreuz und quer – ich fand kein ,J. S. Bach'.. und als ich den Totengräber darum fragte, schüttelte er über die Obskurität des Mannes den Kopf und meinte: Bachs gäb's viele. Auf dem Heimweg nun sagte ich zu mir: ,Wie dichterisch waltet hier der Zufall! Damit wir des vergänglichen Staubes nicht denken sollen, damit kein Bild des gemeinen Todes aufkomme, hat er die Asche nach allen Gegenden verweht, und so will ich mir ihn denn auch immer aufrecht an seiner Orgel sitzend denken im vornehmsten Staat, und unter ihm brauset das Werk, und die Gemeinde sieht andächtig hinauf und vielleicht auch die Engel herunter.' – – Da spieltest du, Felix Meritis, Mensch von gleich hoher Stirn wie Brust, kurz darauf einen seiner variierten Choräle vor: der Text hieß ,Schmücke dich, o liebe Seele', um den Cantus firmus hingen vergoldete Blättergewinde, und eine Seligkeit war dareingegossen, daß du mir selbst gestandest: ,Wenn das Leben dir Hoffnung und Glauben genommen, so würde die dieser einzige Choral alles von neuem bringen.' Ich schwieg dazu und ging wiederum, beinahe mechanisch, auf den Gottesacker, und da fühlte ich einen stechenden Schmerz, daß ich keine Blume auf seine Urne legen konnte, und die Leipziger von 1750 fielen in meiner Achtung. Erlaßt es mir, über ein Denkmal für Beethoven meine Wünsche auszusprechen."[58]

Sowohl im Gegensatz zu jener romantischen Genieästhetik, die auf publikumswirksame Weise bis in unsere Tage die geistreiche Idiomatik der frühen Klavierwerke Schumanns gern in ihrer kühnen Regellosigkeit verankert wissen will, als auch zum Trotz der in der Literatur – prinzipiell durchaus nicht zu Unrecht – verbreiteten und gerade für jene frühe Zeit seines Schaffens immer wieder reklamierten Aversionen Schumanns gegenüber Theorie und Kontrapunkt muß betont werden, daß im Unterricht Heinrich Dorns von Juli 1831 bis April 1832 und in dem darauf folgenden halben Jahr der selbständigen Studien nicht nur der Grundstein für eine solide analytische und kompositorische Handwerkslehre gelegt wird, sondern daß durch die Beschäftigung mit den Kompositionen Bachs der schöpferische Vorgang des Komponierens durch Schumann grundsätzlich neu reflektiert und als gestalterischer Prozeß begriffen wird, in welchem die Beherrschung des Materials als conditio sine qua non erkannt wird. Schumann selbst faßt die neue Erkenntnis – bemerkenswerterweise kurze Zeit nach Abbruch des Unterrichtes durch Dorn – treffend zusammen: „Es kommt nichts lächerlicheres heraus, als das Sich-über-die-Regel-erheben-wollen, bevor man sie gründlich u. sicher in sich verarbeitet u. verdaut hat. – Denn auch der mit weniger Talent begabte, [...] wenn er nur sonst gründlich fortging, zieht jenem die Maske im zweiten Moment der Begegnung weg. –"[59]

Darin liegt vor allem der Ertrag der frühen Bach-Rezeption für Schumann, daß in ihm – wie zu zeigen sein wird – gleichsam eine lebenslang wirksame causa movens initialgezündet wird, die auf die geistige Durchdringung kompositorischer Gestaltung zielt.

„DU ABER FANTASIE, GIEB DER FUGE SCHWESTERLICH DIE HAND!" ZUR FUGE IN SCHUMANNS *IMPROMPTU* OP. 5,10

Auch dieses Zitat vom 28. Mai 1832 dokumentiert jenen am Ende des vorigen Kapitels beschriebenen Wandel in Schumanns Denken.[60] Keinesfalls zufällig finden sich derlei Reflexionen in seinen Tagebuchaufzeichnungen in einer Zeit intensiver Bach-Studien, die durch die Beschäftigung mit Marpurgs Fugenlehrbuch noch vertieft werden. Als Frucht dieser Auseinandersetzung mit Bach entstanden die *Toccata* op. 7 und vor allem die *Impromptus* op. 5, wie Schumann selbst zu Protokoll gibt.[61] Hier liegen die kompositorischen Wurzeln seiner Bach-Rezeption. Zwar reichen die ersten Skizzen der *Impromptus* bis in den Herbst 1830 zurück, jedoch nimmt die für das Gesamtwerk konstitutive Doppelthematik aus Basso ostinato, dessen Anfang und Ende durch die Kadenzformel *C-F-G-C* gebildet werden, und dem Thema aus der *Romanze* op. 3 von Clara erst allmählich und in ihrer endgültigen Prägung wesentlich später Gestalt an.[62] Im Mai 1832 wird offenbar ein wesentliches Ingredienz des Baßthemas gefunden:[63] „Abends riß ich mit Clara sechs Bacchische Fugen ab, vierhändig a vista prima. [...] als ich nach Haus kam gegen neun Uhr, setz' ich mich an's Klavier u. mir war's, als kämen lauter Blumen u. Götter aus den Fingern hervor, so strömte der Gedanke auch fort. Das war der Gedanke CF.GC. –"

In der Folge wird der Gedanke *C-F-G-C* in vielfältiger Weise kontrapunktisch traktiert, und seine kompositorischen Möglichkeiten als Fugenthema werden in Skizzen und in kombinatorischen Versuchen erschlossen.[64] Schließlich wird er zum integralen Bestandteil des Baßthemas und zur konstitutiven Gestalt der poetisch in das Finale der Impromptus integrierten Fuge. Auf Gemeinsamkeiten, aber auch auf qualitative und strukturelle Unterschiede zwischen dem nur 20 Takte zählenden Fugato der *Toccata* und dem immerhin 93 Takte umfassenden fugierten Formteil der *Impromptus*, in dem es zu einer „Synthese von freier formaler Gestaltung und partieller Anwendung einer strengen Fugentechnik" kommt, hat Siegmar Keil ausdrücklich aufmerksam gemacht.[65] Dieser Aspekt der Synthese trifft in weitreichender Hinsicht den Kern der gestalterischen Intentionen Schumanns, dem es offenbar nicht um einen kontrapunktischen Satz ging, der sich primär an akademischen Normen orientieren sollte, um die Gralshüter dieser Normen zufriedenzustellen, sondern um eine geistreiche Interpolation, eine polyphone Assonanz, vielleicht einen musikalischen Schabernack, dessen poetische Funktion – von der in Verbindung mit den satztechnischen Finessen zu sprechen sein wird – die für ihn maßgebende ästhetische Implikation für die einzusetzenden kompositorischen Mittel war.[66]

Auf welche Weise sich Fantasie und Fuge in der Komposition amalgamieren sollen, wird im Hinblick auf Kategorien, die von Schumann in den Artikeln für die *Neue Zeitschrift für Musik* immer wieder formuliert wurden, an diesem Satz geradezu paradigmatisch deutlich. Nicht um die Erfüllung eines erstarrten Formmusters, nicht um philiströse Gelehrsamkeit oder um apologetische Übung geht es ihm, sondern darum, die Idee Fuge für die Verlebendigung eines poetischen Anliegens nutzbar zu machen. Einen ersten Anhaltspunkt für die Intentionen Schumanns bildet die durchaus als Vortragsbezeichnung zu verstehende Anmerkung „quasi satira", mit der im Erstdruck der *Impromptus* der Einsatz des Comes in Takt 33 – damit den Beginn der vom homophonen in den polyphonen Satz umschlagenden Kompositionsweise markierend – versehen ist.[67] Die nur vordergründig zur Schau gestellte Ernsthaftigkeit der Fuge, die durch das von C-Dur nach c-Moll wechselnde Tongeschlecht noch unterstützt wird, ist also so gelehrt und vor allem so ernsthaft nicht gemeint. Wäre es denkbar, daß Schumann die Ernsthaftigkeit der Fugenkomposition selbst zum Gegenstand der Satire macht? Rein äußerlich ist die Fuge mit ihren knapp 100 Takten – insbesondere im Kontext der anderen Sätze, die nur jeweils zwischen 16 und 32 Takte zählen – nichts weniger als belanglos. Es hat durchaus den Anschein, als läge in der kontrapunktischen Idee das sinnstiftende Substrat für längere musikalische Zusammenhänge, die zu gestalten dem jungen Komponisten ein brennendes Anliegen war. Schumann weiß die Möglichkeiten des Materials zu erschließen und – vielleicht meint gerade dies die Anweisung „quasi satira" – kontrastierend auf die Spitze zu treiben. Die potentielle Vielschichtigkeit der Vorschrift „quasi satira" könnte nur in einer eigenen Untersuchung ausgelotet werden. Ob ihre Wurzeln etwa in Quintilians Dictum „satura [sic] quidem tot nostra est" („In der Satire ist die Meisterschaft ganz auf unserer Seite")[68] oder in Jean Pauls *Vorschule* zu suchen sind[69] – um nur zwei denkbare Quellen heranzuziehen –, oder welche Intention Schumann mit ihr verfolgt haben könnte, ob er etwa beabsichtigte, die Fuge und ihre Schulweisheiten in Form einer musikalischen Satire zu dekuvrieren, muß einstweilen offen bleiben.

In Teilen nachvollziehbar werden die von Schumann mit dem Thema *C-F-G-C* angestellten kontrapunktischen Experimente durch selbständige Fugenentwürfe und durch Skizzen zum Finale der *Impromptus*. Daß Schumann geraume Zeit – wahrscheinlich zunächst auch unabhängig von der Konzeption der *Impromptus* op. 5 – mit dem Gedanken *C-F-G-C* schwanger ging, belegt eine vollständig ausgeführte „Fuga a cinque voci" in c-Moll aus seinem *Skizzenbuch IV*, die vermutlich noch während des Unterrichts bei Heinrich Dorn entstand (siehe nebenstehende Abbildung). Dies legen u. a. die in Takt 11 markierte Quintenparallele sowie die mit Klammern und kontrapunktischen Bezeichnungen versehenen Themeneinsätze nahe.[70] In dieser Studie läßt Schumann auf die erste Durchführung (T. 1–20) ein nach f-Moll modulierendes Zwischenspiel folgen (T. 21–24), an welches sich die zweite, nunmehr nur aus zwei Stimmeneinsätzen bestehende Durchführung anschließt (T. 25–32). Das zweite Zwischenspiel moduliert in die Oberquinte nach *g* (T. 33–38). Bis zu dieser Stelle folgen Anlage und Verlauf

gleichsam einer Schülerfuge. Doch nun setzen die ersten kontrapunktischen Komplikationen ein: Die folgenden Themeneinsätze (T. 38, 42 und 43) werden metrisch auf die zweite Takthälfte verschoben[71] und anschließend in Obersekunde (T. 42f.) und Unteroktave (T. 46) miteinander enggeführt.[72] Eine weitere, geradezu potenzierte Verdichtung erfährt das motivisch-thematische Material durch die Kombination der Engführung des Themas mit sich selbst in Originalgestalt und seiner Kontrapunktierung per diminutionem duplicem sowohl in forma inversa als auch in forma recta, die zunächst in ganztaktigem Rhythmus beginnt, aber schon im folgenden Takt (T. 50ff.) durch Verschränkung vom Endton des vorangehenden viertönigen Sechzehntelmotivs mit dem Anfangston des imitierenden Viertonmotivs zur halbtaktigen Abfolge beschleunigt wird. Dieses Prinzip wird über dem verkürzten Themeneinsatz in der Baßstimme (T. 54ff.) beibehalten. Gelegentlich werden Töne des Kadenzmotivs diastematisch verändert, wodurch die harmonische Progression umgebogen wird und mehr Farbigkeit erhält (vgl. T. 52f. im Tenor, 55f. im Diskant und T. 57 im Baß). Daß diese Tongruppen als Derivate des Ausgangsmotives verstanden werden, verdeutlichen die im Notentext angebrachten Klammern.

Die Substanz für die Rückmodulation (T. 57–66) nach c-Moll – gestaltet als Quintschrittsequenz mit den Fundamentschritten *F-B-Es-As-Des-G-C-F* – wird durch Abspaltung des Quintfalls gewonnen, der gleichermaßen taktweise durch Klammern über den jeweiligen Noten gekennzeichnet ist. Dieses Verfahren der thematisch-motivischen Arbeit in den modulatorischen Teilen zwischen den Themendurchführungen gemahnt an entsprechende kompositorische Maßnahmen in den Fugen Bachs. Aber nicht nur dieses Detail spricht für die Anlehnung an das große Vorbild. Ebenso verweist die auf Schlußsteigerung angelegte, gleichsam finalisierte Form Schumanns auf Bachsche Exempla. Für die letzte Durchführung bleiben bis zu dieser Stelle nicht verwendete Kunstmittel reserviert, um sie sinnfällig als Kulmination einzusetzen, gewissermaßen als letzten auszusprechenden, gewichtigen musikalischen Gedanken: „Per auctionem" – d. h. in diesem Fall: per augmentationem duplicem –, wie unter dem letzten Einsatz des Themas in der Baßstimme (T. 71–79) zu lesen ist, wird das kontrapunktische Wort abschließend ergriffen, kombiniert mit dem Thema per diminutionem duplicem und simplicem (T. 71ff.), also mit einer Synthese der exponierten musikalischen Gestalten, die sich als eine aus der Gesamtanlage der Fuge logisch zu ziehende Konsequenz ergibt.

Neben einer vermutlich späteren Skizze, in welcher die Konturen der Takte 101–121 des späteren Finales schon deutlich hervortreten[73], dokumentiert ein im *Quellenkatalog 1* wiedergegebenes Skizzenblatt offenbar ein jüngeres Stadium des Experimentierens mit dem Viertonmotiv und den ihm innewohnenden intervallischen Kombinationsmöglichkeiten, da es schon deutlich auf die *Impromptus* op. 5 gerichtet ist.[74] Auf der ersten Akkolade notiert Schumann einen Entwurf für die erste Durchführung der später in das Finale implantierten Fuge im doppelten Kontrapunkt – allerdings mit noch recht problematischer Behandlung der Quarte. Diese Unebenheiten werden in der endgültigen Ausarbeitung weitgehend geglättet. In der vierten Akkolade wird eine Engführung in Kombination mit einem Kontrasubjekt im dreifachen Kontrapunkt erprobt. Dieser Plan wird in der nächsten Zeile mit stärkerer Profilierung des Kontrasubjektes weiterverfolgt. In leicht modifizierter Form geht dieser Entwurf schließlich in die Takte 75ff. der endgültigen Fassung des Finales ein.

Nach dieser ansatzweise ontogenetischen Betrachtung sind einige Anmerkungen zu der von Schumann herausgegebenen Erstfassung der *Impromptus* op. 5 geboten. Sieht man von dem überzähligen Themeneinsatz einmal ab, folgt auf eine reguläre, aus fünf Themeneinsätzen bestehende Exposition (T. 29–48) mit der Abfolge Dux – Comes – Dux – Comes – Dux, in der die Intervallkonstellationen zwischen dem jeweiligen Thema und den aus dem homophonen Satzbeginn gewonnenen Kontrapunkten nicht streng beibehalten, sondern variiert werden, nach einem modulierenden Zwischenspiel eine zweite Durchführung in f-Moll (T. 53–60) mit zwei Themeneinsätzen, deren Kontrapunkte wiederum nur mit dem Schein des Gleichen versehen sind. Dieser Komplex und die nachfolgende Quintschrittsequenz bis zum Takt 66 erweisen sich als nahezu identische Übernahme der Takte 25–38 aus der Fuge in c-Moll des *Skizzenbuches IV*. Die Takte 69–72 knüpfen durch eine homophone Reminiszenz an den Satzanfang an. Dieser Formteil führt mit einem abschließenden unisono-Gang (T. 72–75), wie er für das Ende einer Sonatensatzdurchführung charakteristisch ist, zur Dominante G-Dur zurück.

So wie aus dem den Anfang des Satzes grundierenden Baßthema des Variationszyklus' im Takt 29 das geradezu triviale Motiv *C-F-G-C* an die Oberfläche diffundiert, um als Fugenthema ein neues, mit ganz anderem Sinn angefülltes musikalisches Leben zu führen, ja mit einem Mal im Sinne des „quasi satira" bedeutend zu werden, nehmen sich Reminiszenz und Rückmodulation – gleichsam innerhalb der musikalischen Form den falschen Zeitplatz besetzend – als den Verlauf der Fuge durchkreuzende, homophone Fremdkörper aus. Mit Takt 75 beginnt die nächste Phase kontrapunktischer Verdichtung, aus der zu entnehmen ist, daß auch für den weiteren Verlauf des Finales der *Impromptus* die in der oben erwähnten Fuge in c-Moll aus dem Unterricht Heinrich Dorns enthaltenen satztechnischen Raffinessen nicht folgenlos blieben.

Auf eine Engführung des Viertonmotivs mit zwei Stimmen in der Oberoktave (T. 75-79) folgt eine Engführung von drei Stimmen mit den Einsatzintervallen Oberoktave und Oberseptime (T. 79–84), die mit einem Themeneinsatz per diminutiónem simplicem kombiniert wird (T. 83f.). Es schließt sich eine versteckte, auf mehrere Stimmen verteilte Engführung mit dem Imitationsintervall der kleinen Obersekunde an (T. 85–89). Den folgenden Abschnitt (T. 90–105), in welchem das Thema mit seiner doppelten Verkleinerung in Originalgestalt und seinem Spiegel verknüpft wird, übernimmt Schumann nur leicht modifiziert ebenfalls aus der Fuge seines *Skizzenbuches IV*. Erst über dem ausgedehnten Orgelpunkt erfährt das *C-F-G-C*-Motiv wieder eine neue Prägung. Schumann verzichtet auf die satztechnisch kunstvollere Schlußsteigerung seiner c-Moll-Fuge aus dem Unterricht bei Dorn zugunsten eines dominantischen Rückführungstopos, der es ihm ermöglicht, sowohl die Tonart C-Dur als auch den ursprünglichen musikalischen

Tonfall des Finales ab Takt 122 wiederkehren zu lassen und damit die „quasi satira" gewissermaßen mit den Augen zwinkernd zu beenden.

Es muß sowohl akzentuiert werden, daß dieser Satz der erste veröffentlichte ist, in dem Schumann sich der Kompositionsweise der Fuge bediente, als auch daß er diesen Satz noch im Jahre 1850, als er die *Impromptus* im Detail revidiert und in veränderter Reihenfolge zusammenstellt, einer Neuveröffentlichung – allerdings nun ohne die Anweisung „quasi satira" im zehnten Satz – für wert erachtet.[75] Dies ist um so bemerkenswerter, als Schumann in späteren Jahren seinen frühen Klavierwerken gegenüber eine durchaus kritische Haltung einnahm, wie zahlreiche Briefstellen und autobiographische Notizen bezeugen.

Die geistige Affinität einzelner Satzpassagen und ganzer Sätze Schumannscher Werke zu denen Bachs wurde von verschiedenen Zeitgenossen erkannt und gewürdigt. Friedrich Wieck ließ sich 1835 in einem Brief an Wilhelm Heinrich Rieffel sichtlich stolz auf seinen Zögling vernehmen: „Lesen Sie nicht im Holsteinischen die *Neue Leipziger Zeitschrift für Musik*, herausgegeben von (meinem Schüler) Robert Schumann, unserem deutschen Chopin und Bach, wie schon seine *Tokkata, Impromptus* usw. andeuten?"[76] In einer Rezension des *Kometen* über die „Tokkata op. 7, gespielt von Clara Wieck und Ludwig Schunke", heißt es: „Wir sind überzeugt, was ein Seb. Bach, was ein Beethoven, was ein Paganini in sich getragen, das ruht auch in Schumann."[77] Wie immer man derlei emphatische Äußerungen bewerten mag, sie zeugen von einer Rezeption, in der die einem Œuvre inhärenten Traditionslinien neben Originalität und Neuheit als eigenständige Kategorien mitgedacht werden.

EXKURS: „UEBER DEN SATZ VON BEETHOVEN UND DIE FUGE VON BACH WAR ALLES AUSSER SICH." ZUR FRÜHEN BACH-REZEPTION CLARA WIECKS (1830–1840)

Zweifellos mit berechtigtem Stolz beschreibt Clara die begeisterten Publikumsreaktionen, mit denen im Jahr 1837 ihre Konzerte in Berlin begleitet wurden.[78] Auch ihr Vater sieht sich für die musikpädagogische Arbeit mit seiner Tochter nicht allein materiell, sondern vielmehr auch ideell reichlich entlohnt, wie wir seinen Eintragungen in Claras Tagebuch und vor allem den von Berlin aus an seine Frau gesendeten Briefen entnehmen können: „Mit der Sonate von Beethoven [op. 57] hat Clara alles übertroffen, was sie je geleistet – der Sturm des Beifalls war fürchterlich – auch schon nach der Fuge [Cis-Dur] von Bach ppppp." „Clara hat anonyme Briefe durch die Stadtpost von Bach'schen Enthusiasten erhalten, um noch mehr Bach zu spielen."[79] Insbesondere wird Clara nahegelegt, die *Chromatische Fantasie* und die *Toccata* d-Moll vorzutragen.[80]

1835 beginnt Clara, einzelne Werke Bachs in ihre Konzertprogramme aufzunehmen. Allerdings umfaßt ihr Repertoire der öffentlich dargebotenen Kompositionen Bachs für viele Jahre – neben dem *Konzert für 3 Klaviere* d-Moll BWV 1063, welches sie sechzehnjährig erstmals im November 1835 gemeinsam mit Felix Mendelssohn und Louis Rakemann im Leipziger Gewandhaus aufführt – lediglich die wohl aus dem ersten Band des *Wohltemperierten Klaviers* stammenden Fugen in Cis-Dur, D-Dur und Fis-Dur. Schließt man Druckfehler aus, so kann für das Jahr 1837 eine weitere Fuge in E-Dur nachgewiesen werden.[81] Die Sichtung der Rezensionen über Claras Konzerte könnte vielleicht in einigen Details weiteren Aufschluß geben. Nichtsdestoweniger ist es wahrscheinlich, daß Clara „die gesamte Sammlung [des *Wohltemperierten Klaviers*] zumindest einmal angespielt und erst dann einzelne Stücke daraus bevorzugt" und für ihr Repertoire ausgewählt hat.[82] Sieht man von den nicht eindeutig identifizierbaren Werken einmal ab, so können für den Zeitraum von 1835-56 kaum mehr als acht verschiedene Werke Bachs in den Konzertprogrammen Claras nachgewiesen werden.[83] Folglich muß ergänzend zu der durch ihre öffentlichen Auftritte als Pianistin dokumentierten Schicht die ihrer privaten Klaviervorträge und -studien Bachscher Werke Berücksichtigung finden, die jedoch im Rahmen dieser Untersuchung nicht erschöpfend behandelt werden kann. Von den ab 1840 einsetzenden, durch Schumann angeregten und mit ihm gemeinsam absolvierten, analytisch orientierten Werkbetrachtungen, durch die das Bach-Verständnis Claras, ihre Einsichten in Faktur und Struktur der Kompositionen eine neue qualitative Stufe erreichten, wird noch die Rede sein.

Es ist durchaus verständlich und keineswegs überzubewerten, daß Clara in jüngeren Jahren nicht zu allen Werken Bachs eine spontane Affinität hat entfalten können. Noch 1837 beklagt sie nach einer Aufführung der *Matthäus-Passion* in Berlin: „in der Singacademie die Passionsmusik von Bach –. Alle Tage ein Chor daraus und es wird mir gefallen, doch die ganzen 77 Chöre im Lento und Adagio auf einmal, das hab ich noch nicht gelernt aushalten. Nach dem ersten Theil ging ich fort."[84] Als sie jedoch drei Jahre später, am 26. April 1840, in Berlin gemeinsam mit Schumann in der Singakademie eine Aufführung der „Passionsmusik von Bach" besucht, hat sich eine Reifung des Verständnisses vollzogen, die sich signifikant in ihrem Tagebuchkommentar niederschlägt: „Schon längst war es mein Wunsch, dies Musikwerk zu hören, und so hatte ich denn auch einen wahren Hochgenuß."[85] Daß dieses Bach-Erlebnis nicht allein affektiv auf Clara gewirkt hat, sondern sie inzwischen gleichermaßen zu einer differenzierenden Wahrnehmung und zur stilistischen Kategorisierung befähigt ist, können wir einer nur wenige Wochen später formulierten Äußerung entnehmen:[86] „Das Te Deum von Händel machte auf mich keinen großen Eindruck, es ist sehr einfach und doch bei weitem nicht in dem großartigen Style, wie z. B. die Kirchenmusiken von Bach." Der Kontext macht deutlich, daß es auf eine Verkürzung hinausliefe, wollte man die Bach-Rezeption Schumanns diskutieren, ohne die Claras und die Wechselwirkung zwischen beiden Entwicklungssträngen wenigstens in ihren Grundzügen miteinzubeziehen. Dies gilt nicht allein für die Zeit der Ehe ab September 1840, sondern bereits für die Begegnungen während der frühen 1830er Jahre im Hause Wieck. Es sei daher der Versuch unternommen, mit einigen Strichen die Bedeutung Bachs für den musikalischen Werdegang der jungen Clara Wieck zu skizzieren.

Die musikpädagogischen Intentionen Friedrich Wiecks zielten nicht allein auf Ausbildung der instrumentalen und virtuosen Fertigkeiten Claras, sondern gleichermaßen auf eine solide Ausbildung in Musiklehre, Tonsatz, Komposition und nicht zuletzt in der Instrumentation.[87] Wieck legte den Bildungsgang seiner Tochter umsichtig sowohl planmäßig als auch vielfältig an. Ab dem 27. April 1830 erhielt Clara wöchentlich zwei „Stunden in der Theorie bei Cantor Weinlich." Im September wird „die Grammatik der Theorie" beendigt und mit dem „Contrapunkt" begonnen. Ebenfalls im April 1830 nimmt sie „mehrere Fugen von Bach" in ihr Studienprogramm auf. Dieser Zeitpunkt markiert für die kaum elfjährige Pianistin wohl den eigentlichen Beginn ihrer aktiven Bach-Rezeption.[88]

Aus der Betrachtung der zahlreichen für seine Schüler geschriebenen Übungen Wiecks kann geschlossen werden, daß Claras Vater in allen Aspekten des Klavierspiels wie Phrasierung, Bindung, Unabhängigkeit und Kräftigung der Hände „bewußt oder unbewußt" methodisch „dieselben Wege ging wie Bach in seinen *XII Petites Préludes pour les commençonts.*"[89] Wie Bach – man vergleiche etwa das Vorwort zu den Inventionen und Sinfonien – legte er größten Wert auf Legatospiel und gesanglichen Ton, ja er forderte geradezu das Singen auf dem Klavier. Die gerundete, klare Tongebung avancierte zu einem Qualitätsmerkmal der Interpretationen Claras, von dem Schumann bereits 1832 ein beredtes Zeugnis ablegt: „Clara spielte mir die zweite Fuge von Bach vor, deutlich u. klar u. in schönem Farbenspiel."[90] Es ist offenbar, daß die junge Virtuosin ein beachtliches künstlerisches Niveau erreicht hat. Zur selben Zeit finden sich in den Tagebüchern von Schumann und Clara mehrfach Anlässe, bei denen die Dreizehnjährige sowohl für Robert allein als auch im kleinen Kreise Bachsche Fugen erklingen ließ oder auch gemeinsam mit Schumann „vierhändig a vista prima" spielte.[91] Kurz nach ihrem sechzehnten Geburtstag, bei dem sie ihren Gästen – unter ihnen Schumann und Mendelssohn – die Fuge Cis-Dur von Bach auswendig vorgetragen hatte, brachte ihr Mendelssohn am 29. September 1835 die Noten des *Konzertes für drei Klaviere* d-Moll BWV 1063, das am folgenden Tage zusammen mit Louis Rakemann probiert und wenige Tage später, am 6. Oktober, anläßlich einer kleinen Gesellschaft im Hause Wieck aufgeführt wurde: „Doch das Bach'sche Concert möchte wohl hier nicht wieder gehört werden wie Heute, obgleich wir nur 2 Tafelförmige [Klaviere] und einen Stutz[flügel] dazu hatten. Ich spielte die erste Stimme, Moscheles die zweite, Rackeman die dritte und Mendelssohn das Quartett auf meinem großen Flügel wunderschön dazu."[92]

Schumann beschreibt diese Szene abschließend in einer Rezension des Konzertes, das Moscheles drei Tage später, am 9. Oktober, im Gewandhaus gab: „Noch gedenken wir mit großer Freude eines Genusses, den uns einige Tage vor dem Konzerte die seltene Vereinigung dreier Meister und eines jungen Mannes, der einer zu werden verspricht, zum Zusammenspiel des Bachschen D=moll=Konzertes für drei Klaviere bereitete. [...] Herrlich war das anzuhören."[93] Auf den Tag genau zwei Monate später erklingt das Bachsche Konzert erstmals öffentlich im Gewandhaus. Schumann hatte dieses Konzert Claras in einem längeren Artikel angekündigt und das Leipziger Publikum in besonderer Weise auf den im Programm enthaltenen Bachschen Leckerbissen eingestimmt: „Außerdem wird das Konzert für drei Klaviere von Joh. Seb. Bach unter Mitwirkung unseres genialen Mendelssohn-Bartholdy und des Herrn Rakemann aus Bremen zur Aufführung kommen. Es muß den Bewohnern Leipzigs eine interessante und merkwürdige Erscheinung sein, wenn der Geist ihres ehemaligen Mitbürgers, des alten Bach, in seiner ganzen tief-ernsten, gutmütig-kapriziösen, sauertöpfischen Liebenswürdigkeit einmal in ihre Mitte tritt, grüßend, mahnend und wie im derben Tone fragend: ,Wie steht es jetzt in unsrer Kunstwelt? Seht, das war ich!'" [94] Die von diesem Werk auf ihn ausgehende Wirkung faßte Schumann lakonisch mit den Worten zusammen: „da wird es einem recht klar, welcher Lump man ist".[95] Anhand dieses einen Beispiels wird offenkundig, wie sich öffentliche und private Rezeption durchdringen, ergänzen und nur noch bei vergleichbar günstiger Quellenlage transparent gemacht werden können.

Schumann hat Clara gegenüber immer wieder in unterschiedlicher Art und Weise auf die Bedeutung Bachs hingewiesen. Bisweilen klingt seine Verehrung – fast Züge der Identifikation annehmend – bis in die zarten Töne der Brautbriefe hinein: „– Du sollst Bach in mir, ich Bellini in Dir lieben –."[96] Clara nimmt den zugespielten Gedanken auf, wenn sie ihm wenige Tage später antwortet und in Aussicht stellt, Bach in ihm zu lieben, daß er sich nicht beklagen solle.[97] Schumann selbst, der im zurückliegenden Jahr die *Kunst der Fuge* abgeschrieben und Bachsche Choralvorspiele studiert hatte, ließ offenbar auch im Jahr 1838 nicht davon ab, sich in die Werke des Leipziger Kantors zu vertiefen. Clara legt er mit leichtem Nachdruck ans Herz, ihr Repertoire zu erweitern und sich gleichermaßen mit dem „Fugenbau" auseinanderzusetzen: „Gewünscht hätte ich, Du lerntest den Fugenbau, da es ja in Wien gute Theoretiker giebt – versäume das nicht, wo sich wieder einmal die Gelegenheit findet; es erfreut und bringt immer vorwärts. Bach ist mein täglich Brod; an ihm labe ich mich, hohle mir neue Gedanken –,gegen den sind wir alle Kinder' hat glaube ich Beethoven gesagt.[98] Warum spielst Du denn nur immer die Fuge in Cis? Du weißt, wie die Leute sind. Und dann giebts ja wirklich wenigstens tausend Stücke von ihm mit denen Du auch im Concert auftreten kannst."[99]

Die sanfte Frage, in der ein ermahnender Ton unüberhörbar mitschwingt, hat Clara nicht dazu bewegen können, in ihren Konzerten die Varianz der von ihr für die Programme ausgewählten Bachschen Fugen zu erhöhen. Bis zum März 1838 trägt sie – mit nur wenigen Ausnahmen – allein die Fuge in Cis-Dur in ihren öffentlichen Auftritten vor. Doch spielt sie, wenn Rahmen und Kennerschaft der Zuhörer eine Würdigung von Komposition und Interpretation erwarten lassen, im privaten Kreis auch andere Fugen Bachs.[100] So ist davon auszugehen, daß Schumanns Worte nicht folgenlos verhallten, zumal er nicht müde wird, sie auch gezielt zu ermuntern, sich einem ganz bestimmten Werk zuzuwenden. Ausdrücklich bittet er Clara, die diesem Wunsch auch nachkommt, Ende März 1840 für ein „Brautconzert", welches sich Schumann „ganz im Geheimen" und für sich allein von ihr wünscht, Beethovens „B=Dur=Sonate (die große), aber ganz, dann ein Lied von mir [...], dann ein neues Scherzo von Dir, und zum Schluß die Cis=moll=Fuge von Bach aus dem 2ten Heft" zu studieren.[101]

Bezeichnend ist die ausgeprägte Selbstkritik Claras, die insbesondere unter den für sie stets beeindruckenden und höchste Maßstäbe setzenden Interpretatio-

nen Mendelssohns aufbricht. Am 28. April 1840 treffen Clara, Schumann und
Mendelssohn in Berlin zusammen und musizieren miteinander. „Mendelssohn
spielte die Cis=Moll=Fuge von Bach wundervoll", vermerkt Clara in ihrem Tagebuch.[102] Die Meisterschaft des Freundes, den sie als Mensch, Künstler und Pianisten verehrt und bewundert, führt Clara ihre Unzulänglichkeiten vor Auge und
Ohr, jedoch muß die Begegnung auch stimulierend auf sie gewirkt haben, denn
ganz offenkundig stellt sie sich der Herausforderung und bewältigt sie, wie sie
wenig später an Schumann schreibt, „daß ich die Bachschen Fugen nicht eher gespielt [...], verzeihst Du mir, ich war immer so schüchtern, ich weiß, daß Du sie
von Mendelssohn in höchster Vollkommenheit gehört, und ich hätte sie Dir auch
den letzten Tag nicht gespielt, hätte ich nicht im Eifer ganz meinen Vorsatz vergessen gehabt. Seit ich die Cis=Moll=Fuge neulich von Mendelssohn gehört, ist
mir erst ein neues Licht aufgegangen, wie sie müssen gespielt werden, und ich
spiele jetzt einige, glaub ich, gut."[103]

Von März 1835 an nimmt Clara – für die erste Hälfte des 19. Jahrhunderts ungewöhnlich genug – Werke Bachs in ihre Programme auf.[104] Die geringe Zahl und
Varianz der von ihr in den ersten Jahren ihrer Konzerttätigkeit öffentlich gespielten Werke Bachs mag zunächst verwundern. Nicht vergessen werden darf jedoch,
welch ein Wagnis es bedeutete, in Konzertprogrammen gewissermaßen einen
Bildungsanspruch zu formulieren, dem zu folgen nicht jedes Publikum willens
und fähig war. Sowohl daß der Erfolg durchaus nicht selbstverständlich war,
manchmal von Wieck und Clara selbst fast zweifelnd bestaunt wurde, als auch
daß ihre Bach-Interpretationen und ihre Wirkung auf das Publikum oft frappie-
rend waren, machen die Tagebuchkommentare deutlich: „Das Publikum war sehr
animirt u. beklatschte die ernsthaftesten Stücke, selbst die Fuge von Bach."[105]
Als wahrer Siegeszug gestalten sich Claras Konzerte in Wien. Am 21. Dezember
1837 mußte sie in ihrem zweiten Konzert eine Fuge von Bach wiederholen, dies sei
„in Wien unerhört", notiert der Vater im Tagebuch.[106] Nach ihrer Ernennung zur
k. und k. Kammervirtuosin – man muß sich vergegenwärtigen, was dies bedeutete,
denn Clara war Protestantin und Ausländerin – spielt sie in ihrem nächsten Konzert eine Fuge von Bach als Zugabe und erntet erneut „ungeheuren Beifall."[107]

Neben Franz Liszt und Felix Mendelssohn kommt namentlich Clara Schumann
das Verdienst zu, Werke Bachs aus der Intimität der elitären Privatzirkel heraus-
geführt und in öffentlichen Konzerten immer wieder erfolgreich einem breiteren
Publikum nahegebracht zu haben.[108]

Setzt man die Bach-Rezeption Schumanns zu der Clara Wiecks ins Verhältnis,
so scheint es geboten, den jeweiligen musikalischen Werdegang in einer kurzen
Gegenüberstellung zu umreißen:[109] Clara erhält ab 1824, kurz nach ihrem fünften
Geburtstag, über mehr als zwölf Jahre methodisch und systematisch ausgereiften
Klavierunterricht durch ihren Vater. Schumanns Instrumentalunterweisung beginnt wohl im siebenten Lebensjahr und währt vermutlich gerade sechs Jahre. Die
kaum elfjährige Clara wird 1830 durch einen erfahrenen Lehrer in Theorie und
Kontrapunkt eingeführt. Fünf Jahre später tritt das Fach Instrumentation ergän-
zend hinzu. Schumann steht im 22. Lebensjahr, als er im Juli 1831 bei Dorn u. a.

in Generalbaß und Kontrapunkt unterwiesen wird. Da sein Bemühen um Instrumentationsunterricht ein Jahr später vergeblich ist, eignet er sich die nötigen Kenntnisse autodidaktisch an. Clara übt 1830 die ersten Fugen von Bach. Der neun Jahre ältere Schumann bekennt für das Jahr 1829: „Von Bach dämmerte es."

Obgleich die frühe musikalische Sozialisation Claras in nahezu allen Aspekten durch die umsichtigen und zielgerichteten Weichenstellungen ihres Vaters weit günstiger verläuft als die Schumanns, erhält ihre spätere künstlerische Entwicklung durch Robert entscheidende Impulse, so daß nicht zuletzt durch seinen Einfluß ihr ästhetisches Urteil deutlich an Sicherheit gewinnt und daß sie die Erweiterung und Vertiefung ihres Musikverständisses maßgeblich ihm verdankt. Offenkundig wird dies u. a. an den sich signifikant verändernden Konzertprogrammen Claras nach der Hochzeit mit Schumann.[110] Man muß sich vergegenwärtigen, daß Clara bis zu diesem Zeitpunkt von den Klaviersonaten Beethovens ausschließlich die Sonate f-Moll op. 57 in ihr Repertoire aufgenommen hatte und – sieht man von dem einmaligen Vortrag des *Konzertes für drei Klaviere* d-Moll ab – von Bach nur die Fugen in Cis-Dur und cis-Moll öffentlich vortrug. Schumann ist es, der sie dazu animiert, verstärkt Werke von Bach und Beethoven zu studieren und in ihre Konzertprogramme aufzunehmen.[111] Auf ihrer großen Konzertreise durch Rußland im Jahr 1844 hat sie bereits die Klaviersonaten op. 27,2, op. 31,2, op. 53 und op. 57 von Beethoven und an neuen Bachschen Kompositionen eine von ihr für Klavier eingerichtete Orgelfuge in a-Moll im Gepäck.

Schumanns musikalische Biographie vollzieht sich zunächst zwar zögernder und bei weitem nicht so geradlinig wie die Claras, jedoch kompensiert er nach der von ihm im Jahr 1830 gefällten Entscheidung für die Musik die Defizite durch bemerkenswerte Rasanz und intellektuellen Tiefgang, so daß er schließlich nach zehnjähriger harter, überwiegend eigenständiger Arbeit sich ein kompositorisches Handwerkszeug und ein musikalisches Reflektionsvermögen angeeignet hat, von dem Clara nun umfassend profitieren kann.

Tabelle 2: Werke Bachs in den Konzertprogrammen Clara Schumanns von 1828–56[112]

Nr.	Datum	Ort	Werkbezeichnung	Quellen
70	20.03.1835	Hamburg	Fuge Cis-Dur [BWV 848?]	Litzmann, Bd. 3, S. 617
79	28.07.1835	Halle	Fuge Cis-Dur	
80	09.11.1835	Leipzig	Konzert für 3 Klaviere d-Moll [BWV 1063]	*TbCW*, Bd. 2, Heft 4, S. 171
81	01.12.1835	Plauen	Fuge Cis-Dur	*TbCW*, Bd. 2, Heft 4, S. 175f.
82	06.12.1835	Zwickau	Fuge Cis-Dur	*TbCW*, Bd. 2, Heft 4, S. 176
84	10.12.1835	Chemnitz	Fuge Cis-Dur	*TbCW*, Bd. 2, Heft 4, S. 177
87	30.01.1836	Dresden	Fuge Cis-Dur	*TbCW*, Bd. 3, Heft 5, S. 14
88	04.02.1836	Dresden	Zwei Fugen	
89	12.02.1836	Dresden	Fuge D-Dur [BWV 850?]	Litzmann, Bd. 3, S. 617
90	26.02.1836	Görlitz	Fuge Cis-Dur	*TbCW*, Bd. 3, Heft 5, S. 25
91	05.03.1836	Breslau	Fuge Cis-Dur	*TbCW*, Bd. 3, Heft 5, S. 29
98	10.09.1836	Naumburg	Fuge Fis-Dur [BWV 858?]	Litzmann, Bd. 3, S. 617
99	24.09.1836	Jena	Fuge Cis-Dur	*TbCW*, Bd. 3, Heft 6, S. 62f

103	25.02.1837	Berlin	Fuge Cis-Dur	*TbCW*, Bd. 3, Heft 6, S. 90
105	01.03.1837	Berlin	Fuge D-Dur [BWV 850?]	*TbCW*, Bd. 3, Heft 6, S. 92
107	14.03.1837	Berlin	Fuge Cis-Dur	*TbCW*, Bd. 3, Heft 6, S. 96
119	18.11.1837	Prag	Praeludium und Fuge Cis-Dur	*TbCW*, Bd. 3, Heft 6, S. 158
	10.12.1837	Wien	Fuge	*TbCW*, Bd. 3, Heft 6, S. 169f.
	21.12.1837	Wien	Fuge	*TbCW*, Bd. 3, Heft 6, S. 175f.
124	26.12.1837	Wien	Fuge Cis-Dur	*TbCW*, Bd. 3, Heft 6, S. 177
129	18.02.1838	Wien	Praeludium und Fuge Cis-Dur	*TbCW*, Bd. 3, Heft 6, S. 192
	18.03.1838	Wien	Fuge	*TbCW*, Bd. 3, Heft 6, S. 200
137	22.03.1838	Wien	Extra Fuge von Bach	*TbCW*, Bd. 3, Heft 6, S. 201
144	12.08.1838	Leipzig	Praeludium und Fuge cis-Moll [BWV 849?]	
146	15.11.1838	Dresden	Praeludium und Fuge Cis-Dur	
152	22.01.1839	Stuttgart	Fuge Cis-Dur	
	19.05.1839	Paris	Fuge	*TbCW*, Bd. 4, Heft 7, S. 74
182a	19.10.1840	Leipzig	Konzert für 3 Klaviere d-Moll	
186	06.12.1841	Leipzig	Praeludium und Fuge	
190	23.02.1842	Bremen	Praeludium und Fuge	
193	05.03.1842	Hamburg	Praeludium und Fuge	
199	14.04.1842	Kopenhagen	Praeludium und Fuge	
202	08.01.1843	Leipzig	Praeludium und Fuge	
212	02.02.1844	Mitau	Praeludium und Fuge	
215	11.02.1844	Dorpat	Praeludium und Fuge a-Moll [BWV 865?]	Litzmann, Bd. 3, S. 619
221	12.03.1844	Petersburg	Praeludium und Fuge	
222	17.03.1844	Petersburg	Praeludium und Fuge	
229	08.12.1844	Dresden	Konzert für 3 Klaviere	
231	04.12.1845	Dresden	Fuge	
243	10.01.1847	Wien	Praeludium und Fuge a-Moll	
246	29.01.1847	Prag	Praeludium und Fuge a-Moll	
247	01.03.1847	Berlin	Praeludium und Fuge a-Moll	
250	10.07.1847	Zwickau	Fuge [a-Moll]	*Neue Folge*, S. 270; *Erler*, Bd. 2, S. 33
251	26.03.1848	Dresden	a-moll Pedal-Fuge	Litzmann, Bd. 2, S. 177
252	06.04.1848	Leipzig	Praeludium und Fuge	
258	09.12.1848	Dresden	Sonate Nr. 2 A-Dur [für Violine und Klavier BWV 1015]	[mit Franz Schubert]
273	26.01.1850	Dresden	Praeludium und Fuge G-Dur	Litzmann, Bd. 3, S. 619
276	22.02.1850	Dresden	Sonate Nr. 2 für Vl. und Klavier	[mit Ferdinand David]
282	21.03.1850	Altona	Praeludium und Fuge	
284	24.10.1850	Düsseldorf	Praeludium und Fuge a-Moll	
318	19.12.1853	Rotterdam	Praeludium und Fuge a-Moll	
338	10.12.1854	Berlin	Sonate Nr. 2 für Vl. und Klavier	[mit Joseph Joachim]
341	20.12.1854	Berlin	Praeludium und Fuge für Orgel	Litzmann, Bd. 3, S. 620
367	11.11.1855	Berlin	Chromatische Fantasie	Litzmann, Bd. 3, S. 620
372	03.12.1855	Leipzig	Chromatische Fantasie	
382	02.03.1856	Wien	Chromatische Fantasie und Fuge	
387	27.02.1856	Pest	Praeludium und Fuge a-Moll	
401	27.05.1856	London	Praeludium und Fuge a-Moll	
414	30.06.1856	London	Chromatische Fantasie und Fuge	

„ZUR WÜRDIGUNG BACHS GEHÖREN ERFAHRUNGEN, DIE DIE JUGEND NICHT HABEN KANN." (1832–1836)

Schumann gehört zwar nicht mehr den Adoleszenten an, aber er ist doch auch erst 28 Jahre alt, als er diese apodiktisch klingende Feststellung trifft[113], und er trifft sie mit Fug und Recht, denn sie stützt sich – wie zu zeigen sein wird –auf einen gehörigen Schatz an Erfahrungen im Umgang mit dem Bachschen Œuvre, den er nach und nach gehoben und sich als wertvolles Vermögen erarbeitet hat. Summarisch kann dies gesagt werden, obgleich der zu diskutierende Lebensabschnitt in weiten Teilen schlecht dokumentiert ist, da Schumann vom Herbst 1832 bis zum Sommer 1836 kein Tagebuch führte. Für diese bewegten und inhaltsreichen Jahre kann Dokumente, Briefe und ein kurzes autobiographisches Resümee zurückgegriffen werden[114], die über seine Bach-Rezeption einige Auskünfte erteilen.

Eine knappe Skizze mag die wichtigsten biographischen Stationen in Erinnerung rufen. Im Frühjahr 1834 wird die *Neue Zeitschrift für Musik* gegründet, deren Leitung nach dem Auseinanderbrechen des Redaktionskollegiums schon im Dezember desselben Jahres von Schumann allein übernommen wird.[115] Die von ihm verfaßten Artikel bilden für die Zeit zwischen 1834 bis Mitte 1836 die wichtigste Quelle für seine Bach-Rezeption. Sie erfahren ab Mitte 1836 durch die wieder einsetzenden Aufzeichnungen in Schumanns Diarium eine wertvolle Ergänzung. Auch seine persönliche Entwicklung ist in dieser Zeit der Klärung der Beziehung zu Clara Wieck außerordentlich intensiv.

Für das Leipziger Musikleben allgemein und für Clara Wieck und Schumann speziell werden Mendelssohns Übersiedlung nach Leipzig und sein Amtsantritt als Dirigent des Gewandhausorchesters im Jahre 1835 von größter Bedeutung. Auf Betreiben Mendelssohns folgt ihm Ende des Jahres sein enger Freund, Ferdinand David, um als Konzertmeister den trefflichsten Einfluß auf die Streicherkultur des Orchesters auszuüben und darüber hinaus die private und öffentliche Musiklandschaft im Verein mit Mendelssohn und seinem Streichquartett um erlesene Attraktionen – auch Bachscher Kammermusik – zu bereichern. Hervorzuheben sind die Soiréen und Quartettunterhaltungen des David-Quartetts, in denen auch die späten Streichquartette Beethovens zu Gehör gebracht werden.[116]

Mit Mendelssohn pflegte Schumann bald einen vielfältigen Gedankenaustausch über künstlerische, kunstästhetische und philologische Fragen etwa im Zusammenhang mit einer „Ausgabe der Werke v. Bach".[117] Bei ihm konnte er u. a. Autographen und Abschriften von Kompositionen Händels, Bachs, Cherubinis und Beethovens einsehen oder ausleihen, um sie zu studieren, abzuschreiben oder kopieren zu lassen.[118] Es wird berichtet, daß Mendelssohn auch gern eigene Werke und Werke anderer Komponisten öffentlich aus Manuskripten spielte, so wie am 9. März 1837, als im Gewandhaus zum ersten Mal Bachs Klavierkonzert d-Moll BWV 1052 erklang.[119] Schumann stellt Anton Wilhelm Zuccalmaglio – offenbar auf dessen Anfrage hin – die Übersendung einer Kopie dieser Handschrift in Aussicht: „Vom Bach'schen D Mollconcert hat nur Mendelssohn eine Abschrift; sobald er zurückkommt vom Rhein, aber erst Ende September, besorge ich Ihnen

eine Abschrift, wie auch mir, dem es als eins der bewunderungswürdigsten Erzeugnisse immer gegolten hat."[120] Neben verschiedenen Werken anderer Komponisten überläßt Mendelssohn Schumann auch die Partitur der *h-Moll-Messe* zu
Studienzwecken. „Manches wäre trocken, das meiste unvergleichlich schön: Sehen Sie nur schon die Noten an", soll Mendelssohn über die *h-Moll-Messe* gesagt
haben.[121] Vielleicht hat sich Schumann das Exemplar von Mendelssohn auch geliehen, um es ebenfalls für Zuccalmaglio abzuschreiben oder abschreiben zu lassen, .wie wir aus seinem Brief vom 20. August 1837 entnehmen können:
„Apropos – Welches Concert von Bach wünschten Sie copirt, das für 3 Claviere
oder nur für 1? Wünschen Sie vielleicht auch eine Copie der großen
H=Moll=Messe in Partitur? Ich möchte Ihnen einmal recht bescheeren, wie zu
Weihnachten. Schreiben Sie nur, was Sie wollen." [122] So ist davon auszugehen,
daß Schumann die Möglichkeit, in Mendelssohns Musikbibliothek aus dem Vollen zu schöpfen, auch über die nachweisbaren Fälle hinaus reichlich genutzt hat.

Dem spärlichen Quellenmaterial bis zum Sommer 1836 stehen reichere und
bedeutsame Dokumente für die anschließende Zeit gegenüber. Aus Schumanns
Tagebuch erfahren wir, wie befruchtend die Gesellschaften bei David, Mendelssohn oder etwa im kunstbeflissenen Hause Voigt waren.[123] Mehrfach kommen im
Sommer und Herbst 1836 durch die Geiger Karl Wilhelm Uhlrich, Ferdinand David und Karol Jósef Lipinski Bachsche Solopartiten und -sonaten sowie Violinsonaten mit Klavierbegleitung im häuslichen Rahmen zum Vortrag.[124] Geradezu begeistert äußert sich Schumann über Ferdinand David, der die *Ciaccona* aus der
Partita d-Moll, BWV 1004 und die Partita E-Dur, BWV 1006 „unvergleichlich"
vortrug.[125] Die Bedeutung dieser privaten, auf einen kleinen Kreis von Kennern
beschränkten Rezeption von solchermaßen erlesenen Kompositionen wird evident, hält man sich vor Augen, daß die *Chaconne* erstmals im Jahre 1841 in den
öffentlichen Konzerten des Gewandhauses erklang. Einzelne Teile aus anderen
Werken Bachs für Violine solo werden sogar erst ab 1843 und ohnehin höchst
selten zu Gehör gebracht, und als vollständig aufgeführtes Werk ist über Jahrzehnte hin nur die von Joseph Joachim im Jahre 1859 interpretierte *Sonate in
C-Dur* BWV 1005 dokumentiert.[126]

Die latente, sich in den Bürgerhäusern vollziehende Bach-Rezeption harrt noch
ihrer umfassenden Untersuchung und Auswertung. Schumann hat ihr die Begegnung mit Werken Bachs zu verdanken, deren Bedeutung sich ihm sofort mitteilte
und deren Rezeption in seinen eigenen kammermusikalischen Werken und nicht
zuletzt im Violinkonzert ihre Spuren hinterlassen hat. Auf die strukturelle Affinität zwischen der langsamen Einleitung zur Violinsonate d-Moll op. 121 und
Bachs *Chaconne* hat Erich Doflein aufmerksam gemacht.[127]

„BACH IST MEIN TÄGLICH BROD" – STUDIUM BACHSCHER WERKE (1837–1841)

Als Christus nach 40tägiger Fastenzeit von Satan nahegelegt wurde, er möge
Steine in Brot verwandeln, um seine göttliche Herkunft zu beweisen, antwortet er:

„Der Mensch lebt nicht vom Brot allein, sondern von einem jeglichen Wort, das durch den Mund Gottes geht."[128] Schumann greift in der programmatischen Eröffnung seiner *Schriften über Musik und Musiker* jene geistige „Lebensspeise" metaphorisch auf, wenn er das Szenario eines allmählich sich entwickelnden Plans zur Gründung einer neuen Musikzeitung beschreibt und von jenen meist jüngeren Musikern berichtet, die sich „gegen Ende des Jahres 1833" versammelten „zum Austausch der Gedanken über die Kunst, die ihnen Speise und Trank des Lebens war, – die Musik."[129] Unverkennbar tragen die Artikel vor „Kunst" und „Musik" eine leidenschaftliche, demonstrative Konnotation. Daß die Tonkunst metaphorisch in die Nähe des Wortes Gottes gerückt wird und in dem zitierten Bilde quasi als dessen Substitut fungiert, verweist auf eine Motivgeschichte, die im 19. Jahrhundert mit dem romantischen Musikbegriff allgemein und speziell mit der romantischen Prägung des Beethoven- und Bach-Bildes verflochten ist.[130]

Schumann hat sich von 1837 bis in das Jahr 1841 hinein, wie durch verschiedene Quellen, insbesondere auch aus den durchgängig wiederkehrenden Hinweisen in seinen Briefen und aus seinen Aufsätzen für die *Neue Zeitschrift für Musik* rekonstruierbar ist, mit wechselnder Methodik in immer neuen Anläufen philologisch, analytisch und kompositionstechnisch mit Werken Bachs beschäftigt.[131] Im Februar 1837 beginnt eine Phase intensiver Auseinandersetzung mit drei gewichtigen Werkkomplexen, die sich bis in den Mai des Jahres 1838 erstreckt und durch ein neuerliches Studium von Marpurgs *Abhandlung von der Fuge* begleitet wird. Schumanns Tagebuch, seine Handexemplare und weitere Dokumente belegen dies eindrucksvoll:[132]

1. In der Zeit zwischen Februar und Ende August 1837 fertigt Schumann eine Abschrift von der *Kunst der Fuge* an. Diese Kopie Schumanns, die er am 12. Juli 1843 Eduard Krüger anläßlich seines Besuches in Leipzig schenkte, blieb glücklicherweise im Nachlaß der Familie Krüger erhalten.[133]
2. Etwa parallel dazu – von März bis Oktober 1837 und dann erneut von März bis Anfang Mai 1838 – beschäftigt er sich mit der vierbändigen Ausgabe der „Choral=Vorspiele für die Orgel mit einem und zwei Klavieren und Pedal" von Bach. Der Titel findet sich im *Katalog* von Schumanns Musikbibliothek. Darüber hinaus können wir in dem mit Eintragungen versehenen Handexemplar seine Studien nachvollziehen. Im Oktober 1839 gerät er regelrecht in „Extase", als er „eine Menge großer Choräle von Bach" erhält, die Mendelssohn für ihn hat abschreiben lassen.[134]

Schumanns Abschrift der *Kunst der Fuge* verdient besonderes Interesse, denn dieses ehrgeizige, aber auch strapaziöse Unterfangen und die damit gewonnenen Erkenntnisse werden von ihm durchaus ambivalent bewertet. Als Vorlage für den von ihm auf zwei Systemen notierten Klavierauszug diente die Originalausgabe – möglicherweise selbst bereits in Form einer Abschrift. Seine Numerierung der Einzelsätze stimmt bis zum Contrapunctus XI mit dieser überein, ab Contrapunctus XII zählt er jedoch von ihr abweichend auch die Spiegelfugen und die unnumerierten Sätze. Wie er es im Tonsatzunterricht bei Dorn gelernt und praktiziert hatte, werden – bis einschließlich Contrapunctus X – die Themeneinsätze mit Tinte und Rötel durch Klammern gekennzeichnet.

Bedeutsam sind einige wenige, teils analytische, teils kritische, aber auch bewundernde Randbemerkungen Schumanns zu einzelnen Contrapunkten. Am Ende des Contrapunctus VIII notiert er: „Die Fuge ist prächtig; eben sehe ich das eingerahmte Thema spät genug." Andererseits kommentiert er den Contrapunctus XI mit dem Satz: „Zerreißt einem die Ohren." Bei der Abschrift des Contrapunctus XXI verläßt ihn wohl der Eifer, denn er bricht nach Takt 21 ab, schreibt lakonisch „etc: etc." und läßt darunter den Kommentar folgen: „Die ganze Fuge ist sehr papiern und wenig schön." Die kanonischen Bearbeitungen, die er nicht übertrug, da sie entweder ohnehin auf zwei Systemen notiert oder aber – was wahrscheinlicher ist – in der ihm vorliegenden Fassung gar nicht enthalten waren, belegt er mit dem präjudizierenden Verdikt: „Vermutlich sehr trocken." Aus dieser Anmerkung zu schlußfolgern, die „vier Kanons mit ihrem kontrapunktischen und rhythmischen Reichtum" hätten Schumann nicht interessiert, erscheint kaum haltbar.[135] Aus den Eintragungen im Contrapunctus XIII wird vielmehr ein über die bloße Markierung der Themeneinsätze hinausgehendes analytisches Augenmerk Schumanns greifbar, denn er verzeichnet dort – worauf er in seiner Rezension des Werkes im Jahre 1839 zu sprechen kommen wird – durch entsprechende Hinweise den Austausch der Stimmen zwischen Contrapunctus inversus in forma inversa XII und Contrapunctus inversus in forma recta XIII. Aus dieser Beobachtung und dem Umstand, daß Schumann den nach „einem äusserst fehlerhaften Manuscript" abgeschriebenen Contrapunctus XII für „incorrigibel" hält, zu vermuten, er habe zu diesem Zeitpunkt die kunstvolle Technik der Spiegelung noch nicht gekannt und außerdem daraus abzuleiten, daß man seine kontrapunktische Gelehrsamkeit nicht allzu hoch einschätzen dürfe, kann als revidiert gelten. Denn er hat sich mit dem satztechnischen Handwerk und der dazugehörigen Terminologie, derer er sich in eben jener Zeit u. a. in seiner Rezension über Mendelssohns Fugen bedient[136], im Unterricht Dorns und durch die Beschäftigung mit Marpurgs *Abhandlung* bereits 1831/32 vertraut gemacht.[137]

Schumann kommt in späteren Jahren noch zweimal in Aufsätzen für die *Neue Zeitschrift für Musik* auf die Kunst der Fuge zu sprechen. 1839 nimmt er ihr Erscheinen als Band 3 der *Œuvres complets* bei C. F. Peters zum Anlaß, sich zunächst kritisch zur Konzeption Carl Czernys zu äußern. Sie sieht vor, in einem Band nur „Stücke derselben Gattung" (gemeint ist wohl Instrumentalbesetzung) zu vereinen, so daß in diesem Band nur „Stücke für ein Klavier" abgedruckt sind, und die zwei Fugen für zwei Klaviere aus der *Kunst der Fuge* fehlen. Zwar lobt Schumann, die Ausgabe ausdrücklich empfehlend, den „sorgfältigen Stich" und die „guten Korrekturen", doch bemerkt er zugleich bedauernd, daß leider doch Fehler stehengeblieben seien. Es folgt eine kurze Angabe des Inhalts, aus der wir weitere Aufschlüsse über seinen Umgang mit diesem Werk erhalten: „Das Thema selbst scheint für vielseitige Verarbeitung nicht geschickt und namentlich in sich selbst keine Engführung zu enthalten; Bach benutzte es daher auf andere Weise zu Verkehrungen, übereinander gestellten Verengungen und Erweiterungen usw.

Oft droht es fast Künstelei zu werden, was er unternimmt; so erhalten wir zwei in allen vier Stimmen zu verkehrende Fugen: eine äußerst schwierige Aufgabe, wo einem die Augen übergehen. Das Erstaunliche hat er aus dem Thema herausgebildet, und wer weiß, ob das Werk nicht mehr als erst der Anfang des Riesengebäudes war, da der göttliche Meister, wie man wissen will, darüber zu Grabe gegangen; es hat mich die letzte Fuge, die unvollendet, unvermutet abbricht, immer ergreifen wollen; es ist, als wär' er, der immer schaffende Riese, mitten in seiner Arbeit gestorben." [138]

Obgleich die zweite Hälfte des Zitats wie eine gedrängte Vereinigung gängiger Topoi der Bach-Rezeption anmutet, wird aufs neue deutlich, daß Schumann sich mit der *Kunst der Fuge* nicht recht hat anfreunden können. Wenn er auch ihre Kunstfertigkeit zu würdigen weiß, klingt doch wiederum jenes Verdikt der Künstelei oder Künstlichkeit an, das schon in seinen Randbemerkungen der von ihm 1837 angefertigten Abschrift des Werkes mitschwingt.

Im November 1841 meldet sich Schumann erneut über die *Kunst der Fuge* zu Wort und weist in einem Artikel auf jenen eigentümlichen Doppelabdruck des Contrapunctus X im Contrapunctus XIV hin, den er sowohl in der Ausgabe Czernys feststellt als auch in der von ihm zum Vergleich hinzugezogenen Nägelis.[139] Mutet nicht diese philologische Akribie dem scheinbar ungeliebten Werk gegenüber geradezu aufsehenerregend an? Tatsächlich hat sich Schumann – entweder kurz nach Erscheinen der *Kunst der Fuge* bei Peters um den Jahreswechsel 1838/39 oder in der Zwischenzeit bis 1841 – nochmals mit der ihm eigenen Sorgfalt dem Bachschen „Kunstbuch" gewidmet, wie die mehr als 100 Korrekturen, Eintragungen und Anmerkungen in seinem Handexemplar belegen.[140] Sie wurden teils mit Bleistift, teils mit Rötelstift vorgenommen und betreffen die unterschiedlichsten Schichten des Notentextes und die Verdeutlichung kompositorischen Sinns: Es werden falsche Vorzeichen, Töne, Bindebögen und Behalsungen korrigiert oder mit Fragezeichen versehen, offensichtliche Satzfehler wie Oktavparallelen und fehlerhafte Stimmführungen verbessert, Themeneinsätze markiert, durch Stimmkreuzung verborgene Themeneinsätze kenntlich gemacht, Engführungen von Original- und Spiegelgestalt durch Ankreuzen hervorgehoben und Praller ergänzt. Im Contrapunctus X wird nach Takt 25 eine Markierung angebracht und am Rande vermerkt: „s. Fuge XIV." Dort findet sich das analoge Zeichen im Takt 4 mit der dazugehörigen Notiz: „Diese Fuge ist von hier ganngleich mit Nr. X von [der Markierung] an." Um die Augmentation des Themas korrekt darzustellen, werden im Contrapunctus IX in den Takten 73 und 87 Notenwerte ergänzt bzw. korrigiert. Im abschließenden Contrapunctus XV werden das BACH und die Themeneinsätze mit Rötelstift eingetragen. Mit größter Aufmerksamkeit begegnet Schumann der *Kunst der Fuge* also anläßlich dieser neuerlichen Aneignung trotz aller seiner Vorbehalte diesem Zyklus gegenüber.

Von der völlig anders gearteten Aneignung eines Werkes muß vor allem anderen berichtet werden. Geradezu leitmotivisch ziehen sich die Hinweise durch Schumanns Aufzeichnungen, Briefe und seine Artikel für die *Neue Zeitschrift für Musik*. Von März bis Anfang Mai 1838 beschäftigt er sich „wieder einmal" mit dem *Wohltemperierten Klavier*. Da er Mitte Januar 1838 in der *Neuen Zeitschrift für Musik* die gerade von Carl Czerny bei Peters besorgte neue Ausgabe des Bachschen Kompendiums bespricht[141], muß davon ausgegangen werden, daß er sich zur Vorbereitung auf diesen Aufsatz auch um den Jahreswechsel dem „Werk aller Werke", wie er es in seiner Besprechung selbst apostrophierte, gewidmet hat. Auch die beiden Bände dieser Edition liegen als Handexemplare Schumanns vor.[142] Sie enthalten zahlreiche, sehr unterschiedliche Eintragungen, die ein bezeichnendes Licht auf die vielfältigen methodischen Zugriffsweisen und die Breite der Fragestellungen werfen, die Schumanns Interesse geleitet haben. So werden jeweils am Ende der ersten vier Stücke des ersten Bandes die Taktzahlen von zwei verschiedenen Ausgaben im Vergleich eingetragen. In allen Fugen werden die Themeneinsätze durch Klammern oder Kreuze gekennzeichnet, in den Fugen Nr. 8, 15, 20 und 23 erhalten darüber hinaus die entsprechenden Stellen den Zusatz „retrograd". Außerdem hat Schumann in seinem Handexemplar akribisch die Lesartendifferenzen zwischen alter und neuer Ausgabe kompiliert.[143] Es liegt die Vermutung nahe, daß die den verschiedenen Schriftschichten zuzuordnenden Einträge auch zu unterschiedlichen Zeiten vorgenommen wurden, denn nur kurze Zeit später wird das *Wohltemperierte Klavier* wieder zur Hand genommen.

Am 12. September 1840 heiraten Clara Wieck und Robert Schumann. Für beide beginnt nun eine glückliche Zeit des Austausches und der gegenseitigen künstlerischen Anregung. Die oft beschriebenen, von Schumann veranlaßten gemeinsamen Studien der Werke Bachs, Mozarts und Beethovens wirken sowohl auf das Klavierspiel Claras als auch auf den kompositorischen Ertrag beider Eheleute stimulierend. Schon wenige Tage nach der Hochzeit beginnt das Ehepaar Schumann sich gemeinsam in das *Wohltemperierte Klavier* zu vertiefen: „Wir haben begonnen mit den Fugen von Bach; Robert bezeichnet die Stellen, wo das Thema immer wieder eintritt – es ist doch ein gar interessantes Studium der Fugen, und es schafft mir täglich mehr Genuß. [...] Diese Woche waren wir doch auch ziemlich fleißig. Unser Fugenstudium setzten wir fort; es [...] wird mir mit jedem Mal Spielen interessanter. Bei diesem natürlichen Fluß doch diese große Kunst, was man doch fast von jeder der Fugen sagen kann."[144]

Es war ganz offenbar das Anliegen Schumanns, neben der Vertiefung seiner eigenen Kenntnisse auch den musikalischen Horizont seiner Frau zu erweitern, ihren Geschmack zu verfeinern und ihr Verständnis für die Werke bedeutender Komponisten zu fördern. So avancieren auch für Clara die Bachschen Fugen mehr und mehr zur wertbestimmenden Folie, auf welcher die Fugen Bachs mit denen anderer Komponisten – auch Mendelssohns – ins Verhältnis gesetzt werden: „Die Mendelssohn'schen Fugen kommen Einem doch nach den Bach'schen ärmlich vor, man sieht auch sehr wie sie gemacht sind, und es ihm wohl manchmal schwer geworden ist. Es ist wohl Thorheit, daß ich einen Vergleich machen will, doch drängt er sich mir unwillkürlich auf, wenn ich (wie ich es fast immer thue) nach den Bach'schen die Mendelssohn'schen Fugen spiele."[145]

Bis in den Oktober hinein wird die tägliche Beschäftigung mit dem *Wohltemperierten Klavier* fortgesetzt.[146] Sehr wahrscheinlich stammen zahlreiche Eintragungen in Schumanns Handexemplaren des ersten und zweiten Teils aus dieser Zeit. Die erneut von ihm ermittelten Fehler – obgleich er diesbezüglich die bei Peters erschienene Ausgabe gegenüber den älteren ausdrücklich lobt – und Lesartenunterschiede machen sich schließlich in dem Artikel *Über einige mutmaßlich korrumpierte Stellen* in dem Satz Luft: „Eine Kritik allein des ‚Wohltemperierten Klaviers' mit Angabe der verschiedenen Lesarten (Bach soll selbst viel geändert haben) würde ein ganzes Buch füllen können."[147]

Die *Kunst der Fuge* als Werk von spröder kontrapunktischer Gelehrsamkeit und herber Klanglichkeit auf der einen und das *Wohltemperierte Klavier* als hochverehrtes musikalisches Vademecum auf der anderen Seite bilden die polaren Positionen in Schumanns Bewertung Bachscher Werke. Dennoch bleibt für seine Bach-Rezeption bemerkenswerterweise festzuhalten, daß er sich trotz seiner ambivalenten Haltung der *Kunst der Fuge* gegenüber zum einen 1837 dem entsagungsvollen Exerzitium der Transkription und ein weiteres Mal (zwischen 1839 und 1841?) der nicht minder aufwendigen textkritischen und analytischen Durchsicht unterzieht. Dem *Wohltemperierten Klavier* wendet sich Schumann jedoch stets und immer wieder mit deutlich erkennbarem Behagen zu und empfiehlt auch angehenden wie avancierten Tonsetzern immer wieder mit Nachdruck, sich mit diesem Kompendium kontrapunktischer Kunst auseinanderzusetzen. 1838 bezeichnet er die Fugen als „Charakterstücke höchster Art, [...] als wahrhaft poetische Gebilde, deren jedes seinen eigenen Ausdruck, seine besonderen Lichter und Schatten verlangt", damit ein ultimatives ästhetisches Prädikat verleihend.[148]

Schumanns Aneignung der Musik Bachs wird in dieser Zeit nur selten greifbar. Ihre Rezeption ist vielmehr subkutan – damit aber nicht weniger wirksam, wie Georg von Dadelsen dargestellt hat. Sie beeinflußt sein musikalisches Denken „tiefgreifend" und wandelt seinen kompositorischen „Gesamtstil von Grund auf".[149] Im Frühjahr 1838 reflektiert er selbst in einem berühmt gewordenen Zitat den von ihm in seinen Kompositionen jener Tage bemerkten neuen Ton, nachdem er wenige Zeilen zuvor Clara zu erkennen gibt, daß Bach sein „täglich Brod" sei: „namentlich ist es sonderbar, wie ich fast Alles canonisch erfinde und wie ich nachsingende Stimmen immer erst hinterdrein entdecke, oft auch in Umkehrungen, verkehrten Rhythmen pp."[150]

Nicht eine Adaption der Bachschen Idiomatik resultiert also aus dem Studium seiner Werke, sondern ein neuartiger Zugriff auf das musikalische Material, der sich in einer „nach Form und Gehalt moderne[n], vorher nicht gekannte[n] Art der Klavierpolyphonie"[151] niederschlägt, wie sie Schumann in dem Brief an Clara selbst beschreibt. Offensichtliche Stilkopien bleiben Einzelfälle. Zu nennen sind die 1838 entstandene und bereits im Februar 1839 im Heft V der Musikbeilagen zur *Neuen Zeitschrift für Musik* erschienene *Gigue* aus op. 32, die Schumann Eduard Krüger gegenüber selbst als „Bach Studie" bezeichnet haben soll[152], sowie die erste der *Studien für den Pedal-Flügel* op. 56 aus dem Jahre 1845, für die die *Toccata F-Dur BWV 540* – sie war Schumann, wie der Artikel *Über einige mutmaßlich korrumpierte Stellen* aus dem Jahre 1841 beweist, sehr gut bekannt[153] – sowohl in ihrem Charakter als auch mit Blick auf die kanonische Anlage in satztechnischer Hinsicht als Modell gedient haben könnte.

„MICH REIZT NUR DAS ÄUßERSTE, BACH FAST DURCHAUS, BEETHOVEN ZUMEIST IN
SEINEN SPÄTEREN WERKEN."
ZU SCHUMANNS WERTMAßSTÄBEN UM 1840

Schumanns frühe musikalische Sozialisation verlief auf verschlungenen Pfaden.
Erst Anfang der 1830er Jahre visiert er sein Lebensziel an, kanalisiert seine
Kräfte und Aktivitäten und beginnt nun planmäßig an der Vervollkommnung sei-
ner musikalischen, speziell seiner kompositorischen Fertigkeiten zu arbeiten. Es
ist wahrscheinlich, daß ihm 1835 mit Blick auf seinen neu gewonnenen Freund
Felix Mendelssohn, dem es vergönnt war, die abendländische Musikkultur gewissermaßen mit der Muttermilch in sich aufzunehmen, und dessen musikalisches
Lob und Urteil für Schumann „die höchste und letzte Instanz war," seine eigenen
Defizite und sein Nachholbedarf erneut bewußt wurden.[154] Schumanns „Gradus
ad Parnassum" vollzieht sich nicht ohne Beschwernis – keinesfalls so leichtfüßig
wie bei Mendelssohn – und wohl auch einsam, wie er in einem Brief an Simonin
de Sire aus eben jener Zeit bekundet: „mein Weg ist ein ziemlich einsamer [...],
auf dem mich nur meine großen Vorbilder Bach und Beethoven aus der Ferne an-
blicken und es an Trostesworten, an stärkender Gabe nicht fehlen lassen."[155]
    Bemerkenswert bleibt die offensichtlich katalysierende Wirkung der großen
Paradigmata, deren Studium sich Schumann wieder und wieder mit Energie und
Zielstrebigkeit zuwendet und von denen er schließlich Eduard Krüger gegenüber
bekennt: „mich [reizt] nur das Äußerste [...], Bach fast durchaus, Beethoven zumeist in seinen späteren Werken."[156] So spitzen sich die ästhetischen Positionen
Schumanns und seine eigenen Anforderungen an den Gehalt von Kompositionen
immer weiter zu. Die intensiven Bach- und Beethovenstudien haben sein Kunst-
verständnis auf ein neues Niveau geführt, von dem aus die musikalische Land-
schaft mit geweitetem Horizont überblickt wird. Die befruchtende Wechselwirkung zwischen unermüdlichem Schürfen in den von den beiden „Riesen" deutscher Tonkunst hinterlassenen Schätzen und seinem eigenen kompositorischen
Schaffen konnte nicht ausbleiben. Immer klarer und kompromißloser werden seine Wertungen. Am 11. August 1839 schreibt er an Henriette Voigt, daß ihm namentlich „nichts mehr als das Meisterliche behagen" wolle: „Da rette ich mich
immer wieder in Bach und das gibt wieder Lust und Kraft zum Wirken und Lieben. Haben Sie nichts Sebastianisches bei sich?"[157]
    Schumanns Frage nach dem für ihn völlig selbstverständlichen musikalischen
Vademecum schlechthin ist bezeichnend. Wir wissen, daß das von der Bachschen
Musik ausgehende Faszinosum Schumann bis an sein Lebensende begleiten wird,
daß er die für ihn bedeutsamen Werke wieder und wieder zur Hand nimmt, um –
mit seinen Worten gesprochen – „tagtäglich vor diesem Hohen" zu beichten und
sich „durch ihn zu reinigen und [zu] stärken".[158]

BACH UND SEIN WERK IN DEN *SCHRIFTEN* SCHUMANNS UND IN DEN ARTIKELN DER *NEUEN ZEITSCHRIFT FÜR MUSIK*

Die literarischen Texte Schumanns umfassen nicht allein seine Artikel für die *Neue Zeitschrift für Musik*, sondern vor allem in den frühen 1830er Jahren Arbeiten für verschiedene andere Zeitungen – zu nennen sind für die Jahre 1831 bis 1835 die *Allgemeine Musikalische Zeitung*, der *Komet*, und das *Leipziger Tageblatt* sowie für die Jahre 1839/40 die *Deutsche Allgemeine Zeitung*[159] – sowie Beiträge für das ab 1834 herausgegebene Herloßsohnsche *Damen-Conversations-Lexikon* und schließlich die vermutlich um 1833 entstandenen, aber erst in der Ausgabe seiner Schriften von 1854 enthaltenen Aphorismen *Aus Meister Raros, Florestans und Eusebius' Denk= und Dicht=Büchlein.*[160] Die Sichtung und Interpretation dieses für die Musikgeschichte des 19. Jahrhunderts in seiner Bedeutung kaum hoch genug zu bewertenden Konvoluts stellt – nicht zuletzt wegen seiner Vernetzung mit der von Schumann rezipierten biographischen, musiktheoretischen und schöngeistigen Literatur – eine Herausforderung sowohl für den Historiker als auch für den Philologen dar.[161] Die Fülle des gebotenen Materials enthält Artikel zu allen nur denkbaren Bereichen, von musikhistorischen über philosophische, ästhetische, gattungsspezifische, instrumentationstechnische, instrumentalmethodische und -pädagogische Erörterungen bis hin zu musikpsychologisch und -theoretisch orientierten Beiträgen. Ihre Gesamtheit eröffnet eine Ahnung von den vielfältigen Interessen und der weitreichenden Bildung des Musikgelehrten Schumann, von der seine Bach-Rezeption allseits eingefaßt wird. Unter ausgewählten Aspekten soll einzelnen genauer zu erschließenden Fährten seiner Auseinandersetzung mit dem Bach-Bild und dem Schaffen Bachs in seinen Schriften nachgegangen werden. Nur marginal zur Sprache kommen jene gleichfalls zahlreichen, nicht von Schumann stammenden, jedoch von ihm redaktionell betreuten Aufsätze über Bach, die in der Zeit von 1834 bis 1844 in der *Neuen Zeitschrift für Musik* erschienen. Die detaillierte Würdigung und Aufarbeitung dieses Desiderats muß einer eigenen Untersuchung vorbehalten bleiben. Um jedoch wenigstens einen quantitativen Überblick zu vermitteln, sind sie in der nachfolgenden Tabelle mit Fundort, Autor und Titel aufgeführt. Es handelt sich um die unterschiedlichsten literarischen Genres, von der Konzertkritik und Analyse über die Besprechung von Werkausgaben bis hin zu biographischen Texten mit teils novellistischem Charakter.

„DIESER WAR DURCH UND DURCH MANN." ZU SCHUMANNS BACH-ARTIKEL FÜR DAS HERLOßSOHNSCHE *DAMEN-CONVERSATIONS-LEXIKON* (1834)

Schumann schrieb für die ersten beiden Bände des von Carl Herloßsohn und Willibald von der Lühe ab 1834 herausgegebenen *Damen-Conversations-Lexikons* über 60 Artikel – musikalische Termini und Biographien von Musikern betreffend.[162] In summa geben sie ein beeindruckendes Bild seiner in den zurückliegen-

Tabelle 3: In der *NZfM* erschienene Artikel über Bach und sein Werk aus der Zeit von 1834-1844, die nicht von Robert Schumann stammen.

Fundort in der *NZfM*: Band/Nr./Datum/Seite	Autor	Titel
Bd. 1 (1834), S. 2f., 13f., 21f., 25ff., 29f.	August Bürck	Briefwechsel zwischen Goethe und Zelter in den Jahren 1796 bis 1832. Herausgegeben von D. F. W. Riemer. 4 Thle. Berlin 1833 u. 1834. Verlag Duncker und Humblot. 8 Rchlr. [Rezension]
Bd. 2 (1835), S. 115f., 119f., 129f., 133f., 137f.	August Bürck	Goethe und Zelter, Briefwechsel in den Jahren 1796 bis 1832. Herausgegeben von Dr. F. W. Riemer. 6 Bde. Berlin, Dunker und Humblot. [Rezension]
Bd. 4 (1836), S. 87ff., 91f., 95ff., 99ff., 105ff., 109f., 177f, 181f., 185ff., 189f., 203ff., 207f., 215f.	Johann Peter Lyser (Ludwig Peter August Burmeister)	Sebastian Bach und seine Söhne.
Bd. 5 (1836) S. 120	(?)	Händel zu Bach. (Aus Rahel's Briefen.)
Bd. 6 (1837) S. 194	Karl Ferdinand Bekker	Joh. Sebastian Bach's komische Cantaten. No. 1. Schlendrian mit seiner Tochter Ließgen (Coffee= Cantate). Herausgegeben von S. M. Dehn. Berlin, bei G. Crantz. 1 Thlr. 8 Gr.
Bd. 7 (1837), S. 149ff.	Johann Sebastian Bach	Zwei Schreiben, Die Kirchenmusik in Leipzig im vorigen Jahrhundert betreffend. 2. Von Joh. Sebastian Bach. Kurtzer, jedoch höchstnöthiger Entwurff einer wohlbestallten Kirchen Music, nebst einigem unvorgreiflichen Bedencken vor dem Verfall derselben.
Bd. 9 (1838), S. 109	Friedrich Hieronymus Truhn	Sebastian Bach.
Bd. 12 (1840), S. 89f., 93f., 97ff., 101f., 105f., 109ff., 121f., 125f., 134f.	Albert Schiffner	Sebastian Bach's geistige Nachkommenschaft.
Bd. 13 (1840), S. 137f., 142ff.	Adolf Bernhard Marx	Sebastian Bach's Claviercomposition.
Bd. 13 (1840), S. 169ff.	Karl Ferdinand Bekker	Johann Sebastian Bach's Portrait.
Bd. 14 (1841), S. 91f., 95f.	Albert Schiffner	Die Reihenfolge der Cantoren an der Thomasschule zu Leipzig.
Bd. 14 (1841), S. 99f.	Karl Ferdinand Bekker	Die Passionsmusik nach dem Evangelisten Matthäus von Johann Sebastian Bach.
Bd. 15 (1841), S. 73f, 77ff., 81ff	Eduard Krüger	J. S. Bach: 6 Sonaten für Clavier und Violine.
Bd. 18 (1843), S. 57ff., 61f., 65ff., 69ff.	Eduard Krüger	Die beiden Bach'schen Passionen.
Bd. 18 (1843), S. 180ff., 185f.	Carl August Wildenhahn	Johann Sebastian Bach. Erste Abtheilung.
Bd. 18 (1843), S. 203ff., S. 207f.	Carl August Wildenhahn	Johann Sebastian Bach. Zweite Abtheilung.
Bd. 19 (1843), S. 87	Carl Koßmaly	Die Händelgesellschaft.
Bd. 20 (1844), S. 17f.	D.L.	Joh. Seb. Bach, Sechs Sonaten für Violine allein (Studio, ossia tre per il Violino solo senza Basso). Herausgegeben von Ferd. David. – Neue Ausgabe. – Leipzig, F. Kistner. – 3 Hefte à 1 Thlr.

den Jahren erworbenen, breitgefächerten musiktheoretischen, -ästhetischen und biographischen Kenntnisse. Der für das Lexikon von Schumann verfaßte Bach-Artikel ist – abgesehen von einzelnen kurzen Anmerkungen aus früherer Zeit[163] – der erste veröffentlichte überhaupt, in dem er sich mit Leben und Werk des Thomaskantors beschäftigt.[164]

Der einleitende biographische Abriß bezieht sich in seinen Grundzügen vermutlich auf Forkel, von dem Schumann gelegentlich Wortwahl und Aussage zu entlehnen scheint, von dem er aber auch in einigen Details abweicht, woraus zu schließen ist, daß er auch andere Informationsquellen – möglicherweise auf den von Carl Philipp Emanuel Bach und Johann Friedrich Agricola für die Mitzlersche *Musikalische Bibliothek* verfaßten Nekrolog oder Hillers *Lebensbeschreibungen* – hinzugezogen haben muß. Im Anschluß an die Darstellung des Bachschen Curriculum vitae kommt er auf vier für ihn bedeutsame Aspekte zu sprechen:

1. Er erinnert an sein eigenes Erlebnis auf dem Leipziger Friedhof, das er zwei Jahre später in einem Artikel für die *Neue Zeitschrift für Musik* erneut zum Gegenstand seiner Betrachtungen machen wird, beklagt er, daß man vergebens nach einem Denkmal Bachs suche, ja daß keine Spur von seinem Grabmal auf dem Leipziger Gottesacker zu finden sei.[165]

2. Der zweite von Schumann herausgestellte Gesichtspunkt betrifft die zentrale Kategorie der Bachschen Kompositionstechnik überhaupt, gleichsam ihr Qualitätsmerkmal schlechthin, die genial scharfsinnige „Verflechtung der Töne", die ans Wunderbare grenzende „Schwierigkeit der musikalischen Kombination". In Bachs „angestammte[m] Genie des Scharfsinnes [...] liegt schon angesponnen und oft ausgewickelt", was „wir Nachkömmlinge gefunden zu haben meinen."[166] Schumann wird bis in die späten Jahre seiner Redakteurstätigkeit nicht müde, auf diese Besonderheit Bachscher Gestaltung hinzuweisen: „Wir wissen wohl von Bach und anderen verwickelt kombinierenden Künstlern, wie sie auf wenige Takte, oft Noten, ganz wundersam gefügte Stücke gegründet, durch die sich jene Anfangslinien in unzähligen Verschlingungen hindurchziehen, von Künstlern, deren inneres Ohr so bewunderungswürdig fein schuf, daß das äußere die Kunst erst mit Hilfe des Auges gewahr wird."[167]

3. Es folgt mit einer Ergänzung jenes Credo Schumanns, das diesem Kapitel als Überschrift vorangestellt wurde: „Dieser war durch und durch Mann. Daher finden wir in ihm nichts Halbes, sondern alles ganz, für ewige Zeiten geschrieben." Es enthält nur geringfügig modifiziert alle attributiven Elemente, mit denen Bach bereits 1832 in Schumanns *Tagebuch* und in seinem Brief an Gottfried Kuntsch ausgestattet worden war.[168] Auch in seinen Schriften wird bis in die letzten Jahre seiner Redaktionstätigkeit hinein gleichsam leitmotivisch die Eigenschaft der Männlichkeit mit den beiden Protagonisten Bach und Beethoven verknüpft: „Der Deutsche hat so große Vorbilder hoher Männlichkeit: an diese blicke der Jünger zuweilen hinauf wie an Bach, der alle seine vor dem dreißigsten Jahre geschriebenen Werke als für nicht existierend erklärte, an Beethoven, der noch in seinen letzten Jahren einen *Christus am Ölberg* nicht

verwinden konnte."[169] Die kritische Bewertung von Jugendwerken war Schumann zutiefst vertraut, in den überlieferten Äußerungen Bachs und Beethovens konnte er sich selbst spiegeln und wiederfinden. Männlichkeit gilt hier gewissermaßen als Symptom der erreichten kompositorischen Reife, aus deren Perspektive heraus die Jugendwerke einer kritischen Schau unterzogen werden.

4. Abschließend werden Reichtum und Zahl der von Bach „fast für alle Instrumente und in allen Gattungen" hinterlassenen Werke betont, „deren bloß äußerer Umfang in Erstaunen setzt."[170]

Schumann läßt einige kurze Hinweise über Bachs Söhne Wilhelm Friedemann und Carl Philipp Emanuel folgen, dessen Schrift *Über die wahre Art das Klavier zu spielen* er als Wegbereiter der „Kunst des Klavierspiels" eigens hervorhebt.

„NIEMAND (MARX AUSGENOMMEN) HAT WOHL BESSER ÜBER BACH GESCHRIEBEN ALS DER ALTE ZELTER." EINE SPURENSUCHE (1834/35)

Fast möchte man meinen, dieser Gedanke Schumanns aus einem Brief des Jahres 1840[171] hätte Pate gestanden bei der diffizilen Entscheidung, welcher Inhalt wohl für die erste Nummer der *Neuen Zeitschrift für Musik* allgemein und den ersten Leitartikel speziell zu wählen sei. Der Gegenstand hatte neben offensichtlicher Aktualität, historischer und ästhetischer Bedeutung auch dem Anspruch eines Bildungsgutes von hoher Relevanz gerecht zu werden, wie die Herausgeber in einer diesem Leitartikel vorangestellten Annonce und ebenfalls in einer ca. vier Wochen später gedruckten Mitteilung „An die Leser der neuen Zeitschrift" mit Entschiedenheit reklamierten: „Bei Gelegenheit des Schlusses vom Goethe=Zelterschen Briefwechsel in diesem Blatt bemerken wir, daß es nicht Absicht ist unsre Kunstgenossen nur durch das, was sie unmittelbar durch Musik berühre, anzuregen, sondern daß wir sie auch mit anderem, was sie als Kunstmenschen überhaupt interessieren könnte, erfreuen, geistig nähren möchten. Wir meinen, daß der Maler aus der Beethovenschen Sinfonie ebensogut lernen könne wie der Musiker anders von einem Goetheschen Kunstwerk. [...] Möchten diese Blätter wie erste Tautropfen eines Morgens gelten, dessen Anfangsstunde wir, wenn auch nicht feststellen, doch vorläufig als eine heitere Zukunft beglückwünschen wollen. Allen, welche diese Zeit beschleunigend uns so freudig zum Verein entgegengekommen sind, unseren Dank und Gruß."[172]

Unverkennbar ergreift hier Robert Schumann das Wort, der von sich sagte, daß „Bach und Jean Paul den größten Einfluß" auf ihn ausgeübt haben, daß er von letzterem „mehr Kontrapunkt [...] als von seinem Musiklehrer" gelernt habe und daß ihn alles affiziere, „was in der Welt" vorgehe, „Politik, Literatur, Menschen" – über alles denke er nach seiner „Weise nach, was sich dann durch die Musik Luft machen, einen Ausweg suchen will."[173] So fiel die Wahl für den Leitartikel in der ersten Nummer der *Neuen Zeitschrift für Musik* auf die Rezension eines Werkes von einer geradezu enzyklopädischen literatur-, kunst- und musikgeschichtlichen Bedeutung, den 1833/1834 erschienenen *Briefwechsel zwischen*

Goethe und Zelter aus den Jahren 1796 [recte 1799] *bis 1832* mit annähernd 900 Briefen, von denen über 300 von Goethe stammen. Mit dieser Rezension legte man wahrhaft die Hand an den Puls der Zeit. Die weiträumig disponierte Artikelserie über dieses literarische Denkmal einer sich stetig vertiefenden Freundschaft und eines faszinierenden Kapitels deutscher Kulturgeschichte besorgte der Musikschriftsteller August Bürck, der zunächst die ersten vier Bände der insgesamt sechsbändigen Ausgabe bespricht und ein Jahr später einen nicht minder stattlichen Bericht über die letzten beiden Briefbände folgen läßt.[174] Die von Schumann verfaßte, oben zitierte Stellungnahme vom 1. Mai 1834 erschien nach Veröffentlichung der ersten Artikelserie. Sie reagiert offenbar auf kritische Stimmen in der Leserschaft, die möglicherweise den weit gefaßten Horizont der Musikzeitung bemängelten.

Zweimal legen die Tagebücher Schumanns von der Lektüre des Briefwechsels Zeugnis ab: „Im Goethe-Zelter gelesen, die Tage über –", heißt es am 20. Februar 1838, und am 22. März lesen wir: „an Goethes Sterbetag, den Briefwechsel zwischen Zelter u. Goethe, zufällig zu Ende gelesen –."[175] Auch in verschiedene seiner Briefe desselben Jahres läßt er Zeltersche Zitate einfließen. Fast zehn Jahre später nimmt er ihn wieder zur Hand. Der Lesedurchgang im Frühjahr 1838 bleibt nicht folgenlos. Es scheint fast, als hätte Schumann den Briefwechsel systematisch als Steinbruch benutzt, um aus ihm von nun an bis in das Jahr 1843 hinein immer wieder Gedanken von Goethe oder Zelter der Zeitschrift als Motto voranzustellen.[176] Auf einige ausgewählte Fundstellen soll eingegangen werden.

1. Die ersten beiden Zitate stammen aus einem Brief Friedrich Zelters, in dem er sehr ausführlich und mit merklicher Sensibilität über ihm von Goethe zugesandte Lieder in einer Vertonung von Franz Karl Adalbert Eberwein spricht. Offenbar hat er sie gründlich durchgehört, so daß er „versteckte", gleichwohl „nicht zu billigende Fortschreitungen" mit dem Satz kommentiert: „– Die Fehler eines Meisters kommen allemal von der Meisterschaft her; dahingegen das Schnitzelwerk nur die Scham der Pfuscherei verdeckt."[177] In seinen Vorüberlegungen attestiert Zelter dem Komponisten für eines seiner Lieder „eine notwendige Ursache", aus der dann auch eine schlüssige Wirkung resultiere. Da diese gedankliche Ökonomie den anderen Stücken zu fehlen scheint, formuliert Zelter eine Prämisse kompositorischer Tätigkeit, die Schumann inhaltlich voll und ganz unterstreichen konnte: „Man muß sich früh gewöhnen, die Kunst nicht als einen nothwendigen Luxus, sondern als eine Wirkung von Ursachen anzusehen, sonst entsteht der falsche Geschmack auf dem sich das Falsche fort- und fortbaut, bis die ganze Bauerei einstürzt."[178]

2. Goethe traf über die Musiker eine Feststellung, in der sich Schumann, den alles affiziert, was in der Welt vorgeht, geradezu persönlich skizziert wiederfinden konnte: „Der Musiker, wenn er sonst sinnlich und sinnig, sittlich und sittig begabt ist, genießt im Lebensgange große Vortheile, weil er dem Lebendig-Dahinfließenden und aller Art von Genüssen sich mehr assimiliren kann."[179]

3. Zelter und Goethe waren im Frühjahr 1812 über die Vertonung des *Rinaldo* und über die Gestaltung von Operntexten durch den Dichter in einen konzeptionellen Dialog eingetreten, in dem Goethe seine Auffassung zusammenfaßte:

„Ich halte dafür, der Dichter soll seine Umrisse auf ein weitläufig gewobenes Zeug aufreißen, damit der Musiker vollkommen Raum habe, seine Stickerei mit großer Freiheit und mit starken oder feinen Fäden, wie es ihm gut dünkt, auszuführen. Der Operntext soll ein Carton sein, kein fertiges Bild."[180]

4. Die von Schumann beschworene „Inkommensurabilität"[181] Bachs wird von dem Bach-Verehrer Zelter in ein beeindruckendes Bild gefaßt: „Manchmal ist es mir bei Bach'scher Musik, als wenn ich das Universum im Durchschnitte und an der einen Hälfte den Zusammenhang mit der anderen gewahrte, und ist Alles nichts anderes als Musik, keine deutsche, keine italienische, aber Musik."[182] Auch Goethe äußert sich in vergleichbarer Weise, sich eines ähnlich grenzenlosen, menschliches Vorstellungsvermögen überschreitenden Vergleiches bedienend: „Mir ist es bei Bach, als wenn die ewige Harmonie sich mit sich selbst unterhielte, wie sich's etwa in Gottes Busen kurz vor der Schöpfung möchte zugetragen haben."[183]

„ ... EINE ERSCHEINUNG GOTTES: KLAR DOCH UNERKLÄRBAR." BACH ALS MUSIKALISCHER MESSIAS. VERSUCH EINER MOTIVGESCHICHTE

In seinem Brief an Goethe vom 8. Juni 1827 formuliert Zelter jenes Diktum, das Schumann seiner Musikzeitschrift zweimal als Motto voranstellt und auf das er darüber hinaus in seiner großen Rezension über ältere Klaviermusik zu sprechen kommt: „Alles erwogen, was gegen ihn zeugen könnte, ist dieser Leipziger Kantor eine Erscheinung Gottes: klar, doch unerklärbar."[184] Zelter nahm motivgeschichtlich damit privatim voraus, was – bei E. T. A. Hoffmann zwar bereits einige Jahre früher jedoch nur vereinzelt und insgesamt weniger spektakulär anklingend[185] – in programmatischer Emphase einer musikgeschichtlichen Heilsverkündigung gleich durch Adolf Bernhard Marx in seinen die Aufführung der *Matthäus-Passion* inaugurierenden und begleitenden Artikeln publice gemacht wurde und die Schumann bekannt gewesen sein dürften.[186] Unter der Überschrift *Höchst wichtige und glückliche Nachricht* eröffnet Marx am 23. April 1828 schwärmerisch den Reigen seiner Aufsätze mit der Mitteilung, daß die Schlesingersche Verlagsbuchhandlung damit begonnen habe, „das größte Werk unseres größten Meisters, das größte und heiligste Werk der Tonkunst aller Völker", stechen zu lassen. Die zum Elativ gesteigerten Superlative in Verbindung mit der vom Speziellen zum Allgemeinen fortschreitenden und schließlich auch noch gedoppelten Konstruktion des Genitivus possessivus rücken das Werk ins Absolute und Inkommensurable, an dem gleichwohl – wie an einem göttlichen Gnadengeschenk – die Gemeinde aller die Tonkunst liebenden Menschen teilhat. Die zweifellos einem Jahrhundertereignis gleichkommende verlegerische Großtat wird zum Fanal „für eine neue und höhere Periode der Tonkunst." In den Dienst der Verwirklichung dieser Vision hatte Marx die von ihm redigierte *Berliner Allgemeine Musikalische Zeitung* gestellt, wie dies wenige Jahre später Schumann mit der *Neuen Zeitschrift für Musik* tat.

Im Februar 1829 avisiert Marx die als „Hochfeier der Religion und Kunst"
apostrophierte Aufführung der *Matthäus-Passion* unter der Leitung Mendelssohns. Diese Aufführung avanciert in seiner Abhandlung zum allegorischen Bild
der „nach den Nebellasten der Sündfluth [...] einen neuen leuchtendern Tag" ver-
kündenden „Morgensonne."[187] Doch dieses alttestamentarische Modell des nach
der Katastrophe der Sündflut zwischen Gott und Noah neu geschlossenen Bundes
reicht ihm nicht aus.[188] Er hypostasiert das Ereignis, ohne sich dabei zu scheuen,
sogar das höchste christliche Fest als Parabel heranzuziehen – gleichsam ein musikalisches Ostern beschwörend –, um „die Bedeutung des Werks und seiner
Auferstehung von den Todten zu offenbaren." In der Tat Mendelssohns sei die
„Erfüllung [...] für die Vorhersage einer neuen und hochsinnigern Periode der
Tonkunst" zu sehen. Der rhetorische Kunstgriff, die Prophezeihung von der Auferstehung Jesu, seines Sieges über Tod und Hölle und der damit anbrechenden
Zeit des Heils mit der Edition und der bevorstehenden Aufführung der *Matthäus-
Passion* zu parallelisieren, ist kennzeichnend für die erste Hälfte des 19. Jahrhun-
derts, in der sich die Vorstellung von einer Religionskunst zu der einer Kunstreli-
gion zu permutieren beginnt. So muß es nur konsequent erscheinen, wenn Marx
als letzte ihm verbleibende Steigerungsmöglichkeit seinen wenige Tage später
folgenden Bericht über die Aufführung des Werkes unter das Motto stellt:
„Wahrlich, dieser ist Gottes Sohn gewesen!"[189]
Sowohl die Gedanken Zelters als auch die von Marx haben in den Artikeln
Schumanns und in seinen Briefen ihre Spuren hinterlassen. In seinen *Schriften*
bekennt er: „ Wiederum fiel mir ein, wie man mit Bach doch niemals fertig, wie
er immer tiefer wird, je mehr man hört. Von Zelter und später von Marx ist Treff-
liches und Treffendes genug gesagt worden."[190] Tatsächlich stellt Schumann die
Marxschen Beiträge aus der *Berliner Allgemeinen Musikalischen Zeitung* und
dessen Bach-Artikel in Schillings *Encyclopädie*[191], den er gleichfalls kannte, in
ihrer sprachlichen Gewalt und ihrem bekenntnishaften Gehalt über die Äußerungen Zelters: „Kann man schöner und ergreifender über Sebastian Bach schreiben
als Marx getan?"[192]
Ohne den Autor zu erkennen zu geben, plaziert Schumann im März 1843 eine
Textpassage als Motto in der *Neuen Zeitschrift für Musik*, die aus dem von Marx
verfaßten Bach-Artikel der Schillingschen *Enzyclopädie* stammt. Im sprachlichen
Kleid einer Prophezeiung enthält sie eine Entlehnung aus dem von Jesus in der
Bergpredigt gestifteten *Vater unser*: „(Ausspruch e. Unbekannten über Bach.) Es
darf kühn vorausgesagt werden, daß die Erkenntniß seines Geistes und Wesens
die Vorläufer einer neuen Zeit sein werde, die uns erlöset von allem Uebel, was
die neuste Zeit aus Italien und Frankreich über uns und unsre Musik gebracht."[193]
Es ist denkbar, daß Schumann den Autor wegen des dem Zitat innewohnenden
Zündstoffes verschwieg. Gleichwohl stimmen die hier formulierten Gedanken –
gerade mit Blick auf die erdrückend erlebte Vorherrschaft italienischer und fran-
zösischer Musik an deutschen Theatern und in deutschen Konzertsälen – mit ex-
pressis verbis bekundeten Positionen Schumanns überein.[194] In unserem Zusammenhang geht es jedoch um eine ganz andere Dimension dieses Textes. Der An-

bruch einer neuen musikgeschichtlichen Epoche wird an die Voraussetzung geknüpft, daß Geist und Wesen der Musik Bachs in ihrer Tiefe und Bedeutung erkannt werden. Dann könne die deutsche Musik frei werden von dem Übel fremden musikalischen Einflusses. Dieser aus dem *Vater unser* stammende Begriff
des Übels substituiert die musikalische „Sündhaftigkeit" des Musikwesens in
deutschen Städten und Konzertsälen, die – wie der Kontext in Marx' Artikel nahelegt – auf die Ignoranz der Nachgeborenen gegenüber dem „Wesentliche[n]"
und „Geistige[n]" der Bachschen Musik zurückgeführt wird. Auch Schumann beklagt anläßlich der vier historischen Konzerte, die im Februar und März 1838
unter der Leitung von Mendelssohn als Dirigent und unter seiner Mitwirkung als
Instrumentalist im Gewandhaus in Leipzig gegeben werden, eigentümliche Reaktionen des Publikums und eine bemerkenswerte Hybris einiger sogenannter Kenner: „Wo uns endlich aber wahrhaft Neues, Unerhörtes geboten wurde, lauter
Altes nämlich, war in einigen der letzten Konzerte, in denen uns Meister von
Bach bis auf Weber in chronologischer Folge vorgeführt wurden. [...] So glücklich es nun machte, was man zu hören bekam, so wahrhaft mißmutig, was man
hier und da darüber hören mußte. Als ob wir Bach ehrten dadurch, als ob wir
mehr wüßten als die alte Zeit, taten manche und fanden es kurios und interessant
zugleich! Und die Kenner sind die Schlimmsten dabei und lächeln, als ob Bach
für sie geschrieben – er, der uns ziemlich samt und sonders auf dem kleinen Finger wiegt – [...] Und man hört es, lobt es und denkt nicht weiter der Sache. [...]
Über die Bachsche Musik, die gegeben, läßt sich wenig sagen; man muß sie in
den Händen haben, studieren möglichst, und er bleibt unergründlich wie vorher."[195]
    Dies konstatiert Schumann in einer Zeit intensiver Bach- und Beethoven-
studien. Kehren wir zu den Ausführungen von Marx zurück. Marx belegt seine
These im Anschluß an den oben beschriebenen Textteil, indem er das
„Nicht=Erkannt-werden" Bachs zu seinen Lebzeiten hervorhebt.[196] Ingredienzen
und rhetorische Konstruktion dieser Sprachkomposition verweisen auf den Anfang des Johannes-Evangeliums: „Und das Licht scheint in der Finsternis, und die
Finsternis hat's nicht begriffen. [...] Er kam in sein Eigentum; und die Seinen
nahmen ihn nicht auf."[197] Dies bedeutet nicht mehr und nicht weniger, als die Erkenntnis von Wesen und Geistigkeit Bachs mit der Erkenntnis des Fleisch gewordenen Wortes Gottes gleichzusetzen. Sie ist die conditio sine qua non für die Be-
freiung von dem Übel.
    Der Doppelsinn dieser messianischen Aura, in die Marx Bach und sein Werk –
speziell die *Matthäus-Passion* – einhüllt, wird evident, wenn er feststellt, daß die
zur Aufführung strömende Zuhörergemeinde „nicht zu einem Kunstfest berufen
[werde], sondern zu einer religiösen Hochfeier", in der das Mysterium des
Opfertodes Jesu und – mit den Worten Marx' ausgedrückt – die Auferstehung der
Matthäus-Passion gleichermaßen Gegenstand der religiösen Kontemplation sein
sollen. Wie eine Conclusio des gebotenen Materials liest sich Schumanns Sentenz, die im Zusammenhang mit den Plänen um ein Denkmal für Bach in Leipzig
steht: „was die Kunst Bach schuldet; es ist im kleinen Kreise der Musik kaum
weniger, als was eine Religion ihrem Stifter."[198]

Die Ausführungen zur Herausgabe der Partitur und die die Vorbereitung und Aufführung der *Matthäus-Passion* begleitenden Artikel von Marx hallen in Leipzig noch nach mehr als zehn Jahren deutlich nach. Der Rezeptionszusammenhang ist eindeutig, wie der von Carl Ferdinand Becker für die *Neue Zeitschrift für Musik* verfaßte Leitartikel, der die erste Aufführung des Werkes in Leipzig nach dem Tode Bachs durch Felix Mendelssohn ankündigt, beweist. Auch er kommt zu dem Schluß, daß die Darbietung der großen Bachschen Passion „nicht ein Fest der Kunst" sei, „sondern eine hochernste religiöse Feier".[199]

„... WIE MAN MIT BACH DOCH NIEMALS FERTIG ..." BACH ALS LEHRMEISTER PAR EXCELLENCE

Das Zitat in der Überschrift dieses Abschnittes bezeichnet, auf den musikalischen Bildungsgang Schumanns angewandt, das Thema mit Variationen, um welches diese Untersuchung kreist.[200] Wenn Schumann in seinen 1850 erschienenen *Musikalischen Haus- und Lebensregeln* empfiehlt: „Spiele fleißig Fugen guter Meister, vor allen von Joh. Seb. Bach. Das *Wohltemperierte Klavier* sei dein täglich Brot. Dann wirst du gewiß ein tüchtiger Musiker"[201], so gründet sich dieser Rat auf eigene Erfahrungen, auf ein etwa 20 Jahre währendes, unermüdliches Ringen um das Œuvre von Bach, der Heinrich Dorn als Lehrmeister ablöste und ihn mit seinen Kompositionen lebenslang begleitet hat.

Die exzeptionelle Bedeutung zahleicher Kompositionen Bachs als Lehrwerke wurde von Schumann bereits zeitig erkannt und propagiert. In einem seiner frühen Artikel über Hummels *Klavierstudien* op. 125 kontrastiert er diese „bittere Wurzeln"[202] mit den „reife[n], golde[n] Früchten" der Meisterwerke, indem er u. a. bemängelt, daß „der Reiz der Phantasie" in diesen Klavierübungen „durchgängig" fehle und damit das wesentliche Ingredienz, wodurch die Jugend gereizt werde, „über die Schönheit des Werkes die Mühsamkeit, es sich zu eigen zu machen", zu vergessen. Die fortschrittliche, nicht zuletzt in pädagogischer Hinsicht zukunftweisende Argumentation seiner Kritik lenkt ihn schließlich auf Bach: „Studien, vortreffliche Bündler, sind Studien, d. h. man soll etwas aus ihnen lernen, was man nicht gekonnt hat. Der hochgepriesene Bach, der millionenmal mehr wußte, als wir vermuten, fing zuerst an, für Lernende zu schreiben, aber gleich so gewaltig und riesenübermäßig, daß er erst nach vielen Jahren von den einzelnen, die indessen auf eigenem Wege fortgegangen waren, der Welt als Gründer einer strengen, aber kerngesunden Schule bekannt wurde."[203]

Schumann eröffnet den Artikel über Hummels Klavierstudien – einer vorangestellten Quintessenz gleich – mit dem Satz: „Ein rechter Meister zieht keine Schüler, sondern eben wiederum Meister." In seinem pejorativen Urteil kann Schumann, der sich noch 1831 an Hummel wandte, um von ihm unterrichtet zu werden, sich gleichermaßen auf gründliche Durchsicht des neu erschienenen Studienwerkes wie auf intime Kenntnis der 1828 erschienenen Klavierschule des weithin bekannten Virtuosen berufen, die er bereits 1829 besaß[204] und mit der er

– selbst die Heraugabe einer Klavierschule planend, die den Anforderungen einer neuen, an Bach und Beethoven anknüpfenden „poetischen Zeit" genügen
sollte – gearbeitet hatte. Rückblickend beschreibt er die Entwicklung der Klaviermusik folgendermaßen: „Von der Klaviermusik ging auch der erste Angriff
[gegen das Floskelwesen] aus; an die Stelle der Passagenstücke traten gedanken-
vollere Gebilde, und namentlich zweier Meister Einfluß machte sich in ihnen be-
merklich, der Beethovens und Bachs."[205]

Mechanische Übungen und der mit ihnen verbundene musikalische Leerlauf
sind Schumann ein Greuel. In den Werken seiner Lieblingsmeister spürt er den
Schattierungen der feinsten Seelenzustände, dem Gehalt und dem Stoff zum Denken nach. Bachs Fugen, namentlich die aus dem *Wohltemperierten Klavier*, erfüllten diese hohen Maßstäbe: „Denk' ich nun freilich an die höchste Art der Musik, wie sie uns Bach und Beethoven in einzelnen Schöpfungen gegeben, sprech'
ich von seltenen Seelenzuständen, die mir der Künstler offenbaren soll, verlang'
ich, daß er mich mit jedem seiner Werke einen Schritt weiter führe im Geister-
reich der Kunst, verlang' ich mit einem Worte poetische Tiefe und Neuheit überall, im Einzelnen wie im Ganzen: so müßte ich lange suchen, und auch keines der
erwähnten, der meisten erscheinenden Werke genügten mir." „Die meisten der
Bachschen Fugen sind aber Charakterstücke höchster Art, zum Teil wahrhaft
poetische Gebilde, deren jedes seinen eigenen Ausdruck, seine besonderen Lichter und Schatten verlangt."[206]

Die Klavierwerke Bachs galten Schumann, wie er bereits 1834 in seinem
Bach-Artikel für das Herloßsohnsche *Damen-Conversations-Lexicon* hervorhob,
als bahnbrechend in der Ausbildung der Klaviertechnik, aber – wie er u. a. in dem
zuletzt zitierten Artikel genauer ausführt – auch in der dem Instrument gemäßen
Klanglichkeit und Vielfalt einer hieraus zu entwickelnden Applikatur, Artikulation, Phrasierung und Dynamik.[207] In seinem weiträumig angelegten Artikel über
Etüdenkompositionen von 1836 pointiert er den gleichsam überzeitlichen Wert
der Bachschen *Klavierübungen* I und II: „Wenn wir [...] bis auf die über hundert
Jahre alten Exerzizen von Bach zurückgehen und zu deren sorgfältigstem Studium
raten, so haben wir Grund dazu; denn nehmen wir das aus, was wir durch Erwei-
terung des Umfangs unseres Instrumentes an Mitteln, wie durch die schönere
Ausbildung des Toncharakters an Effekten gewonnen haben, so kannte er das
Klavier in seinem ganzen Reichtum."[208]

Möglicherweise angeregt durch die Bachschen *Partiten*, entsteht zwei Jahre
später die *Gigue* aus op. 32. Schumann empfahl jedoch nicht allein für den In-
strumentalunterricht, sondern ebenso und vor allem für die Komposition, die
Werke Bachs als gültige Paradigmata immer wieder heranzuziehen, um Gespür
und Geschmack zu verfeinern. Diesem Vorgehen wohnt nach Schumann gleichsam eine Garantie inne, um geistig gestalterische Kräfte für den Schaffensprozeß
zu gewinnen und fruchtbar zu machen: „Wär' ich aber dein Lehrer und klug, so
gäb' ich dir oft von Bach oder Beethoven in die Hände (von Weber, den du so
sehr liebst, gar nichts), damit sich Gehör und Gesicht schärfe, damit dein zartes
Fühlen festes Ufer bekomme und dein Gedanke Sicherheit und Gestalt."[209]

Über die Notwendigkeit gründlicher Kompositionsstudien und eifrigen Lernens – auch hierin auf die großen Vorbilder verweisend – läßt Schumann keinen Zweifel: „Könnte man sich einen Sebastian Bach, einen Beethoven phantasielos denken, sie würden im greiseren Alter noch immer Interessantes genug zutage gefördert haben, weil sie eben studiert, etwas gelernt haben."[210]

Schumann war selbst von April 1843 bis zu seiner Übersiedelung nach Dresden Ende 1844 als Lehrer für Klavier, Komposition und Partiturspiel an dem unter der Federführung von Mendelssohn gemeinsam mit Ferdinand David, Moritz Hauptmann und Carl Ferdinand Becker neu gegründeten Leipziger Konservatorium tätig. Aus einem von ihm eigens für den Unterricht angelegten Notizbuch können wir seine Stoffdisposition, die Namen seiner Schüle und die von ihnen zu erarbeitenden Kompositionen entnehmen. Auf der ersten Seite gliedert Schumann den Stoff in vier kompositionsgeschichtliche Perioden: „Zum Studium zu benutzen: Aus der ersten Periode: J. S. Bach, Scarlatti, Händel (Couperin, Em. Bach) Aus der 2ten: Haydn, Mozart, Clementi, Cramer, Beethoven (Dusek), Prinz Louis, v. Weber Aus der 3ten: Hummel, Moscheles, L. Berger, Weyse, Franz Schubert Aus der neuesten: Mendelssohn, Chopin, Bennet, Henselt."[211]

Die Hervorhebung von Bach und Händel springt ins Auge. Tatsächlich bilden die Werke Bachs und Beethovens den Löwenanteil der von Schumann für den Unterricht ausgewählten Kompositionen. Wahrscheinlich sähe auch die Bilanz der am Leipziger Konservatorium in den Prüfungs- und Vortragsprogrammen gespielten Komponisten für die späteren Jahre etwas anders aus, hätte Schumann dem Kollegium länger angehört.[212] Denn für den Klavierunterricht nahezu aller seiner Schüler wählt er mindestens ein Werk von Bach aus. Neben Präludien und Fugen in Es-Dur und G-Dur, einer Gigue in a-Moll, verschiedenen kleinen Stücken, Chorälen und der Sonate in g-Moll werden an Ensemblestücken auch die Sonaten für Violine und Klavier herangezogen.[213] Es ist überliefert, daß Schumann eine besonders geschickte Sprungtechnik der linken Hand beherrschte, durch die er eine am Triospiel der Orgel orientierte Aufteilung des Klaviersatzes erreichte. Um seine Schüler in der Anwendung dieser Spielweise zu üben, ließ er sie – wie es später Busoni tat – Bachsche Orgelchoräle transkribieren.[214] Über seinen Kontrapunktunterricht erfahren wir von Carl Ritter, der vom 18. November 1847 bis zum 20. April 1849 Schumanns Schüler war und für dessen Unterricht er unter Zugrundelegung von Marpurgs *Abhandlung von der Fuge* und Cherubinis *Theorie vom Kontrapunkt und der Fuge* ein eigenes *Lehrbuch von der Fuge* verfaßt hatte, daß er „meist Bach'sche Themata" gab und die Ausführung der Aufgaben „mit dem Vorbild vergleichen" ließ.[215] Auch seiner Frau hatte Schumann während der gemeinsamen Kontrapunktstudien im Jahre 1845 neben drei eigenen Themen, die den veröffentlichten *Drei Präludien und Fugen* op. 16 Claras zugrunde liegen, auch drei Themen aus dem zweiten Band des *Wohltemperierten Klaviers* zur Bearbeitung gegeben.[216]

War Schumann in jüngeren Jahren, durch eine rudimentär romantische Genieästhetik geprägt, der Auffassung, daß große Geister nicht gebildet würden, sondern ihre eigenen Lehrer und Schüler seien und sich selbst bildeten unter jeder

Bedingung, in jeder Lage, in jeder Zeit[217], so hat er diesen Standpunkt durch selbst gemachte Erfahrung längst aufgegeben und ist zu einer differenzierteren Sicht vorgedrungen: „Einen anderen Weg aber, vorwärts zu kommen, sich zu neuer Schöpfung zu bereichern, ist der, andere große Individualitäten zu studieren. Man führt wohl z. B. Mozart als ein Gegenbeweis dieses Satzes an und sagt, ein Genie habe das nicht nötig und überhaupt nichts; aber wer sagt uns, was Mozart geliefert, wenn er z. B. Sebastian Bach in seiner ganzen Größe gekannt hätte?"[218]

In seinem Brief vom 31. Januar 1840 bekräftigt Schumann diese Position und setzt sich von der Musikgeschichtsauffassung Gustav Adolf Kersteins ab: „Doch theile ich Ihre Ansicht nicht ganz. Mozart und Haydn kannten Bach nur seiten- und stellenweise, und es ist gar nicht abzusehen, wie Bach, wenn sie ihn in seiner Größe gekannt, auf ihre Productivität gewirkt haben würde."[219]

Zur Sache spricht auch die harsche Entgegnung Schumanns an Liszt in seinem Brief vom 31. Mai 1849:[220] „– alle verschiedenen Kunstepochen haben dasselbe aufzuweisen, und Bach, Händel, Gluck, später Mozart, Haydn, Beethoven sehen sich an hundert Stellen zum Verwechseln ähnlich (doch nehme ich die letzten Werke Beethovens aus, obgleich sie wieder auf Bach deuten). Ganz original ist Keiner."

Durch alle herangezogenen Belege zieht sich, variiert in Gewichtung und Zusammenstellung, leitmotivisch der Gedanke eines die Kompositionsgeschichte zusammenhaltenden vinculum substantiale, einer Wurzel gleich, von der alle Nachgeborenen zehren und aus der Schumann selbst ebenso wie die vielen genannten anderen Komponisten Kraft und Saft gezogen hat. Sie trägt in Schumanns Geschichtskonzeption offenbar seit den frühen 30er Jahren stets denselben Namen: „Die Quellen werden im großen Umlauf der Zeit immer näher aneinander gerückt. Beethoven brauchte beispielsweise nicht alles zu studieren, was Mozart –, Mozart nicht, was Händel –, Händel nicht, was Palestrina –, weil sie schon die Vorgänger in sich aufgenommen hatten. Nur aus einem wäre von allen immer von neuem zu schöpfen – aus J. Seb. Bach!"[221]

„MERKWÜRDIGE AUFSCHLÜSSE ÜBER DIE BACHSCHEN MANUSKRIPTE." SCHUMANN ALS HERAUSGEBER BACHSCHER WERKE (1835–1850)

Dieses Kapitel beschäftigt sich mit Vorhaben, Plänen und Aktivitäten Schumanns aus den Jahren 1835–1850 und geht damit über die Zeit seiner Redaktionstätigkeit für die *Neue Zeitschrift für Musik* hinaus. Es hat jedoch hier seinen Platz, weil in einigen seiner Artikel die Wurzeln für Entwicklungen zu suchen sind, denen zum Teil erst Jahre oder Jahrzehnte später zum Durchbruch verholfen werden konnte. Schumann nutzte die Zeitung als Organ, in dem er eine breitere Öffentlichkeit über Mißstände des Kulturbetriebes informierte, über die ihm bedeutsamen Kunstereignisse berichtete, zu Pflege und Erhalt bedeutender Kompositionen aufrief und immer wieder vehement für die Drucklegung in einer ihrem Wert entsprechenden Editionen eintrat. Dem Weg zur Verwirklichung einer Gesamtausgabe der Werke Bachs soll im folgenden nachgegangen werden.

Aus den von Schumann gesammelten *Erinnerungen an F. Mendelssohn vom Jahr 1835 bis zu s. Tode* entnehmen wir, daß die Gespräche der beiden Freunde sich immer wieder mit Bach, mit seinen unveröffentlichten Manuskripten und mit einer Ausgabe seiner Werke beschäftigten. Durch Mendelssohn erhält er „Merkwürdige Aufschlüße über die Bachschen Manuskripte, die sich jetzt noch in der Singakademie befinden" und erfährt, daß „Nicht ein Fünftel s.[einer] Compositionen gedruckt" ist.[222] In der Rezension jenes denkwürdigen Konzertes vom 9. März 1837, in dem das *Klavierkonzert* d-Moll BWV 1052 – von Mendelssohn gespielt – zum ersten Mal im Leipziger Gewandhaus erklang, läßt Schumann sich in der *Neuen Zeitschrift für Musik* zu dieser ihn geradezu ungeheuerlich anmutenden Enthüllung vernehmen: „Sollt [...] es [die Welt] wohl glauben, daß in den Musikschränken der Berliner Singakademie [...] noch wenigstens sieben solcher Konzerte und außerdem unzählige andere Bachsche Kompositionen wohlbehalten aufbewahrt werden? [...] Überhaupt, wär' es nicht an der Zeit und von einigem Nutzen, wenn sich einmal die deutsche Nation zu einer vollständigen Sammlung und Herausgabe sämtlicher Werke von Bach entschlösse?"[223]

Dieser Artikel enthält den ersten Appell in Schumanns Musikzeitung, der die Verantwortung dem großen Erbe gegenüber anmahnt und in dem zumindest mittelbar die 1850 ins Leben gerufene Bachgesellschaft „ihre Schatten [...] vorauswirft."[224] Wenige Monate später wird Schumann auf Schriftstücke aus der Feder Johann Kuhnaus und Johann Sebastian Bachs aufmerksam gemacht. Sogleich bemüht er sich, alles Notwendige in die Wege zu leiten, um die Dokumente veröffentlichen zu können. In seinem Schreiben vom 25. Juli 1837 bittet er Ferdinand Becker dabei um Unterstützung.[225] Dem Gesuch Schumanns war Erfolg beschieden. Im November 1837 konnten die Eingaben „Project, welcher Gestalt die Kirchen Music zu Leipzig könne verbeßert werden" aus dem Jahr 1720 von Johann Kuhnau und der berühmte, von Johann Sebastian Bach stammende *Entwurff einer wohlbestallten Kirchen Music* von 1730 erstmalig veröffentlicht werden.[226]

Unmittelbar nach der Übernahme des Verlags der Zeitung im Juli desselben Jahres durch August Robert Friese – wodurch „die Publikation von Noten-Beilagen, wenn nicht geschaffen so doch erleichtert" wurde, da Friese zugleich Musikverleger und -händler war –, beginnt Schumann die Herausgabe einer „musikalischen Beilage" zur *Neuen Zeitschrift für Musik* zu betreiben.[227] Es war seine erklärte Absicht sowohl neuesten Kompositionen damit ein Forum zu schaffen, als auch für die Publikation älterer, überwiegend unveröffentlichter Werke Sorge zu tragen: „Namentlich liegt uns an Verbreitung vieler noch ungedruckter Kompositionen von J. S. Bach, deren sich bereits einige der herrlichsten in unserm Besitz befinden."[228]

In den 16 von Januar 1838 bis Dezember 1841 erschienenen Heften wurden insgesamt sieben Werke Bachs erstmalig durch Schumann veröffentlicht.[229] In der Zwischenzeit waren auch andere Verlage nicht untätig, und ihre Unternehmungen werden in der *Neuen Zeitschrift für Musik* gewürdigt. 1838 waren die beiden Bände des *Wohltemperierten Klaviers* und 1839 die *Kunst der Fuge* und zwei Sätze aus dem *Musikalischen Opfer* erschienen, so daß Schumann mit Genugtuung feststellt, daß sein Aufruf von 1837 nicht ohne Folgen geblieben ist, und die Publikation des Bachschen Œuvres wenigstens für Teile Gestalt anzunehmen beginnt: „Der schon früher in der Zeitschrift ausgesprochene Wunsch, man möchte bald an eine Gesamtausgabe seiner Werke denken, scheint wenigstens für seine Klavierkompositionen Frucht getragen zu haben. Wir müssen es der Firma C. F. Peters danken, daß sie das große Unternehmen rüstig betreibt."[230]

Zugleich nutzt Schumann die Gelegenheit, um zur Einsendung von noch unveröffentlichten Werken Bachs an die Verleger zu ermuntern, damit man endlich eine Übersicht bekäme über dieses „Kapital für alle Zeiten," wozu auch die Veröffentlichung des von Franz Hauser geplanten „systematischen Kataloges sämtlicher gedruckter wie ihm bekannter in Manuskript vorhandener Werke" Bachs beitragen werde, den er ausdrücklich begrüßt.[231]

Schumanns eigene verlegerische Vorhaben oder auch die von ihm unterstützten waren und sind auch noch zu dieser Zeit durchaus ambitioniert. Seinem *Projektenbuch* vertraut er um den Jahreswechsel 1840/41 herum den Plan an: „Eine Biographie Beethovens mit Kritik seiner sämtlichen Werke; oder wenigstens: eine vollständige Sammlung seiner Briefe. desgl. von J. Seb. Bach."[232] Unmittelbar anschließend formuliert er wohl zum ersten Mal den Gedanken, das *Wohltemperierte Klavier* in einer Ausgabe zu veröffentlichen, die eine Kritik aller Varianten enthält. Ausgelöst worden war dieser Wunsch wahrscheinlich bei der Durchsicht der von Czerny bei Peters vorgelegten Ausgabe, die Schumann offenbar mit einer oder mehreren anderen kompiliert haben muß. In seinen Handexemplaren beider Teile des *Wohltemperierten Klaviers* können die Spuren seiner Korrekturen und Lesartenüberprüfungen nachvollzogen werden.[233] Jahre später kommt er Hermann Härtel gegenüber erneut auf eine synoptische Ausgabe zu sprechen: „Also eine möglichst correcte, auf die Originalhandschrift und die ältesten Drucke gestützte, mit Angabe der verschiedenen Lesarten versehene Ausgabe bezwecke ich und es würde mir die Ausführung der Idee eine wahre Gewissenssache sein."[234]

Für den Verlag, der in seinem Antwortschreiben zunächst „lebhaftes Interesse" bekundet, war die Angelegenheit nicht allein eine Sache des Gewissens, sondern vielmehr auch eine des – durchaus verständlichen – kaufmännischen Kalküls: „Sind nämlich die verschiedenen existierenden Ausgaben des Werkes auch, wie Sie sagen, alle mehr oder weniger mangelhaft, so sind sie doch eben vorhanden und mehr oder weniger im Besitz, namentlich ist unsere Ausgabe recht gelitten, und in sofern hat es gerade für uns selbst besondere Bedenken, als wir uns selbst entgegentreten müßten, dazu kommt, daß leider soeben von unserer Ausgabe ein neuer Abdruck gemacht worden ist, welcher den bisherigen Erfahrungen nach auf 6–7 Jahre ausreichen dürfte. [...] Es ist nicht unsere Absicht, durch das Gesagte uns der Sache ohne weiteres zu entziehen, im Gegenteil versichern wir Ihnen nochmals, daß Ihr Vorschlag uns sehr interessiert und es ist vielleicht nicht unmöglich, den aufgeführten Schwierigkeiten wenigstens zum Theil zu begegnen namentlich was den festzustellenden Preis der neuen Ausgabe betrifft."[235]

Doch, wie Schumann selber einige Monate später an Hermann Härtel schreibt, verdrängt oft ein Projekt das andere, und zu der von ihm in Aussicht gestellten späteren Wiederaufnahme des Planes ist es nicht gekommen.[236] Festzuhalten bleibt, daß lange bevor in einer breiten Öffentlichkeit das Unternehmen einer textkritischen Gesamtausgabe der Werke Bachs diskutiert, geschweige denn tatsächlich in Angriff genommen wurde, Schumanns Gedanken, sein Unternehmergeist und nicht zuletzt seine fortschrittliche Kunstgesinnung um die Möglichkeiten einer Dokumentation des authentischen Notentextes kreisen, gegebenenfalls sogar, wie im Falle des *Wohltemperierten Klaviers*, zum Zwecke des Vergleichs mit „Angabe der verschiedenen Lesarten".[237] Seine sorgfältigen Studien der Bachschen Werke haben in den von ihm benutzten Notenausgaben in zahlreichen Anstreichungen und Notaten ihre Spuren hinterlassen. Immer wieder stößt er auf offensichtliche Druckfehler oder auch fragliche Stellen. So wuchs in ihm immer mehr die Überzeugung, daß eine textkritische Ausgabe der Werke Bachs dringend erforderlich sei. Wohl zu Beginn des Jahres 1841 notiert er sich unter der Überschrift „Stoffe für die Zeitung" in seinem *Projektenbuch* ein Vorhaben, das er im November desselben Jahres realisiert: „Sanktionirte Druck- u. Stichfehler, d. h. wirkliche Fehler in Partituren großer Componisten, die der Gebrauch geheiligt: z. B. in manchen Symphonien Beethovens. (dazu v. Mendelssohn Stoff zu erbitten)."[238]

Erneut erhalten wir Kenntnis, daß Schumann mit Mendelssohn in lebendigem Dialog über alle nur denkbaren musikalischen Fragen stand. Ihn verehrt er bei der Beurteilung von Kompositionen als letzte Instanz, sogar wenn es um seine eigenen Werke geht.[239] Vergegenwärtigt man sich die Unterschiede im musikalischen Werdegang der Freunde, so wird Mendelssohns Selbstverständlichkeit und Vertrautheit im Umgang mit dem Œuvre Bachs evident, denn ihm waren die Werke Bachs gewissermaßen schon an der musikalischen Wiege gesungen worden, und in frühester Jugend sang und spielte er jene Werke selbst, ob in der Singakademie, in der häuslichen Kammermusik oder an Klavier und Orgel.[240]

In welchem Umfang Schumann für seinen richtungweisenden Artikel *Über einige mutmaßlich korrumpierte Stellen in Bachschen, Mozartschen und Beethovenschen Werken* Anregungen von Mendelssohn aufnahm, wissen wir nicht. Doch weist er selbst auf jenen „Meister" hin, der ihn kraft seines „Adlerauges" auf einen Fehler in der ihm selbst sehr gut bekannten Fuge in e-Moll aufmerksam machte.[241] Daß er die Kenntnisse seines Freundes nutzte, ist allemal wahrscheinlich, und verschiedene Eintragungen in seinen *Erinnerungen* legen dies auch nahe, ohne daß man Werk und Fragestellung im Detail rekonstruieren könnte. Jedenfalls formuliert Schumann mit der bereits an moderne Editionsrichtlinien gemahnenden Empfehlung, „durch Vergleichung mit den Originalhandschriften" die Richtigkeit der Druckausgaben zu überprüfen, eine Arbeitsweise, nach der auch Mendelssohn in den von ihm besorgten Ausgaben einige Jahre später verfahren wird.

Mehr und mehr muß sich herausgestellt haben, daß es für ein Unternehmen von derart gigantischem Ausmaß wie der Bach-Gesamtausgabe einer Anbindung an eine Institution bedurfte, die eine der Aufgabe entsprechende organisatorische Struktur und auch Personal bereitstellen konnte. Wieder finden wir in Schumanns *Projektenbuch* Überlegungen, die aus dem Jahre 1843 stammen dürften und das

Problem einer Lösung zumindest ein Stück näher bringen sollte: „Eine Herausgabe v. S. Bach's Werken (in Sektionen) unter Aufsicht der Musikschule.“[242] Zwar
kam es nicht zu dieser institutionellen Liaison der Bach-Ausgabe und späteren
Bachgesellschaft mit der Musikschule, jedoch waren mit Moritz Hauptmann und
Carl Ferdinand Becker bedeutende Mitstreiter für die Bachgesellschaft gefunden,
die zugleich zu den namhaften Dozenten der ersten Stunde am Leipziger Konservatorium zählten.[243]

Die Jahre 1844/45 und die erste Hälfte des Jahres 1846 gehören für Schumann
zu den dunkelsten seines Lebens. Um seine angeschlagene Gesundheit wieder zu
stabilisieren, trifft das Ehepaar Schumann im Juli 1846 den Entschluß, sich zu einem Kuraufenthalt nach Norderney zu begeben.[244] Auf dem Wege dorthin machen sie, von Dresden kommend, in Leipzig Station, wo sie am 7. und 8. Juli mit
Mendelssohn zusammentreffen – und „über eine Ausgabe von Bach“ sprechen.[245]

Mendelssohns Überlegungen hatten offenbar aufgrund seiner Erfahrungen mit
der englischen und deutschen Ausgabe von Orgelwerken Bachs, die 1845 und
1846 erschienen waren, bereits präzise Formen angenommen, so daß er Schumann seine Grundsätze für eine kritische Gesamtausgabe entwickeln konnte.[246]
Wir wissen, daß Mendelssohn mit bewunderungswürdiger Gewissenhaftigkeit
bemüht war, Fehler, die in den in seinem Besitz befindlichen Kopien und Drucken
enthalten waren, nach Autographen Bachs zu korrigieren oder korrigieren zu lassen.[247] Für die von ihm herausgegebenen Orgelwerke Bachs hatte er diese Arbeitsweise angewandt. Die Mitarbeit an der geplanten Gesamtausgabe verhin-
derte der jähe Tod Mendelssohns, von dem Schumann anläßlich der Besprechung
einer Reihe von historischen Konzerten schrieb, daß er die Werke „so durch und
durch kennt wie vielleicht niemand der Zeitgenossen weiter, der wohl imstande
wäre, alles an jenen schönen Abenden Vorgeführte aus dem Gedächtnis in Partitur zu schreiben“.[248]

Anläßlich der Gründung des Tonkünstlervereins im August 1847 stellt Schu-
mann seine Umsicht und Beharrlichkeit unter Beweis, indem er wiederum einen
Vorstoß unternimmt, Gleichgesinnte für textkritische Werkausgaben zu finden:
„Also möchte ich, daß sich aus der Mitte der Tonkünstlerversammlung eine
S e c t i o n bilde zur Wahrung classischer Werke gegen moderne Bearbeitungen.
[...] Sodann möchte ich einen Antrag stellen auf Gründung einer S e c t i o n zur
A u s f i n d i g m a c h u n g v e r d o r b e n e r S t e l l e n i n c l a s s i s c h e n W e r k e n.“[249]

Schumann gehörte also nicht nur zu dem kleinen Kreis von Initiatoren der ersten Bach-Gesamtausgabe, sondern auch zu denen, die über viele Jahre durch
verschiedenste Initiativen den Weg für dieses Unternehmen bereiteten.[250] Im Zusammenhang mit Aufführungen der *Genoveva* reiste er mit Clara am 18. Mai
1850 nach Leipzig und nahm, wie sein Tagebuch belegt, am 1. und 29. Juni an
Konferenzen teil, die den Vorbereitungen zur Ankündigung der Bachgesellschaft
galten.[251] Im Verein mit Carl Ferdinand Becker, Breitkopf & Härtel und Moritz
Hauptmann unterzeichnete er jenes von Otto Jahn zunächst vertraulich verfaßte
Schreiben vom 3. Juli 1850, mit welchem „eine grössere Anzahl namhafter
Bachfreunde mit der Absicht und dem Plan Gesamtausgabe“ der Werke Bachs

und einer zu diesem Zweck ins Leben zu rufenden Gesellschaft bekannt gemacht werden sollte.[252] Ende des Monats wurde dieses Schreiben – nunmehr mit 21 Unterschriften versehen – gedruckt und in Zeitungen und Musikjournalen einer breiten Öffentlichkeit bekannt gemacht.[253] Die zweite Jahreshälfte diente den Vorbereitungen zur Konstituierung der Bachgesellschaft, zu deren Statuten sich auch Schumann schriftlich äußerte.[254] Am 10. Dezember sendet er sein Votum für die Wahl des Direktoriums nach Leipzig, abonniert die Gesamtausgabe und bekundet zugleich in diesem Schreiben, daß er auch Abonnenten werben wolle.[255]

Zu einer Herausgebertätigkeit Schumanns an der Bach-Gesamtausgabe kam es nicht, jedoch gehörte er dem Ausschuß der Redaktion an, deren Mitglieder von Zeit zu Zeit um Hilfe oder auch um Rat ersucht wurden.[256] Offenbar auf eine Anfrage Moritz Hauptmanns antwortet er und bietet zugleich seine Unterstützung an: „An die Bachstiftung denke ich oft, und mit Bedauern, von Leipzig entfernt so wenig für sie wirken zu können. Vom Original-Manuscript der H moll-Messe habe ich nie etwas gehört. Wo ich sonst etwas thun könnte, in der Redaction dieses oder jenes Werkes, so verfügen Sie über mich; ich werde es nach besten Kräften thun."[257]

Im Frühjahr 1852 hält Schumann den ersten Band der Bach-Gesamtausgabe in Händen.[258] Der Anfang zu einem Jahrhundertwerk, für das er sich seit eineinhalb Jahrzehnten verwendet hat, ist gemacht. Zweifellos verschafft dieser erste Band ihm nicht nur äußerlich die Genugtuung über die glückliche Erfüllung eines lange gehegten Wunsches, vielmehr dürfte auch der Inhalt für ihn von größtem Interesse gewesen sein, denn den Auftakt dieser Edition bildeten zehn bislang unveröffentlichte Kirchenkantaten und nicht – wie ursprünglich vorgesehen – Bachs *h-Moll-Messe*.[259] Es kann nicht verwundern, daß er mit der ihm eigenen Gründlichkeit die Kantaten durchsieht, den Notentext kritischer Begutachtung unterzieht und das Ergebnis seiner Beschäftigung in einem Schreiben an Hermann Härtel mitteilt: „Einstweilen haben wir auch den ersten Bach-Jahrgang erhalten, und ich kann nicht umhin, Ihnen darum meine große Freude auszudrücken. Gewiß, daß die Ansicht, die dadurch das Publikum erhält, dem Unternehmen Hunderte von Teilnehmern zuführen wird. NB. Nur ein paar falsche Noten hab' ich gefunden [...]. Sonst ist die Ausgabe ein Muster in jeder Hinsicht."[260]

Der Beitrag für den zweiten Band – er enthält gleichfalls zehn erstmals gedruckte Kirchenkantaten – wird von Schumann im Januar 1853 entrichtet.[261] Vielleicht hat er sich auch am Erscheinen des dritten Bandes im Februar 1854 noch erfreuen können, bevor ihn ein tragisches Geschick zwang, sich in den Gewahrsam der Ärzte in Endenich zu begeben.

„...DES HOHEN NAMENS NICHT GANZ UNWÜRDIG ..."
ZU DEN *FUGEN ÜBER BACH* OP. 60 UND DEN KONTRAPUNKTISCHEN KOMPOSITIONEN DER JAHRE 1845/46

Schwere Krankheit läßt im Jahr 1844 den schöpferischen Ertrag Schumanns nahezu völlig zum Erliegen kommen. Auf Anraten seiner Ärzte übersiedelt er mit seiner Familie im Dezember nach Dresden, um sich dort im Laufe des Jahres 1845 allmählig zu erholen. Durchaus bezeichnend für seine Willenskraft ist es, daß er nicht in Lethargie verfällt und tatenlos darauf wartet, bis sich der Drang zum Komponieren und der gestalterische Impetus wieder einstellen. Mit der ihm eigenen Disziplin sucht er die gesundheitliche Krise zu meistern. So beginnt er am 23. Januar 1845 gemeinsam mit Clara erneut „Contrapunctische Studien", deren Dauer und Intensität sich in den Notizen des Haushaltbuches bis zum 14. November nachvollziehen lassen.[262]

Das Jahr 1845 markiert einen Umschlagpunkt in Schumanns Arbeitsweise. Er beginnt von nun an, „alles im Kopf zu erfinden und auszuarbeiten", wodurch sich „eine ganz andere Art zu componiren" entwickelt habe.[263] Im Verlauf eben dieses Jahres fährt er eine reiche Ernte seiner Kontrapunkt- und Bach-Studien ein, zu der nicht zuletzt auch die in dieser Zeit skizzierte 2. Sinfonie C-Dur, op. 61 zu zählen ist.[264] Die „fleißigen Fugenstudien" münden am 21. Februar in eine regelrechte „Fugenpassion", aus der schließlich in der Zeit vom 25. Februar bis zum 20. März die *Vier Fugen* op. 72 hervorgehen. Während ihrer Entstehung stellen sich am 12. März bei Schumann „Bach=Fugen=Gedanken" ein, und bereits am 7. April ist die erste und am 18. April die zweite der Fugen „üb. Bach" abgeschlossen. Vom 7. April an werden kompositorisches Schaffen und kontrapunktische Studien der Eheleute durch die Lektüre von Cherubinis *Theorie des Contrapunktes* begleitet, die sich mit Unterbrechungen gleichfalls bis in den November erstreckt.[265] Am 24. April trifft das gemietete Pedal für den Flügel ein, das zunächst angeschafft wurde, um eine Übemöglichkeit für das Pedalspiel an der Orgel zur Verfügung zu haben.[266] Doch die Erweiterung des Instrumentes hat auf Schumann schlagartig so animierend gewirkt, daß er wenige Tage später die *Studien für den Pedal-Flügel* op. 56 in kanonischer Form und die *Skizzen für den Pedal-Flügel* op. 58 zu komponieren beginnt. Noch während des Kompositionsprozesses – der letzte der sechs Kanons wird am 7. Juni fertiggestellt – bietet er die *Studien* in seinem Schreiben vom 6. Mai dem Verleger Whistling an, in dessen Verlag sie schließlich im September erscheinen.[267] Einen Monat zuvor war Schumann mit Kistner über die Veröffentlichung der *Skizzen* handelseinig geworden. Sie werden im August 1846 publiziert.[268]

Allein der Zyklus der *Sechs Fugen über den Namen BACH* op. 60, von dem Schumann berichtet, daß er an keiner seiner Kompositionen „so lange gefeilt und gearbeitet" habe, um „sie des hohen Namens, den sie führt, nicht ganz unwürdig zu machen", nimmt ihn längere Zeit in Anspruch.[269] Die letzte der sechs Fugen wird zwar laut Eintragung im Haushaltbuch am 22. November 1845 fertiggestellt, doch Ende März 1846 werden die Fugen einer „Revision" unterzogen, woraufhin Schumann Mitte April seinem Verleger Whistling die Übersendung des „Bach=Fugen=Cyklus" in zwei bis drei Wochen in Aussicht stellt. Indes beschäftigt ihn die Überarbeitung – bei angegriffenem und wechselndem Gesundheitszustand – noch mehrere Wochen. Durch einen Notizzettel Schumanns, auf dem er „Mitzunehmendes" für den Sommeraufenthalt in Maxen zusammenstellt, erfahren wir, daß ihn die Komposition schließlich sogar in die Sommerfrische begleitet, wo am 20. Juni 1846 – man glaubt die Erleichterung in der entsprechenden Notiz mitschwingen zu hören – „die Revision d. Bachfugen endlich beendigt" wird.[270] Whistling entrichtet nur 14 Tage später 71 Taler als Honorar und besorgt bis Ende November die Edition.[271] Für Schumann, der zahlreiche seiner Kompositionen „in unglaublicher Schnelligkeit" schrieb[272], war dieser lange Prozeß des Überarbeitens und Korrigierens durchaus ungewöhnlich. Er legt zugleich Zeugnis davon ab, welche Bedeutung er selbst diesem Werk beimaß, von dem er annahm, daß es seine „anderen vielleicht am längsten überleben" werde.[273] Obgleich sich diese Erwartung nicht erfüllen sollte, bleibt diese Hommage an Bach ein bedeutendes kompositorisches Dokument der Bach-Rezeption Schumanns.

Die Literatur über die im Jahre 1845 entstandenen Werke op. 72, 56, 58 und 60 ist überaus umfangreich.[274] Vor allem den *Fugen über BACH* op. 60 wurde in letzter Zeit wiederholt Aufmerksamkeit geschenkt. Die ästhetische Bewertung und analytische Durchdringung fällt jedoch je nach Standpunkt des Autors recht unterschiedlich aus. Immer wieder wird in den einschlägigen Analysen von der Fugenform gesprochen und in diesem Zusammenhang bemängelt, daß Schumann sie nicht erfülle, den kontrapunktischen Satz nicht durchhalte oder die Form aufbreche. Dem ist zu entgegnen, daß die Fugenform sich als Fiktion eines akademisch verkürzten Horizontes erweist. Denn es gibt keine allgemeine Folie eines formalen Rasters, auf das sich alle Spezies dieser Gattung beziehen ließen. Vielmehr ist die Fuge als Kompositionsweise oder Kompositionstechnik anzusehen[275], als ein Verfahren, in dessen Entfaltungsprozeß die spezifischen Implikationen eines Themas kompositorisch explizit werden.

Gleichermaßen muß verwundern, daß im 20. Jahrhundert, in einer Epoche, in welcher in allen Künsten tradierte Formen aufgebrochen, verschiedene Formen und Gattungen miteinander kombiniert und überlagert werden, das Verlassen der polyphonen Setzweise in den *Fugen* op. 60 kritisiert wird, wenn Schumann etwa zum Zwecke der Schlußsteigerung in einen eher homophonen oder fantasieartigen Tonfall übergeht. Er wendet damit übrigens ein Verfahren an, das ihn weniger in Opposition zu den Stilmitteln Bachs setzt, als vielmehr in deren Nähe rückt. In den kurzen, gleichwohl in überwiegender Zahl durch eine harmonische Polyphonie geprägten Fugen des *Wohltemperierten Klaviers* verwendet Bach akkordische oder homophone Schlußpassagen nur vereinzelt, in seinen weiträumiger angelegten Orgelfugen jedoch häufig.[276]

Der Komponist und Musikschriftsteller Schumann dachte bereits 1837 darüber nach, ob nicht vielleicht die Bachsche Fugenform „mit Nutzen umzugestalten [wäre], ohne daß dadurch der Charakter der Fuge aufgelöst würde".[277] Gerade die in op. 60 zu beobachtenden Brechungen erweisen sich als spezifische Ingredienzien eines gestalterischen Willens, der dem Werk ein unverwechselbares Gepräge gibt, das – nun mit umgekehrt proportionaler Gewichtung zwischen homophonen und polyphonen Anteilen – nicht zuletzt in einem dem Schumannschen Œuvre eingeschriebenen Entwicklungszug mit der dem homophonen Finale von op. 5 eingepflanzten Fuge einen Konnex bildet. Nicht selten wird Schumann das Opfer einer Beckmesserischen Kritik, gegen die er sich privat in seinen Briefen und öffentlich in seinen Artikeln für die *Neuen Zeitschrift für Musik* immer wieder verwahrt hatte. Daß sie bis in unsere Tage anachronistische oder schulmeisterliche Kategorien an seine Werke anlegt, bleibt ein allenthalben zu beklagender, aber wohl nicht zu beseitigender Tatbestand.

„DA ERHOLE ICH MICH AN BACH"
SCHUMANN ALS DIRIGENT BACHSCHER WERKE IN DRESDEN (1848–1850)

Als Schumann im April 1849 diese Zeilen an Georg Dietrich Otten schreibt, ist der von ihm in Dresden gegründete „Verein für Chorgesang" etwa 15 Monate alt, hat eine Reihe von Aufführungen und das erste Stiftungsfest hinter sich.[278] Bevor Schumann jedoch den Plan faßte, einen gemischten Chor ins Leben zu rufen, hatte er am 20. November 1847 die Nachfolge von Ferdinand Hiller als „Liedermeister" eines Männerchores, der Dresdner Liedertafel, angetreten.[279] Ebenso wie die Stiftung des gemischten Chores blieb auch diese Tätigkeit für sein kompositorisches Schaffen nicht folgenlos. Er schrieb für die Dresdner Liedertafel die *Patriotischen Gesänge für Männerchor* op. 62 und die *Ritornelle von Friedrich Rückert in kanonischen Weisen für vierstimmigen Männerchor* op. 65. Doch gab er die Leitung dieses Ensembles nach kaum neun Monaten wieder auf, da er „zu wenig eigentlich musikalisches Streben" vorfand.[280] Mit der Gründung des gemischten Chores verfolgte Schumann sehr bestimmte Absichten, die er sowohl mit Blick auf eigene Opera als auch auf bedeutende Werke anderer Komponisten zu verwirklichen gedachte. In diesem Vokalensemble sollte „der große Chorgesang" gepflegt und dadurch „viel Teilnahme bei dem besseren musikalischen Teil des Publikums" gefunden werden. Der hohe Anspruch wurde schon bald eingelöst, wie die Liste der mit dem Chor im ersten Jahr seines Bestehens geprobten und aufgeführten Kompositionen beweist: „Im Dresdener Gesangverein, unter Leitung Rob. Schumann's wurden folgende Werke während des Jahres 1848 einstudiert und zum Theil vor eingeladenen Zuhörern aufgeführt: Von größeren: Passionsmusik n. d. Evang. Johannes von J. S. Bach, Große Messe von Beethoven, Requiem (C-Moll) von Cherubini, Comala von N. W. Gade, Musik zur Schlußszene des Göthe'schen Faust von R. Schumann. Von kleineren: Kirchenstücke von Palestrina, Nanini, Baj, Anerio und J. Gallus, Chöre aus Händel's Jephta, Motette (op. 69, Nr. 1) von Mendelssohn-Bartholdy, N. W. Gade, Rob. und Clara Schumann."[281]

In der Summe ergibt dies ein eindrucksvolles Repertoire an nahezu ausschließlich geistlichen Titeln. Es legt ein beredtes Zeugnis ab vom Potential sowohl des Laienchores als auch seiner Leitung, zu der neben Schumann gleichermaßen die am Klavier korrepetierende Clara zu rechnen ist. In diesem Tätigkeitsfeld also „erholte" sich Schumann, indem er selten – zum Teil für ihn selbst erstmals – zu hörende Chorwerke mit seinen Sängern erarbeitete und damit seine Repertoire- und Detailkenntnisse erweiterte und vertiefte.

Es kann durchaus als programmatisch gelten, daß Schumann die allererste Probe der Chorvereinigung im Sinne eines gemeinsamen musikalischen Bekenntnisses, worin nicht zuletzt eine der gottesdienstlichen Funktionen des protestantischen Kirchenliedes bestand, mit dem Bach-Choral „*Befiehl du deine Wege*" eröffnete und nicht mit einem Lobgesang an die holde Frau Musica. Er erweist damit sowohl dem Lenker von „Wolken, Luft und Winden" als auch dem hochgeschätzten Thomaskantor seine Ehrerbietung.

Schumanns Tagebuch und ein zu Beginn des Jahres 1848 eigens von ihm angelegtes Notizbuch über seine Chorleiter- und Dirigententätigkeit belegen für die Zeit seines Wirkens in Dresden bis zum Herbst 1850 nicht weniger als 144 Zusammenkünfte, Proben und Aufführungen vor geladenen Gästen. Insgesamt fünfundvierzigmal – er ist damit der im Chorverein am häufigsten gesungene Komponist – stehen Werke Bachs entweder auf dem Probenplan oder in den Programmen der halböffentlichen Konzerte.[282] Erarbeitet wurden die Chöre aus folgenden Werken:
1. *Johannes-Passion*, BWV 245,
2. Kantate „*Du Hirte Israel, höre*", BWV 104,
3. Kantate „*Herr, gehe nicht ins Gericht*", BWV 105,
4. Kantate „*Gottes Zeit ist die allerbeste Zeit*", BWV 106,
5. Motette „*Lobet den Herrn, alle Heiden*", BWV 230.
Die drei Kantaten BWV 104–106 zählen zu den wenigen Werken dieser Gattung, die in gedruckter Form zu dieser Zeit überhaupt vorlagen. Es ist bezeichnend, daß sich Schumann diesen Raritäten zuwandte. Wahrscheinlich hat er mit seinen Sängern die 1830 bei Simrock erschienene Ausgabe benutzt, zu der auch Chorstimmen erhältlich waren. Die Motette BWV 230 war 1821 unter dem Titel *Der 117. Psalm für 4 Singstimmen* erschienen. Breitkopf & Härtel veröffentlichten 1846 eine „Neue Ausgabe nach Bachs Original-Handschrift", die von Schumann in Dresden verwendet worden sein dürfte.

Als erste Komposition Bachs wird Anfang April die *Johannes-Passion* in Angriff genommen, die mit kleineren und größeren Unterbrechungen bis in den Mai 1849 immer wieder Gegenstand der Proben ist, um sich allmählich zu einem regelrechten Repertoirestück des Chores zu entwickeln, aus dem auch jeweils ausgewählte Stücke zu verschiedenen Anlässen vor Zuhörern vorgetragen werden. Die Passion war Schumann spätestens seit 1842 bekannt, besonders die Chöre hatten es ihm angetan.[283] Am 2. April 1849, drei Tage vor der ersten Probe des Werkes, bekennt er in einem Brief an den Musikdirektor von Otten: „Kennen Sie die Bachsche Johannis=Passion, die sogenannte kleine? Gewiß! Aber finden Sie sie nicht um Vieles kühner, gewaltiger, poetischer, als die nach d. Evang. Matthäus? Mir scheint die letztere um 5–6 Jahre früher geschrieben, nicht frei von Breiten, und dann überhaupt über das Maß lang – die andere dagegen wie gedrängt, wie durchaus genial, namentlich in den Chören, und von welcher Kunst! – Käme doch über solche Sachen die Welt ins Klare!"[284]

Daß der sonst so hellsichtige Musikkritiker in diesem Fall irrte, mag man ihm nachsehen. Der geringe Bekanntheitsgrad gerade der Vokalkompositionen Bachs und die dürftige Kenntnis über Entstehungszeiten und stilistische Entwicklung seines Schaffens ließen wohl kaum eine adäquate Einordnung und Bewertung zu.

Die für Schumann insbesondere von den Chören ausgehende Faszination der *Johannes-Passion* ist durchaus nachvollziehbar. Schumann bringt seine Vorliebe für das kleine Schwesterwerk in einem Brief an Moritz Hauptmann drei Jahre später nochmals zum Ausdruck: „Es scheint mir kaum zweifelhaft, daß die Johannespassion die spätere, in der Zeit höchster Meisterschaft geschriebene ist; in der anderen spürt man, dächte ich, mehr Zeiteinflüsse, wie auch in ihr der Stoff überhaupt noch nicht überwältigt erscheint. Aber die Leute denken freilich, die Doppelchöre machen's." [285]

Es wäre interessant, der Frage nachzugehen, worin Schumann „Zeiteinflüsse" in der *Matthäus-Passion* entdeckt haben könnte. Vielleicht vermutete er in den zahlreichen und langen Arien sowie in den Rezitativen Einflüsse aus der italienischen Oper.

Im Juli 1849 wandte sich Schumann in seiner Probenarbeit weiteren Kantaten Bachs und im September schließlich auch der Motette BWV 230 zu. Alle diese Werke hörte er im Kreis seines Chorvereins zum ersten Mal, wie er ausdrücklich in seinem *Chornotizbuch* vermerkt. Alle Kompositionen werden mehrfach in den Proben durchgenommen bis auf den *Actus tragicus*, der nur einmal gesungen wird und dem ein ähnliches Schicksal in der Bewertung widerfährt wie der *Matthäus-Passion*. Den Vortrag noch frisch in den Ohren, schreibt Schumann zwei Tage nach der denkwürdigen Probe vom 4. Juli 1849, in welcher die Chöre aus nicht weniger als drei Kantaten Bachs erklangen, an Julius Rietz: „‚Gottes Zeit ist die allerbeste Zeit' habe ich mir neulich zum erstenmal vorsingen lassen. Sie ist ein großer Liebling von Ihnen, wie Sie mir sagten; auch gefällt sie mir sehr, scheint mir aber doch in eine frühere Epoche (30ger Jahre) Bach's zu gehören, und kaum einen Vergleich auszuhalten mit andern Bach'ischen." [286]

Schumann, dessen Selbstbewußtsein und Lebensgefühl die Chorleitertätigkeit nach langer und schwerer Krankheit durchaus gut bekommt[287], wächst in diesem neuen Aufgabenkreis die Möglichkeit zu, u. a. wichtige Werke Bachs, Beethovens und Mendelssohns zum Klingen zu bringen und nicht zuletzt durch die Vorbereitung auf die Proben tiefere Einblicke in deren kompositorische Faktur zu gewinnen. Darüber hinaus verschafft ihm diese zweieinhalbjährige Tätigkeit neue Eindrücke und Erfahrungen über Klangdisposition, Stimmkombination und – behandlung sowie vokale Schattierungen, die nicht folgenlos für seine eigenen großen Kirchenmusik- und Vokalkompositionen der späten Dresdner und Düsseldorfer Zeit bleiben.

SCHUMANN ALS DIRIGENT BACHSCHER WERKE IN DÜSSELDORF (1850–1852)

Mit Schumanns Dienstpflichten als Städtischer Musikdirektor in Düsseldorf war neben der Leitung von Chor und Orchester des Allgemeinen Musikvereins, mit dem zehn Konzerte zu bestreiten waren, auch die Durchführung von vier Kirchenmusiken im Jahr verbunden.[288] Er fühlt sich den Anforderungen des neuen Amtes durchaus gewachsen und geht die gestellten Aufgaben mit Elan und ge-

Tabelle 4 In Robert Schumanns *Chornotizbuch*[289] verzeichnete Titel Bachscher Werke in den Proben und Aufführungen des „Vereins für Chorgesang" in Dresden

Nr.	Datum	Werkbezeichnung[290]	Seite
1.	05.01.1848	*Choral „Befiehl du deine Wege"*	11
17.	05.04.1848	*1ster u. letzter Chor aus der Johannispassion*	17
18.	12.04.1848	*letzter Chor aus d. Passion Joh.*	17a
19.	16.04.1848	*letzter Chor aus d. Johannis-Passion*	17a
21.	21.04.1848	*Chor*	17b
22.	26.04.1848	*Chor*	17b
	03.04.1848	*2te Aufführung / (vor Gästen und außerordentlichen Mitgliedern) / [...] / Chor aus d. Passion nach d. Evang. Joh. / (No. 36. cmoll)*	18
32.	14.06.1848	*Choral u. Arie mit Chor / aus der Johannis Passion*	21
33.	18.06.1848	*Choral und Arie*	21
		3te Aufführung / (vor Gästen u. außerordentlichen Mitgliedern) / [...] / Arie für eine Baßstimme [...] / mit Begl. des Chores a.d. Joh. Passion	22
36.	28.06.1848	*Verschiedene Nummern a.d. Joh. = / Passion*	23
50.	04.10.1848	*1ster Chor a.d. Joh. Passion / u. noch einiges andere*	30
51.	11.10.1848	*1ster Chor aus d. Joh. Passion / (studirt)*	30
52.	18.10.1848	*Chöre aus d. Joh. Passion*	31
53.	25.10.1848	*Chöre a. d. Passion*	31
54.	01.11.1848	*Chöre aus d. Passion*	31
55.	07.11.1848	*Chöre a. d. Passion*	32
56.	15.11.1848	*[Chöre a.d.] Passion*	32
57.	22.11.1848	*Chöre a.d. Passion*	32
58.	29.11.1848	*A. d. Passion*	33
59.	06.12.1848	*A. d. Passion*	33
60.	13.12.1848	*Chöre a.d. Passion*	33
61.	20.12.1848	*Chöre a.d. Passion*	33
62.	27.12.1848	*Chöre a.d. Passion*	34
64.	10.01.1849	*die früheren Stücke* [in Abwesenheit von Clara und Robert Schumann]	34
65.	17.01.1849	*die früheren Stücke* [in Abwesenheit von Clara und Robert Schumann]	35
66.	24.01.1849	*die früheren Stücke*	35
67.	31.01.1849	*die früheren Stücke*	35
68.	04.02.1849	*Hauptprobe zum Stiftungsfest*	35
69.	07.02.1849	*Stiftungsfest [...] 1ster Chor aus der Johannis Passion*	35f.
70.	14.02.1849	*Chöre a.d. Passion*	36
79.	11.04.1849	*3 Chöre aus d. Joh. Passion*	39
82.	21.05.1849	*Schluß- u. Anfangschor a.d / Johannispassion*	41
87.	04.07.1849	*die Chöre aus den Motetten / Gottes Zeit / Du Hirte Israel / Herr gehe nicht ins Gericht / zum 1stenmal.*	43
89.	18.07.1849	*„Gehe nicht in's Gericht"*	44
100.	05.09.1849	*der 117te Psalm (1º)*	48
101.	12.09.1849	*d. 117ten Psalm*	48
102.	19.09.1849	*d. 117ten Psalm*	48
104.	03.10.1849	*der 117te Psalm*	49
107.	24.10.1849	*der 117te Psalm*	50
115.	12.12.1849	*Chöre aus d. Joh. Passion, Du Hirte Israel*	52
116.	19.12.1849	*Du Hirte Israel, Herr gehe nicht ins Gericht*	52
130.	10.02.1850	*Johannis Passion* [Eintragung von fremder Hand]	56
131.	13.02.1850	*Joh. Passion* [Eintragung von fremder Hand]	56
132.	20.02.1850	*Joh. Passion* [Eintragung von fremder Hand]	57
138.	03.04.1850	*Stücke aus der Johannispassion*	59

stalterischem Willen an, mit seinen Konzerten – zumindest zunächst – durchaus an Mendelssohnsche Maßstäbe anknüpfend.[291] Denn er kommt nicht unvorbereitet nach Düsseldorf, hatte er sich doch in den zurückliegenden Jahren in nahezu allen relevanten musikalischen Gattungen als Dirigent wertvolle Erfahrungen angeeignet und mit seinen Konzerten und Aufführungen in den meisten Fällen beachtliche Erfolge erzielt. Die künstlerische Bilanz seiner über drei Spielzeiten währenden Düsseldorfer Tätigkeit wird durch die Programmgestaltung seiner Konzerte und Kirchenmusiken dokumentiert, die von einer ästhetisch kompromißlosen Kunstgesinnung Zeugnis ablegt.[292] Trotz aller Probleme und Mißhelligkeiten, die schließlich 1853 zur Niederlegung seines Amtes als Musikdirektor führen, muß Schumanns Amtszeit als ein nicht zu unterschätzendes Kapitel musikalischer Rezeptionsgeschichte – nicht zuletzt Beethovenscher und Bachscher Rezeptionsgeschichte – gelten.[293]

Die erste Konzertsaison unter Schumanns Ägide hält für das Düsseldorfer Publikum ein breit gefächertes und hochkarätiges Angebot sinfonischer und chorsinfonischer Werke sowie eine stattliche Zahl von Ur- bzw. Erstaufführungen zeitgenössischer und älterer Kompositionen bereit. Eröffnet wird die neue Spielzeit mit einem fünffachen Paukenschlag: Neben Bach, Beethoven und Mendelssohn stehen die Erstaufführungen des *Adventliedes* von Schumann und der von ihm bereits 1848 mit seinem „Verein für Chorgesang" erarbeiteten sinfonischen Kantate *Comala* von Niels W. Gade. Noch von Dresden aus hatte Schumann dem Notar Joseph Euler vom Konzertdirektorium des Düsseldorfer Musikvereins Programmvorschläge für die erste von ihm zu gestaltende Saison unterbreitet: „Mit dem Gesangverein zuerst zu studieren gedachte ich vielleicht die Johannespassion von Bach (die kleinere, aber nicht minder schöne), die 3 letzten Motetten von Mendelssohn, und dann ‚Comala' von Gade, oder die Hermannsschlacht von Mangold."[294]

Ganz offensichtlich greift Schumanns Konzeption der Programmgestaltung, denn Werkauswahl, Interpretationen und nicht zuletzt Anziehungskraft des Ehepaars Schumann führen dazu, daß die ersten sechs Abonnementkonzerte der Saison 1850/51 vor überfülltem Saale stattfinden, woraufhin sich der Verwaltungsausschuß entschließt, der Konzertreihe drei zusätzliche Abende folgen zu lassen.[295] Andererseits machen sich – gegen Ende der Saison nach dem 8. Abonnementskonzert – erste Mißstimmungen und Mißhelligkeiten durch einen negativen Pressebericht und zuvor bereits durch Unzufriedenheit mit den Leistungen des Chores im Hause Schumann breit.[296] Als bedeutendes rezeptionsgeschichtliches Ereignis muß die Düsseldorfer Erstaufführung der *Johannes-Passion* vom 13. April 1851 angesehen werden, die – bemerkenswert genug – nicht in einer Kirche, sondern im Geislerschen Saal stattfand und die „die musikalischen Gemüter noch lange beschäftigen" sollte.[297] Die mehrmonatige Vorbereitungsarbeit mit den Sängern hatte sich offenbar ausgezahlt, so daß Clara über die Aufführung zufrieden feststellen kann, die Chöre seien „durchweg gelungen."[298]

Bleibt die Bewertung der musikalischen Qualität dieses Konzertes auch hypothetisch und aufgrund der geringen Zahl zugänglicher Quellen nur von begrenzter Aussagekraft, so kann sie ergänzt werden durch aufführungspraktische Erwägungen Schumanns, die ein bezeichnendes Licht auf sein stetes Bemühen werfen, die Verlebendigung einer Komposition auf die Autorität des Notentextes zu gründen. Er beabsichtigte eine weitgehend vollständige Wiedergabe der *Johannes-Passion*.

Neben der im Robert-Schumann-Museum in Zwickau aufbewahrten Dirigierpartitur Schumanns geben uns folgende Zeilen an Moritz Hauptmann Aufschluß über seine Intentionen: „Wir wollen zum Palmsonntag die Johannes-Passionsmusik von Bach hier aufführen. Ueberhäuft von Arbeiten, würde es mir ein großer Zeitgewinn sein, wenn ich mir die ausgeschriebenen Recitative irgendwie verschaffen könnte. Wenn ich nicht irre, besitzen Sie oder die Thomasbibliothek die Orchesterstimmen, und es wäre nun meine Bitte, ob Sie uns dieselben nicht bis Mitte März leihen könnten. Singstimmen haben wir genug; sollten aber vielleicht in der Orchesterpartie, wie Sie sie aufführen, Abweichungen von der Partitur sein, so würde ich Sie ersuchen, mir auch ein Exemplar der Chorstimmen beizulegen."[299]

Hauptmann gab der Bitte Schumanns statt und übersandte das gewünschte – offensichtlich mit Streichungen versehene – Notenmaterial, wie wir aus dem Dankschreiben nach erfolgter Aufführung entnehmen können: „Mit vielem Danke folgen die Stimmen zur Johannespassion zurück; sie haben mir gute Dienste geleistet – und vor Allem die Musik vollständig und mit Orchester zu hören, was war das für ein Fest! [...] So sehr ich mit den meisten Ihrer Kürzungen, namentlich der Recitative, einverstanden bin, so habe ich doch ziemlich das Ganze gegeben, was im Original steht. Den Schlußchoral allein möchte ich in keinem Falle missen; er wirkt nach dem elegischen C moll=Chor auf das Erhabenste. Sonst war die Aufführung, die mir übrigens viel Mühe gemacht, eine sehr gute; die Choräle hatten wir durch 50 Knabenstimmen verstärkt. Überhaupt wird doch hier am Rhein beinahe in größerem Maßstab musicirt als in Mitteldeutschland."[300]

Anhand der mit zahlreichen Eintragungen versehenen Dirigierpartitur Schumanns – es handelt sich um die Erstausgabe der Partitur von 1831 – ist nachvollziehbar, daß nur die Nr. 18, 26, 33 und 34 durch Schumann gestrichen worden sind und die Nr. 32 ursprünglich ausgelassen werden sollte, schließlich aber restituiert wurde. Schumann hat auch in die Instrumentation eingegriffen. In der autographen Niederschrift *Der Rose Pilgerfahrt* hat Gerd Nauhaus auf den Seiten 31 und 34 von Schumann für die Aufführung der *Johannes-Passion* geschriebene Bläserstimmen identifiziert.[301] Es wurden Klarinettenstimmen für die Nr. 6 und 7 sowie zwei Trompeten in D für den Vivace-Teil der Alt-Arie Nr. 31 „Der Held aus Juda siegt mit Macht" ergänzt. Eine weitere Miszelle sieht für die Takte 24–26 der Nr. 10 eine Besetzung von Oboe, 2 Klarinetten und 2 Fagotten vor. Aus der Partitur ist darüber hinaus ersichtlich, daß die Klarinetten und Fagotte auch zur Verstärkung der Streicher in den Chorälen herangezogen wurden.

Hatte Schumann das Werk in Dresden nur mit Klavierbegleitung zu hören bekommen, so eröffnet sich ihm nun durch die Präsentation der Passion mit Orchester eine neue, ihn begeisternde, klangliche Dimension. Der Bericht Schumanns spricht eine deutliche Sprache und enthält weitere wertvolle Nachrichten über seine Kunstauffassung. Es war, wie wir wissen, im 19. Jahrhundert alles andere als selbstverständlich, Bachs Passionen in ungekürzter Form und vor allem mit den Rezitativen darzubieten. Unter diesem Aspekt war die Düsseldorfer Interpretation der *Johannes-Passion* durch Schumann ein aufführungspraktisch denkwürdiges Ereignis. Hinsichtlich des eingesetzten großen Vokal- und Instrumentalapparates dürfte sie sich hingegen von den damals üblichen kaum unterschieden haben.

Wenige Wochen später beginnt Schumann, Teile der *h-Moll-Messe* zu proben. Die Fortschritte müssen anfänglich zufriedenstellend gewesen sein: „Im Verein haben wir die H moll=Messe von Bach angefangen (auch ein Wunder) – und es geht besser damit, als ich dachte. Die werden wir möglichst im nächsten Winter aufführen."[302]

Doch mehr und mehr wird ihm die Arbeit an dem an die Sänger ohnehin hohe Anforderungen stellenden Werk durch die Disziplinlosigkeit des Chores erschwert, so daß Schumann möglicherweise recht froh darüber ist, schließlich die Leitung des Konzertes an Julius Tausch abgeben zu können, um einer Einladung nach Leipzig nachzukommen, wo er mit Clara Konzerte geben sollte.[303]

Es scheint zunächst, als hätte das letzte große Bach-Projekt, das Schumann mit der Einstudierung der *Matthäus-Passion* in Angriff nahm, unter einem Unstern gestanden. Die ersten Proben hatte der versierte und im Chor beliebte Kapellmeister Tausch bestritten, den Schumann dann Ende März 1852 nach seiner Rückkehr aus Leipzig wieder in der Leitung des Ensembles ablöst. Aus der letzten a cappella-Probe berichtet Clara entrüstet über fehlenden Eifer und haarsträubende Flegeleien der Choristen, die eine solide musikalische Arbeit kaum zuließen.[304] Doch muß die Aufführung letztendlich für Schumann erfreulich gewesen sein, denn er vermerkt in seinem Tagebuch: „Abends ‚Passion' ziemlich gut."[305]

Das Wirken Schumanns als Städtischer Musikdirektor in Düsseldorf harrt trotz einiger Einzeluntersuchungen[306] immer noch einer umfassenden Dokumentation, einer abgewogenen Würdigung und Diskussion, in die insbesondere die noch verfügbaren Akten des Musikvereins sowie die erreichbaren Rezensionen der während seiner Dienstzeit von ihm geleiteten Konzerte mit einzubeziehen wären. Die Berichte Wasielewskis und Litzmanns können dafür allenfalls den Ausgangspunkt bilden. Vorläufig ist zu resümieren, daß Schumanns exponierte Stellung in Düsseldorf es ihm erlaubt, in bisher nicht gekanntem Maße sowohl seine eigenen als auch die Werke der von ihm verehrten Komponisten öffentlich aufzuführen. An die Stelle der verbalen Proklamation ästhetischer Positionen und theoretisch-analytischer Betrachtungen des Kritikers, Musikschriftstellers und Musikgelehrten tritt der praktische Dienst für die Musik, der nunmehr als letzte Stufe der persönlichen Aneignung und der öffentlichen Vermittlung in die Interpretationen des Dirigenten Schumann mündet. Mit den Aufführungen der *Johannes-* und *Matthäus-Passion* setzt er die von Mendelssohn initiierte Wiederbelebung der weitgehend unbekannten vokalen Werke Bachs fort. Die von ihm angestrebte, nahezu vollständige Wiedergabe der Kompositionen ist kennzeichnend für Schumanns kunstästhetische Prämisse einer uneingeschränkten Autorität des überlieferten Notentextes, wie er sie in seinen Artikeln für die *Neuen Zeitschrift für Musik* immer wieder angemahnt hat, und stellt einen für die erste Hälfte des 19. Jahrhunderts durchaus ungewöhnlichen Beitrag zur Idee der Werktreue dar.

Tabelle 5 In Schumanns *Chornotizbuch* verzeichnete Titel Bachscher Werke in Proben und Aufführungen des Musikvereins in Düsseldorf

Nr.	Datum	Werkbezeichnung	*CNB* Seite
19.	28.01.1851	*Passion Johannis*	73a
20.	11.02.1851	*Passion Johannis*	73b
21.	25.02.1851	*Passion*	75
24.	18.03.1851	*Proben zur Passion*	76
25.	21.03.1851	*Proben zur Passion*	76
26.	25.03.1851	*Proben zur Passion*	76
27.	28.03.1851	*desgl.*	76
28.	01.04.1851	*desgl.*	76
29.	04.04.1851	*desgl.*	77
30.	07.04.1851	*desgl.*	77
31.	08.04.1851	*desgl.*	77
	09.04.1851	*Orchesterprobe zur Passion*	77
	11.04.1851	*Hauptprobe zur Passion*	77
	12.04.1851	*Hauptprobe zur Passion*	77
	13.04.1851	*Concert [...] / die Johannispassion von J.S. Bach (I⁰).–*	77
36.	20.05.1851	*Sätze aus der Messe in Hmoll*	79
37.	03.06.1851	*[Sätze aus der Messe] in Hmoll*	80
39.	17.06.1851	*Crucifixus u. Incarnatus a. / d. Messe*	80
40.	26.08.1851	*Sätze aus der Hmoll Messe*	81
41.	02.09.1851	*dasselbe*	81
44.	23.09.1851	*Sätze a.d. Messe in Hmoll*	82
57.	16.01.1852	*Stücke aus der Passion Johannis*	87
59.	10.02.1852	*Incarnatus. Crucifixus u. Sanctus aus der Messe*	88
60.	17.02.1852	*dasselbe*	89
61.	27.02.1852	*dasselbe und Johannis Passion*	89
	18.03.1852	*7tes Concert / [...] / von J. Tausch dirigirt. / [...] Incarnatus u. Crucifixus / aus d. Hmollmesse*	90f.
	09.03.1852	*Probe zur [Matthäus-] Passion unter Tausch*	91
	12.03.1852	*Probe zur [Matthäus-] Passion unter Tausch*	91
	19.03.1852	*Probe zur [Matthäus-] Passion unter Tausch*	91
62.	23.03.1852	*desgl.* [unter Schumann]	91
63.	26.03.1852	*desgl.*	91
64.	30.03.1852	*desgl.*	91
	01.04.1852	*1ste Probe* [der Matthäus-Passion] *mit Orchester*	92
	02.04.1852	*Probe mit Quartett*	92
	03.04.1852	*Generalprobe*	92
	04.04.1852	*Palmsonntag / 8tes Concert. / die Passion n. d. Ev. Matthäi*	92

Tabelle 6: Werke Bachs in den Konzertprogrammen der Jahre 1850-1853, gespielt von Clara Schumann
oder dirigiert von Robert Schumann und Julius Tausch

Datum	Werkbezeichnung	Quelle
24.10.1850	Präludium und Fuge (a-Moll) von J.S. Bach, vorgetragen von Frau Clara Schumann	*Tb 3*, S. 542; *KPS*, Nr. 284; *Litzmann*, Bd. 2, S. 228f.; Paul Kast (1981), S. 178
06.02.1851	Konzert für drei Klaviere von J. S. Bach, vorgetragen von den Fräulein Falk-Sabinin und Dupré. (Zum ersten Male.)	*Tb 3*, S. 553; Paul Kast (1981), S. 179
13.04.1851	Große Passionsmusik nach dem Evangelium Johannis von J. S. Bach. Es ist dies die zweite des großen Meisters, die hier zum ersten Male zur Aufführung kommt.	*Tb 3*, S. 558; Paul Kast (1981), S. 179
18.03.1852	Incarnatus est und cruzifixus aus der Hohen Messe in H-Moll von J. S. Bach [dirigiert von Julius Tausch]	Paul Kast (1981), S. 180
04.04.1852	Große Passionsmusik nach dem Evangelium Matthai von J. S. Bach	*Tb 3*, S. 590; Paul Kast (1981), S. 180

„Im Übrigen liegt gerade in diesen Compositionen Bachs ein Schatz verborgen, von dem wohl die Wenigsten wissen." Zu Schumanns Bearbeitungen der Werke für Violine und Violoncello solo von Bach (1853)

Die kompositionsgeschichtliche Bedeutung von Bachs Solosonaten und -partiten für Violine und Violoncello hat sich bis heute nur einem kleinen Kreis von Kennern und Liebhabern erschlossen. In der ersten Hälfte des 19. Jahrhunderts dürften sie weitgehend unbekannt gewesen sein. Den beiden Geigern Ferdinand David und Karl Wilhelm Uhlrich kommt das Verdienst zu, Schumann bereits im Jahre 1836 mit einigen der Sonaten und Partiten für Violine solo sowie für Violine und Klavier bekannt gemacht zu haben.[307] Die Notizen in seinem Tagebuch dokumentieren, daß sich ihm der Gehalt dieser Kompositionen spontan erschloß. Als am 8. Februar 1840 im Gewandhaus, von Mendelssohn am Klavier begleitet – wohl in Leipzig zum ersten Mal in einem öffentlichen Konzert – die *Chaconne* und als Zugabe das Präludium aus der Partita E-Dur erklingen, wird dieses Ereignis von Schumann in zwei Artikeln für die *Neuen Zeitschrift für Musik* und die Brockhaussche *Allgemeine Zeitung* enthusiastisch gefeiert.[308]

Möglicherweise angeregt durch Mendelssohns Klavierbegleitung der *Chaconne*, nimmt Schumann im Dezember 1852 die Bearbeitung einer Klavierbegleitung für alle Sätze der ersten Solosonate in Angriff, der er Anfang Januar 1853 die nächste Partita folgen läßt.[309] Offenbar war von Schumann – möglicherweise in Absprache mit dem Verleger Hermann Härtel – ursprünglich nur die Bearbeitung einer Auswahl von Sätzen aus den Solosonaten und -partiten vorgesehen. Während der Beschäftigung mit diesem Projekt wird für Schumann jedoch diese Konzeption unhaltbar, so daß er dem Verlag ein neues Angebot unterbreitet, nicht oh-

ne seinen Standpunkt ästhetisch stichhaltig zu begründen: „Die Bearbeitung der
Bachschen Sonaten hat mich länger aufgehalten, als ich glaubte; daher die ver-
spätete Antwort auf Ihr letztes freundliches Schreiben. Dann ward es mir während der Arbeit klar, daß mit einer Auswahl aus den Sonaten der Sache nicht gut
und künstlerisch gedient sei. Die einzelnen Sätze der Sonaten hängen meistens so
innig zusammen, daß das Original durch Hinweglassung nur entstellt würde. So
habe ich denn bis jetzt die zwei ersten Sonaten vollständig bearbeitet und lege
sie bei. Ich dachte mir, daß jede in einem besonderen Hefte erschiene, vielleicht
von Viertel= zu Vierteljahr je eine, so daß das Ganze in 1 ½ Jahren fertig wäre.
[...] Im Übrigen liegt gerade in diesen Compositionen Bachs ein Schatz verborgen, von dem wohl die Wenigsten wissen, und den zu heben, die harmonischen
Tragebänder, die ich ihm anlegte, hoffentlich etwas beitragen werden."[310]

Schumann, dem die Erhaltung der zyklischen Anlage in den einzelnen Werken
dieser Werkgruppe ebenso wie ihre Verbreitung sehr am Herzen lag, kam
schließlich mit Härtel überein, daß allen Sätzen der sechs Werke „harmonische
Tragbänder" angepaßt werden sollten. Nachdem er am 5. Februar die
„Harmonisirung" abschließt, überzeugt er sich in eine Probe mit dem Geiger
Ernst Carl Ruppert Becker von der klanglichen Gesamtwirkung seiner Bearbeitung.[311] Als Anfang 1854 die letzten Korrekturen für den Verlag erfolgen, erscheinen zeitgleich bei Kistner gerade acht Einzelsätzen der Violinsonaten in einer Bearbeitung durch Bernhard Molique. Die Sorgen Härtels wegen dieser un-
vermuteten Konkurrenz wußte Schumann zu zerstreuen. Er stand dieser
„Verzeddelung" der Einzelsätze sehr kritisch gegenüber und hielt sie schlicht für
„nicht sehr künstlerisch". Er selbst hingegen vertraute auf den Sog der tiefgründi-
gen Beschaffenheit und des zyklischen Zusammenhangs dieser Kompositionen
Bachs.[312] Nachzutragen bleibt, daß Joseph Joachim, der ab Dezember 1854 in
zahlreichen gemeinsamen Konzerten mit Clara Schumann Sonaten und Solosonaten von Bach öffentlich aufführen wird, von Schumann ein druckfrisches Exemplar seiner Bearbeitungen mit der Dedikation erhält: „J. Joachim, dem besten
Dolmetsch dieser Wundermusik."[313]

Kurz nach dem Abschluß der Bearbeitung der Violinwerke nimmt Schumann
sich der *Suiten* für Violoncello solo von Bach an. Auf diese Werkgruppe war er
einige Jahre zuvor zunächst mittelbar gestoßen. Als er im September 1847
„Bach's Leben' v. Forkel" liest, notiert er sich in seinem „Projektenbuch":
„Compositionen, die noch kennen zu lernen J. S. Bach, 6 Sonaten f. Violoncell
allein (s. Forkel, Bach's Leben, S. 61.), Concert f. 4 Claviere mit Begl. d. Quartetts (desgl. S. 58), Trauercantate für Fürst Leopold v. Köthen (doppelchörig)
(desgl. Forkel S. 26)."[314]

Nach nur drei Wochen beendet er am 10. April 1853 die Arbeit und gibt bei
seinem Kopisten Peter Fuchs eine Abschrift in Auftrag.[315] Im November offeriert
er die Violoncello-Sonaten Friedrich Kistner: „Sie wissen vielleicht, daß bei
Breitkopf und Härtel eine Bearbeitung der Bachschen Violinsonaten von mir erscheint (in 6 Heften); ich habe in gleicher Weise die Violoncellosonaten bearbeitet und würde sie Ihnen zu den nämlichen Bedingungen, wie Härtels, überlassen.

Dies sind die schönsten und bedeutendsten Compositionen, die es für Violoncell gibt."[316]

Kistner ließ sich nicht herbei, diese Bearbeitungen zu publizieren. Das Manuskript Schumanns blieb verschollen. Mag man heute die Klavierbegleitungen der Werke für Violine und Violoncello solo von Bach aufgrund ihrer gedoppelten, von romantischer Harmonik durchsetzten Klangwelt als problematisch und stilwidrig empfinden, so darf andererseits nicht vergessen werden, daß das Augenmerk Schumanns bei diesem Unternehmen sicherlich zu einem guten Teil der Verbreitung dieser nurmehr ein Schattendasein führenden exzeptionellen Werke galt und aus dieser Intention seine Berechtigung herleitete.[317]

BACHSCHE WERKE IN SCHUMANNS MUSIKBIBLIOTHEK

Im August 1853 ordnet Schumann seine Musikalien und legt im Zuge dieser Sichtung einen Katalog an.[318] Obgleich dieser Katalog in einer Abschrift Kreisigs überliefert ist, wurde er bislang nur in Teilen erschlossen. Er umfaßt 34 beschriebene Seiten und enthält ca. 500 Musik- und weitere 25 Buchtitel. Die Musiktitel lassen sich nicht genau beziffern, da die Anzahl der Werke in Sammelbänden erst ermittelt werden müßte. Mehr als die Hälfte der Musikalien entfallen auf Werke von Bach, Haydn, Mozart, Mendelssohn und Beethoven, der mit insgesamt 71 Titeln vertreten ist.[319] Für zahlreiche Bände kann der Zeitpunkt der Anschaffung nachgewiesen oder erschlossen werden. Seine Vorliebe für Bach wird durch die stattliche Zahl von knapp 500 BWV-Nummern in 48 Bänden und Einzelausgaben eindrucksvoll unterstrichen. Werke Bachs dürften neben denen Beethovens den bei weitem gewichtigsten Teil seiner Musikbibliothek ausmachen. Die Verteilung auf die verschiedenen Gattungen zeigt eine für die Quellenlage in der ersten Hälfte des 19. Jahrhunderts charakteristische Streuung. Die Kantaten fehlen – abgesehen von den erst nach 1850 erschienenen ersten beiden Bänden der Bach-Gesamtausgabe – völlig, denn es wurden bis zu dieser Zeit nur einzelne von ihnen überhaupt gedruckt. Dagegen sind Orgel- und Klavierwerke in beträchtlicher Zahl und zum Teil sogar in zwei oder drei verschiedenen Ausgaben in Schumanns Bibliothek zu finden.

In Tabelle 9 werden die in Schumanns Musikkatalog aufgeführten Titel soweit wie möglich bibliographisch erschlossen und die erhaltenen Handexemplare zusätzlich mit Standortangabe und Signatur versehen. Die beiden Tabellen 8 und 10 enthalten zum einen die musikalischen Beilagen zur *Neuen Zeitschrift für Musik* Schumanns zum anderen weitere, jedoch in Schumanns Katalog nicht verzeichnete Handexemplare, in denen er Werke Bachs veröffentlichte. Wohl einzigartig ist, daß etwa drei Viertel dieser stattlichen Sammlung Bachscher Werke erhalten blieben und daß anhand der Eintragungen, Korrekturen und Vermerke sowohl Intensität als auch Intention ihrer Rezeption nachzuvollziehen sind.

Tabelle 7: In Schumanns Musikkatalog enthaltene Werke Bachs

Gattung/Werkgruppe	BWV-Nummer	Anzahl
Kantaten	1-20	20
Motetten	226a, 227, 229, 232, Anh. 162	5
Messen/Magnifikat/Passionen	232, 243, 244, 245	4
Vierstimmige Choräle	253-438	186
	eine weitere Ausgabe mit 371 Chorälen	
Orgelwerke	532, 533, 539, 542, 550, 552, 562, 565, 566, 569, 574	11
Choralvorspiele/-partiten	599-630, 632-664, 667, 669-689, 691-693, 698-701, 705-708, 710, 711, 740, 748, 766, 768, 769	103
Klavierwerk	772-817, 823, 825-831, 846-895, 898, 899, 901, 903, 904, 906, 907, 910-915, 919, 924-930, 933-939, 942, 944, 945, 947, 948, 952, 953, 961, 971, 988, 992, 999, Anh. 180	145
Kammermusik	1014-1019	6
Konzerte	1052, 1059	2
Musikalisches Opfer	1079	1
Kunst der Fuge	1080	1
Gesamtanzahl:		484

Tabelle 8: In den musikalischen Beilagen zur *NZfM*, Heft 1-16 erschienene Werke J. S. Bachs[320]

Werkbezeichnung	Zusätze	Standort, Sig., Verlag, Plattennummer, Ort, Erscheinungsjahr
Fuge c-Moll, BWV 574	E	*RSchH*, Sig.: 6123-D3/A4 (Sa 83); Heft 5, S. 3-8, Friese, Leipzig Februar 1839 (Erstdruck)
Fuge e-Moll, BWV 945	E	*RSchH*, Sig.: 6123-D3/A4 (Sa 83); Heft 7, S. 12-13, Friese, Leipzig September 1939 (Erstdruck)
Choralvorspiel „Ich ruf zu Dir Herr Jesu Christ", BWV 639	E	*RSchH*, Sig.: 6123-D3/A4 (Sa 83); Heft 8, S. 3, Friese, Leipzig Dezember 1839 (Erstdruck)
Choralvorspiel „Das alte Jahr vergangen ist", BWV 614	E	*RSchH*, Sig.: 6123-D3/A4 (Sa 83); Heft 8, S. 15, Friese, Leipzig Dezember 1839 (Erstdruck)
Choralvorspiel „Durch Adams Fall ist ganz verderbt", BWV 637	E	*RSchH*, Sig.: 6123-D3/A4 (Sa 83); Heft 10, S. 3, Friese, Leipzig Juni 1840 (Erstdruck)
Fantasie c-Moll, BWV 562, 1	E	*RSchH*, Sig.: 6123-D3/A4 (Sa 83); Heft 13, S. 3-5, Friese, Leipzig Mai 1841 (Erstdruck)
Choralvorspiel „O Mensch, bewein' dein Sünde gross", BWV 622	E	*RSchH*, Sig.: 6123-D3/A4 (Sa 83); Heft 16, S. 3-5, Friese, Leipzig Dezember 1841 (Erstdruck)

Tabelle 9: In Schumanns Musikkatalog enthaltene Ausgaben der Werke Bachs

Werkbezeichnung und BWV-Nummern der enthaltenen Werke	Zusätze	Standort, Sig., Verlag, Plattennummer, Ort, Erscheinungsjahr
BG, Band I–III	Partitur	*RSchH*, Sig.: Sch 10734, 1-3; Leipzig 1851-53
Johannes-Passion BWV 245	Partitur[321]	*RSchH*, Sig.: 2382-D1/A4; Trautwein, Berlin 1831
Motette „Komm, Jesu, komm"	Partitur, E[322]	*RSchH*, Sig.: 11 813-D1/A4; B&H, Leipzig 1803
Motette „Jesu, meine Freude"	Partitur, E	*RSchH*, Sig.: 11 813-D1/A4; B&H, Leipzig 1803
Motette „Der Geist hilft unserer Schwachheit auf"	Partitur	*RSchH*, Sig.: 11 813-D1/A4; B&H, Leipzig 1803
Kantate „Liebster Gott, wann werd ich sterben"	Partitur geschrieben	
Motette „Lob, Ehre und Weisheit und Dank"[323]	Partitur	*RSchH*, Sig.: 11 813-D1/A4; B&H, 3006, Leipzig 1819
Magnificat, BWV 243	Partitur	Simrock, Bonn 1811 [1816] [1817] [1828]
Vierstimmige Kirchengesänge, hg. von C.F. Becker, 6 Hefte	Partitur	Friese, Leipzig 1. Lieferung 1841; 2. und 3. Lief. 1842; 4. bis 6. Lief. 1843
Messe in h-Moll, BWV 232	Klavierauszug, E	*RSchH*; Sig.: Sch 10 666-A4/D; Simrock, 3038, Bonn 1834 (?)
Matthäuspassion, BWV 244	Klavierauszug	Heinrich-Heine-Institut Düsseldorf, Depositum des Düsseldorfer Musikvereins, Schlesinger, Berlin 1830[324]
Konzert für Cembalo d-Moll,		
Werke für Clavier und Orgel (Petri'sche Ausgabe) X Bände[325]		*RSchH*, Sig.: Sch 10 552, 1-8 D1/ A4; Peters, 2635, Leipzig 1837
371 Choralgesänge		B&H, Leipzig 1834 (?)
44 kleine Choralvorspiele für die Orgel, hg. von Felix Mendelssohn-Bartholdy;	E[326]	RSchH; Sig.: 11.825-D1/A4; B&H, 7263, Leipzig 1845
15 große Choral-Vorspiele für die Orgel, hrsg. von Felix Mendelssohn	E[327]	RSchH; Sig.: 11.825-D1/A4; B&H, 7492, Leipzig 1846
Choralvorspiele für die Orgel, 4 Hefte[328]	E	RSchH, Sig.: 11 831-D1/A4; B&H, Leipzig [1806/1815/1818]
Orgelkompositionen, hrsg. von Adolf Bernhard Marx, 3 Hefte[329]		*RSchH*; Sig.: 11.825-D1/A4; B&H, 5469-5471, Leipzig 1833
Praeludien und Fugen für Orgel, 3 Bde.		
Klavierübung Teil I–III		
Große Suiten, 6 Hefte	E	Katalog Stargardt Nr. 399, vom 3. Februar 1938, S. 33, Nr. 198[330]
Chromatische Fantasie und Fuge		
Suiten, 6 Hefte		
Toccata und Fuge für Orgel, Nr. 2 und 3		
Fantasie für Orgel		

Tabelle 10: In Schumanns Musikkatalog nicht aufgeführte Handexemplare Bachscher Werke

Werkbezeichnung	Zusätze	Standort, Sig., Verlag, Plattennummer, Ort, Erscheinungsjahr
Partita über „Sei gegrüßet, Jesu gütig"	E[331]	*RSchH*; Sig.: 11.825-D1/A4; B&H, 7348, Leipzig 1846
Partita über „Christ, der du bist der helle Tag"	E	*RSchH*; Sig.: 11.825-D1/A4; B&H, 7347, Leipzig 1846
Das Wohltemperierte Klavier, Teil 1 und 2		*RSchH*; Sig.: 6003-A4/D; B&H, 8225 und 8226, Leipzig 1850/ 51[332]

EPILOG

In den verschiedenen Stadien seiner Entwicklung als Musiker und Komponist setzt Schumann sich auf vielfältige Weise mit den Werken Bachs auseinander. Als junger Pianist spielt er die ihm zugänglichen Klavierwerke Bachs und transkribiert im Unterricht Dorns Teile *des Wohltemperierten Klaviers*. Die *Kunst der Fuge* schreibt er ab, analysiert sie und unterzieht sie – wie zahlreiche andere Werke Bachs – einer akribischen Textkritik. Grundlage dafür bildet vor allem in späteren Jahren u. a. seine umfangreiche musikalische Bibliothek, die zahlreiche Bachsche Werke in mehreren Ausgaben enthält. In Lexikon- und Zeitschriftenartikeln tritt er für die Verbreitung und Pflege des Bachschen Œuvres ein, propagiert die Errichtung eines Bach-Denkmals und befördert den Plan einer Bach-Gesamtausgabe, bespricht, bewertet und deutet Einzelwerke, Ausgaben und Werkzyklen. In den Musik-Beilagen zur *Neuen Zeitschrift für Musik* ediert er bislang unveröffentliche Kompositionen Bachs. In Dresden und Düsseldorf studiert er als Chorleiter und Dirigent einige der großen Chorwerke ein und präsentiert sie in halböffentlichen und öffentlichen Konzerten einem breiteren Publikum. Schließlich gilt eine seiner letzten kompositorischen Arbeiten der Klavierbegleitung zu den Werken für Violine und Violoncello solo.

Ebenso wie die Beethoven-Rezeption Schumanns muß auch seine Bach-Rezeption als ein musikgeschichtlicher Modellfall „der Einheit von Aneignung kompositorischer Auseinandersetzung und Popularisierung" angesehen werden.[333] Überblickt man Ausmaß, zeitliche Dichte und methodische Vielfalt seiner sich über mehr als drei Jahrzehnte erstreckenden Bach-Rezeption, so drängt sich die Schlußfolgerung auf, daß „die Musik Bachs für ihn eine Bedeutung erlangen konnte wie für keinen anderen großen Komponisten seiner Epoche".[334] Dieser Auffassung waren offenbar einige Zeitgenossen Schumanns schon recht zeitig: „Wenn ihr durchaus den Stammbaum Schumanns wissen wollt, so will ich Euch sagen: von väterlicher Seite stammt er von Bach u. Beethoven, von mütterlicher Jean Paul u. Weber. Chopin u. Schubert sind seine Brüder."[335]

Mit diesem genealogischen Zitat gerät unversehens eine Rezeptionsgeschichte zweiter Ordnung in das Blickfeld, deren Gegenstand in der Rezeption der den Kompositionen Schumanns eingeschriebenen Traditionslinien durch seine Zeitgenossen und die Nachgeborenen bestehen könnte. Eine Affinität zwischen Bach und Schumann hat sich ihnen offenbar bis in unsere Tage hinein immer wieder mitgeteilt. Die Begegnung mit den Werken Bachs war für Schumann kein leblos musealer „Rückschritt", auch resultierte aus ihrer Aneignung in seinem persönlichen Schaffen keine kompositionsgeschichtliche Regression – wie sie sich in blutleeren Stilkopien hätte niederschlagen können –, sondern der lebendige Umgang mit dem Bachschen Erbe führt, um mit Schumann zu sprechen, zum „Vorschritt"[336], mit anderen Worten zu einer individuellen Assimilation der musikalischen Sprache Bachs, die nur in wenigen Fällen handgreiflich an die Oberfläche seiner Kompositionen dringt, sich vielmehr – insbesondere nach 1845 – in avancierter Beherrschung des Materials und im Denken in Musik niederschlägt.

Durch das zusammengetragene und diskutierte Quellenmaterial erhält jene Feststellung eines Rezensenten aus dem Jahre 1850 ein hohes Maß an inhaltlicher Absicherung: „Den Sebastian Bach muß der Schumann in sich haben wie sonst Keiner mehr von heutzutage!"[337]

ANMERKUNGEN

* Ich danke dem Direktor des Robert Schumann-Hauses Zwickau, Herrn Dr. Gerd Nauhaus, für die großzügig gewährte Möglichkeit zur Einsichtnahme in zahlreiche Dokumente. Darüber hinaus bin ich ihm und den Mitarbeitern des Museums für Hilfestellung und umgehende Bearbeitung meiner diversen Anfragen zu Dank verpflichtet.

1 Der vollständige Titel lautet: *Studien für den Pedal=Flügel componirt und seinem geehrten Lehrer und Freunde Herrn Baccalaureus J. G. Kuntsch Organist an der Marienkirche in Zwickau zugeeignet von Robert Schumann* op. 56. Erstes Heft: Sechs Stücke in canonischer Form. Auch für das Pianoforte zu 3 oder 4 Händen.

2 Vgl. hierzu Wilhelm J. von Wasielewski, *Robert Schumann. Eine Biographie*, Bonn [3]1880, S. 9, dagegen ders., *Robert Schumann*, hrsg. von Waldemar von Wasielewski, Leipzig [4]1906, S. 9; Robert Schumann, *Selbstbiographische Notizen* [um 1840], Robert Schumann-Haus Zwickau, Sign. 4871/VII, B1, A3 (Faksimile, hrsg. von Martin Schoppe, Zwickau o.J.), S. 1, Z. 3–4; ders. *Gesammelte Schriften über Musik und Musiker*, Bd. 1, Leipzig [5]1914, S. VIII; ders. *Älteste mus. Erinnerungen*, Robert Schumann-Haus Zwickau, Sign. 4871/VII, B4, A3, S. 1, Z. 2 und 4-5; Martin Kreisig, *J. G. Kuntsch. Einiges von R. Schumanns erstem Musiklehrer*, in: *Zwickauer Tageblatt* Nr. 132 vom 9. Juni 1927.

3 Emil Flechsig, *Erinnerungen an Robert Schumann*, in: *NZfM* 117 (1956), S. 392.

4 Vgl. Wasielewski, *Schumann*, S. 9f., Georg Eismann, *Robert Schumann. Eine Biographie in Wort und Bild*, Leipzig 1956, S. 9, Paula und Walter Rehberg, *Robert Schumann. Sein Leben und sein Werk*, Zürich [2]1969, S. 19f., Arnfried Edler, *Robert Schumann und seine Zeit*, Laaber 1982, S. 270f.; andererseits Kreisig, *Kuntsch*, und Paul Uhlig, *Robert Schumanns erster Klavierlehrer*, in: *Zeitschrift für Kirchenmusiker* 15 (1933), S. 78–81, 87–88 und 100–101.

5 Vgl. Corina Wenke, *Aspekte zu Schumanns Entwicklung in seiner Kinder- und Jugendzeit in Zwickau. Ergebnisse der Untersuchung und Übertragung von Quellenmaterial aus dem Archiv des Robert Schumann-Hauses Zwickau*, Dipl.-Arbeit (maschr.) Leipzig 1987, S. 7, 23, 26, Anm. 7, S. 43f.

6 Robert Schumann, *Materialien (–1829)*, Robert Schumann-Haus Zwickau, Sign. 4871/VII, B3, A4, S. 2: „Bildnisse berühmter Menschen. Biographien." Schumann, *Älteste Erinnerungen*, S. 2: „Abschreiben der Biographien berühmter Musiker, 1822, 1823-Bildnisse berühmter Musiker –". Zur Frage von Schumanns Mitarbeit vgl. F. Gustav Jansen, *Die Davidsbündler. Aus Robert Schumann's Sturm- und Drangperiode*, Leipzig 1883, S. 9 und Anm. 17, S. 218, und Schumann, *Schriften*, Bd. 1, S. XVI, Wenke, *Aspekte*, S. 26 und Anm. 45, S. 49 sowie andererseits Martin Schoppe, *Zur Beethoven-Rezeption Robert Schumanns*, in: *Bericht über die 2. Wissenschaftliche Arbeitstagung zu Fragen der Schumann-Forschung*, Zwickau 1977, S. 74.

7 Robert Schumann, *Blätter und Blümchen aus der goldenen Aue. Zusammengesucht und in einen Strauß verbunden von Robert Schumann 1823*, Robert Schumann-Haus Zwickau, Sign. 4871/I, 1 A 3, veröffentlicht in: Wenke, *Aspekte*, S. 70-193. Wenke (*Aspekte*, S. 195f.) vermutet, als Quellen für Schumanns Abschriften hätten biographische Artikel aus dem *Conversations-Lexicon oder encyclopädisches Handwörterbuch für gebildete Stände*, Leipzig und Altenburg [3]1814ff. oder die *Allgemeine Hand-Encyclopädie für die gebildeten Stände*, Leipzig und Altenburg 1817ff. gedient, in welchen „außer Aprile und Benelli alle Musiker aus Roberts Kurzbiographie erwähnt und in sehr ähnlichen Artikeln besprochen" worden sind.

8 Schumann, *Materialien*, S. 3, Z. 12f. und S. 2, Z. 14ff.

9 Schumann, *Selbstbiographische Notizen*, S. 1, Z. 16–17.

10 Schumann, *Selbstbiographische Notizen*, S. 2, Z. 2–3.

11 Wolfgang Boetticher, *Robert Schumann. Einführung in Persönlichkeit und Werk*, Berlin 1941, S. 194.

12 Helmut Hopf, *Stilistische Voraussetzungen der Klaviermusik Robert Schumanns*, Diss. Göttingen 1957, S. 3. Zur passiven Teilnahme Schumanns an den Musikabenden im Hause Thibauts vgl. Bodo Bischoff, *Monument für Beethoven. Die Entwicklung der Beethoven-Rezeption Robert Schumanns*, Köln 1994, S. 88f., dort auch die Anm. 9 und 10.

13 *BG* 46/Kretzschmar, S. XXX.

14 Ursula Reichert, *Musik in Heidelberg: Die Zeit der Romantik*, in: *Musik in Heidelberg 1777–1885*. Ausstellungskatalog, hrsg. vom Kurpfälzischen Museum der Stadt Heidelberg, Heidelberg [1985], S. 88 und Anm. 225, S. 109.

15 Eduard Baumstark, *Ant. Friedr. Justus Thibaut. Blätter der Erinnerung für seine Verehrer und für die Freunde der reinen Tonkunst*, Leipzig 1841, S. 160–181. Auf Baumstarks Buch wurde bereits 1841 in der *NZfM* hingewiesen: Carl Ferdinand Becker. *Der Thibaut'sche Singverein in Heidelberg*, in: *NZfM* 15 (1841), S. 125. In diesem Artikel wird – wie bei Baumstark verifizierbar – ausdrücklich darauf hingewiesen, daß J. S. Bach in den Programmen der Singstunden „nur in zwei Werken" vertreten war.

16 Baumstark, *Thibaut*, S. 180. Vgl. den Titel „Mein Jesu, ich lasse dich nicht" in Tabelle 1, unter der aufgeführten Nr. 23 auch die dort angegebenen bibliographischen Nachweise. Ein Mitglied der Bach-Familie mit dem Namen Gabriel ist nicht zu ermitteln.

17 Vgl. *BWV*, S. 637f.; Daniel R. Melamed, *The Authorship of the Motet Ich lasse dich nicht (BWV Anh. 159)*, in: *JAMS* 41 (1988), S. 491–526; Kirsten Beißwenger, *Johann Sebastian Bachs Notenbibliothek*, Kassel 1992, S. 29, 104 und 192 (= *Catalogus Musicus*, Bd. 13).

18 Baumstark, *Thibaut*, S. 160–181, hier speziell S. 174 und 176.

19 Vgl. hierzu und zu den folgenden Ausführungen in Tabelle 1, die laufende Nr. 23 und 26.

20 Beißwenger, *Bachs Notenbibliothek*, S. 29, 33, 74, 80, 101, 112, 121f., 136, 149 und 324f.

21 *NZfM* 14 (1841), S. 5.

22 Zit. nach Geck, *Wiederentdeckung*, S. 21.

23 Vgl. etwa die beiden Briefe Schumanns vom 17. Juli 1829 an seine Mutter und vom 6. November 1829 an Friedrich Wieck, in: Robert Schumann, *Jugendbriefe*, hrsg. von Clara Schumann, Leipzig 1885, S. 62, 80f. und 85.

24 *NZfM* 3, Nr. 7 vom 24. Juli 1835; 3, Nr. 11 vom 7. August 1835; 4, Nr. 3 vom 8. Januar 1836; 4, Nr. 12 vom 9. Februar 1836; 5, Nr. 41 vom 18. November 1836; 6, Nr. 35 vom 2. März 1837; 7,

Nr. 22 vom 15. September 1837; 7, Nr. 29 vom 10. Oktober 1837; 7, Nr. 30 vom 13. Oktober 1837; 13, Nr. 41 vom 18. November 1840; 14, Nr. 12 vom 8. Februar 1841; 14, Nr. 45 vom 4. Juni 1841; 14, Nr. 46 vom 7. Juni 1841; 15, Nr. 32 vom 19. Oktober 1841; 16, Nr. 27 vom 1. April 1842; 16, Nr. 52 vom 28. Juni 1842.

25 Vgl. *Tagebücher* Bd. 3, S. 466 und Schumann, *Schriften*, Bd. 2, S. 167.

26 Thibaut, *Reinheit der Tonkunst*, ²1826, S. 154 und Schumann, *Schriften*, Bd. 2, S. 352 [1832].

27 Schumann, *Schriften*, Bd. 2, S. 337 [1840].

28 Thibaut, *Reinheit der Tonkunst*, ²1826, S. 67.

29 Robert Schumann, *Tagebücher*, Bd. 2: 1836–1854, hrsg. Gerd Nauhaus, Leipzig 1987, S. 34, 40, 41, 53 und 55. Vgl. die Anmerkungen zu den Choralvorspielen für die Orgel, 4 Hefte, in Tabelle 9.

30 Thibaut, *Reinheit der Tonkunst*, ²1826, S. 67.

31 Schumann, *Schriften*, Bd. 1, S. 24 [1833?].

32 *Verzeichnis des von dem verstorbenen Grossh. Badischen Prof. der Rechte und Geheimenrathe Dr. Anton Friedrich Justus Thibaut zu Heidelberg hinterlassenen Musikaliensammlung, welche als ein Ganzes ungetrennt veräussert werden soll*, Heidelberg 1842. Die für die Eintragungen in der Tabelle verwendeten laufenden Nummern, Auszeichnungen und eckigen Klammern entsprechen dem originalen Druckbild. Eine Ankündigung und Besprechung des Nachlasses erschien in: *NZfM* 16, Nr. 37 vom 6. Mai 1842, S. 146f.

33 Der Kommentar enthält – soweit ermittelbar – ergänzende Angaben zu Opuszahl, Herausgeber, Verlag, Erscheinungsort und -jahr.

34 Die von Telemann stammende Motette wurde unter dem Namen Bachs ediert. Vgl. BWV, S. 308 u. 638.

35 Schumann, *Tagebücher*, Bd. 1, S. 389.

36 Schumann, *Selbstbiographische Notizen*, S. 2, Zeile 12f. und S. 4, Zeile 1-8.

37 Brief an Clara vom 11. Februar 1838, in: *Clara und Robert Schumann, Briefwechsel*, Kritische Gesamtausgabe, hrsg. von Eva Weissweiler, Bd. 1, Frankfurt 1984, S. 95.

38 Über seine ambitionierten Klavierexerzitien legt ein eigens von ihm am 30. Mai 1831 angelegtes *Uebungstagebuch* Zeugnis ab. Robert Schumann, *Skizzenbücher*, Bd. 1, Universitätsbibliothek Bonn, Sign. Robert Schumann 13, S. 91–94.

39 Schumann, *Tagebücher*, Bd. 1, S. 410. Die Eintragung wurde zwischen dem 14. und 22. Juni 1832 vorgenommen; vgl. auch den Brief an seine Mutter vom 14. Juni 1832, in: Schumann, *Jugendbriefe*, S. 184.

40 Eintragung vom 29. Mai 1832. Schumann, *Tagebücher*, Bd. 1, S. 400.

41 Schumann, *Tagebücher*, Bd. 1, S. 389, 394ff. und 399.

42 Schumann, *Selbstbiographische Notizen*, S. 2, Z. 16–18. Schumann erhielt seine erste Unterrichtsstunde am 12. Juli 1831; Schumann, *Tagebücher*, Bd. 1, S. 349. Im April 1832 brach Heinrich Dorn den Unterricht ab.

43 *Projektenbuch*, S. 34, Z. 18 und Schumann, *Selbstbiographische Notizen*, S. 2, Z. 25-28.

44 Schumann, *Skizzenbücher*, Bd. 5, Universitätsbiblitohek Bonn, Sign: Robert Schumann 17, S. 1–7. Die drei Fugen wurden bereits von Wolfgang Gertler, *Robert Schumann in seinen frühen Klavierwerken*, Wolfenbüttel und Berlin 1931, S. 2, zutreffend erkannt. Hopf jedoch identifiziert die Fuge in c-Moll irrtümlich als Kopfsatz des *3. Brandenburgischen Konzertes*; vgl. Hopf, *Stilistische Voraussetzungen*, S. 3 und 225.

45 Brief Schumanns an Heinrich Dorn vom 25. April 1832, in: Schumann, *Jugendbriefe*, S. 169.

46 Kurt Hofmann, *Die Erstdrucke der Werke von Robert Schumann*, Tutzing 1979, S. 7 (= *Musikbibliographische Arbeiten*, Bd. 6), und Robert Schumann, [*Vorwort zu:*] ders. Studien *nach Capricen von Paganini*, in: *Studien* op. 3 und *Konzertetüden* op. 10, Urtextausgabe, hrsg. Hans Joachim Köhler, Leipzig [1981], S. 4f.

47 Schumann, *Tagebücher*, Bd. 1, S. 394–396 und 415 sowie Schumann, *Jugendbriefe*, S. 168f. und 187.

48 Friedrich Wilhelm Marpurg, *Abhandlung von der Fuge*, Leipzig 1806. Robert Schumann-Haus Zwickau, Sign. Sch 203-A4/C1.

49 Brief Schumanns an Kuntsch vom 27. Juli 1832, in: ders., *Jugendbriefe*, S. 187.

50 *Neue Folge*, S. 103, Brief an Joseph Fischhof vom 4. Dezember 1837.
51 Schumann, *Tagebücher*, Bd. 1, S. 394f., Eintragung vom 22. Mai 1832.
52 Schumann, *Selbstbiographische Notizen*, S. 4, Z. 6–7.
53 Brief Schumanns an Keferstein vom 31. Januar 1840, in: ders., *Briefe. Neue Folge*, hrsg. von Gustav Jansen, Leipzig ²1904, S. 177; vgl. auch Schumann, *Schriften*, Bd. 2, S. 81 [1842].
54 Schumann, *Tagebücher*, Bd. 1, S. 375, Eintragung vom November (?) 1831. Vgl. die Formulierung in Schumanns *Denk= und Dichtbüchlein*: „Ist Genius da, so verschlägt's ja wenig, in welcher Art er erscheint, ob in der Tiefe, wie bei Bach, ob in der Höhe, wie bei Mozart, ob in Tiefe und Höhe vereint, wie bei Beethoven. Fl." in: Schumann, *Schriften*, Bd. 1, S. 30 [1833?]. Vgl. auch Schumann, *Schriften*, S. 251 [1837].
55 Schumann, *Jugendbriefe*, S. 144.
56 Schumann, *Tagebücher*, Bd. 1, S. 40 und ders., *Tagebücher*, Bd. 2, S. 73.
57 Schumann, *Tagebücher*, Bd. 1, S. 389.
58 *NZfM* 4, Nr. 51, vom 24. Juni 1836, S. 211-213.
59 Schumann, *Tagebücher*, Bd. 1, S. 395, Eintragung vom 23. Mai 1832. Die Beschäftigung mit Marpurgs Fugenlehrbuch wird allerdings auch in späteren Jahren noch als „ledern" empfunden, und trotzdem – und dies gilt es zu betonen – unterzieht sich Schumann der mit dem Studium dieses Werkes verbundenen Anstrengung. Vgl. Schumann, *Tagebücher*, Bd. 2, S. 39, 40 und 44. Eintragungen vom 17. und 21 Oktober sowie vom 1. November 1837.
60 Schumann, *Tagebücher*, Bd. 1, S. 400.
61 Vgl. Anm. 47.
62 Zur Entstehungsgeschichte der Impromptus vgl. Hans Joachim Köhler, *Nachwort*, in: ders. (Hrsg.) Robert Schumann, *Impromptus* op. 5, Urtextausgabe, Leipzig 1981, S. 27-32 und Wolfgang Boetticher, *Robert Schumanns Klavierwerke. Teil I, opus 1–6*, Wilhelmshaven 1976 (= *Quellenkataloge zur Musikgeschichte*, Bd. 9), S. 137–141; dort auch die Wiedergabe von Schumanns autographem Werkverzeichnis: „Reihenfolge der Compositionen / der Entstehung nach" auf Tafel II. Er datiert dort die eigentliche Kompositionszeit mit dem 26.-30. Mai 1833. Vgl. Schumann, *Briefe. Neue Folge*, S. 536f., Anm. 496.
63 Schumann, *Tagebücher*, Bd. 1, S. 400, Eintragung vom 29. Mai 1832.
64 Vgl. Abbildungen auf Tafel XIII und XIV in Boeeticher, *Klavierwerke I*.
65 Siegmar Keil, *Untersuchungen zur Fugentechnik in Robert Schumanns Instrumentalschaffen*, Hamburg 1973, S. 81–86 (= *Hamburger Beiträge zur Musikwissenschaft*, Bd. 11).
66 Vgl. u.a. Georg von Dadelsen, *Robert Schumann und die Musik Bachs*, in: *AfMw* 14 (1957), S. 50, Keil, *Fugentechnik*, S. 86, sowie Manuel Gervink, *Robert Schumanns Bach-Bild*, in: *Musica* 50 (1996), S. 387-396.
67 In diesem Sinne wird die Fuge nicht als Form, sondern als Kompositionsweise verstanden. Vgl. hierzu Rudolf Stephan, *Fischer-Lexikon Musik*, Frankfurt a.M. 1957, S. 54ff.
68 Marcus Fabius Quintilianus, *Institutio Oratoris*, Lib. X, 93.
69 Jean Paul, *Vorschule der Ästhetik*, dort besonders § 29: *Unterschied der Satire und des Komischen*.
70 Schumann, *Skizzenbuch IV*, Universitätsbibliothek Bonn, Sign. Robert Schumann 16, S. 2–4.
71 Vgl. die Notiz „T per arsin et thesin" über den Takten 38f.
72 Vgl. die Notiz „imitatio in 6" über den Takten 43f.
73 Robert Schumann, *Skizzenblatt* zu op. 5, unveröffentlicht, Robert Schumann-Haus Zwickau, Sign.: 4648.
74 Boetticher, *Klavierwerke 1*, Tafel XIV.
75 Vgl. Hofmann, *Erstdrucke*, S. 10–13.
76 Brief Friedrich Wiecks vom 28. März 1835, in: Schumann, *Schriften*, Bd. 2, S. 368.
77 Schumann, *Schriften*, Bd. 2, S. 395.
78 Clara Wieck, *Tagebücher*, 9 Hefte in 4 Bänden, Bd. 3, Heft 6, S. 90, Robert Schumann-Haus Zwickau, Sign. 4877, 1–4 A3, Eintragung *CW* vom 25. Februar 1837. Da das Tagebuch sowohl

Eintragungen von Clara Wieck (*CW*) als auch von Friedrich Wieck (*FW*) enthält, werden die Referenzen mit der Sigle des jeweiligen Schreibers versehen.

79 Friedrich Wieck, *Briefe*, hrsg. von Käthe Walch-Schumann, Köln 1968, S. 62 und 64, Briefe vom 20.–25. und 28. Februar 1837. Vgl. in Tabelle 3, S. Clara Wieck-Schumann, *Konzertprogramm-Sammlung*, Bd. 1, Robert Schumann-Haus Zwickau, Sign. 10463 A3, Nr. 103.

80 Wieck, *Tagebücher*, Bd. 3, Heft 6, S. 91, Eintragung *CW* vom 27. Februar 1837.

81 *AMZ* 39 (1837), Sp. 257. Ich danke Frau Dr. Janina Klassen für diesen Hinweis.

82 Janina Klassen, *Eichenwälder und Blumenwiesen. Aspekte der Rezeption von Bachs „Wohltemperiertem Klavier" zur Schumann-Zeit*, in: *AfMw* 53 (1996), S. 43.

83 Vgl. hierzu Tabelle Nr. 3.

84 Wieck, *Tagebücher*, Bd. 3, Heft 6, S. 94, Eintragung *CW* vom 9. März 1837.

85 *Wieck, Tagebücher*, Bd. 3, Heft 9, S. 175, Eintragung *CW*.

86 *Wieck, Tagebücher*, Bd. 3, Heft 9, S. 188, Eintragung *CW* vom 25. Juni 1840.

87 *Wieck, Tagebücher*, Bd. 2, Heft 4, S. 158f., Eintragung *FW* von Ende August 1835.

88 *Wieck, Tagebücher*, Bd. 1, Heft 1, S. 55ff., Eintragung *FW* (?), vgl. Berthold Litzmann, *Clara Schumann. Ein Künstlerleben*, Bd. 1, Leipzig 1902, S. 20, und Klassen, *Eichenwälder*, S. 43.

89 Litzmann, *Clara Schumann*, Bd. 1, S. 138.

90 Schumann, *Tagebücher*, Bd. 1, S. 396, Eintragung vom 24. Mai 1832.

91 Schumann, *Tagebücher*, Bd. 1, S. 396, 399 und 400, Eintragungen vom 24., 28. und 29. Mai 1832, vgl. auch Litzmann, *Clara Schumann*, Bd. 1, S. 49f. und Wieck, *Tagebücher*, , Bd. 1, Heft 2, S. 233, Eintragung *CW* vom 12. Oktober 1832.

92 Wieck, *Tagebücher*, Bd. 2, Heft 4, S. 160, 162 und 164f., Eintragungen *CW*. Vgl. Litzmann, *Clara Schumann*, Bd. 3, S. 617 und 619, bei dem das Konzert erst für 1844 in Claras Repertoire erscheint.

93 Schumann, *Schriften*, Bd. 1, S. 115 [1835].

94 Schumann, *Schriften*, Bd. 2, S. 356 [1835].

95 Schumann, *Schriften*, Bd. 2, S. 281 [1835].

96 Schumann, *Briefwechsel*, Bd. 1, S. 71, Brief vom 4. Januar 1838.

97 *Schumann, Briefwechsel*, Bd. 1, S. 85, Brief vom 25. Januar 1838.

98 Schumann irrt hier. Der Ausspruch geht vermutlich auf die Bachbiographie Forkels zurück: „W. Friedmann war auch hierin [im Orgelspiel] nur ein Kind gegen seinen Vater, und erklärte sich mit aller Aufrichtigkeit selbst dafür" (Forkel, *Bach*, S. 41). Zelter legt im Brief an Goethe vom 8. Juni 1827 den Ausspruch W. Friedmann und im Brief vom 7. September 1827 Philipp Emanuel in den Mund. *Zelter/Goethe*, Nr. 556 und 573.

99 Schumann, *Briefwechsel*, Bd. 1, S. 126, Brief vom 18. März 1838.

100 Litzmann, *Clara Schumann*, Bd. 1, S. 270 und 366, aber andererseits auch S. 311: „Fugen von Bach will hier kein Mensch hören, auch nicht Kenner."

101 Litzmann, *Clara Schumann*, Bd. 1, S. 415 und 417, Brief Schumanns vom 20. März 1840 und Claras Antwort vom 22. März 1840.

102 Litzmann, *Clara Schumann*, Bd. 1, S. 422.

103 Litzmann, *Clara Schumann*, Bd. 1, S. 423.

104 Vgl. Tabelle Nr. 3.

105 Wieck, *Tagebücher*, Bd. 3, Heft 5, S. 14, Eintragung *FW* vom 30. Januar 1836, vgl. auch *Wieck, Tagebücher*, Bd. 3, Heft 6, S. 170, Eintragung *FW* vom 10. Dezember 1837: „Darauf Fuge von Bach 2 mal und mit dem Vöglein von Henselt flog sie davon. Der Beifall war ungeheur und sie wird fast allgemein über Thalberg gesetzt, weil sie mit Begeisterung und weit inniger spiele als er."

106 Wieck, *Tagebücher*, Bd. 3, Heft 6, S. 175f., Eintragung *FW*. Vgl. auch Schumann, *Briefwechsel*, Bd. 1, S. 58, Claras Brief vom 21. Dezember 1837.

107 *Wieck, Tagebücher*, Bd. 3, Heft 6, S. 200, Eintragung *FW* vom 18. Februar 1838.

108 Vgl. Klassen, *Eichenwälder*, S. 41, und Brief Claras an Johannes Brahms vom 20. Dezember 1858. *Clara Schumann und Johannes Brahms, Briefe aus den Jahren 1853–1896*, Bd. 1, Leipzig 1927, S. 236f.

109 Vgl. zu den Ausführungen über Clara Wieck, *Tagebücher*, Bd. 1, Heft 1, S. 5, 11, 18, 28, 42, 55, 57 und Bd. 2, Heft 4, S. 158f.

110 Litzmann, *Clara Schumann*, Bd. 2, S. 17 und 139, sowie Martin Schoppe, *Schumann im Spiegel der Tagesliteratur. Ein Beitrag zur Geschichte der Schumann-Rezeption zwischen 1830 und 1956*, Diss. Halle (maschr.) 1968, S. 159f., und Nancy B. Reich, *Clara Schumann. Romantik als Schicksal. Eine Biographie*, Hamburg 1991, S. 351.

111 Zum Studium der Klaviersonaten Beethovens durch Clara vgl. Bischoff, *Monument*, S. 314-318.

112 Clara Schumann, *Konzertprogramm-Sammlung* (= *KPS*). Aufgeführt werden die laufende *KPS*-Nr., Datum, Ort und Aufführungsanlaß sowie die auf dem Programmzettel vermerkte Werkbezeichnung, die soweit möglich durch in eckige Klammern gesetzte BWV Nummern ergänzt wird. Die Angaben zu Claras Repertoire bei Litzmann, *Clara Schumann*, Bd. 3, S. 615–621 sind teils unvollständig, teils von ihrer zeitlichen Zuordnung nicht immer zuverlässig. Sie werden zum Vergleich herangezogen.

113 Schumann, *Schriften*, Bd. 1, S. 328 [1838].

114 Schumann, *Tagebücher*, Bd. 1, S. 416–423.

115 Vgl. hierzu Siegfried Kross, *Aus der Frühgeschichte von Robert Schumanns Neuer Zeitschrift für Musik*, in: *Mf* 34 (1981), S. 423–445.

116 Vgl. zur Wirksamkeit Mendelssohns und Davids in Leipzig Alfred Dörffel, *Geschichte der Gewandhausconcerte zu Leipzig vom 25.November 1781 bis 25. November 1881*, Leipzig 1884, S. 83–123.

117 Robert Schumann, *Erinnerungen an Felix Mendelssohn Bartholdy*, Zwickau 1948, S. 68f. und 72f.

118 Vgl. Schumann, *Briefwechsel*, Bd. 2, S. 735, Brief Schumanns vom 10. Oktober 1839 und Wolfgang Boetticher (Hrsg.), *Briefe und Gedichte aus dem Album Robert und Clara Schumanns*, Leipzig 1979, S. 127, Brief Mendelssohns vom 14. Januar 1842. Vgl. zu Abschriften und Autographen der Werke Bachs in Mendelssohns Besitz Susanna Großmann-Vendrey, *Felix Mendelssohn Bartholdy und die Musik der Vergangenheit*, Regensburg 1969, S. 183, 195ff. und 206ff. (= *Studien zur Musikgeschichte des 19. Jahrhunderts*, Bd. 17) sowie Friedhold Bötel, *Mendelssohns Bachrezption und ihre Konsequenzen, dargestellt an den Präludien und Fugen für Orgel op. 37*, München 1984, S. 41ff.

119 Vgl. Dörffel, *Gewandhausconcerte*, S. 3 (Statistik) und S. 121ff., sowie Bötel, *Mendelssohn*, S. 36.

120 Hermann Erler, *Robert Schumann's Leben. Aus seinen Briefen geschildert*, Berlin 1887, Bd. 1, S. 111, Brief vom 18. Mai 1837. Mendelssohn schätzte das *d-Moll-Konzert* sehr, von dem er sagte „an Schwung käme am 1sten Satz [der 9. Sinfonie von Beethoven] nichts in der Musik gleich, von ferne etwa der Schluß des D-Moll Concerts von Bach". Vgl. Schumann, *Erinnerungen*, S. 64; vgl. ders., *Schriften*, Bd. 1, S. 403 [1839].

121 Vgl. Schumann, *Erinnerungen*, S. 66/67.

122 Erler, *Schumann*, Bd. 1, S. 117. Schumann selbst hat wahrscheinlich keine Partitur der *h-Moll-Messe* besessen, sondern nur einen Klavierauszug. Vgl. hierzu Tabelle 10. In seinem Schreiben vom 28. Juni 1841 an Whistling (Robert Schumann-Haus Zwickau, Sign.: A 2 a /221) erfragt er den Ladenpreis von Partiturenausgaben verschiedener Werke, unter ihnen auch die der *h-Moll-Messe*. Der Brief teilveröffentlicht in: Bischoff, *Monument*, S. 320.

123 Vgl. hierzu Julius Gensel, *Robert Schumanns Briefwechsel mit Henriette Voigt*. Erweiterter Sonderabdruck aus dem *Grenzboten*, Leipzig 1892.

124 Schumann, *Tagebücher*, Bd. 2, S. 23, 27 und 28, Eintragungen vom 28. Juli, 1. Oktober und 5. Oktober 1836.

125 Schumann, *Tagebücher*, Bd. 2, S. 26, Eintragung vom 20. September 1836.

126 Vgl. Dörffel, *Gewandhauscocnerte*, S. 3.

127 Vgl. zu den Einflüssen Bachs im Violinkonzert Reinhard Kapp, *Studien zum Spätwerk Robert Schumanns*, Tutzing 1984, S. 176, sowie Michael Struck, *Robert Schumann. Violinkonzert d-Moll (WoO 23)*, München 1988, S. 38f. (= *Meisterwerke der Musik*, Bd. 47).

128 Matthäus 4, Vers 4.

129 Schumann, *Schriften*, Bd. 1, S. 1.

130 In der Beethoven-Rezeption Wagners kann dieser Zusammenhang zugespitzt weiterverfolgt werden. Vgl. Klaus Kropfinger, *Wagner und Beethoven. Untersuchungen zur Beethoven-Rezption Richard Wagners*, Regensburg 1975, S. 10, 22 und 28 (= *Studien zur Musikgeschichte des 19. Jahrhunderts*, Bd. 29). Vgl. speziell zur Beethoven-Rezeption Schumanns Bischoff, *Monument*.

131 Schumann, *Briefe. Neue Folge*, u.a. S. 87 [1837], 103 [1837], 110 [1838], 157 [1839], 167 [1839], 171 [1839] und 177f. [1840].

132 Vgl. zu diesen und den folgenden Angaben Schumann, *Tagebücher*, Bd. 2, S. 31f., 34, 40f., 44, 53, 55 und Anm. 93, S. 465.

133 Uwe Martin, *Ein unbekanntes Schumann-Autograph aus dem Nachlaß Eduard Krügers*, in: *Mf* 12 (1959), S. 409–415 Unter dem Schluß von Contrapunctus XXIII notiert Schumann: „Fertig geschrieben am 31sten August 1837 Unter goldenen Träumen." Die inneren Umschlagseite des Autographs trägt den Vermerk: „Geschrieben von Robert Schumann, und mir geschenckt beim Abschied aus Leipzig 12. July 1843 E Krüger." Vgl. Schumann, *Tagebücher*, Bd. 2, S. 267 und ders., *Tagebücher*, Bd. 3, S. 255.

134 Schumann, *Briefwechsel*, Bd. 2, S. 735, Brief Schumanns vom 10. Oktober 1839.

135 Vgl. Martin, *Schumann-Autograph*, S. 408 und 411.

136 *NZfM*, Bd. 7, Nr. 34 vom 27. Oktober 1837 oder Schumann, *Schriften*, S. 253.

137 Vgl. Martin, *Schumann-Autograph*, S. 410.

138 Schumann, *Schriften*, Bd. 1, S. 402 [1839].

139 Schumann, *Schriften*, Bd. 2, S. 35. Vgl. hierzu Klaus Hofmann, *Zur Edition*, S. VI, in: *Die Kunst der Fuge*, NBA, Serie VIII, Bd. 2.1, Kassel u.a. 1995.

140 Vgl. Tabelle 9, S.

141 *NZfM* 8, Nr. 6 vom 19. Januar 1838, S. 21f.

142 Vgl. Tabelle 9, S.

143 Vgl. hierzu Schumann, *Schriften*, Bd. 2, S. 34 (1841).

144 Schumann, *Tagebücher*, Bd. 2, S. 103 und 105, Eintragungen vom 21. und 26. September 1840. Clara hatte begonnen, Fugen von Bach und Mendelssohn zu studieren. Vgl. Schumann, *Tagebücher*, Bd. 2, S. 101, Eintragung vom 16. September 1840.

145 Schumann, *Tagebücher*, Bd. 2, S. 105, Eintragung vom 26. September 1840. Vgl. hierzu auch Schumanns Bewertungen der Fugen anderer Komponisten im Verhältnis zu denen Bachs in seinen Schumann, *Schriften*, Bd. 1, S. 252ff. [1837], 314 [1837], 353 [1838], 390 [1839] und 426ff. [1839].

146 Schumann, *Tagebücher*, Bd. 2, S. 107, Eintragung von Ende September, Anfang Oktober 1840: „Studiren hörte ich sie [...], von Bach mehreres. [...] Im wohltemperirten Clavier setzten wir unsre täglichen Studien fort." S. 112f., Eintragung vom 11.–18. Oktober: „Die Studien in Bach ruhen seit schon 14 Tagen; [...] Bald soll aber wieder Bach vorgenommen werden."

147 Schumann, *Schriften*, Bd. 2, S. 34 [1841].

148 Schumann, *Schriften*, Bd. 1, S. 354 [1838].

149 Georg von Dadelsen, *Alter Stil und alte Technik in der Musik des 19. Jahrhunderts*, Diss. Berlin 1951, S. 67.

150 Schumann, *Briefwechsel*, Bd. 1, S. 127, Brief vom (18.) März 1838.

151 Richard Hohenemser, *Robert Schumann unter dem Einfluß der Alten*, in: *Die Musik* 9, 17 (1909/10), S. 302.

152 Boetticher, *Schumann*, S. 229.

153 Schumann, *Schriften*, Bd. 2, S. 34f.

154 Vgl. Schumann, *Schriften*, Bd. 1, S. 111 [1835] und S. 245 [1837], ders., *Erinnerungen*, S. 39, 44 und 47, auch Claras Notiz in Schumann, *Tagebücher*, Bd. 2, S. 106.

155 Schumann, *Briefe. Neue Folge*, S. 109f., Brief vom 8. Februar 1838. Vgl. dort (S. 355) auch den Brief an Jean-Joseph-Bonaventure Laurens vom 4. Februar 1852: „Will ich mir Raths erholen, so

weiß ich schon, wo ich ihn finde – in meinen Partituren nämlich von Händel und Bach und Beethoven."

156 Schumann, *Briefe. Neue Folge*, S. 157, Brief vom 14. Juni 1839.

157 Schumann, *Briefe. Neue Folge*, S, 167.

158 Schumann, *Briefe. Neue Folge*, S. 178, Brief an Keferstein vom 31. Januar 1840.

159 Vgl. Schumann, *Schriften*, Bd. 1, S. XVII und XIX, andererseits Schumann, *Tagebücher*, Bd. 3, S. 137 und Anm. 160, S. 702.

160 Vgl. Kross, *Neue Zeitschrift*, S. 90f.

161 Vgl. Gerd Nauhaus, *Nachwort*, in: Schumann, *Schriften*, Bd. 4, S. 308. Eine nach textkritischen Prinzipien erstellte Edition liegt bis heute, mehr als 160 Jahre nach der Erstausgabe, nicht vor.

162 Vgl. zu Anzahl und Inhalt der von Schumann verfaßten Beiträge Richard D. Green, *Robert Schumann als Lexikograph*, in: *Mf* 32 (1979), S. 394–403, Hans Peter Fricker, *Die musikkritischen Schriften Robert Schumanns. Versuch eines literaturwissenschaftlichen Zugangs*, Frankfurt/M. 1983, und Bernhard R. Appel, *Katalog*, in: Joseph A. Kruse (Hrsg.), *Robert Schumann und die Dichter. Ein Musiker als Leser*. Katalog zur Ausstellung des Heinrich-Heine-Instituts in Verbindung mit dem Robert-Schumann-Haus in Zwickau und der Robert-Schumann-Forschungsstelle e. V. in Düsseldorf, Düsseldorf 1991, S. 174.

163 Vgl. Schumann, *Schriften*, Bd. 2, S. 351 [1832]: „Es gibt indessen auch Genius der Schwere (Bach, Klopstock)." Sowie aus dem „Denk= und Dichtbüchlein", Schumann, *Schriften*, Bd. 1, S. 18, 23 und 30 [1833?].

164 Schumann, *Schriften*, Bd. 2, S. 200f.

165 Vgl. Schumann, *Schriften*, Bd. 1, S. 133 [1836].

166 Vgl. Brief Zelters an Goethe vom 13. Mai 1820, *Goethe/Zelter*, Nr. 342.

167 *NZfM* 16, Nr. 45 vom 3. Juni 1842 oder Schumann, *Schriften*, Bd. 2, S. 81.

168 Schumann, *Tagebücher*, Bd. 1, S. 389 und Schumann, *Jugendbriefe*, S. 178, Brief vom 27. Juli 1832.

169 Schumann, , Bd. 2, S. 87 [1842]. Vgl. zu den in diesem Zitat getroffenen Aussagen Forkel, *Bach*, S. 88f. Zum Begriff der Männlichkeit vgl. darüber hinaus Schumann, *Schriften*, Bd. 1, S. 330 [1838], 463 [1840] und Bd. 2, S. 86 [1842].

170 Vgl. hierzu Forkel, *Bach*, S. 88, 115 und 121 sowie Brief Zelters an Goethe vom 13. Mai 1820, *Goethe/Zelter*, Nr. 342.

171 Schumann, *Briefe. Neue Folge*, S. 178, Brief an Gustav Adolf Keferstein vom 31. Januar 1840.

172 Schumann, *Schriften*, Bd. 2, S. 275f. [1834].

173 Vgl. Schumann, *Briefe. Neue* Folge, S. 149 und 228 sowie Schumann, *Briefwechsel*, Bd. 1, S. 146.

174 Vgl die in Tabelle Nr. 4 aufgeführten Daten.

175 Schumann, *Tagebücher*, Bd. 2, S. 51f., vgl. dort die Notizen in der Zeit vom 20. Februar bis 22. März 1838 und Schumann, *Tagebücher*, Bd. 3, S. 444, Eintragung vom 13. November 1847.

176 Robert Schumann, *Mottosammlung*, Robert Schumann-Haus Zwickau, Sign.: 4871 VIII, 2 A 3. Schumann legte sich ab 1828 eine 249 beschriebene Seiten umfassende Zitatensammlung an, die mit der Gründung der *NZfM* zur sogenannten *Mottosammlung* umfunktioniert wurde. Vgl. Appel, *Katalog*, S. 168f.

177 Vgl. *NZfM*, Bd. 8, Nr. 38 vom 11. Mai 1838 und Brief Zelters an Goethe vom 6. April 1808, *Goethe/Zelter*, Nr. 119.

178 Vgl. *NZfM*, Bd. 8, Nr. 27 vom 3. April 1838 und Brief Zelters an Goethe vom 6. April 1808, *Goethe/Zelter*, Nr. 119.

179 Vgl. *NZfM*, Bd. 11, Nr. 14 vom 16. August 1839 und Brief Zelters an Goethe vom 9. Juni 1827, *Goethe/Zelter*, Nr. 557.

180 Vgl. *NZfM*, Bd. 9, Nr. 46 vom 7. Dezember 1838 und Brief Zelters an Goethe vom 19. Mai 1812 *Goethe/Zelter*, Nr. 179.

181 *Neue Folge*, S. 178, Brief an Keferstein vom 1. Januar 1840.

182 *NZfM* 14, Nr. 25 vom 26. März 1841 und *Goethe/Zelter*, Nr. 549.

183 *NZfM* 12, Nr. 26 vom 27. März 1840.

184 *Goethe/Zelter*, Nr. 556. Vgl. *NZfM* 12, Nr. 25 vom 24. März 1840 und 18, Nr. 20 vom 9. März
     1843 sowie Schumann, *Schriften*, Bd. 1, S. 403 [1839]: „Es bleibt wahr, was Zelter gesagt:
     ,Dieser Leipziger Kantor ist eine unbegreifliche Erscheinung der Gottheit.'"

185 E. T. A. Hoffmann, *Schriften zur Musik. Singspiele*, Berlin 1988, S. 212 und 228 (= *Gesammelte
     Werke in Einzelausgaben*, Bd. 9). Die im anschließenden Text herangezogene Messe „für zwei
     Orchester, acht Haupt- und vier Ripienstimmen" (BWV Anh. 167) stammt jedoch nicht von Seba-
     stian Bach. Heranzuziehen wäre schließlich die berühmte Szene um die *Goldberg-Variationen* im
     ersten Kapitel der *Kreisleriana*. Vgl. ders., *Fantasiestücke in Callots Manier*, S. 32 und 35f.,
     Berlin ²1982 (= *Gesammelte Werke in Einzelausgaben*, Bd. 1), ferner Hoffmanns Rezension über
     Werke von Franz Johann Stiastny, in denen ihn „die Variationen des Andantino No. 2, e-Moll [...]
     in den geistreich gedachten Imitationen an Sebastian Bachs Manier zu variieren" erinnern
     (Hoffmann, *Schriften zur Musik*, S. 263).

186 Adolf Bernhard Marx, *Musikalische Schriften. Über Tondichter und Tonkunst*, hrsg. von Leopold
     Hirschberg, Bd. 1, Hildburghausen 1912, S. 15–39. Daß Schumann die Artikel von A. B. Marx
     kannte, ist u.a. einem Eintrag in den *Erinnerungen* (S. 74f.) zu entnehmen

187 Vgl. Schumann, *Schriften*, Bd. 2, S. 305 [1835]: „Der kräftige Morgen gehört B a c h und H ä n d e l
     an."

188 1. Mose 9, Vers 9–14.

189 Vgl. Kurt Hahn, [Artikel] *Adolph Bernhard Marx*, in: *MGG* 8 (1960), Sp. 1736.

190 Schumann, *Schriften*, Bd. 1, 492 [1840].

191 Adolf Bernhard Marx, [Artikel] *Johann Sebastian Bach*, in: Gustav Schilling (Hrsg.), *Encyclo-
     pädie der gesammten musikalischen Wissenschaften, oder Universal-Lexicon der Tonkunst*, Bd.
     1, Stuttgart 1835, S. 371-378.

192 Schumann, *Schriften*, Bd. 2, S. 344 [1844].

193 *NZfM* 18, Nr. 22 vom 16. März 1843, vgl. auch Schumann, Schriften, Bd. 2, Anm. 383, S. 426
     und Matth. 6, Vers 13. Vgl. „[...] da kühn vorhergesagt werden darf, daß die Erkenntniß seines
     Geistes und Wesens der Vorläufer einer neuen Zeit seyn wird, die uns erlöset von allem Uebel und
     allen Uebelkeiten, welche die neueste Zeit aus Italien und Frankreich über uns und unsre Musik
     gebracht hat." Marx, *Bach*, S. 371.

194 Vgl. Bodo Bischoff und Gerd Nauhaus, *Robert Schumanns Leipziger Konzertnotizen von 1833*.
     Faksimile, Übertragung und Kommentar, in: *Schumann Studien 3/4*, Köln 1994, S. 25f., Anm. 6,
     S. 68, Anm. 15, und S. 73. Vgl Schumann, *Schriften*, Bd. 2, S. 89 [1842]: „Scheint denn leider in
     jener Residenz [Wien] für einige Augenblicke der Italianismus gesiegt zu haben, so wollen wir gu-
     ten deutschen Philister, die noch auf Bach und andere etwas halten, dennoch so lange wie möglich
     standhalten und wenigstens in der Stube so viel gute Musik machen, als wir sie im Theater nicht zu
     hören bekommen." Vgl. zum Verhältnis von norddeutscher und süddeutscher Kirchenmusik Schu-
     mann, *Schriften*, Bd. 2, S. 339: „[Der 143. Psalm von Franz Lachner ist] jedenfalls jener Art süd-
     deutscher katholischer Kirchenmusik zufallend, die sich zur streng protestantischen, durch J. S.
     Bach vertretenen, wie italienische zu deutscher Musik verhält."

195 Schumann, *Schriften*, Bd. 1, S. 375 [1838]. Zu den Programmen der historischen Konzerte vgl.
     Dörffel, *Gewandhausconcerte*, S. 91 und 121.

196 „Es ist rührend und tröstlich, daß Bach in unschuldig unbewußter Treue jenes Nicht=Erkannt-
     werden selbst wohl nicht gefühlt hat." (Marx, *Bach*, S. 371).

197 Joh. 1, Vers 5 und 11.

198 Schumann, *Schriften*, Bd. 1, S. 492 [1840]. Vgl. auch die in Wortwahl und Metaphorik der Bibel
     entnommenen Zitate aus Schumanns Briefen in Schumann, *Briefwechsel*, Bd. 1, S. 126 und ders.,
     Briefe. Neue Folge, S. 171.

199 *NZfM* 14, Nr. 25 vom 26. März 1841.

200 Schumann, *Schriften*, Bd. 1, S. 492 [1840].

201 Schumann, *Schriften*, Bd. 2, S. 166 [1848/1850].

202 Vgl. Hebräer 12, Vers 15: „[...] daß nicht etwa eine bittere Wurzel aufwachse [...]."

203 Schumann, *Schriften*, Bd. 1, S. 11 und 12 [1835].

204 Vgl. zu Schumanns Plänen, bei Hummel Unterricht zu nehmen, und zu seiner Beschäftigung mit dessen Klavierschule Bischoff, *Monument*, S. 47, 97f., 102 und 116.

205 Schumann, *Schriften*, Bd. 2, S. 147 [1843].

206 Schumann, *Schriften*, Bd. 1, S. 343 [1838] und S. 354 [1838].

207 Vgl. Marx, *Bach*, S. 372f., der in diesem Zusammenhang ausdrücklich auf Forkels Bach-Biographie verweist.

208 Schumann, *Schriften*, Bd. 1, S. 214 [1836].

209 Schumann, *Schriften*, Bd. 1, S. 92. Vgl. auch ders., *Schriften*, Bd. 1, S. 283: „Denn wer, wie er [= Camille Stamaty], in S. Bach schwelgen gelernt hat, wird von der Entzückung wohl auch etwas in die eigene Phantasie mit hinübernehmen [...]."

210 Schumann, *Schriften*, Bd. 1, S. 438 [1839].

211 Robert Schumann, *Notizen über die Musikschule*, Robert Schumann-Haus Zwickau, Sign. 4871, VII, C 3, A 3.

212 Vgl. die diesbezüglichen Angaben bei Johannes Forner, *Mendelssohns Mitstreiter am Leipziger Konservatorium*, in: *BzMw* 14 (1972), S. 191, 201 und 203.

213 Schumann, *Musikschule*, S. 1, 4, 6, 7, 9–15, 19, 21 und 30.

214 Edler, *Schumann*, S. 292.

215 Schumann, *Tagebücher*, Bd. 3, S. 444 und 488, Erler, Bd. 2, S. 77 und Schumann, Schriften, Bd. 2, Anm. 430, S. 434f.

216 Zu den *Drei Präludien und Fugen* op. 16 vgl. Janina Klassen, *Clara Wieck-Schumann. Die Virtuosin als Komponistin*, Kassel 1990, S. 58–67 (= *Kieler Schriften zur Musikwissenschaft*, Bd. 37), und zu den drei Bach-Studien dies., *Eichenwälder*, S. 56–61.

217 Schumann, *Tagebücher*, Bd. 1, S. 146, Eintragung vom November 1828.

218 Schumann, *Schriften*, Bd. 1, S. 390 [1839]. Zelter weist darauf hin, daß selbst Bach „mit aller Originalität ein Sohn seines Landes und seiner Zeit [...] dem Einfluß der Franzosen, namentlich Couperin" nicht habe entgehen können. Vgl. Brief Zelters an Goethe vom 8. April 1827, *Zelter/Goethe* Nr. 549.

219 Schumann, *Briefe. Neue Folge*, S. 177; Brief Zelters vom 16. Juni 1827, *Zelter/Goethe* Nr. 559.

220 Schumann, *Briefe. Neue Folge*, S. 305. Vgl. auch Schumann, Schriften, Bd. 2, S. 109 [1842].

221 Schumann, Schriften, Bd. 1, S. 18 [1833 ?].

222 *Erinnerungen*, S. 72/73, s. dort auch die Notiz: „Vieles über Bach."

223 Schumann, *Schriften*, Bd. 1, S. 314 [1837]. Vgl. Dörffel, *Gewandhausconcerte*, S. 3.

224 BG 46/Kretzschmar, S. XXIX und XXXIf.

225 Schumann, *Briefe. Neue Folge*, S. 89.

226 *NZfM* 7, Nr. 37 vom 7. November 1837, S. 145f. und Nr. 38 vom 10. November 1837, S. 149–151. Vgl. *Dok 1*, S. 64.

227 Vgl. Bernhard R. Appel, *Kompositionen Robert Schumanns in den Musikbeilagen der Neuen Zeitschrift für Musik*, in: *Schumann-Studien* 5 (1996), S. 65–82.

228 Schumann, *Schriften*, Bd. 2, S. 330 [1838], aus der Einladung zu den musikalischen Beilagen der *NZfM*. Vgl. auch Schumanns Brief an Moscheles vom 23. August 1837: „Von Zeit zu Zeit sollen auch alte Compositionen, die nur im Manuscripte vorhanden, so Fugen von Scarlatti, wohl auch ein ganzes Bachsches Concert in Partitur, beigelegt werden." Schumann, *Briefe. Neue Folge*, S. 92.

229 Sie sind in Tabelle Nr. 8 zusammengestellt und mit Nachweisen versehen. Die Provenienz der von Schumann verwendeten Handschriften oder Abschriften zu erschließen, wäre eine eigene Untersuchung wert, zu der möglicherweise seine in Krakau befindliche Korrespondenz weiteren Aufschluß geben könnte.

230 Schumann, *Schriften*, Bd. 1 S. 401 [1839], Vgl. auch S. 314 [1837].

231 Schumann, *Schriften*, Bd. 1, S. 402f.

232 Robert Schumann, *Projektenbuch*, Robert Schumann-Haus Zwickau, Sign. 4871/VII, C8, S. 3, Z. 4-7.

233 Vgl. Tabelle 10 und die dort zu Bd. 1 und 2 der bei Peters erschienenen „Gesamtausgabe" gemachten Anmerkungen.

234 Brief vom 31. Januar 1845, in: Schumann, *Briefe. Neue Folge*, S. 441.

235 Brief vom 6. Februar 1845 an Schumann, in: Breitkopf & Härtel, *Kopierbücher*, Bd. 1844–1845 I, Staatsarchiv Leipzig, Sign. Verlag B&H, Nr. 128, Sp. 316, Z. 16–24 und 30–34.

236 Brief vom 1. Juli 1845, in: *Neue Folge*, S. 443.

237 Vgl. den Brief Schumanns an Hermann Härtel, vom 31. Januar 1845, in: *Neue Folge*, S. 441.

238 Schumann, *Projektenbuch*, S. 8, Z. 1–6.

239 Vgl. u. a. Schumann, *Tagebücher*, Bd. 2, S. 151 und 249; ders., *Erinnerungen*, S. 39 und 44 sowie ders., *Briefe. Neue Folge*, S. 188 und 510, Anm. 236.

240 In einem Hinweis aus die „Entwicklungsgeschichte des Meisterjünglings" spricht Schumann davon, daß Mendelssohn „fast noch Kind, in Bachschen und Gluckschen Ketten spielte [...]." Schumann, *Schriften*, Bd. 1, S. 111 [1835]. Vgl. zur Bach-Rezeption in Kindheit und Jugend Mendelssohns Großmann-Vendrey, *Mendelssohn*, S. 13–27.

241 Schumann, *Schriften*, Bd. 2, S. 33-38, speziell S. 35 [1841].

242 Schumann, *Projektenbuch*, S. 18, Z. 8–10.

243 Forner, *Mendelssohns Mitstreiter*, S. 185.

244 Vgl. Gerd Nauhaus, *Robert und Clara Schumann auf Norderney*, in: *Kurzeitschrift des Nordseeheilbades Norderney* 29 (1978), S. 39–45.

245 Schumann, *Tagebücher*, Bd. 2, S. 404.

246 Schumann, *Erinnerungen*, S 52/53.

247 Elvers, *Verzeichnis*, S. 146–149.

248 Schumann, *Schriften*, Bd. 2, S. 53 [1841].

249 Schumann, *Briefe. Neue Folge*, S. 276f., Brief an Franz Brendel vom 8. August 1847.

250 *BG* 1, S. III.

251 Schumann, *Tagebücher*, Bd. 3, S. 527f. und 530.

252 Kretzschmar, *Bach-Gesellschaft*, S. XXXII.

253 Vgl. u.a. *NZfM*, Bd. 32, (1850), Nr. 8, S. 37ff.

254 *BG* 46/Kretschmer, S. XXXVI.

255 Robert Schumann, *Briefverzeichnis*, Robert Schumann-Haus Zwickau, Sign. 4871/VII, C10 A3, S. 497, Nr. 1744, 10.[12.1850].

256 Vgl. jeweils *BG* 1, S. III, Bd. 2, S. III, Bd. 3, S. III.

257 Schumann, *Briefe. Neue Folge*, S. 341f., Brief vom 8. Mai 1851.

258 Vgl. die Eintragung vom 5. März 1852, in: Schumann, *Tagebücher*, Bd. 3, S. 88 und Anm. 840, S. 797.

259 Vgl. Friedrich Smend, *Krit. Ber.* zur h-Moll-Messe, NBA II, 1, Kassel 1956, S. 62ff.

260 Brief vom 24. Mai 1852, in: Schumann, *Briefe. Neue Folge*, S. 473.

261 Schumann, *Tagebücher*, Bd. 3, S. 613 und Anm. 880, S. 802.

262 Vgl. zu diesen und den folgenden Angaben Litzmann, *Clara Schumann*, Bd. 2, S. 131f. und Schumann, *Tagebücher*, Bd. 3, S. 379-406.

263 Schumann, *Tagebücher*, Bd. 2, S. 402 [1846]. Die Notiz wird durch Wasielewskis erhärtet, demgegenüber Schumann geäußert haben soll, „daß er bis op. 50 Alles am Clavier componirt habe." Wilhelm J. von Wasielewski, *Schumanniana*, Bonn 1883, S. 103.

264 Vgl. hierzu Edler, *Schumann*, S. 177 und Gervink, *Schumanns Bach-Bild*, S. 391.

265 Schumanns Handexemplar – es wird in Berlin SBPK: N. Mus. ms. 381 aufbewahrt – weist zahlreiche Anmerkungen, Übersetzungshinweise und Korrekturen auf.

266 Schumann, *Tagebücher*, Bd. 3, S. 386 und Anm. 535, S. 750, sowie Arnfried Edler, „*Kompositionen mit neuen Aussichten". Aspekte zu Schumanns Werken für Pedalflügel*, in: *Schumann-Studien* 2 (1989), S. 42.

264 Vgl. hierzu Edler, *Schumann*, S. 177 und Gervink, *Schumanns Bach-Bild*, S. 391.

265 Schumanns Handexemplar – es wird in Berlin SBPK: N. Mus. ms. 381 aufbewahrt – weist zahl-reiche Anmerkungen, Übersetzungshinweise und Korrekturen auf.

266 Schumann, *Tagebücher*. Bd. 3, S. 386 und Anm. 535, S. 750, sowie Arnfried Edler, *„Kompositionen mit neuen Aussichten". Aspekte zu Schumanns Werken für Pedalflügel*, in: *Schumann-Studien* 2 (1989), S. 42.

267 Schumann, *Briefe. Neue Folge*, S. 441 und Hofmann, *Erstdrucke*, S. 126f.

268 Schumann, *Briefe. Neue Folge*, S. 443 und Hofmann, *Erstdrucke*, S. 130f.

269 Schumann, *Briefe. Neue Folge*, S. 265, Brief an Ferdinand Becker vom 8. Februar 1847.

270 Schumann, *Tagebücher*. Bd. 3, S. 281f. und Robert Schumann, *Notizzettel über nach Maxen Mit-zunehmendes*, Robert Schumann-Haus Zwickau, Sign. 4871 IX, 7 A 3, S. 1, Spalte 1, Z. 6.

271 Schumann, *Tagebücher*. Bd. 3, S. 673 und Hofmann, *Erstdrucke*, S. 135.

272 Schumann, *Tagebücher*, Bd. 2, S. 402 [1846].

273 Schumann, *Briefe. Neue Folge*, S. 446, Brief an Whistling vom 15. März 1846.

274 Vgl. Edler, *Schumanns Werke für Pedalflügel*, S. 39–45; Heribert Klein, *Die Bach-Fugen op. 60 von Robert Schumann*, in: *Correspondenz. Mitteilungen der Robert-Schumann-Gesellschaft e. V. Düsseldorf*, Nr. 6 (1987), S. 4–11, Nr. 8 (1988), S. 2–10 und Nr. 12 (1991), S. 2–8 sowie Ger-vink, *Schumanns Bach-Bild*, S. 391–393.

275 Stephan, *Musik-Lexikon*, S. 54f.

276 Vgl. BWV 847, 2, T. 29–31, BWV 850, 2, T. 25–26, und von den Orgelfugen BWV 531, 2, T. 23ff. und 63ff, BWV 545, 2, T. 108ff., BWV 549, 2, T. 41ff., BWV 532, 2, T. 120ff. und BWV 538, 2, T. 219ff. Die Reihe ließe sich fortsetzen.

277 Schumann, *Schriften*, Bd. 1, S. 253 [1837].

278 Schumann, *Briefe. Neue Folge*, S. 300, Brief vom 2. April 1849.

279 Schumann, *Tagebücher*. Bd. 3, S. 443 und 445 sowie Anm. 607, S. 760.

280 Brief Schumans an Hiller vom 10. April 1849, in: Schumann, *Briefe. Neue Folge*, S. 302.

281 NZfM 30, Nr. 8 vom 25. Januar 1849, S. 44.

282 Robert Schumann, *Über den Chorgesangverein Dresden u. den Musikverein Düsseldorf* [*Chornotizbuch*], Robert Schumann-Haus Zwickau, Sign. 4871 VII, C6 A3, Sigel: *CNB*. Vgl. hierzu und zu den folgenden Ausführungen Tabelle Nr. 5.

283 „Aus der Bachschen Passionsmusik nach dem Evangelisten Johannis erinnern wir uns eines ähnli-chen, freilich noch kunstvolleren, über die Worte ‚Kreuzige‘". Schumann, *Schriften*, Bd. 2 , S. 105 [1842]. Denkbar ist, daß sich auch die Notiz vom 6. März 1842 auf die *Johannes-Passion* Bachs bezieht. Vgl. Schumann, *Tagebücher*. Bd. 2, S. 211 und Bd. 3, S. 214, Eintragung vom 13. April 1842.

284 Schumann, *Briefe. Neue Folge*, S. 300f.

285 Schumann, *Briefe. Neue Folge*, S. 341, Brief vom 8. Mai 1851.

286 Erler, *Schumann's Leben*, Bd. 2, S. 93, Brief vom 6. Juli 1849 an Julius Rietz.

287 Vgl. u.a. Schumann, *Briefe. Neue Folge*, S. 279, Brief an Ferdinand Hiller vom 1. Januar 1848, S. 294, Brief an Johann Joseph Hermann Verhulst vom 4. November 1848.

288 Zu Schumanns Tätigkeit als Dirigent in Düsseldorf – insbesondere auch zu den von ihm dirigierten Werken Beethovens – vgl. Bischoff, *Monument*, S. 345–363.

289 Schumann, *Chornotizbuch*.

290 Die erste Spalte gibt die laufende Nummer der Probe, die zweite das jeweilige Datum, die dritte die Werkbezeichnung und die vierte die Seitenzahl in Schumanns *Chornotizbuch* an.

291 Vgl. u. a. Litzmann, *Clara Schumann*, Bd. 2, S. 229 und 239; Wasielewski, *Schumann*, S. 267 und Paul Kast (Hrsg.), *Schumanns rheinische Jahre*, Düsseldorf 1981, S. 79 (= *Veröffentlichun-gen des Heinrich-Heine-Instituts Düsseldorf*).

292 Vgl. Kast, *Schumanns rheinische Jahre*, S. 178-181.

293 Vgl. hierzu und zu den folgenden Ausführungen Tabellen 6 und 7f.

299 Schumann, *Briefe. Neue Folge*, S. 337, Brief vom 21. Februar 1851. Zu der Dirigierpartitur Schumanns vgl. Tabelle 10.

300 Schumann, *Briefe. Neue Folge*, S. 341, Brief vom 8. Mai 1851.

301 Gerd Nauhaus, *Der Rose Pilgerfahrt op. 112. Schumanns Baschied vom Oratorium*, in: Bernhard A. Appel (Hrsg.), *Schumann-Forschungen*, Bd. 3, Mainz 1993, S. 197, Anm. 47.

302 Schumann, *Briefe. Neue Folge*, S. 343, Brief an Wasielewski vom 11. Juni 1851.

303 Vgl. Tabelle Nr. 6 sowie u. a. Litzmann, *Clara Schumann*, Bd. 2, S. 240 und den Brief an Wasielewski vom 27. September 1851, in: Kast, *Schumanns rheinische Jahre*, S. 82.

304 Litzmann, *Clara Schumann*, Bd. 2, S. 241.

305 Schumann, *Tagebücher*, Bd. 3, S. 590, Eintragung vom 4. April 1852.

306 Zu nennen ist vor allem der grundlegende Aufsatz von Reinhard Kapp, *Das Orchester Schumanns*, in: Heinz-Klaus Metzger und Rainer Riehn (Hrsg.), *Robert Schumann II*, München 1982, S. 191–236 (= *Musik-Konzepte, Sonderband*).

307 Vgl. Schumann, *Tagebücher*, Bd. 2, S. 23 und 26-28.

308 Schumann, *Schriften*, Bd. 2, S. 439 [1840], vgl. hierzu auch Schumann, Schriften, Bd. 1, S. 511 und den Bericht über das Historische Konzert im Gewandhauskonzert vom 21. Januar 1841 in: Schumann, *Schriften*, Bd. 2, S. 53 sowie Claras Anmerkungen hierzu in: Schumann, *Tagebücher*, Bd. 2, S. 142.

309 Schumann, *Tagebücher*, Bd. 3, S. 612f.

310 Schumann, *Briefe. Neue Folge*, S. 479f, Brief vom 17. Januar 1853 an Hermann Härtel.

311 Schumann, *Tagebücher*, Bd. 3, S. 616f. Das Manuskript ist beschrieben in: Robert Schmann, *Manuskripte, Briefe, Schumanniana*. Katalog 188 des Musikantiquariats Hans Schneider, Tutzing 1974, S. 97.

312 Schumann, *Briefe. Neue Folge*, S. 486f. und Anmerkungen 579, S. 543.

313 Schumann, *Briefe. Neue Folge*, Anm. 578, S. 543. Vgl. in der Zeit von Dezember 1854 bis November 1856 *KPS* Nr. 338, 340–342, 351–353, 366–370, 372 und 419.

314 Schumann, *Tagebücher*, Bd. 2, S. 439, Eintragung vom 14. September 1847 und ders., *Projektenbuch*, S. 21, Z. 1–9.

315 Schumann, *Tagebücher*, Bd. 3, S. 620–622.

316 Schumann, *Briefe. Neue Folge*, S. 486, Brief vom 17. November 1853.

317 Erich Doflein, *Historismus in der Musik*, in: Wiora, *Historismus*, S. 29ff., und William Geißler, *Robert Schumanns Klavierbegleitungen zu Johann Sebastian Bachs und Niccolo Paganinis Werken für Violine solo – eine problematische Hinterlassenschaft*, in: *Bericht über die 9. Wissenschaftliche Arbbeitstagung zu Fragen der Schumann-Forschung*, Zwickau 1984, S. 38f.

318 Schumann, *Tagebücher*, Bd. 3, S. 632 und Anm. 904A, S. 807. Robert Schumann, *Katalog seiner Musikbibliothek* (originalgetreue Abschrift Martin Kreisigs aus dem Jahre 1925), Robert Schumann-Haus Zwickau, Sign. 5678-A 3 c.

319 Zu den Werken Beethovens in Schumanns Musikbibliothek vgl. Bischoff, *Monument*, S. 364–368.

320 Vgl. Hofmann, *Erstdrucke*, S. 390–393.

321 Das innere Titelblatt trägt den Stempel des Musikvereins Düsseldorf. Es handelt sich um die Dirigierpartitur Schumanns für die Aufführung am 13. April 1851 in Düsseldorf. Sie enthält zahlreiche Eintragungen.

322 E = Eigentumsvermerk Robert Schumanns.

323 BWV Anh. 162; wahrscheinlich von Georg Gottfried Wagner.

324 Die Dirigierpartitur Schumanns für die Aufführung der Matthäus-Passion am 4. April 1852 in Düsseldorf enthält zahlreiche Eintragungen.

325 Von der insgesamt 10 Bände umfassenden Ausgabe sind im Robert Schumann-Haus Zwickau die Bände 1-4, 6, 7, 9 u 10 unter den Signaturen Sch 10 552, 1–8-D1/A4. Der Band 2 enthält zahlreiche analytische Eintragungen und Korrekturen von Schumanns Hand sowie Fingersätze von Claras Hand; Bd. 3, *Kunst der Fuge* wurde von Schumann akribisch durchgesehen, korrigiert und mit

zahlreichen analytischen Eintragungen versehen. Der 4. Band enthält diverse Eintragungen mit Rötelstift. U. a. wurde in BWV 830 die Überschrift „Preludio" handschriftlich durch Schmann in „Partita" korrigiert. *Präludium und Fuge über den Namen BACH* BWV 898 enthalten Korrekturen mit Rötelstift von Schumanns Hand. Die *Chromatische Fantasie und Fuge* BWV 903 enthält Eintragungen und Korrekturen in Rötel. In der Fuge sind die Themeneinsätze durch Kreuze gekennzeichnet. Im Band 9 sind in den Fugen BWV 952 und 953 die Themeneinsätze durch Kreuze markiert. Die Praeludien BWV 924, 926 und 931 enthalten Eintragungen zu den Verzierungen, Korrekturen der Vorzeichen und Pedalbezeichnungen. Die sechs Sonaten des Bandes 10 enthalten Eintragungen und einige wenige Fingersätze.

326 Schumann notiert neben dem Eigentumsvermerk: „(Diese Sammlung ist von Mendelssohn herausgegeben) Von Mendelssohn erhalten im Winter 1845/46." Vgl. Elvers, *Mendelssohn*, S. 148.

327 Der Band wurde mit den 44 kleinen Choralvorspielen zusammen eingebunden. Schumann notiert neben dem Eigentumsvermerk: „(von Mendelssohn erhalten October 1846)." Vgl. Elvers, *Mendelssohn*, S. 148.

328 In BWV 692 markiert Schumann die Quintenparallelen zwischen Tenor und Baß im Takt 19, in BWV 682 kennzeichnet er den Cantus firmus, und am rechten oberen Seitenrand von BWV 614 notiert er: „Von Mendelssohn nach Bach's Originalschrift corrigirt." BWV 769, 4 enthält mehrere Eintragungen, die darauf schließen lassen, daß diese Komposition studiert wurde.

329 In Schumanns Exemplar ist der Anfang des Praeludiums a-Moll, BWV 569 angekreuzt. Zu Beginn der Fuge aus BWV 565 ergänzt er mit Bleistift die fehlende Überschrift „Fuga". Weitere Eintragungen finden sich nicht.

330 Der Text im Stargardt-Katalog Nr. 399 lautet: „Bach, J. S., Grandes Suites dites Suites Angloises. 6 Hefte. Leipzig (Peters) und Berlin (Trautwein) o. J. Hldr. quer-folio. [7] (48.–) Handexemplar Robert Schumanns, aus seinem Nachlaß; mit zweimaligem eigh. Namenszug. Ferner mit Bleistiftnotizen von der Hand Clara Schumanns. Einband beschädigt, mehrere Seiten ausgebessert." Der derzeitige Standort ist unbekannt. Ich danke Herrn Dr. Matthias Wendt für die hilfreiche Beantwortung meiner Anfrage.

331 Dieser und der folgende Band wurden mit den 44 kleinen Choralvorspielen zusammen eingebunden. Schumann notiert in beiden Exemplaren neben dem Eigentumsvermerk: „von Mendelssohn erhalten im J.[ahre] 1846." Vgl. Elvers, *Mendelssohn*, S. 149. In der 4. Variation von BWV 768 ist auf der 3. Zählzeit *B* in *C* korrigiert und die Korrektur am Rand gekennzeichnet.

332 Dieses Exemplar enthält zwar keinen Besitzvermerk, dafür jedoch zahlreiche Fingersätze und sonstige Eintragungen von Claras Hand. Es wurde durch das Robert Schumann-Haus Zwickau im Jahre 1926 von Marie Schumann erworben.

333 Schoppe, *Beethoven-Rezeption Schumanns*, S. 77.

334 Edler, *Schumann*, S. 275.

335 *Album*, S. 51, Brief von Charles Eichler vom 20. Juni 1839, vgl. auch *Album*, S. 192, Brief von Josef Hermann Verhulst vom 2. Dezember 1844.

336 Schumann, *Schriften*, Bd. 1, S. 376 [1838].

337 *Signale* 9 (1850), S. 75.

REGISTER